SIMPLE Xi story 수학은 다릅니다

● 쉽게 이해되는 꼼꼼한 개념 정리

수학은 수많은 개념의 총체적인 모임입니다. 그래서 수학을 쉽게 하려면 개념 사이의 관계와 흐름을 제대로 잡고 있어야 합니다. 심플 자이스토리는 개념을 심플하게 구성해 개념 사이의 흐름을 알 수 있도록 하였습니다. 또, 이런 개념 사이의 관계와 흐름을 잘 잡을 수 있도록 독특한 어드바이스들이 있습니다.

● 개념을 적용시키는 연산 훈련 강화

수학의 기본기는 연산입니다. 연산이 쉽다고 소홀히 하면 쉬운 문제를 틀리는 경우가 있습니다. 심플 자이스토리는 개념을 배운 후 바로 적용하도록 연산 문제를 배치하여 연산근육을 강화시키도록 하였습니다. 연산 실력이 탄탄하면 어떤 문제도 실수로 틀리지 않습니다.

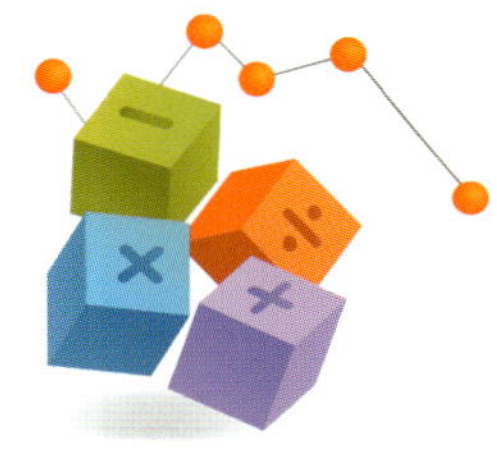

● 쉬운 기출 유형 총정리

수학은 학교 시험이나 수능에 자주 출제되는 패턴이 있습니다. 그 패턴을 익숙해지도록 공부하면 점수를 얻기 쉬워집니다. 이런 패턴을 유형이라고 합니다. 학교 시험과 수능에서 나오는 쉬운 기출 유형을 분석하여 쉽게 풀어갈 수 있도록 문제를 구성하였습니다.

수학 1등급을 위한 단계별 교재 (고등)

STEP 01
바른개념

개념이 한눈에 보이는 수학기본서

- 핵심 내용을 깔끔하게 한눈에 볼 수 있도록 정리한 개념 정리
- 개념과 연계된 최적의 유형과 문항을 선별한 유형 문제
- 개념을 바르게 적용하는 가장 적절한 방법을 알려 주는 바른 개념
- 배운 개념을 순서대로, 확장되는 순서로 구성된 연습 문제

수학(상)
수학(하)
수학 I
수학 II
확률과 통계
미적분

STEP 02
수력충전

기초 개념을 잡는 최적의 시스템

- 기초 연산에 약한 학생들을 위한 적절한 문제
- 기본 개념을 확실히 잡아주는 최적의 시스템
- 유형별로 구성되어 체계화시키기 좋은 구성

고등 수학(상)
고등 수학(하)
수학 I
수학 II
미적분
확률과 통계
기하

STEP 03
심플 자이스토리

개념 + 연산 + 유형으로 심플하게 구성

- 기초가 없어도, 수학을 못해도 풀 수 있는 쉬운 문제 수록
- 심플한 개념 정리와 유형 연습으로 수능의 기본 확립
- 개념 + 연산 + 유형을 동시에 잡을 수 있는 유일한 교재
- 중요한 기출 문제와 기출변형 문제로 구성된 최고의 수학 교재

고등 수학(상)
고등 수학(하)
수학 I
수학 II
미적분
확률과 통계

STEP 04
자이스토리

대한민국 수능 교재 완결판!!

- 수능에 맞춘 유형 분류 및 문항 구성
- 학교시험과 수능 대비를 한 번에 완성 – 고2 자이스토리
- 출제 0순위 개념 정리, 기출 분석에 따른 문항 배치
- 다시는 안 틀리게 하는 입체 첨삭 해설

고등 수학(상), (하)
고2 수학 I / 고2 수학 II
고2 미적분 / 고2 확률과 통계
기하 / 고3 수학 I
고3 수학 II / 고3 미적분
고3 확률과 통계 / 전국연합 고1 수학

STEP 05
자이스토리 고난도 1등급

수능 1등급을 위한 최고난도 집중 훈련 문제집

- 고난도 문제로 자주 출제되는 유형을 분류하고 그 특징을 분석
- 고난도 문제에 자주 적용되는 개념과 공식 정리
- 최신 수능, 평가원, 교육청 등의 우수 문항으로 고난도 유형 적용 연습
- 최고난도 킬러 문제를 빠르고 정확히 해결하도록 하는 최고난도 4점 문제

인문
자연

STEP 06
일등급 수학

학교 시험 + 수능 일등급을 위한 고품격 유형서

- 깔끔하고 순도 높은 명품 문제
- 학교 시험 + 수능 빈출 유형에 대한 완벽한 해법 제시
- 고난도 수능 문제 유형에 대한 가장 효율적인 대비책

고등 수학(상)
고등 수학(하)
수학 I
수학 II
미적분
확률과 통계
기하

STEP 07
형상기억 수학 공식집

수학 공식집의 스테디셀러

- 공식을 형상화한 독특한 암기법으로 구성
- 공식만이 아닌 핵심 문제 풀이로 되짚는 개념 확인
- 수능 생생 강의로 공식을 사용하는 효과적인 요령 터득

[고1] 수학
[인문계] 수학 I + 수학 II
+ 확률과 통계
[자연계] 수학 I + 수학 II
+ 확률과 통계
+ 미적분 + 기하

심플
자이스토리

고등수학의 기본을 심플하게 완성!

SIMPLE Xi story

수학 I

자이스토리 · 수경출판사

- 개념 이해와 연산 능력을 함께 향상시켜 자신감을 회복시켜줍니다.
- 수학의 흥미를 잃은 학생에게 문제를 푸는 재미를 드립니다.
- 빠르게 점수를 올릴 수 있는 성적 향상 방법을 터득합니다.

① 개념 정리 – 꼼꼼한 개념 정리와 사용 방법 및 tip 제공

가장 중요하고 꼭 알아야 하는 개념을 빠짐없이 수록하였습니다. 또한 개념을 잘 이해할 수 있는 tip을 제공하여 이해를 돕고 실전 문제에서 적절하게 개념을 사용할 수 있는 방법을 제시하였습니다.

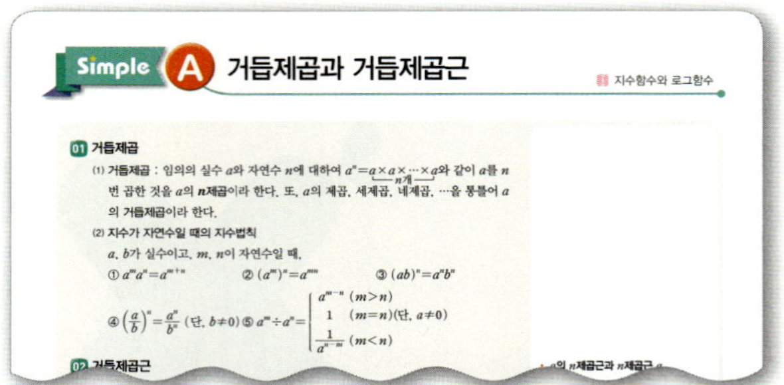

② 개념 CHECK – 개념의 이해와 암기를 위한 심플 개념 문제

중요한 개념은 빈칸에 알맞은 것을 넣으면서 다시 기억하고 헷갈리기 쉬운 개념은 O, X 문제에 답함으로써 정확하게 익힐 수 있도록 하였습니다. 가장 기초적인 문제이지만 바른 개념 이해를 위한 필수적인 문제입니다.

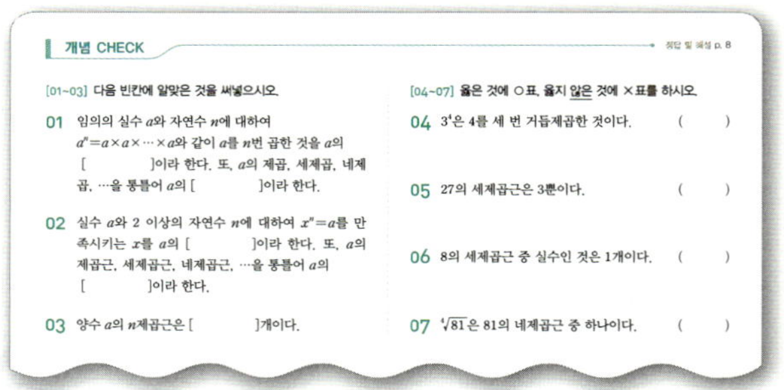

③ 연산 연습 – 기초 개념과 연산 능력 강화 문제

연산 연습은 개념 이해를 강화하고 응용 문제를 풀 수 있는 기초적인 훈련 과정입니다. 연산 연습을 충분히 해야 기본적인 실력도 든든해집니다.

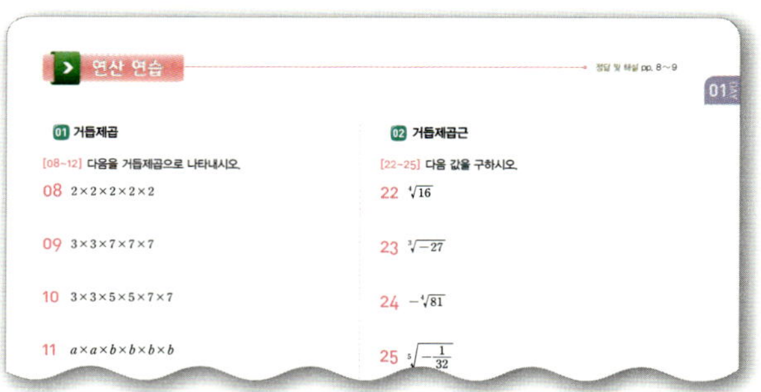

④ 유형 연습 – 내신 필수 유형 연습과 실력 향상 유형 연습

문제 해결에 필요한 개념, 발문 형태, 해결 방법 등에 따라 유형을 나누고 시험에 많이 출제되는 유형은 ★, ★★로 구별하여 학습에 도움을 주도록 하였습니다. 또한 유형별 해결 전략을 제시하여 문제 적용력 및 해결 능력을 스스로 향상시킬 수 있도록 하였습니다.

그 유형에서 한 단계 더 생각해야 풀 수 있는 실력 Up 문제입니다.

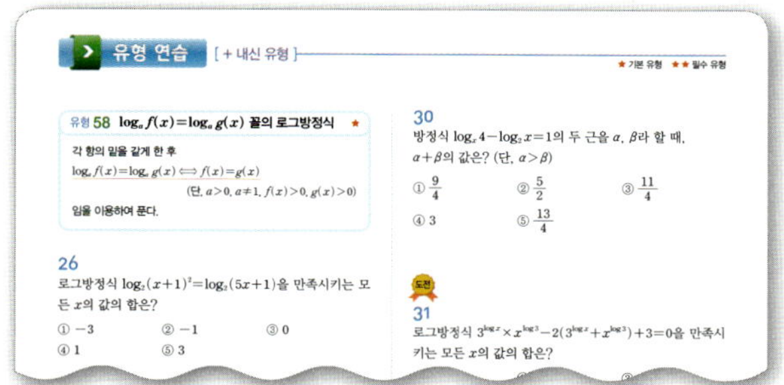

⑤ 연습 문제 + 대단원 TEST – 단원 실력 점검 및 학평·기출+기출 변형 연습 문제

☆, ☆☆, ☆☆☆ 내신, 학평 기출 및 예상 문제의 난이도 표시입니다.

|단답형| 단답형 문제 풀이의 정확성을 높이고 답 작성에 주의를 기울일 수 있도록 하였습니다.

|서술형| 서술형 문제에 대한 자신감을 키우고, 학교 시험에 대비할 수 있도록 서술형 문제를 수록하였습니다.

[첨삭 해설] 좀 더 자세한 해설이나 보충이 필요한 문제에 대하여 첨삭이 들어간 문제입니다.

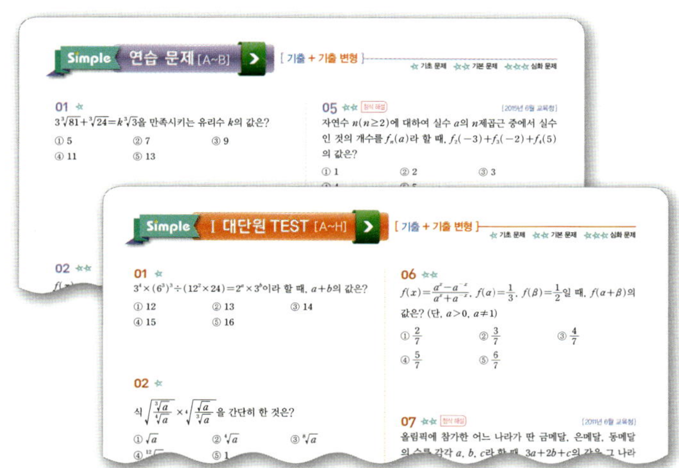

⑥ 해설편 – 쉽게 이해되고 개념을 보충해주는 입체 첨삭 해설

[다른 풀이] 문제를 풀 때는 다각적으로 사고하는 연습이 필요합니다. 이에 다른 방법으로도 문제 풀이가 가능함을 알려줍니다.

[첨삭 해설] 문제를 푸는 데 핵심이 되는 단서를 문제풀이에 적용하는 방법과 더욱 정확하고 완벽하게 해설을 이해할 수 있도록 해설에 내재된 내용을 설명하였습니다.

[TIP] 문제 속에 숨겨진 조건이나 더 쉽고 빠르게 풀 수 있는 스킬 등을 자세히 설명하였습니다.

[심플 정리] 문제를 풀기 위해 요구되는 주요 개념과 공식을 정리하였습니다.

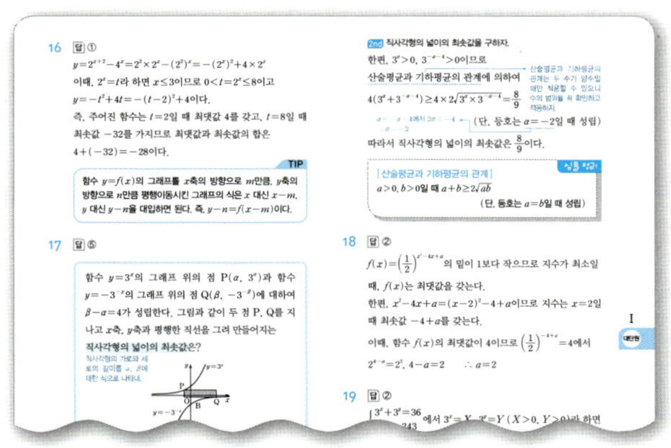

Ⅲ 수열

SIMPLE Xi story 학습계획표

※ 하루하루 계획표대로 공부하다 보면 어느덧 수학이 쉬워지게 되고 성적이 오를 것입니다.　　[하루 90분, 24일 완성]

Day	단원	페이지	틀린 문제 / 헷갈리는 문제 번호 적기	날짜		복습 날짜	
01	A단원	8~13		월	일	월	일
02	B단원/연습문제	14~23		월	일	월	일
03	C단원	24~29		월	일	월	일
04	D단원/연습문제	30~35		월	일	월	일
05	E단원	36~41		월	일	월	일
06	F단원/연습문제	42~49		월	일	월	일
07	G단원	50~55		월	일	월	일
08	H단원/연습문제	56~63		월	일	월	일
09	Ⅰ 대단원 TEST(A~H)	64~67		월	일	월	일
10	I단원	70~75		월	일	월	일
11	J단원/연습문제	76~85		월	일	월	일
12	K단원	86~89		월	일	월	일
13	L단원	90~95		월	일	월	일
14	M단원/연습문제	96~103		월	일	월	일
15	N단원	104~109		월	일	월	일
16	O단원/연습문제	110~117		월	일	월	일
17	Ⅱ 대단원 TEST(I~O)	118~121		월	일	월	일
18	P단원	124~131		월	일	월	일
19	Q단원/연습문제	132~139		월	일	월	일
20	R단원	140~143		월	일	월	일
21	S단원/연습문제	144~149		월	일	월	일
22	T단원	150~153		월	일	월	일
23	U단원/연습문제	154~159		월	일	월	일
24	Ⅲ 대단원 TEST(P~U)	160~163		월	일	월	일

I 지수함수와 로그함수

Simple A 거듭제곱과 거듭제곱근

01 거듭제곱

(1) **거듭제곱** : 임의의 실수 a와 자연수 n에 대하여 $a^n=\underbrace{a\times a\times \cdots \times a}_{n개}$와 같이 a를 n번 곱한 것을 a의 n**제곱**이라 한다. 또, a의 제곱, 세제곱, 네제곱, …을 통틀어 a의 거듭제곱이라 한다.

(2) **지수가 자연수일 때의 지수법칙**

a, b가 실수이고, m, n이 자연수일 때,

① $a^m a^n=a^{m+n}$　　　　② $(a^m)^n=a^{mn}$　　　　③ $(ab)^n=a^n b^n$

④ $\left(\dfrac{a}{b}\right)^n=\dfrac{a^n}{b^n}$ (단, $b\neq 0$) ⑤ $a^m \div a^n=\begin{cases} a^{m-n} & (m>n) \\ 1 & (m=n)(단,\ a\neq 0) \\ \dfrac{1}{a^{n-m}} & (m<n) \end{cases}$

02 거듭제곱근

(1) **거듭제곱근** : 실수 a와 2 이상의 자연수 n에 대하여 n제곱하여 a가 되는 수, 즉 $x^n=a$를 만족시키는 x를 a의 n**제곱근**이라 한다. 또, a의 제곱근, 세제곱근, 네제곱근, …을 통틀어 a의 거듭제곱근이라 한다.

(2) **실수인 거듭제곱근**

실수 a의 n제곱근 중 실수인 것은 다음과 같다.

	$a>0$	$a=0$	$a<0$
n이 홀수일 때	$\sqrt[n]{a}$	0	$\sqrt[n]{a}$
n이 짝수일 때	$-\sqrt[n]{a},\ \sqrt[n]{a}$	0	없다

(3) **거듭제곱근의 성질**

$a>0$, $b>0$이고, m, n이 2 이상인 자연수일 때,

① $(\sqrt[n]{a})^m=\sqrt[n]{a^m}$　　　② $\sqrt[n]{a}\sqrt[n]{b}=\sqrt[n]{ab}$　　　③ $\dfrac{\sqrt[n]{a}}{\sqrt[n]{b}}=\sqrt[n]{\dfrac{a}{b}}$

④ $\sqrt[m]{\sqrt[n]{a}}=\sqrt[mn]{a}$　　　⑤ $\sqrt[np]{a^{mp}}=\sqrt[n]{a^m}$ (단, p는 자연수)

• **a의 n제곱근과 n제곱근 a**

(1) a의 n제곱근은 방정식 $x^n=a$를 만족시키는 x의 값이다.

(2) n제곱근 a, 즉 $\sqrt[n]{a}$는 n제곱하면 a가 되는 실수이다.

• **거듭제곱근의 대소 관계**

(ⅰ) 각 수의 지수를 통일하여 밑을 변형한다.

(ⅱ) 밑의 크기를 이용하여 대소 비교를 한다.

개념 CHECK

정답 및 해설 p. 8

[01~03] 다음 빈칸에 알맞은 것을 써넣으시오.

01 임의의 실수 a와 자연수 n에 대하여 $a^n=a\times a\times \cdots \times a$와 같이 a를 n번 곱한 것을 a의 [　　　　]이라 한다. 또, a의 제곱, 세제곱, 네제곱, …을 통틀어 a의 [　　　　]이라 한다.

02 실수 a와 2 이상의 자연수 n에 대하여 $x^n=a$를 만족시키는 x를 a의 [　　　　]이라 한다. 또, a의 제곱근, 세제곱근, 네제곱근, …을 통틀어 a의 [　　　　]이라 한다.

03 양수 a의 n제곱근은 [　　　　]개이다.

[04~07] 옳은 것에 ○표, 옳지 않은 것에 ×표를 하시오.

04 3^4은 4를 세 번 거듭제곱한 것이다.　　　(　　　)

05 27의 세제곱근은 3뿐이다.　　　(　　　)

06 8의 세제곱근 중 실수인 것은 1개이다.　　　(　　　)

07 $\sqrt[4]{81}$은 81의 네제곱근 중 하나이다.　　　(　　　)

01 거듭제곱

[08~12] 다음을 거듭제곱으로 나타내시오.

08 $2 \times 2 \times 2 \times 2 \times 2$

09 $3 \times 3 \times 7 \times 7 \times 7$

10 $3 \times 3 \times 5 \times 5 \times 7 \times 7$

11 $a \times a \times b \times b \times b \times b$

12 $\dfrac{1}{2} \times \dfrac{1}{2} \times \dfrac{1}{2}$

[13~17] 다음 값을 구하시오.

13 $2^3 \times 2^4$

14 $(3^2)^3$

15 $(2 \times 3)^3$

16 $\left(\dfrac{5}{6}\right)^3$

17 $3^3 \div 3^4$

[18~21] x, y가 0이 아닌 실수일 때, 다음 식을 간단히 하시오.

18 $(2x^2y)^3 \div 8x^3y^4$

19 $(x^3y)^2 \times (x^2y^3)^4 \div \left(\dfrac{x^3}{y^4}\right)^2$

20 $(2x^4y^3)^3 \div (3x^3y^4)^2 \times (x^5y)^4$

21 $(x^4y^5)^6 \times \left(\dfrac{1}{2}x^3y^3\right)^2 \div (x^6y^6)^5$

02 거듭제곱근

[22~25] 다음 값을 구하시오.

22 $\sqrt[4]{16}$

23 $\sqrt[3]{-27}$

24 $-\sqrt[4]{81}$

25 $\sqrt[5]{-\dfrac{1}{32}}$

[26~28] 다음 거듭제곱근 중에서 실수인 것을 구하시오.

26 -64의 세제곱근

27 16의 네제곱근

28 729의 여섯제곱근

[29~32] 다음 값을 구하시오.

29 $\sqrt[3]{\sqrt{64}}$

30 $\sqrt[6]{25^3}$

31 $\sqrt[3]{9}\,\sqrt[3]{81} + \dfrac{\sqrt[4]{64}}{\sqrt[4]{4}}$

32 $\sqrt[3]{\dfrac{\sqrt{3}}{\sqrt[4]{5}}} \times \sqrt{\dfrac{\sqrt[6]{5}}{\sqrt[3]{3}}}$

[33~34] 다음 수들의 대소를 비교하시오.

33 $\sqrt{3}$, $\sqrt[3]{4}$, $\sqrt[6]{15}$

34 $\sqrt{2\sqrt{2}}$, $\sqrt[3]{3\sqrt{2}}$

유형 01 지수가 자연수일 때의 지수법칙

a, b가 실수이고, m, n이 자연수일 때,

(1) $a^m a^n = a^{m+n}$

(2) $(a^m)^n = a^{mn}$

(3) $(ab)^n = a^n b^n$

(4) $\left(\dfrac{a}{b}\right)^n = \dfrac{a^n}{b^n}$ (단, $b \neq 0$)

(5) $a^m \div a^n = \begin{cases} a^{m-n} & (m > n) \\ 1 & (m = n)\,(단,\ a \neq 0) \\ \dfrac{1}{a^{n-m}} & (m < n) \end{cases}$

35

다음에서 옳지 <u>않은</u> 것은?

(단, a, b는 실수이고, m, n은 자연수이다.)

① $a^m \times a^n = a^{m+n}$

② $(ab)^m = a^m b^m$

③ $(a^m)^n = a^{mn}$

④ $\left(\dfrac{a}{b}\right)^m = \dfrac{a^m}{b^m}$ (단, $b \neq 0$)

⑤ $m < n$일 때, $a^m \div a^n = a^{m-n}$

36

$3^2 \times 27 \div 3^5$의 값은?

① $\dfrac{1}{9}$　　　② $\dfrac{1}{3}$　　　③ 1

④ 3　　　⑤ 9

37

$2^4 \times 5^4 \div 10^3$의 값은?

① 10　　　② 20　　　③ 30

④ 40　　　⑤ 50

38

$\left(\dfrac{3}{2}\right)^3 \times \dfrac{8}{9}$의 값은?

① 1　　　② 3　　　③ 5

④ 7　　　⑤ 9

39

$\left(\dfrac{5}{3}\right)^2 \times \dfrac{18}{5}$의 값은?

① 6　　　② 7　　　③ 8

④ 9　　　⑤ 10

40

x, y가 0이 아닌 실수일 때

$(2x^3y^2)^3 \times (3xy)^2 \div (6x^5y^3)^2$을 간단히 한 것은?

① xy^3　　　② $2xy$　　　③ $2xy^2$

④ $3x^2y$　　　⑤ xy^2

41

x, y가 0이 아닌 실수일 때,

$(xy)^2 \times \dfrac{6x}{y} \div 2x^3y$를 간단히 한 것은?

① xy^2　　　② xy^3　　　③ 3

④ $3x^2y$　　　⑤ $3y^2$

유형 02 거듭제곱근 ★

실수 a와 2 이상의 자연수 n에 대하여 n제곱하여 a가 되는 수,
즉 $x^n=a$를 만족시키는 x를 a의 n제곱근이라 한다.

42

16의 네제곱근이 <u>아닌</u> 것은? (단, $i=\sqrt{-1}$이다.)

① -2 ② 2 ③ $-2i$

④ $2i$ ⑤ $4i$

43

-8의 세제곱근을 [보기]에서 있는 대로 고른 것은?

(단, $i=\sqrt{-1}$이다.)

[보기]

ㄱ. -2
ㄴ. $-1+\sqrt{3}i$
ㄷ. $1-\sqrt{3}i$

① ㄱ ② ㄴ ③ ㄱ, ㄴ

④ ㄱ, ㄷ ⑤ ㄱ, ㄴ, ㄷ

44

임의의 실수 a에 대하여 a의 n제곱근의 개수를 $f(a,\,n)$이
라 할 때,

$$f(2017,\,2018)-f(2016,\,2017)+f(2015,\,2016)$$
$$-f(2014,\,2015)$$

의 값은?

① -2 ② -1 ③ 0

④ 1 ⑤ 2

유형 03 실수인 거듭제곱근 ★★

실수 a의 n제곱근 중 실수인 것은 다음과 같다.

	n이 홀수	n이 짝수
$a>0$	$\sqrt[n]{a}$	$\sqrt[n]{a},\ -\sqrt[n]{a}$
$a=0$	0	0
$a<0$	$\sqrt[n]{a}$	없다

45

다음 중 옳은 것은?

① 216의 세제곱근은 $\sqrt[3]{216}$이다.
② 25의 네제곱근은 $\pm\sqrt[4]{25}$이다.
③ $\sqrt[4]{256}$은 256의 네제곱근 중 하나이다.
④ n이 홀수일 때, 음의 실수 a의 n제곱근 중 실수인 것의
  개수는 2이다.
⑤ n이 짝수일 때, 0이 아닌 실수 a의 n제곱근 중 실수인
  것은 $-\sqrt[n]{a},\ \sqrt[n]{a}$로 2개이다.

46

6의 세제곱근 중 실수인 것을 개수를 p, -5의 네제곱근
중 실수인 것의 개수를 q, -4의 다섯제곱근 중 실수인 것
의 개수를 r라 할 때, $p+q+r$의 값은?

① 1 ② 2 ③ 3

④ 4 ⑤ 5

47

m, n이 양의 정수이고 x가 양수일 때, [보기]에서 실수인
것만을 있는 대로 고른 것은?

[보기]

ㄱ. $\sqrt[2m]{(-x)^{2n+1}}$
ㄴ. $\sqrt[2m+1]{(-x)^{2n}}$
ㄷ. $\sqrt[2m+1]{(-x)^{2n+1}}$

① ㄱ ② ㄴ ③ ㄱ, ㄷ

④ ㄴ, ㄷ ⑤ ㄱ, ㄴ, ㄷ

48

n이 2 이상의 자연수일 때, [보기]에서 옳은 것만을 있는 대로 고른 것은?

———[보기]———

ㄱ. n이 홀수일 때, $\sqrt[n]{(-3)^n}=-3$이다.

ㄴ. n이 짝수일 때, $x^n=20$을 만족시키는 실수 x의 개수는 2이다.

ㄷ. n이 짝수일 때, $x^n=-4$를 만족시키는 실수 x의 개수는 1이다.

① ㄱ   ② ㄴ   ③ ㄷ

④ ㄱ, ㄴ   ⑤ ㄱ, ㄴ, ㄷ

49

임의의 실수 m과 양의 정수 n에 대하여 m의 n제곱근 중 실수인 것의 개수를 $f(m,\ n)$이라 할 때, 옳은 것만을 [보기]에서 있는 대로 고른 것은?

———[보기]———

ㄱ. $f(2018,\ 2)=2$

ㄴ. $f(-2018,\ 4)=2$

ㄷ. $n=2k+1$(단, k는 양의 정수)일 때, $f(m,\ n)=1$

① ㄱ   ② ㄴ   ③ ㄱ, ㄴ

④ ㄱ, ㄷ   ⑤ ㄱ, ㄴ, ㄷ

유형 04 거듭제곱근의 성질 ★★

$a>0,\ b>0$이고, $m,\ n$이 2 이상인 자연수일 때,

(1) $(\sqrt[n]{a})^m=\sqrt[n]{a^m}$ (2) $\sqrt[n]{a}\,\sqrt[n]{b}=\sqrt[n]{ab}$

(3) $\dfrac{\sqrt[n]{a}}{\sqrt[n]{b}}=\sqrt[n]{\dfrac{a}{b}}$    (4) $\sqrt[m]{\sqrt[n]{a}}=\sqrt[mn]{a}$

(5) $\sqrt[np]{a^{mp}}=\sqrt[n]{a^m}$ (단, p는 자연수)

50

$\sqrt[3]{2}\times\sqrt[3]{4}$의 값은?

① 1   ② 2   ③ 3

④ 4   ⑤ 5

51

$\sqrt[3]{6}\times\sqrt[3]{\dfrac{9}{2}}+\sqrt[4]{16^2}$의 값은?

① 6   ② 7   ③ 8

④ 9   ⑤ 10

52

$\sqrt[6]{16}\times\sqrt[6]{4}+\dfrac{\sqrt[3]{81}}{\sqrt[3]{3}}$의 값은?

① 3   ② 4   ③ 5

④ 6   ⑤ 7

53

$\sqrt[3]{\sqrt{4096}}+\sqrt[3]{125}$의 값은?

① 6   ② 7   ③ 8

④ 9   ⑤ 10

54

$3^2-\dfrac{\sqrt[3]{128}}{\sqrt[3]{2}}$의 값은?

① 1   ② 2   ③ 3

④ 4   ⑤ 5

55

$(\sqrt[3]{3})^6-\sqrt{\sqrt[3]{64}}$의 값은?

① 4   ② 5   ③ 6

④ 7   ⑤ 8

유형 05 거듭제곱근의 성질의 활용 ★

(1) 거듭제곱근의 성질을 이용하려면 근호 안의 수가 양수이어야 함에 유의한다.

(2) 실수 a와 2 이상의 자연수 n에 대하여
$$\sqrt[n]{a^n}=\begin{cases} a & (n\text{이 홀수}) \\ |a| & (n\text{이 짝수}) \end{cases}$$

56

$2\times\sqrt[3]{54}+3\times\sqrt[3]{16}=\sqrt[3]{k}$라 할 때, $\dfrac{k}{24}$의 값을 구하시오.

57

$\sqrt[6]{a}\times\sqrt[4]{a^3}=\sqrt[m]{a^n}$을 만족시키는 두 자연수 m, n에 대하여 $m+n$의 값을 구하시오.

(단, $a>0$이고, m과 n은 서로소이다.)

58

$\sqrt[3]{a^2}\times\sqrt[4]{a\sqrt{a}}=\sqrt[m]{a^n}$을 만족시키는 두 자연수 m, n에 대하여 $m-n$의 값을 구하시오.

(단, $a>0$이고, m과 n은 서로소이다.)

59

$\sqrt[6]{a}=4$, $\sqrt[4]{b}=27$일 때, $\sqrt[6]{ab}$의 값을 구하시오.

(단, $a>0$, $b>0$)

60

전자계산기로 어떤 수 A를 입력한 후 다음과 같은 순서로 전자계산기를 눌렀더니 화면에 6이 나타났다. 처음 입력한 수 A의 값은? (단, $\boxed{\sqrt{\ \ }}$ 를 누르면 입력되어 있던 수의 양의 제곱근이 계산된다.)

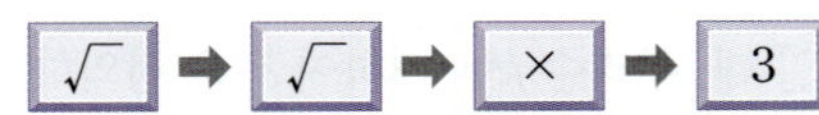

① 2   ② 4   ③ 8
④ 16   ⑤ 32

유형 06 거듭제곱근의 대소 비교 ★★

(1) 근호가 다른 거듭제곱근의 대소 비교는 $\sqrt[n]{\ }$ 에서 $\sqrt[n]{a^m}=\sqrt[np]{a^{mp}}$ 를 이용하여 n의 값을 통일시킨다.

(2) a, b가 양수이고, n이 자연수일 때, $a^n<b^n$이면 $a<b$이다.

61

$A=\sqrt{5}$, $B=\sqrt[3]{15}$, $C=\sqrt[6]{111}$일 때, 세 수 A, B, C의 대소 관계는?

① $A<C<B$ ② $B<A<C$
③ $B<C<A$ ④ $C<A<B$
⑤ $C<B<A$

62

$A=\sqrt[3]{4}$, $B=\sqrt[4]{7}$, $C=\sqrt[6]{19}$일 때, 세 수 A, B, C의 대소 관계는?

① $A<B<C$ ② $A<C<B$
③ $B<A<C$ ④ $B<C<A$
⑤ $C<A<B$

63

$A=\sqrt[3]{5}$, $B=\sqrt[4]{10}$, $C=\sqrt[6]{20}$일 때, [보기]에서 옳은 것만을 있는 대로 고른 것은?

[보기]
ㄱ. $A-B>0$
ㄴ. $B-C>0$
ㄷ. $C-A<0$

① ㄱ   ② ㄴ   ③ ㄱ, ㄷ
④ ㄴ, ㄷ   ⑤ ㄱ, ㄴ, ㄷ

03 지수의 확장과 지수법칙

(1) 0 또는 음의 정수인 지수의 정의

$a \neq 0$이고 n이 정수일 때,

① $a^0 = 1$　　　② $a^{-n} = \dfrac{1}{a^n}$

(2) 지수가 정수일 때, 지수법칙

$a \neq 0$, $b \neq 0$이고 m, n이 정수일 때,

① $a^m a^n = a^{m+n}$　　　② $a^m \div a^n = a^{m-n}$

③ $(a^m)^n = a^{mn}$　　　④ $(ab)^n = a^n b^n$

(3) 유리수인 지수의 정의

$a > 0$이고 m, $n(n \geq 2)$이 정수일 때,

① $a^{\frac{m}{n}} = \sqrt[n]{a^m}$　　　② $a^{\frac{1}{n}} = \sqrt[n]{a}$

(4) 지수가 유리수일 때, 지수법칙

$a > 0$, $b > 0$이고 r, s가 유리수일 때,

① $a^r a^s = a^{r+s}$　　　② $a^r \div a^s = a^{r-s}$

③ $(a^r)^s = a^{rs}$　　　④ $(ab)^r = a^r b^r$

(5) 지수가 실수일 때, 지수법칙

$a > 0$, $b > 0$이고 x, y가 실수일 때,

① $a^x a^y = a^{x+y}$　　　② $a^x \div a^y = a^{x-y}$

③ $(a^x)^y = a^{xy}$　　　④ $(ab)^x = a^x b^x$

- 0^0, 0^{-n}은 정의하지 않는다.

- 지수를 유리수, 실수까지 확장할 때는 밑이 양수인 조건이 필요하다.

- **$2^{\sqrt{2}}$의 정의**

무리수 $\sqrt{2} = 1.41421\cdots$에 대하여 $\sqrt{2}$에 한없이 가까워지는 유리수를 지수로 갖는 수 2^1, $2^{1.4}$, $2^{1.41}$, $2^{1.414}$, $\cdots$은 어떤 일정한 수에 한없이 가까워진다. 그 수를 $2^{\sqrt{2}}$이라 정의한다.

개념 CHECK

정답 및 해설 p. 11

[01~05] 다음 빈칸에 알맞은 것을 써넣으시오.

01 $a \neq 0$이고 n이 정수일 때 $a^{-n} = [\quad]$

02 $a > 0$이고 m, $n(n \geq 2)$인 정수일 때,
$a^{\frac{m}{n}} = [\quad]$

03 $a > 0$이고 r, s가 유리수일 때,
$a^r \div a^s = a^{[\quad]}$

04 $a > 0$이고 x, y가 실수일 때,
$(a^x)^y = [\quad]$

05 $a > 0$, $b > 0$이고 x가 실수일 때,
$(ab)^x = [\quad]$

[06~09] 옳은 것에 ○표, 옳지 <u>않은</u> 것에 ×표를 하시오.

06 자연수 n에 대하여 0^0과 0^{-n}은 정의하지 않는다.
$(\quad)$

07 $a \neq 0$이고 n이 정수일 때, $\sqrt[n]{a} = a^n$이다. $(\quad)$

08 $a > 0$일 때, 무리수 k에 대하여 a^k은 정의하지 않는다.
$(\quad)$

09 $a > 0$이고 x, y가 실수일 때, $(a^x)^y = a^{x+y}$이다.
$(\quad)$

03 지수의 확장과 지수법칙

[10~13] 다음 값을 구하시오.

10 $(-5)^0$

11 7^{-2}

12 $(-3)^{-2}$

13 $\left(\dfrac{7}{3}\right)^{-2}$

[14~17] 다음을 간단히 하시오. (단, $a \neq 0$)

14 $a^2 \times a^3 \div a^5$

15 $a^4 \times (a^{-3})^2 \div a^2$

16 $(a^3)^4 \div (a^5)^{-2} \times a^4$

17 $\dfrac{(a^{-4})^2 \times (a^2)^4}{a^2 \times a^4}$

[18~21] 다음을 유리수인 지수를 사용하여 나타내시오.

18 $\sqrt[4]{2^5}$

19 $\sqrt[7]{5^4}$

20 $\sqrt{8}$

21 $\sqrt[3]{25}$

[22~25] 다음을 근호를 사용하여 나타내시오.

22 $16^{\frac{2}{3}}$

23 $6^{-\frac{2}{3}}$

24 $\left(\dfrac{1}{243}\right)^{\frac{1}{10}}$

25 $\left(\dfrac{1}{16}\right)^{-\frac{3}{8}}$

[26~29] 다음 값을 구하시오.

26 $(6^3)^{\frac{2}{3}}$

27 $4^{\frac{1}{3}} \times 32^{\frac{2}{3}}$

28 $\left\{\left(\dfrac{2}{3}\right)^{-\frac{4}{3}}\right\}^{\frac{3}{2}}$

29 $27^{\frac{1}{3}} \div 27^{\frac{1}{9}}$

[30~32] 다음을 간단히 하시오. (단, $a>0,\ b>0$)

30 $\left(a^{\frac{3}{8}} \times a^{\frac{1}{8}}\right)^{-2}$

31 $\sqrt{\sqrt[3]{a} \times \sqrt[4]{a}}$

32 $\sqrt[4]{a^3\sqrt{a^3\sqrt{a^2}}}$

[33~36] 다음 값을 구하시오.

33 $5^{\frac{\sqrt{3}}{2}} \times 5^{\sqrt{3}}$

34 $(7^{\sqrt{3}})^{\frac{\sqrt{3}}{3}}$

35 $(4^{\sqrt{2}} \times 3^{\sqrt{8}})^{\frac{1}{\sqrt{2}}}$

36 $4^{\sqrt{2}+1} \div 2^{\sqrt{2}+2}$

[37~40] 다음을 간단히 하시오. (단, $a>0,\ b>0$)

37 $a^{\sqrt{3}} \div a^{2\sqrt{3}} \times a^{\sqrt{2}}$

38 $a^{\frac{\sqrt{2}}{3}} \div a^{\sqrt{2}} \times a^{\frac{\sqrt{2}}{6}}$

39 $(a^{2\sqrt{2}} b^{\sqrt{2}})^{\frac{1}{\sqrt{2}}} \div (a^{3\sqrt{3}} b^{\sqrt{3}})^{-2\sqrt{3}}$

40 $\left(a^{\frac{1}{2}} + b^{\frac{1}{2}}\right)\left(a^{\frac{1}{2}} - b^{\frac{1}{2}}\right)$

유형 07 정수 지수의 계산

$a \neq 0$이고 n이 정수일 때,

(1) $a^0 = 1$ (2) $a^{-n} = \dfrac{1}{a^n}$

41
$5^5 \times 25^{-2}$의 값은?

① 5 ② 10 ③ 15
④ 20 ⑤ 25

42
$7^{-2} \times 49$의 값은?

① 1 ② 3 ③ 5
④ 7 ⑤ 9

43
$3^4 \div 6^2 \times 2^3$의 값은?

① 6 ② 12 ③ 18
④ 24 ⑤ 30

44
$8^3 \times 4^{-2} \div \left(\dfrac{1}{2}\right)^{-2}$의 값은?

① 2 ② 4 ③ 8
④ 16 ⑤ 32

유형 08 유리수 지수의 계산

$a > 0$이고 m, $n(n \geq 2)$이 정수일 때,

(1) $a^{\frac{m}{n}} = \sqrt[n]{a^m}$ (2) $a^{\frac{1}{n}} = \sqrt[n]{a}$

45
$16^{\frac{3}{4}} \times \left(\dfrac{3}{2}\right)^2$의 값은?

① 12 ② 15 ③ 18
④ 21 ⑤ 24

46
$\left(\dfrac{1}{2}\right)^3 \times 16^{\frac{3}{4}} \times 125^{\frac{1}{3}}$의 값은?

① 5 ② 10 ③ 15
④ 20 ⑤ 25

47
$a > 0$일 때, $\sqrt{9a \times \sqrt[3]{a}}$의 값을 간단히 나타내면 $x \times a^{\frac{n}{m}}$이다. $m + n + x$의 값을 구하시오.

(단, m과 n은 서로소인 자연수이다.)

48
$a > 0$일 때, $\sqrt[3]{a\sqrt{a^2\sqrt{a^3}}}$을 간단히 나타내면 $a^{\frac{n}{m}}$이다. $m + n$의 값을 구하시오.

(단, m과 n은 서로소인 자연수이다.)

유형 09 실수 지수의 계산 ★

$a>0$, $b>0$이고 x, y가 실수일 때,

(1) $a^x a^y = a^{x+y}$

(2) $a^x \div a^y = a^{x-y}$

(3) $(a^x)^y = a^{xy}$

(4) $(ab)^x = a^x b^x$

49

$4^{\sqrt{2}} \times \left(\dfrac{3^{\frac{\sqrt{2}}{2}}}{2} \right)^{2\sqrt{2}}$의 값은?

① 3　　　　　② 6　　　　　③ 9

④ 12　　　　⑤ 15

50

$7^{\sqrt{2}} \times \left(\dfrac{7}{3^{\sqrt{2}}} \right)^{-\sqrt{2}}$의 값은?

① 3　　　　　② 5　　　　　③ 7

④ 9　　　　　⑤ 11

51

$9^{\sqrt{3}} \times \left(\dfrac{3}{2^{\sqrt{3}}} \right)^{-2\sqrt{3}}$의 값을 구하시오.

52

$a>0$, $b>0$일 때, $\left(a^{\sqrt{27}} \times b^{-\sqrt{3}} \right)^{-\frac{1}{\sqrt{3}}}$을 간단히 나타낸 것은?

① $\dfrac{1}{a^{\sqrt{3}}}$　　　② $\dfrac{b}{a^{\sqrt{3}}}$　　　③ $\dfrac{1}{a^3}$

④ $\dfrac{1}{a^3 b}$　　　⑤ $\dfrac{b}{a^3}$

유형 10 지수법칙을 이용한 식의 계산 ★★

주어진 수의 밑을 대입하는 식에 맞도록 변형해 본다.

53

실수 x에 대하여 $25^x = 3$일 때, $\left(\dfrac{1}{125} \right)^{-\frac{4}{3}x}$의 값은?

① 9　　　　　② 18　　　　③ 27

④ 36　　　　⑤ 45

54

두 실수 x, y에 대하여 $3^x = 11$, $11^{\frac{y}{3}} = 27$일 때, xy의 값을 구하시오.

55

$10^x = 9$일 때, $\dfrac{729^{\frac{1}{x}}}{100}$의 값은?

① 7　　　　　② 8　　　　　③ 9

④ 10　　　　⑤ 11

56

$a = 9^{27}$일 때, $27^9 = a^x$을 만족시키는 실수 x의 값은?

（단, $a>0$）

① $\dfrac{1}{5}$　　　② $\dfrac{1}{4}$　　　③ $\dfrac{1}{3}$

④ $\dfrac{1}{2}$　　　⑤ 1

유형 **11** 지수법칙과 곱셈 공식 ★

실수 p, q에 대하여 $a>0$, $b>0$일 때,

(1) $(a^p+b^q)(a^p-b^q)=a^{2p}-b^{2q}$

(2) $(a^p\pm b^q)^2=a^{2p}\pm2a^pb^q+b^{2q}$ (복호동순)

(3) $(a^p\pm b^q)(a^{2p}\mp a^pb^q+b^{2q})=a^{3p}\pm b^{3q}$ (복호동순)

57

$x>0$, $y>0$일 때,

$\left(x^{\frac{1}{2}}-y^{\frac{1}{2}}\right)\left(x^{\frac{1}{2}}+y^{\frac{1}{2}}\right)(x+y)$를 간단히 나타낸 것은?

① $x-y$ ② $x+y$ ③ x^2+y^2

④ x^2-y^2 ⑤ x^3-y^3

58

두 실수 x, y에 대하여 $2^{2x}=6$, $2^{2y}=5$일 때,
$(2^x+2^y)(2^x-2^y)(2^{2x}+2^{2y})$의 값을 구하시오.

59

$x>0$일 때, $\left(x^{\frac{1}{4}}+x^{-\frac{1}{4}}\right)^2-\left(x^{\frac{1}{4}}-x^{-\frac{1}{4}}\right)^2$의 값은?

① 2   ② 4   ③ 6

④ 8   ⑤ 10

도전

60

$x>0$, $y>0$일 때,

$\dfrac{x-y}{x^{\frac{2}{3}}+x^{\frac{1}{3}}y^{\frac{1}{3}}+y^{\frac{2}{3}}}+\dfrac{x+y}{x^{\frac{2}{3}}-x^{\frac{1}{3}}y^{\frac{1}{3}}+y^{\frac{2}{3}}}$를 간단히 나타낸 것은?

① $-2y^{\frac{1}{3}}$ ② $-2x^{\frac{1}{3}}$ ③ $x^{\frac{1}{3}}+y^{\frac{1}{3}}$

④ $2x^{\frac{1}{3}}$ ⑤ $2y^{\frac{1}{3}}$

유형 **12** a^x을 포함한 식의 값 ★★

(1) a^x+a^{-x} 꼴

주어진 조건식을 다음 공식을 이용하여 대입하기 쉬운 꼴로 변형한다.

① $a^2+b^2=(a+b)^2-2ab=(a-b)^2+2ab$

② $(a-b)^2=(a+b)^2-4ab$, $(a+b)^2=(a-b)^2+4ab$

③ $a^3+b^3=(a+b)^3-3ab(a+b)$,
   $a^3-b^3=(a-b)^3+3ab(a-b)$

(2) $\dfrac{a^{kx}+a^{-kx}}{a^x+a^{-x}}$의 꼴

주어진 조건을 이용할 수 있도록 분자, 분모에 a^x 등을 곱하여 간단히 나타낸 후 계산한다.

61

$a^{\frac{1}{2}}-a^{-\frac{1}{2}}=-1$일 때, a^2+a^{-2}의 값은? (단, $a>0$)

① 7   ② 9   ③ 11

④ 13   ⑤ 15

62

$a^{\frac{1}{2}}+a^{-\frac{1}{2}}=4$일 때, $a-a^{-1}$의 값은? (단, $a>a^{-1}>0$)

① $6\sqrt{3}$ ② $7\sqrt{3}$ ③ $8\sqrt{3}$

④ $9\sqrt{3}$ ⑤ $10\sqrt{3}$

63

$x-x^{-1}=5$일 때, $x+x^{-1}=k$이다. $\sqrt{k^2+7}$의 값은?
(단, $x>0$)

① 3   ② 6   ③ 9

④ 12   ⑤ 15

64

실수 x에 대하여 $3^x+3^{-x}=5$일 때, $3^{3x}+3^{-3x}$의 값은?

① 100 ② 105 ③ 110
④ 115 ⑤ 120

65

실수 x에 대하여 $5^{\frac{x}{3}}+5^{-\frac{x}{3}}=3$일 때, $5^{2x}+5^{-2x}$의 값은?

① 310 ② 314 ③ 318
④ 322 ⑤ 326

66

실수 x에 대하여 $7^{\frac{x}{2}}-7^{-\frac{x}{2}}=-2$일 때, $7^{\frac{3}{2}x}-7^{-\frac{3}{2}x}$의 값은?

① -16 ② -14 ③ -12
④ -10 ⑤ -8

67

양수 a와 실수 x에 대하여 $a^{2x}=5$일 때, $\dfrac{a^x+3a^{-x}}{a^x-3a^{-x}}$의 값을 구하시오.

68

양수 a와 실수 x에 대하여 $a^{2x}=3$일 때, $\dfrac{a^{3x}-a^{-3x}}{a^x-a^{-x}}$의 값은 k이다. $3k$의 값은?

① 5 ② 7 ③ 9
④ 11 ⑤ 13

69

실수 x에 대하여 $\dfrac{2^x-2^{-x}}{2^x+2^{-x}}=\dfrac{1}{3}$일 때, 4^x+4^{-x}의 값은?

① 1 ② $\dfrac{3}{2}$ ③ 2
④ $\dfrac{5}{2}$ ⑤ 3

70

실수 a에 대하여 $\dfrac{2^a+2^{-a}}{2^a-2^{-a}}=-3$일 때, 4^a-4^{-a}의 값은?

① -3 ② $-\dfrac{5}{2}$ ③ -2
④ $-\dfrac{3}{2}$ ⑤ -1

유형 13 밑이 서로 다른 조건이 주어진 경우의 식의 값 ★★

$a^x=k$, $b^y=k$ $(a>0,\,b>0,\,xy\neq0)$일 때,

$a=k^{\frac{1}{x}}$, $b=k^{\frac{1}{y}}$이므로 $ab=k^{\frac{1}{x}+\frac{1}{y}}$, $\dfrac{a}{b}=k^{\frac{1}{x}-\frac{1}{y}}$

71

0이 아닌 두 실수 x, y에 대하여 $3^x=4^y=12$일 때,

$\dfrac{1}{x}+\dfrac{1}{y}$의 값은?

① $\dfrac{1}{2}$ 　　　② 1 　　　③ $\dfrac{3}{2}$

④ 2 　　　⑤ $\dfrac{5}{2}$

72

0이 아닌 두 실수 x, y에 대하여 $4^x=9^y=6$일 때,

$\dfrac{1}{x}+\dfrac{1}{y}$의 값은?

① 1 　　　② 2 　　　③ 3
④ 4 　　　⑤ 5

73

0이 아닌 두 실수 x, y에 대하여 $2^x=3^y=18$일 때,

$\dfrac{2}{x}+\dfrac{4}{y}$의 값은?

① 2 　　　② 4 　　　③ 6
④ 8 　　　⑤ 10

74

0이 아닌 두 실수 x, y에 대하여 $53^x=8$, $424^y=32$일 때,

$\dfrac{5}{y}-\dfrac{3}{x}$의 값은?

① $\dfrac{3}{2}$ 　　　② 2 　　　③ $\dfrac{5}{2}$

④ 3 　　　⑤ $\dfrac{7}{2}$

75

0이 아닌 두 실수 x, y에 대하여 $23^x=9$, $207^y=243$일 때,

$\dfrac{2}{x}-\dfrac{5}{y}$의 값은?

① -2 　　　② $-\dfrac{3}{2}$ 　　　③ -1

④ $-\dfrac{1}{2}$ 　　　⑤ 0

76

0이 아닌 세 실수 x, y, z에 대하여 $2^x=3^y=12^z$일 때,

$\dfrac{2}{x}+\dfrac{1}{y}-\dfrac{1}{z}$의 값은?

① -2 　　　② -1 　　　③ 0
④ 1 　　　⑤ 2

77

두 실수 x, y에 대하여 $30^x=2$, $30^y=5$일 때, $6^{\frac{2x+y}{1-y}}$의 값을 구하시오.

유형 14 지수법칙의 실생활에서의 응용 ★★

문제에 주어진 문자를 정확히 파악하고 조건식에 대입하여 지수법칙을 이용한다.

78

어떤 음식점에서 n인분의 식사를 준비하는데 걸리는 시간을 t(분)라 하면

$$t = 3.5 \times n^{\frac{1}{2}}$$

의 관계식이 성립한다고 한다. 80인분의 식사를 준비하는데 걸리는 시간은 5인분의 식사를 준비하는데 걸리는 시간의 k배이다. k의 값은?

① 2   ② 4   ③ 6
④ 8   ⑤ 10

79

어떤 가스 오븐으로 빵 n조각을 굽는데 걸리는 시간을 t(분)라 하면

$$t = 0.8 \times n^{\frac{2}{3}}$$

의 관계식이 성립한다고 한다. 이 가스 오븐으로 빵 48조각을 굽는데 걸리는 시간은 빵 6조각을 굽는데 걸리는 시간의 k배이다. k의 값은?

① 2   ② 3   ③ 4
④ 5   ⑤ 6

80

어떤 공장에서 n개의 물건을 만드는데 걸리는 시간을 t(시간)라 하면

$$t = 0.7 \times n^{\frac{2}{3}}$$

의 관계식이 성립한다고 한다. 이 공장에서 8000개의 물건을 만드는데 걸리는 시간은 125개의 물건을 만드는데 걸리는 시간의 몇 배인지 구하시오.

81

어떤 방사능 물질의 양이 $\frac{1}{2}$로 줄어드는 데 걸리는 시간을 반감기라 한다. 처음 물질의 양을 K_0, 특정 시점에서 물질의 양을 K, 반감기를 T(년), 시간을 t(년)라 하면

$$K = K_0 \left(\frac{1}{2}\right)^{\frac{t}{T}}$$

의 관계식이 성립한다고 한다. 어떤 방사능 물질 A의 반감기가 28년이라 한다면 이 물질의 양이 처음 양의 3.125 %가 되는데 걸리는 시간(년)을 구하시오.

82

어떤 기체 P는 고온에서 다른 기체로 분해되면서 농도가 변한다. 기체 P의 초기 농도를 $A(0)$, 분해가 시작되고 t초가 지났을 때의 기체 P의 농도를 $A(t)$라 하면 다음과 같은 관계식이 성립한다고 한다.

$$A(t) = A(0) \times 10^{-kt}$$

(단, 농도의 단위는 mol/L이고 k는 양의 상수이다.)

초기 농도가 r인 기체 P에 대하여 분해가 시작되고 t_1초가 지났을 때의 농도는 r^2이고, 분해가 시작되고 t_2초가 지났을 때의 농도는 r^6이다. $t_2 = mt_1$일 때, 상수 m의 값은?

(단, $0 < r < 1$)

① 1   ② 2   ③ 3
④ 4   ⑤ 5

83

상대성이론에 따르면 빠른 속력으로 움직이는 물체에서의 시간의 흐름은 정지된 물체에서의 시간의 흐름보다 느리다고 한다. 어느 우주선이 v(km/초)의 속력으로 움직일 때, 이 우주선의 내부에서 1초가 흐르는 동안 이 우주선 밖의 정지된 장소에서는 T초가 흐르면 다음과 같은 관계식이 성립한다고 한다.

$$T = \left\{ 1 - \left(\frac{v}{c}\right)^2 \right\}^{-\frac{1}{2}}$$

(단, c는 빛의 속력이다.)

빛의 속력의 80 %의 속력으로 움직이는 어떤 우주선이 있다고 가정할 때, 우주선 밖의 정지된 장소에서 1초가 흐를 때, 우주선 내부에서는 a초가 흐른다. a의 값은?

① $\frac{1}{2}$ ② $\frac{3}{5}$ ③ $\frac{7}{10}$
④ $\frac{4}{5}$ ⑤ $\frac{9}{10}$

01 ☆

$3\sqrt[3]{81}+\sqrt[3]{24}=k\sqrt[3]{3}$을 만족시키는 유리수 k의 값은?

① 5　　　　② 7　　　　③ 9
④ 11　　　⑤ 13

02 ☆☆

$f(x)=\dfrac{1+x+x^2+x^3+x^4+x^5}{x^{-2}+x^{-3}+x^{-4}+x^{-5}+x^{-6}+x^{-7}}$일 때, $f(\sqrt[14]{3})$의 값은?

① 1　　　　② $\sqrt{3}$　　　　③ 3
④ 9　　　　⑤ 27

03 |서술형| ☆☆☆

두 수 $\sqrt[3]{2k}$, $\sqrt{3k}$가 모두 자연수가 되도록 하는 자연수 k의 최솟값을 구하시오.

04 |단답형| ☆☆　　　　　　　　[2017년 6월 교육청]

$1<m<n<7$인 두 자연수 m, n에 대하여 m^n의 세제곱근이 자연수가 되도록 하는 모든 순서쌍 (m, n)의 개수를 구하시오.

05 ☆☆☆ 첨삭 해설　　　　　　　　[2015년 6월 교육청]

자연수 $n(n\geq2)$에 대하여 실수 a의 n제곱근 중에서 실수인 것의 개수를 $f_n(a)$라 할 때, $f_2(-3)+f_3(-2)+f_4(5)$의 값은?

① 1　　　　② 2　　　　③ 3
④ 4　　　　⑤ 5

06 ☆☆☆ 첨삭 해설

세 수 $A=\sqrt{\sqrt[3]{5}}$, $B=\sqrt[3]{3}$, $C=\sqrt[3]{\sqrt{20}}$의 대소 관계는?

① $A<B<C$　　② $A<C<B$　　③ $B<A<C$
④ $B<C<A$　　⑤ $C<B<A$

07 ☆

$\left(8^{\frac{1}{2}}\right)^{\frac{2}{3}}$의 값은?

① 2　　　　② 4　　　　③ 8
④ 16　　　⑤ 32

08 ☆☆

0이 아닌 두 실수 x, y에 대하여 $\left(\dfrac{1}{3}\right)^x=2$, $27^y=32$일 때, $2^{\frac{1}{x}+\frac{5}{y}}$의 값은?

① 3　　　　② 6　　　　③ 9
④ 12　　　⑤ 15

09 ★★☆

0이 아닌 두 실수 a, b에 대하여 $7^{3a+b}=128$, $7^{a-b}=2$일 때, $2^{\frac{3}{b}} \div 2^{\frac{2}{a}}$의 값은?

① 16   ② 25   ③ 36

④ 49   ⑤ 64

10 ☆

0이 아닌 두 실수 a, b에 대하여 $5^{\frac{1}{a}}=2$, $81^{\frac{1}{b}}=25$일 때, $(2^a)^b$의 값은?

① 1   ② 3   ③ 5

④ 7   ⑤ 9

11 ★★☆

0이 아닌 세 실수 x, y, z에 대하여 $4^x=9^y=16^z$이고, $xy=\dfrac{1}{2}$일 때, 16^{xz+yz}의 값은?

① 2   ② 4   ③ 6

④ 8   ⑤ 10

12 ☆

0이 아닌 두 실수 a, b에 대하여 $4^a=9^b=\sqrt{6}$이라 할 때, $\dfrac{1}{a}+\dfrac{1}{b}$의 값은?

① 2   ② $\dfrac{5}{2}$ ③ 3

④ $\dfrac{7}{2}$ ⑤ 4

13 ★★☆ 첨삭 해설

양수 a에 대하여 $\sqrt{a}+\dfrac{1}{\sqrt{a}}=4$일 때, $\dfrac{a^2+a^{-2}+6}{a+a^{-1}-4}$의 값은?

① 10   ② 15   ③ 20

④ 25   ⑤ 30

14 ★★☆

양수 a와 실수 x에 대하여 $a^{3x}=2$라 할 때, $\dfrac{5a^{5x}+4a^{-4x}}{5a^{5x}-4a^{-4x}}$의 값은?

① 1   ② $\dfrac{11}{9}$ ③ $\dfrac{13}{9}$

④ $\dfrac{5}{3}$ ⑤ $\dfrac{17}{9}$

15 |단답형| ★★☆   [2017년 6월 교육청]

폭약에 의한 수중 폭발이 일어나면 폭발 지점에서 가스버블이 생긴다. 수면으로부터 폭발 지점까지의 깊이가 $D(\mathrm{m})$인 지점에서 무게가 $W(\mathrm{kg})$인 폭약이 폭발했을 때의 가스버블의 최대반경을 $R(\mathrm{m})$라고 하면 다음과 같은 관계식이 성립한다고 한다.

$$R=k\left(\frac{W}{D+10}\right)^{\frac{1}{3}} \quad (단, k는 \; 양의 \; 상수이다.)$$

수면으로부터 깊이가 $d(\mathrm{m})$인 지점에서 무게가 160 kg인 폭약이 폭발했을 때의 가스버블의 최대반경을 $R_1(\mathrm{m})$이라 하고, 같은 폭발 지점에서 무게가 $p(\mathrm{kg})$인 폭약이 폭발했을 때의 가스버블의 최대반경을 $R_2(\mathrm{m})$라 하자. $\dfrac{R_1}{R_2}=2$일 때, p의 값을 구하시오. (단, 폭약의 종류는 같다.)

04 로그의 정의

$a>0$, $a\neq1$일 때, 양수 b에 대하여 $a^x=b$ 를 만족시키는 실수 x를 $\log_a b$로 나타내고, 이 값 x를 a를 밑으로 하는 b의 **로그**라 한다.

$$a^x=b \iff x=\log_a b$$

(진수, 밑)

- $\log_a b$가 정의되기 위한 조건
  (i) 밑 a는 1이 아닌 양수이어야 한다. 즉, $a>0$, $a\neq1$
  (ii) 진수 b는 양수이어야 한다. 즉, $b>0$

05 로그의 기본 성질

$a>0$, $a\neq1$이고 $x>0$, $y>0$일 때,

(1) $\log_a 1=0$, $\log_a a=1$

(2) $\log_a xy=\log_a x+\log_a y$

(3) $\log_a \dfrac{x}{y}=\log_a x-\log_a y$

(4) $\log_a x^n=n\log_a x$ (단, n은 실수)

06 로그의 밑의 변환 공식

$a>0$, $a\neq1$이고 $b>0$일 때,

(1) $\log_a b=\dfrac{\log_c b}{\log_c a}$ (단, $c>0$, $c\neq1$)

(2) $\log_a b=\dfrac{1}{\log_b a}$ (단, $b\neq1$)

- $\log_a b$를 밑이 b인 로그로 나타내면
  $$\log_a b=\frac{\log_b b}{\log_b a}=\frac{1}{\log_b a}$$

07 로그의 여러 가지 성질

$a>0$, $a\neq1$, $b>0$, $c>0$, $c\neq1$이고 m, n은 실수일 때,

(1) $\log_{a^m} b^n=\dfrac{n}{m}\log_a b$, $\log_{a^m} b=\dfrac{1}{m}\log_a b$ (단, $m\neq0$)

(2) $a^{\log_c b}=b^{\log_c a}$, $a^{\log_a b}=b$

- $a^{\log_a b}=b^{\log_a a}=b$

개념 CHECK

정답 및 해설 p. 17

[01~04] 다음 빈칸에 알맞은 것을 써넣으시오.

01 $a>0$, $a\neq1$일 때, 양수 b에 대하여 $a^x=b$를 만족시키는 실수 x를 [　　　]로 나타내고, 이 값 x를 a를 밑으로 하는 b의 [　　　]라 한다.

02 $\log_a b$가 정의되기 위한 밑 a의 조건은 [　　　], [　　　]이고 진수 b의 조건은 [　　　]이다.

03 $a>0$, $a\neq1$일 때, $\log_a 1=$[　　　], $\log_a a=$[　　　]이다.

04 $a>0$, $a\neq1$, $b>0$이고 $m\,(m\neq0)$, n은 실수일 때, $\log_{a^m} b^n=$[　　　]$\log_a b$이다.

[05~09] 옳은 것에 ○표, 옳지 <u>않은</u> 것에 ×표를 하시오.
(단, $a>0$, $a\neq1$, $b>0$, $c>0$, $c\neq1$, $x>0$, $y>0$)

05 $\log_a xy=\log_a x\times\log_a y$ 　　　（　　）

06 $\log_a \dfrac{x}{y}=\dfrac{\log_a x}{\log_a y}$ 　　　（　　）

07 $-\log_a x=\log_a \dfrac{1}{x}$ 　　　（　　）

08 $\log_a ax=1+\log_a x$ 　　　（　　）

09 $a^{\log_c b}=c^{\log_a b}$ 　　　（　　）

04 로그의 정의

[10~13] 다음 등식을 $a^x=b$의 꼴로 나타내시오.

10 $\log_2 16=4$

11 $\log_3 27=3$

12 $\log_9 3=\dfrac{1}{2}$

13 $\log_3 \dfrac{1}{81}=-4$

[14~17] 다음 등식을 $x=\log_a b$의 꼴로 나타내시오.

14 $2^6=64$

15 $2^{-4}=\dfrac{1}{16}$

16 $2^{\frac{1}{2}}=\sqrt{2}$

17 $(0.1)^2=0.01$

[18~21] 다음 식을 만족시키는 x의 값을 구하시오.

18 $\log_2 x=-2$

19 $\log_{\frac{1}{3}} x=3$

20 $\log_x 16=4$

21 $\log_x 2=\dfrac{1}{4}$

05 로그의 기본 성질

[22~27] 다음 값을 구하시오.

22 $\log_2 1$

23 $\log_3 3$

24 $\log_5 125$

25 $\log_2 1024$

26 $\log_2 4+\log_2 16$

27 $\log_2 12-\log_2 3$

[28~31] $\log_a x=p$, $\log_a y=q$, $\log_a z=r$라 할 때, 다음을 p, q, r로 나타내시오.

28 $\log_a xy^2z^3$

29 $\log_a \dfrac{xy}{z}$

30 $\log_a \sqrt{xyz^2}$

31 $\log_a \dfrac{x}{yz}$

06 로그의 밑의 변환 공식

[32~33] 다음 값을 구하시오.

32 $\log_2 3 \times \log_9 16$

33 $\log_{\frac{1}{2}} 3 \times \log_{\frac{1}{3}} 2$

[34~36] 다음을 a, b로 나타내시오.

34 $\log_2 3=a$, $\log_2 7=b$일 때, $\log_{42} 56$

35 $\log_5 2=a$, $\log_5 3=b$일 때, $\log_9 12$

36 $\log_7 2=a$, $\log_7 3=b$일 때, $\log_2 9$

[37~38] $\log_2 3=a$, $\log_2 5=b$일 때, 다음을 a, b로 나타내시오.

37 $\log_3 15$

38 $\log_{15} 20$

07 로그의 여러 가지 성질

[39~42] 다음 값을 구하시오.

39 $\log_{\sqrt{2}} \sqrt{64}$

40 $16^{\log_2 3}$

41 $3^{\log_9 2}$

42 $3^{\log_{\sqrt{3}} 16}$

[43~46] 다음 값을 구하시오.

43 $\log_2 \sqrt{3}-\log_4 3$

44 $(\log_2 9+\log_4 3)(\log_3 4+\log_9 8)$

45 $\log_2 6 \times \log_3 6-(\log_2 3+\log_3 2)$

46 $\log_2 \dfrac{5}{4}+\log_2 \sqrt{20}-\dfrac{3}{2}\log_2 5$

유형 15 로그의 정의

$a>0$, $a \ne 1$일 때, 양수 b에 대하여
$$a^x = b \iff x = \log_a b$$

47

$\log_2 128$의 값은?

① 1   ② 3   ③ 5
④ 7   ⑤ 9

48

$\log_4 \dfrac{1}{8}$의 값은?

① $-\dfrac{3}{2}$ ② $-\dfrac{1}{2}$ ③ $\dfrac{1}{2}$
④ $\dfrac{3}{2}$ ⑤ $\dfrac{5}{2}$

49

$a = \log_2 (\sqrt{2}-1)$일 때, $2^a + 2^{-a}$의 값은?

① 1   ② $\sqrt{2}$ ③ $2\sqrt{2}$
④ $3\sqrt{2}$ ⑤ $4\sqrt{2}$

유형 16 로그의 정의를 이용한 미지수의 값

로그를 지수로, 지수를 로그로 변형하여 주어진 식에서 미지수의 값을 구한다.

50

$\log_2 2x = 4$를 만족시키는 x의 값은?

① 2   ② 4   ③ 6
④ 8   ⑤ 10

51

$\log_x 27 = 3$을 만족시키는 x의 값을 구하시오.

52

$\log_4 (\log_2 x) = \dfrac{1}{2}$을 만족시키는 x의 값은?

① 2   ② 4   ③ 6
④ 8   ⑤ 10

유형 17 로그가 정의될 조건   ★

$\log_a b$가 정의되기 위한 조건은 다음과 같다.
(i) 밑 a는 1이 아닌 양수이어야 한다. 즉, $a>0$, $a \ne 1$
(ii) 진수 b는 양수이어야 한다. 즉, $b>0$

53

$\log_2 (10-x)$가 정의되기 위한 x의 값으로 옳지 <u>않은</u> 것은?

① 2   ② 4   ③ 6
④ 8   ⑤ 10

54

$\log_{(x-4)} 4$가 정의되기 위한 x의 값으로 알맞은 것은?

① 2   ② 3   ③ 4
④ 5   ⑤ 6

55

$\log_{(x-2)} (-x^2 + 11x - 10)$이 정의되기 위한 정수 x의 개수는?

① 2   ② 4   ③ 6
④ 8   ⑤ 10

56

$\log_{(x-2)} (-x^2 + 8x - 7)$이 정의되기 위한 모든 정수 x의 값의 합을 구하여라.

유형 **18** 로그의 기본 성질을 이용한 로그의 계산 ★

$a>0$, $a\neq1$, $x>0$, $y>0$일 때,

(1) $\log_a 1=0$, $\log_a a=1$

(2) $\log_a xy=\log_a x+\log_a y$

(3) $\log_a \dfrac{x}{y}=\log_a x-\log_a y$

(4) $\log_a x^n=n\log_a x$ (단, n은 실수)

57

$\log_2 \dfrac{4}{3}+2\log_2 \sqrt{48}$ 의 값은?

① 2 　　　② 4 　　　③ 6

④ 8 　　　⑤ 10

58

$\log_2 \left(\log_2 64-\log_2 \dfrac{3}{64}+\log_2 48\right)$의 값은?

① 1 　　　② 2 　　　③ 3

④ 4 　　　⑤ 5

59

$\log_2 (\sqrt{7}+\sqrt{3})^5+\log_2 (\sqrt{7}-\sqrt{3})^5$의 값은?

① 2 　　　② 4 　　　③ 6

④ 8 　　　⑤ 10

도전

60

$\log_{11}\left(1-\dfrac{1}{2^2}\right)+\log_{11}\left(1-\dfrac{1}{3^2}\right)+\cdots+\log_{11}\left(1-\dfrac{1}{10^2}\right)$의 값은?

① $-\log_{11} 20$ 　　② 1 　　③ $1-\log_{11} 20$

④ $\log_{11} 20$ 　　⑤ $1+\log_{11} 20$

유형 **19** 로그의 밑의 변환 공식 ★

밑이 다른 로그를 계산할 때는 밑의 변환 공식을 이용하여 밑을 같게 한다. 즉, $a>0$, $a\neq1$이고 $b>0$일 때,

$\log_a b=\dfrac{\log_c b}{\log_c a}$ $(c>0,\ c\neq1)$, $\log_a b=\dfrac{1}{\log_b a}$ $(b\neq1)$임을 이용한다.

61

$(\log_3 \sqrt{8})\times(\log_2 27)$의 값은?

① $\dfrac{1}{2}$ 　　② $\dfrac{3}{2}$ 　　③ $\dfrac{5}{2}$

④ $\dfrac{7}{2}$ 　　⑤ $\dfrac{9}{2}$

62

$\log_5 35-\dfrac{\log_8 14}{\log_8 5}+\dfrac{1}{\log_{10} 5}$의 값은?

① 1 　　　② 2 　　　③ 3

④ 4 　　　⑤ 5

63

$2\log_3 4+\log_9 100-\dfrac{3}{\log_2 3}$의 값은?

① $\log_3 20$ 　　② $\log_3 22$ 　　③ $\log_3 24$

④ $\log_3 26$ 　　⑤ $\log_3 30$

64

$\dfrac{\log_5 36+2\log_5 2}{\log_{25} 10000}$의 값은?

① $\log_{10} 11$ 　　② $\log_{10} 12$ 　　③ $\log_{10} 13$

④ $\log_{10} 14$ 　　⑤ $\log_{10} 15$

유형 20　로그의 성질의 활용

주어진 식과 구하는 식의 밑을 통일한 후 로그의 성질을 이용하여 구하는 식을 문자로 나타낸다.

65

$\log_2 a = A$, $\log_2 b = B$라 할 때, $\log_a b$를 A, B로 나타낸 것은?

① $\dfrac{B}{A}$　　② AB　　③ $\dfrac{A}{B}$

④ $A-B$　　⑤ $2A+B$

66

$\log_2 3 = a$, $\log_3 7 = b$일 때, $\log_6 21$를 a, b로 나타낸 것은?

① $\dfrac{a+ab}{1+a}$　　② $\dfrac{a}{1-b}$　　③ $\dfrac{ab-b}{1+b}$

④ $\dfrac{b}{1-a}$　　⑤ $\dfrac{a-b}{2a+3b}$

67

1이 아닌 두 양수 a, b에 대하여 $\log_a 4 = \dfrac{1}{20}$이고 $\log_2 b = 5$일 때, $\log_b a^4$의 값은?

① 28　　② 32　　③ 36

④ 40　　⑤ 44

68

$2^a = x$, $4^b = y$, $8^c = z$일 때, $\log_x y^2 z^4$을 a, b, c로 나타낸 것은?

① $\dfrac{a-c}{2b}$　　② $\dfrac{2b-3a}{c}$　　③ $\dfrac{a+3c}{b}$

④ $\dfrac{b-c}{a}$　　⑤ $\dfrac{4b+12c}{a}$

유형 21　로그의 여러 가지 성질을 이용한 로그의 계산 ★

a, b, c가 양수이고, $a \neq 1$, $b \neq 1$, $c \neq 1$일 때, 실수 m, n에 대하여

(1) $\log_{a^m} b^n = \dfrac{n}{m} \log_a b$ (단, $m \neq 0$)

(2) $\log_{a^m} b = \dfrac{1}{m} \log_a b$ (단, $m \neq 0$)

(3) $a^{\log_a b} = b$

(4) $a^{\log_c b} = b^{\log_c a}$

69

$\log_9 2^{\log_2 3}$의 값은?

① $\dfrac{1}{2}$　　② 1　　③ $\dfrac{3}{2}$

④ 2　　⑤ $\dfrac{5}{2}$

70

$\log_a \sqrt{a} - \log_{a^4} a^2 - \dfrac{1}{2} \log_{a^{-1}} a$의 값은?

(단, $a > 0$, $a \neq 1$)

① $\dfrac{1}{2}$　　② 1　　③ $\dfrac{3}{2}$

④ 2　　⑤ $\dfrac{5}{2}$

71

$\log_4 3 \times \log_9 25 \times \log_5 8$의 값은?

① $\dfrac{1}{2}$　　② 1　　③ $\dfrac{3}{2}$

④ 2　　⑤ $\dfrac{5}{2}$

도전

72

$\log_2(\log_4 3) + \log_2(\log_9 125) + \log_2(\log_{25} n) = \log_2 \dfrac{3}{4}$ 을 만족시키는 자연수 n의 값은?

① 1　　② 2　　③ 3

④ 4　　⑤ 5

유형 22 조건이 주어졌을 때의 로그의 계산 ★★

로그의 성질을 이용하여 주어진 조건을 변형한 후 주어진 식에 대입하여 식의 값을 구한다.

73

1보다 큰 네 자연수 a, b, c, d가 다음 조건을 만족시킬 때, $\log_a c^3$의 값을 구하시오.

(가) $\log_a b : \log_c d = 1 : 3$
(나) $ab = c^3 d$

74

양수 a, b, c와 실수 x, y, z가 다음 조건을 만족시킬 때, $\dfrac{1}{2x} + \dfrac{1}{y} + \dfrac{2}{z}$ 의 값을 구하시오.

(가) $\log_2 ab + \log_2 bc + \log_2 ca = 20$
(나) $a^{2x} = b^y = c^{\frac{1}{2}z} = 32$

75

1이 아닌 양수 a, b, p, q에 대하여
$$\log_a p + \log_b q = 2, \quad \log_p a + \log_q b = -1$$
을 만족시킬 때, $(\log_a p)^2 + (\log_b q)^2$의 값을 구하시오.

유형 23 지수, 로그의 성질의 복합 ★

지수와 로그의 조건이 복합적으로 주어진 경우
(1) 지수 조건은 로그로 바꾼다.
(2) 로그 조건은 밑을 같게 하거나 지수로 바꾼다.

76

양수 a, b에 대하여 $7^a = 2$, $\log_b 7 = 2$일 때, b^a의 값은?

(단, $b \neq 1$)

① 1　　　② $\sqrt{2}$　　　③ 2
④ $2\sqrt{2}$　　　⑤ 3

77

$\left(\dfrac{3}{2}\right)^{\log_7 5} \times \left(\dfrac{2}{5}\right)^{\log_7 3} = 4^{\log_7 a}$를 만족시키는 양수 a의 값은?

① $\dfrac{3}{5}$　　　② $\dfrac{\sqrt{11}}{5}$　　　③ $\dfrac{\sqrt{13}}{5}$
④ $\dfrac{\sqrt{15}}{5}$　　　⑤ $\dfrac{\sqrt{17}}{5}$

유형 24 이차방정식의 두 근과 로그 ★★

이차방정식 $ax^2 + bx + c = 0$의 두 근을 $\log_p \alpha$, $\log_p \beta$라 하면 이차방정식의 근과 계수의 관계에 의하여
$$\log_p \alpha + \log_p \beta = \log_p \alpha\beta = -\frac{b}{a}, \quad \log_p \alpha \times \log_p \beta = \frac{c}{a}$$

78

이차방정식 $x^2 - 9x + 16 = 0$의 두 근을 α, β라 할 때, $\log_2 \alpha + \log_2 \beta$의 값은?

① 1　　　② 2　　　③ 3
④ 4　　　⑤ 5

79

이차방정식 $x^2 - 5x + 2 = 0$의 두 근을 α, β라 할 때, $\log_{\alpha\beta}\left(1 + \dfrac{1}{\alpha}\right) + \log_{\alpha\beta}\left(1 + \dfrac{1}{\beta}\right)$의 값은?

① 1　　　② 2　　　③ 3
④ 4　　　⑤ 5

80

이차방정식 $x^2 - 9x - 3 = 0$의 두 근이 $\log_{10} a$, $\log_{10} b$일 때, $\log_a b + \log_b a$의 값은?

① -29　　　② -25　　　③ -19
④ -15　　　⑤ -9

08 상용로그의 정의

양수 N에 대하여 $\log_{10} N$과 같이 10을 밑으로 하는 로그를 **상용로그**라 하고, 보통 밑 10을 생략하여 $\log N$으로 나타낸다.

09 상용로그표

(1) 상용로그표

0.01 간격으로 1.00부터 9.99까지의 수에 대한 상용로그의 값을 소수 다섯째 자리에서 반올림하여 소수 넷째 자리까지 나타낸 표이다.

(2) 상용로그표를 이용한 상용로그의 값 구하기

상용로그표에서 $\log 3.35$의 값을 구하려면 3.3의 가로줄과 5의 세로줄이 만나는 곳에 있는 수 0.5250을 찾으면 된다.

즉, $\log 3.35 = 0.5250$이다.

수	0	1	$\cdots$	⑤	$\cdots$
1.0	.0000	.0043	$\cdots$	.0212	$\cdots$
1.1	.0414	.0453	$\cdots$	.0607	$\cdots$
$\vdots$	$\vdots$	$\vdots$	$\cdots$	$\vdots$	$\cdots$
③.3	.5158	.5198	$\rightarrow$	.5250	$\cdots$
$\vdots$	$\vdots$	$\vdots$	$\cdots$	$\vdots$	$\cdots$

10 상용로그의 활용

(1) 상용로그의 정수 부분

양수 N에 대하여 $\log N = n + \alpha$ (n은 정수, $0 \le \alpha < 1$)일 때,

① $N > 1$이면 N은 정수 부분이 $(n+1)$자리인 수이다.

② $0 < N < 1$이면 N은 소수점 아래 $|n|$째 자리에서 처음으로 0이 아닌 숫자가 나타난다.

(2) 상용로그의 소수 부분

숫자의 배열이 같고 소수점의 위치만 다른 양수들의 상용로그의 소수 부분은 모두 같다.

- 상용로그에서도 로그의 성질이 그대로 적용된다.

- 상용로그표의 값은 반올림하여 어림한 값이지만 편의상 등호(=)를 사용하여 나타낸다.

- $\log A$와 $\log B$의 소수 부분이 같으면 $\log A - \log B = $(정수)

- $\log A$와 $\log B$의 소수 부분의 합이 1이면 $\log A + \log B = $(정수)
 (단, 역은 성립하지 않는다.)

│ 개념 CHECK

정답 및 해설 p. 22

[01~03] 다음 빈칸에 알맞은 것을 써넣으시오.

01 양수 N에 대하여 $\log_{10} N$과 같이 10을 밑으로 하는 로그를 [   ]라 하고, 보통 밑을 생략하여 [   ]으로 나타낸다.

02 0.01 간격으로 1.00부터 9.99까지의 수에 대한 상용로그의 값을 소수 다섯째 자리에서 반올림하여 소수 넷째 자리까지 나타낸 표를 [   ]라 한다.

03 숫자의 배열이 같고 소수점의 위치만 다른 양수들의 상용로그의 [   ] 부분은 모두 같다.

[04~08] 옳은 것에 ○표, 옳지 <u>않은</u> 것에 ×표를 하시오.

04 $\log 100 = 2$ (   )

05 $\log \dfrac{1}{1000} = -3$ (   )

06 상용로그표를 이용하여 진수가 $N\,(1 \le N < 10)$인 상용로그의 값만 구할 수 있다. (   )

07 n자리인 자연수 N에 대하여 $\log N$의 정수 부분은 $n+1$이다. (   )

08 소수 부분이 같은 두 상용로그 $\log A$, $\log B$의 차는 정수이다. (   )

04 DAY

08 상용로그의 정의

[09~12] 다음 값을 구하시오.

09 $\log 1000$

10 $\log \dfrac{1}{100}$

11 $\log 0.00001$

12 $\log 0.1^3$

[13~16] 다음 값을 구하시오.

13 $\log 100 + \log \dfrac{1}{1000}$

14 $\log 500 - \log 5$

15 $\log 5 \times \log_5 10$

16 $\dfrac{(\log 100)^5}{\log 100}$

09 상용로그표

[17~20] $\log 2.48 = 0.3945$임을 이용하여 다음 상용로그의 값을 구하시오.

17 $\log 248$

18 $\log 0.00248$

19 $\log 248000$

20 $\log 0.0000248$

[21~24] $\log 5.68 = 0.7543$임을 이용하여 다음 등식을 만족시키는 x의 값을 구하시오.

21 $\log x = 2.7543$

22 $\log x = 4.7543$

23 $\log x = -4 + 0.7543$

24 $\log x = -2.2457$

[25~28] 상용로그표를 이용하여 다음 값을 구하시오.

수	0	1	2	3	4
3.0	.4771	.4786	.4800	.4814	.4829
3.1	.4914	.4928	.4942	.4955	.4969
3.2	.5051	.5065	.5079	.5092	.5105
3.3	.5185	.5198	.5211	.5224	.5237
3.4	.5315	.5328	.5340	.5353	.5366

25 $\log 3.14$

26 $\log 323$

27 $\log 0.0341$

28 $\log \sqrt[3]{3320}$

10 상용로그의 활용

[29~30] 다음 수가 n자리 정수일 때, n의 값을 구하시오.
(단, $\log 2 = 0.3010$, $\log 3 = 0.4771$로 계산한다.)

29 2^{100} **30** 3^{50}

[31~32] 다음 수가 소수점 아래 n째 자리에서 처음으로 0이 아닌 숫자가 나타난다고 할 때, n의 값을 구하시오.
(단, $\log 1.2 = 0.0792$, $\log 2.4 = 0.3802$로 계산한다.)

31 0.012^{10} **32** 0.24^{20}

유형 25 상용로그의 정의

양수 N에 대하여 $\log_{10} N$과 같이 10을 밑으로 하는 로그를 상용로그라 하고, 보통 밑을 생략하여 $\log N$으로 나타낸다. 즉,
$$\log_{10} N = \log N$$

33

$\log(5-\sqrt{15}) + \log(5+\sqrt{15})$의 값을 구하시오.

34

$a = \log(\sqrt{5}-2)$일 때, $10^a - 10^{-a}$의 값은?

① -10 ② -4 ③ 1
④ 4 ⑤ -10

35

$\log 2 = a$, $\log 3 = b$라 할 때, $\log \dfrac{25}{3}$를 a, b로 나타낸 것은?

① $2-2a-b$ ② $1-a-b$ ③ $2-a-2b$
④ $1-a-2b$ ⑤ $a-2b$

36

$10^a = 2$, $10^b = 3$일 때, $\log_5 6$을 a, b로 나타낸 것은?

① $a-b$ ② $\dfrac{a-b}{2a}$ ③ $\dfrac{a+b}{1-b}$
④ $\dfrac{a+b}{1-a}$ ⑤ $b-a$

37

양의 정수 a, b에 대하여
$\log(a-2) + \log(6-b) = 1$일 때, $a+b$의 최댓값은?

① 5 ② 8 ③ 11
④ 14 ⑤ 17

유형 26 상용로그의 값과 계산

양수 N에 대하여 $N = a \times 10^n$ $(1 \le a < 10,\ n$은 정수)일 때,
$$\log N = n + \log a$$

38

$\log 2 = 0.30$, $\log 3 = 0.48$일 때, $\log 50 - \log 12$의 값은?

① 0.29 ② 0.40 ③ 0.51
④ 0.62 ⑤ 0.73

39

$10^{0.3010} = 2$, $10^{0.4771} = 3$일 때, $\log 2.4$의 값은?

① 0.3801 ② 0.4812 ③ 0.5923
④ 0.6034 ⑤ 0.7145

40

$\log 205 = 2.3118$일 때, $\log x = 3.3118$를 만족시키는 x의 값은?

① 0.250 ② 2.50 ③ 2050
④ 20500 ⑤ 205000

41

$\log 0.815 = -0.0888$일 때, $\log x = -1.0888$을 만족시키는 x의 값은?

① 0.0815 ② 0.815 ③ 8.15
④ 8150 ⑤ 81500

42

$\log a = 2.3$, $\log b = 1.1$일 때, $\log N = 2.1$을 만족시키는 양의 실수 N을 a, b로 나타낸 것은?

① $\dfrac{b}{a}$ ② $\dfrac{10a^2}{b}$ ③ $\dfrac{a}{b^2}$
④ $\dfrac{10a}{b^2}$ ⑤ $\dfrac{100a}{b^2}$

유형 27 상용로그의 성질을 이용한 계산 ★★

(1) $\log N$의 정수 부분이 n, 즉
$$n \leq \log N < n+1$$이면 $10^n \leq N < 10^{n+1}$
(2) $\log N$의 정수 부분이 $-n$, 즉
$$-n \leq \log N < -n+1$$이면 $10^{-n} \leq N < 10^{-n+1}$

43

$\log n^2$의 정수 부분이 2일 때, 자연수 n의 개수를 구하시오.

44

5^{60}이 42자리의 수일 때, 5^{40}은 n자리의 수이다. n의 값은?

① 22 　　　② 24 　　　③ 26
④ 28 　　　⑤ 30

45

$\log 2 = 0.3010$, $\log 3 = 0.4771$일 때, $\left(\dfrac{2}{9}\right)^{100}$은 소수점 아래 n번째 자리에서 처음으로 0이 아닌 수가 나타난다. n의 값을 구하시오.

46

2 이상의 자연수 n에 대하여 n^{-n}이 소수점 아래 k째 자리에서 처음으로 0이 아닌 숫자가 나타날 때, $f(n)=k$라 하자. $f(15)+f(30)$의 값은?

　　　(단, $\log 2 = 0.3010$, $\log 3 = 0.4771$로 계산한다.)

① 72 　　　② 63 　　　③ 54
④ 45 　　　⑤ 36

47

자연수 n에 대하여 $\log 2^n$의 정수 부분을 $f(n)$이라 하자.
$$f(1)+f(2)+f(3)+\cdots+f(n)=12$$
를 만족시키는 n의 값은?

① 9 　　　② 10 　　　③ 11
④ 12 　　　⑤ 13

유형 28 상용로그의 실생활에서의 응용 ★★

문장이 길고 복잡하지만 주어진 자료를 정확히 식에 대입하고 로그의 성질을 이용하여 문제를 해결한다.

48

전파감쇄비가 F인 어떤 벽에 전파를 투과할 때, 전파의 세기가 A에서 B로 바뀌면 다음과 같은 식이 성립한다고 한다.
$$F=10(\log B - \log A)$$
전파감쇄비가 -7인 벽을 투과한 후의 전파의 세기는 투과하기 전 세기의 몇 배인가? (단, F의 단위는 데시벨이다.)

① $10^{-\frac{2}{5}}$ 　　　② $10^{-\frac{1}{2}}$ 　　　③ $10^{-\frac{3}{5}}$
④ $10^{-\frac{7}{10}}$ 　　　⑤ $10^{-\frac{4}{5}}$

49

구리를 생산하는 어느 회사에서 매년 일정한 비율로 생산량을 증가시켜 10년 후에는 올해의 생산량의 4배가 되도록 하려고 한다. 이 회사에서 생산량을 매년 몇 %씩 증가시켜야 하는가?

　　　(단, $\log 2 = 0.30$, $\log 1.15 = 0.06$으로 계산한다.)

① 10 　　　② 15 　　　③ 25
④ 30 　　　⑤ 35

50

주위 온도가 $S(℃)$로 유지될 때, 최초 온도가 $T_0(℃)$인 어떤 물체의 t시간 후의 온도를 $T(℃)$라 하면 다음과 같은 식이 성립한다고 한다.
$$T=S+\frac{T_0-S}{10^{kt}} \quad (단, k는 상수)$$
주위 온도가 18℃로 유지될 때, 최초 온도가 30℃인 물체의 2시간 후의 온도가 24℃이었다. 같은 조건에서 최초 온도가 24℃인 물체의 온도가 20℃가 될 때까지 걸린 시간은? (단, $\log 2 = 0.3$, $\log 3 = 0.48$로 계산한다.)

① 3시간 　　　② 3시간 6분 　　　③ 3시간 12분
④ 3시간 18분 　　　⑤ 3시간 24분

01 ☆☆

$\log_a 9 = 5$, $\log_3 2 = b$일 때, a^{10b}의 값은?

① 2　　　　② 4　　　　③ 8

④ 16　　　⑤ 32

02 |단답형| ☆

두 양수 a, b에 대하여 $\log_2 \sqrt{a} = 3$, $\log_b 125 = 3$이 성립할 때, $a+b$의 값을 구하시오.

03 ☆☆

모든 실수 x에 대하여 $\log_{(a-1)}(x^2 - 2ax + 8a)$가 정의되기 위한 모든 자연수 a의 개수는?

① 3　　　　② 5　　　　③ 7

④ 9　　　　⑤ 11

04 ☆☆ 첨삭 해설

2 이상의 자연수 n에 대하여

$$f(n) = \sqrt[n+2]{\sqrt[n]{16}}$$

이라 할 때, $\log_{\sqrt{2}} f(1) + \log_{\sqrt{2}} f(3) + \log_{\sqrt{2}} f(5)$의 값은?

(단, $f(1) = 2^{\frac{4}{3}}$으로 계산한다.)

① $\dfrac{24}{7}$　　　② $\dfrac{25}{6}$　　　③ $\dfrac{26}{5}$

④ $\dfrac{27}{4}$　　　⑤ $\dfrac{28}{3}$

05 ☆

$x = 2^{\log_4 3} - 3^{\log_3 2}$일 때, $x - \dfrac{1}{x}$의 값은?

① $\sqrt{3}$　　　② $2\sqrt{3}$　　　③ $3\sqrt{3}$

④ $4\sqrt{3}$　　　⑤ $5\sqrt{3}$

06 ☆☆ 첨삭 해설

$3^a = 4^b = 5^c = 6$을 만족시키는 세 수 a, b, c에 대하여 $\dfrac{1}{a} + \dfrac{1}{b} + \dfrac{1}{c}$의 값은?

① $\log_6 20$　　② $\log_6 40$　　③ $\log_6 60$

④ $\log_6 80$　　⑤ $\log_6 100$

07 ☆☆

$9^{(\log_3 49 - \log_3 \sqrt{7})} \times 7^{(\log_7 27 - \log_{49} 9)}$의 값은?

① 3×7^2　　② $3^2 \times 7^2$　　③ $3^2 \times 7^3$

④ $3^3 \times 7$　　⑤ $3^3 \times 7^4$

08 |단답형| ☆☆

두 양수 a, b에 대하여 $\log_2 a = \log_3 b$이고, $ab = 36$일 때, $a+b$의 값을 구하시오.

09 ★★☆

$\log_a b + \log_b a = \dfrac{5}{2}$일 때, $\dfrac{\log_b a}{\log_a b}$의 값은? (단, $1 < a < b$)

① $\dfrac{1}{5}$　　　② $\dfrac{1}{4}$　　　③ $\dfrac{1}{3}$

④ $\dfrac{1}{2}$　　　⑤ 1

10 ★

$\log A$의 정수 부분과 소수 부분이 이차방정식 $2x^2 - 15x + k + 3 = 0$의 두 근일 때, 상수 k의 값은?

① 1　　　② 2　　　③ 3

④ 4　　　⑤ 6

11 ★★☆ 첨삭 해설　　　[2009년 수능]

10보다 작은 자연수 n에 대하여 $\left(\dfrac{n}{10}\right)^{10}$이 소수 여섯째 자리에서 처음으로 0이 아닌 숫자가 나타날 때, n의 값은?
(단, $\log 2 = 0.3010$, $\log 3 = 0.4771$로 계산한다.)

① 2　　　② 3　　　③ 4

④ 5　　　⑤ 6

12 |단답형| ★★☆ 첨삭 해설

$2^{31} + 2^{28}$은 n자리의 정수이다. n의 값을 구하시오.
(단, $\log 2 = 0.3010$, $\log 3 = 0.4771$로 계산한다.)

13 ★★☆

$2^n \times 3^{-2n} \times 10^2$의 정수 부분이 한 자리의 자연수일 때, 자연수 n의 모든 값의 합은?
(단, $\log 2 = 0.30$, $\log 3 = 0.48$로 계산한다.)

① 5　　　② 7　　　③ 9

④ 11　　　⑤ 13

14 ★★☆ 첨삭 해설　　　[2015년 9월 평가원]

고속철도의 최고소음도 $L(\mathrm{dB})$을 예측하는 모형에 따르면 한 지점에서 가까운 선로 중앙 지점까지의 거리를 $d(\mathrm{m})$, 열차가 가까운 선로 중앙 지점을 통과할 때의 속력을 $v(\mathrm{km/h})$라 할 때, 다음과 같은 관계식이 성립한다고 한다.

$$L = 80 + 28\log\dfrac{v}{100} - 14\log\dfrac{d}{25}$$

가까운 선로 중앙 지점 P까지의 거리가 $75\,\mathrm{m}$인 한 지점에서 속력이 서로 다른 두 열차 A, B의 최고소음도를 예측하고자 한다. 열차 A가 지점 P를 통과할 때의 속력이 열차 B가 지점 P를 통과할 때의 속력의 0.9배일 때, 두 열차 A, B의 예측 최고소음도를 각각 L_A, L_B라 하자. $L_\mathrm{B} - L_\mathrm{A}$의 값은?

① $14 - 28\log 3$　　② $28 - 56\log 3$　　③ $28 - 28\log 3$

④ $56 - 34\log 3$　　⑤ $56 - 56\log 3$

15 |서술형| ★★☆

자연수 n에 대하여 $\log\left(1 + \dfrac{1}{n}\right)$의 값을 $f(n)$이라 할 때, $f(1) + f(2) + f(3) + \cdots + f(k) = 2019$를 만족시키는 자연수 k의 값을 구하시오.

11 지수함수의 정의

a가 1이 아닌 양수, 즉 $a>0$, $a\neq1$일 때, 임의의 실수 x에 a^x을 대응시키는 함수 $y=a^x$을 a를 밑으로 하는 지수함수라 한다.

- 함수 $y=a^x$에서 실수인 지수의 정의에 따라 $a>0$이다.
  또, $a=1$인 경우 $y=a^x=1$, 즉 상수함수이므로 $a\neq1$이다.

12 지수함수 $y=a^x$ $(a>0,\ a\neq1)$의 성질

(1) 정의역은 실수 전체의 집합이고, 치역은 양의 실수 전체의 집합이다.

(2) 그래프는 점 $(0,\ 1)$을 지나고, 그래프의 점근선은 x축(직선 $y=0$)이다.

(3) $a>1$일 때 x의 값이 증가하면 y의 값도 증가한다.
  $0<a<1$일 때, x의 값이 증가하면 y의 값은 감소한다.

- 두 지수함수 $y=a^x$, $y=a^{-x}$의 그래프는 y축에 대하여 대칭이다.

13 지수함수의 그래프의 평행이동과 대칭이동

함수 $y=a^x$ $(a>0,\ a\neq1)$의 그래프를

(1) x축의 방향으로 m만큼, y축의 방향으로 n만큼 평행이동한 그래프의 식은
  $y=a^{x-m}+n$

(2) x축에 대하여 대칭이동한 그래프의 식은 $y=-a^x$

(3) y축에 대하여 대칭이동한 그래프의 식은 $y=a^{-x}$

(4) 원점에 대하여 대칭이동한 그래프의 식은 $y=-a^{-x}$

14 지수함수의 최댓값과 최솟값

지수함수 $y=a^x$ $(a>0,\ a\neq1)$의 정의역이 $\{x\,|\,m\leq x\leq n\}$일 때

(1) $a>1$이면 $x=m$일 때 최솟값 a^m을, $x=n$일 때 최댓값 a^n을 갖는다.

(2) $0<a<1$이면 $x=n$일 때 최솟값 a^n을, $x=m$일 때 최댓값 a^m을 갖는다.

- $y=a^x$에 대하여
  (1) $a>1$이면 증가함수이므로 x의 값이 최소일 때 y의 값은 최소이고 x의 값이 최대일 때 y의 값은 최대이다.
  (2) $0<a<1$이면 감소함수이므로 x의 값이 최소일 때 y의 값은 최대이고 x의 값이 최대일 때 y의 값은 최소이다.

개념 CHECK 정답 및 해설 p. 27

[01~03] 다음 빈칸에 알맞은 것을 써넣으시오.

01 $a>0$, $a\neq1$일 때, 임의의 실수 x에 a^x을 대응시키는 함수 $y=a^x$을 a를 밑으로 하는 [　　　　　]라 한다.

02 지수함수 $y=a^x$ $(a>0,\ a\neq1)$의
정의역은 [　　　　　]이고,
치역은 [　　　　　]이다.

03 지수함수 $y=a^x$ $(a>0,\ a\neq1)$는 $a>1$일 때, x의 값이 증가하면 y의 값은 [　　　]한다.
또한, $0<a<1$일 때, x의 값이 증가하면 y의 값은 [　　　]한다.

[04~07] 옳은 것에 ○표, 옳지 않은 것에 ×표를 하시오.

04 $y=\sqrt{5^x}$은 지수함수이다. (　　　)

05 $y=x^{\frac{1}{2}}$은 지수함수이다. (　　　)

06 $y=\left(\dfrac{1}{3}\right)^x$은 x의 값이 증가하면 y의 값이 감소한다. (　　　)

07 지수함수 $y=a^x$ $(a>0,\ a\neq1)$의 그래프는 a의 값에 관계없이 점 $(0,\ 1)$을 지나고 x축이 점근선이다. (　　　)

연산 연습

11 지수함수의 정의

08 [보기]에서 지수함수인 것만을 있는 대로 고르시오.

[보기]
ㄱ. $y=3^x$ ㄴ. $y=(-5)^x$
ㄷ. $y=1^x$ ㄹ. $y=-\left(\dfrac{1}{2}\right)^x$
ㅁ. $y=(\sqrt{2}\,)^{-x}$ ㅂ. $y=3\times4^{-x}$

[09~12] 지수함수 $f(x)=2^x$에 대하여 다음 값을 구하시오.

09 $f(2)$

10 $f(-3)$

11 $f(-1)f\left(\dfrac{1}{2}\right)$

12 $\dfrac{f(3)}{f(5)}$

12 지수함수 $y=a^x\,(a>0,\ a\neq1)$의 성질

13 함수 $y=\left(\dfrac{1}{2}\right)^x$의 그래프가 그림과 같을 때, 상수 a, b의 값을 각각 구하시오.

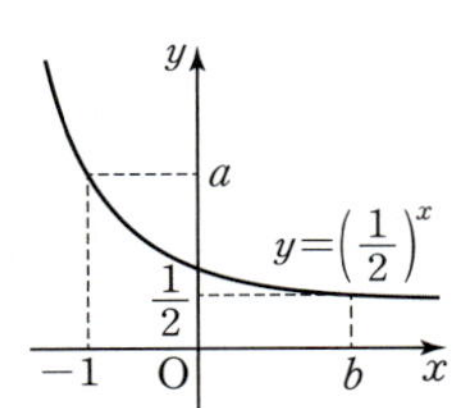

[14~16] 지수함수를 이용하여 다음 수의 대소를 비교하시오.

14 $\left(\dfrac{1}{2}\right)^{0.1},\ 8$

15 $3^{-3},\ \dfrac{1}{9}$

16 $(\sqrt{2}\,)^2,\ 0.5^{\frac{1}{3}},\ \sqrt[3]{4}$

13 지수함수의 그래프의 평행이동과 대칭이동

[17~20] 함수 $y=3^x$의 그래프를 다음과 같이 평행이동 또는 대칭이동한 그래프의 식을 구하시오.

17 x축의 방향으로 -1만큼, y축의 방향으로 3만큼 평행이동

18 x축에 대하여 대칭이동

19 y축에 대하여 대칭이동

20 원점에 대하여 대칭이동

21 함수 $y=2^x$의 그래프를 이용하여 함수 $y=2^{x-1}-1$의 그래프를 그리고, 점근선의 방정식을 구하시오.

14 지수함수의 최댓값과 최솟값

[22~25] 주어진 범위에서 다음 함수의 최댓값과 최솟값을 각각 구하시오.

22 $y=2^x\,(-1\leq x\leq3)$

23 $y=3^{-2x}\,(-2\leq x\leq1)$

24 $y=2^{-3x+1}\,(-2\leq x\leq2)$

25 $y=\left(\dfrac{1}{4}\right)^{1-x}+3\,(0\leq x\leq3)$

유형 29 지수함수의 함숫값 ★

지수함수 $f(x)=a^x\,(a>0,\ a\neq1)$에 대하여 $x=p$에서의 함숫값은 $f(p)=a^p$이다.

26

함수 $f(x)=a^{2x-1}+3$에 대하여 $f(2)=67$일 때, $f(1)$의 값은? (단, $a>0$, $a\neq1$)

① 5   ② 6   ③ 7

④ 8   ⑤ 9

27

두 함수 $f(x)=3^x$, $g(x)=\left(\dfrac{1}{2}\right)^x$에 대하여 $(f\circ g)(-2)$의 값은?

① 8   ② 27   ③ 64

④ 81   ⑤ 144

28

함수 $f(x)=3^{1-x}$에 대하여 $\dfrac{(f\circ f)(-1)}{f(4)}=f(c)$를 만족시키는 c의 값은?

① 5   ② 6   ③ 7

④ 8   ⑤ 9

29

함수 $f(x)=a^x$에 대하여 $f(m)=n$일 때, $\dfrac{f(2m)}{f\left(\frac{m}{2}\right)}=n^k$이다. k의 값은? (단, $a>0$, $a\neq1$)

① $\dfrac{1}{2}$ ② 1   ③ $\dfrac{3}{2}$

④ 2   ⑤ $\dfrac{5}{2}$

유형 30 지수함수의 성질 ★

지수함수 $y=a^x\,(a>0,\ a\neq1)$에 대하여

(1) 정의역은 실수 전체의 집합이고, 치역은 양의 실수 전체의 집합이다.

(2) $a>1$일 때, x의 값이 증가하면 y의 값도 증가
   $0<a<1$일 때, x의 값이 증가하면 y의 값은 감소

(3) 그래프는 a의 값에 관계없이 점 $(0,\ 1)$을 지나고, 그래프의 점근선은 x축(직선 $y=0$)이다.

30

함수 $y=2^{-x}$에 대하여 [보기]에서 옳은 것만을 있는 대로 고른 것은?

[보기]

ㄱ. 정의역은 실수 전체의 집합이다.
ㄴ. 그래프의 점근선은 x축이다.
ㄷ. $x_1<x_2$이면 $f(x_1)>f(x_2)$이다.

① ㄱ   ② ㄷ   ③ ㄱ, ㄴ

④ ㄴ, ㄷ   ⑤ ㄱ, ㄴ, ㄷ

31

지수함수 $y=a^x\,(a>1)$에 대하여 옳지 <u>않은</u> 것은?

① 일대일함수이다.
② 치역은 양의 실수 전체의 집합이다.
③ x의 값이 증가하면 y의 값은 증가한다.
④ a의 값에 관계없이 점 $(0,\ 1)$을 지난다.
⑤ 그래프는 $y=\left(\dfrac{1}{a}\right)^x$의 그래프와 x축에 대하여 대칭이다.

32

함수 $f(x)=a^x\,(a>0,\ a\neq1)$에 대하여 [보기]에서 옳은 것만을 있는 대로 고른 것은? (단, p, q는 실수이다.)

[보기]

ㄱ. $f(0)=1$
ㄴ. $f(np)=nf(p)$ (단, n은 자연수)
ㄷ. $f(p-q)=\dfrac{f(p)}{f(q)}$
ㄹ. $f(p+q)=f(p)f(q)$

① ㄱ, ㄴ   ② ㄱ, ㄷ   ③ ㄴ, ㄷ

④ ㄱ, ㄷ, ㄹ   ⑤ ㄴ, ㄷ, ㄹ

유형 31 지수함수의 그래프에서의 함숫값 ★

지수함수 $y=a^x\,(a>0,\,a\neq1)$의 그래프가 점 $(m,\,n)$을 지나면 $n=a^m$이다.

33
함수 $y=3^{x+1}-2$의 그래프가 점 $(a,\,7)$을 지날 때, 상수 a의 값은?

① 1 ② 2 ③ 3
④ 4 ⑤ 5

34
그림은 함수 $y=\left(\dfrac{1}{2}\right)^{x+a}+b$의 그래프이다. 상수 $a,\,b$에 대하여 $a+b$의 값은?

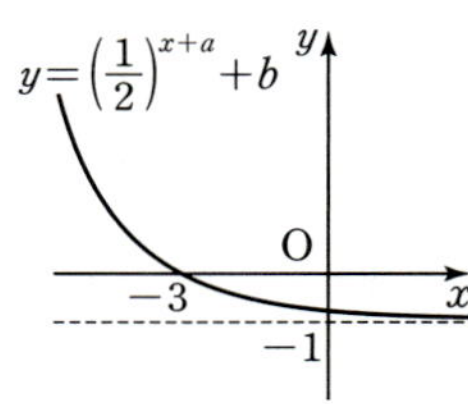

① 1 ② 2 ③ 3
④ 4 ⑤ 5

35
함수 $y=2^x$의 그래프 위의 점 A의 좌표가 $(a,\,8)$이고, 점 A에서 x축에 내린 수선의 발을 점 H라 할 때, 삼각형 AOH의 넓이는? (단, O는 원점이다.)

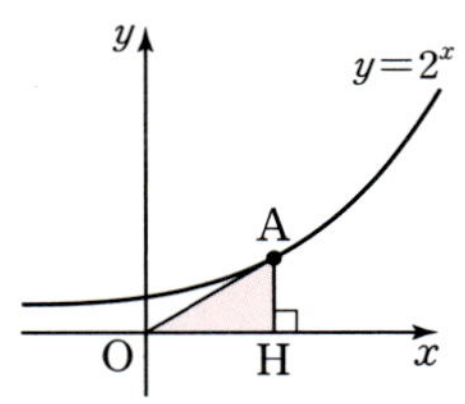

① 12 ② 13 ③ 14
④ 15 ⑤ 16

36
두 지수함수 $y=3^x$, $y=9^x$의 그래프가 직선 $y=81$과 만나는 점을 각각 A, B라 할 때, 삼각형 AOB의 넓이를 구하시오. (단, O는 원점이다.)

유형 32 지수함수의 그래프의 평행이동과 대칭이동 ★★

지수함수 $y=a^x\,(a>0,\,a\neq1)$의 그래프를
(1) x축의 방향으로 m만큼, y축의 방향으로 n만큼 평행이동하면
$$y=a^{x-m}+n$$
(2) x축에 대하여 대칭이동하면 $y=-a^x$
(3) y축에 대하여 대칭이동하면 $y=a^{-x}$
(4) 원점에 대하여 대칭이동하면 $y=-a^{-x}$

37
지수함수 $y=2^x$의 그래프를 x축의 방향으로 -1만큼, y축의 방향으로 3만큼 평행이동한 그래프가 점 $(a,\,11)$을 지날 때, 상수 a의 값은?

① 0 ② 1 ③ 2
④ 3 ⑤ 4

38
지수함수 $y=3^{2x+1}-2$의 그래프는 $y=9^x$의 그래프를 x축의 방향으로 a만큼, y축의 방향으로 b만큼 평행이동한 것이다. 상수 $a,\,b$에 대하여 ab의 값은?

① -2 ② -1 ③ 1
④ 2 ⑤ 3

39
함수 $y=3^x$의 그래프를 평행이동 또는 대칭이동을 하여 겹칠 수 있는 그래프의 식인 것만을 [보기]에서 있는 대로 고른 것은?

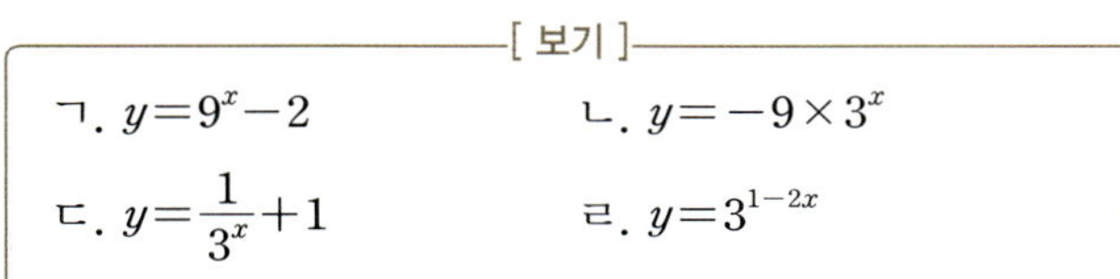

[보기]

ㄱ. $y=9^x-2$	ㄴ. $y=-9\times3^x$
ㄷ. $y=\dfrac{1}{3^x}+1$	ㄹ. $y=3^{1-2x}$

① ㄱ, ㄴ ② ㄱ, ㄹ ③ ㄴ, ㄷ
④ ㄴ, ㄹ ⑤ ㄷ, ㄹ

40

지수함수 $y=a^x$의 그래프를 x축에 대하여 대칭이동한 후, x축의 방향으로 -2만큼, y축의 방향으로 3만큼 평행이동한 그래프가 반드시 지나는 점의 좌표를 $(p,\ q)$라 할 때, $p+q$의 값은? (단, $a>0$, $a\neq1$)

① -2 ② -1 ③ 0

④ 1 ⑤ 2

41

세 함수 $f(x)=x-1$, $g(x)=4^x$, $h(x)=-x$에 대하여 합성함수 $y=(h\circ g\circ f)(x)$의 그래프를 x축의 방향으로 k만큼 평행이동시키면 $y=-4^x$의 그래프와 일치할 때, k의 값은?

① -5 ② -4 ③ -3

④ -2 ⑤ -1

유형 33   **지수함수의 성질을 이용한 대소 관계**   ★

두 수 a^m, a^n의 크기를 비교할 때는 먼저 밑을 같게 한 후
(1) $a>1$이면 $m<n\Longleftrightarrow a^m<a^n$
(2) $0<a<1$이면 $m<n\Longleftrightarrow a^m>a^n$
임을 이용한다.

42

세 수 $A=\sqrt{8}$, $B=\left(\dfrac{1}{2}\right)^{-\frac{1}{4}}$, $C=\sqrt[3]{2}$의 대소 관계는?

① $A<B<C$ ② $A<C<B$ ③ $B<A<C$

④ $B<C<A$ ⑤ $C<A<B$

43

세 수 $A=\sqrt{0.1}$, $B=\sqrt[3]{0.01}$, $C=\sqrt[5]{0.001}$의 대소 관계는?

① $A<B<C$ ② $A<C<B$ ③ $B<A<C$

④ $B<C<A$ ⑤ $C<A<B$

44

양수 a, b, c에 대하여 등식 $2^a=3^b=5^c$이 성립할 때, a, b, c의 대소 관계는?

① $a<b<c$ ② $a<c<b$ ③ $b<a<c$

④ $c<a<b$ ⑤ $c<b<a$

유형 34   **범위가 주어질 때의 지수함수의 최댓값과 최솟값**   ★★

지수함수 $y=a^x(a>0,\ a\neq1)$의 정의역이 $\{x\,|\,m\leq x\leq n\}$일 때
(1) $a>1$이면 최솟값은 a^m이고 최댓값은 a^n이다.
(2) $0<a<1$이면 최솟값은 a^n이고 최댓값은 a^m이다.

45

함수 $y=2^{x+1}-3\,(1\leq x\leq3)$의 최댓값과 최솟값을 각각 M, m이라 할 때, $M+m$의 값은?

① 12 ② 14 ③ 16

④ 18 ⑤ 20

46

정의역이 $\{x\,|\,-2\leq x\leq2\}$인 함수 $y=3^{-x+a}$의 최댓값이 27일 때, 상수 a의 값은?

① 1 ② 2 ③ 3

④ 4 ⑤ 5

47

정의역이 $\{x\,|\,-1\leq x\leq3\}$인 지수함수 $y=a^x$의 그래프의 최솟값과 최댓값의 곱이 4일 때, a의 값은?

(단, $a>0$, $a\neq1$)

① $\dfrac{1}{4}$ ② $\dfrac{1}{2}$ ③ 2

④ 4 ⑤ 8

48

정의역이 $\{x|-5\leq x\leq k\}$인 지수함수 $y=\left(\dfrac{1}{2}\right)^x$의 최댓값을 M, 최솟값을 m이라 하자. $\dfrac{M}{m}=8$일 때, k의 값은?

① -1 ② -2 ③ -3
④ -4 ⑤ -5

> ### 유형 35 함수 $y=a^{f(x)}$의 최댓값과 최솟값 ★★
>
> 함수 $y=a^{f(x)}\,(a>0,\ a\neq1)$에 대하여
> (1) $a>1$이면 $f(x)$가 최대일 때 y도 최대이고, $f(x)$가 최소일 때 y도 최소이다.
> (2) $0<a<1$이면 $f(x)$가 최대일 때 y는 최소이고, $f(x)$가 최소일 때 y는 최대이다.

49

정의역이 $\{x|-3\leq x\leq2\}$인 함수 $y=3^{x^2+2x-3}$의 최댓값과 최솟값의 곱은?

① 1 ② 3 ③ 9
④ 27 ⑤ 81

50

함수 $y=a^{x^2+2x+3}$의 최댓값이 $\dfrac{1}{9}$일 때, 상수 a의 값은?

(단, $0<a<1$)

① $\dfrac{1}{5}$ ② $\dfrac{1}{4}$ ③ $\dfrac{1}{3}$
④ $\dfrac{1}{2}$ ⑤ $\dfrac{2}{3}$

51

정의역이 $\{x|1\leq x\leq4\}$인 함수 $y=2^{x^2-2x}\times3^{2x-x^2}$의 최댓값은?

① $\dfrac{1}{2}$ ② $\dfrac{2}{3}$ ③ 1
④ $\dfrac{3}{2}$ ⑤ 2

> ### 유형 36 a^x 꼴이 반복되는 함수의 최댓값과 최솟값 ★★
>
> 함수 $y=f(x)$에서 $f(x)$가 a^x에 대한 이차식인 경우에는 $a^x=t$로 치환한 후 t의 값의 범위에 주의하며 t에 대한 함수의 최대와 최소를 구한다.

52

정의역이 $\{x|-1\leq x\leq3\}$인 함수 $y=2^{2x}-2^{x+2}+3$의 최댓값을 M, 최솟값을 m이라 할 때, Mm의 값은?

① -35 ② -28 ③ -14
④ 14 ⑤ 28

53

정의역이 $\{x|-1\leq x\leq2\}$인 함수 $y=-4^x+2^{x+2}+1$이 $x=p$에서 최댓값 q를 가질 때 $p+q$의 값은?

① 1 ② 3 ③ 6
④ 9 ⑤ 12

> ### 유형 37 산술평균과 기하평균의 관계를 이용한 지수함수의 최댓값과 최솟값 ★
>
> 두 양수의 합 또는 곱이 일정한 경우에 산술평균과 기하평균의 관계를 이용하여 최댓값과 최솟값을 구한다. 즉, $a>0$, $b>0$일 때 $a+b\geq2\sqrt{ab}$ (단, 등호는 $a=b$일 때 성립)임을 이용한다.

54

$y=3^x+4\times3^{-x}-1$의 최솟값을 구하시오.

55

$f(x)=2^{a+x}+2^{-x}$의 최솟값이 8일 때, 상수 a의 값은?

① 1 ② 2 ③ 3
④ 4 ⑤ 5

15 지수방정식

(1) 지수에 미지수가 들어 있는 방정식을 **지수방정식**이라 한다.

(2) 방정식 $a^{f(x)}=b$의 풀이

$a^{f(x)}=a^c$ 꼴로 변형하여 푼다.

(3) 밑을 같게 할 수 있는 경우

(ⅰ) 주어진 방정식을 $a^{f(x)}=a^{g(x)}(a>0,\ a\neq1)$의 꼴로 변형한다.

(ⅱ) $a^{f(x)}=a^{g(x)} \Longleftrightarrow f(x)=g(x)$임을 이용하여 방정식의 해를 구한다.

(4) 지수를 같게 할 수 있는 경우

(ⅰ) 주어진 방정식을 $a^{f(x)}=b^{f(x)}(a>0,\ a\neq1,\ b>0,\ b\neq1)$의 꼴로 변형한다.

(ⅱ) $a^{f(x)}=b^{f(x)} \Longleftrightarrow a=b$ 또는 $f(x)=0$임을 이용하여 방정식의 해를 구한다.

16 지수부등식

(1) 지수에 미지수가 들어 있는 부등식을 **지수부등식**이라 한다.

(2) 밑을 같게 할 수 있는 경우

① $a>1$일 때, $a^{f(x)}<a^{g(x)} \Longleftrightarrow f(x)<g(x)$

② $0<a<1$일 때, $a^{f(x)}<a^{g(x)} \Longleftrightarrow f(x)>g(x)$

(3) 부등식 $a^{f(x)}<a^{g(x)}<a^{h(x)}$의 풀이

① $a>1$일 때, $f(x)<g(x)<h(x)$

② $0<a<1$일 때, $h(x)<g(x)<f(x)$

- a^x, b^y에 관한 연립방정식은 $a^x=X$, $b^y=Y$로 치환하여 방정식의 해 X, Y를 구한 뒤 다시 x, y의 해를 구하면 된다.

- a^x의 꼴이 반복되는 지수방정식 또는 지수부등식은 $a^x=t$로 치환하여 t에 대한 방정식 또는 부등식을 푼다. 이때, $t>0$을 만족시키는 해인지 확인을 해야 한다.

| **개념 CHECK** | 정답 및 해설 p. 31 |

[01~04] 다음 빈칸에 알맞은 것을 써넣으시오.

01 지수에 미지수가 들어 있는 방정식을 [   ], 지수에 미지수가 들어 있는 부등식을 [   ] 이라 한다.

02 지수방정식 $a^{f(x)}=a^{g(x)}\ (a>0,\ a\neq1)$을 풀 때는 $a^{f(x)}=a^{g(x)} \Longleftrightarrow$ [   ]임을 이용한다.

03 지수방정식 $a^{f(x)}=b^{f(x)}\ (a>0,\ a\neq1,\ b>0,\ b\neq1)$을 풀 때는 $a^{f(x)}=b^{f(x)} \Longleftrightarrow$ [   ] 또는 $f(x)=0$임을 이용한다.

04 지수부등식 $a^{f(x)}<a^{g(x)}\ (a>0,\ a\neq1)$은 밑의 크기에 따라 부등식을 푼다.

① $a>1$일 때,

$a^{f(x)}<a^{g(x)} \Longleftrightarrow$ [   ]

② $0<a<1$일 때,

$a^{f(x)}<a^{g(x)} \Longleftrightarrow$ [   ]

[05~09] 옳은 것에 ○표, 옳지 <u>않은</u> 것에 ×표를 하시오.

05 $a>0$, $a\neq1$일 때 $a^{f(x)}=a^{g(x)}$이면 $f(x)=g(x)$이다. (   )

06 $a>0$, $a\neq1$일 때 $a^{f(x)}=b^{f(x)}$이면 $f(x)=1$이다. (   )

07 밑이 같지 않은 경우 지수방정식의 해를 구할 수 없다. (   )

08 a^x의 꼴이 반복되는 경우의 지수방정식 또는 지수부등식의 풀이에서 $a^x=t$로 치환하였을 때, t의 범위를 반드시 고려하여 해를 구해야 한다. (   )

09 $a>1$이면 지수부등식 $a^{f(x)}<a^{g(x)}$의 해는 부등식 $0<f(x)<g(x)$의 해와 같다. (   )

정답 및 해설 pp. 31〜32

15 지수방정식

[10~17] 다음 방정식을 푸시오.

10 $8^x = 128$

11 $3^{x-2} = 27$

12 $\left(\dfrac{1}{4}\right)^{2-x} = 2\sqrt{2}$

13 $(x+1)^x = 2^{2x}$

14 $5^{x^2+3x} = 25^{x+1}$

15 $4^x - 2^{x+1} - 8 = 0$

16 $3^x + 3^{-x} = 2$

17 $(2^x - 5)(2^x - 7) = 3$

16 지수부등식

[18~25] 다음 부등식을 푸시오.

18 $3^{2x} > \sqrt{3}$

19 $9^x \geq 3^{x-1}$

20 $\left(\dfrac{1}{4}\right)^x > \left(\dfrac{1}{2}\right)^{x+6}$

21 $(0.008)^x \leq (0.2)^{x^2-4}$

22 $x^{2x} > x^{x^2} \,(\text{단, } x > 0)$

23 $(3^x - 3)(3^x - 9) < 0$

24 $4^{2x+1} - 65 \times 4^x + 16 \leq 0$

25 $\dfrac{1}{16} < \left(\dfrac{1}{2}\right)^x < 4$

유형 38 $a^{f(x)}=a^{g(x)}$ 꼴의 방정식 ★

각 항의 밑을 같게 한 후
$a^{f(x)}=a^{g(x)} \Longleftrightarrow f(x)=g(x)$ (단, $a>0$, $a\neq1$)
임을 이용하여 푼다.

26
지수방정식 $3^{(x-1)^2}=3^{7-x}$을 만족시키는 모든 x의 값의 합은?

① -2 ② -1 ③ 0
④ 1 ⑤ 2

27
지수방정식 $2^{x^2+2}=4^{x+1}$을 만족시키는 모든 x의 값의 합은?

① 0 ② 1 ③ 2
④ 3 ⑤ 4

28
지수방정식 $4^{|x|}=2^{x^2}$을 만족시키는 x의 최솟값을 α, 최댓값을 β라 할 때, $\alpha-\beta$의 값은?

① -4 ② -5 ③ -6
④ -7 ⑤ -8

29
x에 대한 방정식 $4^{x^2-a}-2^{x^2-x+2}=0$의 한 근이 2일 때, 다른 한 근은? (단, a는 상수이다.)

① -1 ② -2 ③ -3
④ -4 ⑤ -5

유형 39 a^x 꼴이 반복되는 방정식 ★★

$a^x(a>0$, $a\neq1$) 꼴이 반복되면 $a^x=t$로 치환하여 t에 대한 방정식을 푼다. 이때, $t>0$임에 주의한다.

30
지수방정식 $9^x-10\times3^x+9=0$의 두 근을 α, $\beta\,(\alpha<\beta)$라 할 때, $\alpha-\beta$의 값은?

① -1 ② -2 ③ -3
④ -4 ⑤ -5

31
지수방정식 $8^x-7\times4^x+14\times2^x-8=0$의 세 근을 α, β, γ라 할 때, $\alpha^2+\beta^2+\gamma^2$의 값은?

① 4 ② 5 ③ 6
④ 7 ⑤ 8

32
방정식 $2^x+32\times2^{-x}=12$를 만족시키는 모든 x의 값의 곱은?

① 2 ② 3 ③ 4
④ 5 ⑤ 6

33
방정식 $(9^x+81\times9^{-x})-11(3^x+9\times3^{-x})+28=0$을 만족시키는 모든 x의 값의 합은?

① 1 ② 2 ③ 3
④ 4 ⑤ 5

밑과 지수에 미지수가 있는 지수방정식은 다음 두 가지 방법으로 해를 구한다.
(1) 밑이 같은 지수방정식인 경우 지수가 같을 때의 해를 구하고 밑이 1일 때의 해도 구한다.
(2) 지수가 같은 지수방정식인 경우 밑이 같을 때의 해를 구하고 지수가 0일 때의 해도 구한다.

34

방정식 $(x+2)^{x^2}=(x+2)^{6x-8}$을 만족시키는 모든 x의 값의 합은? (단, $x>-2$)

① 1 ② 2 ③ 3
④ 4 ⑤ 5

35

방정식 $(x-3)^{x-4}=5^{x-4}$을 만족시키는 모든 x의 값의 곱은? (단, $x>3$)

① 16 ② 24 ③ 32
④ 40 ⑤ 48

---

a^x, b^y에 관한 연립방정식은 $a^x=X$, $b^y=Y$로 치환하여 연립방정식의 해 X, Y를 구한 후 $a^x=X$, $b^y=Y$에서 원래의 방정식의 해를 구한다.

36

연립방정식 $\begin{cases} 3\times 2^x-3^y=-3 \\ 2^x+3^y=11 \end{cases}$ 을 만족시키는 실수 x, y에 대하여 $x+y$의 값은?

① 1 ② 2 ③ 3
④ 4 ⑤ 5

37

연립방정식 $\begin{cases} 2^x+2^y=12 \\ 2^x\times 2^y=32 \end{cases}$ 을 만족시키는 실수 x, y에 대하여 x^2+y^2의 값은?

① 11 ② 12 ③ 13
④ 14 ⑤ 15

38

연립방정식 $\begin{cases} 2^{x+1}+2^{y+1}=9 \\ 2^{x+y}=2^y-2^{x+2} \end{cases}$ 을 만족시키는 실수 x, y에 대하여 $x-y$의 값은?

① -5 ② -3 ③ 1
④ 3 ⑤ 5

밑을 같게 한 후 다음을 이용하여 부등식을 푼다.
(ⅰ) $a>1$일 때,
$a^{f(x)}<a^{g(x)} \Longleftrightarrow f(x)<g(x)$
(ⅱ) $0<a<1$일 때,
$a^{f(x)}<a^{g(x)} \Longleftrightarrow f(x)>g(x)$

39

지수부등식 $\left(\dfrac{1}{9}\right)^x<3^{x^2+1}$의 해의 집합은?

① $\{x\,|\,x<-2\}$ ② $\{x\,|\,x<-1\}$
③ $\{x\,|\,x\neq -1\}$ ④ $\{x\,|\,x\neq 1\}$
⑤ $\{x\,|\,x>1\}$

40

지수부등식 $\left(\dfrac{1}{4}\right)^{x^2-3x}\geq 16^{x-1}$을 만족시키는 모든 정수 x의 개수는?

① 1 ② 2 ③ 3
④ 4 ⑤ 5

41

지수방정식 $2^{x+1}=10$의 해를 α라 할 때, 다음 중 α의 값의 범위로 옳은 것은?

① $0<\alpha<1$ ② $1<\alpha<2$ ③ $2<\alpha<3$
④ $3<\alpha<4$ ⑤ $4<\alpha<5$

유형 43 a^x 꼴이 반복되는 부등식 ★★

$a^x(a>0,\ a\neq1)$ 꼴이 반복되면 $a^x=t$로 치환하여 t에 대한 부등식을 푼다. 이때, $t>0$임에 주의한다.

42

지수부등식 $3^{2x+1}-28\times3^x+9\leq0$의 해가 $\alpha\leq x\leq\beta$일 때, $(\alpha-\beta)^2$의 값은?

① 1 ② 4 ③ 9
④ 16 ⑤ 25

43

부등식 $\left\{4\left(\dfrac{1}{2}\right)^x-\dfrac{5}{4}\right\}^2<\dfrac{9}{16}$의 해가 $\alpha<x<\beta$일 때, $\alpha\beta$의 값은?

① 1 ② 2 ③ 3
④ 4 ⑤ 5

44

부등식 $27\times a^{2x}-12\times a^x+1\leq0$의 해가 $1\leq x\leq2$일 때, a의 값은? (단, $0<a<1$)

① $\dfrac{1}{2}$ ② $\dfrac{1}{3}$ ③ $\dfrac{1}{4}$
④ $\dfrac{1}{5}$ ⑤ $\dfrac{1}{6}$

유형 44 a^x에 관한 연립부등식

부등식 $A<B<C$는 연립부등식 $\begin{cases}A<B\\B<C\end{cases}$로 바꾸어 해를 구한다.

45

연립부등식 $\begin{cases}\left(\dfrac{1}{4}\right)^{x^2}>\left(\dfrac{1}{2}\right)^{x^2-3x+4}\\[4pt]8^{x^2-3x-4}<4^{x^2-2x+6}\end{cases}$ 의 해가 $\alpha<x<\beta$일 때, $\beta-\alpha$의 값은?

① 1 ② 2 ③ 3
④ 4 ⑤ 5

46

부등식 $4^{1-x}\leq2^{x^2-3x}\leq2^{x-3}$을 만족시키는 x의 최솟값은?

① 1 ② 2 ③ 3
④ 4 ⑤ 5

47

연립부등식 $\begin{cases}3^{x+2}\geq9^{2x}\\4^{x^2-7}\leq16\end{cases}$ 을 만족시키는 모든 정수 x의 값의 합은?

① -8 ② -6 ③ -4
④ -2 ⑤ 0

48

연립부등식 $\begin{cases}4^x-2^x\leq2\\4^x\leq5\times2^x-6\end{cases}$ 을 만족시키는 실수 x의 값은?

① -1 ② 0 ③ 1
④ 2 ⑤ 3

유형 45 밑과 지수에 모두 미지수가 있는 부등식

밑을 갖게 한 뒤 지수를 비교하여 해를 구한다.

이때, 밑에 미지수가 포함되어 있으므로

(ⅰ) 밑이 1보다 큰 경우

(ⅱ) 밑이 0보다 크고 1보다 작은 경우

(ⅲ) 밑이 1인 경우

로 나누어 부등식의 해를 각각 구한다.

49

부등식 $x^{x^2-1} \leq x^{x+1}$을 만족시키는 모든 정수 x의 값의 합은? (단, $x>0$)

① 1   ② 2   ③ 3

④ 4   ⑤ 5

50

부등식 $(x^2-1)^x > 1$의 해의 집합은? (단, $x>1$)

① $\{x \mid 1 < x < \sqrt{2}\}$ ② $\{x \mid 1 < x \leq \sqrt{2}\}$

③ $\{x \mid x = \sqrt{2}\}$ ④ $\{x \mid x > \sqrt{2}\}$

⑤ $\{x \mid x \geq \sqrt{2}\}$

유형 46 지수방정식과 지수부등식의 활용 ★★

(1) 지수방정식 $(a^x)^2 + pa^x + q = 0$의 해가 α, β이면 $a^x = t(t>0)$라 할 때, 주어진 방정식은 $t^2 + pt + q = 0$이고 이 이차방정식의 해는 a^α, a^β이다.

(2) 모든 실수 x에 대하여 지수부등식 $(a^x)^2 + pa^x + q > 0$이 성립하면 $a^x = t(t>0)$라 할 때, 주어진 부등식은 $t^2 + pt + q > 0$이고 이 이차부등식은 $t>0$에서 항상 성립한다.

51

방정식 $9^x - k \times 3^{x+1} + k = 0$이 서로 다른 두 실근을 가지도록 하는 정수 k의 최솟값은?

① -2 ② -1 ③ 0

④ 1   ⑤ 2

52

모든 실수 x에 대하여 부등식 $16^x - 8 \times 4^x + k^2 > 0$이 항상 성립하도록 하는 자연수 k의 최솟값은?

① 1   ② 2   ③ 3

④ 4   ⑤ 5

유형 47 지수방정식과 지수부등식의 실생활에서의 활용 ★★

처음의 양이 a인 어떤 물체가 시간당 일정한 비율 p만큼 변화할 때, x시간 후 변화된 양을 y라 하면 $y = ap^x$이다.

53

어떤 방사성 원소의 처음의 양을 $k(g)$라 할 때 x년 후 남아 있는 이 방사성 원소의 양을 $f(x)$라 하면 다음 관계가 성립한다.

$$f(x) = k\left(\frac{1}{10}\right)^{\frac{x}{500}} (g)$$

어떤 물질에서 이 방사성 원소가 1 g 검출되었다. 처음 양이 1000 g이었다면 이 물질은 몇 년 전의 물질인가?

① 15년   ② 150년   ③ 1500년

④ 15000년   ⑤ 150000년

54

어떤 금융 상품에 a원을 투자했을 때, t년 후의 투자이익금을 $f(t)$라 하면 다음 관계가 성립한다.

$$f(t) = a\left(\frac{3}{2}\right)^t$$

처음 투자금액이 80만 원일 때 투자이익금이 270만 원 이상이 되기 위해서는 최소한 몇 년을 투자해야 하는가?

(단, 중간에 추가로 투자하지는 않는다.)

① 1년   ② 2년   ③ 3년

④ 4년   ⑤ 5년

01 ☆

지수함수 $y=a^{x-2}$의 그래프와 그 역함수의 그래프가 접한다. 접점의 x좌표가 4일 때, 양수 a의 값은?

① 2   ② 4   ③ 6

④ 8   ⑤ 10

02 ☆

지수함수 $y=2^{2x-1}-2$에 대한 설명 중 [보기]에서 옳은 것만을 있는 대로 고른 것은?

───── [보기] ─────

ㄱ. x의 값이 증가하면 y의 값은 감소한다.

ㄴ. 정의역은 실수 전체의 집합이고, 치역은 $\{y\,|\,y>-2\}$이다.

ㄷ. 그래프는 제2사분면을 지나지 않는다.

ㄹ. 그래프를 평행이동하여 $y=2^x$의 그래프와 겹칠 수 있다.

① ㄱ   ② ㄴ   ③ ㄴ, ㄷ

④ ㄷ, ㄹ   ⑤ ㄴ, ㄷ, ㄹ

03 ☆

그림은 함수 $y=a^x-b$의 그래프이다. 상수 a, b에 대하여 ab의 값은?

(단, $0<a<1$)

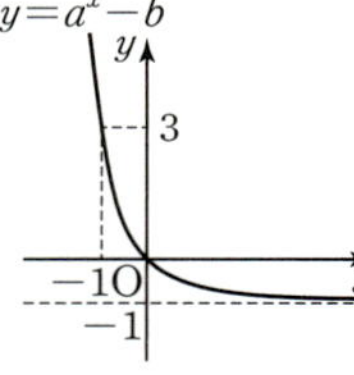

① 1   ② $\dfrac{1}{2}$

③ $\dfrac{1}{4}$ ④ $\dfrac{1}{8}$

⑤ $\dfrac{1}{16}$

04 |단답형| ☆☆ [첨삭 해설]

방정식 $|3^x-5|=k$의 서로 다른 실근의 개수가 2가 되도록 하는 모든 정수 k의 값의 합을 구하시오.

05 ☆

$A=\sqrt[4]{0.25}$, $B=2^{-\frac{5}{2}}$, $C=\sqrt[3]{64^{-1}}$의 대소 관계는?

① $A<B<C$ ② $A<C<B$ ③ $B<A<C$

④ $B<C<A$ ⑤ $C<A<B$

06 ☆☆ [첨삭 해설]

두 함수 $f(x)=x^2-4x-1$, $g(x)=a^x\,(0<a<1)$에 대하여 $-1\le x\le 3$에서 합성함수 $(g\circ f)(x)$의 최댓값은 32, 최솟값은 m일 때, $\dfrac{a}{m}$의 값은?

① $\dfrac{1}{8}$ ② $\dfrac{1}{4}$ ③ 1

④ 4   ⑤ 8

07 ☆☆☆ [첨삭 해설]   [2007년 7월 교육청]

그림에서 함수 $y=2^x-1$의 그래프 위의 서로 다른 두 점 P, Q의 x좌표를 각각 a, b라 할 때, $A=\dfrac{2^a-1}{a}$, $B=\dfrac{2^b-1}{b}$, $C=\dfrac{2^b-2^a}{b-a}$의 대소 관계를 옳게 나타낸 것은?

(단, $0<a<b<1$)

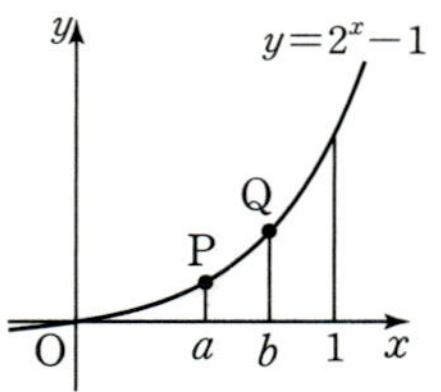

① $A<B<C$ ② $A<C<B$ ③ $B<A<C$

④ $B<C<A$ ⑤ $C<A<B$

08 |단답형| ⭐⭐ [2010년 10월 교육청]

그림과 같이 두 곡선 $y=2^x$, $y=2^{x-2}$과 직선 $y=k$의 교점을 각각 P_k, Q_k라 하고, 삼각형 OP_kQ_k의 넓이를 A_k라 하자. $A_1+A_4+A_7+A_{10}$의 값을 구하시오.

(단, k는 자연수이고, O는 원점이다.)

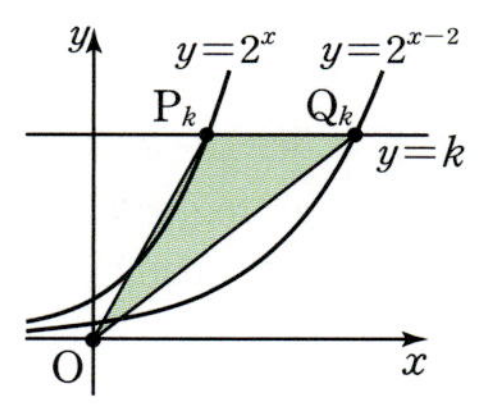

09 |단답형| ⭐

지수방정식 $4^{x+1}-9\times2^x+2=0$의 두 실근이 α, β이다. $\beta-\alpha$의 값을 구하시오. (단, $\alpha<\beta$)

10 ⭐⭐ [2009년 수능]

두 지수함수 $f(x)=a^{bx-1}$, $g(x)=a^{1-bx}$이 다음 조건을 만족시킨다.

> (가) 함수 $y=f(x)$의 그래프와 함수 $y=g(x)$의 그래프는 직선 $x=2$에 대하여 대칭이다.
>
> (나) $f(4)+g(4)=\dfrac{5}{2}$

두 상수 a, b의 합 $a+b$의 값은? (단, $0<a<1$)

① 1 ② $\dfrac{9}{8}$ ③ $\dfrac{5}{4}$

④ $\dfrac{11}{8}$ ⑤ $\dfrac{3}{2}$

11 |단답형| ⭐⭐⭐ 첨삭 해설

방정식 $9^x+9^{-x}+4(3^x+3^{-x})+a=0$이 실근을 갖기 위한 상수 a의 최댓값은 M이다. M^2의 값을 구하시오.

12 ⭐

지수부등식 $4^{-x}-3\times2^{-x+1}+8\leq0$의 해가 $\alpha\leq x\leq\beta$일 때, $\alpha\beta$의 값은?

① 1 ② 2 ③ 3

④ 4 ⑤ 5

13 |서술형| ⭐⭐

지수부등식 $(5^x-125)\left(\dfrac{1}{3^x}-81\right)<0$의 해가 $x<\alpha$ 또는 $x>\beta$이다. $\beta-\alpha$의 값을 구하시오.

14 ⭐⭐

두 함수 $y=f(x)$, $y=g(x)$의 그래프가 그림과 같을 때, 부등식 $a^{f(x)}\geq a^{g(x)}$의 해는? (단, $0<a<1$)

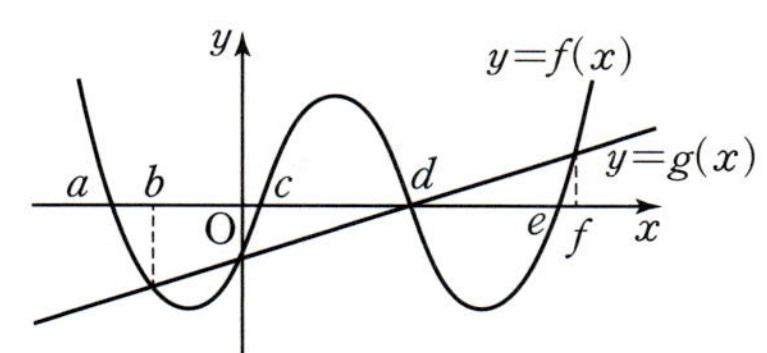

① $x\leq a$ 또는 $x\geq e$
② $b\leq x\leq0$ 또는 $d\leq x\leq f$
③ $b\leq x\leq0$ 또는 $d\leq x\leq e$
④ $c\leq x\leq d$ 또는 $x\geq f$
⑤ $x\leq b$ 또는 $0\leq x\leq d$ 또는 $x\geq f$

15 ⭐⭐⭐ 첨삭 해설

임의의 실수 x에 대하여 $k(4^x+2^{x+1})\geq2^{x+3}-2$가 성립하도록 하는 실수 k의 값의 범위는? (단, $k\neq0$)

① $2\leq k\leq8$ ② $k\geq2$ ③ $0<k\leq8$

④ $k\leq8$ ⑤ $k>0$

Simple **G** 로그함수

17 로그함수의 정의

$a>0$, $a\neq1$일 때, 지수함수 $y=a^x$의 역함수 $y=\log_a x$를 a를 밑으로 하는 **로그함수**라 한다.

- $y=\log_a x \iff x=a^y\,(a>0,\ a\neq1)$
이므로 로그함수 $y=\log_a x$는 지수함수 $y=a^x$의 역함수이다.

18 로그함수 $y=\log_a x\,(a>0,\ a\neq1)$의 성질

(1) 정의역은 양의 실수 전체의 집합이고 치역은 실수 전체의 집합이다.

(2) 그래프는 점 $(1,\ 0)$을 지나고, 그래프의 점근선은 y축(직선 $x=0$)이다.

(3) $a>1$일 때 x의 값이 증가하면 y의 값도 증가한다.

  $0<a<1$일 때 x의 값이 증가하면 y의 값은 감소한다.

- 지수함수 $y=a^x$의 그래프와 로그함수 $y=\log_a x$의 그래프는 직선 $y=x$에 대하여 대칭이다.

19 로그함수의 그래프의 평행이동과 대칭이동

함수 $y=\log_a x\,(a>0,\ a\neq1)$의 그래프를

(1) x축의 방향으로 m만큼, y축의 방향으로 n만큼 평행이동한 그래프의 식은

  $y=\log_a(x-m)+n$

(2) x축에 대하여 대칭이동한 그래프의 식은 $y=\log_a \dfrac{1}{x}$

(3) y축에 대하여 대칭이동한 그래프의 식은 $y=\log_a(-x)$

(4) 원점에 대하여 대칭이동한 그래프의 식은 $y=\log_a\left(-\dfrac{1}{x}\right)$

- 함수 $y=\log_a x$에 대하여
(1) $a>1$이면 증가함수이므로 x의 값이 최소일 때 y의 값은 최소이고 x의 값이 최대일 때 y의 값은 최대이다.
(2) $0<a<1$이면 감소함수이므로 x의 값이 최소일 때 y의 값은 최대이고 x의 값이 최대일 때 y의 값은 최소이다.

20 로그함수의 최댓값과 최솟값

로그함수 $y=\log_a x\,(a>0,\ a\neq1)$의 정의역이 $\{x\,|\,m\leq x\leq n\}$일 때,

(1) $a>1$이면 $x=m$일 때 최솟값 $\log_a m$을, $x=n$일 때 최댓값 $\log_a n$을 갖는다.

(2) $0<a<1$이면 $x=n$일 때 최솟값 $\log_a n$을, $x=m$일 때 최댓값 $\log_a m$을 갖는다.

| 개념 CHECK

정답 및 해설 p. 40

[01~03] 다음 빈칸에 알맞은 것을 써넣으시오.

01 $a>0$, $a\neq1$일 때, 지수함수 $y=a^x$의 역함수 $y=\log_a x$를 a를 밑으로 하는 [   ]라 한다.

02 로그함수 $y=\log_a x\,(a>0,\ a\neq1)$의 그래프를 x축의 방향으로 m만큼, y축의 방향으로 n만큼 평행이동시킨 그래프의 식은 [   ]이다.

03 로그함수 $y=\log_a x\,(a>0,\ a\neq1)$의 정의역이 $\{x\,|\,m\leq x\leq n\}$일 때 [   ]이면 $x=n$일 때 최솟값 $\log_a n$을, $x=m$일 때 최댓값 $\log_a m$을 갖는다.

[04~08] 함수 $y=\log_a x\,(a>0,\ a\neq1)$에 대한 설명으로 옳은 것에 ○표, 옳지 <u>않은</u> 것에 ×표를 하시오.

04 정의역은 $\{x\,|\,x$는 양의 실수$\}$이다. (   )

05 치역은 $\{y\,|\,y$는 양의 실수$\}$이다. (   )

06 $a>1$일 때, x의 값이 증가하면 y의 값도 증가한다. (   )

07 그래프는 점 $(0,\ 1)$을 지난다. (   )

08 그래프는 y축을 점근선으로 갖는다. (   )

17 **로그함수의 정의**

[09~12] 다음 함수의 정의역을 구하시오.

09 $y=\log_2(x-1)+2$

10 $y=\log_3(3-x)$

11 $y=\log_{\frac{1}{2}}2x$

12 $y=\log_3(x+3)^2$

18 **로그함수 $y=\log_a x\,(a>0,\ a\neq1)$의 성질**

13 함수 $y=\log_2 x$의 그래프가 그림과 같을 때, 상수 a, b의 값을 각각 구하시오.

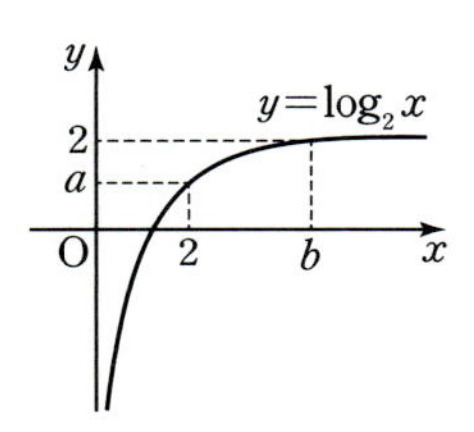

[14~16] 로그함수를 이용하여 다음 수의 대소를 비교하시오.

14 $\log_2 8$, $\log_2 6$

15 $\log_{\frac{1}{2}}5$, $\log_{\frac{1}{2}}\dfrac{1}{5}$

16 $\log_3 4$, $\log_3\sqrt{12}$, $2\log_3 4$

19 **로그함수의 그래프의 평행이동과 대칭이동**

[17~20] 함수 $y=\log_3 x$의 그래프를 다음과 같이 평행이동 또는 대칭이동한 그래프의 식을 구하시오.

17 x축의 방향으로 -1만큼, y축의 방향으로 4만큼 평행이동

18 x축에 대하여 대칭이동

19 y축에 대하여 대칭이동

20 원점에 대하여 대칭이동

[21~22] 함수 $y=\log_2 x$의 그래프를 이용하여 다음 함수의 그래프를 그리고, 정의역과 점근선의 방정식을 구하시오.

21 $y=\log_2(x+1)$

22 $y=-\log_2 x+1$

20 **로그함수의 최댓값과 최솟값**

[23~26] 주어진 범위에서 다음 함수의 최댓값과 최솟값을 각각 구하시오.

23 $y=\log_2 x\,(2\leq x\leq16)$

24 $y=\log_{\frac{1}{2}}4x\,(2\leq x\leq16)$

25 $y=\log_{\frac{1}{3}}(3x+2)\left(\dfrac{1}{3}\leq x\leq6\right)$

26 $y=\log_2(x-1)+5\,(5\leq x\leq65)$

유형 48 로그함수의 함숫값 ★

로그함수 $f(x)=\log_a x\,(a>0,\ a\neq 1)$에 대하여 $x=p$에서의 함숫값이 $f(p)=k$이면 $\underline{\log_a p=k \Longleftrightarrow a^k=p}$임을 이용한다.

27

로그함수 $f(x)=\log_3 x$에 대하여 $f(\sqrt{3})+f(9)$의 값은?

① 2 　　② $\dfrac{5}{2}$ 　　③ 3

④ $\dfrac{7}{2}$ 　　⑤ 4

28

함수 $f(x)=\log_a(4x+1)+2$에 대하여 $f(2)=4$일 때, $f(20)$의 값은? (단, $a>0,\ a\neq 1$)

① 6 　　② 8 　　③ 10

④ 12 　　⑤ 14

29

두 함수 $f(x)=\left(\dfrac{1}{2}\right)^x$, $g(x)=\log_4 x$에 대하여 $(g\circ f)(-2)$의 값은?

① -2 　　② -1 　　③ 1

④ 2 　　⑤ 4

30

함수 $f(x)=\log_2 x$일 때, $f(f(x))=2$를 만족시키는 x의 값은? (단, $x>1$)

① 2 　　② 4 　　③ 8

④ 16 　　⑤ 32

유형 49 로그함수의 성질 ★

로그함수 $y=\log_a x\,(a>0,\ a\neq 1)$에 대하여

(1) 정의역 : $\{x\,|\,x>0\}$, 치역 : 실수 전체의 집합

(2) $a>1$일 때, x의 값이 증가하면 y의 값도 증가
　$0<a<1$일 때, x의 값이 증가하면 y의 값은 감소

(3) 두 점 $(1,\ 0)$, $(a,\ 1)$을 지나고, y축(직선 $x=0$)을 점근선으로 한다.

(4) $y=a^x$의 그래프와 직선 $y=x$에 대하여 대칭이다.

31

로그함수 $y=\log(x+2)^2$의 정의역은?

① $\{x\,|\,x>-2\}$ 　　② $\{x\,|\,x\geq -2\}$

③ $\{x\,|\,x<-2\}$ 　　④ $\{x\,|\,x\neq -2$인 모든 실수$\}$

⑤ $\{x\,|\,x$는 모든 실수$\}$

32

다음 중 로그함수 $y=\log_a x\,(a>1)$에 대한 설명 중 옳지 <u>않은</u> 것은?

① 정의역은 양의 실수 전체의 집합이다.

② 그래프는 점 $(1,\ 0)$을 지나고, y축을 점근선으로 한다.

③ x의 값이 증가하면 y의 값은 증가한다.

④ 그래프가 $y=\log_{\frac{1}{a}} x$의 그래프와 y축에 대하여 대칭이다.

⑤ 그래프가 $y=a^x$의 그래프와 직선 $y=x$에 대하여 대칭이다.

33

함수 $y=\log_2 x$와 같은 함수인 것만을 [보기]에서 있는 대로 고른 것은?

[보기]

ㄱ. $y=-\log_2 \dfrac{1}{x}$

ㄴ. $y=\log_4 x^2$

ㄷ. $y=\dfrac{1}{3}\log_2 x^3$

① ㄱ 　　② ㄴ 　　③ ㄷ

④ ㄱ, ㄷ 　　⑤ ㄱ, ㄴ, ㄷ

유형 50 로그함수의 그래프에서의 함숫값 ★

로그함수 $y=\log_a x\,(a>0,\ a\neq1)$의 그래프가 점 $(m,\,n)$을 지나면 $n=\log_a m \Longleftrightarrow a^n=m$이다.

34

함수 $y=\log_2(x+3)+5$의 그래프가 점 $(a,\,8)$을 지날 때, 상수 a의 값은?

① 3   ② 5   ③ 7

④ 9   ⑤ 11

35

그림과 같은 로그함수 $y=\log_{\frac{1}{2}}(ax+b)$의 그래프가 두 점 $(-1,\,0)$과 점 $(0,\,-2)$를 지날 때, 상수 $a,\,b$에 대하여 ab의 값을 구하시오.

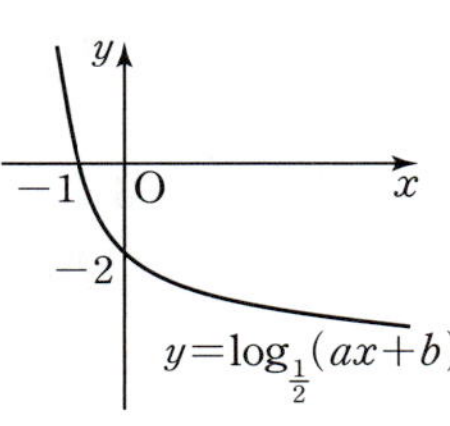

36

그림은 세 함수 $y=2^x$, $y=x$, $y=\log_a x$의 그래프이다. 색칠한 두 직사각형의 넓이의 합이 4일 때, 상수 a의 값은?

(단, 사각형의 각 변은 x축 또는 y축과 평행하다.)

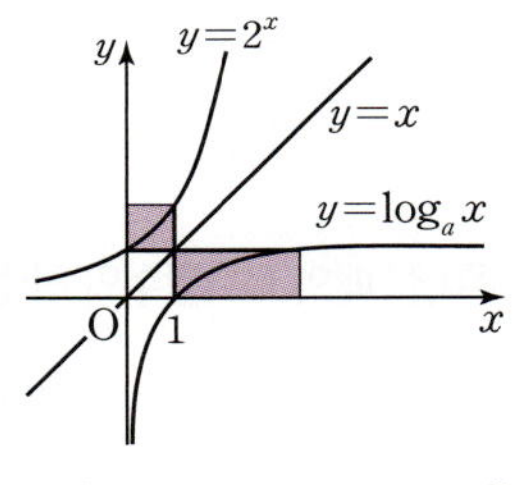

① 2   ② 3   ③ 4

④ 5   ⑤ 6

37

그림과 같이 점 A는 함수 $y=\log_2 x$의 그래프 위의 점이고 두 점 B, C는 x축 위의 점이다. 정사각형 ABCD의 한 변의 길이가 3일 때, 점 C의 x좌표는?

(단, 점 A의 x좌표는 1보다 크다.)

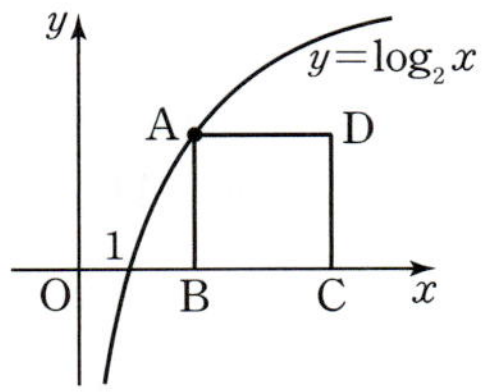

① 10   ② 11   ③ 12

④ 13   ⑤ 14

유형 51 로그함수의 그래프의 평행이동과 대칭이동 ★★

로그함수 $y=\log_a x\,(a>0,\ a\neq1)$의 그래프를

(1) x축의 방향으로 m만큼, y축의 방향으로 n만큼 평행이동하면
$$y=\log_a(x-m)+n$$

(2) x축에 대하여 대칭이동하면 $y=-\log_a x$

(3) y축에 대하여 대칭이동하면 $y=\log_a(-x)$

(4) 원점에 대하여 대칭이동하면 $y=-\log_a(-x)$

38

로그함수 $y=\log_3 x$의 그래프를 x축의 방향으로 2만큼, y축의 방향으로 5만큼 평행이동한 그래프가 점 $(a,\,9)$를 지날 때, 상수 a의 값은?

① 77   ② 80   ③ 83

④ 86   ⑤ 89

39

로그함수 $y=\log_2(2x+6)$의 그래프는 $y=\log_2 x$의 그래프를 x축의 방향으로 a만큼, y축의 방향으로 b만큼 평행이동한 것이다. 상수 $a,\,b$에 대하여 $b-a$의 값을 구하시오.

40

함수 $y=\log_3 x$의 그래프를 평행이동 또는 대칭이동을 하여 겹쳐질 수 있는 그래프의 식인 것만을 [보기]에서 있는 대로 고른 것은?

$$\boxed{\begin{array}{ll} \text{[보기]} \\ \text{ㄱ. } y=\log_3(-x) & \text{ㄴ. } y=\log_9(x-4) \\ \text{ㄷ. } y=2\log_3\dfrac{1}{x} & \text{ㄹ. } y=\log_3 3x \end{array}}$$

① ㄱ, ㄴ   ② ㄱ, ㄹ   ③ ㄴ, ㄷ

④ ㄴ, ㄹ   ⑤ ㄷ, ㄹ

41

함수 $y=\log_2 x$의 그래프를 x축에 대하여 대칭이동한 후 y축의 방향으로 1만큼 평행이동시킨 그래프가 함수 $y=\log_2\dfrac{a}{x}$의 그래프와 일치할 때, 상수 a의 값은?

① 1   ② 2   ③ 3

④ 4   ⑤ 5

유형 52 로그함수의 역함수 ★

(1) 로그함수 $f(x)=\log_a x\,(a>0,\,a\neq1)$의 역함수
$$f^{-1}(x)=a^x$$
(2) $f^{-1}(a)=b \Longleftrightarrow f(b)=a$

42

함수 $y=\log_2(x-3)+1$의 역함수를 $g(x)$라 할 때, $g(2)$의 값은? (단, $x>3$)

① 3　　　　② 4　　　　③ 5
④ 6　　　　⑤ 7

43

함수 $f(x)=3^x$의 역함수가 $f^{-1}(x)=a\log_{\frac{1}{3}}x$이고 함수 $g(x)=\log_{\frac{1}{2}}x$의 역함수가 $g^{-1}(x)=2^{bx}$일 때, 실수 a, b에 대하여 $a+b$의 값은?

① -2　　　　② -1　　　　③ 0
④ 1　　　　⑤ 2

44

함수 $y=3^{x+2}$의 역함수가 $y=\log_3 kx$일 때, 상수 k의 값은? (단, $k>0$)

① $\dfrac{1}{2}$　　　　② $\dfrac{1}{3}$　　　　③ $\dfrac{1}{6}$
④ $\dfrac{1}{8}$　　　　⑤ $\dfrac{1}{9}$

45

로그함수 $f(x)=\log_a(x-1)+n$의 그래프와 그 역함수의 그래프가 두 점에서 만난다. 두 교점의 x좌표가 2와 4일 때, a^2+n^2의 값은? (단, $a>1$)

① 6　　　　② 7　　　　③ 8
④ 9　　　　⑤ 10

유형 53 로그함수의 성질을 이용한 대소 관계 ★

두 수 $\log_a m$, $\log_a n$의 크기를 비교할 때는 먼저 로그의 밑을 같게 한 후
(1) $a>1$이면 $0<m<n \Longleftrightarrow \log_a m<\log_a n$
(2) $0<a<1$이면 $0<m<n \Longleftrightarrow \log_a m>\log_a n$
임을 이용한다.

46

다음은 두 수의 대소 관계를 나타낸 것이다. [보기]에서 옳은 것만을 있는 대로 고른 것은?

[보기]

ㄱ. $\log_{\frac{1}{2}}3>\log_{\frac{1}{4}}6$
ㄴ. $\log_9 2>\dfrac{1}{3}$
ㄷ. $\dfrac{\log_5 3}{3}>\dfrac{\log_5 4}{4}$

① ㄱ　　　　② ㄷ　　　　③ ㄱ, ㄷ
④ ㄴ, ㄷ　　　　⑤ ㄱ, ㄴ, ㄷ

47

세 수 $A=\dfrac{1}{2}\log_{0.1}2$, $B=\log_{0.1}\sqrt{3}$, $C=\dfrac{1}{3}\log_{0.1}8$의 대소 관계는?

① $A<B<C$　　② $A<C<B$　　③ $B<A<C$
④ $C<A<B$　　⑤ $C<B<A$

유형 54 범위가 주어질 때의 로그함수의 최댓값과 최솟값 ★★

로그함수 $y=\log_a x\,(a>0,\,a\neq1)$의 정의역이 $\{x\,|\,m\leq x\leq n\}$일 때
(1) $a>1$이면 최솟값은 $\log_a m$이고 최댓값은 $\log_a n$이다.
(2) $0<a<1$이면 최솟값은 $\log_a n$이고 최댓값은 $\log_a m$이다.

48

함수 $y=\log_3 x+1\,(1\leq x\leq3)$의 최댓값을 M, 최솟값을 m이라 할 때, $M+m$의 값을 구하시오.

49

정의역이 $\{x\,|\,-2\leq x\leq4\}$인 함수 $y=\log_3(x+a)+2$의 최댓값이 4일 때, 상수 a의 값은?

① 3　　　　② 4　　　　③ 5
④ 6　　　　⑤ 7

유형 55 함수 $y=\log_a f(x)$의 최댓값과 최솟값 ★★

함수 $y=\log_a f(x)\,(a>0,\,a\neq1)$에 대하여
(1) $a>1$이면 $f(x)$가 최대일 때 y도 최대이고, $f(x)$가 최소일 때 y도 최소이다.
(2) $0<a<1$이면 $f(x)$가 최대일 때 y는 최소이고, $f(x)$가 최소일 때 y는 최대이다.

50

정의역이 $\{x\,|\,0\leq x\leq3\}$인 함수 $y=\log_{\frac{1}{2}}(-x^2+2x+7)$의 최댓값과 최솟값의 곱은?

① $\log_2 30$　　② 5　　③ $\log_2 60$
④ 6　　⑤ $\log_2 90$

51

정의역이 $\{x\,|\,-1\leq x\leq5\}$인 함수 $y=\log_a(5x^2-10x+6)$의 최솟값이 -4일 때, 최댓값은 M이다. $a+M$의 값은? (단, $0<a<1$)

① $\dfrac{1}{2}$　　② $\dfrac{1}{3}$　　③ $\dfrac{1}{4}$
④ $\dfrac{1}{5}$　　⑤ $\dfrac{1}{6}$

유형 56 $\log_a x$가 반복되는 함수의 최댓값과 최솟값 ★★

함수 $y=f(x)$에서 $f(x)$가 $\log_a x$에 대한 이차식인 경우에는 $\log_a x=t$로 치환한 후 t의 값의 범위에 주의하며 t에 대한 이차함수의 최댓값과 최솟값을 구한다.

52

정의역이 $\{x\,|\,1\leq x\leq8\}$인 함수
$y=(\log_2 x)^2-2\log_2 x+3$의 최댓값을 M, 최솟값을 m이라 할 때, $M+m$의 값은?

① 2　　② 4　　③ 6
④ 8　　⑤ 10

53

$\dfrac{1}{9}\leq x\leq3$에서 함수 $y=(\log_{\frac{1}{3}}x-1)^2+1$이 최댓값을 가질 때의 x의 값은?

① 1　　② 3　　③ 6
④ 9　　⑤ 12

54

함수 $y=(\log_3 x)^2+a\log_3 x+b$는 $x=\dfrac{1}{9}$일 때 최솟값 5를 갖는다. 상수 a, b에 대하여 $a+b$의 값은?

① 13　　② 15　　③ 17
④ 19　　⑤ 21

55

$\dfrac{1}{16}\leq x\leq8$일 때, 함수 $y=(\log_2 2x)\left(\log_2\dfrac{8}{x}\right)$의 최댓값과 최솟값의 곱은?

① -84　　② -21　　③ -4
④ 21　　⑤ 84

유형 57 산술평균과 기하평균의 관계를 이용한 로그함수의 최댓값과 최솟값 ★

두 양수의 합 또는 곱이 일정한 경우에 산술평균과 기하평균의 관계를 이용하여 최댓값과 최솟값을 구한다. 즉, $a>0$, $b>0$일 때 $a+b\geq2\sqrt{ab}$ (단, 등호는 $a=b$일 때 성립)임을 이용한다.

56

$x>1$, $y>1$이고 $\log_3 x\times\log_3 y=2$일 때, $\log_3 xy^2$의 최솟값은?

① 2　　② 3　　③ 4
④ 5　　⑤ 6

57

$x>0$일 때, 함수 $y=\log_6(x+1)+\log_6\left(\dfrac{25}{x}+1\right)$의 최솟값은?

① 0　　② 1　　③ 2
④ 3　　⑤ 4

21 로그방정식

(1) 로그의 진수 또는 밑에 미지수가 들어 있는 방정식을 **로그방정식**이라 한다.

(2) 방정식 $\log_a f(x) = b$의 풀이

$\log_a f(x) = b \Longleftrightarrow f(x) = a^b$임을 이용하여 푼다.

(3) 밑을 같게 할 수 있는 경우

① 밑이 같은 경우

$\log_a f(x) = \log_a g(x) \Longleftrightarrow f(x) = g(x)$ (단, $f(x) > 0$, $g(x) > 0$)

② 밑이 같지 않은 경우

로그의 성질이나 밑의 변환 공식을 이용하여 밑을 같게 변형한 후 푼다.

(4) 진수가 같은 경우

$\log_{g(x)} f(x) = \log_{h(x)} f(x) \Longleftrightarrow g(x) = h(x)$ 또는 $f(x) = 1$

22 로그부등식

(1) 로그의 진수 또는 밑에 미지수가 들어 있는 부등식을 **로그부등식**이라 한다.

(2) 밑이 같은 경우

① $a > 1$일 때, $\log_a f(x) < \log_a g(x) \Longleftrightarrow 0 < f(x) < g(x)$

② $0 < a < 1$일 때, $\log_a f(x) < \log_a g(x) \Longleftrightarrow 0 < g(x) < f(x)$

(3) 밑이 같지 않은 경우

로그의 성질이나 밑의 변환 공식을 이용하여 밑을 같게 변형한 후 푼다.

> • $\log_a x$의 꼴이 반복되는 방정식 또는 부등식은 $\log_a x = t$로 치환하여 t에 대한 방정식 또는 부등식을 푼다.

> • 로그방정식과 로그부등식을 풀 때에는 구한 해가 로그의 정의, 즉 (밑)>0, (밑)$\neq 1$, (진수)>0의 조건에 맞는지 반드시 확인한다.

개념 CHECK

정답 및 해설 p. 44

[01~04] 다음 빈칸에 알맞은 것을 써넣으시오.

01 로그방정식 $\log_a f(x) = b$를 풀 때는
$\log_a f(x) = b \Longleftrightarrow [\qquad\qquad]$임을 이용한다.

02 밑이 같은 로그방정식 $\log_a f(x) = \log_a g(x)$를 풀 때는 $\log_a f(x) = \log_a g(x) \Longleftrightarrow [\qquad\quad]$임을 이용한다.

03 로그방정식 $\log_{g(x)} f(x) = \log_{h(x)} f(x)$를 풀 때는 $\log_{g(x)} f(x) = \log_{h(x)} f(x) \Longleftrightarrow [\qquad\quad]$ 또는 $f(x) = 1$임을 이용한다.

04 로그부등식 $\log_a f(x) < \log_a g(x)$은 밑의 크기에 따라 부등식을 푼다.
① $a > 1$일 때,
$\log_a f(x) < \log_a g(x) \Longleftrightarrow [\qquad\quad]$
② $0 < a < 1$일 때,
$\log_a f(x) < \log_a g(x) \Longleftrightarrow [\qquad\quad]$

[05~09] 옳은 것에 ○표, 옳지 <u>않은</u> 것에 ×표를 하시오.

05 $a > 0$, $a \neq 1$일 때 $\log_a P = b$이면 $P = a^b$(단, $P > 0$)이다. ( )

06 $0 < a < 1$일 때 $\log_a f(x) = \log_a g(x)$이면 $f(x) = g(x)$ (단, $f(x) > 0$, $g(x) > 0$)이다. ( )

07 밑이 같지 않은 경우 로그방정식의 해를 구할 수 없다. ( )

08 x의 값의 범위가 주어지지 않은 $\log_a x$의 꼴이 반복되는 로그방정식 또는 로그부등식의 풀이에서 $t = \log_a x$로 치환하였을 때, t의 값의 범위는 모든 실수이므로 범위를 신경 쓰지 않아도 된다. ( )

09 로그부등식을 풀 때, 밑의 조건은 (밑)>0이고, 진수의 조건은 (진수)>0이다. ( )

정답 및 해설 pp. 44～46

21 로그방정식

[10~17] 다음 방정식을 푸시오.

10 $\log_3 \dfrac{1}{x} = 2$

11 $\log_2 (x-1) = 2$

12 $\log_{\frac{1}{3}} (x+7) = -2$

13 $\log_2 (2x-1) = \log_2 (2-x)$

14 $(\log_2 x)^2 + \log_2 x - 2 = 0$

15 $(\log_3 x)^2 + 2\log_3 x - 8 = 0$

16 $\log_2 x + \log_x 16 = 5$

17 $(\log_2 2x)(\log_2 4x) = 20$

22 로그부등식

[18~25] 다음 부등식을 푸시오.

18 $\log_{\frac{1}{2}} x \geq \log_{\frac{1}{2}} 2$

19 $\log_5 (x+1) > \log_5 2$

20 $\log_2 (2x-1) < 1$

21 $\log_x 3 > \log_x 5$

22 $\log (3x-2) \geq \log (6-x)$

23 $\log x + \log (x-3) \leq \log 4$

24 $\log_3 (x^2+3x) < \log_3 4$

25 $(\log_2 x)^2 > 4 + 3\log_2 x$

유형 58 $\log_a f(x) = \log_a g(x)$ 꼴의 로그방정식 ★

각 항의 밑을 같게 한 후
$$\log_a f(x) = \log_a g(x) \iff f(x) = g(x)$$
$$(\text{단, } a > 0,\ a \neq 1,\ f(x) > 0,\ g(x) > 0)$$
임을 이용하여 푼다.

26

로그방정식 $\log_2 (x+1)^2 = \log_2 (5x+1)$을 만족시키는 모든 x의 값의 합은?

① -3　　② -1　　③ 0
④ 1　　⑤ 3

27

로그방정식 $\log_2 (x-3) = \log_4 (x-1)$의 해를 $x = \alpha$라 할 때, 2^α의 값은?

① 24　　② 28　　③ 32
④ 36　　⑤ 40

유형 59 $\log_a x$가 반복되는 방정식 ★★

$\log_a x\,(a > 0,\ a \neq 1)$ 꼴이 반복되는 경우 $\log_a x = t$로 치환하여 t에 대한 방정식을 푼다.

28

로그방정식 $(\log_2 x)^2 - \log_2 16x^3 = 0$의 두 근을 $\alpha,\ \beta\,(\alpha < \beta)$라 할 때, $2\alpha + \beta$의 값은?

① 15　　② 17　　③ 19
④ 21　　⑤ 23

29

방정식 $(\log_3 9x)^2 - 3\log_3 x = 6$의 모든 근의 합은?

① $-\dfrac{28}{9}$　　② -1　　③ 1
④ $\dfrac{28}{9}$　　⑤ 4

30

방정식 $\log_x 4 - \log_2 x = 1$의 두 근을 $\alpha,\ \beta$라 할 때, $\alpha + \beta$의 값은? (단, $\alpha > \beta$)

① $\dfrac{9}{4}$　　② $\dfrac{5}{2}$　　③ $\dfrac{11}{4}$
④ 3　　⑤ $\dfrac{13}{4}$

31

로그방정식 $3^{\log x} \times x^{\log 3} - 2(3^{\log x} + x^{\log 3}) + 3 = 0$을 만족시키는 모든 x의 값의 합은?

① 10　　② 11　　③ 100
④ 101　　⑤ 110

유형 60 진수가 같은 로그방정식 ★

$\log_{g(x)} f(x) = \log_{h(x)} f(x)$에서
$g(x) = h(x)$ 또는 $f(x) = 1$
즉, 밑이 같거나 진수가 1이어야 한다.
이때, 로그의 밑과 진수 조건, 즉
(밑) > 0, (밑) $\neq 1$, (진수) > 0에 맞는지 반드시 확인한다.

32

방정식 $\log_{x^2 - 1} 5 = \log_{x + 11} 5$의 해가 $x = \alpha$ 또는 $x = \beta$일 때, $\beta - \alpha$의 값은? (단, $\alpha < \beta$)

① 6　　② 7　　③ 8
④ 9　　⑤ 10

33

방정식 $\log_{x^2}(x-1) = \log_{x+6}(x-1)$의 모든 해의 곱은?

① 6　　② 8　　③ 10
④ 16　　⑤ 20

유형 61 $\log_a x$, $\log_b y$에 관한 연립방정식

$\log_a x$, $\log_b y$ $(a>0,\ a\neq 1,\ b>0,\ b\neq 1)$에 대한 연립방정식은 $\log_a x = X$, $\log_b y = Y$로 치환하여 푼다.

34

연립방정식 $\begin{cases} \log_2 (x+y)=3 \\ \log_2 x + \log_2 y = 1 \end{cases}$ 을 만족시키는 실수 x, y에 대하여 $(x-y)^2$의 값은?

① 52 ② 56 ③ 60
④ 64 ⑤ 68

35

연립방정식 $\begin{cases} \log_3 x + \log_2 y = 6 \\ \log_4 x \times \log_9 y = 2 \end{cases}$ 를 만족시키는 실수 x, y에 대하여 $x+y$의 값은? (단, $0<x<y$)

① 23 ② 25 ③ 27
④ 29 ⑤ 31

유형 62 지수에 로그가 포함되어 있는 방정식

지수에 로그가 포함되어 있으면 양변에 로그를 취하여 푼다.

36

$x>0$일 때, 방정식 $(2x)^{\log 2}=(3x)^{\log 3}$을 만족시키는 x의 값은?

① $\dfrac{1}{2}$ ② $\dfrac{1}{3}$ ③ $\dfrac{1}{4}$
④ $\dfrac{1}{5}$ ⑤ $\dfrac{1}{6}$

37

방정식 $x^{\log x}=\dfrac{100}{x}$의 모든 근의 곱은?

① $\dfrac{1}{100}$ ② $\dfrac{1}{10}$ ③ 1
④ 10 ⑤ 100

유형 63 로그방정식의 활용 ★★

x에 대한 방정식 $p(\log_a x)^2 + q\log_a x + r = 0\ (a>0,\ a\neq 1)$의 두 근이 α, β이면 $\log_a x = t$로 치환하였을 때 이차방정식 $pt^2 + qt + r = 0$의 두 근은 $\log_a \alpha$, $\log_a \beta$가 된다.

38

x에 대한 로그방정식 $(\log_{\sqrt{2}} x)^2 - k\log_{\sqrt{2}} x - 2 = 0$의 두 근의 곱이 4일 때, 상수 k의 값은?

① 2 ② $\dfrac{5}{2}$ ③ 3
④ $\dfrac{7}{2}$ ⑤ 4

39

방정식 $(\log x)\left(\log \dfrac{x}{27}\right)=1$의 두 근을 α, β라 할 때, $\alpha\beta$의 값은?

① 9 ② 18 ③ 27
④ 36 ⑤ 45

40

x에 대한 이차방정식 $x^2 - x\log_5 a^2 - \log_5 a + 6 = 0$이 중근을 갖도록 하는 모든 상수 a의 값의 곱은?

① $\dfrac{1}{2}$ ② $\dfrac{1}{3}$ ③ $\dfrac{1}{4}$
④ $\dfrac{1}{5}$ ⑤ $\dfrac{1}{6}$

41

방정식 $\log_3 x = kx$의 두 근의 비가 $1:3$일 때, 상수 k에 대하여 $\dfrac{1}{k^2}$의 값을 구하시오. (단, $k\neq 0$)

유형 64 밑을 같게 할 수 있는 로그부등식 ★

밑을 같게 한 후 다음을 이용하여 부등식을 푼다.

(1) $a > 1$일 때,

$$\log_a f(x) < \log_a g(x) \iff 0 < f(x) < g(x)$$

(2) $0 < a < 1$일 때,

$$\log_a f(x) < \log_a g(x) \iff 0 < g(x) < f(x)$$

42

로그부등식 $\log_{\frac{1}{5}}(x+1) < \log_{\frac{1}{5}}(2x-5)$를 만족시키는 모든 정수 x의 값의 합은?

① 4　　　　② 6　　　　③ 8
④ 10　　　　⑤ 12

43

로그부등식 $2\log_3(x-1) \le \log_3(2x+6)$을 만족시키는 정수 x의 최댓값을 M, 최솟값을 m이라 할 때, $M+m$의 값은?

① 3　　　　② 5　　　　③ 7
④ 9　　　　⑤ 11

44

부등식 $\log_2(x-1) + \log_2(x+2) < 2$의 해가 $\alpha < x < \beta$일 때, $\alpha + \beta$의 값은?

① -1　　　② 0　　　　③ 1
④ 2　　　　⑤ 3

45

로그부등식 $\log_{\frac{1}{4}}(x^2-2x+4) \ge -1$을 만족시키는 x의 최댓값은?

① 1　　　　② 2　　　　③ 3
④ 4　　　　⑤ 5

유형 65 $\log_a x$ 꼴이 반복되는 부등식 ★★

$\log_a x\,(a>0,\ a \ne 1)$ 꼴이 반복되는 부등식에서는 $\log_a x = t$로 치환하여 t에 대한 부등식을 푼다.

46

로그부등식 $(\log_2 x)^2 + \log_2 x^3 \le 4$의 해를 $\alpha \le x \le \beta$라 할 때, $\alpha\beta$의 값은?

① $\dfrac{1}{8}$　　　② $\dfrac{1}{4}$　　　③ $\dfrac{1}{2}$
④ 4　　　　⑤ 8

47

부등식 $(\log_5 x - 1)(\log_{\frac{1}{5}} x + 2) > 0$을 만족시키는 자연수 x의 개수는?

① 18　　　　② 19　　　　③ 20
④ 21　　　　⑤ 22

유형 66 지수에 로그가 포함된 부등식

지수에 로그가 포함되어 있으면 양변에 1보다 큰 수를 밑으로 하는 로그를 취하여 푼다. 이때, 1보다 큰 수를 밑으로 하는 로그를 취하여도 부등호의 방향은 그대로임을 기억하자.

48

부등식 $x^{\log_3 x} < 9x$의 해를 $\alpha < x < \beta$라 할 때, $3\alpha\beta$의 값은?

① 3　　　　② 9　　　　③ 12
④ 18　　　　⑤ 27

49

부등식 $x^{\log x} < 100x$를 만족시키는 자연수 x의 개수는?

① 9　　　　② 10　　　　③ 99
④ 100　　　⑤ 101

유형 67 진수에 로그가 포함되어 있는 부등식

먼저 진수 조건을 구하고, 주어진 부등식의 밑을 같게 한 후 밑의 크기에 따라 진수의 대소를 비교하여 부등식을 푼다.

50

부등식 $\log_2(\log_3 x) \le 1$을 만족시키는 정수 x의 개수는?

① 5 ② 6 ③ 7
④ 8 ⑤ 9

51

부등식 $\log_{\frac{1}{5}}\{\log_4(\log_3 x)\} > 0$의 해가 $\alpha < x < \beta$일 때, $\alpha + \beta$의 값은?

① 81 ② 84 ③ 87
④ 90 ⑤ 93

유형 68 로그부등식의 활용 ★★

모든 양의 실수 x에 대하여 부등식
$(\log_a x)^2 + p\log_a x + q > 0\,(a>0,\ a\neq1,\ p,\ q$는 상수$)$이 성립할 때, $\log_a x = t$로 치환하면 t에 대한 부등식 $t^2 + pt + q > 0$이 항상 성립함을 이용한다.

52

x에 대한 이차부등식 $x^2 + 2x\log_2 a + 4\log_2 a - 3 > 0$이 모든 실수 x에 대하여 항상 성립하도록 하는 자연수 a의 최댓값은?

① 6 ② 7 ③ 8
④ 9 ⑤ 10

53

x에 대한 이차방정식 $x^2 - x\log_3 a + 2 - \log_3\sqrt{a} = 0$의 두 근이 모두 양수가 되도록 하는 자연수 a의 최댓값은?

① 80 ② 81 ③ 82
④ 83 ⑤ 84

54

임의의 양수 x에 대하여 부등식 $x^{\log_3 x} > (27x)^k$이 성립하도록 하는 모든 정수 k의 개수는?

① 10 ② 11 ③ 12
④ 13 ⑤ 14

유형 69 로그방정식과 로그부등식의 실생활에서의 활용 ★★

주어진 조건을 이용하여 관계식을 세운 후 구한 식의 양변에 상용로그를 취하여 방정식 또는 부등식을 푼다.

55

어느 연구소에서 해마다 $p\%$씩 연구비를 증가시키고 있다. 이 연구소에서 연구비가 처음 연구비의 2배가 되는 것은 10년 후일 때, 자연수 p의 값은?

(단, $\log 2 = 0.30$, $\log 1.07 = 0.030$으로 계산한다.)

① 4 ② 5 ③ 6
④ 7 ⑤ 8

56

빛이 통과하면 자외선 차단율이 6%인 자외선 차단 필름이 있다. 이 자외선 차단 필름을 통과한 후 자외선의 양이 50% 이하가 되도록 하려면 최소한 몇 장의 자외선 차단 필름을 통과시켜야 하는가?

(단, $\log 9.4 = 0.9731$, $\log 2 = 0.3010$으로 계산한다.)

① 11 ② 12 ③ 13
④ 14 ⑤ 15

01 ☆ [2014년 9월 교육청]

함수 $y=\log_2(16x-4)$의 그래프는 $f(x)=\log_2 x$의 그래프를 x축의 방향으로 a만큼, y축의 방향으로 b만큼 평행이동시킨 것이다. 상수 a, b에 대하여 $a+b$의 값은?

① $\dfrac{13}{4}$ 　　② $\dfrac{7}{2}$ 　　③ $\dfrac{15}{4}$

④ 4 　　⑤ $\dfrac{17}{4}$

02 |단답형| ☆ [2017년 7월 교육청]

함수 $f(x)=\log_6(x-a)+b$의 그래프의 점근선이 직선 $x=5$이고, $f(11)=9$이다. 상수 a, b에 대하여 $a+b$의 값을 구하시오.

03 ☆

그림은 직선 $y=x$와 함수 $y=\log_2 x$의 그래프이다. [보기]에서 옳은 것만을 있는 대로 고른 것은?

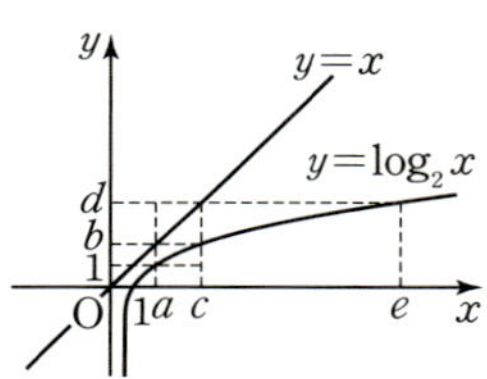

──────── [보기] ────────
ㄱ. $a+b=4$ 　　ㄴ. $2^d=16$ 　　ㄷ. $e-a=12$

① ㄱ 　　② ㄴ 　　③ ㄱ, ㄴ
④ ㄴ, ㄷ 　　⑤ ㄱ, ㄴ, ㄷ

04 ☆

세 수 $A=-\log_{\frac{1}{3}}2$, $B=1$, $C=2\log_{\frac{1}{3}}\dfrac{1}{2}$의 대소 관계는?

① $A<B<C$ 　　② $A<C<B$ 　　③ $B<A<C$
④ $B<C<A$ 　　⑤ $C<B<A$

05 ☆☆ 첨삭 해설 [2015년 3월 교육청]

그림과 같이 함수 $y=\log_2 x$의 그래프 위의 두 점 A, B에서 x축에 내린 수선의 발을 각각 C$(p, 0)$, D$(2p, 0)$이라 하자. 삼각형 BCD와 삼각형 ACB의 넓이의 차가 8일 때, 실수 p의 값은? (단, $p>1$)

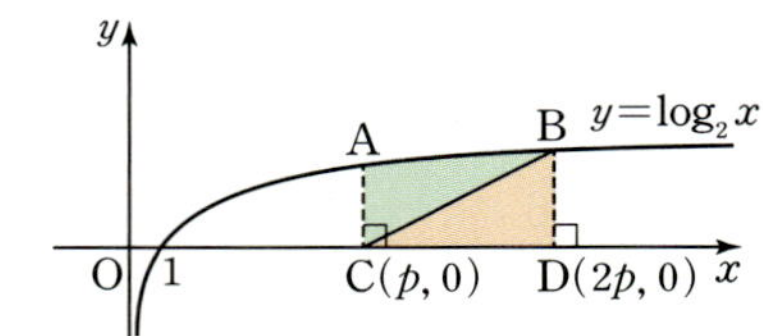

① 4 　　② 8 　　③ 12
④ 16 　　⑤ 20

06 ☆☆ 첨삭 해설

함수 $y=\log_a(x^2-4x+12)$의 최댓값이 -3일 때, 양수 a의 값은? (단, $a\neq 1$)

① $\dfrac{1}{4}$ 　　② $\dfrac{1}{3}$ 　　③ $\dfrac{1}{2}$

④ 2 　　⑤ 3

07 ☆☆ 첨삭 해설

정의역이 $\{x\,|\,1\leq x\leq 25\}$인 함수 $y=|\log_5 x-1|(\log_5 x-3)$의 최댓값을 M, 최솟값을 m이라 할 때, $M+m$의 값은?

① -3 　　② -1 　　③ 1
④ 3 　　⑤ 5

08 |단답형| ☆

양수 x, y에 대하여 $x+y=10$일 때, $\log_5 x+\log_5 y$의 최댓값을 구하시오.

09 ☆☆☆ 첨삭 해설

x에 대한 이차방정식 $x^2-2(1+\log a)x+1-(\log a)^2=0$
이 중근을 가질 때, 모든 상수 a의 값의 합은?

① 1   ② $\dfrac{11}{10}$ ③ $\dfrac{101}{100}$

④ 2   ⑤ 3

10 ☆   [2015년 9월 평가원]

로그방정식 $\log_2(4+x)+\log_2(4-x)=3$을 만족시키는
모든 실수 x의 값의 곱은?

① -10 ② -8 ③ -6

④ -4 ⑤ -2

11 |서술형| ☆☆☆

방정식 $(\log_9 x)^2+\log_3 x-3=0$의 모든 실근의 곱을 구하
시오.

12 ☆☆   [2013년 9월 교육청]

방정식 $x^{\log_3 4x}=9$의 두 실근을 α, β라 할 때, $\alpha\beta$의 값은?

① $\dfrac{1}{4}$ ② $\dfrac{1}{3}$ ③ $\dfrac{1}{2}$

④ 1   ⑤ 2

13 ☆☆

부등식 $\log_4(\log_2 x-3)\leq\dfrac{1}{2}$을 만족시키는 정수 x의 개수
는?

① 16   ② 20   ③ 24

④ 28   ⑤ 32

14 ☆☆☆ 첨삭 해설   [2017년 6월 평가원]

부등식

$$2\log_2|x-1|\leq1-\log_2\dfrac{1}{2}$$

을 만족시키는 모든 정수 x의 개수는?

① 2   ② 4   ③ 6

④ 8   ⑤ 10

15 |단답형| ☆☆

부등식 $(\log_2 4x)(\log_2 8x)<2$의 해와 이차부등식
$ax^2+bx+1<0$의 해가 서로 같을 때, 상수 a, b에 대하여
$a+b$의 값을 구하시오. (단, $a>0$)

16 ☆

연립부등식 $\begin{cases} \log_5 x\geq\log_5 3 \\ \log_{\frac{1}{2}} x^2\geq-5 \end{cases}$ 를 만족시키는 모든 정수 x의

값의 합은?

① 10   ② 12   ③ 14

④ 16   ⑤ 18

01 ☆
$3^4 \times (6^3)^3 \div (12^2 \times 24) = 2^a \times 3^b$이라 할 때, $a+b$의 값은?

① 12   ② 13   ③ 14
④ 15   ⑤ 16

02 ☆
식 $\sqrt{\dfrac{\sqrt[3]{a}}{\sqrt[4]{a}}} \times \sqrt[4]{\dfrac{\sqrt{a}}{\sqrt[3]{a}}}$ 을 간단히 한 것은?

① $\sqrt{a}$ ② $\sqrt[4]{a}$ ③ $\sqrt[8]{a}$
④ $\sqrt[12]{a}$ ⑤ 1

03 ☆☆ 첨삭 해설   [2010년 9월 교육청]
세 수 $A = \sqrt[3]{\dfrac{1}{4}}$, $B = \sqrt[4]{\dfrac{1}{6}}$, $C = \sqrt[3]{\sqrt{\dfrac{1}{15}}}$ 의 대소 관계를 바르게 나타낸 것은?

① $A < B < C$ ② $A < C < B$ ③ $B < A < C$
④ $B < C < A$ ⑤ $C < A < B$

04 ☆
$a = (2^{3+\sqrt{3}})^{\sqrt{3}}$, $b = (2^{\sqrt{3}})^{3-\sqrt{3}}$일 때, $\dfrac{a}{b}$의 값은?

① $\dfrac{1}{64}$ ② $\dfrac{1}{8}$ ③ 1
④ 8   ⑤ 64

05 ☆☆
양수 a, b, c, x, y, z에 대하여 $abc = 5$, $a^x = b^y = c^z = 125$ 를 만족시킬 때, $\dfrac{1}{x} + \dfrac{1}{y} + \dfrac{1}{z}$의 값은?

① $\dfrac{1}{5}$ ② $\dfrac{1}{3}$ ③ $\dfrac{3}{5}$
④ $\dfrac{2}{3}$ ⑤ 1

06 ☆☆
$f(x) = \dfrac{a^x - a^{-x}}{a^x + a^{-x}}$, $f(\alpha) = \dfrac{1}{3}$, $f(\beta) = \dfrac{1}{2}$일 때, $f(\alpha+\beta)$의 값은? (단, $a > 0$, $a \neq 1$)

① $\dfrac{2}{7}$ ② $\dfrac{3}{7}$ ③ $\dfrac{4}{7}$
④ $\dfrac{5}{7}$ ⑤ $\dfrac{6}{7}$

07 ☆☆☆ 첨삭 해설   [2011년 6월 교육청]
올림픽에 참가한 어느 나라가 딴 금메달, 은메달, 동메달의 수를 각각 a, b, c라 할 때, $3a + 2b + c$의 값을 그 나라의 메달 가치라 하자. 어떤 연구에 의하면 인구가 P만 명이고 국내총생산액이 G억 달러인 나라의 메달 가치 S는 부등식

$$S \leq 0.215 \left(\frac{P}{100}\right)^{\frac{1}{3}} \left(\frac{G}{10}\right)^{\frac{2}{3}} \cdots (*)$$

을 만족시킨다고 한다. 어느 해 올림픽에 참가한 A나라의 인구가 6400만 명이고, 국내총생산액이 5120억 달러라 하자. 부등식 $(*)$이 항상 성립한다고 할 때, A나라의 메달 가치의 최댓값은?

① 51   ② 53   ③ 55
④ 57   ⑤ 59

08 ☆☆
$\log_{(x-2)}(-x^2 + 4x + 5)$가 정의되기 위한 정수 x의 값은?

① 2   ② 3   ③ 4
④ 5   ⑤ 6

09 ☆

M, N이 양수이고 a가 1이 아닌 양수일 때, [보기]에서 옳은 것만을 있는 대로 고른 것은?

[보기]

ㄱ. $\log_a 1 = 0$

ㄴ. $\dfrac{\log_a M}{\log_a N} = \log_a M - \log_a N$

ㄷ. $\log_a N^2 \neq (\log_a N)^2$

① ㄱ   ② ㄴ   ③ ㄱ, ㄴ

④ ㄴ, ㄷ   ⑤ ㄱ, ㄴ, ㄷ

10 |서술형| ☆☆

이차방정식 $x^2 - 3x + 1 = 0$의 두 근이 $\log_4 a$, $\log_4 b$일 때, $\log_a b + \log_b a$의 값을 구하시오.

(단, $a > 0$, $a \neq 1$, $b > 0$, $b \neq 1$)

11 ☆☆☆ 첨삭 해설   [2012년 6월 교육청]

등식 $x^5 y^3 = 5^{15}$을 만족시키는 양의 실수 x, y에 대하여 $m \log_5 x + 15 \log_5 y$가 일정한 값을 가질 때, 실수 m의 값은?

① 3   ② 5   ③ 15

④ 20   ⑤ 25

12 ☆

$\log 2 = 0.3010$일 때, $\log 200 + \log 0.02 + \log\left(\dfrac{1}{2}\right)^3$의 값은?

① -0.3010 ② 0   ③ 0.3010

④ 0.6020   ⑤ 1

13 ☆☆ 첨삭 해설

$5 \leq \log x < 6$일 때, $\log x$와 $\log x^2$의 합이 정수가 되게 하는 모든 양수 x의 값의 곱은?

① 10^{14} ② 10^{15} ③ 10^{16}

④ 10^{17} ⑤ 10^{18}

14 ☆☆☆ 첨삭 해설   [2010년 9월 교육청]

전체 인구가 500만 명인 A시는 저탄소 녹색성장 정책 추진에 힘입어 2010년 초 자전거 보유 인구가 전체 인구의 16 %를 차지하였다. 이 도시에서는 2010년 초에 5개년 계획을 세워 자전거 보유 인구를 전년도에 비해 28 %씩 증가시킨다고 한다. 계획대로 진행된다면 5년 후 자전거 보유 인구는 전체 인구의 약 몇 %인가? (단, 인구변동은 고려하지 않으며 $\log 1.28 = 0.108$, $\log 3.50 = 0.540$으로 계산한다.)

① 44   ② 48   ③ 52

④ 56   ⑤ 60

15 ☆

함수 $y = 3 \times \left(\dfrac{1}{3}\right)^x + 2$에 대한 설명 중 옳은 것은?

① 치역은 $\{y \mid y > -2\}$이다.

② 그래프는 점 $(1, 2)$를 지난다.

③ 점근선은 $y = -2$이다.

④ 그래프는 제1, 3, 4사분면을 지난다.

⑤ 그래프는 $y = \left(\dfrac{1}{3}\right)^x$의 그래프를 x축의 방향으로 1만큼, y축의 방향으로 2만큼 평행이동한 것이다.

16 ☆☆☆

함수 $y=2^{x+2}-4^x\,(x\leq 3)$의 최댓값과 최솟값의 합은?

① -28 ② -14 ③ 0

④ 14 ⑤ 28

17 ☆☆☆ 첨삭 해설 [2011년 10월 교육청]

함수 $y=3^x$의 그래프 위의 점 $P(\alpha,\ 3^{\alpha})$과 함수 $y=-3^{-x}$의 그래프 위의 점 $Q(\beta,\ -3^{-\beta})$에 대하여 $\beta-\alpha=4$가 성립한다. 그림과 같이 두 점 P, Q를 지나고 x축, y축과 평행한 직선을 그려 만들어지는 직사각형의 넓이의 최솟값은?

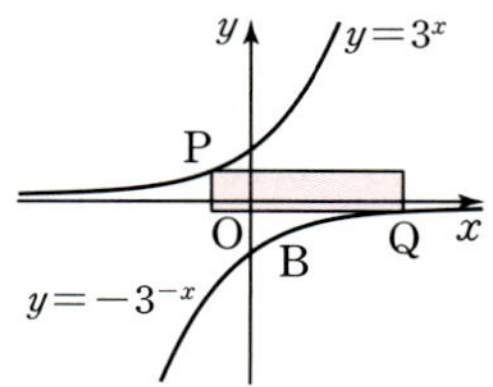

① $\dfrac{2}{9}$ ② $\dfrac{2\sqrt{2}}{9}$ ③ $\dfrac{4}{9}$

④ $\dfrac{4\sqrt{2}}{9}$ ⑤ $\dfrac{8}{9}$

18 ☆☆

함수 $f(x)=\left(\dfrac{1}{2}\right)^{x^2-4x+a}$의 최댓값이 4일 때, 상수 a의 값은?

① 1 ② 2 ③ 3

④ 4 ⑤ 5

19 ☆☆

연립방정식 $\begin{cases} 3^x+3^y=36 \\ 3^{x+y}=243 \end{cases}$ 의 해를 $x=a,\ y=b$라 할 때, $2a+3b$의 값은? (단, $a>b$)

① 11 ② 12 ③ 13

④ 14 ⑤ 15

20 ☆☆

방정식 $9^{2x}-6\times 9^x+4=0$의 두 근을 $\alpha,\ \beta$라 할 때, $(3^{\alpha}+3^{\beta})^2$의 값은?

① 1 ② $\sqrt{3}$ ③ 3

④ $\sqrt{10}$ ⑤ 10

21 |서술형| ☆☆

모든 실수 x에 대하여 부등식 $4^x-a\times 2^{x+2}\geq -4$가 성립하기 위한 실수 a의 최댓값을 구하시오.

22 |단답형| ☆☆ 첨삭 해설 [2016년 6월 평가원]

일차함수 $y=f(x)$의 그래프가 그림과 같고 $f(-5)=0$이다. 부등식 $2^{f(x)}\leq 8$의 해가 $x\leq -4$일 때, $f(0)$의 값을 구하시오.

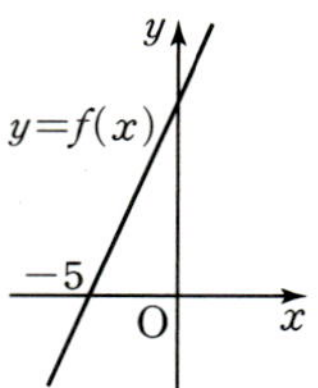

23 ☆

함수 $y=\log_2 x$의 그래프를 평행이동 또는 대칭이동하여 겹쳐질 수 있는 식인 것만을 [보기]에서 있는 대로 고른 것은?

─── [보기] ───
ㄱ. $y=\log_2 2x$
ㄴ. $y=\log_{\frac{1}{2}}(-x)$
ㄷ. $y=\dfrac{2^x}{2}$

① ㄱ 　② ㄴ 　③ ㄱ, ㄴ
④ ㄴ, ㄷ 　⑤ ㄱ, ㄴ, ㄷ

24 ☆☆☆ 첨삭 해설 [2012년 10월 교육청]

그림과 같이 지수함수 $y=a^x$과 로그함수 $y=\log_a x$가 두 점 P, Q에서 만날 때, 점 P에서 x축, y축에 내린 수선의 발을 각각 A, B라 하자. 점 Q를 지나고 x축과 평행한 직선이 직선 AP와 만나는 점을 D, 점 Q를 지나고 y축과 평행한 직선이 직선 BP와 만나는 점을 C라 할 때, 두 사각형 OAPB와 PCQD는 합동이다. a의 값은?

(단, O는 원점이다.)

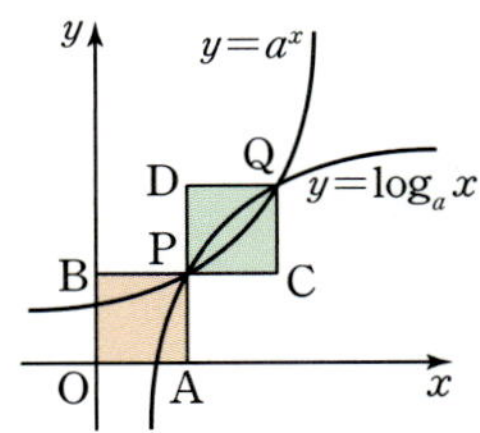

① $\sqrt{2}$ 　② $\sqrt{3}$ 　③ $\dfrac{\sqrt{5}}{2}$
④ $\dfrac{\sqrt{6}}{2}$ 　⑤ 2

25 |단답형| ☆☆

$1<x<8$이고, $\log_2 x+\log_3 y=4$일 때, $\log_x 2+\log_y 3$의 최솟값을 구하시오.

26 |단답형| ☆ [2011년 수능]

로그방정식 $\log_3(x-4)=\log_9(5x+4)$의 근을 α라 할 때, α의 값을 구하시오.

27 |단답형| ☆☆ [2011년 10월 교육청]

x에 대한 로그방정식
$$(\log x+\log 2)(\log x+\log 4)=-(\log k)^2$$
이 서로 다른 두 실근을 갖도록 하는 양수 k의 값의 범위가 $\alpha<k<\beta$일 때, $10(\alpha^2+\beta^2)$의 값을 구하시오.

28 ☆☆

부등식 $\log_4\{\log_3(\log_2 x)\}\leq 0$을 만족시키는 모든 정수 x의 값의 합은?

① 32 　② 33 　③ 34
④ 35 　⑤ 36

29 ☆☆☆ 첨삭 해설

정의역이 $\{x\,|-2\leq x\leq 6\}$인 두 함수 $y=f(x)$, $y=g(x)$의 그래프가 그림과 같을 때, 부등식
$2-\log_{\frac{1}{2}}g(x)\leq\log_2\{4f(x)\}$를 만족시키는 모든 정수 x의 개수는? (단, $f(-1)=g(-1)=-1$, $f(0)=2$, $g(0)=0$, $f(4)=g(4)=4$이다.)

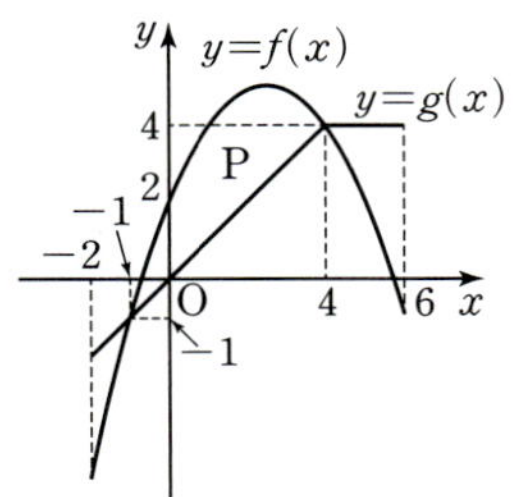

① 1 　② 2 　③ 3
④ 4 　⑤ 5

마음을 정원처럼

사람의 마음은 정원과 같아서
지혜롭게 가꿀 수도 있고
거친 들판처럼 버려둘 수도 있다.
하지만 가꾸든지 버려두든지 반드시 싹은 돋아난다.

씨앗을 뿌리지 않아도 어디선가 쓸모없는 잡초 씨가 날아와
무성하게 자라게 되는 것이다.
자신의 정원을 가꾸는 정원사가 잡초는 뽑아 버리고
자기가 원하는 꽃과 과일나무를 심는 것처럼,

마음이란 정원에서 비뚤어지고
쓸데없고 불순한 생각들을 없애버리고
옳고 유익하며 순수한 생각이 꽃피고
열매를 맺는 완벽한 정원이 되도록 가꾸어 가야 한다.

-제임스 앨런 〈생각하는 그대로〉 중에서-

Ⅱ 삼각함수

23 시초선과 동경

(1) ∠XOP의 크기는 반직선 OX의 위치에서 반직선 OP가 점 O를 중심으로 회전한 양이다.

(2) 반직선 OX를 **시초선**, 반직선 OP를 **동경**이라 한다.

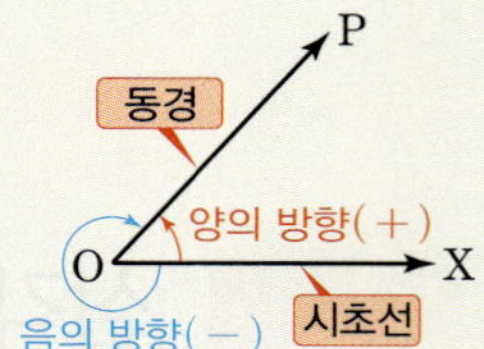

- 동경 OP가 점 O를 중심으로 회전할 때, 반시계방향을 양의 방향, 시계 방향을 음의 방향이라 한다. 이때, 각의 크기는 회전하는 방향이 양의 방향이면 양의 부호 ＋를, 음의 방향이면 음의 부호 －를 붙여서 나타낸다.

24 일반각

동경 OP가 시초선 OX와 이루는 한 각의 크기를 $a°$라 할 때, ∠XOP의 크기는 $360°×n+a°$(n은 정수)로 나타낼 수 있다. 이것을 동경 OP가 나타내는 **일반각**이라 한다.

- 동경 OP가 좌표평면 위에 존재하는 위치에 따라 제1사분면, 제2사분면, 제3사분면, 제4사분면의 각이라 한다.

25 호도법

(1) 반지름의 길이와 호의 길이가 같을 때 부채꼴의 중심각의 크기를 1라디안(radian)이라 하고, 이것을 단위로 하여 각의 크기를 나타내는 방법을 **호도법**이라 한다.

(2) $1(\text{라디안}) = \dfrac{180°}{\pi}$, $1° = \dfrac{\pi}{180}(\text{라디안})$

- 호도법으로 각의 크기를 나타낼 때 단위 '라디안'을 생략하여 실수만으로 각의 크기를 나타낸다.
- 도(°)를 단위로 하여 각의 크기를 나타내는 방법을 육십분법이라 한다.

26 부채꼴의 호의 길이와 넓이

반지름의 길이가 r인 원에서 중심각의 크기가 θ(라디안)인 부채꼴의 호의 길이를 l, 넓이를 S라 하면

(1) $l = r\theta$

(2) $S = \dfrac{1}{2}r^2\theta = \dfrac{1}{2}rl$

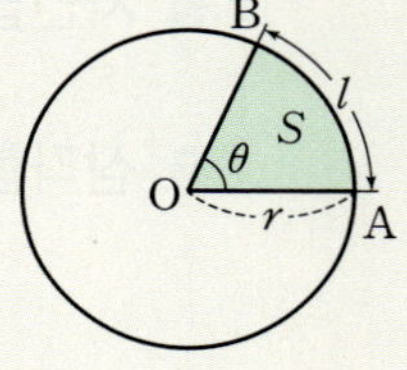

- 부채꼴의 중심각의 크기 θ는 호도법으로 나타낸 각임에 주의한다.

개념 CHECK

정답 및 해설 p. 60

[01~03] 다음 빈칸에 알맞은 것을 써넣으시오.

01 동경 OP가 시초선 OX와 이루는 한 각의 크기를 $a°$라 할 때, ∠XOP의 크기는 $360°×n+a°$(n은 정수)로 나타낼 수 있다. 이것을 동경 OP가 나타내는 [   ]이라 한다.

02 반지름의 길이와 호의 길이가 같을 때 부채꼴의 중심각의 크기를 [   ]이라 하고, 이것을 단위로 하여 각의 크기를 나타내는 방법을 [   ]이라 한다.

03 반지름의 길이가 r인 원에서 중심각의 크기가 θ(라디안)인 부채꼴의 호의 길이 l과 넓이 S는 $l = [\quad\quad]$, $S = [\quad\quad] = [\quad\quad]$이다.

[04~08] 옳은 것에 ○표, 옳지 않은 것에 ×표를 하시오.

04 $500°$는 제2사분면의 각이다. (   )

05 두 각 $60°$, $-30°$를 나타내는 두 동경은 서로 일치한다. (   )

06 1라디안은 $90°$보다 작은 각이다. (   )

07 $30° = \dfrac{\pi}{6}$(라디안)이다. (   )

08 반지름의 길이가 3이고 중심각의 크기가 $\dfrac{2}{3}\pi$인 부채꼴의 넓이는 3π이다. (   )

23 시초선과 동경

[09~10] 다음 각이 나타내는 시초선 $\overrightarrow{OX}$와 동경 $\overrightarrow{OP}$를 그림으로 나타내시오.

09 150°

10 −240°

11 반직선 OX를 시초선으로 하는 ∠XOP의 크기가 [보기]와 같을 때, 동경 OP의 위치가 같은 것끼리 짝지어라.

[보기]
ㄱ. 40°　　　　ㄴ. 670°
ㄷ. −320°　　　ㄹ. −770°

24 일반각

[12~15] 다음 각의 동경이 나타내는 일반각을 구하시오.

12 120°

13 −240°

14 390°

15 −840°

[16~19] 다음 각은 제 몇 사분면의 각인지 구하시오.

16 210°

17 −690°

18 1000°

19 −930°

25 호도법

[20~23] 다음 각을 호도법으로 나타내시오.

20 90°

21 105°

22 −150°

23 −225°

[24~27] 다음 각을 육십분법으로 나타내시오.

24 $\dfrac{\pi}{4}$

25 $\dfrac{2}{5}\pi$

26 $-\dfrac{7}{6}\pi$

27 $-\dfrac{5}{3}\pi$

26 부채꼴의 호의 길이와 넓이

28 반지름의 길이가 6이고 중심각의 크기가 $\dfrac{2}{3}\pi$인 부채꼴의 호의 길이 l과 넓이 S를 각각 구하시오.

29 중심각의 크기가 $\dfrac{3}{5}\pi$인 부채꼴의 호의 길이가 3π일 때 부채꼴의 반지름의 길이를 구하시오.

30 반지름의 길이가 4이고 넓이가 6인 부채꼴의 중심각의 크기를 구하시오.

유형 70 호도법과 육십분법

(1) 호도법 : 부채꼴에서 반지름의 길이와 호의 길이가 같을 때 중심각의 크기를 1라디안(radian)이라 하고, 이것을 단위로 하여 각의 크기를 나타내는 방법

(2) 1(라디안)$=\dfrac{180^\circ}{\pi}$, $1^\circ=\dfrac{\pi}{180}$ (라디안)

31

육십분법으로 나타낸 각 72°를 호도법으로 나타낸 것은?

① $\dfrac{\pi}{5}$ ② $\dfrac{2}{5}\pi$ ③ $\dfrac{3}{5}\pi$

④ $\dfrac{4}{5}\pi$ ⑤ π

32

호도법으로 나타낸 각 $\dfrac{\pi}{10}$를 육십분법으로 나타낸 것은?

① 18° ② 36° ③ 54°

④ 72° ⑤ 90°

33

다음은 호도법으로 나타낸 각은 육십분법으로, 육십분법으로 나타낸 각은 호도법으로 나타낸 것이다. 옳지 <u>않은</u> 것은?

① $60^\circ=\dfrac{\pi}{6}$ ② $225^\circ=\dfrac{5}{4}\pi$ ③ $300^\circ=\dfrac{5}{3}\pi$

④ $\dfrac{4}{3}\pi=240^\circ$ ⑤ $\dfrac{11}{6}\pi=330^\circ$

34

다음 [보기]에서 옳은 것만을 있는 대로 고른 것은?

[보기]

ㄱ. $\dfrac{30^\circ}{\pi}=\dfrac{1}{6}$ ㄴ. $150^\circ=\dfrac{2}{3}\pi$

ㄷ. $\pi=360^\circ$ ㄹ. $\dfrac{7}{6}\pi=210^\circ$

① ㄱ   ② ㄴ, ㄷ   ③ ㄱ, ㄷ

④ ㄱ, ㄹ   ⑤ ㄴ, ㄷ, ㄹ

유형 71 일반각의 표현

동경 OP가 시초선 OX와 이루는 한 각의 크기를 α°라 할 때, $\angle$XOP의 크기는 $360^\circ\times n+\alpha^\circ$($n$은 정수)로 나타낼 수 있다. 이것을 동경 OP가 나타내는 일반각이라 한다.

35

다음 [보기]에서 옳은 것만을 있는 대로 고른 것은?

(단, n은 정수, $0\le\theta<2\pi$)

[보기]

ㄱ. 15π를 일반각으로 나타내면 $2n\pi+\pi$이다.

ㄴ. $\dfrac{9}{2}\pi$를 일반각으로 나타내면 $2n\pi+\dfrac{3}{2}\pi$이다.

ㄷ. $-\dfrac{5}{6}\pi$를 일반각으로 나타내면 $2n\pi+\dfrac{7}{6}\pi$이다.

① ㄱ   ② ㄴ   ③ ㄷ

④ ㄱ, ㄷ   ⑤ ㄴ, ㄷ

36

그림에서 동경 OP가 나타내는 일반각의 크기를 θ라 할 때, 다음 중 θ가 될 수 <u>없는</u> 것은?

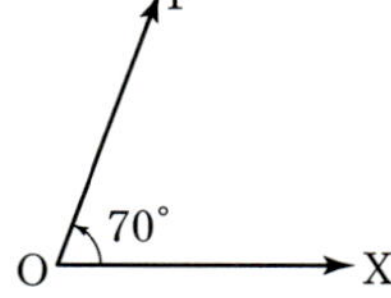

① 790° ② 430°

③ -300° ④ -650°

⑤ -1010°

유형 72 시초선과 동경   ★

동경 OP가 점 O를 중심으로 회전할 때, 반시계방향을 양의 방향, 시계 방향을 음의 방향이라 한다. 이때, 각의 크기는 회전하는 방향이 양의 방향이면 양의 부호 $+$를, 음의 방향이면 음의 부호 $-$를 붙여서 나타낸다.

37

각 60°를 나타내는 동경과 동경이 일치하는 각을 [보기]에서 있는 대로 고른 것은?

[보기]

ㄱ. 120° ㄴ. 420° ㄷ. -300°

① ㄱ   ② ㄴ   ③ ㄷ

④ ㄱ, ㄷ   ⑤ ㄴ, ㄷ

38

다음 중 각을 나타내는 동경이 $-\dfrac{3}{4}\pi$를 나타내는 동경과 일치하는 것은?

① $-\dfrac{9}{4}\pi$ ② $-\dfrac{5}{4}\pi$ ③ $\dfrac{\pi}{4}$

④ $\dfrac{3}{4}\pi$ ⑤ $\dfrac{5}{4}\pi$

유형 73 동경과 사분면 ★

좌표평면 위에서 x축의 양의 방향을 시초선 OX로 잡았을 때, 동경 OP가 존재하는 위치에 따라 제1사분면, 제2사분면, 제3사분면, 제4사분면의 각이라 한다. 단, 동경 OP가 좌표축 위에 놓이면 어느 사분면의 각도 아니다.

39

$\pi<\theta<\dfrac{3}{2}\pi$일 때, $\dfrac{\theta}{2}$가 나타내는 동경이 존재하는 사분면은?

① 제1사분면   ② 제2사분면
③ 제3사분면   ④ 제4사분면
⑤ 제2사분면, 제4사분면

40

다음 중 제4사분면의 각의 개수는?

| $-120°$ | $640°$ | $1020°$ | $630°$ |

① 없다   ② 1개   ③ 2개
④ 3개   ⑤ 4개

41

다음 각을 나타내는 동경이 속하는 사분면이 나머지 넷과 다른 것은?

① $210°$ ② $-150°$ ③ $490°$
④ $600°$ ⑤ $970°$

42

θ가 제3사분면의 각일 때, $\dfrac{\theta}{3}$가 나타내는 동경이 존재하는 사분면을 모두 고른 것은?

① 제1사분면, 제3사분면
② 제2사분면, 제4사분면
③ 제3사분면, 제4사분면
④ 제1사분면, 제2사분면, 제4사분면
⑤ 제1사분면, 제3사분면, 제4사분면

유형 74 두 동경의 위치관계 ★

두 각 α, β를 나타내는 동경의 위치에 따라 다음 관계식이 성립한다. (단, n은 정수)

(1) 일치한다. $\Rightarrow \alpha-\beta=2n\pi$
(2) 일직선 위에 있고 방향이 반대이다. $\Rightarrow \alpha-\beta=2n\pi+\pi$
(3) x축에 대하여 대칭이다. $\Rightarrow \alpha+\beta=2n\pi$
(4) y축에 대하여 대칭이다. $\Rightarrow \alpha+\beta=2n\pi+\pi$

43

두 각 θ, 6θ를 나타내는 동경이 일치하도록 하는 모든 θ의 크기의 합은? (단, $0<\theta<\pi$)

① π ② $\dfrac{6}{5}\pi$ ③ $\dfrac{7}{5}\pi$

④ $\dfrac{8}{5}\pi$ ⑤ $\dfrac{8}{5}\pi$

44

각 θ를 나타내는 동경과 각 6θ를 나타내는 동경이 일직선 위에 있고 방향이 반대일 때, $\sin\left(\theta+\dfrac{2}{15}\pi\right)$의 값은?

$$\left(\text{단},\ 0<\theta<\dfrac{\pi}{2}\right)$$

① 0 ② $\dfrac{1}{2}$ ③ $\dfrac{\sqrt{2}}{2}$

④ $\dfrac{\sqrt{3}}{2}$ ⑤ 1

45

각 θ를 나타내는 동경과 각 5θ를 나타내는 동경이 x축에 대하여 대칭일 때, θ의 크기는? $\left(\text{단, } \pi < \theta < \dfrac{3}{2}\pi\right)$

① $\dfrac{7}{6}\pi$ ② $\dfrac{4}{3}\pi$ ③ $\dfrac{5}{4}\pi$

④ $\dfrac{14}{10}\pi$ ⑤ $\dfrac{17}{12}\pi$

46

각 θ를 나타내는 동경과 각 4θ를 나타내는 동경이 y축에 대하여 대칭일 때, θ의 크기는? $\left(\text{단, } \dfrac{\pi}{2} < \theta < \pi\right)$

① $\dfrac{3}{5}\pi$ ② $\dfrac{7}{10}\pi$ ③ $\dfrac{2}{3}\pi$

④ $\dfrac{4}{5}\pi$ ⑤ $\dfrac{9}{10}\pi$

유형 75 부채꼴의 호의 길이와 넓이 ★★

부채꼴의 반지름의 길이가 r이고 중심각의 크기가 θ(라디안)일 때, 부채꼴의 호의 길이를 l, 넓이를 S라 하면

(1) $l = r\theta$

(2) $S = \dfrac{1}{2}r^2\theta = \dfrac{1}{2}rl$

47

반지름의 길이가 6이고 중심각의 크기가 $\dfrac{5}{9}\pi$인 부채꼴의 호의 길이와 넓이는?

① 호의 길이 : $\dfrac{10}{3}\pi$, 넓이 : 8π

② 호의 길이 : $\dfrac{5}{9}\pi$, 넓이 : 8π

③ 호의 길이 : $\dfrac{10}{3}\pi$, 넓이 : 10π

④ 호의 길이 : $\dfrac{5}{9}\pi$, 넓이 : 10π

⑤ 호의 길이 : $\dfrac{10}{3}\pi$, 넓이 : 12π

48

반지름의 길이가 4이고, 호의 길이가 12인 부채꼴의 중심각의 크기를 a, 넓이를 b라 할 때, $a+b$의 값은?

① 25 ② 27 ③ 29

④ 31 ⑤ 33

49

반지름의 길이가 3이고, 넓이가 $\dfrac{3}{2}\pi$인 부채꼴의 호의 길이는?

① $\dfrac{\pi}{2}$ ② $\dfrac{2}{3}\pi$ ③ π

④ $\dfrac{4}{3}\pi$ ⑤ $\dfrac{3}{2}\pi$

50

호의 길이가 2π, 넓이가 4π인 부채꼴의 반지름의 길이를 a, 중심각의 크기를 b라 할 때, $\dfrac{a}{b}$의 값은?

① $\dfrac{5}{\pi}$ ② $\dfrac{6}{\pi}$ ③ $\dfrac{7}{\pi}$

④ $\dfrac{8}{\pi}$ ⑤ $\dfrac{9}{\pi}$

51

반지름의 길이가 5인 부채꼴의 둘레의 길이와 넓이가 같을 때, 중심각의 크기는?

① $\dfrac{1}{3}$ ② $\dfrac{2}{3}$ ③ 1

④ $\dfrac{4}{3}$ ⑤ $\dfrac{5}{3}$

52

그림과 같이 밑면의 반지름의 길이가 1이고 모선의 길이가 3인 원뿔이 있다. 이 원뿔의 옆면의 넓이는?

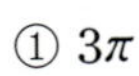

① 3π ② $\dfrac{13}{4}\pi$

③ $\dfrac{7}{2}\pi$ ④ $\dfrac{15}{4}\pi$

⑤ 4π

53

그림은 원뿔의 전개도이다. $\overline{\mathrm{OA}}=2$, $\overline{\mathrm{AB}}=2\sqrt{3}$일 때, 원뿔의 밑면인 원 O'의 반지름의 길이는?

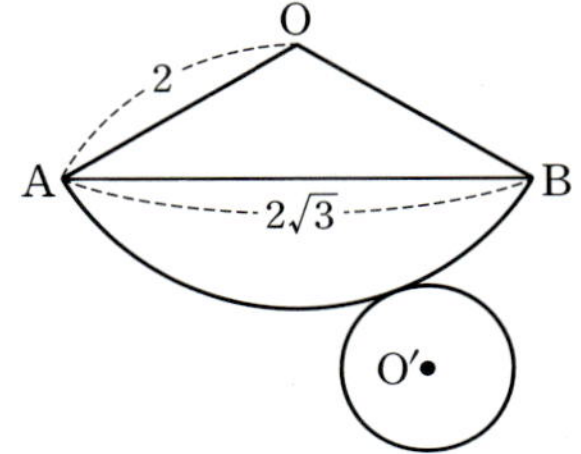

① $\dfrac{1}{2}$ ② $\dfrac{2}{3}$ ③ $\dfrac{5}{6}$

④ 1 ⑤ $\dfrac{7}{6}$

54

그림과 같이 반지름의 길이가 2, 중심각의 크기가 $\dfrac{2}{3}\pi$인 부채꼴이 있다. 부채꼴에서 호의 양끝을 잇는 현을 그었을 때, 호와 현으로 둘러싸인 부분의 넓이는?

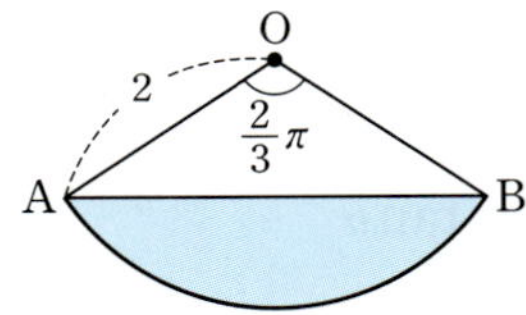

① $\dfrac{4}{3}\pi-2\sqrt{3}$ ② $\dfrac{4}{3}\pi-\sqrt{3}$ ③ $\dfrac{5}{3}\pi-2\sqrt{3}$

④ $\dfrac{5}{3}\pi-\sqrt{3}$ ⑤ $2\pi-2\sqrt{3}$

반지름의 길이가 r, 둘레의 길이가 a인 부채꼴의 넓이 S는

$$S=\dfrac{1}{2}r(a-2r)\text{이다.}$$

즉, 부채꼴의 넓이 S는 r에 대한 이차식으로 나타낼 수 있으므로 완전제곱식을 이용하여 넓이의 최댓값을 구한다.

55

둘레의 길이가 10인 부채꼴 중 넓이가 최대인 부채꼴의 반지름의 길이는?

① $\dfrac{7}{4}$ ② 2 ③ $\dfrac{9}{4}$

④ $\dfrac{5}{2}$ ⑤ $\dfrac{11}{4}$

56

둘레의 길이가 16인 부채꼴의 넓이의 최댓값은?

① 16 ② 18 ③ 20

④ 22 ⑤ 24

57

둘레의 길이가 8인 부채꼴의 넓이가 최대일 때 부채꼴의 중심각의 크기는?

① $\dfrac{4}{3}$ ② $\dfrac{5}{3}$ ③ 2

④ $\dfrac{7}{3}$ ⑤ $\dfrac{8}{3}$

Simple J 삼각함수

27 삼각함수의 정의

좌표평면에서 원점 O를 중심으로 하고 반지름의 길이가 r인 원 위의 임의의 점 $P(x, y)$에 대하여 동경 OP가 나타내는 각의 크기를 θ라 할 때,

$$\sin\theta=\frac{y}{r},\ \cos\theta=\frac{x}{r},\ \tan\theta=\frac{y}{x}$$

로 정의하고 이 함수들을 θ에 대한 **삼각함수**라 한다.

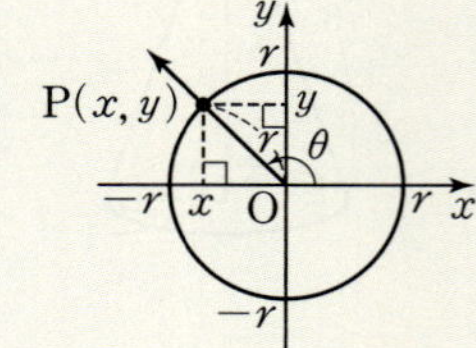

28 삼각함수 사이의 관계

(1) $\tan\theta=\dfrac{\sin\theta}{\cos\theta}$　　　　(2) $\sin^2\theta+\cos^2\theta=1$

29 삼각함수의 성질 (단, n은 정수)

(1) $\sin(2n\pi+\theta)=\sin\theta$, $\cos(2n\pi+\theta)=\cos\theta$, $\tan(2n\pi+\theta)=\tan\theta$

(2) $\sin(-\theta)=-\sin\theta$, $\cos(-\theta)=\cos\theta$, $\tan(-\theta)=-\tan\theta$

(3) ① $\sin(\pi+\theta)=-\sin\theta$, $\cos(\pi+\theta)=-\cos\theta$, $\tan(\pi+\theta)=\tan\theta$

② $\sin(\pi-\theta)=\sin\theta$, $\cos(\pi-\theta)=-\cos\theta$, $\tan(\pi-\theta)=-\tan\theta$

(4) ① $\sin\left(\dfrac{\pi}{2}+\theta\right)=\cos\theta$, $\cos\left(\dfrac{\pi}{2}+\theta\right)=-\sin\theta$, $\tan\left(\dfrac{\pi}{2}+\theta\right)=-\dfrac{1}{\tan\theta}$

② $\sin\left(\dfrac{\pi}{2}-\theta\right)=\cos\theta$, $\cos\left(\dfrac{\pi}{2}-\theta\right)=\sin\theta$, $\tan\left(\dfrac{\pi}{2}-\theta\right)=\dfrac{1}{\tan\theta}$

- **삼각함수의 부호**

각 사분면에서 삼각함수의 값의 부호가 +인 것을 좌표평면 위에 나타내면 그림과 같다.

- 각 θ를 나타내는 동경은 $-\theta$를 나타내는 동경과 x축에 대하여 대칭, $\pi+\theta$를 나타내는 동경과 원점에 대하여 대칭, $\dfrac{\pi}{2}+\theta$를 나타내는 동경과는 서로 수직이다.

개념 CHECK

정답 및 해설 p. 65

[01~04] 다음 빈칸에 알맞은 것을 써넣으시오.

01 좌표평면에서 원점 O를 중심으로 하고 반지름의 길이가 r인 원 위의 임의의 점 $P(x, y)$에 대하여 동경 OP가 나타내는 각의 크기를 θ라 할 때,

$\sin\theta=[\quad]$, $\cos\theta=[\quad]$, $\tan\theta=[\quad]$이다.

02 원점 O에 대하여 동경 OP가 x축의 양의 방향과 이루는 각의 크기가 $\theta\left(\dfrac{\pi}{2}<\theta<\pi\right)$일 때,

$\sin\theta>0$, $\cos\theta[\quad]0$, $\tan\theta[\quad]0$이다.

03 $\tan\theta=\dfrac{[\quad]}{\cos\theta}$이다.

04 $\sin\theta=-\dfrac{\sqrt{3}}{2}$이면 $\sin^2\theta+\cos^2\theta=[\quad]$이므로

$\cos^2\theta=[\quad]$이다.

[05~09] 옳은 것에 ○표, 옳지 <u>않은</u> 것에 ×표를 하시오.

05 $\sin(2n\pi+\theta)=\sin\theta$ (단, n은 정수)　　(　　)

06 $\cos(-\theta)=\cos\theta$　　(　　)

07 $\tan(\pi+\theta)=\tan\theta$　　(　　)

08 $\sin(\pi-\theta)=-\sin\theta$　　(　　)

09 $\tan\left(\dfrac{\pi}{2}-\theta\right)=\tan\theta$　　(　　)

27 삼각함수의 정의

[10~12] 원점 O를 중심으로 하고 반지름의 길이가 13인 원 위의 점 P$(-5, 12)$에 대하여 동경 OP가 나타내는 각의 크기를 θ라 할 때, 다음 값을 구하시오.

10 $\sin\theta$

11 $\cos\theta$

12 $\tan\theta$

[13~15] 크기가 $\dfrac{5}{4}\pi$인 각을 나타내는 동경과 원점 O를 중심으로 하고 반지름의 길이가 r인 원의 교점을 P(x, y)라 하자. 다음과 같이 r가 주어질 때, 점 P의 좌표와 $\sin\dfrac{5}{4}\pi$, $\cos\dfrac{5}{4}\pi$, $\tan\dfrac{5}{4}\pi$의 값을 차례로 구하시오.

13 $r=1$

14 $r=\sqrt{2}$

15 $r=2$

28 삼각함수 사이의 관계

[16~17] $\cos\theta=\dfrac{3}{5}$일 때, 다음 조건에서 $\sin\theta$, $\tan\theta$의 값을 각각 구하시오.

16 $0<\theta<\dfrac{\pi}{2}$

17 $\dfrac{3}{2}\pi<\theta<2\pi$

29 삼각함수의 성질

[18~29] 다음은 삼각함수의 성질을 이용하여 값을 구하는 과정이다. 빈칸에 알맞은 것을 써넣으시오.

18 $\sin\dfrac{7}{3}\pi=\sin\left(2\pi+\dfrac{\pi}{3}\right)=\sin[\qquad]=[\qquad]$

19 $\cos\dfrac{13}{6}\pi=\cos\left(2\pi+\dfrac{\pi}{6}\right)=\cos[\qquad]=[\qquad]$

20 $\cos\left(-\dfrac{\pi}{6}\right)=[\qquad]\dfrac{\pi}{6}=[\qquad]$

21 $\tan\left(-\dfrac{\pi}{4}\right)=[\qquad]\dfrac{\pi}{4}=[\qquad]$

22 $\tan\dfrac{5}{4}\pi=\tan\left(\pi+\dfrac{\pi}{4}\right)=[\qquad]\dfrac{\pi}{4}=[\qquad]$

23 $\sin\dfrac{7}{6}\pi=\sin\left(\pi+\dfrac{\pi}{6}\right)=-\sin[\qquad]=[\qquad]$

24 $\sin\dfrac{5}{6}\pi=\sin\left(\pi-\dfrac{\pi}{6}\right)=\sin[\qquad]=[\qquad]$

25 $\cos\dfrac{2}{3}\pi=\cos\left(\pi-\dfrac{\pi}{3}\right)=-\cos[\qquad]=[\qquad]$

26 $\cos\dfrac{2}{3}\pi=\cos\left(\dfrac{\pi}{2}+\dfrac{\pi}{6}\right)=-\sin[\qquad]=[\qquad]$

27 $\tan\dfrac{3}{4}\pi=\tan\left(\dfrac{\pi}{2}+\dfrac{\pi}{4}\right)=\dfrac{1}{[\qquad]\dfrac{\pi}{4}}=[\qquad]$

28 $\tan\dfrac{\pi}{3}=\tan\left(\dfrac{\pi}{2}-\dfrac{\pi}{6}\right)=\dfrac{1}{\tan[\qquad]}=[\qquad]$

29 $\sin\dfrac{\pi}{4}=\sin\left(\dfrac{\pi}{2}-\dfrac{\pi}{4}\right)=[\qquad]\dfrac{\pi}{4}=[\qquad]$

유형 **77** 삼각함수　★

원점 O를 중심으로 하고 반지름의 길이가 r인 원 위의 임의의 점 $P(x, y)$에 대하여 동경 OP가 나타내는 각의 크기를 θ라 할 때,

$$\sin\theta=\frac{y}{r}, \ \cos\theta=\frac{x}{r}, \ \tan\theta=\frac{y}{x}\text{이다.}$$

즉, $\sin\theta=\dfrac{y}{r}=\dfrac{(\text{점 P의 } y\text{좌표})}{(\text{반지름의 길이})}, \ \cos\theta=\dfrac{x}{r}=\dfrac{(\text{점 P의 } x\text{좌표})}{(\text{반지름의 길이})},$

$\tan\theta=\dfrac{y}{x}=\dfrac{(\text{점 P의 } y\text{좌표})}{(\text{점 P의 } x\text{좌표})}$이다.

30

각 θ를 나타내는 동경과 원점 O를 중심으로 하는 원의 교점이 점 $P(-6, -8)$일 때, $\sin\theta$의 값은?

① -1　　② $-\dfrac{4}{5}$　　③ $-\dfrac{3}{5}$

④ $-\dfrac{2}{5}$　　⑤ $-\dfrac{1}{5}$

31

원점 O와 점 $P(-5, -12)$를 잇는 선분 OP를 동경으로 하는 각의 크기를 θ라 할 때, $\sin\theta+\cos\theta$의 값은?

① -1　　② $-\dfrac{14}{13}$　　③ $-\dfrac{15}{13}$

④ $-\dfrac{13}{16}$　　⑤ $-\dfrac{17}{13}$

32

각 θ가 제2사분면의 각이고 $\sin\theta=\dfrac{3}{5}$일 때, $\tan\theta$의 값은?

① $-\dfrac{1}{3}$　　② $-\dfrac{1}{2}$　　③ $-\dfrac{2}{3}$

④ $-\dfrac{3}{4}$　　⑤ $-\dfrac{4}{5}$

33

θ가 제4사분면의 각이고 $\dfrac{1-\cos\theta}{1+\cos\theta}=\dfrac{1}{3}$일 때, $\sin\theta+\tan\theta$의 값은?

① $-\dfrac{\sqrt{3}}{2}$　　② $-\dfrac{\sqrt{2}}{2}$　　③ $-\sqrt{3}$

④ $-\sqrt{2}$　　⑤ $-\dfrac{3\sqrt{3}}{2}$

유형 **78** 삼각함수의 값의 부호　★★

(1) 삼각함수의 값의 부호는 각 θ의 동경이 위치하는 사분면에 따라 결정된다.

사분면＼삼각함수	$\sin\theta$	$\cos\theta$	$\tan\theta$
제1사분면	+	+	+
제2사분면	+	−	−
제3사분면	−	−	+
제4사분면	−	+	−

(2) 각 사분면에서 양의 값을 갖는 삼각함수만 기억하면 편리하다.

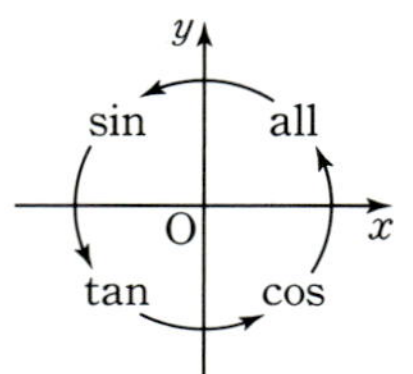

34

θ가 다음과 같을 때, $\sin\theta$의 값의 부호가 다른 넷과 다른 것은?

① $\dfrac{6}{5}\pi$　　② $-\dfrac{\pi}{5}$　　③ $\dfrac{11}{6}\pi$

④ $-\dfrac{7}{9}\pi$　　⑤ $\dfrac{5}{7}\pi$

35

$\cos\theta<0, \ \tan\theta>0$일 때, 각 θ는 제 몇 사분면의 각인가?

① 제1사분면　　　　② 제2사분면
③ 제3사분면　　　　④ 제4사분면
⑤ 어느 사분면에도 속하지 않는다.

36

$\sin\theta\cos\theta<0$일 때, θ는 제 몇 사분면의 각인가?

① 제1, 3사분면　　　　② 제1, 4사분면

③ 제2, 4사분면　　　　④ 제1, 2, 3사분면

⑤ 제2, 3, 4사분면

37

부등식 $\sin\theta\cos\theta<0$, $\sin\theta\tan\theta>0$을 동시에 만족시키는 각 θ는 제 몇 사분면의 각인가?

① 제2사분면　　　　② 제4사분면

③ 제1, 3사분면　　　④ 제1, 4사분면

⑤ 제2, 3사분면

38

$\dfrac{3}{2}\pi<\theta<2\pi$일 때, $\sqrt{\sin^2\theta}+\sqrt{\cos^2\theta}-|\sin\theta+\tan\theta|$를 간단히 한 것은?

① $\cos\theta+\tan\theta$

② $\cos\theta-\tan\theta$

③ $2\sin\theta+\cos\theta+\tan\theta$

④ $-\cos\theta+\tan\theta$

⑤ $-2\sin\theta+\cos\theta-\tan\theta$

39

$\pi<\theta<\dfrac{3}{2}\pi$일 때, $\sqrt{\sin^2\theta}+\sqrt{(\tan\theta-\sin\theta)^2}$을 간단히 한 것은?

① $\tan\theta$　　　　② $-\tan\theta$

③ 0　　　　　　　④ $2\sin\theta-\tan\theta$

⑤ $\tan\theta-2\sin\theta$

40

$\dfrac{\sqrt{\cos\theta}}{\sqrt{\sin\theta}}=-\sqrt{\dfrac{\cos\theta}{\sin\theta}}$가 성립할 때, θ는 제 몇 사분면의 각인가? (단, $\sin\theta\cos\theta\neq0$)

① 제1사분면　　　　② 제2사분면

③ 제3사분면　　　　④ 제4사분면

⑤ 제1, 3사분면

41

$\sin\theta+\cos\theta=\sqrt{2}$일 때, $\sin\theta\cos\theta$의 값은?

① $-\dfrac{\sqrt{3}}{2}$　　　② $-\dfrac{1}{2}$　　　③ $\dfrac{1}{2}$

④ $\dfrac{\sqrt{3}}{2}$　　　　⑤ 1

42

$\sin\theta+\cos\theta=\dfrac{1}{2}$일 때, $\sin^3\theta+\cos^3\theta$의 값은?

① $\dfrac{1}{2}$　　　　② $\dfrac{9}{16}$　　　③ $\dfrac{5}{8}$

④ $\dfrac{11}{16}$　　　⑤ $\dfrac{3}{4}$

43

$(\sin\theta+\cos\theta)^2+(\sin\theta-\cos\theta)^2$을 간단히 한 것은?

① -2　　　　② -1　　　③ 0

④ 1　　　　　⑤ 2

44

$\dfrac{\sin^3\theta}{\cos\theta-\cos^3\theta}$을 간단히 한 것은?

① $\tan\theta$　　　　② $-\sin\theta$　　　③ $\cos^2\theta$

④ $\tan^2\theta-\cos\theta$　　⑤ $2\sin\theta$

45

$\dfrac{\sin\theta}{1+\cos\theta}-\dfrac{1-\cos\theta}{\sin\theta}$ 를 간단히 한 것은?

① -1　　　② $-\dfrac{1}{2}$　　　③ 0

④ $\dfrac{1}{2}$　　　⑤ 1

46

$\dfrac{\cos\theta}{1+\sin\theta}+\dfrac{1+\sin\theta}{\cos\theta}$ 를 간단히 한 것은?

① $2\sin\theta$　　　　　　② $\dfrac{2}{\cos\theta}$

③ $\sin\theta+\cos\theta$　　　　④ $\tan\theta+\dfrac{1}{\tan\theta}$

⑤ $\sin\theta-\cos\theta$

47

x에 대한 이차방정식 $3x^2-2x+k=0$의 두 근이 $\sin\theta$, $\cos\theta$일 때, [보기]에서 옳은 것만을 있는 대로 고른 것은?

---[보기]---

ㄱ. $\sin\theta\cos\theta=\dfrac{k}{3}$

ㄴ. $k=\dfrac{5}{6}$

ㄷ. $\sin^3\theta+\cos^3\theta=\dfrac{23}{27}$

---

① ㄱ　　　② ㄴ, ㄷ　　　③ ㄱ, ㄷ
④ ㄴ, ㄷ　　　⑤ ㄱ, ㄴ, ㄷ

48

이차방정식 $x^2-x+2a=0$의 두 근이 $\sin\theta+\cos\theta$, $\sin\theta-\cos\theta$일 때, 상수 a의 값은?

① -1　　　② $-\dfrac{3}{4}$　　　③ $-\dfrac{1}{2}$

④ $-\dfrac{1}{4}$　　　⑤ 0

49

$\sin\theta+\cos\theta=1$일 때, $\sin^{2018}\theta+\cos^{2018}\theta$의 값은?

① $\dfrac{1}{5}$　　　② $\dfrac{1}{4}$　　　③ $\dfrac{1}{3}$

④ $\dfrac{1}{2}$　　　⑤ 1

50

이차방정식 $x^2-ax+2a=0$의 두 근이 $\sin\theta$, $\cos\theta$일 때, $\sin^3\theta+\cos^3\theta=\alpha+\beta\sqrt5$이다. $\alpha+\beta$의 값은?

(단, $a<0$이고 α, β는 유리수이다.)

① -16　　　② -9　　　③ 7

④ 9　　　⑤ 25

유형 80　$2n\pi+\theta$의 삼각함수의 값　★

(1) $\sin(2n\pi+\theta)=\sin\theta$

(2) $\cos(2n\pi+\theta)=\cos\theta$

(3) $\tan(2n\pi+\theta)=\tan\theta$

51

$\sin^2\dfrac{13}{6}\pi+\cos^2\dfrac{25}{6}\pi$의 값은?

① $\dfrac{\sqrt2}{2}$　　　② $\dfrac{\sqrt3}{2}$　　　③ 1

④ $\sqrt2$　　　⑤ $\sqrt3$

52

$\dfrac{\cos\dfrac{13}{3}\pi}{\sin\dfrac{7}{3}\pi}$의 값은?

① $\dfrac{\sqrt2}{4}$　　　② $\dfrac{\sqrt3}{3}$　　　③ $\dfrac{1}{2}$

④ $\sqrt2$　　　⑤ $\sqrt3$

53

$\sin\dfrac{25}{4}\pi \times \cos\dfrac{9}{4}\pi + \tan\dfrac{17}{4}\pi$의 값은?

① $-\dfrac{\sqrt{3}}{3}$ ② $-\dfrac{1}{4}$ ③ $\dfrac{1}{4}$

④ $\dfrac{\sqrt{2}}{3}$ ⑤ $\dfrac{3}{2}$

유형 81 $-\theta$의 삼각함수의 값   ★

(1) $\sin(-\theta)=-\sin\theta$

(2) $\cos(-\theta)=\cos\theta$

(3) $\tan(-\theta)=-\tan\theta$

54

$\sin\left(-\dfrac{\pi}{5}\right)+\sin\dfrac{\pi}{5}+\cos\left(-\dfrac{\pi}{4}\right)+\cos\dfrac{\pi}{4}$의 값은?

① $-\dfrac{\sqrt{2}}{4}$ ② $-\dfrac{\sqrt{2}}{2}$ ③ 0

④ $\dfrac{\sqrt{2}}{2}$ ⑤ $\sqrt{2}$

55

$\tan\left(-\dfrac{9}{10}\pi\right)+\tan\left(-\dfrac{8}{10}\pi\right)+\tan\left(-\dfrac{7}{10}\pi\right)+\cdots$

$+\tan\left(-\dfrac{1}{10}\pi\right)+\tan 0+\tan\dfrac{1}{10}\pi+\tan\dfrac{2}{10}\pi+\cdots$

$+\tan\dfrac{9}{10}\pi$의 값을 구하시오.

유형 82 $\pi\pm\theta$의 삼각함수의 값   ★

(1) $\sin(\pi+\theta)=-\sin\theta,\ \sin(\pi-\theta)=\sin\theta$

(2) $\cos(\pi+\theta)=-\cos\theta,\ \cos(\pi-\theta)=-\cos\theta$

(3) $\tan(\pi+\theta)=\tan\theta,\ \tan(\pi-\theta)=-\tan\theta$

56

$\sin^2(\pi-\theta)+\cos^2(\pi+\theta)$의 값을 구하시오.

57

$\tan\dfrac{4}{3}\pi \cos\dfrac{4}{3}\pi - \tan\dfrac{2}{3}\pi \sin\dfrac{2}{3}\pi$의 값은?

① $\dfrac{1+\sqrt{2}}{2}$ ② $\dfrac{3+\sqrt{2}}{2}$ ③ $\dfrac{3-\sqrt{2}}{2}$

④ $\dfrac{3-\sqrt{3}}{2}$ ⑤ $\dfrac{3+\sqrt{3}}{2}$

58

θ가 제2사분면의 각이고 $\sin\theta=\dfrac{1}{3}$일 때, $\cos(\pi-\theta)$의 값은?

① $-\dfrac{2\sqrt{2}}{3}$ ② $-\dfrac{1}{2}$ ③ $-\dfrac{\sqrt{2}}{3}$

④ $\dfrac{2\sqrt{2}}{3}$ ⑤ $\dfrac{8}{3}$

59

$\pi<\theta<\dfrac{3}{2}\pi$이고 $\cos\theta=-\dfrac{3}{5}$일 때,

$\tan(\pi-\theta)+\dfrac{1}{\tan(\pi+\theta)}$의 값은?

① $-\dfrac{7}{12}$ ② $-\dfrac{5}{12}$ ③ $-\dfrac{1}{12}$

④ $\dfrac{1}{6}$ ⑤ $\dfrac{5}{12}$

유형 83 $\dfrac{\pi}{2}\pm\theta$의 삼각함수의 값   ★

(1) $\sin\left(\dfrac{\pi}{2}+\theta\right)=\cos\theta,\ \sin\left(\dfrac{\pi}{2}-\theta\right)=\cos\theta$

(2) $\cos\left(\dfrac{\pi}{2}+\theta\right)=-\sin\theta,\ \cos\left(\dfrac{\pi}{2}-\theta\right)=\sin\theta$

(3) $\tan\left(\dfrac{\pi}{2}+\theta\right)=-\dfrac{1}{\tan\theta},\ \tan\left(\dfrac{\pi}{2}-\theta\right)=\dfrac{1}{\tan\theta}$

60

$\sin\left(\dfrac{\pi}{2}-\theta\right)-\cos\theta$의 값은?

① $-\sqrt{2}$ ② -1 ③ 0

④ 1 ⑤ $\sqrt{2}$

61

$\sin\theta+\cos\left(\dfrac{\pi}{2}+\theta\right)$의 값은?

① -2 ② -1 ③ 0

④ 1 ⑤ 2

62

$\tan\theta\times\tan\left(\dfrac{\pi}{2}+\theta\right)$의 값은?

① $-\sqrt{3}$ ② -1 ③ $-\dfrac{\sqrt{3}}{2}$

④ 1 ⑤ $\sqrt{3}$

63

θ가 제2사분면의 각이고 $\tan\theta=-\dfrac{1}{3}$일 때,

$\sin\left(\dfrac{\pi}{2}+\theta\right)+\cos\left(\dfrac{3}{2}\pi-\theta\right)$의 값은?

① $-\dfrac{\sqrt{10}}{2}$ ② $-\dfrac{2\sqrt{10}}{5}$ ③ $-\dfrac{\sqrt{10}}{10}$

④ $\dfrac{\sqrt{10}}{5}$ ⑤ $\dfrac{\sqrt{10}}{2}$

64

$\dfrac{3}{2}\pi<\theta<2\pi$이고 $\cos\theta=\dfrac{4}{5}$일 때,

$\tan\left(\dfrac{\pi}{2}-\theta\right)-\tan\left(\dfrac{\pi}{2}+\theta\right)$의 값은?

① $-\dfrac{8}{3}$ ② $-\dfrac{5}{3}$ ③ $-\dfrac{2}{3}$

④ $\dfrac{1}{3}$ ⑤ $\dfrac{4}{3}$

유형 84 삼각함수의 성질의 활용

삼각함수 $\left(\dfrac{n\pi}{2}\pm\theta\right)$를 $\pm$(삼각함수)θ로 바꾸는 방법을 공식화하여 기억하자.

(i) n이 짝수이면 삼각함수는 그대로 두고, n이 홀수이면

    $\sin\Longleftrightarrow\cos,\ \tan\Longleftrightarrow\dfrac{1}{\tan}$로 서로 바꾼다.

(ii) $\dfrac{n\pi}{2}\pm\theta$가 나타내는 동경이 존재하는 사분면에서의 처음의

    삼각함수의 부호를 따른다. (단, θ는 예각으로 간주한다.)

65

다음 식을 간단히 한 것은?

$$\sin\left(\dfrac{\pi}{2}+\theta\right)+\cos(\pi+\theta)$$

① $-2\sin\theta$ ② $-2\cos\theta$ ③ 0
④ $\sin\theta+\cos\theta$ ⑤ $2(\sin\theta+\cos\theta)$

66

다음 식을 간단히 한 것은?

$$\cos\left(\dfrac{3}{2}\pi-\theta\right)+\sin(-\theta)$$

① $-\cos\theta$ ② $-2\sin\theta$ ③ 0
④ $\cos\theta-\sin\theta$ ⑤ $\sin\theta+\cos\theta$

67

다음 식을 간단히 한 것은?

$$\sin(-\theta)+\cos(90°+\theta)+\sin(180°-\theta)+\cos(\theta-180°)$$

① $-\sin\theta-\cos\theta$ ② $-2\sin\theta$
③ $\sin\theta-\cos\theta$ ④ $2\cos\theta$
⑤ $\sin\theta+\cos\theta$

68

다음 식을 간단히 한 것은?

$$\dfrac{\cos(\pi+\theta)}{\sin\left(\dfrac{3}{2}\pi+\theta\right)\cos^2(\pi-\theta)}$$

① $\dfrac{1}{\tan\theta}$ ② $\sin\theta-\cos^2\theta$

③ $-\sin^2\theta$ ④ $-\sin^2\theta+\cos\theta$

⑤ $\dfrac{1}{\cos^2\theta}$

69

다음 식의 값은?

$$\sin\dfrac{\pi}{6}\cos\left(-\dfrac{9}{4}\pi\right)+\tan\dfrac{14}{3}\pi$$

① $\dfrac{\sqrt{2}}{2}-\sqrt{3}$ ② $\dfrac{\sqrt{2}}{4}-2\sqrt{3}$ ③ $\sqrt{2}+\sqrt{3}$

④ $\dfrac{\sqrt{2}}{4}-\sqrt{3}$ ⑤ $\dfrac{\sqrt{2}}{2}+\sqrt{3}$

70

$\dfrac{\pi}{2}<\theta<\pi$이고 $\tan\theta=-\dfrac{3}{4}$일 때,

$\sin(\pi-\theta)+\cos(\pi+\theta)$의 값은?

① $\dfrac{3}{5}$ ② $\dfrac{4}{5}$ ③ 1

④ $\dfrac{6}{5}$ ⑤ $\dfrac{7}{5}$

71

θ가 제3사분면의 각이고 $\sin\theta=-\dfrac{1}{3}$일 때,

$\sin\left(\dfrac{\pi}{2}-\theta\right)+\tan\left(\dfrac{\pi}{2}+\theta\right)$의 값은?

① $-\dfrac{\sqrt{2}}{4}$ ② $-\dfrac{4\sqrt{2}}{3}$ ③ $-\dfrac{3\sqrt{2}}{4}$

④ $-\dfrac{8\sqrt{2}}{3}$ ⑤ $-\dfrac{5\sqrt{2}}{4}$

72

삼각형 ABC에 대하여 $\sin A=\dfrac{1}{3}$일 때,

$\sin\left(\dfrac{3}{2}\pi+A\right)+\cos(B+C)$의 값은?

① $\dfrac{4\sqrt{2}}{3}$ 또는 $-\dfrac{4\sqrt{2}}{3}$ ② $\dfrac{5\sqrt{2}}{3}$ 또는 $-\dfrac{5\sqrt{2}}{3}$

③ $2\sqrt{2}$ 또는 $-2\sqrt{2}$ ④ $\dfrac{7\sqrt{2}}{3}$ 또는 $-\dfrac{7\sqrt{2}}{3}$

⑤ $\dfrac{8\sqrt{2}}{3}$ 또는 $-\dfrac{8\sqrt{2}}{3}$

73

다음 식의 값은?

$$\cos^2 0°+\cos^2 1°+\cos^2 2°+\cdots+\cos^2 89°+\cos^2 90°$$

① $\dfrac{89}{2}$ ② $\dfrac{91}{2}$ ③ $\dfrac{93}{2}$

④ $\dfrac{95}{2}$ ⑤ $\dfrac{97}{2}$

74

다음 식의 값은?

$$\sin^2 1°+\sin^2 3°+\sin^2 5°+\cdots+\sin^2 87°+\sin^2 89°$$

① $\dfrac{43}{2}$ ② 22 ③ $\dfrac{45}{2}$

④ 23 ⑤ $\dfrac{47}{2}$

75

다음 식의 값은?

$$\tan 1°\times\tan 2°\times\tan 3°\times\cdots\times\tan 88°\times\tan 89°$$

① 1 ② 3 ③ $\dfrac{45}{2}$

④ $\dfrac{89}{2}$ ⑤ 45

01 ☆

$0°<\theta<90°$인 각 θ를 7배하여 얻은 각의 동경이 처음 각의 동경과 일치할 때, 각 θ의 크기는?

① 30° ② 40° ③ 50°
④ 60° ⑤ 70°

02 ☆☆ 첨삭 해설   [2001년 교육청]

다음은 호도법에 대한 설명이다.

> 그림과 같이 반지름의 길이가 r, 중심이 O인 원에서 길이가 l인 호 AB에 대한 중심각 AOB의 크기를 $\alpha°$라 하면, 호 AB의 길이는 중심각의 크기 $\alpha°$에 비례한다.
>
> 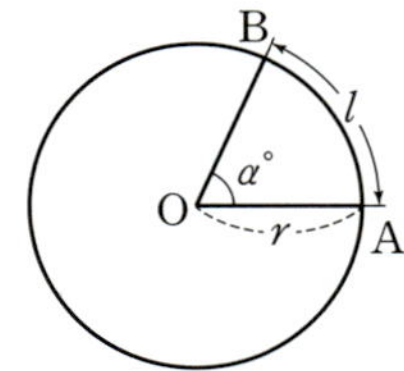
>
> 따라서 $\dfrac{l}{\boxed{(가)}}=\dfrac{\alpha°}{360°}$
>
> 여기서 $l=r$이면 $\alpha°=\boxed{(나)}$
>
> 이 경우 중심각의 크기 $\alpha°$는 원의 반지름의 길이에 관계없이 항상 일정하다.
> 이 일정한 각의 크기를 1라디안이라 하고, 이것을 단위로 하여 각의 크기를 나타내는 방법을 호도법이라 한다.

위에서 (가), (나)에 알맞은 것을 순서대로 적으면?

① $2\pi r,\ \dfrac{180°}{\pi}$ ② $2\pi r,\ \dfrac{\pi}{180°}$

③ $2\pi r,\ \dfrac{360°}{\pi}$ ④ $\pi r,\ \dfrac{\pi}{180°}$

⑤ $\pi r,\ \dfrac{360°}{\pi}$

03 ☆☆

각 2θ를 나타내는 동경과 각 7θ를 나타내는 동경이 일직선 위에 있고 방향이 반대일 때, 각 $(\theta+72°)$의 크기를 호도법으로 나타낸 것은? (단, $90°<\theta<180°$)

① $\dfrac{\pi}{5}$ ② $\dfrac{2}{5}\pi$ ③ $\dfrac{3}{5}\pi$

④ $\dfrac{4}{5}\pi$ ⑤ π

04 ☆

호의 길이가 π이고, 넓이가 2π인 부채꼴의 반지름의 길이를 r, 중심각의 크기를 θ라 할 때, $\dfrac{\theta}{r}$의 값은?

① $\dfrac{\pi}{16}$ ② $\dfrac{\pi}{8}$ ③ $\dfrac{\pi}{4}$

④ $\dfrac{\pi}{2}$ ⑤ π

05 |서술형| ☆☆

길이가 40인 실로 넓이가 최대인 부채꼴을 만들 때, 이 부채꼴의 호의 길이 l과 중심각의 크기 θ를 각각 구하시오.

06 ☆

제3사분면의 각 θ에 대하여 $\cos\theta=-\dfrac{4}{5}$일 때, $\dfrac{16\tan\theta-7}{5\sin\theta+8}$의 값은?

① -2 ② -1 ③ 0
④ 1 ⑤ 2

07 ☆☆

$\sin\theta-\cos\theta=\dfrac{1}{\sqrt{2}}$일 때, $\tan^3\theta+\dfrac{1}{\tan^3\theta}$의 값은?

① 52   ② 53   ③ 54

④ 55   ⑤ 56

08 ☆☆

제2사분면의 각 θ에 대하여 $\sin\theta+\cos\theta=\dfrac{1}{3}$일 때, $\sin^2\theta-\cos^2\theta$의 값은?

① $-\dfrac{\sqrt{17}}{3}$ ② $-\dfrac{\sqrt{17}}{9}$ ③ $\dfrac{\sqrt{17}}{27}$

④ $\dfrac{\sqrt{17}}{9}$ ⑤ $\dfrac{\sqrt{17}}{3}$

09 ☆

$\sin\left(\dfrac{\pi}{2}-\theta\right)\sin(\pi+\theta)-\cos\left(\dfrac{\pi}{2}-\theta\right)\cos(\pi+\theta)$를 간단히 한 것은?

① $\sin\theta\cos\theta$ ② $\sin^2\theta-\cos^2\theta$

③ -1 ④ 0

⑤ 1

10 ☆☆ 첨삭 해설   [2008년 3월 교육청]

직선 $y=-\dfrac{4}{3}x$ 위의 점 $\mathrm{P}(a,\,b)\,(a<0)$에 대하여 선분 OP가 x축의 양의 방향과 이루는 각의 크기를 θ라 할 때, $\sin(\pi-\theta)+\cos(\pi+\theta)$의 값은? (단, O는 원점이다.)

① $\dfrac{7}{5}$ ② $\dfrac{1}{5}$ ③ 0

④ $-\dfrac{1}{5}$ ⑤ $-\dfrac{7}{5}$

11 ☆☆

반지름의 길이가 1인 원을 12등분하였을 때, 각 등분점을 차례로 $\mathrm{P_1},\ \mathrm{P_2},\ \mathrm{P_3},\ \cdots,\ \mathrm{P_{12}}$라 하자. $\angle \mathrm{P_1OP_2}=\theta$일 때, $\cos\theta+\cos 2\theta+\cos 3\theta+\cdots+\cos 12\theta$의 값은?

(단, O는 원의 중심이다.)

① -2 ② -1 ③ 0

④ 1 ⑤ 2

12 |단답형| ☆☆ 첨삭 해설   [2017년 3월 교육청]

그림과 같이 길이가 12인 선분 AB를 지름으로 하는 반원이 있다. 반원 위에서 호 BC의 길이가 4π인 점 C를 잡고 점 C에서 선분 AB에 내린 수선의 발을 H라 하자. $\overline{\mathrm{CH}}^2$의 값을 구하시오.

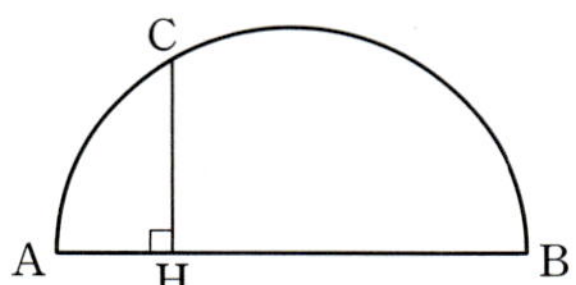

13 |단답형| ☆☆☆ 첨삭 해설

좌표평면 위의 점 $\mathrm{A}(0,\ 1)$과 x축의 양의 방향 위의 점 $\mathrm{P_1},\ \mathrm{P_2},\ \cdots,\ \mathrm{P_{89}}$에 대하여 $\angle \mathrm{OAP_1}=\angle \mathrm{P_1AP_2}=\cdots=\angle \mathrm{P_{88}AP_{89}}=1°$이다. $\overline{\mathrm{OP_1}}\times\overline{\mathrm{OP_2}}\times\cdots\times\overline{\mathrm{OP_{89}}}$의 값을 구하시오. (단, O는 원점이고, 점 P_n의 x좌표는 점 P_{n-1}의 x좌표보다 크다.)

30 주기함수

함수 $f(x)$의 정의역에 속하는 모든 x에 대하여 $f(x+p)=f(x)$를 만족하는 0이 아닌 상수 p가 존재할 때, 함수 $f(x)$를 주기함수라 하고, 상수 p의 값 중 최소의 양수를 함수 $f(x)$의 주기라 한다.

31 함수 $y=\sin\theta$, $y=\cos\theta$의 그래프

(1) 정의역은 실수 전체의 집합이고 치역은 $\{y\,|-1\le y\le 1\}$이다.

(2) $y=\sin\theta$의 그래프는 원점에 대하여 대칭이고, $y=\cos\theta$의 그래프는 y축에 대하여 대칭이다.

(3) 주기가 2π인 주기함수이다.

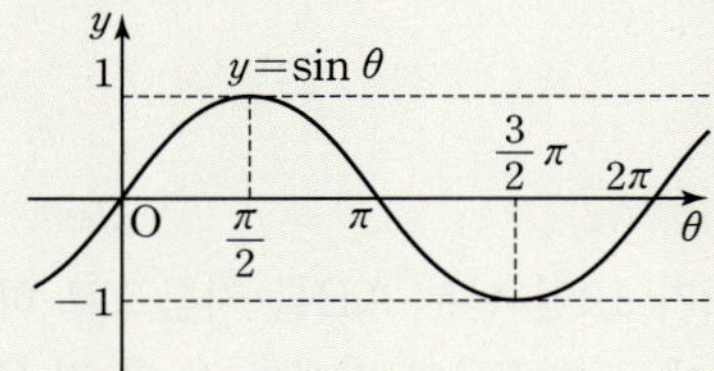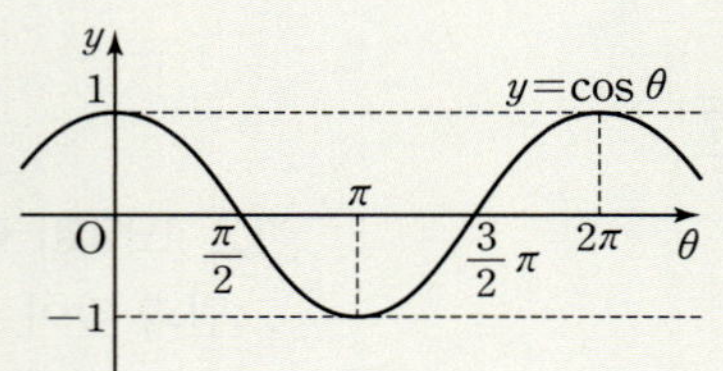

32 함수 $y=\tan\theta$의 그래프

(1) 정의역은 $\theta\ne n\pi+\dfrac{\pi}{2}$ (단, n은 정수)인 실수 전체의 집합이고 치역은 실수 전체의 집합이다.

(2) 함수의 그래프는 원점에 대하여 대칭이다.

(3) 주기가 π인 주기함수이다.

(4) 그래프의 점근선은 $\theta=n\pi+\dfrac{\pi}{2}$ (단, n은 정수)이다.

• 주기가 p인 함수 $f(x)$는 $f(x+np)=f(x)$ (단, n은 정수)가 성립한다.

• $y=\cos\theta$의 그래프는 $y=\sin\theta$의 그래프를 θ축의 방향으로 $-\dfrac{\pi}{2}$만큼 평행이동한 그래프와 일치한다.

• 원점에 대하여 대칭인 함수 $f(x)$는 $f(x)=-f(-x)$가 성립하고 y축에 대칭인 함수 $g(x)$는 $g(x)=g(-x)$가 성립하므로
$\sin\theta=-\sin(-\theta)$
$\cos\theta=\cos(-\theta)$
$\tan\theta=-\tan(-\theta)$

• 일반적으로 정의역의 원소를 x로 나타내므로 $y=\sin\theta$를 $y=\sin x$로 나타낸다.

개념 CHECK

정답 및 해설 p. 74

[01~04] 다음 빈칸에 알맞은 것을 써넣으시오.

01 함수 $f(x)$의 [＿＿＿]가 p일 때, 정수 n에 대하여 $f(x)=f(x+p)=f(x+2p)=\cdots=f(x+np)$가 성립한다.

02 함수 $y=\sin\theta$의 주기는 [＿＿＿]이고 이 함수의 그래프는 [＿＿＿]에 대하여 대칭이다.

03 함수 $y=\cos\theta$의 치역은 [＿＿＿＿＿＿]이다.

04 함수 $y=\tan\theta$의 그래프의 점근선은 [＿＿＿＿＿＿＿]이다.

[05~08] 옳은 것에 ○표, 옳지 <u>않은</u> 것에 ×표를 하시오.

05 $y=\sin\theta$의 치역은 $\{y\,|-1\le y\le 1\}$이다. (　　　)

06 $y=\cos\theta$는 주기가 π인 주기함수이다. (　　　)

07 $y=\tan\theta$의 그래프는 원점에 대하여 대칭이다. (　　　)

08 함수 $y=\sin\theta$의 그래프를 y축의 방향으로 평행이동하면 함수 $y=\cos\theta$의 그래프와 일치할 수 있다. (　　　)

30 주기함수

[09~11] 함수 $f(x)$의 주기가 4이고, $f(10)=3$일 때, 다음 값을 구하시오.

09 $f(14)$

10 $f(2)$

11 $f(6)+f(18)$

[12~14] 함수 $f(x)$가 모든 실수 x에 대하여 $f(x)=f(x+3)$이고, $f(2)=4$일 때, 다음 값을 구하시오.

12 $f(11)$

13 $f(-34)$

14 $f(-7)+f(38)$

31 함수 $y=\sin\theta$, $y=\cos\theta$의 그래프

[15~18] 다음은 함수 $y=\sin\theta$의 그래프이다. 그래프에 대하여 다음을 구하시오.

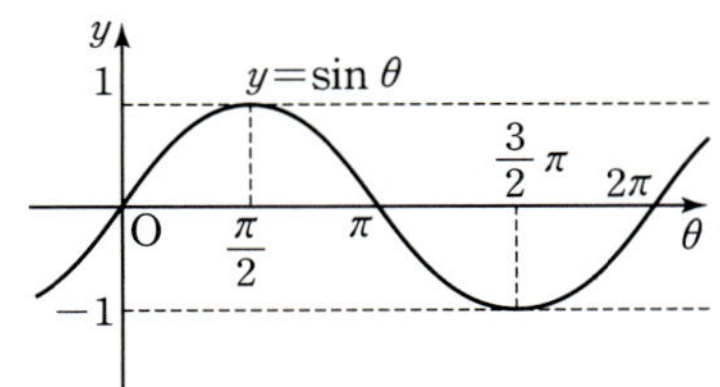

15 정의역

16 치역

17 주기

18 대칭성

[19~22] 다음은 함수 $y=\cos\theta$의 그래프이다. 그래프에 대하여 다음을 구하시오.

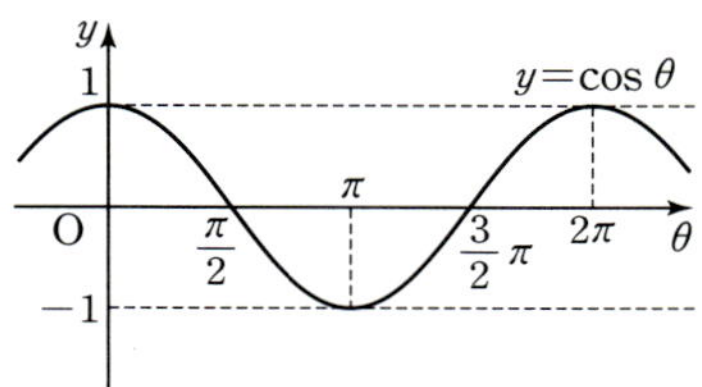

19 정의역

20 치역

21 주기

22 대칭성

32 함수 $y=\tan\theta$의 그래프

[23~27] 다음은 함수 $y=\tan\theta$의 그래프이다. 그래프에 대하여 다음을 구하시오.

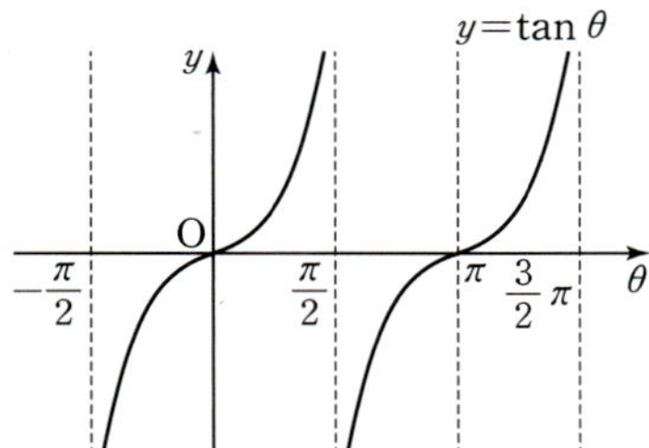

23 정의역

24 치역

25 주기

26 대칭성

27 점근선

유형 85 주기함수의 함숫값 ★

함수 $f(x)$가 주기가 p인 주기함수이면
$f(x)=f(x+p)=f(x+2p)=f(x+3p)=\cdots$이므로
$f(x+np)=f(x)$ (단, n은 정수)

28

함수 $f(x)$가 $f(x)=\begin{cases} \sin 2x & (0\le x\le \pi) \\ -\cos x & (\pi < x < 2\pi) \end{cases}$ 이고,

$f(x)$의 주기가 2π일 때, $f(5\pi)$의 값은?

① -2 ② -1 ③ 0
④ 1 ⑤ 2

29

함수 $f(x)$가 다음 두 조건을 만족시킬 때, $f(21)$의 값은?

(가) 모든 실수 x에 대하여 $f(x+4)=f(x)$이다.
(나) $-2\le x\le 2$일 때, $f(x)=2-|x|$

① -1 ② 0 ③ 1
④ 2 ⑤ 3

유형 86 함수 $y=\sin\theta$의 그래프의 성질 ★

(1) 정의역은 실수 전체의 집합이다.
(2) 치역은 $\{y\,|-1\le y\le 1\}$이다.
(3) 함수의 그래프는 원점에 대하여 대칭이다.
    즉, $\sin(-\theta)=-\sin\theta$
(4) 주기가 2π인 주기함수이다.
    즉, $\sin(2n\pi+\theta)=\sin\theta$ (단, n은 정수)

30

[보기]에서 함수 $y=\sin x$에 대한 설명으로 옳은 것만을 있는 대로 고른 것은?

[보기]
ㄱ. 주기함수이다.
ㄴ. 그래프는 원점에 대하여 대칭이다.
ㄷ. 치역은 실수 전체의 집합이다.

① ㄱ ② ㄴ ③ ㄷ
④ ㄱ, ㄴ ⑤ ㄱ, ㄴ, ㄷ

31

[보기]에서 함수 $f(x)=\sin x$에 대한 설명으로 옳은 것만을 있는 대로 고른 것은?

[보기]
ㄱ. $f(-x)=-f(x)$
ㄴ. $f(\pi+x)=-f(x)$
ㄷ. 그래프는 직선 $x=\dfrac{\pi}{2}$에 대하여 대칭이다.

① ㄱ ② ㄱ, ㄴ ③ ㄱ, ㄷ
④ ㄴ, ㄷ ⑤ ㄱ, ㄴ, ㄷ

유형 87 함수 $y=\cos\theta$의 그래프의 성질 ★

(1) 정의역은 실수 전체의 집합이다.
(2) 치역은 $\{y\,|-1\le y\le 1\}$이다.
(3) 함수의 그래프는 y축에 대하여 대칭이다.
    즉, $\cos(-\theta)=\cos\theta$
(4) 주기가 2π인 주기함수이다.
    즉, $\cos(2n\pi+\theta)=\cos\theta$ (단, n은 정수)

32

[보기]에서 함수 $y=\cos x$에 대한 설명으로 옳은 것만을 있는 대로 고른 것은?

[보기]
ㄱ. 주기는 2π이다.
ㄴ. 그래프는 y축에 대하여 대칭이다.
ㄷ. 치역에 속하는 서로 다른 정수의 개수는 3이다.

① ㄱ ② ㄱ, ㄴ ③ ㄱ, ㄷ
④ ㄴ, ㄷ ⑤ ㄱ, ㄴ, ㄷ

33

[보기]에서 함수 $f(x)=\cos x$에 대한 설명으로 옳은 것만을 있는 대로 고른 것은?

[보기]
ㄱ. $f(-x)=-f(x)$
ㄴ. $f\left(\dfrac{\pi}{2}+x\right)=f\left(\dfrac{\pi}{2}-x\right)$
ㄷ. 그래프는 직선 $x=\pi$에 대하여 대칭이다.

① ㄱ ② ㄷ ③ ㄱ, ㄷ
④ ㄴ, ㄷ ⑤ ㄱ, ㄴ, ㄷ

유형 88 함수 $y=\tan\theta$의 그래프의 성질 ★

(1) 정의역은 $\theta\neq n\pi+\dfrac{\pi}{2}$ (단, n은 정수)인 실수 전체의 집합이다.

(2) 치역은 실수 전체의 집합이다.

(3) 함수의 그래프는 원점에 대하여 대칭이다.

   즉, $\tan(-\theta)=-\tan\theta$

(4) 주기가 π인 주기함수이다.

   즉, $\tan(n\pi+\theta)=\tan\theta$ (단, n은 정수)

(5) 그래프의 점근선은 $\theta=n\pi+\dfrac{\pi}{2}$ (단, n은 정수)

34

[보기]에서 함수 $y=\tan x$에 대한 설명으로 옳은 것만을 있는 대로 고른 것은?

――――[보기]――――

ㄱ. 정의역은 실수 전체의 집합이다.

ㄴ. 치역은 실수 전체의 집합이다.

ㄷ. 주기는 2π이다.

① ㄱ　　　② ㄴ　　　③ ㄷ

④ ㄱ, ㄴ　　　⑤ ㄴ, ㄷ

35

[보기]에서 함수 $f(x)=\tan x$에 대한 설명으로 옳은 것만을 있는 대로 고른 것은?

――――[보기]――――

ㄱ. $f(-x)=f(x)$

ㄴ. $f\left(\dfrac{\pi}{2}+x\right)=-f\left(\dfrac{\pi}{2}-x\right)$

ㄷ. 함수 $f(x)$의 그래프는 점 $(\pi,\ 0)$에 대하여 대칭이다.

① ㄴ　　　② ㄷ　　　③ ㄱ, ㄷ

④ ㄴ, ㄷ　　　⑤ ㄱ, ㄴ, ㄷ

유형 89 절댓값을 포함한 삼각함수의 그래프

(1) $y=|f(x)|$의 그래프

   $y=f(x)$의 그래프에서 $y\geq0$인 부분(x축의 윗부분)은 그대로 그리고 $y<0$인 부분(x축의 아랫 부분)은 x축에 대하여 대칭이동하여 그린다.

(2) $y=f(|x|)$의 그래프

   $y=f(x)$의 그래프에서 $x\geq0$인 부분(y축의 오른쪽 부분)만 그린 후 y축에 대하여 대칭이동하여 그린다.

36

함수 $y=|\sin x|$의 치역은?

① $\{y\,|\,-1<y\leq0\}$　　　② $\{y\,|\,-1\leq y\leq0\}$

③ $\{y\,|\,0<y\leq1\}$　　　④ $\{y\,|\,0\leq y\leq1\}$

⑤ $\{y\,|\,-1\leq y\leq1\}$

37

두 함수 $y=|\cos x|$와 $y=|\tan x|$의 주기를 각각 a, b라 할 때, $a+b$의 값을 구하시오.

38

함수 $y=\sin|x|$에 대한 설명으로 옳은 것은?

① 정의역은 $x\neq0$인 모든 실수이다.

② 치역은 $\{y\,|\,0<y\leq1\}$이다.

③ 주기는 π이다.

④ 최솟값은 존재하지 않는다.

⑤ 그래프는 y축에 대하여 대칭이다.

39

함수 $y=\cos|x|$에 대한 설명으로 옳지 <u>않은</u> 것은?

① 정의역은 실수 전체의 집합이다.

② 치역은 $\{y\,|\,0<y\leq1\}$이다.

③ 주기는 2π이다.

④ 최댓값은 1이다.

⑤ 그래프는 y축에 대하여 대칭이다.

33 삼각함수의 최댓값, 최솟값과 주기

(1) 두 함수 $y=a\sin bx$, $y=a\cos bx$의 최댓값과 최솟값은 각각 $|a|$, $-|a|$이고 주기는 $\dfrac{2\pi}{|b|}$이다.

(2) 함수 $y=a\tan bx$의 최댓값과 최솟값은 없고 주기는 $\dfrac{\pi}{|b|}$이다.

34 삼각함수의 그래프의 평행이동과 대칭이동

(1) 삼각함수의 그래프의 평행이동

$y=a\sin bx$, $y=a\cos bx$, $y=a\tan bx$의 그래프를 x축의 방향으로 $-\dfrac{c}{b}$만큼, y축의 방향으로 d만큼 평행이동시킨 삼각함수의 식은 각각 $y=a\sin(bx+c)+d$, $y=a\cos(bx+c)+d$, $y=a\tan(bx+c)+d$이고 최댓값, 최솟값과 주기는 다음과 같다.

삼각함수	최댓값	최솟값	주기
$y=a\sin(bx+c)+d$	$|a|+d$	$-|a|+d$	$\dfrac{2\pi}{|b|}$
$y=a\cos(bx+c)+d$	$|a|+d$	$-|a|+d$	$\dfrac{2\pi}{|b|}$
$y=a\tan(bx+c)+d$	없음	없음	$\dfrac{\pi}{|b|}$

(2) 삼각함수의 그래프의 대칭이동

삼각함수	x축에 대하여 대칭이동	y축에 대하여 대칭이동	원점에 대하여 대칭이동
$y=\sin x$	$y=-\sin x$	$y=-\sin x$	$y=\sin x$
$y=\cos x$	$y=-\cos x$	$y=\cos x$	$y=-\cos x$
$y=\tan x$	$y=-\tan x$	$y=-\tan x$	$y=\tan x$

- $y=a\sin bx$의 그래프는 $y=\sin x$의 그래프를 y축의 방향으로 $|a|$배, x축의 방향으로 $\left|\dfrac{1}{b}\right|$배한 그래프이다.

- $y=a\cos bx$의 그래프는 $y=\cos x$의 그래프를 y축의 방향으로 $|a|$배, x축의 방향으로 $\left|\dfrac{1}{b}\right|$배한 그래프이다.

- $y=a\sin(bx+c)+d$에서
  (1) 최댓값과 최솟값은 a, d에 의해 결정
  (2) 주기는 b에 의해 결정
  (3) x축의 방향으로 평행이동은 b, c에 의해 결정
  (4) y축의 방향으로 평행이동은 d에 의해 결정

개념 CHECK

정답 및 해설 p. 76

[01~03] 다음 빈칸에 알맞은 것을 써넣으시오.

01 $y=3\sin x$의 치역은 [   ]이고 최댓값은 [   ], 최솟값은 [   ], 주기는 [   ]이다.

02 $y=\tan 2x$의 최댓값과 최솟값은 [   ], 주기는 [   ]이다.

03 함수 $y=3\cos(2x-4)+1$의 그래프는 함수 $y=3\cos 2x$의 그래프를 x축의 방향으로 [   ]만큼, y축의 방향으로 [   ]만큼 평행이동한 것이다.

[04~07] 옳은 것에 ○표, 옳지 않은 것에 ×표를 하시오.

04 $y=a\sin x$, $y=a\cos x$의 최댓값과 최솟값은 서로 같다.   (   )

05 $y=\tan bx$의 주기는 $y=\sin bx$의 주기의 2배이다.   (   )

06 $y=\sin(-2x)$의 주기는 π이다.   (   )

07 $y=\cos 2x$를 x축에 대하여 대칭이동하여도 최댓값과 최솟값은 변하지 않는다.   (   )

33 삼각함수의 최댓값, 최솟값과 주기

[08~10] 다음 삼각함수의 그래프를 그리고, 치역을 구하시오.

08 $y=2\sin x$

09 $y=-3\cos x$

10 $y=\dfrac{1}{2}\tan x$

[11~13] 다음 삼각함수의 최댓값, 최솟값을 각각 구하시오.

11 $y=\dfrac{1}{4}\sin 4x$

12 $y=5\cos\dfrac{1}{2}x$

13 $y=-\tan 2x$

[14~16] 다음 삼각함수의 그래프를 그리고, 주기를 구하시오.

14 $y=\sin\dfrac{x}{2}$

15 $y=\cos 3x$

16 $y=-\tan\dfrac{x}{2}$

34 삼각함수의 그래프의 평행이동과 대칭이동

[17~19] 다음 빈칸에 알맞은 가장 작은 양수를 써넣으시오.

17 $y=2\sin(x-\pi)+1$의 그래프는 $y=2\sin x$의 그래프를 x축의 방향으로 [　]만큼, y축의 방향으로 [　]만큼 평행이동시킨 것이고, 주기는 [　]이다.

18 $y=-2\cos(2x+\pi)-1$의 그래프는 $y=-2\cos 2x$의 그래프를 x축의 방향으로 $-$[　]만큼, y축의 방향으로 $-$[　]만큼 평행이동시킨 것이고, 주기는 [　]이다.

19 $y=\tan(3x-\pi)$의 그래프는 $y=\tan 3x$의 그래프를 x축의 방향으로 [　]만큼 평행이동시킨 것이고, 주기는 [　]이다.

[20~22] 다음 삼각함수의 최댓값, 최솟값과 주기를 각각 구하시오.

20 $y=3\sin\dfrac{x}{2}+1$

21 $y=\cos 2x-2$

22 $y=2\tan(3x+1)-1$

유형 **90** 삼각함수의 최댓값과 최솟값 ★

(1) $y=a\sin(bx+c)+d$, $y=a\cos(bx+c)+d$의 **최댓값은** $|a|+d$, **최솟값은** $-|a|+d$이다.

(2) $y=a\tan(bx+c)+d$의 **최댓값과 최솟값은 없다.**

23

함수 $y=2\sin 2x-1$의 최댓값과 최솟값의 합은?

① -2 ② -1 ③ 0
④ 1 ⑤ 2

24

함수 $y=a\sin\dfrac{1}{2}x$의 최댓값이 $\dfrac{3}{4}$이고 함수 $y=b\cos 2x+2$의 최솟값이 -2일 때, 두 양수 a, b에 대하여 $4a+b$의 값은?

① 4 ② 5 ③ 6
④ 7 ⑤ 8

25

[보기]의 삼각함수에서 최댓값이 같은 삼각함수를 있는 대로 고른 것은?

$$[\,보기\,]$$

ㄱ. $y=3\sin x$　　　ㄴ. $y=2\sin \pi x$

ㄷ. $y=2\cos 3x+1$　　　ㄹ. $y=-3\cos\dfrac{x}{2}+6$

① ㄱ, ㄷ ② ㄴ, ㄹ ③ ㄱ, ㄴ, ㄷ
④ ㄱ, ㄷ, ㄹ ⑤ ㄱ, ㄴ, ㄷ, ㄹ

유형 **91** 삼각함수의 주기 ★

(1) $y=a\sin(bx+c)+d$, $y=a\cos(bx+c)+d$의 **주기는** $\dfrac{2\pi}{|b|}$이다.

(2) $y=a\tan(bx+c)+d$의 주기는 $\dfrac{\pi}{|b|}$이다.

26

함수 $y=\dfrac{1}{2}\sin 3x$의 주기는?

① $\dfrac{\pi}{6}$ ② $\dfrac{\pi}{3}$ ③ $\dfrac{\pi}{2}$
④ $\dfrac{2}{3}\pi$ ⑤ $\dfrac{5}{6}\pi$

27

함수 $f(x)=a\tan bx+3$의 주기는 2π, $f\left(\dfrac{\pi}{2}\right)=6$일 때, 상수 a, b에 대하여 $a+2b$의 값은? (단, $b>0$)

① 3 ② 4 ③ 5
④ 6 ⑤ 7

28

모든 실수 x에 대하여 다음 조건을 만족시키는 함수 $f(x)$는?

(가) $f(-x)=-f(x)$
(나) $f(x+\pi)=f(x)$

① $f(x)=-2\sin x$ ② $f(x)=\cos 2x$
③ $f(x)=\tan\dfrac{1}{2}x$ ④ $f(x)=\cos x-1$
⑤ $f(x)=\sin 2x$

29

정의역에 속하는 모든 실수 x에 대하여 $f(x)=f(x-\pi)$가 성립하는 함수인 것만을 [보기]에서 있는 대로 고른 것은?

[보기]

ㄱ. $y=3\sin\dfrac{x}{2}$

ㄴ. $y=2\cos\left(2x+\dfrac{\pi}{3}\right)+1$

ㄷ. $y=\tan\left(x-\dfrac{\pi}{2}\right)$

ㄹ. $y=-\cos\dfrac{x}{4}+2$

① ㄱ, ㄹ   ② ㄴ, ㄷ   ③ ㄱ, ㄴ, ㄷ

④ ㄴ, ㄷ, ㄹ   ⑤ ㄱ, ㄷ, ㄹ

유형 92   사인함수의 그래프의 평행이동과 대칭이동 ★

(1) $y=a\sin(bx+c)+d$의 그래프는 $y=a\sin bx$의 그래프를 x축의 방향으로 $-\dfrac{c}{b}$만큼, y축의 방향으로 d만큼 평행이동한 것이다.

(2) $y=\sin x$의 그래프를 x축 또는 y축에 대하여 대칭이동하면 $y=-\sin x$의 그래프이다.

30

삼각함수 $y=\dfrac{1}{3}\sin\left(x+\dfrac{\pi}{6}\right)+2$의 그래프는 $y=\dfrac{1}{3}\sin x$의 그래프를 x축의 방향으로 $-p$만큼, y축의 방향으로 q만큼 평행이동한 것이다. 두 상수 p, q의 곱 pq의 값을 구하시오. $\left(\text{단, } 0<p<\dfrac{\pi}{2}\right)$

31

다음 중 함수 $f(x)=\sin\pi x-1$에 대한 설명으로 옳은 것은?

① 최댓값과 최솟값의 합은 0이다.

② 함수 $y=\tan 2x$와 주기가 같다.

③ 그래프는 원점에 대하여 대칭이다.

④ $x>0$에서 그래프가 x축과 두 번째로 만나는 점은 $(2,\,0)$이다.

⑤ $f\left(-\dfrac{1}{2}\right)=f\left(\dfrac{3}{2}\right)$

유형 93   코사인함수의 그래프의 평행이동과 대칭이동 ★

(1) $y=a\cos(bx+c)+d$의 그래프는 $y=a\cos bx$의 그래프를 x축의 방향으로 $-\dfrac{c}{b}$만큼, y축의 방향으로 d만큼 평행이동한 것이다.

(2) $y=\cos x$의 그래프를 x축 또는 원점에 대하여 대칭이동하면 $y=-\cos x$의 그래프이다.

32

삼각함수 $y=-2\cos\left(\dfrac{x}{3}+\dfrac{\pi}{6}\right)-1$의 그래프는

$y=-2\cos\dfrac{x}{3}$의 그래프를 x축의 방향으로 $-p$만큼, y축의 방향으로 q만큼 평행이동한 것이다. 이때 두 상수 p, q의 곱 pq의 값은? (단, $0\le p<2\pi$)

① $-\dfrac{\pi}{2}$ ② $-\dfrac{\pi}{4}$ ③ 0

④ $\dfrac{\pi}{4}$ ⑤ $\dfrac{\pi}{2}$

33

함수 $f(x)=\cos x$에 대하여 함수 $y=f\left(x+\dfrac{\pi}{2}\right)$와 같은 함수는?

① $y=\sin x$ ② $y=-\cos x$

③ $y=-\sin x$ ④ $y=\cos\left(x-\dfrac{\pi}{2}\right)$

⑤ $y=\sin\left(x+\dfrac{\pi}{2}\right)$

34

함수 $y=-2\cos\left(2x-\dfrac{\pi}{3}\right)+1$에 대한 다음 설명 중 옳지 <u>않은</u> 것은?

① 주기는 π이다.

② 최댓값은 3이다.

③ 최솟값은 -3이다.

④ 그래프는 원점을 지난다.

⑤ 그래프가 $y=2\cos 2x$의 그래프와 평행이동에 의해 일치한다.

유형 94 탄젠트함수의 그래프의 평행이동과 대칭이동 ★

(1) $y=a\tan(bx+c)+d$의 그래프는 $y=a\tan bx$의 그래프를 x축의 방향으로 $-\dfrac{c}{b}$만큼, y축의 방향으로 d만큼 평행이동한 것이다.

(2) $y=\tan x$의 그래프를 x축 또는 y축에 대하여 대칭이동하면 $y=-\tan x$의 그래프이다.

35

함수 $f(x)=-\tan(\pi x-\pi)$에 대한 설명으로 옳지 <u>않은</u> 것은?

① 정의역은 $x\neq n+\dfrac{1}{2}$ (단, n은 정수)인 실수 전체의 집합이다.

② 치역은 실수 전체의 집합이다.

③ 그래프는 원점에 대하여 대칭이다.

④ 모든 실수 x에 대하여 $f(x+2\pi)=f(x)$이다.

⑤ 점근선의 방정식은 $x=n+\dfrac{1}{2}$ (n은 정수)이다.

36

[보기]의 두 함수의 그래프가 평행이동에 의해 겹치는 것만을 있는 대로 고른 것은?

[보기]

ㄱ. $y=3\sin x-1$, $y=3\cos\left(x+\dfrac{\pi}{6}\right)$

ㄴ. $y=\sin(3x-\pi)$, $y=\cos(1-x)+\pi$

ㄷ. $y=2\tan 3x+1$, $y=2\tan\left(3x+\dfrac{\pi}{2}\right)+1$

① ㄱ ② ㄴ ③ ㄱ, ㄷ
④ ㄴ, ㄷ ⑤ ㄱ, ㄴ, ㄷ

37

함수 $y=\dfrac{1}{2}\tan 2x$의 그래프를 x축의 방향으로 $\dfrac{\pi}{6}$만큼, y축의 방향으로 -1만큼 평행이동한 그래프를 나타내는 함수는 $f(x)=\dfrac{1}{2}\tan(2x+a)+b$이다. 함수 $y=f(x)$의 그래프의 점근선의 방정식을 $x=c\left(0<c<\dfrac{\pi}{2}\right)$라 할 때, 상수 a, b, c에 대하여 $abc=\dfrac{q}{p}\pi^2$이다. $p+q$의 값을 구하시오. (단, p, q는 서로소인 자연수이다.)

유형 95 조건이 주어진 경우 삼각함수의 미정계수 구하기 ★★

삼각함수의 미정계수는 조건으로 주어진 최댓값, 최솟값, 주기, 함숫값을 이용하여 결정한다.

이때, 함수 $y=a\sin(bx+c)+d$에 대하여

(1) 최댓값과 최솟값은 a, d에 의해 결정

(2) 주기는 b에 의해 결정

(3) x축의 방향으로 평행이동은 b, c에 의해 결정

(4) y축의 방향으로 평행이동은 d에 의해 결정

38

함수 $y=a\sin bx+c$의 최댓값과 최솟값이 각각 5, -1이고 주기가 π일 때, 상수 a, b, c에 대하여 $a+b+c$의 값은? (단, $a>0$, $b<0$)

① 1 ② 2 ③ 3
④ 4 ⑤ 5

39

함수 $y=a\cos bx+c$의 최댓값은 5, 최솟값은 -3이고, 주기는 4π일 때, 상수 a, b, c에 대하여 abc의 값을 구하시오. (단, $a>0$, $b>0$)

유형 96 그래프가 주어진 경우 삼각함수의 미정계수 구하기 ★★

(1) 주어진 그래프에서 최댓값, 최솟값, 주기를 구한 후 삼각함수의 미정계수를 구한다.

(2) 함숫값이 주어진 경우 식에 대입한다.

40

그림은 함수 $y=a\sin(bx-c)$의 그래프이다. 상수 a, b, c의 곱 abc의 값은? (단, $a>0$, $b>0$, $0<c<\pi$)

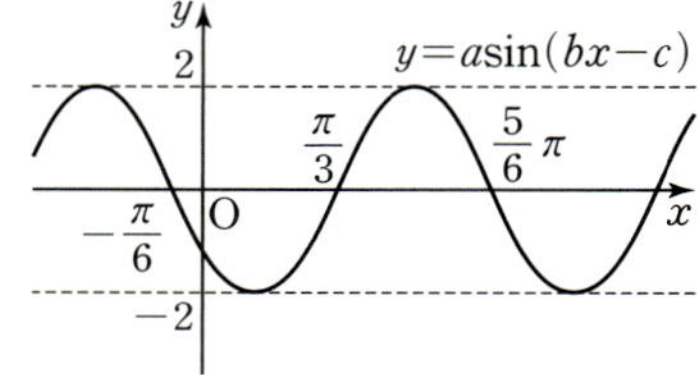

① $\dfrac{4}{3}\pi$ ② $\dfrac{5}{3}\pi$ ③ 2π
④ $\dfrac{7}{3}\pi$ ⑤ $\dfrac{8}{3}\pi$

41

그림은 함수 $y=a\cos(x-b)+c$의 그래프이다. 양수 a, b, c에 대하여 abc의 값은? (단, $0<b<2\pi$)

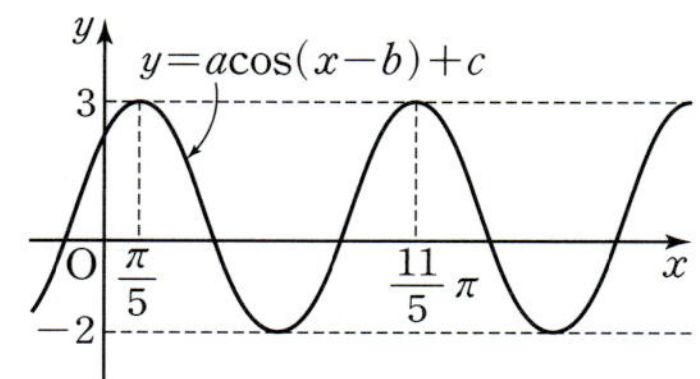

① $\dfrac{\pi}{8}$ ② $\dfrac{\pi}{4}$ ③ $\dfrac{3}{8}\pi$

④ $\dfrac{\pi}{2}$ ⑤ $\dfrac{5}{8}\pi$

42

그림은 함수 $y=a\tan(bx-c\pi)+d$의 그래프이다. 상수 a, b, c, d에 대하여 $abcd$의 값은? $\left(\text{단, } b>0,\ 0<c<\dfrac{1}{2}\right)$

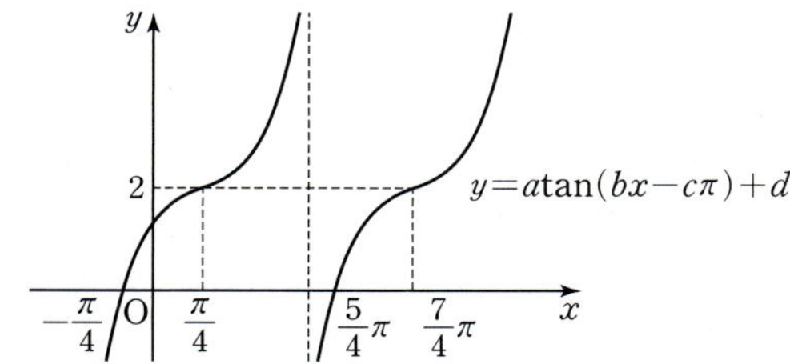

① $\dfrac{\sqrt{3}}{27}$ ② $-\dfrac{2\sqrt{3}}{9}$ ③ $\dfrac{2\sqrt{3}}{27}$

④ $-\dfrac{\sqrt{3}}{9}$ ⑤ $\dfrac{4\sqrt{3}}{27}$

유형 97 **삼각함수를 포함한 식의 최댓값과 최솟값** ★★

(i) 삼각함수를 t로 치환한다.

(ii) t의 값의 범위를 구한다.

(iii) (ii)의 범위에서 t에 대한 함수의 그래프를 그리고 최댓값과 최솟값을 구한다.

43

함수 $y=\dfrac{\sin^2 x+1}{\sin x}$ $(0<x<\pi)$의 최솟값은?

① 1   ② $\dfrac{3}{2}$ ③ 2

④ $\dfrac{5}{2}$ ⑤ 3

44

함수 $y=\sin^2 x+4\cos x+a$의 최댓값이 5일 때, 상수 a의 값은?

① 1   ② 3   ③ 5

④ 7   ⑤ 9

45

함수 $y=4\sin x+\cos^2 x$ $(0\le x\le\pi)$의 최댓값을 M, 최솟값을 m이라 할 때, Mm의 값은?

① 2   ② 4   ③ 6

④ 8   ⑤ 10

46

함수 $y=\dfrac{-\sin x+2}{\sin x+3}$의 최댓값을 M, 최솟값을 m이라 할 때, $M+m$의 값은?

① 1   ② $\dfrac{5}{4}$ ③ $\dfrac{3}{2}$

④ $\dfrac{7}{4}$ ⑤ 2

47

함수 $y=\dfrac{2\cos x+1}{\cos x-2}$의 최댓값을 M, 최솟값을 m이라 할 때, $M-m$의 값은?

① $\dfrac{2}{3}$ ② $\dfrac{4}{3}$ ③ 2

④ $\dfrac{8}{3}$ ⑤ $\dfrac{10}{3}$

35 삼각방정식

(1) 삼각방정식

$\sin x = a$, $\cos x = a$, $\tan x = a$와 같이 각의 크기가 미지수인 삼각함수를 포함한 방정식을 **삼각방정식**이라 한다.

(2) 삼각방정식의 풀이

(i) 주어진 방정식을 $\sin x = a$ (또는 $\cos x = a$, $\tan x = a$)의 형태로 고친다.

(ii) 함수 $y = \sin x$ (또는 $y = \cos x$, $y = \tan x$)의 그래프와 직선 $y = a$의 교점의 x좌표를 구한다.

36 삼각부등식

(1) 삼각부등식

$\sin x > a$, $\cos x > a$, $\tan x > a$와 같이 각의 크기가 미지수인 삼각함수를 포함한 부등식을 **삼각부등식**이라 한다.

(2) 삼각부등식의 풀이

① $\sin x > a$ (또는 $\cos x > a$, $\tan x > a$)의 형태

함수 $y = \sin x$ (또는 $y = \cos x$, $y = \tan x$)의 그래프가 직선 $y = a$보다 위쪽에 있는 x의 값의 범위를 구한다.

② $\sin x < a$ (또는 $\cos x < a$, $\tan x < a$)의 형태

함수 $y = \sin x$ (또는 $y = \cos x$, $y = \tan x$)의 그래프가 직선 $y = a$보다 아래쪽에 있는 x의 값의 범위를 구한다.

- $\sin x = a$ $(0 \le x < 2\pi)$**의 해**

  (i) $\sin x = |a|$가 되는 제1사분면의 각 $x = \alpha$를 찾는다.

  (ii) a가 양수인 경우 해는 α, $\pi - \alpha$이고, a가 음수인 경우 해는 $\pi + \alpha$, $2\pi - \alpha$이다.

- 두 종류 이상의 삼각함수가 포함된 방정식과 부등식의 경우 한 종류의 삼각함수에 대한 방정식과 부등식으로 고쳐서 해결한다.

개념 CHECK

정답 및 해설 p. 81

[01~04] 다음 빈칸에 알맞은 것을 써넣으시오.

01 $\sin x = a$, $\cos x = a$, $\tan x = a$와 같이 각의 크기가 미지수인 삼각함수를 포함한 방정식을 [ ]이라 한다.

02 방정식 $\cos x = a$의 해는 함수 $y = \cos x$의 그래프와 직선 [ ]의 교점의 [ ] 좌표이다.

03 $\sin x > a$, $\cos x > a$, $\tan x > a$와 같이 각의 크기가 미지수인 삼각함수를 포함한 부등식을 [ ]이라 한다.

04 부등식 $\tan x < a$의 해는 함수 $y = \tan x$의 그래프가 직선 [ ]보다 [ ]쪽에 있는 x의 값의 범위이다.

[05~08] 옳은 것에 ○표, 옳지 않은 것에 ×표를 하시오.

05 방정식 $f(x) = g(x)$의 해는 두 곡선 $y = f(x)$, $y = g(x)$의 교점의 y좌표이다. ( )

06 방정식 $\sin x = \dfrac{\sqrt{5}}{3}$ $(0 \le x \le 2\pi)$의 한 실근이 $\alpha \left(0 < \alpha < \dfrac{\pi}{2} \right)$이면 다른 한 실근은 $\pi - \alpha$이다.

( )

07 삼각방정식 $f(x) = a$의 서로 다른 실근의 개수는 함수 $y = f(x)$의 그래프와 직선 $y = a$의 교점의 개수와 같다. ( )

08 부등식 $f(x) < g(x)$의 해는 곡선 $y = f(x)$가 곡선 $y = g(x)$보다 아래쪽에 있는 x의 값의 범위이다.

( )

35 삼각방정식

[09~14] 다음 삼각방정식을 푸시오. (단, $0 \leq x < 2\pi$)

09 $\sin x = \dfrac{\sqrt{2}}{2}$

10 $\cos x = \dfrac{1}{2}$

11 $\tan x = \dfrac{\sqrt{3}}{3}$

12 $\sin x = -\dfrac{\sqrt{3}}{2}$

13 $\cos x = -\dfrac{\sqrt{2}}{2}$

14 $\tan x = -1$

36 삼각부등식

[15~20] 다음 삼각부등식을 푸시오. (단, $0 \leq x < 2\pi$)

15 $\sin x > \dfrac{1}{2}$

16 $\cos x > \dfrac{\sqrt{3}}{2}$

17 $\tan x > \sqrt{3}$

18 $\sin x \geq -\dfrac{1}{2}$

19 $\cos x \leq -\dfrac{\sqrt{3}}{2}$

20 $\tan x \leq -\sqrt{3}$

유형 98 일차식 형태의 삼각방정식 ★

(ⅰ) 주어진 방정식을 $\sin x = a$ (또는 $\cos x = a$, $\tan x = a$)의 형태로 고친다.

(ⅱ) 함수 $y = \sin x$ (또는 $y = \cos x$, $y = \tan x$)의 그래프와 직선 $y = a$의 교점의 x좌표를 구한다.

21

삼각방정식 $\sin x = 1$의 해는? (단, $0 \le x < 2\pi$)

① $\dfrac{\pi}{6}$　　　② $\dfrac{\pi}{4}$　　　③ $\dfrac{\pi}{3}$

④ $\dfrac{\pi}{2}$　　　⑤ $\dfrac{3}{4}\pi$

22

삼각방정식 $2\cos x - \sqrt{3} = 0$의 모든 해의 합은?

（단, $0 \le x < 2\pi$）

① $\dfrac{4}{3}\pi$　　　② $\dfrac{3}{2}\pi$　　　③ $\dfrac{5}{3}\pi$

④ $\dfrac{11}{6}\pi$　　　⑤ 2π

23

삼각방정식 $3\tan x + \sqrt{3} = 0$의 해는? (단, $0 \le x < 2\pi$)

① $x = \dfrac{\pi}{3}$ 또는 $x = \dfrac{2}{3}\pi$

② $x = \dfrac{5}{6}\pi$ 또는 $x = \dfrac{7}{6}\pi$

③ $x = \dfrac{\pi}{6}$ 또는 $x = \dfrac{2}{3}\pi$

④ $x = \dfrac{5}{6}\pi$ 또는 $x = \dfrac{11}{6}\pi$

⑤ $x = \dfrac{2}{3}\pi$ 또는 $x = \dfrac{11}{6}\pi$

유형 99 치환을 이용한 삼각방정식 ★

$\sin(ax+b) = k$ (또는 $\cos(ax+b) = k$, $\tan(ax+b) = k$) 꼴의 삼각방정식의 해는 $ax+b = t$로 치환하여 구한다. 이때, t의 값의 범위에 주의한다.

24

$0 \le x < 2\pi$에서 삼각방정식 $\cos \dfrac{x}{2} = -\dfrac{1}{2}$의 해는?

① $\dfrac{7}{6}\pi$　　　② $\dfrac{4}{3}\pi$　　　③ $\dfrac{3}{2}\pi$

④ $\dfrac{5}{3}\pi$　　　⑤ $\dfrac{11}{6}\pi$

25

$0 \le x < 2\pi$에서 삼각방정식 $2\sin\left(2x + \dfrac{\pi}{6}\right) = \sqrt{3}$의 모든 해의 합은?

① 2π　　　② $\dfrac{7}{3}\pi$　　　③ $\dfrac{8}{3}\pi$

④ $\dfrac{3}{2}\pi$　　　⑤ $\dfrac{10}{3}\pi$

26

$0 \le x < 2\pi$에서 삼각방정식 $\sqrt{3}\tan\left(x - \dfrac{\pi}{6}\right) = 3$의 해는 α, β $(\alpha < \beta)$이다. $\beta - \alpha$의 값은?

① $\dfrac{\pi}{2}$　　　② $\dfrac{2}{3}\pi$　　　③ $\dfrac{3}{4}\pi$

④ $\dfrac{5}{6}\pi$　　　⑤ π

도전 27

$0 \le x < \pi$에서 삼각방정식 $\cos(\pi\sin x) = 0$의 모든 해의 합은?

① π　　　② $\dfrac{3}{2}\pi$　　　③ 2π

④ $\dfrac{5}{2}\pi$　　　⑤ 3π

(1) 한 종류의 삼각함수에 대한 식으로 고친다.
(2) 이차식 형태의 삼각방정식인 경우 주어진 방정식을
  $\sin^2 x + \cos^2 x = 1$을 이용하여 한 종류의 삼각함수에 대한 식
  으로 고친다.

28

$0 \le x < 2\pi$에서 방정식 $2\sin^2 x - \sin x - 1 = 0$의 해는?

① $x = \dfrac{\pi}{2}$ 또는 $x = \dfrac{7}{6}\pi$ 또는 $x = \dfrac{11}{6}\pi$

② $x = \dfrac{5}{6}\pi$ 또는 $x = \dfrac{11}{6}\pi$

③ $x = \dfrac{\pi}{3}$ 또는 $x = \dfrac{\pi}{2}$ 또는 $x = \dfrac{4}{3}\pi$

④ $x = \dfrac{\pi}{6}$ 또는 $x = \dfrac{5}{3}\pi$

⑤ $x = \dfrac{\pi}{2}$ 또는 $x = \dfrac{5}{6}\pi$ 또는 $x = \dfrac{11}{6}\pi$

29

$0 \le x < 2\pi$에서 방정식 $\cos x = -\sqrt{3}\sin x$의 해는?

① $x = \dfrac{\pi}{6}$ 또는 $x = \dfrac{5}{3}\pi$

② $x = \dfrac{5}{6}\pi$ 또는 $x = \dfrac{11}{6}\pi$

③ $x = \dfrac{\pi}{6}$ 또는 $x = \dfrac{4}{3}\pi$

④ $x = \dfrac{5}{6}\pi$ 또는 $x = \dfrac{5}{3}\pi$

⑤ $x = \dfrac{7}{6}\pi$ 또는 $x = \dfrac{11}{6}\pi$

30

$0 \le x < 2\pi$에서 방정식 $\tan x = 2\sin x$의 해의 합은?

① π　　　　② 2π　　　　③ 3π

④ 4π　　　　⑤ 5π

31

$0 \le x < 2\pi$에서 방정식 $2\sin^2 x - 5\cos x + 1 = 0$의 해는?

① $x = \dfrac{\pi}{6}$ 또는 $x = \dfrac{5}{6}\pi$

② $x = \dfrac{\pi}{3}$ 또는 $x = \dfrac{5}{3}\pi$

③ $x = \dfrac{\pi}{6}$ 또는 $x = \dfrac{7}{6}\pi$

④ $x = \dfrac{\pi}{3}$ 또는 $x = \dfrac{5}{6}\pi$

⑤ $x = \dfrac{\pi}{6}$ 또는 $x = \dfrac{5}{3}\pi$

32

$0 \le x < 2\pi$에서 방정식 $2\sin^2 x + 3\cos x = 0$의 해는 α, β이다. $\sin(\alpha + \beta)$의 값은?

① 0　　　　② $\dfrac{1}{2}$　　　　③ $\dfrac{\sqrt{2}}{2}$

④ $\dfrac{\sqrt{3}}{2}$　　　　⑤ 1

도전
33

$0 < x < \dfrac{\pi}{2}$에서 $\sin x + 1 = 2\cos x$일 때, $\tan x$의 값은?

① $\dfrac{1}{4}$　　　　② $\dfrac{1}{2}$　　　　③ $\dfrac{3}{4}$

④ 1　　　　⑤ $\dfrac{5}{4}$

삼각방정식 $f(x) = g(x)$의 실근의 개수는 $y = f(x)$와 $y = g(x)$의 그래프의 교점의 개수와 같다.

34

방정식 $\cos x = \dfrac{1}{8}x$의 실근의 개수는?

① 1　　　　② 2　　　　③ 3

④ 4　　　　⑤ 5

35

방정식 $\sin x = \dfrac{1}{3\pi}x$의 실근의 개수는?

① 3   ② 4   ③ 5

④ 6   ⑤ 7

36

방정식 $\cos\dfrac{\pi}{2}x = \dfrac{1}{9}x$의 실근의 개수는?

① 6   ② 7   ③ 8

④ 9   ⑤ 10

유형 102 일차식 형태의 삼각부등식 ★

(1) 부등식 $\sin x > a$ (또는 $\cos x > a$, $\tan x > a$)

함수 $y = \sin x$ (또는 $y = \cos x$, $y = \tan x$)의 그래프가 직선 $y = a$보다 위쪽에 있는 x의 값의 범위를 구한다.

(2) 부등식 $\sin x < a$ (또는 $\cos x < a$, $\tan x < a$)

함수 $y = \sin x$ (또는 $y = \cos x$, $y = \tan x$)의 그래프가 직선 $y = a$보다 아래쪽에 있는 x의 값의 범위를 구한다.

37

$0 \le x < 2\pi$에서 삼각부등식 $\sin x > \dfrac{\sqrt{3}}{2}$의 해는?

① $\dfrac{\pi}{6} < x < \dfrac{5}{6}\pi$ ② $\dfrac{\pi}{3} < x < \dfrac{2}{3}\pi$

③ $\dfrac{\pi}{6} < x < \dfrac{7}{6}\pi$ ④ $\dfrac{\pi}{3} < x < \dfrac{5}{3}\pi$

⑤ $\dfrac{\pi}{6} < x < \dfrac{11}{6}\pi$

38

$0 \le x < 2\pi$에서 삼각부등식 $\cos x \le -\dfrac{\sqrt{3}}{2}$의 해는 $\alpha \le x \le \beta$이다. $\beta - \alpha$의 값은?

① $\dfrac{\pi}{6}$ ② $\dfrac{\pi}{3}$ ③ $\dfrac{\pi}{4}$

④ $\dfrac{\pi}{2}$ ⑤ $\dfrac{2}{3}\pi$

39

$0 \le x < 2\pi$에서 부등식 $2\sin x + 1 < 0$의 해는?

① $\dfrac{1}{6}\pi < x < \dfrac{7}{6}\pi$ ② $\dfrac{1}{6}\pi < x < \dfrac{5}{3}\pi$

③ $\dfrac{5}{6}\pi < x < \dfrac{11}{6}\pi$ ④ $\dfrac{7}{6}\pi < x < \dfrac{11}{6}\pi$

⑤ $\dfrac{7}{6}\pi < x < \dfrac{5}{3}\pi$

40

$0 \le x < 2\pi$에서 부등식 $\sqrt{3}\tan x < -1$의 해는 $\dfrac{\pi}{2} < x < \alpha$ 또는 $\dfrac{3}{2}\pi < x < \beta$이다. $\sin(\alpha + \beta)$의 값은?

① $-\dfrac{\sqrt{3}}{2}$ ② $-\dfrac{\sqrt{2}}{2}$ ③ 1

④ $\dfrac{\sqrt{2}}{2}$ ⑤ $\dfrac{\sqrt{3}}{2}$

유형 103 치환을 이용한 삼각부등식 ★

삼각부등식 $\sin(ax+b) < k$ (또는 $\cos(ax+b) < k$, $\tan(ax+b) < k$, $\sin(ax+b) > k$, $\cos(ax+b) > k$, $\tan(ax+b) > k$)의 해는 $ax+b = t$로 치환하여 구한다.

41

$0 \le x < \pi$에서 $\sin 2x < \dfrac{\sqrt{2}}{2}$의 해는?

① $0 \le x < \dfrac{\pi}{4}$ 또는 $\dfrac{5}{6}\pi < x < \pi$

② $0 \le x < \dfrac{\pi}{8}$ 또는 $\dfrac{5}{6}\pi < x < \pi$

③ $0 \le x < \dfrac{\pi}{4}$ 또는 $\dfrac{3}{4}\pi < x < \pi$

④ $0 \le x < \dfrac{\pi}{8}$ 또는 $\dfrac{3}{8}\pi < x < \pi$

⑤ $0 \le x < \dfrac{\pi}{3}$ 또는 $\dfrac{3}{8}\pi < x < \pi$

42

$0 \leq x < 2\pi$에서 부등식 $\tan \dfrac{x}{3} > -\sqrt{3}$의 해가 $\alpha \leq x < \beta$일 때, $\sin(\alpha+\beta)$의 값은?

① -1 ② $-\dfrac{\sqrt{3}}{2}$ ③ $-\dfrac{\sqrt{2}}{2}$

④ $\dfrac{\sqrt{2}}{2}$ ⑤ $\dfrac{\sqrt{3}}{2}$

43

$0 \leq x \leq \pi$에서 부등식 $\tan\left(x+\dfrac{\pi}{3}\right) < 1$의 해가 $\alpha < x < \beta$일 때, $\alpha+\beta$의 값은?

① $\dfrac{2}{3}\pi$ ② $\dfrac{11}{12}\pi$ ③ $\dfrac{3}{2}\pi$

④ $\dfrac{13}{12}\pi$ ⑤ $\dfrac{17}{12}\pi$

유형 104 $\sin x$와 $\cos x$가 포함된 삼각부등식 ★★

(1) 한 종류의 삼각함수에 대한 식으로 고친다.

(2) 이차식 형태의 삼각방정식인 경우 주어진 방정식을 $\sin^2 x + \cos^2 x = 1$을 이용하여 한 종류의 삼각함수에 대한 식으로 고친다.

44

$0 \leq x < 2\pi$에서 부등식 $\sqrt{2}\cos^2 x < \cos x$의 해는?

① $\dfrac{\pi}{4} < x < \dfrac{\pi}{2}$ 또는 $\pi < x < \dfrac{5}{4}\pi$

② $\dfrac{\pi}{4} < x < \dfrac{\pi}{2}$ 또는 $\dfrac{3}{2}\pi < x < \dfrac{7}{4}\pi$

③ $\dfrac{\pi}{4} < x < \dfrac{\pi}{2}$ 또는 $\dfrac{3}{4}\pi < x < \dfrac{5}{4}\pi$

④ $\dfrac{\pi}{2} < x < \dfrac{3}{4}\pi$ 또는 $\dfrac{3}{2}\pi < x < \dfrac{7}{4}\pi$

⑤ $\dfrac{\pi}{2} < x < \dfrac{3}{4}\pi$ 또는 $\pi < x < \dfrac{5}{4}\pi$

45

$0 \leq x < 2\pi$에서 부등식 $\sin x + \cos x < 0$을 만족시키는 x의 값의 범위가 $\alpha < x < \beta$일 때, $\tan(\beta-\alpha)$의 값은?

① -1 ② $-\dfrac{\sqrt{3}}{2}$ ③ 0

④ $\dfrac{\sqrt{3}}{2}$ ⑤ 1

46

$0 \leq x < 2\pi$에서 부등식 $2\cos^2 x - 3\sin x < 0$의 해가 $\alpha < x < \beta$일 때, $\cos(\beta-\alpha)$의 값은?

① $-\dfrac{\sqrt{3}}{2}$ ② $-\dfrac{1}{2}$ ③ 0

④ $\dfrac{\sqrt{2}}{2}$ ⑤ 1

47

$0 \leq x \leq 2\pi$에서 부등식 $2\sin^2 x + 3\cos x - 3 \geq 0$의 해가 $0 \leq x \leq \alpha$ 또는 $\beta \leq x \leq 2\pi$일 때, $\cos(\beta-\alpha)$의 값은?

① $-\dfrac{\sqrt{3}}{2}$ ② $-\dfrac{1}{2}$ ③ 0

④ $\dfrac{1}{2}$ ⑤ $\dfrac{\sqrt{3}}{2}$

48

$-\dfrac{\pi}{2} < \theta < \dfrac{\pi}{2}$에서 부등식 $3x^2 - 2x\tan\theta + 1 > 0$이 모든 실수 x에 대하여 성립하도록 하는 θ의 값의 범위는?

① $-\dfrac{\pi}{4} < \theta < \dfrac{\pi}{4}$ ② $-\dfrac{\pi}{6} < \theta < \dfrac{\pi}{6}$

③ $-\dfrac{\pi}{3} < \theta < \dfrac{\pi}{6}$ ④ $-\dfrac{\pi}{6} < \theta < \dfrac{\pi}{4}$

⑤ $-\dfrac{\pi}{3} < \theta < \dfrac{\pi}{3}$

01 ☆

삼각함수에 대한 설명으로 옳은 것만을 [보기]에서 있는 대로 고른 것은?

[보기]

ㄱ. 함수 $y=\tan x$의 그래프의 점근선은 직선 $x=n\pi+\dfrac{\pi}{2}$ (n은 정수)이다.

ㄴ. 함수 $y=\sin x$의 그래프는 원점에 대하여 대칭이다.

ㄷ. 두 함수 $y=\sin x$, $y=\cos\left(x+\dfrac{3}{2}\pi\right)$는 서로 같은 함수이다.

① ㄱ ② ㄱ, ㄴ ③ ㄱ, ㄷ
④ ㄴ, ㄷ ⑤ ㄱ, ㄴ, ㄷ

02 |단답형| ☆

$y=\sin\left(x+\dfrac{\pi}{2}\right)$의 치역을 집합 A, $y=2\tan x$의 치역을 집합 B라 할 때, $A\cap B$를 구하시오.

03 ☆☆ 첨삭 해설

다음 함수 중 모든 실수 x에 대하여 $f(x)=f(x+\sqrt{3})$을 만족시키는 것은?

① $f(x)=\sin 2x$ ② $f(x)=\cos\sqrt{3}x$
③ $f(x)=\sin\pi x$ ④ $f(x)=\tan\sqrt{3}x$
⑤ $f(x)=\cos\dfrac{2\sqrt{3}}{3}\pi x$

04 ☆☆

다음 두 함수의 그래프가 일치하는 것은?

① $y=\sin|x|$, $y=\sin x$ ② $y=\sin|x|$, $y=|\sin x|$
③ $y=\cos x$, $y=\cos|x|$ ④ $y=|\cos x|$, $y=\cos x$
⑤ $y=\tan x$, $y=|\tan x|$

05 |단답형| ☆

함수 $f(x)=a\sin bx+c$ ($a>0$, $b>0$)의 최댓값은 5, 최솟값은 -1이고 주기는 π이다. 상수 a, b, c에 대하여 $a+b+2c$의 값을 구하시오.

06 ☆☆ 첨삭 해설 [2014년 3월 교육청]

그림은 함수 $y=\cos a(x+b)+1$의 그래프이다. 상수 a, b에 대하여 ab의 값은?

(단, $a>0$, $0<b<\pi$이고, O는 원점이다.)

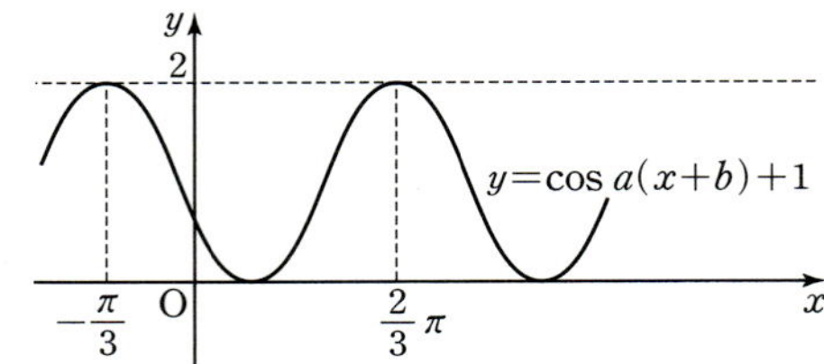

① $\dfrac{2}{3}\pi$ ② π ③ $\dfrac{4}{3}\pi$
④ $\dfrac{5}{3}\pi$ ⑤ 2π

07 |서술형| ☆☆

함수 $y=\cos^2\left(\dfrac{\pi}{2}-x\right)-3\cos^2 x+4\sin(\pi-x)$의 최댓값을 M, 최솟값을 m이라 할 때, $M-m$의 값을 구하시오.

08 ★★

$0 \le x < 2\pi$에서 방정식 $2\cos^2 x + 3\sin x = 0$의 해는?

① $x = \dfrac{\pi}{6}$ 또는 $x = \dfrac{5}{6}\pi$

② $x = \dfrac{\pi}{3}$ 또는 $x = \dfrac{5}{3}\pi$

③ $x = \dfrac{2}{3}\pi$ 또는 $x = \dfrac{4}{3}\pi$

④ $x = \dfrac{5}{6}\pi$ 또는 $x = \dfrac{3}{2}\pi$

⑤ $x = \dfrac{7}{6}\pi$ 또는 $x = \dfrac{11}{6}\pi$

09 ★★★ 첨삭 해설 [2013년 3월 교육청]

어떤 건물의 난방기에는 자동 온도 조절 장치가 있어서 실내 온도가 2시간 주기로 변한다. 이 난방기의 온도를 $B(℃)$로 설정하였을 때, 가동한 지 t분 후의 실내 온도는 $T(℃)$가 되어 다음 식이 성립한다고 한다.

$$T = B - \frac{k}{6}\cos\frac{\pi}{60}t \quad \text{(단, } B, k\text{는 양의 상수이다.)}$$

이 난방기를 가동한 지 20분 후의 실내 온도가 18 ℃이었 고, 40분 후의 실내 온도가 20 ℃이었다. k의 값은?

① 11   ② 12   ③ 13

④ 14   ⑤ 15

10 ★★★ 첨삭 해설

방정식 $\sin^2 x + \cos x - 2a = 0$이 실근을 갖기 위한 상수 a 의 값의 범위는?

① $-1 \le a \le \dfrac{3}{8}$ ② $-\dfrac{1}{2} \le a \le \dfrac{5}{8}$

③ $0 \le a \le \dfrac{2}{3}$ ④ $0 \le a \le \dfrac{7}{8}$

⑤ $\dfrac{1}{2} \le a \le \dfrac{9}{8}$

11 ★

$0 < x < \dfrac{\pi}{2}$일 때, 부등식 $\sqrt{3}\sin x > \cos x$의 해는 $\alpha < x < \beta$이다. $2(\sin\alpha + \cos\beta)$의 값은?

① $\dfrac{1}{2}$ ② 1   ③ $\sqrt{2}$

④ $\sqrt{3}$ ⑤ 2

12 ★

$0 \le x < 2\pi$에서 두 부등식 $2\sin x + \sqrt{2} < 0$, $2\cos x \ge 1$을 동시에 만족시키는 x의 값의 범위는 $\alpha \le x < \beta$일 때, $12(\beta - \alpha)$의 값은?

① π ② 2π ③ 3π

④ 4π ⑤ 5π

13 ★★

모든 실수 x에 대하여 부등식 $2\cos^2 x - 3\sin x + 7 - k \le 0$ 이 성립하도록 하는 자연수 k의 최솟값은?

① 7   ② 8   ③ 9

④ 10   ⑤ 11

14 ★★★ 첨삭 해설 [2013년 3월 교육청]

함수 $f(x)$가 다음 세 조건을 만족시킨다.

> (가) 모든 실수 x에 대하여 $f(x+\pi) = f(x)$이다.
>
> (나) $0 \le x \le \dfrac{\pi}{2}$일 때, $f(x) = \sin 4x$
>
> (다) $\dfrac{\pi}{2} < x \le \pi$일 때, $f(x) = -\sin 4x$

이때, 함수 $f(x)$의 그래프와 직선 $y = \dfrac{x}{\pi}$가 만나는 점의 개 수는?

① 4   ② 5   ③ 6

④ 7   ⑤ 8

37 사인법칙

그림과 같은 삼각형 ABC의 외접원의 반지름의 길이를 R라 하면 $\dfrac{a}{\sin A}=\dfrac{b}{\sin B}=\dfrac{c}{\sin C}=2R$이다.

즉, 삼각형에서 변의 길이와 마주 보는 각에 대한 사인함수의 값의 비는 일정하다.

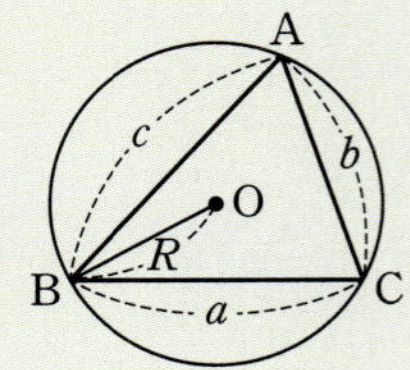

- **사인법칙을 이용하는 경우**
  (1) 한 변의 길이와 두 각의 크기가 주어질 때
  (2) 두 변의 길이와 그 끼인각이 아닌 한 각의 크기가 주어질 때

38 사인법칙의 변형

(1) $\sin A=\dfrac{a}{2R}$, $\sin B=\dfrac{b}{2R}$, $\sin C=\dfrac{c}{2R}$

(2) $a=2R\sin A$, $b=2R\sin B$, $c=2R\sin C$

(3) $a:b:c=\sin A:\sin B:\sin C$

39 코사인법칙

그림과 같은 삼각형 ABC에서
$$a^2=b^2+c^2-2bc\cos A$$
$$b^2=c^2+a^2-2ca\cos B$$
$$c^2=a^2+b^2-2ab\cos C$$

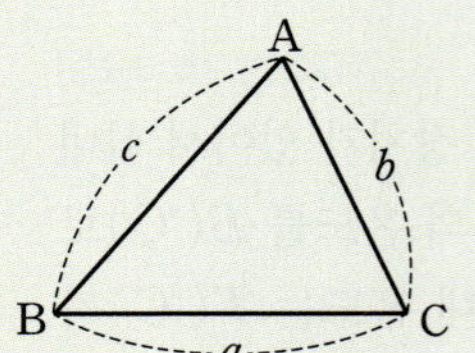

- **코사인법칙을 이용하는 경우**
  (1) 두 변의 길이와 그 끼인각의 크기가 주어질 때
  (2) 세 변의 길이가 주어질 때

40 코사인법칙의 변형

$$\cos A=\dfrac{b^2+c^2-a^2}{2bc},\ \cos B=\dfrac{c^2+a^2-b^2}{2ca},\ \cos C=\dfrac{a^2+b^2-c^2}{2ab}$$

개념 CHECK

정답 및 해설 p. 90

[01~03] 다음 빈칸에 알맞은 것을 써넣으시오.

01 삼각형 ABC가 반지름의 길이가 R인 원에 [　　] 할 때, $\dfrac{[\quad]}{\sin A}=\dfrac{b}{[\quad]}=\dfrac{[\quad]}{\sin C}=2R$가 성립한다. 이를 [　　　]이라 한다.

02 [　　　]에 의하여 삼각형에서 변의 길이와 마주 보는 각에 대한 사인함수의 값의 비가 [　　]함을 알 수 있다.

03 삼각형 ABC에서 다음 등식이 성립하고 이를 [　　　]이라 한다.
$$a^2=b^2+c^2-2bc[\quad]$$
$$b^2=[\quad]-2ca\cos B$$
$$[\quad]=a^2+b^2-2ab\cos C$$

[04~07] 옳은 것에 ○표, 옳지 <u>않은</u> 것에 ×표를 하시오.

04 삼각형의 두 각의 크기와 한 변의 길이를 알면 나머지 두 변의 길이를 구할 수 있다. (　　)

05 삼각형 ABC에서 세 각의 크기의 비가 $A:B:C=2:3:4$이면 세 변의 길이의 비는 $a:b:c=2:3:4$이다. (　　)

06 삼각형 ABC에서 $A>90°$이면 $\dfrac{b^2+c^2-a^2}{2bc}<0$이다. (　　)

07 삼각형의 세 변의 길이가 주어지면 삼각형의 세 각의 크기에 대한 코사인의 값을 구할 수 있다. (　　)

37 사인법칙

[08~09] 그림과 같은 삼각형 ABC에서 외접원의 반지름의 길이 R와 a의 값을 각각 구하시오.

08

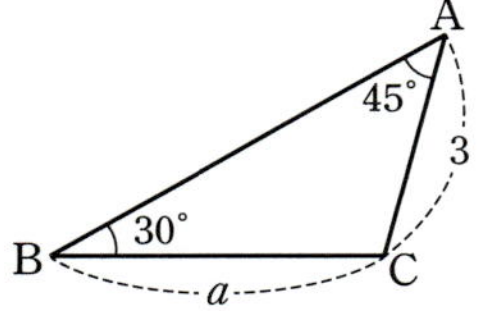

09

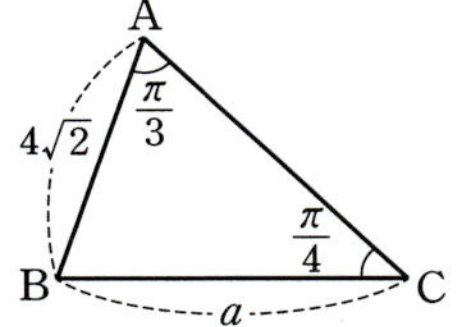

38 사인법칙의 변형

[10~12] 외접원의 반지름의 길이가 R인 삼각형 ABC에서 세 각의 크기의 비가 $A : B : C = 1 : 2 : 3$일 때, 다음 물음에 답하시오.

10 세 각 A, B, C의 크기를 각각 구하시오.

11 세 변의 길이 a, b, c를 R와 $\sin A$, $\sin B$, $\sin C$를 이용하여 나타내시오.

12 세 변의 길이의 비 $a : b : c$를 구하시오.

39 코사인법칙

[13~15] 삼각형 ABC에서 다음 값을 구하시오.

13 $b = 3$, $c = 4$, $A = 60°$일 때, a의 값

14 $c = 4$, $a = 3\sqrt{2}$, $B = 45°$일 때, b의 값

15 $a = 7$, $b = 8$, $C = 120°$일 때, c의 값

40 코사인법칙의 변형

[16~18] 삼각형 ABC의 세 변의 길이 a, b, c가 다음과 같을 때, $\cos A$, $\cos B$, $\cos C$의 값을 각각 구하시오.

16 $a = 2$, $b = 2$, $c = 2\sqrt{3}$

17 $a = 5$, $b = 6$, $c = 4$

18 $a = 13$, $b = 7$, $c = 8$

유형 연습 [+ 내신 유형]

★ 기본 유형 ★★ 필수 유형

유형 105 사인법칙 ★

삼각형 ABC의 외접원의 반지름의 길이를 R라 하면

$\frac{a}{\sin A}=\frac{b}{\sin B}=\frac{c}{\sin C}=2R$이다.

이를 사인법칙이라 한다.

19

삼각형 ABC에서 $\overline{BC}=5$, $\overline{CA}=4$, $B=30°$일 때, $\sin A$의 값은?

① $\frac{1}{8}$ ② $\frac{1}{4}$ ③ $\frac{3}{8}$
④ $\frac{1}{2}$ ⑤ $\frac{5}{8}$

20

삼각형 ABC에서 $A=30°$, $\overline{BC}=4$일 때, 삼각형 ABC의 외접원의 반지름의 길이는?

① 3 ② $\frac{7}{2}$ ③ 4
④ $\frac{9}{2}$ ⑤ 5

21

$\overline{CA}=1$, $\overline{AB}=\sqrt{3}$, $B=30°$인 삼각형 ABC의 변 BC의 길이를 a, 외접원의 반지름의 길이 R라 할 때, $a+R$의 값은? (단, $C>90°$)

① 1 ② 2 ③ 3
④ 4 ⑤ 5

22

그림과 같은 삼각형 ABC에서 $A=60°$, $B=45°$, $\overline{AC}=6\sqrt{2}$, $\overline{BC}=a$일 때, a의 값은?

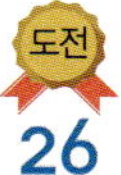

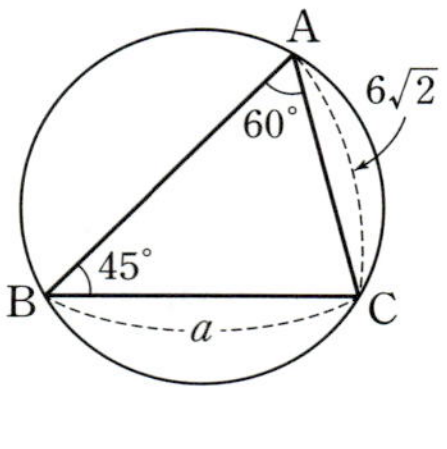

① $4\sqrt{6}$ ② $7\sqrt{2}$
③ $6\sqrt{3}$ ④ $5\sqrt{3}$
⑤ $8\sqrt{2}$

23

삼각형 ABC에서 $\overline{BC}=3$, $\overline{CA}=6$, $A=\frac{\pi}{6}$일 때, 삼각형 ABC의 외접원의 반지름의 길이 R에 대하여 $\frac{\overline{AB}}{R}$의 값은?

① 1 ② $\sqrt{2}$ ③ $\sqrt{3}$
④ 2 ⑤ $\sqrt{5}$

24

반지름의 길이가 3인 원에 내접하는 정삼각형의 한 변의 길이는?

① $3\sqrt{2}$ ② $2\sqrt{5}$ ③ $3\sqrt{3}$
④ $2\sqrt{7}$ ⑤ $4\sqrt{2}$

25

삼각형 ABC에서 $\overline{BC}=2$, $\overline{CA}=2\sqrt{3}$, $A=30°$일 때, B의 크기는?

① 30° 또는 120° ② 30° 또는 150°
③ 45° 또는 135° ④ 60° 또는 120°
⑤ 60° 또는 150°

도전

26

그림과 같은 직각삼각형 ABC에서 $\overline{BD}=20$이 되도록 선분 BC 위에 점 D를 잡자. $\angle ABC=30°$, $\angle ADC=45°$일 때, 선분 AC의 길이를 $\sin 15°$를 이용하여 나타낸 것은?

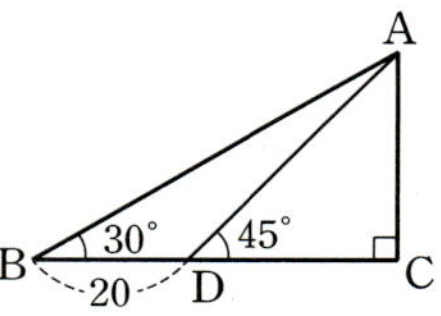

① $\frac{4\sqrt{2}}{\sin 15°}$ ② $\frac{5\sqrt{2}}{\sin 15°}$ ③ $\frac{6\sqrt{2}}{\sin 15°}$
④ $\frac{7\sqrt{2}}{\sin 15°}$ ⑤ $\frac{8\sqrt{2}}{\sin 15°}$

삼각형 ABC에서 사인법칙을 변형하면

(1) $a=2R\sin A$, $b=2R\sin B$, $c=2R\sin C$

(2) $\sin A=\dfrac{a}{2R}$, $\sin B=\dfrac{b}{2R}$, $\sin C=\dfrac{c}{2R}$

즉, 삼각형에서 변의 길이와 마주 보는 각에 대한 사인함수의 값의 비는 일정하므로 $a:b:c=\sin A:\sin B:\sin C$

27

삼각형 ABC에서 $a:b:c=2:3:4$일 때
$\sin A:\sin B:\sin C=1:\alpha:\beta$이다. $\alpha\beta$의 값은?

① 2   ② $\sqrt{5}$ ③ $\sqrt{6}$

④ $2\sqrt{2}$ ⑤ 3

28

삼각형 ABC의 세 변의 길이 a, b, c에 대하여
$(a+b):(b+c):(c+a)=4:5:6$일 때,
$\sin A:\sin B:\sin C$는?

① $5:3:6$ ② $2:3:4$ ③ $5:3:7$

④ $3:5:7$ ⑤ $5:4:6$

29

반지름의 길이가 4인 원에 내접하는 삼각형 ABC의 둘레의 길이가 16일 때, $\sin A+\sin B+\sin C$의 값은?

① $\dfrac{5}{4}$ ② $\dfrac{3}{2}$ ③ $\dfrac{7}{4}$

④ 2   ⑤ $\dfrac{9}{4}$

30

삼각형 ABC에서 $A:B:C=1:1:2$일 때, 세 변의 길이 a, b, c에 대하여 $a:b:c$는?

① $1:1:\sqrt{2}$ ② $2:2:1$ ③ $1:1:2$

④ $\sqrt{2}:\sqrt{2}:1$ ⑤ $1:1:4$

(1) 사인법칙을 이용하여 각에 대한 식을 변에 대한 식으로 변형한다.

(2) $\sin A=\dfrac{a}{2R}$, $\sin B=\dfrac{b}{2R}$, $\sin C=\dfrac{c}{2R}$를 주어진 식에 대입하여 세 변의 길이의 관계를 파악한다.

31

$\sin^2 A=\sin^2 B+\sin^2 C$를 만족시키는 삼각형 ABC는 어떤 삼각형인가?

① $A=90°$인 직각삼각형   ② $b=c$인 이등변삼각형

③ $B=90°$인 직각삼각형   ④ $a=b$인 이등변삼각형

⑤ $C=90°$인 직각삼각형

32

$\dfrac{\sin A}{3}=\dfrac{\sin B}{4}=\dfrac{\sin C}{5}$를 만족시키는 삼각형 ABC는 어떤 삼각형인가?

① $A=90°$인 직각삼각형   ② 정삼각형

③ $B=90°$인 직각삼각형   ④ $a=b$인 이등변삼각형

⑤ $C=90°$인 직각삼각형

33

등식 $a\sin A=b\sin B$를 만족시키는 삼각형 ABC는 어떤 삼각형인가?

① $a=b$인 이등변삼각형   ② $A=90°$인 직각삼각형

③ $a=c$인 이등변삼각형   ④ $C=90°$인 직각삼각형

⑤ $b=c$인 이등변삼각형

유형 108 코사인법칙 ★★

삼각형 ABC에 대하여 다음 등식이 성립한다.

(1) $a^2 = b^2 + c^2 - 2bc \cos A$

(2) $b^2 = c^2 + a^2 - 2ca \cos B$

(3) $c^2 = a^2 + b^2 - 2ab \cos C$

34

삼각형 ABC에서 $A = 45°$, $\overline{AB} = 5\sqrt{2}$, $\overline{AC} = 6$일 때, 선분 BC의 길이는?

① 5 ② $\sqrt{26}$ ③ $3\sqrt{3}$

④ $2\sqrt{7}$ ⑤ $\sqrt{29}$

35

삼각형 ABC에서 $\overline{BC} = 3$, $\overline{AC} = 2\sqrt{2}$, $C = 45°$일 때, 선분 AB의 길이는?

① $\sqrt{5}$ ② $\sqrt{6}$ ③ $\sqrt{7}$

④ $2\sqrt{2}$ ⑤ 3

36

삼각형 ABC에서 $\overline{AB} = 3$, $\overline{BC} = 4$, $B = \dfrac{\pi}{3}$일 때, 선분 AC 의 길이는?

① $\sqrt{10}$ ② $2\sqrt{3}$ ③ $\sqrt{13}$

④ $\sqrt{15}$ ⑤ $3\sqrt{2}$

37

$\overline{AB} = 5$, $\overline{AC} = 3$, $A = \dfrac{2}{3}\pi$인 삼각형 ABC의 외접원의 넓이는?

① 15π ② $\dfrac{46}{3}\pi$ ③ $\dfrac{47}{3}\pi$

④ 16π ⑤ $\dfrac{49}{3}\pi$

유형 109 코사인법칙의 변형 ★★

(1) 삼각형 ABC에서 코사인법칙에 의하여

$$\cos A = \frac{b^2 + c^2 - a^2}{2bc}, \ \cos B = \frac{c^2 + a^2 - b^2}{2ca}$$

$$\cos C = \frac{a^2 + b^2 - c^2}{2ab}$$

(2) 삼각형의 세 변의 길이를 이용하여 세 각에 대한 코사인의 값을 구할 수 있다.

38

삼각형 ABC에서 $\overline{BC} = 13$, $\overline{CA} = 7$, $\overline{AB} = 8$일 때, A의 크기는?

① $\dfrac{\pi}{6}$ ② $\dfrac{\pi}{4}$ ③ $\dfrac{\pi}{3}$

④ $\dfrac{2}{3}\pi$ ⑤ $\dfrac{5}{6}\pi$

39

세 변의 길이가 3, 5, 7인 삼각형에서 내각의 크기가 가장 작은 각의 크기를 α라 할 때, $\cos \alpha$의 값은?

① $\dfrac{5}{14}$ ② $\dfrac{1}{2}$ ③ $\dfrac{9}{14}$

④ $\dfrac{11}{14}$ ⑤ $\dfrac{13}{14}$

40

길이가 $2\sqrt{2}$인 선분 AB를 지름으로 하는 원 위의 한 점 P에 대하여 $\overline{AP} = \sqrt{5}$이다. $\angle PAB = \theta$라 할 때, $\cos 2\theta$의 값은?

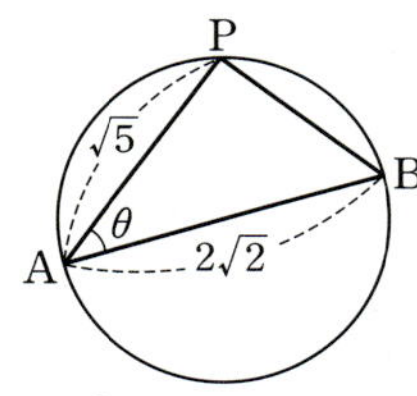

① $\dfrac{1}{2}$ ② $\dfrac{1}{3}$ ③ $\dfrac{1}{4}$

④ $\dfrac{1}{5}$ ⑤ $\dfrac{1}{6}$

41

정삼각형 ABC의 변 BC의 삼등분
점을 각각 P, Q라 할 때,
$\angle \mathrm{PAQ} = \theta$이다. $\cos\theta$의 값은?

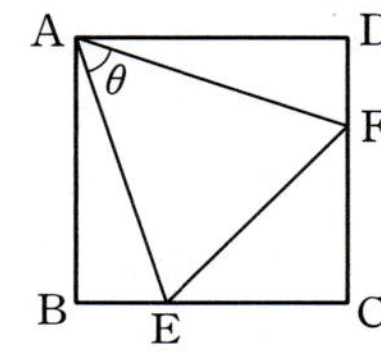

① $\dfrac{9}{14}$ ② $\dfrac{5}{7}$

③ $\dfrac{11}{14}$ ④ $\dfrac{6}{7}$

⑤ $\dfrac{13}{14}$

42

그림과 같이 정사각형 ABCD의 두 변 BC, CD의 삼등분
점 중 점 B, 점 D에 가까운 점을 각각 E, F라 하자.
$\angle \mathrm{EAF} = \theta$일 때, $\cos\theta$의 값은?

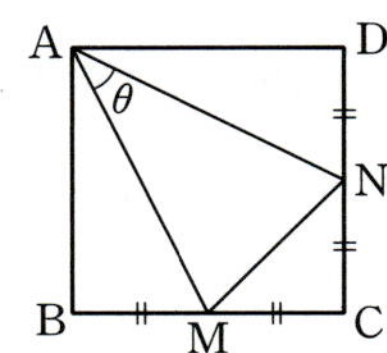

① $\dfrac{2}{5}$ ② $\dfrac{1}{2}$ ③ $\dfrac{3}{5}$

④ $\dfrac{7}{10}$ ⑤ $\dfrac{4}{5}$

43

그림과 같이 정사각형 ABCD의 두 변 BC, CD의 중점을
각각 M, N이라 하자. $\angle \mathrm{MAN} = \theta$일 때, $\sin\theta$의 값은?

① $\dfrac{2}{5}$ ② $\dfrac{1}{2}$ ③ $\dfrac{3}{5}$

④ $\dfrac{7}{10}$ ⑤ $\dfrac{4}{5}$

유형 110 사인법칙, 코사인법칙을 이용한 삼각형의 모양 ★

사인법칙의 변형 공식, 코사인법칙의 변형 공식을 이용하여 각의
크기 사이의 관계를 변의 길이 사이의 관계로 고친 후 삼각형의
모양을 결정한다.

44

$a\cos C = c\cos A$를 만족시키는 삼각형 ABC는 어떤 삼
각형인가?

① $A = 90°$인 직각삼각형   ② $a = b$인 이등변삼각형
③ $B = 90°$인 직각삼각형   ④ $a = c$인 이등변삼각형
⑤ $C = 90°$인 직각삼각형

45

$a\cos A = b\cos B$를 만족시키는 삼각형 ABC를 [보기]에
서 있는 대로 고른 것은?

[보기]
ㄱ. $a = b$인 이등변삼각형

ㄴ. $A = \dfrac{\pi}{2}$인 직각삼각형

ㄷ. $C = \dfrac{\pi}{2}$인 직각삼각형

① ㄱ   ② ㄴ   ③ ㄷ
④ ㄱ, ㄷ   ⑤ ㄴ, ㄷ

46

$\sin A = 2\cos B \sin C$를 만족시키는 삼각형 ABC는 어떤
삼각형인가?

① $a = b$인 이등변삼각형   ② $A = 90°$인 직각삼각형
③ $a = c$인 이등변삼각형   ④ $C = 90°$인 직각삼각형
⑤ $b = c$인 이등변삼각형

41 사인함수를 이용한 삼각형의 넓이

그림과 같은 삼각형 ABC의 넓이 S는

$$S=\frac{1}{2}bc\sin A=\frac{1}{2}ca\sin B=\frac{1}{2}ab\sin C$$

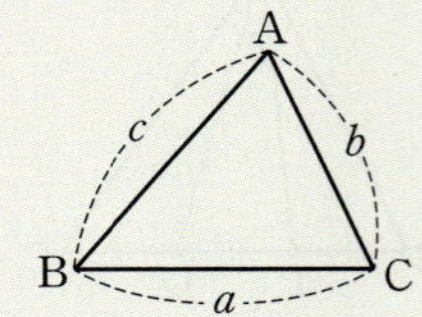

42 외접원의 반지름의 길이와 삼각형의 넓이

그림과 같이 외접원의 반지름의 길이가 R인 삼각형 ABC의 넓이 S는

$$S=\frac{abc}{4R}=2R^2\sin A\sin B\sin C$$

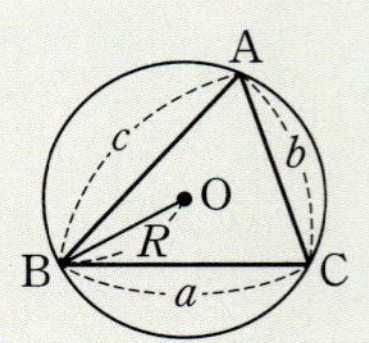

43 사인함수를 이용한 사각형의 넓이

(1) 그림과 같이 이웃하는 두 변의 길이가 a, b이고 그 끼인각의 크기가 θ일 때 평행사변형 ABCD의 넓이 S는

$$S=ab\sin\theta$$

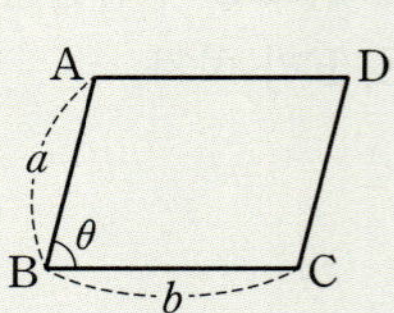

(2) 그림과 같이 두 대각선의 길이가 a, b이고, 두 대각선이 이루는 각의 크기가 θ일 때 사각형 ABCD의 넓이 S는

$$S=\frac{1}{2}ab\sin\theta$$

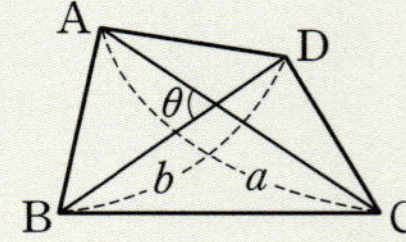

• **삼각형의 넓이**

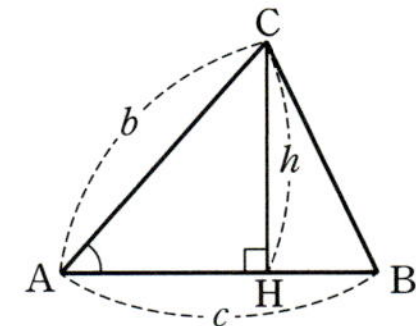

직각삼각형 ACH에서 $h=b\sin A$이므로

$$\triangle ABC=\frac{1}{2}ch=\frac{1}{2}bc\sin A$$

• **사각형의 넓이**

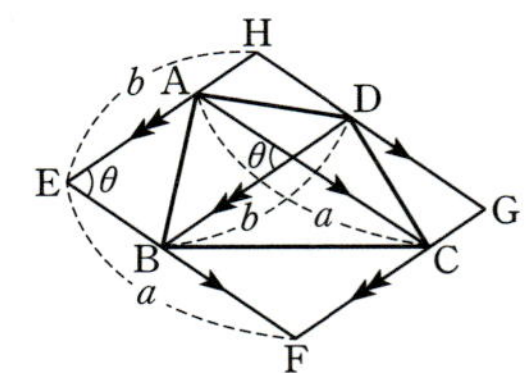

사각형 ABCD의 넓이는 두 대각선에 평행한 선분을 그어 만든 평행사변형 EFGH의 넓이의 $\frac{1}{2}$이므로

$$\square ABCD=\frac{1}{2}\square EFGH$$
$$=\frac{1}{2}ab\sin\theta$$

개념 CHECK

정답 및 해설 p. 94

[01~03] 다음 빈칸에 알맞은 것을 써넣으시오.

01 그림과 같은 삼각형 ABC에서 $\sin A=\dfrac{[\quad]}{b}$이므로 $h=[\qquad]$이다.

$$\therefore \triangle ABC=\frac{1}{2}\times c\times h=\frac{1}{2}bc\times[\qquad]$$

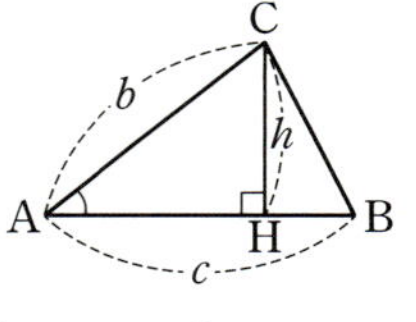

02 삼각형 ABC에서 $\sin A=\dfrac{[\quad]}{2R}$이므로

$$\triangle ABC=\frac{1}{2}bc\times[\qquad]=\frac{abc}{[\quad]}\text{이다.}$$

03 그림과 같은 평행사변형 ABCD의 넓이는 삼각형 ABC의 넓이의 $[\quad]$배이므로

$$S=[\quad]\times\frac{1}{2}ab\sin\theta=ab\times[\quad]$$

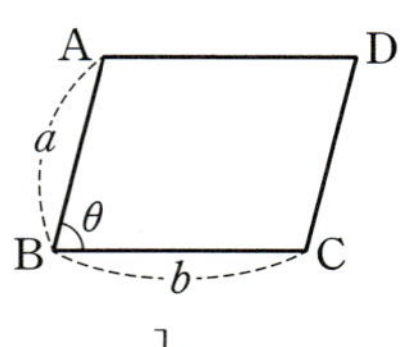

[04~07] 옳은 것에 ○표, 옳지 않은 것에 ×표를 하시오.

04 $a=2$, $b=3$, $\sin C=\dfrac{1}{2}$인 삼각형 ABC의 넓이는 3이다.   (   )

05 삼각형 ABC에서 $abc=\sqrt{2}$이고 외접원의 반지름이 $\dfrac{\sqrt{2}}{2}$이면 삼각형의 넓이는 1이다.   (   )

06 $\overline{AB}=4$, $\overline{BC}=6$, $B=30°$인 평행사변형 ABCD의 넓이는 12이다.   (   )

07 사각형 ABCD의 두 대각선의 길이는 5, 8이고 두 대각선이 이루는 한 예각의 크기는 60°일 때 사각형 ABCD의 넓이는 $10\sqrt{3}$이다.   (   )

41 사인함수를 이용한 삼각형의 넓이

[08~09] 다음 조건을 만족시키는 삼각형 ABC의 넓이를 구하시오.

08 $a=2$, $c=3$, $B=45°$

09 $a=3$, $b=4$, $C=150°$

[10~12] 다음 그림의 삼각형 ABC의 넓이를 구하시오.

10

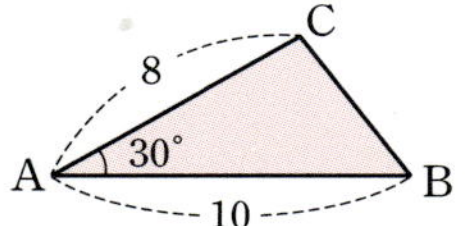

11

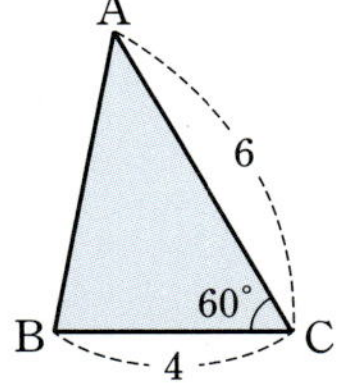

12

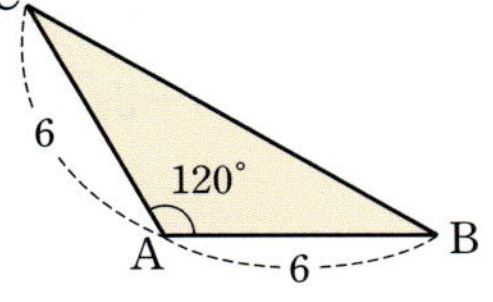

42 외접원의 반지름의 길이와 삼각형의 넓이

[13~14] 다음 물음에 답하시오.

13 세 변의 길이가 각각 7, 8, 9이고 외접원의 반지름의 길이가 $\dfrac{21\sqrt{5}}{10}$인 삼각형의 넓이를 구하시오.

14 세 내각의 크기가 각각 $\dfrac{\pi}{6}$, $\dfrac{\pi}{2}$, $\dfrac{\pi}{3}$이고 외접원의 반지름의 길이가 5인 삼각형의 넓이를 구하시오.

43 사인함수를 이용한 사각형의 넓이

[15~17] 다음 물음에 답하시오.

15 이웃하는 두 변 AB, BC의 길이가 각각 6, 8이고 B의 크기가 60°인 평행사변형 ABCD의 넓이를 구하시오.

16 두 대각선의 길이가 각각 3, 4이고 두 대각선이 이루는 예각의 크기가 30°인 사각형의 넓이를 구하시오.

17 그림과 같이 사각형 ABCD의 두 대각선이 평행사변형 EFGH의 네 변과 서로 평행할 때 평행사변형 EFGH의 넓이를 구하시오.

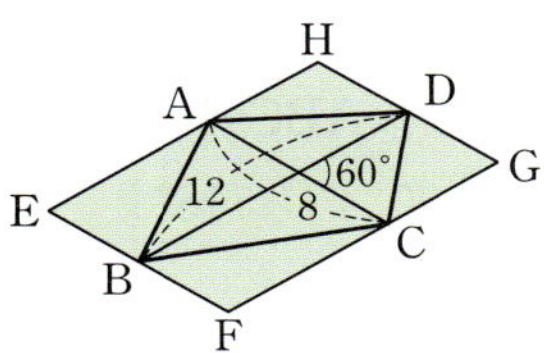

유형 111 두 변의 길이와 그 끼인각의 크기가 주어진 삼각형의 넓이 ★★

삼각형 ABC의 넓이 S는

$$S=\frac{1}{2}bc\sin A=\frac{1}{2}ca\sin B=\frac{1}{2}ab\sin C$$

즉, 삼각형의 넓이는 두 변의 길이와 그 끼인각의 크기를 이용하여 구할 수 있다.

18

그림과 같이 $\overline{AB}=3$, $\overline{AC}=2$, $A=120°$인 삼각형 ABC의 넓이는?

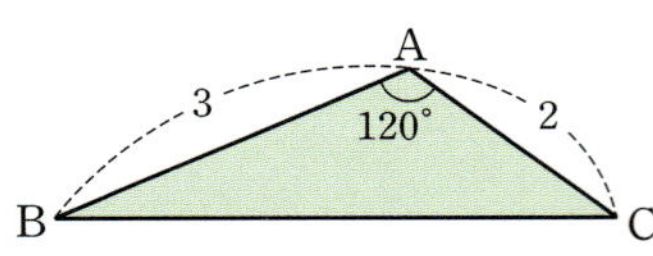

① $\dfrac{\sqrt{3}}{2}$ ② $\dfrac{2\sqrt{3}}{2}$ ③ $\dfrac{3\sqrt{3}}{2}$

④ $2\sqrt{3}$ ⑤ $\dfrac{5\sqrt{3}}{2}$

19

그림과 같이 $\overline{AB}=5$, $\overline{AC}=4$, $B=60°$, $C=75°$인 삼각형 ABC의 넓이는?

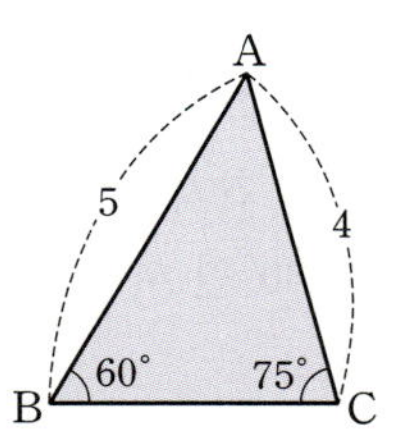

① $3\sqrt{5}$ ② $5\sqrt{2}$ ③ $4\sqrt{5}$
④ $6\sqrt{2}$ ⑤ $5\sqrt{5}$

20

넓이가 $5\sqrt{2}$인 삼각형 ABC에서 $\overline{AC}=4$, $\overline{BC}=5$일 때, C의 크기는? (단, $90°<C<180°$)

① $120°$ ② $135°$ ③ $145°$
④ $150°$ ⑤ $160°$

21

$\overline{AC}=6$, $\overline{BC}=3$, $\cos C=\dfrac{1}{2}$인 삼각형 ABC의 넓이는?

① $3\sqrt{3}$ ② $\dfrac{7\sqrt{3}}{2}$ ③ $4\sqrt{3}$

④ $\dfrac{9\sqrt{3}}{2}$ ⑤ $5\sqrt{3}$

22

$\tan A=1$, $\overline{AB}=3$, $\overline{AC}=4$인 삼각형 ABC의 넓이는?

① $3\sqrt{2}$ ② $2\sqrt{5}$ ③ $\sqrt{21}$
④ 5 ⑤ $3\sqrt{3}$

23

삼각형 ABC에서 $\overline{BC}+\overline{CA}=10$, $\sin C=\dfrac{1}{2}$일 때, 삼각형 ABC의 넓이의 최댓값은?

① $\dfrac{21}{4}$ ② $\dfrac{23}{4}$ ③ $\dfrac{25}{4}$

④ $\dfrac{27}{4}$ ⑤ $\dfrac{29}{4}$

24

반지름의 길이가 2인 원 위의 세 점 A, B, C에 대하여 $\overparen{AB}:\overparen{BC}:\overparen{CA}=3:4:5$일 때, 삼각형 ABC의 넓이는?

① $3+\sqrt{3}$ ② $3+2\sqrt{2}$ ③ $3+2\sqrt{3}$
④ $4+\sqrt{2}$ ⑤ $4+\sqrt{3}$

25

그림과 같이 $\overline{AB}=4$, $\overline{AC}=3$, $A=60°$인 삼각형 ABC에서 A의 이등분선과 변 BC의 교점을 D라 할 때, 삼각형 ABD의 넓이는?

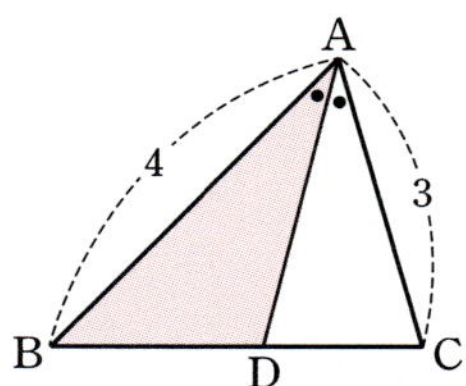

① $\dfrac{9\sqrt{3}}{7}$　　② $\dfrac{10\sqrt{3}}{7}$　　③ $\dfrac{11\sqrt{3}}{7}$

④ $\dfrac{12\sqrt{3}}{7}$　　⑤ $\dfrac{13\sqrt{3}}{7}$

26

삼각형 ABC에서 $A=45°$, $\overline{AB}=4\sqrt{2}$이다. $\overline{BC}$의 길이가 최소일 때, 삼각형 ABC의 넓이는?

① 7　　② 8　　③ 9

④ 10　　⑤ 11

> **유형 112 두 각의 크기와 한 변의 길이가 주어진 삼각형의 넓이** ★
>
> 두 각의 크기와 한 변의 길이가 주어진 삼각형의 넓이는 다음과 같은 순서로 구한다.
> (i) 사인법칙을 이용하여 다른 한 변의 길이를 구한다.
> (ii) 한 꼭짓점에서 대변에 수선을 그어 높이를 구한 후 삼각형의 넓이를 구한다.

27

$A=\dfrac{\pi}{4}$, $B=\dfrac{\pi}{3}$이고 $\overline{BC}=6$인 삼각형 ABC의 넓이는 $\alpha+\beta\sqrt{3}$이다. 유리수 α, β에 대하여 $\alpha-\beta$의 값은?

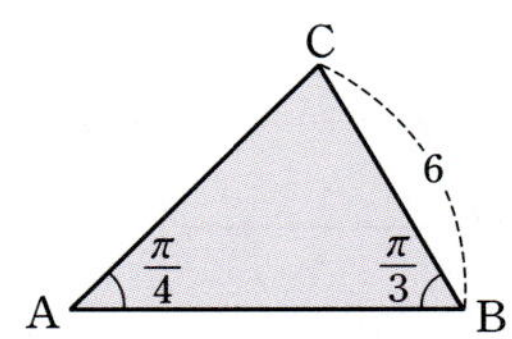

① 5　　② 6　　③ 7

④ 8　　⑤ 9

28

그림과 같이 $B=\dfrac{\pi}{3}$, $C=\dfrac{\pi}{4}$이고 $\overline{AC}=8\sqrt{6}$인 삼각형 ABC의 넓이는?

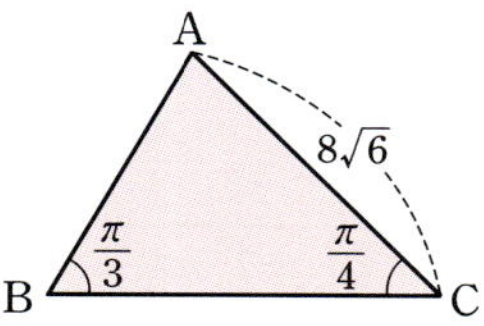

① $96+32\sqrt{3}$　　② $98+32\sqrt{3}$　　③ $100+32\sqrt{3}$

④ $100+34\sqrt{3}$　　⑤ 180

> **유형 113 세 변의 길이가 주어진 삼각형의 넓이** ★
>
> 세 변의 길이가 주어진 삼각형의 넓이는 다음과 같은 순서로 구한다.
> (i) 코사인법칙을 이용하여 한 각의 코사인의 값을 구한다.
> (ii) $\sin^2\theta=1-\cos^2\theta$를 이용하여 사인의 값을 구하고 삼각형의 넓이를 구한다.

29

그림과 같이 $\overline{BC}=9$, $\overline{CA}=4$, $\overline{AB}=7$인 삼각형 ABC의 넓이는?

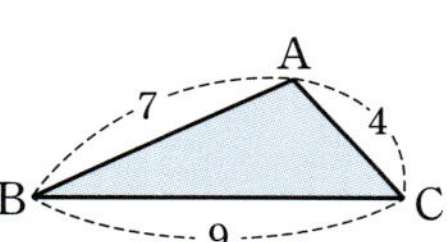

① $2\sqrt{21}$　　② $3\sqrt{15}$　　③ $8\sqrt{2}$

④ $6\sqrt{5}$　　⑤ $10\sqrt{2}$

30

그림과 같이 $\overline{BC}=7$, $\overline{CA}=8$, $\overline{AB}=9$인 삼각형 ABC의 넓이는?

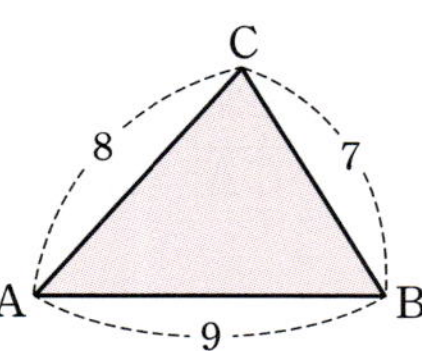

① $8\sqrt{5}$　　② $8\sqrt{7}$　　③ $12\sqrt{5}$

④ $12\sqrt{7}$　　⑤ $15\sqrt{5}$

31

그림과 같이 $\overline{BC}=5$, $\overline{CA}=6$, $\overline{AB}=7$인 삼각형 ABC의 넓이는?

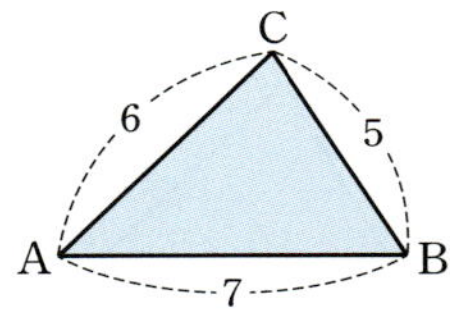

① $6\sqrt{6}$ ② $7\sqrt{6}$ ③ $8\sqrt{6}$
④ $9\sqrt{6}$ ⑤ $10\sqrt{6}$

유형 114 외접원의 반지름의 길이와 삼각형의 넓이

외접원의 반지름의 길이가 R인 삼각형 ABC의 넓이를 S라 하면
$$S=\frac{abc}{4R}=2R^2\sin A\sin B\sin C$$

32

반지름의 길이가 2인 원에 내접하고 넓이가 10인 삼각형 ABC의 세 변의 길이가 각각 a, b, c일 때, abc의 값을 구하시오.

33

삼각형 ABC의 외접원의 반지름의 길이가 4이고 $A=60°$, $B=30°$일 때, 삼각형 ABC의 넓이는?

① $7\sqrt{3}$ ② $8\sqrt{3}$ ③ $9\sqrt{3}$
④ $10\sqrt{3}$ ⑤ $11\sqrt{3}$

34

반지름의 길이가 $\sqrt{10}$인 원에 내접하는 삼각형 ABC에 대하여 $\overline{AB}=6$, $\overline{BC}=2\sqrt{5}$, $\overline{CA}=2\sqrt{2}$일 때, 삼각형 ABC의 넓이는?

① 6 ② $6\sqrt{2}$ ③ $6\sqrt{3}$
④ 12 ⑤ $6\sqrt{5}$

35

외접원의 반지름의 길이가 5인 삼각형 ABC에서 $\overline{BC}:\overline{CA}:\overline{AB}=3:4:5$일 때, 삼각형 ABC의 넓이는?

① 24 ② 26 ③ 28
④ 30 ⑤ 32

유형 115 사각형의 넓이 ★★

(1) 이웃하는 두 변의 길이가 a, b이고 그 끼인각의 크기가 θ인 평행사변형의 넓이 S는
$$S=ab\sin\theta$$

(2) 두 대각선의 길이가 a, b이고 두 대각선이 이루는 각의 크기가 θ인 사각형의 넓이 S는
$$S=\frac{1}{2}ab\sin\theta$$

36

그림과 같이 $\overline{AB}=2$, $\overline{BC}=2\sqrt{2}$, $A=\dfrac{2}{3}\pi$인 평행사변형 ABCD의 넓이는?

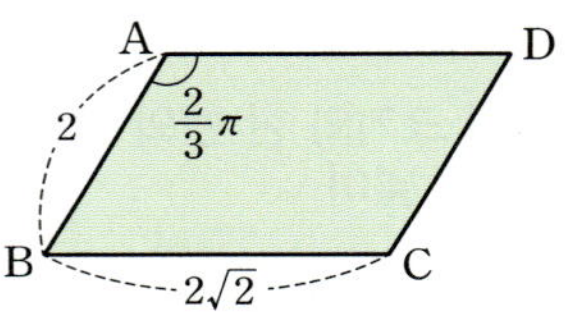

① $2\sqrt{6}$ ② 5 ③ $3\sqrt{3}$
④ $4\sqrt{2}$ ⑤ $\sqrt{35}$

37

그림과 같이 $\overline{AB}=4$, $\overline{AD}=5$인 평행사변형 ABCD의 넓이가 10일 때, B의 크기는? (단, $0°<B<90°$)

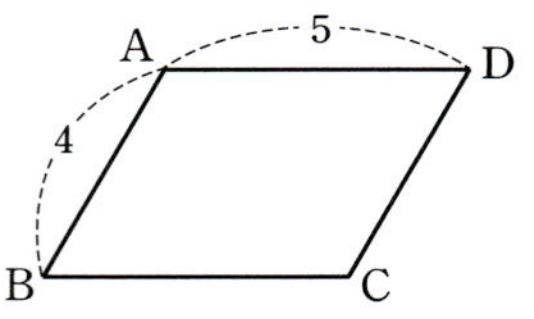

① $15°$ ② $30°$ ③ $45°$
④ $60°$ ⑤ $75°$

38

그림과 같이 사각형 ABCD의 두 대각선의 길이는 $\overline{AC}=3\sqrt{3}$, $\overline{BD}=6$이고 두 대각선이 이루는 각의 크기는 $\dfrac{\pi}{4}$일 때, 사각형 ABCD의 넓이는?

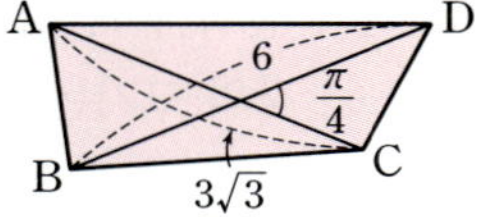

① $3\sqrt{6}$ ② $\dfrac{7\sqrt{6}}{2}$ ③ $4\sqrt{6}$

④ $\dfrac{9\sqrt{6}}{2}$ ⑤ $5\sqrt{6}$

39

그림과 같이 넓이가 10인 사각형 ABCD에서 $\overline{AC}=5$, $\overline{BD}=6$이다. 두 대각선이 이루는 예각의 크기를 θ라 할 때, $\tan\theta$의 값은?

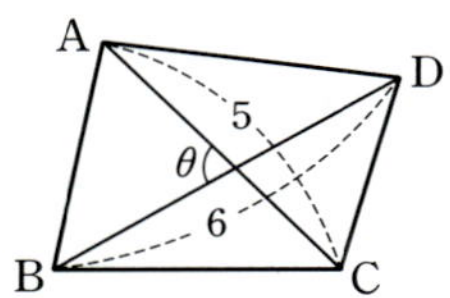

① $\dfrac{\sqrt{5}}{5}$ ② $\dfrac{\sqrt{2}}{4}$ ③ $\dfrac{2\sqrt{5}}{5}$

④ $\dfrac{\sqrt{2}}{2}$ ⑤ $\dfrac{3\sqrt{5}}{5}$

유형 116 삼각형의 넓이를 이용한 사각형의 넓이 ★★

일반적인 사각형의 넓이는 다음과 같은 방법으로 구한다.

(ⅰ) 적당한 보조선을 그어 사각형을 두 개의 삼각형으로 나눈다.

(ⅱ) 나눈 두 삼각형의 넓이를 구한다.

(ⅲ) 두 삼각형의 넓이의 합이 사각형의 넓이이다.

40

그림과 같이 $\overline{AB}=\overline{AD}=3$, $\overline{BC}=5$, $\overline{CD}=1$, $B=\dfrac{\pi}{3}$, $D=\dfrac{2}{3}\pi$인 사각형 ABCD의 넓이는?

① $\dfrac{3\sqrt{3}}{4}$ ② $\dfrac{2\sqrt{5}}{5}$ ③ $\dfrac{15\sqrt{3}}{4}$

④ $\dfrac{9\sqrt{3}}{2}$ ⑤ $\dfrac{3\sqrt{5}}{5}$

41

$\overline{AB}=5$, $\overline{BC}=8$, $\overline{CD}=\overline{DA}=3$이고 $A=\dfrac{2}{3}\pi$, $C=\dfrac{\pi}{3}$인 사각형 ABCD의 넓이는?

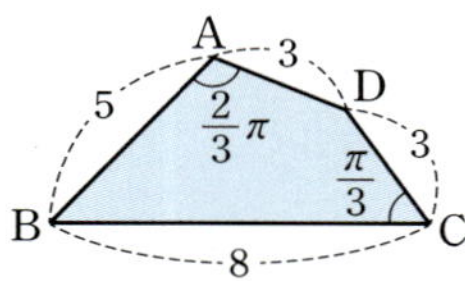

① $\dfrac{31\sqrt{3}}{4}$ ② $\dfrac{33\sqrt{3}}{4}$ ③ $\dfrac{35\sqrt{3}}{4}$

④ $\dfrac{37\sqrt{3}}{4}$ ⑤ $\dfrac{39\sqrt{3}}{4}$

42

그림과 같이 $\overline{AB}=\overline{AD}=3$, $\overline{BC}=4$, $\angle BAD=120°$, $\angle DBC=60°$인 사각형 ABCD의 넓이는 $a+b\sqrt{3}$이다. $a+4b$의 값은?

(단, a, b는 유리수이다.)

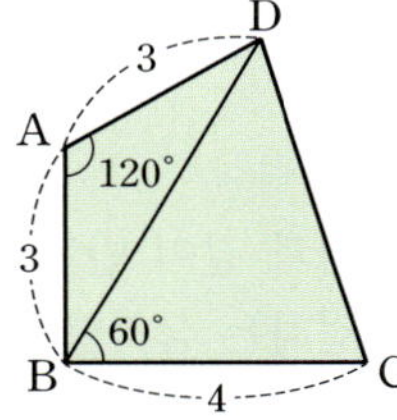

① 16 ② 17

③ 18 ④ 19

⑤ 20

43

그림과 같이 원에 내접하는 사각형 ABCD에 대하여 $\overline{AB}=7$, $\overline{CD}=5$, $\overline{DA}=3$, $B=\dfrac{\pi}{3}$일 때, 사각형 ABCD의 넓이는?

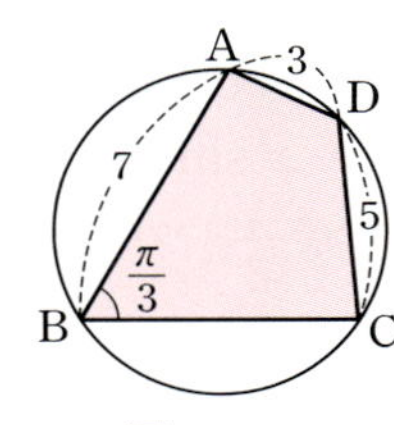

① $15\sqrt{3}$ ② $16\sqrt{3}$ ③ $17\sqrt{3}$

④ $18\sqrt{3}$ ⑤ $19\sqrt{3}$

01 ☆
삼각형 ABC에서 $a=3$, $A=120°$, $B=30°$일 때, $b+c$의 값은?

① $\dfrac{1}{2}$　　② $\dfrac{\sqrt{2}}{2}$　　③ $\dfrac{\sqrt{3}}{2}$

④ $\sqrt{3}$　　⑤ $2\sqrt{3}$

02 ☆☆
$A=15°$, $B=30°$, $\overline{BC}=20$인 삼각형 ABC에 대하여 선분 AB의 길이는? (단, $\sin 15°=0.26$, $\sin 45°=0.71$로 계산하고, 소수 둘째 자리에서 반올림한다.)

① 52.6　　② 53.4　　③ 54.6

④ 56.2　　⑤ 58.6

03 ☆☆
그림과 같이 반지름의 길이가 3인 원에 내접하는 삼각형 ABC에서 $4\cos(B+C)\cos A=-1$이 성립할 때, a의 값은?

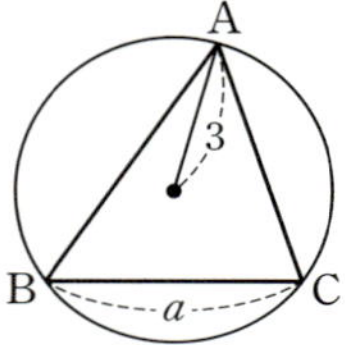

① 1　　② $\sqrt{3}$

③ $2\sqrt{3}$　　④ $3\sqrt{3}$

⑤ $4\sqrt{2}$

04 ☆☆ [첨삭 해설]
x에 대한 이차방정식
$$x^2\sin^2 A+2x\times\sin A\sin B+\sin^2 A+\sin^2 C=0$$
이 중근을 가질 때, 삼각형 ABC는 어떤 삼각형인가?

① $A=90°$인 직각삼각형

② $B=90°$인 직각삼각형

③ $C=90°$인 직각삼각형

④ $a=b$인 이등변삼각형

⑤ $a=b=c$인 정삼각형

05 ☆☆☆ [첨삭 해설]
세 변의 길이가 7, 8, 13인 삼각형 ABC에서 세 내각 중 가장 큰 각의 크기는?

① $60°$　　② $90°$　　③ $120°$

④ $135°$　　⑤ $150°$

06 ☆
그림과 같은 평행사변형 ABCD에서 $\overline{AB}=3$, $\overline{BC}=5$, $\angle ABC=60°$일 때, 선분 BD의 길이는?

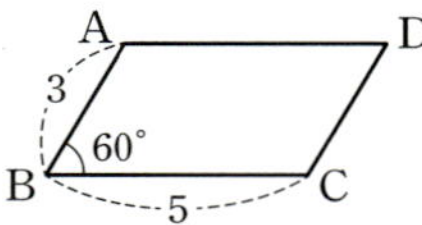

① 7　　② 8　　③ 9

④ 10　　⑤ 11

07 ☆☆ [첨삭 해설]　　[2008년 3월 교육청]
원 모양의 호수의 넓이를 구하기 위해 호수의 가장자리의 세 지점 A, B, C에서 거리와 각을 측정한 결과가 다음과 같았다.

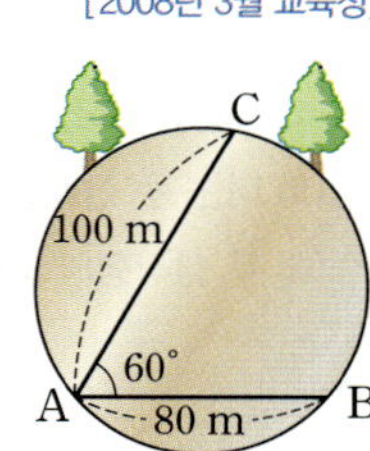

$$\overline{AB}=80\text{ m}, \quad \overline{AC}=100\text{ m},$$
$$\angle CAB=60°$$

이때, 이 호수의 넓이는?

① $2400\pi\text{ m}^2$　　② $2500\pi\text{ m}^2$　　③ $2600\pi\text{ m}^2$

④ $2700\pi\text{ m}^2$　　⑤ $2800\pi\text{ m}^2$

08 ☆☆

그림과 같이 원에 내접하는 사각형 ABCD에서 $\overline{AB}=5$, $\overline{BC}=3$, $\overline{CD}=2$, $\angle ABC=60°$일 때, 선분 AD의 길이는?

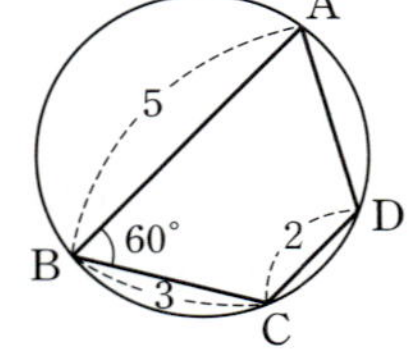

① 1　　　　② 2

③ 3　　　　④ 4

⑤ 5

09 ☆☆☆ [첨삭 해설] [2010년 3월 교육청]

그림과 같이 한 변의 길이가 $2\sqrt{3}$이고 $\angle B=120°$인 마름모 ABCD의 내부에 $\overline{EF}=\overline{EG}=2$이고 $\angle EFG=30°$인 이등변삼각형 EFG가 있다. 점 F는 선분 AB 위에, 점 G는 선분 BC 위에 있도록 삼각형 EFG를 움직일 때, $\angle BGF=\theta$라 하자. [보기]에서 옳은 것만을 있는 대로 고른 것은? (단, $0<\theta<60°$)

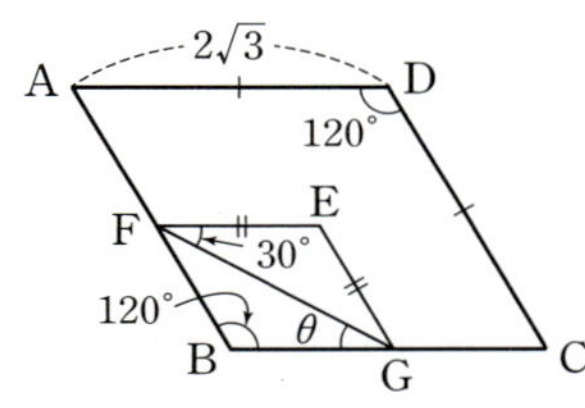

[보기]

ㄱ. $\angle BFE=90°-\theta$

ㄴ. $\overline{BF}=4\sin\theta$

ㄷ. 선분 BE의 길이는 항상 일정하다.

---

① ㄱ　　　　② ㄱ, ㄴ　　　　③ ㄱ, ㄷ

④ ㄴ, ㄷ　　　　⑤ ㄱ, ㄴ, ㄷ

10 |단답형| ☆

$\overline{AB}=8$, $\overline{AC}=3$, $A=60°$인 삼각형 ABC의 두 변 AB, AC 위의 점을 각각 P, Q라 하자. $\overline{AP}=x$, $\overline{AQ}=y$라 할 때, 삼각형 APQ의 넓이는 삼각형 ABC의 넓이의 $\dfrac{1}{4}$이다. xy의 값을 구하시오.

11 |단답형| ☆☆ [첨삭 해설] [2010년 6월 교육청]

그림과 같이 세 정사각형 OABC, ODEF, OGHI와 세 삼각형 OCD, OFG, OIA는 한 점 O에서 만나고, $\angle COD=\angle FOG=\angle IOA=30°$이다. 세 삼각형 넓이의 합이 26이고, 세 정사각형의 둘레의 길이의 합이 72일 때, 세 정사각형 넓이의 합을 구하시오.

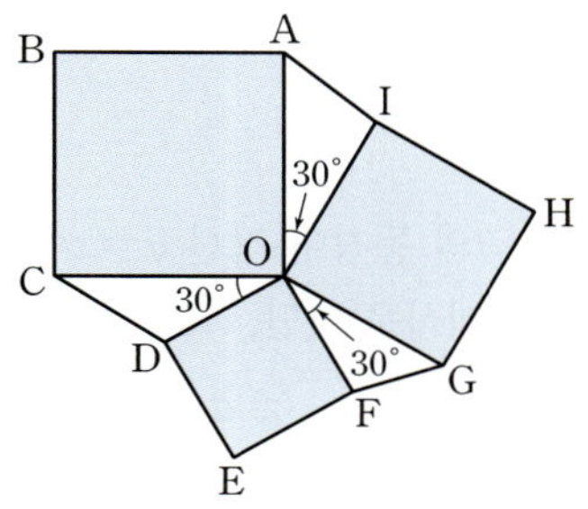

12 ☆

등변사다리꼴의 두 대각선이 이루는 각의 크기가 120°이고 넓이가 $\sqrt{3}$일 때, 대각선의 길이는?

① 1　　　　② 2　　　　③ 3

④ 4　　　　⑤ 5

13 |서술형| ☆☆

삼각형 ABC에서 선분 AB의 길이를 10 % 줄이고, 선분 BC의 길이를 10 % 늘여서 새로운 삼각형 A′BC′을 만들 때, 삼각형 A′BC′

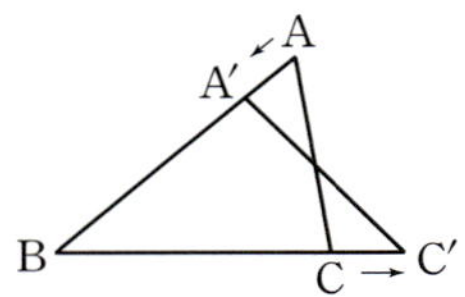

의 넓이는 삼각형 ABC의 넓이의 $\dfrac{q}{p}$배이다. $p+q$의 값을 구하시오. (단, p, q는 서로소인 자연수이다.)

01 ☆

다음 중 두 각의 동경의 위치가 서로 같은 것은?

① $300°$, $-30°$ ② $750°$, $\dfrac{\pi}{6}$ ③ $-320°$, $\dfrac{\pi}{3}$

④ $1190°$, $\dfrac{2}{3}\pi$ ⑤ 3π, 20π

02 ☆☆

각 α의 동경과 각 β의 동경이 직선 $y=x$에 대하여 대칭일 때, α, β 사이의 관계식은? (단, n은 정수)

① $\alpha-\beta=360°n$ ② $\alpha-\beta=360°n+180°$

③ $\alpha+\beta=360°n$ ④ $\alpha+\beta=360°n+90°$

⑤ $\alpha+\beta=360°n+180°$

03 ☆☆

중심이 O이고 반지름의 길이가 4인 원 O 위의 점 A를 중심으로 하고, 반지름의 길이가 4인 원 O'의 공통부분의 넓이는?

① $6\pi-4\sqrt{3}$ ② $8\pi-6\sqrt{3}$ ③ $\dfrac{32}{3}\pi-8\sqrt{3}$

④ $8\pi+6\sqrt{3}$ ⑤ $\dfrac{32}{3}\pi+8\sqrt{3}$

04 ☆☆ 첨삭 해설

[2009년 3월 교육청]

그림과 같이 부채꼴 모양의 종이로 고깔모자를 만들었더니, 밑면의 반지름의 길이가 8 cm이고, 모선의 길이가 20 cm인 원뿔 모양이 되었다. 이 종이의 넓이는?

(단, 종이는 겹치지 않도록 한다.)

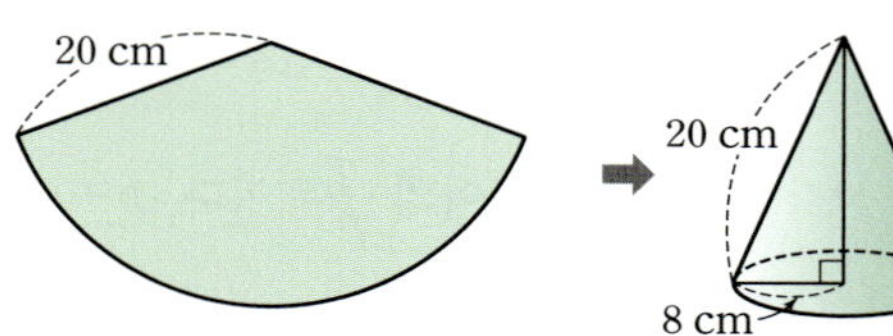

① 160π cm^2 ② 170π cm^2 ③ 180π cm^2

④ 190π cm^2 ⑤ 200π cm^2

05 ☆

다음 중 θ가 제4사분면의 각인 것은?

① $\sin\theta<0$, $\cos\theta>0$ ② $\sin\theta<0$, $\tan\theta>0$

③ $\cos\theta<0$, $\tan\theta>0$ ④ $\sin\theta\cos\theta>0$

⑤ $\sin\theta\tan\theta<0$

06 ☆

$\tan\theta=\dfrac{1}{3}$일 때, $\cos(\pi+\theta)+\sin\left(\dfrac{\pi}{2}-\theta\right)+\tan(-\theta)$의 값은?

① -3 ② $-\dfrac{1}{3}$ ③ 0

④ $\dfrac{1}{3}$ ⑤ 3

07 |단답형| ☆☆ 첨삭 해설

[2013년 3월 교육청]

한 개의 주사위를 던져서 나오는 눈의 수를 원소로 가지는 집합 A에 대하여 집합 X를

$$X=\left\{x\,\middle|\,x=\sin\dfrac{a}{6}\pi,\ a\in A\right\}$$

라 하자. 집합 X의 원소의 개수를 구하시오.

08 ☆☆ 첨삭 해설

[2008년 6월 교육청]

$\theta=15°$일 때, $\log_3\tan\theta+\log_3\tan3\theta+\log_3\tan5\theta$를 간단히 하면?

① -1 ② $-\dfrac{1}{2}$ ③ 0

④ $\dfrac{1}{2}$ ⑤ 1

09 |서술형| ☆☆

이차방정식 $x^2+ax+2a=0$의 두 근이 $\sin\theta$, $\cos\theta$일 때, $\sin^3\theta+\cos^3\theta=\alpha+\beta\sqrt{5}$이다. $\alpha+\beta$의 값을 구하시오.

(단, $a>0$이고, α, β는 유리수이다.)

10 ☆☆

$\sin^2 1°+\sin^2 2°+\sin^2 3°+\cdots+\sin^2 89°+\sin^2 90°$의 값은?

① 44   ② $\dfrac{89}{2}$ ③ 45

④ $\dfrac{91}{2}$ ⑤ 46

11 ☆

모든 실수 x에 대하여 $f(x)=f(x+3)$를 만족시키는 함수 $f(x)$가

$$f(x)=\begin{cases} \sin\pi x & (0\leq x<1) \\ 0 & (1\leq x<2) \\ \sin\pi(x-1) & (2\leq x<3) \end{cases}$$

일 때, $f\left(\dfrac{82}{3}\right)$의 값은?

① 0   ② $\dfrac{1}{2}$ ③ $\dfrac{\sqrt{2}}{2}$

④ $\dfrac{\sqrt{3}}{2}$ ⑤ 1

12 ☆☆

삼각함수 $y=a\cos b\left(x-\dfrac{\pi}{6}\right)+c$의 그래프가 그림과 같을 때, 상수 a, b, c에 대하여 $ab+c$의 값은?

(단, $a>0$, $b>0$)

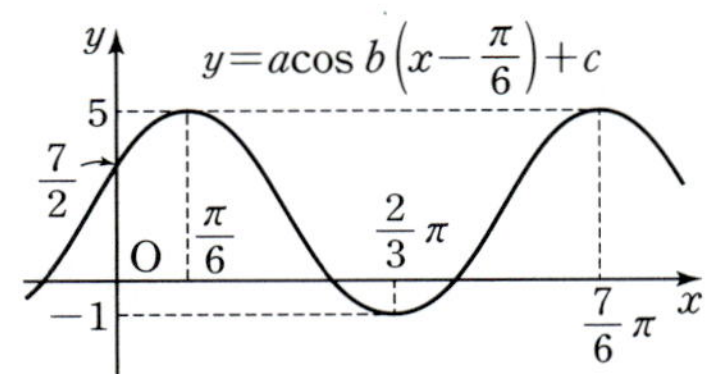

① 4   ② 5   ③ 6

④ 7   ⑤ 8

13 ☆☆ 첨삭 해설

[2009년 3월 교육청]

그림과 같이 함수 $y=\sin 2x\,(0\leq x\leq\pi)$의 그래프가 직선 $y=\dfrac{3}{5}$과 두 점 A, B에서 만나고, 직선 $y=-\dfrac{3}{5}$과 두 점 C, D에서 만난다. 네 점 A, B, C, D의 x좌표를 각각 α, β, γ, δ라 할 때, $\alpha+2\beta+2\gamma+\delta$의 값은?

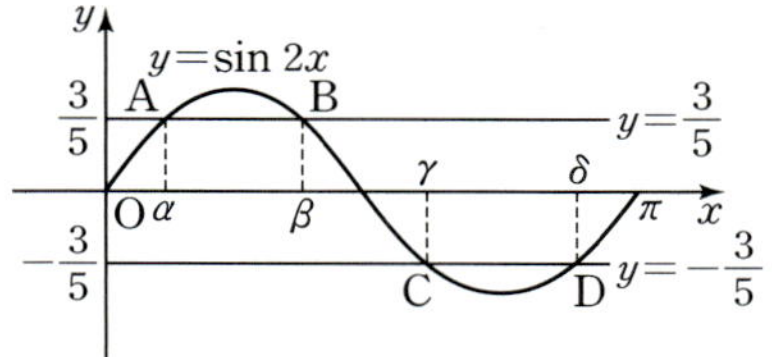

① $\dfrac{9}{4}\pi$ ② $\dfrac{5}{2}\pi$ ③ 3π

④ $\dfrac{7}{2}\pi$ ⑤ 4π

14 ☆☆

$0<x<\pi$에서 두 함수 $y=\sqrt{3}\sin x$, $y=-\tan x$의 그래프는 점 $P(\alpha, \beta)$에서 만난다. $\dfrac{\cos\alpha}{\beta}$의 값은? (단, $0<\alpha<\pi$)

① $-\dfrac{\sqrt{3}}{3}$ ② $-\dfrac{\sqrt{6}}{6}$ ③ $\dfrac{\sqrt{12}}{12}$

④ $\dfrac{\sqrt{6}}{6}$ ⑤ $\dfrac{\sqrt{3}}{3}$

15 ☆

함수 $y=|\sin 2x|$와 $y=|\tan 2x|$의 주기를 각각 p, q라 하고, 함수 $y=|\cos 3x|$의 최댓값과 최솟값을 각각 M, m이라 할 때, $p+q+M+m$의 값은?

① π ② $\pi+1$ ③ $\dfrac{3}{2}\pi$

④ $\dfrac{3}{2}\pi+1$ ⑤ 2π

16 ☆

양수 a, b, c에 대하여 함수 $f(x)=a\sin bx+c$가 다음 조건을 만족시킬 때, $2a+b+c$의 값은?

> (가) 함수 $f(x)$의 최댓값은 6, 최솟값은 0이다.
> (나) 모든 실수 x에 대하여 $f(x+p)=f(x)$를 만족시키는 양수 p의 최솟값은 π이다.

① 11   ② 12   ③ 13
④ 14   ⑤ 15

17 ☆☆☆ 첨삭 해설   [2004년 6월 교육청]

삼각함수 $f(x)=2\cos\left(3x-\dfrac{\pi}{3}\right)+1$에 대하여 [보기]에서 옳은 것만을 있는 대로 고른 것은?

───[보기]───

ㄱ. $-1\le f(x)\le 3$이다.

ㄴ. 임의의 실수 x에 대하여 $f\left(x+\dfrac{\pi}{3}\right)=f(x)$이다.

ㄷ. $y=f(x)$의 그래프는 직선 $x=\dfrac{\pi}{9}$에 대하여 대칭이다.

① ㄱ   ② ㄴ   ③ ㄱ, ㄴ
④ ㄱ, ㄷ   ⑤ ㄱ, ㄴ, ㄷ

18 ☆☆

함수 $y=-2\cos^2 x+4\sin x+3$의 최댓값을 M, 최솟값을 m이라 할 때, $M+m$의 값은?

① 5   ② 6   ③ 7
④ 8   ⑤ 9

19 ☆

방정식 $2\sin\dfrac{x}{2}-\sqrt{3}=0$의 모든 해의 합은?

(단, $0\le x<2\pi$)

① π ② 2π ③ 3π
④ 4π ⑤ 5π

20 ☆☆

이차함수 $y=x^2-2x\sin\theta+\cos^2\theta$의 그래프의 꼭짓점이 직선 $y=-x$ 위에 있을 때, θ의 값은? $\left(\text{단},\ -\dfrac{\pi}{2}<\theta<\dfrac{\pi}{2}\right)$

① $-\dfrac{\pi}{3}$ ② $-\dfrac{\pi}{4}$ ③ $-\dfrac{\pi}{6}$
④ $\dfrac{\pi}{6}$ ⑤ $\dfrac{\pi}{3}$

21 |단답형| ☆☆ 첨삭 해설

방정식 $\sin^2 x-\sin x=1-k$가 실근을 갖도록 하는 상수 k의 최댓값을 M, 최솟값을 m이라 할 때, $4M+m$의 값을 구하시오.

22 ☆☆ 첨삭 해설

이차방정식 $2x^2+3x\sin\theta-2\cos^2\theta+1=0$의 두 근 사이에 1이 있도록 하는 θ의 값의 범위가 $\alpha<\theta<\beta$ 또는 $\beta<\theta<\gamma$일 때, $\alpha+2\beta+\gamma$의 값은? (단, $0<\theta<2\pi$)

① 2π ② 3π ③ 4π
④ 5π ⑤ 6π

23 ☆☆

x에 대한 이차방정식 $x^2+2x+\tan\theta=0$의 실근이 존재하지 않도록 하는 θ의 값의 범위는 $a<\theta<b$ 또는 $c<\theta<d$ 이다. $2a+b+2c+d$의 값은?

(단, $0<\theta<2\pi$이고, $b<d$이다.)

① π ② 2π ③ 3π

④ 4π ⑤ 5π

24 ☆☆

$\overline{AB}=\overline{AC}$인 이등변삼각형 ABC에서 $\angle A=120°$, $\overline{BC}=4$ 일 때, 변 AC 위를 움직이는 점을 P라 하자. $\overline{BP}^2+\overline{CP}^2$ 은 $\overline{CP}=\alpha$일 때, 최솟값 β를 갖는다. $\alpha^2+\beta$의 값은?

① 11   ② 12   ③ 13

④ 14   ⑤ 15

25 |단답형| ☆☆   [2011년 3월 교육청]

그림과 같이 한 원에 내접하는 두 삼각형 ABC, ABD에서 $\overline{AB}=16\sqrt{2}$, $\angle ABD=45°$, $\angle BCA=30°$일 때, 선분 AD의 길이를 구하시오.

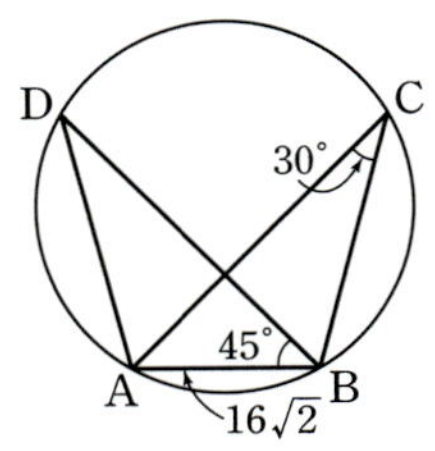

26 |서술형| ☆☆

삼각형 ABC에서 $\sin A+\sin B-\sin C=2\sin B\cos C$ 가 성립할 때, 삼각형 ABC는 어떤 삼각형인지 구하시오.

27 ☆

삼각형 ABC의 세 변의 길이가 $a=7$, $b=8$, $c=5$일 때, 삼각형 ABC의 넓이는?

① $2\sqrt{3}$ ② $4\sqrt{3}$ ③ $6\sqrt{3}$

④ $8\sqrt{3}$ ⑤ $10\sqrt{3}$

28 ☆☆

그림과 같은 삼각형 ABC에서 $\overline{AB}=8$, $\overline{AC}=4$, $A=120°$이고, A 의 이등분선과 변 BC가 만나는 점을 D라 할 때, 선분 AD의 길이는?

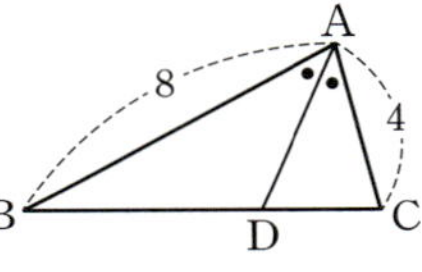

① $\dfrac{7}{3}$ ② $\dfrac{8}{3}$ ③ 3

④ $\dfrac{10}{3}$ ⑤ $\dfrac{11}{3}$

29 |단답형| ☆☆☆ 첨삭 해설   [2005년 6월 교육청]

그림과 같이 넓이가 18인 삼각형 ABC가 있다. 각 변 위의 점 L, M, N은 $\overline{AL}=2\overline{BL}$, $\overline{BM}=\overline{CM}$, $\overline{CN}=2\overline{AN}$을 만족할 때, 삼각형 LMN의 넓이를 구하시오.

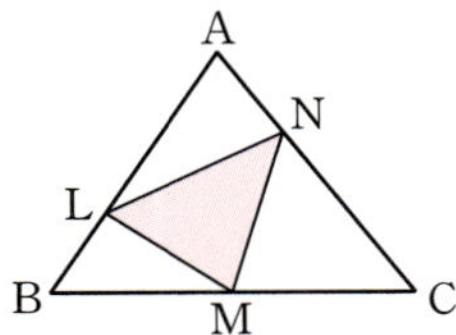

진실한 친구

한 사람의 진실한 친구는
천명의 적이 우리를 불행하게 만드는 그 힘 이상으로
우리를 행복하게 만든다.
우정은 순간을 피게 하는 꽃이며 시간을 익게 하는 과실이다.

친구가 되려는 마음을 갖는 것은 간단하지만
우정을 이루기까지는 많은 시간이 걸린다.
좋은 친구가 생기기를 기다리는 것보다
스스로가 누군가의 친구가 되었을 때 행복하다.

속마음을 나눌 수 있는 친구만이
인생의 역정을 헤쳐 나갈 수 있는 힘을 제공한다.
친구가 없는 것만큼 적적한 것은 없다.
우정은 기쁨을 더해주고 슬픔을 감해주기 때문이다.

친구를 얻는 유일한 방법은 스스로 완전한 친구가 되는 것이다.
참된 우정은 앞뒤가 같다.
앞은 장미로 보이고 뒤는 가시로 보이는 것이 아니다.
참다운 우정은 삶의 마지막까지 변하지 않는다.

−에센바흐−

Ⅲ 수열

Simple P 등차수열

44 수열의 뜻

일정한 규칙에 의해 차례로 나열한 수의 열을 **수열**이라 하고, 수열을 이루고 있는 각각의 수를 그 수열의 **항**이라 한다.

45 등차수열

첫째항부터 차례로 일정한 수를 더하여 얻어지는 수열을 **등차수열**이라 하고, 더하는 일정한 수를 **공차**라 한다.

46 등차중항

세 수 a, b, c가 이 순서대로 등차수열을 이룰 때, b를 a와 c의 **등차중항**이라 한다.

이때, a, b, c 세 수 사이에는 $b = \dfrac{a+c}{2}$의 관계가 성립한다.

47 등차수열의 합

첫째항이 a, 공차가 d, 제n항이 l인 등차수열의 첫째항부터 제n항까지의 합을 S_n이라 하면 $S_n = \dfrac{n\{2a+(n-1)d\}}{2} = \dfrac{n(a+l)}{2}$

48 수열의 합과 일반항 사이의 관계

수열 $\{a_n\}$의 첫째항부터 제n항까지의 합을 S_n이라 하면 $a_1 = S_1$, $a_n = S_n - S_{n-1}$(단, $n \geq 2$)

- **수열의 일반항**

  수열의 제n항 a_n을 수열의 일반항이라 하고 일반항이 a_n인 수열을 간단히 $\{a_n\}$과 같이 나타낸다.

- **등차수열의 일반항**

  첫째항이 a, 공차가 d인 등차수열의 일반항 a_n은 $a_n = a + (n-1)d$

- 세 수 a, b, c가 이 순서대로 등차수열을 이루면 $b - a = c - b$

- **등차수열을 이루는 수의 표현**

  (1) 세 수가 등차수열을 이룰 때 $\Rightarrow a-d,\ a,\ a+d$
  (2) 네 수가 등차수열을 이룰 때 $\Rightarrow a-3d,\ a-d,\ a+d,\ a+3d$

개념 CHECK

정답 및 해설 p. 107

[01~05] 다음 빈칸에 알맞은 것을 써넣으시오.

01 일정한 규칙에 의해 차례로 나열한 수의 열을 [   ]이라 하고, 수열을 이루고 있는 각각의 수를 그 수열의 [   ]이라 한다.

02 첫째항부터 차례로 일정한 수를 더하여 얻어지는 수열을 [   ]이라 하고, 더하는 일정한 수를 [   ]라 한다.

03 첫째항이 a, 공차가 d인 등차수열 $\{a_n\}$의 일반항은 $a_n = [\qquad\qquad]$이다.

04 세 수 a, b, c가 이 순서대로 등차수열을 이룰 때, b를 a와 c의 [   ]이라 한다.

05 첫째항이 a, 제n항이 l인 등차수열의 첫째항부터 제n항까지의 합을 S_n이라 하면 $S_n = [\qquad\qquad]$

[06~10] 옳은 것에 ○표, 옳지 <u>않은</u> 것에 ✕표를 하시오.

06 일반항 a_n이 n에 대한 식이면 수열 $\{a_n\}$의 모든 항을 구할 수 있다. (   )

07 2의 배수인 자연수를 작은 수부터 차례로 나열한 수열의 제5항은 10이다. (   )

08 세 수 a, b, c가 이 순서대로 등차수열을 이루면 $2a = b + c$가 성립한다. (   )

09 수열 $\{a_n\}$이 등차수열이면 $a_{n+1} - a_n$의 값은 일정하다. (   )

10 일반항 a_n이 n에 대한 일차식 $pn + q$ $(p,\ q$는 상수) 인 수열은 등차수열이다. (   )

▶ 연산 연습

44 수열의 뜻

[11~13] 다음 수열 $\{a_n\}$의 제2항과 제4항을 각각 구하시오.

11 $a_n = 2n + 1$

12 $a_n = n^2 - n$

13 $a_n = 2^n + 1$

45 등차수열

[14~15] 다음 등차수열 $\{a_n\}$의 공차를 구하시오.

14 $a_1 = 4,\ a_7 = 22$

15 $a_1 = 12,\ a_{10} = -6$

[16~18] 다음 등차수열의 일반항 a_n을 구하시오.

16 첫째항이 2, 공차가 5

17 $4,\ -4,\ -12,\ -20,\ \cdots$

18 $-11,\ -7,\ -3,\ 1,\ \cdots$

46 등차중항

[19~20] 다음 주어진 수열이 등차수열일 때, a, b의 값을 각각 구하시오.

19 $-1,\ a,\ 15,\ b,\ 31,\ \cdots$

20 $16,\ a,\ 8,\ b,\ 0,\ \cdots$

47 등차수열의 합

[21~24] 다음과 같은 등차수열의 첫째항부터 제10항까지의 합 S_{10}을 구하시오.

21 첫째항이 3, 제10항이 17

22 첫째항이 14, 제10항이 -22

23 $2,\ 6,\ 10,\ 14,\ \cdots$

24 $5,\ 2,\ -1,\ -4,\ \cdots$

48 수열의 합과 일반항 사이의 관계

25 수열 $\{a_n\}$의 첫째항부터 제n항까지의 합이 $S_n = n^2 + 2n$일 때, 일반항 a_n을 구하시오.

유형 **117** 수열의 일반항 ★

수열을 나타낼 때에는 a_1, a_2, a_3, $\cdots$, a_n, $\cdots$ 또는 $\{a_n\}$과 같이 나타내고 각 항을 앞에서부터 차례로 첫째항, 둘째항, 셋째항, $\cdots$ 또는 제1항, 제2항, 제3항, $\cdots$ 이라 한다. 특히, 제n항 a_n을 수열의 일반항이라 한다.

26

다음 수열 $\{a\}$의 제8항은?

$$1,\ 4,\ 9,\ 16,\ 25,\ \cdots$$

① 36 ② 49 ③ 64
④ 81 ⑤ 100

27

다음 수열에서 상수 a, b에 대하여 ab의 값은?

$$\frac{1}{2},\ \frac{2}{3},\ \frac{3}{4},\ a,\ \frac{5}{6},\ \frac{6}{7},\ b,\ \cdots$$

① $\dfrac{3}{5}$ ② $\dfrac{7}{10}$ ③ $\dfrac{4}{5}$
④ $\dfrac{9}{10}$ ⑤ $\dfrac{10}{11}$

28

수열 $\{a_n\}$의 일반항이 $a_n = n^2 + 3n$일 때, $a_2 + a_5$의 값은?

① 35 ② 40 ③ 45
④ 50 ⑤ 55

29

다음 수열 $\{a_n\}$의 일반항 a_n은?

$$11,\ 101,\ 1001,\ 10001,\ \cdots$$

① $10^{n-1} + 1$ ② $10^n + 1$ ③ $10^{n+1} + 1$
④ $9^{n-1} + 2$ ⑤ $9^n + 2$

유형 **118** 등차수열의 일반항 ★

(1) 첫째항이 a, 공차가 d인 등차수열의 일반항 a_n은
$$a_n = a + (n-1)d \ (단,\ n = 1,\ 2,\ 3,\ \cdots)$$
(2) 등차수열의 일반항은 $a_n = An + B\,(A,\ B$는 상수)의 꼴로 n에 대한 일차식이고, 첫째항은 $A + B$이고 공차는 A이다.

30

다음 등차수열 $\{a_n\}$의 첫째항과 공차의 곱은?

$$-7,\ -4,\ -1,\ 2,\ 5,\ \cdots$$

① -21 ② -18 ③ -14
④ 14 ⑤ 21

31

다음 [보기]의 수열 중에서 등차수열인 것만을 있는 대로 고른 것은?

[보기]
ㄱ. $\{2n^2\}$ ㄴ. $\{7 - 2n\}$
ㄷ. $\{3^{n-1}\}$ ㄹ. $\{3n + 1\}$

① ㄱ, ㄴ ② ㄱ, ㄷ ③ ㄴ, ㄷ
④ ㄴ, ㄹ ⑤ ㄷ, ㄹ

32

수열 2, 7, 12, 17, 22, $\cdots$의 일반항 a_n을 $a_n = An + B$라 할 때, $A + B$의 값은? (단, A, B는 상수이다.)

① -1 ② 1 ③ 2
④ 3 ⑤ 4

33

다음 등차수열 $\{a_n\}$의 일반항 a_n은?

$$1,\ -\frac{1}{2},\ -2,\ -\frac{7}{2},\ -5,\ \cdots$$

① $a_n = \dfrac{3}{2}n - \dfrac{5}{2}$ ② $a_n = -\dfrac{3}{2}n - \dfrac{3}{2}$
③ $a_n = -n + \dfrac{5}{2}$ ④ $a_n = -\dfrac{5}{2}n + \dfrac{3}{2}$
⑤ $a_n = -\dfrac{3}{2}n + \dfrac{5}{2}$

유형 **119** 등차수열의 항 구하기

공식을 이용하여 등차수열의 일반항을 구한 후 조건에 맞는 항을 구한다.

34

등차수열 $\{a_n\}$이 다음과 같을 때, a_{10}의 값은?

> $$20,\ 13,\ 6,\ -1,\ \cdots$$

① -43 ② -39 ③ -35
④ -31 ⑤ -27

35

등차수열 $\{a_n\}$의 첫째항이 -4, 공차가 3일 때, 35는 제 몇 항인가?

① 제 12 항   ② 제 13 항   ③ 제 14 항
④ 제 15 항   ⑤ 제 16 항

36

수열 $13,\ x,\ 5,\ y,\ -3,\ \cdots$의 일반항 a_n에 대하여 $a_{n+1}-a_n=-4$일 때, $x+y$의 값은?

① 4   ② 6   ③ 8
④ 10   ⑤ 12

37

첫째항이 -57, 공차가 5인 등차수열 $\{a_n\}$에서 처음으로 양수가 나오는 항은 제 몇 항인가?

① 제 12 항   ② 제 13 항   ③ 제 14 항
④ 제 15 항   ⑤ 제 16 항

유형 **120** 조건이 주어진 등차수열의 일반항 ★★

등차수열의 특정한 항이나 그의 합 또는 차가 일정한 값으로 주어진 경우, 첫째항 a, 공차 d만 알면 일반항을 구할 수 있다. 따라서 두 개의 조건을 이용하여 a와 d에 대한 식으로 나타낸 후 연립하여 푼다.

38

첫째항이 -2, $a_{12}=-35$인 등차수열 $\{a_n\}$의 공차는?

① -3 ② -2 ③ 1
④ 2   ⑤ 3

39

제 4 항이 10이고 제 7 항이 19인 등차수열 $\{a_n\}$의 제 15 항은?

① 39   ② 40   ③ 41
④ 42   ⑤ 43

40

등차수열 $\{a_n\}$에서 $a_2=4$, $a_5=25$일 때, a_7의 값은?

① 36   ② 37   ③ 38
④ 39   ⑤ 40

41

등차수열 $\{a_n\}$의 공차가 3이고 $a_7=12$일 때, $a_k=42$를 만족시키는 k의 값은?

① 16   ② 17   ③ 18
④ 19   ⑤ 20

42

등차수열 $\{a_n\}$에 대하여 $a_5=1$, $a_3+a_9=-4$일 때, -53은 제 몇 항인가?

① 제 22 항 ② 제 23 항 ③ 제 24 항
④ 제 25 항 ⑤ 제 26 항

43

공차가 4인 등차수열 $\{a_n\}$에서 $a_5 : a_{11}=1 : 3$일 때, a_{25}의 값은?

① 90 ② 92 ③ 94
④ 96 ⑤ 98

44

등차수열 $\{a_n\}$에 대하여 $a_3+a_7=24$, $a_{14}+a_{18}=68$일 때, a_{11}의 값은?

① 23 ② 24 ③ 25
④ 26 ⑤ 27

45

등차수열 $\{a_n\}$의 제 16 항이 47이고, 제 28 항이 11이다. 등차수열 $\{a_n\}$의 처음으로 음이 되는 항은 제 몇 항인가?

① 제 32 항 ② 제 33 항 ③ 제 34 항
④ 제 35 항 ⑤ 제 36 항

유형 121 등차중항 ★★

세 수 a, b, c가 이 순서대로 등차수열을 이룰 때, b를 a와 c의 등차중항이라 하고 a, b, c 사이에 다음이 성립한다.

$$b=\frac{a+c}{2}$$

46

다음 수열이 이 순서대로 등차수열을 이룰 때, $y-x$의 값은?

$$-1,\ x,\ 5,\ y,\ 11$$

① 6 ② 7 ③ 8
④ 9 ⑤ 10

47

등차수열 $\{a_n\}$에 대하여 $a_1+a_2+a_3=21$일 때, a_2의 값은?

① 4 ② 5 ③ 6
④ 7 ⑤ 8

48

세 수 7, a, 13이 이 순서로 등차수열을 이루고, a, 6, b도 이 순서대로 등차수열을 이룰 때, $a-b$의 값은?

① 8 ② 7 ③ 6
④ 5 ⑤ 4

49

수열 4, a, b, c, 64가 이 순서로 등차수열을 이룰 때, $a+b+c$의 값은?

① 100 ② 102 ③ 104
④ 106 ⑤ 108

유형 122 등차수열을 이루는 수 ★

(1) 세 수가 등차수열을 이루면 세 수를 $a-d$, a, $a+d$로 놓고 식을 세운다.

(2) 네 수가 등차수열을 이루면 네 수를 $a-3d$, $a-d$, $a+d$, $a+3d$로 놓고 식을 세운다.

50

등차수열을 이루는 세 수의 합이 21, 곱이 315일 때, 세 수의 제곱의 합은?

① 150 ② 155 ③ 160

④ 165 ⑤ 170

51

등차수열을 이루는 세 수의 합이 3이고, 그 제곱의 합이 11일 때, 이 세 수의 세제곱의 합은?

① 23 ② 25 ③ 27

④ 29 ⑤ 31

52

등차수열을 이루는 네 수의 합이 20이고 가운데 두 수의 곱이 처음 수와 마지막 수의 곱보다 32가 클 때, 이들 네 수의 곱은?

① -235 ② -231 ③ -227

④ -223 ⑤ -219

53

삼차방정식 $x^3+3x^2-kx-6=0$의 세 근이 등차수열을 이룰 때, 상수 k의 값은?

① -8 ② -4 ③ 0

④ 4 ⑤ 8

유형 123 조건이 주어진 등차수열의 합 ★★

첫째항이 a, 제n항이 l, 공차가 d인 등차수열의 첫째항부터 제n항까지의 합을 S_n이라 할 때

(1) 첫째항과 제n항이 주어지면

$$S_n=\frac{n(a+l)}{2}$$

(2) 첫째항과 공차가 주어지면

$$S_n=\frac{n\{2a+(n-1)d\}}{2}$$

54

첫째항이 -7이고 제10항이 29인 등차수열에서 첫째항부터 제10항까지의 합은?

① 105 ② 110 ③ 115

④ 120 ⑤ 125

55

첫째항이 -5, 공차가 3인 등차수열에서 첫째항부터 제20항까지의 합은?

① 450 ② 455 ③ 460

④ 465 ⑤ 470

56

$a_2=6$, $a_{10}=22$인 등차수열에서 첫째항부터 제15항까지의 합은?

① 260 ② 265 ③ 270

④ 275 ⑤ 280

57

등차수열 $\{a_n\}$에서 $a_5=36$, $a_{13}=84$이고 $a_1+a_2+a_3+\cdots+a_k=324$일 때, k의 값은?

① 8 ② 9 ③ 10

④ 11 ⑤ 12

58

-8과 38 사이에 18개의 수를 넣어 만든 등차수열의 첫째 항부터 제20항까지의 합은?

① 296 ② 300 ③ 304
④ 308 ⑤ 312

59

-10과 5 사이에 n개의 수를 넣은 수열 -10, a_1, a_2, $\cdots$, a_n, 5가 등차수열을 이루고, 그 합이 -60일 때, n의 값은?

① 18 ② 19 ③ 20
④ 21 ⑤ 22

60

등차수열 $\{a_n\}$에서 첫째항부터 제10항까지의 합은 100이고, 제20항까지의 합은 500이다. 첫째항부터 제30항까지의 합은?

① 1000 ② 1100 ③ 1200
④ 1300 ⑤ 1400

61

등차수열 $\{a_n\}$에서 첫째항부터 제10항까지의 합이 155, 제11항부터 제20항까지의 합이 455이다. 제21항부터 제30항까지의 합은?

① 745 ② 750 ③ 755
④ 760 ⑤ 765

유형 124 나머지가 같은 자연수의 합

⑴ 자연수 d로 나누었을 때의 나머지가 a인 자연수를 작은 것부터 차례대로 나열한 수열은 첫째항이 a, 공차가 d인 등차수열이다.

⑵ 자연수 d의 양의 배수를 작은 것부터 차례대로 나열한 수열은 첫째항과 공차가 모두 d인 등차수열이다.

62

50 이하의 자연수 중에서 2로 나누었을 때의 나머지가 1인 수의 총합은?

① 585 ② 605 ③ 625
④ 645 ⑤ 665

63

100 이하의 자연수 중에서 3으로 나누어 떨어지는 수의 총합은?

① 1677 ② 1683 ③ 1689
④ 1695 ⑤ 1701

64

두 자리의 자연수 중에서 4의 배수의 총합은?

① 1156 ② 1164 ③ 1172
④ 1180 ⑤ 1188

유형 125 **등차수열의 합의 최대, 최소** ★

첫째항이 a이고 공차가 d인 등차수열에서

(1) 등차수열의 합의 최댓값

　$a>0$, $d<0$인 경우 양수가 나오는 항까지의 합

(2) 등차수열의 합의 최솟값

　$a<0$, $d>0$인 경우 음수가 나오는 항까지의 합

65

등차수열 23, 19, 15, 11, …에서 첫째항부터 제n항까지의 합 S_n이 음수가 되는 n의 최솟값은?

① 10　　　② 11　　　③ 12
④ 13　　　⑤ 14

66

등차수열 $\{a_n\}$에서 $a_4=-26$, $a_5=-23$일 때, 첫째항부터 제n항까지의 합을 S_n이라 하자. S_n의 값이 최소일 때, n의 값은?

① 11　　　② 12　　　③ 13
④ 14　　　⑤ 15

67

제4항이 12, 제9항이 -38인 등차수열 $\{a_n\}$에서 첫째항부터 제n항까지의 합을 S_n이라 할 때, S_n의 최댓값은?

① 102　　　② 106　　　③ 110
④ 114　　　⑤ 118

68

첫째항이 80, 공차가 정수인 등차수열 $\{a_n\}$에서 첫째항부터 제14항까지의 합이 최대가 될 때, 이 수열의 공차 d는?

① -8　　　② -6　　　③ -4
④ -3　　　⑤ -2

유형 126 **등차수열의 합과 일반항 사이의 관계** ★★

(1) 수열 $\{a_n\}$에서 첫째항부터 제n항까지의 합을 S_n이라 하면

　$a_1=S_1$, $a_n=S_n-S_{n-1}\,(n\geq2)$

(2) $S_n=An^2+Bn+C$ (A, B, C는 실수) 꼴

　$C=0$이면 첫째항부터 등차수열이고

　$C\neq0$이면 둘째항부터 등차수열이다.

69

첫째항부터 제n항까지의 합이 $S_n=n^2+3n$인 수열 $\{a_n\}$은 공차가 d인 등차수열이다. 공차 d의 값은?

① 2　　　② 3　　　③ 4
④ 5　　　⑤ 6

70

수열 $\{a_n\}$의 첫째항부터 제n항까지의 합이 $S_n=-2n^2+n$일 때, a_{10}의 값은?

① -34　　　② -35　　　③ -36
④ -37　　　⑤ -38

71

첫째항이 3인 등차수열 $\{a_n\}$에 대하여 첫째항부터 제n항까지의 합이 $S_n=n^2+pn$이다. a_{10}의 값은?

（단, p는 상수이다.）

① 18　　　② 19　　　③ 20
④ 21　　　⑤ 22

72

수열 $\{a_n\}$의 첫째항부터 제n항까지의 합이 $S_n=n^2+4n-5$일 때, $a_k=185$를 만족시키는 k의 값은?

① 90　　　② 91　　　③ 92
④ 93　　　⑤ 94

49 등비수열

첫째항부터 차례로 일정한 수를 곱하여 얻어지는 수열을 **등비수열**이라 하고, 곱하는 일정한 수를 **공비**라 한다.

50 등비중항

0이 아닌 세 수 a, b, c가 이 순서대로 등비수열을 이룰 때, b를 a와 c의 **등비중항**이라 한다. 이때, a, b, c 세 수 사이에는 $b^2 = ac$의 관계가 성립한다.

51 등비수열의 합

첫째항이 a, 공비가 r인 등비수열의 첫째항부터 제n항까지의 합을 S_n이라 하면

(1) $r \neq 1$일 때, $S_n = \dfrac{a(1-r^n)}{1-r} = \dfrac{a(r^n-1)}{r-1}$

(2) $r = 1$일 때, $S_n = na$

52 원리합계

매년 초에 a원씩 1년마다 연이율 r의 복리로 n회 적립하였을 때, 적립금의 n년 말의 원리합계를 S_n이라 하면
$$S_n = a(1+r)^n + a(1+r)^{n-1} + \cdots + a(1+r)^2 + a(1+r)$$
$$= \dfrac{a(1+r)\{(1+r)^n-1\}}{r}$$

- **등비수열의 일반항**

  첫째항이 a, 공비가 $r(r \neq 0)$인 등비수열의 일반항 a_n은
  $$a_n = ar^{n-1}$$

- 0이 아닌 세 수 a, b, c가 이 순서대로 등비수열을 이루면
  $$\dfrac{b}{a} = \dfrac{c}{b}$$

- **등비수열을 이루는 수의 표현**

  (1) 세 수가 등비수열을 이룰 때
  $$a,\ ar,\ ar^2$$
  (2) 네 수가 등비수열을 이룰 때
  $$a,\ ar,\ ar^2,\ ar^3$$

- a원을 연이율 r로 n년 동안 예금할 때의 원리합계 S는
  (1) 단리법 : $S = a(1+nr)$
  (2) 복리법 : $S = a(1+r)^n$

개념 CHECK

정답 및 해설 p. 113

[01~05] 다음 빈칸에 알맞은 것을 써넣으시오.

01 첫째항부터 차례로 일정한 수를 곱하여 얻어지는 수열을 [   ]이라 하고, 곱하는 일정한 수를 [   ]라 한다.

02 1, 2, 4, 8, 16, …은 첫째항이 [   ]이고 공비가 [   ]인 등비수열이다.

03 첫째항이 a, 공비가 $r(r \neq 0)$인 등비수열 $\{a_n\}$의 일반항은 $a_n = [\qquad]$

04 세 수 a, b, c가 이 순서대로 등비수열을 이룰 때, b를 a와 c의 [   ]이라 한다.

05 첫째항이 a, 공비가 $r(r \neq 1)$인 등비수열의 첫째항부터 제n항까지의 합을 S_n이라 하면 $S_n = [\qquad] = [\qquad]$

[06~10] 옳은 것에 ○표, 옳지 **않은** 것에 ×표를 하시오.

06 공비가 0인 등비수열이 있다. (   )

07 첫째항이 2이고 공비가 3인 등비수열의 제3항은 54이다. (   )

08 b가 a와 c의 등비중항일 때, $b = \sqrt{ac}$이다. (   )

09 0이 없는 수열 $\{a_n\}$이 등비수열이면 $\dfrac{a_{n+1}}{a_n}$의 값은 일정하다. (   )

10 등비수열 $\{a_n\}$의 첫째항부터 제n항까지의 합을 S_n이라 하면 $a_1 = S_1$, $a_n = S_n - S_{n-1}(n \geq 2)$가 성립한다. (   )

> 연산 연습

49 등비수열

[11~12] 다음 수열이 등비수열일 때, 그 공비를 구하시오.

11 $1, -2, 4, -8, 16, \cdots$

12 $96, 48, 24, 12, \cdots$

[13~16] 다음 등비수열의 일반항 a_n을 구하시오.

13 첫째항이 2, 공비가 $\dfrac{1}{2}$

14 첫째항이 -3, 공비가 -3

15 $3, \dfrac{3}{2}, \dfrac{3}{2^2}, \dfrac{3}{2^3}, \cdots$

16 $\sqrt{3}, -1, \dfrac{1}{\sqrt{3}}, -\dfrac{1}{3}, \cdots$

50 등비중항

[17~18] 다음 세 수가 이 순서대로 등비수열을 이룰 때, x의 값을 구하시오.

17 $3, x, 75$

18 $2, x, 18$

51 등비수열의 합

[19~22] 다음 등비수열의 첫째항부터 제5항까지의 합을 구하시오.

19 첫째항이 3, 공비가 4인 수열

20 첫째항이 -3, 공비가 1인 수열

21 $4, -2, 1, -\dfrac{1}{2}, \cdots$

22 $9, 9, 9, 9, \cdots$

[23~25] 등비수열 $2 \times \dfrac{1}{3^2}, 2 \times \dfrac{1}{3}, 2 \times 1, \cdots, 2 \times 3^7$에 대하여 다음을 구하시오.

23 일반항 a_n

24 $a_k = 2 \times 3^7$을 만족시키는 k의 값

25 등비수열 $2 \times \dfrac{1}{3^2}, 2 \times \dfrac{1}{3}, 2 \times 1, \cdots, 2 \times 3^7$의 합

52 원리합계

26 원금 100만 원을 연이율 5 %의 복리로 10년 동안 예금할 때의 원리합계를 구하시오.

27 매년 초에 a원씩 1년마다 연이율 2 %의 복리로 10회 적립하였을 때, 적립금의 10년 말의 원리합계를 구하시오.

유형 127 등비수열의 일반항 ★

첫째항이 a, 공비가 r인 등비수열의 일반항 a_n은
$$a_n = ar^{n-1} \ (단, \ n=1, 2, 3, \cdots)$$

28

다음 등비수열의 첫째항과 공비의 합은?

$$4, \ 12, \ 36, \ 108, \ \cdots$$

① 4 ② 5 ③ 6
④ 7 ⑤ 8

29

다음 [보기]의 수열 중에서 등비수열인 것의 개수는?

―――[보기]―――

ㄱ. $\dfrac{1}{2}, \ \dfrac{1}{2}, \ \dfrac{1}{2}, \ \dfrac{1}{2}, \ \cdots$

ㄴ. $3, \ 9, \ -27, \ -81, \ \cdots$

ㄷ. $2, \ 0, \ 0, \ 0, \ \cdots$

ㄹ. $\dfrac{1}{2}, \ -\dfrac{1}{4}, \ \dfrac{1}{8}, \ -\dfrac{1}{16}, \ \cdots$

ㅁ. $1, \ \sqrt{3}, \ 3, \ 3\sqrt{3}, \ \cdots$

① 1 ② 2 ③ 3
④ 4 ⑤ 5

30

등비수열 $9, \ 3, \ 1, \ \dfrac{1}{3}, \ \cdots$ 의 일반항 a_n을 구하시오.

31

첫째항이 $-\dfrac{3}{2}$, 둘째항이 -2인 등비수열 $\{a_n\}$의 일반항은?

① $a_n = \left(-\dfrac{3}{2}\right) \times \left(\dfrac{3}{4}\right)^{n-1}$ ② $a_n = \left(-\dfrac{3}{2}\right) \times \left(\dfrac{4}{3}\right)^{n-1}$

③ $a_n = \left(-\dfrac{3}{2}\right) \times \left(-\dfrac{4}{3}\right)^{n-1}$ ④ $a_n = \left(-\dfrac{3}{2}\right) \times \left(-\dfrac{3}{4}\right)^{n-1}$

⑤ $a_n = \left(-\dfrac{3}{2}\right) \times \left(\dfrac{1}{3}\right)^{n-1}$

유형 128 등비수열의 항 구하기

공식을 이용하여 등비수열의 일반항을 구한 후 조건에 맞는 항을 구한다.

32

첫째항이 2, 공비가 $-\dfrac{1}{\sqrt{2}}$인 등비수열 $\{a_n\}$에서 a_9의 값은?

① $\dfrac{1}{16}$ ② $\dfrac{1}{8\sqrt{2}}$ ③ $\dfrac{1}{8}$
④ $\dfrac{1}{4\sqrt{2}}$ ⑤ $\dfrac{1}{4}$

33

공비가 $\dfrac{1}{3}$, 제 4 항이 4인 등비수열 $\{a_n\}$의 첫째항은?

① 52 ② 96 ③ 108
④ 216 ⑤ 324

34

등비수열 $\{a_n\}$의 첫째항이 16, 공비가 2일 때, 1024는 제 몇 항인가?

① 제 7 항 ② 제 8 항 ③ 제 9 항
④ 제 10 항 ⑤ 제 11 항

35

첫째항이 $\dfrac{1}{81}$, 공비가 3인 등비수열에서 처음으로 100보다 커지는 항은 제 몇 항인가?

① 제 9 항 ② 제 10 항 ③ 제 11 항
④ 제 12 항 ⑤ 제 13 항

유형 129 조건이 주어진 등비수열의 일반항 ★★

등비수열의 특정한 항이나 항 사이의 비가 일정한 조건으로 주어진 경우, 첫째항 a, 공비 r만 알면 일반항을 구할 수 있다. 따라서 두 개의 조건을 이용하여 a와 r에 대한 식으로 나타낸 후 연립하여 푼다.

36

각 항이 실수이고, 제3항이 24, 제6항이 -192인 등비수열 $\{a_n\}$의 제5항은?

① -96 ② -72 ③ 48

④ 72 ⑤ 96

37

등비수열 $\{a_n\}$에 대하여 $\dfrac{a_9}{a_6}=4$가 성립할 때,

$\log_2 a_{25} - \log_2 a_{16}$의 값은?

① 6 ② 12 ③ 18

④ 24 ⑤ 30

38

각 항이 실수인 등비수열 $\{a_n\}$에서 제2항이 10이고 제5항이 80일 때, $a_k = 640$을 만족시키는 k의 값은?

① 7 ② 8 ③ 9

④ 10 ⑤ 11

39

등비수열 $\{a_n\}$에 대하여 $a_3 + a_4 = 27$, $a_5 : a_6 = 2 : 1$일 때, $a_1 + a_2$의 값은?

① 96 ② 100 ③ 104

④ 108 ⑤ 112

유형 130 등비중항 ★★

세 수 a, b, c가 이 순서대로 등비수열을 이룰 때 b를 a와 c의 등비중항이라 하고 a, b, c 사이에 $b^2 = ac$가 성립한다.

40

세 수 a, $\sqrt{5}$, b가 이 순서대로 등비수열을 이룰 때, ab의 값은?

① $2\sqrt{5}$ ② $3\sqrt{5}$ ③ 5

④ $2\sqrt{10}$ ⑤ 10

41

세 양수 x, $x+6$, $4x$가 이 순서대로 등비수열을 이룰 때, x의 값은?

① 4 ② 5 ③ 6

④ 7 ⑤ 8

유형 131 등비수열을 이루는 수 ★

세 수가 등비수열을 이루면 세 수를 a, ar, ar^2으로 놓고 식을 세운다.

42

등비수열을 이루는 세 실수가 있다. 세 수의 합이 7이고 곱이 -27일 때, 세 수 중 가장 작은 수는?

① -9 ② -3 ③ -1

④ 1 ⑤ 3

43

삼차방정식 $x^3 - 3x^2 - 6x + k = 0$의 세 근이 등비수열을 이룰 때, 상수 k의 값은?

① 6 ② 7 ③ 8

④ 9 ⑤ 10

19 DAY

유형 132 조건이 주어진 등비수열의 합 ★★

첫째항이 a, 공비가 r인 등비수열의 첫째항부터 제n항까지의 합을 S_n이라 할 때

(1) $r \neq 1$이면 $S_n = \dfrac{a(r^n-1)}{r-1} = \dfrac{a(1-r^n)}{1-r}$

(2) $r = 1$이면 $S_n = na$

44

첫째항이 2, 공비가 $\dfrac{1}{3}$인 등비수열 $\{a_n\}$의 첫째항부터 제10항까지의 합은?

① $\dfrac{3}{4} - \left(\dfrac{1}{3}\right)^9$　　② $\dfrac{3}{2} - \left(\dfrac{1}{3}\right)^{10}$　　③ $\dfrac{3}{2} - \left(\dfrac{1}{3}\right)^9$

④ $3 - \left(\dfrac{1}{3}\right)^9$　　⑤ $3 - \left(\dfrac{1}{3}\right)^{10}$

45

공비가 실수인 등비수열 $\{a_n\}$에서 $a_2 = 6$, $a_5 = 48$일 때, 이 수열의 첫째항부터 제6항까지의 합은?

① 189　　② 192　　③ 195

④ 198　　⑤ 201

46

첫째항이 1, 공비가 2, 끝항이 512인 등비수열 $\{a_n\}$의 첫째항부터 끝항까지의 합은?

① 823　　② 824　　③ 1023

④ 1024　　⑤ 1223

47

$3 + 3 \times (-2) + 3 \times (-2)^2 + 3 \times (-2)^3 + \cdots + 3 \times (-2)^8$의 값은?

① 510　　② 511　　③ 512

④ 513　　⑤ 514

48

다음 조건을 만족시키는 수열 $\{a_n\}$에서 첫째항부터 제9항까지의 합을 S라 할 때, $3S$의 값을 구하시오.

> (가) 수열 $\{a_n\}$은 등비수열이고, 공비가 실수이다.
> (나) $a_1 + a_4 = 3$, $a_4 + a_7 = 24$

49

첫째항부터 제6항까지의 합이 2, 첫째항부터 제12항까지의 합이 8인 등비수열에서 첫째항부터 제18항까지의 합은?

① 25　　② 26　　③ 27

④ 28　　⑤ 29

50

등비수열 $\{a_n\}$에 대하여 $a_1 + a_2 + \cdots + a_{10} = 6$이고 $a_{11} + a_{12} + \cdots + a_{20} = 30$일 때, $a_{21} + a_{22} + \cdots + a_{40}$의 값은?

① 600　　② 750　　③ 900

④ 1050　　⑤ 1200

51

각 항이 실수이고, 제3항이 4, 제6항이 -32인 등비수열 $\{a_n\}$에 대하여 수열 $\{a_{2n}\}$의 첫째항부터 제9항까지의 합은?

① $-\dfrac{2}{3} \times \{1 - (-2)^9\}$　　② $\dfrac{2}{3} \times \{1 - (-2)^9\}$

③ $-\dfrac{2}{3} \times (4^9 - 1)$　　④ $\dfrac{2}{3} \times (4^9 - 1)$

⑤ $-\dfrac{1}{3} \times (1 - 2^{10})$

유형 133 등비수열의 합과 일반항 사이의 관계 ★★

수열 $\{a_n\}$에서 첫째항부터 제n항까지의 합을 S_n이라 하면
$a_1=S_1,\ a_n=S_n-S_{n-1}\,(n\geq2)$

52

수열 $\{a_n\}$의 첫째항부터 제n항까지의 합이 $S_n=5^n-3$일 때, a_{10}의 값은?

① 5^9 ② 2×5^9 ③ 3×5^9
④ 4×5^9 ⑤ 5^{10}

53

수열 $\{a_n\}$의 첫째항부터 제n항까지의 합이 $S_n=3^{n+1}-2$일 때, a_1+a_5의 값은?

① 492   ② 493   ③ 504
④ 511   ⑤ 512

54

첫째항부터 제n항까지의 합이 $S_n=3\times2^n-3$인 수열의 일반항 a_n은?

① $a_n=2^{n+1}$ ② $a_n=3\times2^n$ ③ $a_n=2^{n+2}$
④ $a_n=3\times2^{n-1}$ ⑤ $a_n=2^n-3$

55

수열 $\{a_n\}$의 첫째항부터 제n항까지의 합이 $S_n=2^{n-1}+k$이다. 이 수열이 첫째항부터 등비수열이 되기 위한 상수 k의 값은?

① -1 ② $-\dfrac{1}{2}$ ③ 0
④ $\dfrac{1}{2}$ ⑤ 1

유형 134 등비수열의 활용 ★

(1) 일정한 비율에 따른 변화량

처음의 양을 a, 매시간(또는 매년) 증가율을 r라 하면
n시간(또는 n년) 후의 양은 $a(1+r)^n$

(2) 적립금의 원리합계

매년 초에 a원씩 1년마다 연이율 r의 복리로 n회 적립하였을 때, 적립금의 n년 말의 원리합계를 S_n이라 하면

$$S_n=\frac{a(1+r)\{(1+r)^n-1\}}{r}$$

56

현재 20톤의 물이 들어 있는 물탱크가 있다. 이 물탱크의 물을 사용하여 매달 남는 양이 전 달보다 10 %씩 감소한다고 할 때, 1년 후 이 물탱크의 물의 양은?

(단, $0.9^{12}=0.3$으로 계산한다.)

① 3톤   ② 4톤   ③ 5톤
④ 6톤   ⑤ 7톤

57

1월 초에 100만 원을 월이율 1.5 %의 복리로 예금하였을 때, 12월 말의 원리합계는? (단, $1.015^{12}=1.2$로 계산한다.)

① 60만 원   ② 90만 원   ③ 120만 원
④ 150만 원   ⑤ 240만 원

58

매년 초에 3만 원씩 1년마다 연이율 6 %의 복리로 10회 적립하였을 때, 적립금의 10년 후의 원리합계는 얼마인가?

(단, $1.06^{10}=1.8$로 계산한다.)

① 38만 6천 원   ② 40만 원   ③ 42만 4천 원
④ 44만 2천 원   ⑤ 46만 원

59

2018년 말부터 매년 말에 일정한 금액 a만 원을 적립하여 2021년 말까지 550만 원을 만들려고 한다. 연이율이 5 %이고 1년마다 복리로 계산할 때, a의 값은?

(단, $1.05^4=1.22$로 계산한다.)

① 120   ② 125   ③ 130
④ 135   ⑤ 140

01 |단답형| ☆　　　　　　　　　　　　[2017년 3월 교육청]

등차수열 $\{a_n\}$에 대하여 $a_2=2$, $a_5-a_3=6$일 때, a_6의 값을 구하시오.

02 ☆☆　첨삭 해설

등차수열 $\{a_n\}$에서 $a_2=5$, $a_7 : a_{11}=5 : 8$일 때, 처음으로 80 이상이 되는 항은?

① 제24항　　　　② 제25항　　　　③ 제26항
④ 제27항　　　　⑤ 제28항

03 ☆☆

등차수열 $\{a_n\}$에서 $a_{2n}=8n+3\,(n=1,\ 2,\ 3,\ \cdots)$일 때, a_{11}의 값은?

① 45　　　　② 46　　　　③ 47
④ 48　　　　⑤ 49

04 ☆☆

x에 대한 다항식 x^2+ax+b를 $x-1$, $x-3$, $x-4$로 나눈 나머지가 이 순서대로 등차수열을 이룰 때, a의 값은?

　　　　　　　　　　　　　(단, a, b는 상수이다.)

① -2　　　　② -1　　　　③ 1
④ 2　　　　⑤ 3

05 ☆☆　첨삭 해설

수열 -2, a_1, a_2, $\cdots$, a_n, 34가 등차수열을 이루고, 그 합이 160일 때, 공차 d와 n의 값의 합은?

① 10　　　　② 11　　　　③ 12
④ 13　　　　⑤ 14

06 |서술형| ☆☆

6으로 나누면 3이 남고, 8로 나누면 5가 남는 수를 크기순으로 나열하여 수열 a_1, a_2, $\cdots$, a_n, $\cdots$을 얻는다. 이때, $a_1+a_2+\cdots+a_{10}$의 값을 구하시오.

07 ☆☆

등차수열 $\{a_n\}$에 대하여

　　$a_3=23$, $a_8=8$

일 때, 첫째항부터 제n항까지의 합 S_n의 값이 최대가 되도록 하는 n의 값은?

① 9　　　　② 10　　　　③ 11
④ 12　　　　⑤ 13

08 |단답형| ☆　　　　　　　　　　　　[2015년 3월 교육청]

수열 $\{a_n\}$의 첫째항부터 제n항까지의 합이 $S_n=n^2$일 때, a_{50}의 값을 구하시오.

09 ☆

등비수열 $2, 1, \dfrac{1}{2}, \dfrac{1}{4}, \cdots$의 제 10 항은?

① $\dfrac{1}{64}$ ② $\dfrac{1}{128}$ ③ $\dfrac{1}{256}$

④ $\dfrac{1}{512}$ ⑤ $\dfrac{1}{1024}$

10 |단답형| ☆ [2017년 7월 교육청]

공비가 2인 등비수열 $\{a_n\}$에 대하여 $a_3=8$일 때, a_5의 값을 구하시오.

11 ☆

등비수열 $\{a_n\}$에 대하여
$$a_2+a_3=5,\ a_2a_3+a_2a_4=20$$
일 때, $a_1a_3a_5$의 값은?

① 48 ② 56 ③ 64

④ 72 ⑤ 80

12 ☆☆ 첨삭 해설 [2015년 6월 평가원]

공차가 6인 등차수열 $\{a_n\}$에 대하여 세 항 $a_2,\ a_k,\ a_8$은 이 순서대로 등차수열을 이루고, 세 항 $a_1,\ a_2,\ a_k$는 이 순서대로 등비수열을 이룬다. $k+a_1$의 값은?

① 7 ② 8 ③ 9

④ 10 ⑤ 11

13 ☆☆

n개의 수 $2,\ x_1,\ x_2,\ \cdots,\ 32$가 이 순서대로 등비수열을 이루고 그 합이 22일 때, 이 수열의 공비는?

① -2 ② $-\sqrt{2}$ ③ -1

④ $\sqrt{2}$ ⑤ 2

14 |단답형| ☆ [2015년 3월 교육청]

수열 $\{a_n\}$의 첫째항부터 제 n 항까지의 합 S_n에 대하여 $\log_2(S_n-3)=n$을 만족시킬 때, a_6+a_7의 값을 구하시오.

15 ☆☆☆ 첨삭 해설

한 변의 길이가 4인 정삼각형 모양의 종이 ABC의 세 변의 중점을 연결하여 만든 정삼각형 $A_1B_1C_1$을 오려내고 남은 부분의 넓이를 a_1이라 하자.

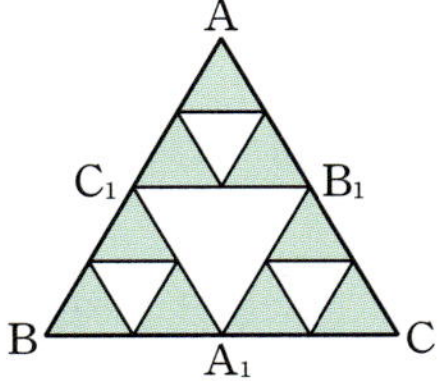

정삼각형 $A_1B_1C_1$을 오려내고 남은 세 정삼각형 AC_1B_1, C_1BA_1, B_1A_1C에서 각각 세 변의 중점을 연결하여 만든 정삼각형을 오려내고 남은 부분의 넓이를 a_2라 하자.

이와 같은 방법으로 10회 반복한 후 남은 정삼각형의 넓이 a_{10}의 값은?

① $\sqrt{3}\times\dfrac{3^{10}}{4^9}$ ② $\sqrt{3}\times\dfrac{3^9}{4^9}$ ③ $\dfrac{3^{10}}{4^9}$

④ $\dfrac{3^9}{4^9}$ ⑤ $\dfrac{\sqrt{3}}{3}\times\dfrac{3^{10}}{4^{10}}$

16 ☆☆

월이율 1%의 복리로 1월부터 매월 초에 10만 원씩 적립해 나간다고 할 때, 그 해 12월 말의 원리합계는?
(단, $1.01^{12}=1.13$으로 계산한다.)

① 131만 원 ② 131.1만 원 ③ 131.2만 원

④ 131.3만 원 ⑤ 131.4만 원

---

53 합의 기호 $\sum$의 뜻

수열 $\{a_n\}$에서 첫째항부터 제 n항까지의 합 $a_1+a_2+a_3+\cdots+a_n$은 합의 기호 $\sum$를 사용하여 $\displaystyle\sum_{k=1}^{n}a_k$로 나타낸다. 즉

$$a_1+a_2+a_3+\cdots+a_n=\sum_{k=1}^{n}a_k$$

이므로 $\displaystyle\sum_{k=1}^{n}a_k$는 수열의 일반항 a_k의 k에 1, 2, 3, $\cdots$, n을 차례로 대입하여 모두 더한 것을 뜻한다.

54 합의 기호 $\sum$의 성질

두 수열 $\{a_n\}$, $\{b_n\}$에 대하여

(1) $\displaystyle\sum_{k=1}^{n}(a_k+b_k)=\sum_{k=1}^{n}a_k+\sum_{k=1}^{n}b_k$

(2) $\displaystyle\sum_{k=1}^{n}(a_k-b_k)=\sum_{k=1}^{n}a_k-\sum_{k=1}^{n}b_k$

(3) $\displaystyle\sum_{k=1}^{n}ca_k=c\sum_{k=1}^{n}a_k$ (단, c는 상수)

(4) $\displaystyle\sum_{k=1}^{n}c=cn$ (단, c는 상수)

> - $\displaystyle\sum_{k=m}^{n}a_k$ ← 제 n항까지 / 일반항 / 제 m항부터
>
> - $\displaystyle\sum_{k=1}^{n}a_k$는 k 대신에 다른 문자를 사용하여 $\displaystyle\sum_{i=1}^{n}a_i,\ \sum_{l=1}^{n}a_l,\ \sum_{m=1}^{n}a_m$ 등으로 나타낼 수 있다.
>
> - $\displaystyle\sum_{k=m}^{n}a_k=\sum_{k=1}^{n}a_k-\sum_{k=1}^{m-1}a_k$ (단, $n>m$)
>
> - $\displaystyle\sum_{k=1}^{n}a_kb_k\neq\sum_{k=1}^{n}a_k\sum_{k=1}^{n}b_k$
>
> - $\displaystyle\sum_{k=1}^{n}\frac{a_k}{b_k}\neq\frac{\sum_{k=1}^{n}a_k}{\sum_{k=1}^{n}b_k}$

개념 CHECK

정답 및 해설 p. 120

[01~05] 다음 빈칸에 알맞은 것을 써넣으시오.

01 $a_1+a_2+a_3+\cdots+a_{10}=\displaystyle\sum_{k=1}^{[\ \ ]}a_{[\ \ ]}$

02 $b_{11}+b_{12}+b_{13}+\cdots+b_{[\ \ ]}=\displaystyle\sum_{k=[\ \ ]}^{30}b_k$

03 $1+2+4+8+16+32=\displaystyle\sum_{k=1}^{[\ \ ]}2^{k-1}$

04 $3+6+9+12+\cdots+99=\displaystyle\sum_{k=1}^{33}[\ \ ]$

05 $\displaystyle\sum_{k=1}^{100}(2k-10)=\sum_{k=1}^{99}(2k-10)+[\ \ ]$

[06~08] 다음 합을 합의 기호 $\sum$를 써서 나타낸 것이다. 옳은 것에 ○표, 옳지 <u>않은</u> 것에 ×표를 하시오.

06 $1+2+3+\cdots+100=\displaystyle\sum_{k=1}^{100}k$ ( )

07 $1+2+2^2+\cdots+2^{20}=\displaystyle\sum_{k=1}^{20}2^{k-1}$ ( )

08 $4+5+6+\cdots+(n+3)=\displaystyle\sum_{k=1}^{n}(k+3)$ ( )

[09~10] 옳은 것에 ○표, 옳지 <u>않은</u> 것에 ×표를 하시오.

09 $\displaystyle\sum_{k=1}^{n}4k^2=\sum_{k=1}^{n}4k\times\sum_{k=1}^{n}k$ ( )

10 $\displaystyle\sum_{i=1}^{j}a_ib_j=b_j\sum_{i=1}^{j}a_i$ ( )

53 합의 기호 $\sum$의 뜻

[11~14] 다음 합을 합의 기호 $\sum$를 써서 나타내시오.

11 $1+\dfrac{1}{2}+\dfrac{1}{3}+\cdots+\dfrac{1}{50}$

12 $2+2+2+2+2$

13 $3^2+5^2+7^2+\cdots+21^2$

14 $2+2^2+2^3+\cdots+2^n$

[15~18] 다음 식을 합의 기호 $\sum$를 사용하지 않은 합의 꼴로 나타내시오.

15 $\displaystyle\sum_{k=1}^{10}(k+1)$

16 $\displaystyle\sum_{k=1}^{10}3^{k-1}$

17 $\displaystyle\sum_{j=2}^{6}j^3$

18 $\displaystyle\sum_{m=2}^{10}m(m+1)$

54 합의 기호 $\sum$의 성질

[19~21] $\displaystyle\sum_{k=1}^{10}a_k=35$, $\displaystyle\sum_{k=1}^{10}b_k=20$일 때, 다음 값을 구하시오.

19 $\displaystyle\sum_{k=1}^{10}(a_k+b_k)$

20 $\displaystyle\sum_{k=1}^{10}(a_k-b_k)$

21 $\displaystyle\sum_{k=1}^{10}(2a_k-3b_k+2)$

[22~24] $\displaystyle\sum_{k=1}^{10}(a_k)^2=5$, $\displaystyle\sum_{k=1}^{10}a_k=3$일 때, 다음 값을 구하시오.

22 $\displaystyle\sum_{k=1}^{10}(a_k+2)^2$

23 $\displaystyle\sum_{k=1}^{10}(a_k-1)^2$

24 $\displaystyle\sum_{k=1}^{10}(2a_k-3)^2$

유형 135 합의 기호 $\sum$의 뜻 ★

(1) $\sum\limits_{k=1}^{n} a_k = a_1 + a_2 + a_3 + \cdots + a_n$

(2) $\sum\limits_{k=1}^{n} a_{2k} = a_2 + a_4 + a_6 + \cdots + a_{2n}$

(3) $\sum\limits_{k=1}^{n} a_{2k-1} = a_1 + a_3 + a_5 + \cdots + a_{2n-1}$

(4) $\sum\limits_{k=1}^{n} (a_{2k-1} + a_{2k}) = \sum\limits_{k=1}^{2n} a_k$

25

$\sum\limits_{k=1}^{15} a_k - \sum\limits_{k=1}^{14} a_k = 7$일 때, a_{15}의 값은?

① 4 ② 5 ③ 6
④ 7 ⑤ 8

26

$\sum\limits_{k=2}^{10} a_k = 4$, $\sum\limits_{k=1}^{9} a_k = 5$일 때, $a_{10} - a_1$의 값은?

① -2 ② -1 ③ 0
④ 1 ⑤ 2

27

다음 중 옳지 <u>않은</u> 것은?

① $3 + 3 + 3 + 3 + 3 = \sum\limits_{k=1}^{5} 3$

② $1 + 3 + 5 + \cdots + 15 = \sum\limits_{k=1}^{8} (2k-1)$

③ $1 + 5 + 5^2 + \cdots + 5^n = \sum\limits_{k=1}^{n} 5^k$

④ $16 + 4 + 1 + \cdots + \left(\dfrac{1}{4}\right)^{n-3} = \sum\limits_{k=1}^{n} \left(\dfrac{1}{4}\right)^{k-3}$

⑤ $1 - 1 + 1 - 1 + 1 - 1 = \sum\limits_{k=1}^{6} (-1)^{k-1}$

28

$\sum\limits_{k=1}^{n} (a_{2k-1} + a_{2k}) = n^2$일 때, $\sum\limits_{k=1}^{10} a_k$의 값은?

① 25 ② 36 ③ 49
④ 64 ⑤ 81

유형 136 합의 기호 $\sum$의 성질 ★★

두 수열 $\{a_n\}$, $\{b_n\}$과 상수 c에 대하여

(1) $\sum\limits_{k=1}^{n} (a_k \pm b_k) = \sum\limits_{k=1}^{n} a_k \pm \sum\limits_{k=1}^{n} b_k$ (복호동순)

(2) $\sum\limits_{k=1}^{n} c a_k = c \sum\limits_{k=1}^{n} a_k$ (3) $\sum\limits_{k=1}^{n} c = cn$

(4) $\sum\limits_{k=1}^{n} (a_k + c)^2 = \sum\limits_{k=1}^{n} (a_k)^2 + 2c \sum\limits_{k=1}^{n} a_k + c^2 n$

29

$\sum\limits_{k=1}^{n} (k+3)^2 - \sum\limits_{k=1}^{n} (k^2 + 6k)$를 n에 대한 식으로 간단히 나타낸 것은?

① $n^2 + 6n$ ② $8n$ ③ $n^2 + 8n$
④ $9n$ ⑤ $n^2 + 9n$

30

$\sum\limits_{k=1}^{10} a_k = -10$, $\sum\limits_{k=1}^{10} (a_k + 1)^2 = 35$일 때, $\sum\limits_{k=1}^{10} (a_k)^2$의 값은?

① 35 ② 40 ③ 45
④ 50 ⑤ 55

31

$\sum\limits_{k=1}^{n} (a_k + b_k)^2 = 30$, $\sum\limits_{k=1}^{n} a_k b_k = 5$일 때, $\sum\limits_{k=1}^{n} \{(a_k)^2 + (b_k)^2\}$의 값은?

① 5 ② 10 ③ 15
④ 20 ⑤ 25

32

다음 식을 만족시키는 상수 a, b, c에 대하여 $a+b+c$의 값은?

$$\sum\limits_{k=1}^{n} (k+1)^2 - \sum\limits_{k=3}^{n} (k^2 + 4) = \sum\limits_{k=1}^{n} (ak+b) + c$$

① 12 ② 13 ③ 14
④ 15 ⑤ 16

유형 137 $\sum$로 나타내어진 등차수열의 합

등차수열의 첫째항, 공차, 항의 수를 구하고 등차수열의 합 공식을 이용한다. 즉, 첫째항이 a, 공차가 d, 항의 수가 n인 등차수열 $\{a_n\}$ 에서 $\displaystyle\sum_{k=1}^{n} a_k = \frac{n\{2a+(n-1)d\}}{2}$ 이다.

33

첫째항이 -3이고 공차가 4인 등차수열 $\{a_n\}$에 대하여 $\displaystyle\sum_{k=5}^{10} a_k$의 값은?

① 138　　　② 140　　　③ 142
④ 144　　　⑤ 146

34

공차가 2인 등차수열 $\{a_n\}$에 대하여 $\displaystyle\sum_{k=1}^{20} a_k = 480$일 때, a_5의 값은?

① 12　　　② 13　　　③ 14
④ 15　　　⑤ 16

35

두 등차수열 $\{a_n\}$, $\{b_n\}$에 대하여 $a_1+b_1=20$, $a_{10}+b_{10}=50$일 때, $\displaystyle\sum_{k=1}^{10} a_k + \sum_{k=1}^{10} b_k$의 값은?

① 300　　　② 350　　　③ 400
④ 450　　　⑤ 500

36

첫째항이 1이고 $a_5=13$인 등차수열 $\{a_n\}$에 대하여 $\displaystyle\sum_{k=1}^{2n} a_{2k}$를 n에 대한 식으로 나타낸 것은?

① $6n^2+n$　　　② $6n^2+2n$　　　③ $12n^2+n$
④ $12n^2+2n$　　　⑤ $12n^2+4n$

유형 138 $\sum$로 나타내어진 등비수열의 합

(1) $\displaystyle\sum_{k=1}^{n} ar^{k-1} = \frac{a(r^n-1)}{r-1} = \frac{a(1-r^n)}{1-r}$

(2) $\displaystyle\sum_{k=1}^{n-1} ar^{k-1} = \frac{a(r^{n-1}-1)}{r-1} = \frac{a(1-r^{n-1})}{1-r}$

(3) $\displaystyle\sum_{k=1}^{n} ar^{k} = \frac{ar(r^n-1)}{r-1} = \frac{ar(1-r^n)}{1-r}$

(4) $\displaystyle\sum_{k=1}^{n-1} ar^{k} = \frac{ar(r^{n-1}-1)}{r-1} = \frac{ar(1-r^{n-1})}{1-r}$

37

$\displaystyle\sum_{k=1}^{6} 2^k$의 값은?

① 62　　　② 64　　　③ 126
④ 128　　　⑤ 254

38

모든 항이 양수인 등비수열 $\{a_n\}$이 $a_2=3$, $a_4=27$일 때, $\displaystyle\sum_{k=1}^{10} a_{2k}$의 값은?

① $\dfrac{3\times(3^{10}-1)}{2}$　　　② $\dfrac{3\times(3^{20}-1)}{2}$　　　③ $\dfrac{3\times(9^{10}-1)}{2}$

④ $\dfrac{3\times(9^{10}-1)}{8}$　　　⑤ $\dfrac{3\times(9^{20}-1)}{8}$

39

수열 $\{a_n\}$에 대하여 $\log_2 a_n = 2n-1$일 때, $\displaystyle\sum_{k=1}^{10} a_k = \frac{2^p-2}{3}$ 를 만족시키는 실수 p의 값은?

① 20　　　② 21　　　③ 22
④ 23　　　⑤ 24

40

등비수열 $\{a_n\}$에 대하여 $\displaystyle\sum_{k=1}^{20} a_{2k-1} = 80$, $\displaystyle\sum_{k=1}^{20} a_{2k} = 40$일 때, 이 수열의 공비는?

（단, 첫째항은 0이 아니고, 공비는 양수이다.）

① $\dfrac{1}{4}$　　　② $\dfrac{1}{3}$　　　③ $\dfrac{1}{2}$
④ $\dfrac{2}{3}$　　　⑤ $\dfrac{3}{4}$

---

55 자연수의 거듭제곱의 합

(1) $\sum_{k=1}^{n} k = 1+2+3+\cdots+n = \dfrac{n(n+1)}{2}$

(2) $\sum_{k=1}^{n} k^2 = 1^2+2^2+3^2+\cdots+n^2 = \dfrac{n(n+1)(2n+1)}{6}$

(3) $\sum_{k=1}^{n} k^3 = 1^3+2^3+3^3+\cdots+n^3 = \left\{\dfrac{n(n+1)}{2}\right\}^2$

56 분수 꼴로 나타내어진 수열의 합

(1) 분모가 두 일차식의 곱으로 된 수열의 합은 부분분수로 분리하여 구한다.

$$\sum_{k=1}^{n} \dfrac{1}{(k+a)(k+b)} = \dfrac{1}{b-a}\sum_{k=1}^{n}\left(\dfrac{1}{k+a}-\dfrac{1}{k+b}\right) (단, a \neq b)$$

(2) 분모에 근호가 포함된 수열의 합은 분모를 유리화한다.

$$\sum_{k=1}^{n} \dfrac{1}{\sqrt{k+a}+\sqrt{k+b}} = \dfrac{1}{a-b}\sum_{k=1}^{n}(\sqrt{k+a}-\sqrt{k+b}) (단, a \neq b)$$

- $\sum_{k=1}^{n} k$의 값은 첫째항이 1이고 공차가 1인 등차수열의 첫째항부터 제n항까지의 합과 같으므로 $\dfrac{n(1+n)}{2}$이다.

- $\sum_{k=1}^{n} k^3 = \left(\sum_{k=1}^{n} k\right)^2$

- $\dfrac{1}{AB} = \dfrac{1}{B-A}\left(\dfrac{1}{A}-\dfrac{1}{B}\right)$ (단, $A \neq B$)

- $\dfrac{1}{\sqrt{a}+\sqrt{b}}$
  $= \dfrac{\sqrt{a}-\sqrt{b}}{(\sqrt{a}+\sqrt{b})(\sqrt{a}-\sqrt{b})}$
  $= \dfrac{\sqrt{a}-\sqrt{b}}{a-b}$ (단, $a \neq b$)

개념 CHECK

정답 및 해설 p. 123

[01~05] 다음 빈칸에 알맞은 것을 써넣으시오.

01 $1+2+3+4+5 = \sum_{k=1}^{5} k = \dfrac{[\quad]([\quad]+1)}{2} = [\quad]$

02 $1^2+2^2+3^2+4^2+5^2$
$= \sum_{k=1}^{[\quad]} k^2 = \dfrac{[\quad]([\quad]+1)([\quad]\times 5+1)}{6} = [\quad]$

03 $1^3+2^3+3^3+4^3+5^3$
$= \sum_{k=1}^{5} [\quad] = \left\{\dfrac{[\quad]([\quad]+1)}{2}\right\}^2 = [\quad]$

04 $\dfrac{1}{k(k+2)} = \dfrac{1}{[\quad]}\left(\dfrac{1}{k}-\dfrac{1}{k+2}\right)$

05 $\dfrac{1}{k^2+k} = \dfrac{1}{[\quad]}-\dfrac{1}{[\quad]}$

[06~10] 옳게 계산한 것에 ○표, 옳지 <u>않게</u> 계산한 것에 ×표를 하시오.

06 $\sum_{k=3}^{8} k = \dfrac{8(8+1)}{2}$ (　　　)

07 $\sum_{m=1}^{n} m^2 = \dfrac{m(m+1)(2m+1)}{6}$ (　　　)

08 $\dfrac{1}{k(k+3)} = \dfrac{1}{k}-\dfrac{1}{k+3}$ (　　　)

09 $\dfrac{2}{(2k+1)(2k-1)} = \dfrac{1}{2k-1}-\dfrac{1}{2k+1}$ (　　　)

10 $\dfrac{1}{1+\sqrt{3}} = \dfrac{1-\sqrt{3}}{2}$ (　　　)

> **연산 연습**

55 자연수의 거듭제곱의 합

[11~13] 다음 값을 구하시오.

11 $1+2+3+\cdots+20$

12 $1^2+2^2+3^2+\cdots+10^2$

13 $1^3+2^3+3^3+\cdots+10^3$

[14~17] 다음 값을 구하시오.

14 $\displaystyle\sum_{k=1}^{10}(k+1)$

15 $\displaystyle\sum_{k=1}^{10}(2k-3)$

16 $\displaystyle\sum_{k=1}^{5}k(k+1)$

17 $\displaystyle\sum_{k=1}^{5}(k-2)(k+2)$

56 분수 꼴로 나타내어진 수열의 합

[18~20] 다음 식을 계산하시오.

18 $\displaystyle\sum_{k=1}^{8}\left(\frac{1}{k+1}-\frac{1}{k+2}\right)$

19 $\displaystyle\sum_{k=1}^{5}\frac{1}{k(k+1)}$

20 $\dfrac{1}{1\times3}+\dfrac{1}{3\times5}+\dfrac{1}{5\times7}+\cdots+\dfrac{1}{13\times15}$

[21~24] 다음 식을 계산하시오.

21 $\displaystyle\sum_{k=1}^{8}(\sqrt{k+1}-\sqrt{k})$

22 $\displaystyle\sum_{k=3}^{14}\frac{1}{\sqrt{k+1}+\sqrt{k+2}}$

23 $\dfrac{1}{1+\sqrt{2}}+\dfrac{1}{\sqrt{2}+\sqrt{3}}+\dfrac{1}{\sqrt{3}+\sqrt{4}}+\cdots+\dfrac{1}{\sqrt{99}+\sqrt{100}}$

24 $\dfrac{2}{\sqrt{3}+1}+\dfrac{2}{\sqrt{5}+\sqrt{3}}+\dfrac{2}{\sqrt{7}+\sqrt{5}}+\cdots+\dfrac{2}{\sqrt{49}+\sqrt{47}}$

유형 139 자연수의 거듭제곱의 합 ★★

(1) $\sum_{k=1}^{n} k = \dfrac{n(n+1)}{2}$

(2) $\sum_{k=1}^{n} k^2 = \dfrac{n(n+1)(2n+1)}{6}$

(3) $\sum_{k=1}^{n} k^3 = \left\{ \dfrac{n(n+1)}{2} \right\}^2$

25

$\sum_{k=1}^{n} (2k-3) = 224$를 만족시키는 자연수 n의 값은?

① 13 　　② 14 　　③ 15
④ 16 　　⑤ 17

26

$\sum_{k=1}^{10} (k+2)^2 - \sum_{k=1}^{10} (k^2+3)$의 값은?

① 200 　　② 210 　　③ 220
④ 230 　　⑤ 240

27

$\sum_{k=1}^{10} (k^2-k+1) + \sum_{i=1}^{10} (i^2+i-1)$의 값은?

① 650 　　② 690 　　③ 730
④ 770 　　⑤ 810

28

$\sum_{k=1}^{10} (k^3+3k)$의 값은?

① 2550 　　② 2710 　　③ 2870
④ 3030 　　⑤ 3190

유형 140 $\sum_{k=1}^{n} a_k$와 a_n 사이의 관계 ★

$\sum_{k=1}^{n} a_k$의 값이 주어지면

$a_1 = \sum_{k=1}^{1} a_k, \ a_n = \sum_{k=1}^{n} a_k - \sum_{k=1}^{n-1} a_k \ (n \geq 2)$임을 이용하여 수열 $\{a_n\}$의 일반항을 구한다.

29

수열 $\{a_n\}$에 대하여 $\sum_{k=1}^{n} a_k = n^2+4n$일 때, a_{25}의 값은?

① 49 　　② 50 　　③ 51
④ 52 　　⑤ 53

30

수열 $\{a_n\}$에 대하여 $\sum_{k=1}^{n} a_k = n(n+1)$일 때, $\sum_{k=1}^{10} a_{2k-1}$의 값을 구하시오.

31

수열 $\{a_n\}$에 대하여 $\sum_{k=1}^{n} a_k = n(n-2)$일 때, $\sum_{k=1}^{10} ka_{3k}$의 값은?

① 2145 　　② 2170 　　③ 2195
④ 2220 　　⑤ 2245

32

수열 $\{a_n\}$에 대하여 $\sum_{k=1}^{n} a_k = \dfrac{n}{n+1}$일 때, $\sum_{k=1}^{20} \dfrac{1}{a_k}$의 값은?

① 2840 　　② 2960 　　③ 3080
④ 3200 　　⑤ 3320

유형 141 부분분수를 이용한 수열의 합 ★★

$$\sum_{k=1}^{n}\frac{1}{k(k+1)}=\sum_{k=1}^{n}\left(\frac{1}{k}-\frac{1}{k+1}\right)$$

33

$\dfrac{1}{1\times2}+\dfrac{1}{2\times3}+\dfrac{1}{3\times4}+\cdots+\dfrac{1}{100\times101}$의 값이 $\dfrac{b}{a}$일 때, $a+b$의 값을 구하시오. (단, a, b는 서로소인 자연수이다.)

34

$\displaystyle\sum_{k=2}^{10}\frac{1}{k^2-1}$의 값은?

① $\dfrac{34}{55}$ ② $\dfrac{36}{55}$ ③ $\dfrac{38}{55}$

④ $\dfrac{8}{11}$ ⑤ $\dfrac{42}{55}$

유형 142 근호를 포함한 식으로 나타내어진 수열의 합 ★

분모에 근호를 포함한 식으로 나타내어진 수열의 합은 다음의 순서로 구한다.

(ⅰ) 일반항의 분모를 유리화한다.

(ⅱ) 합의 기호 $\sum$를 풀어 계산한다.

35

$\displaystyle\sum_{k=1}^{80}\frac{2}{\sqrt{k-1}+\sqrt{k+1}}=a\sqrt{5}+b$를 만족시키는 유리수 a, b에 대하여 $a+b$의 값은?

① 12   ② 13   ③ 14

④ 15   ⑤ 16

36

일반항이 $a_n=\dfrac{1}{\sqrt{2n-1}+\sqrt{2n+1}}$인 수열 $\{a_n\}$의 첫째항부터 제 k항까지의 합이 5일 때, 자연수 k의 값은?

① 56   ② 58   ③ 60

④ 62   ⑤ 64

유형 143 여러 가지 형태의 분수로 나타내어진 수열의 합 ★

분수 꼴로 나타내어진 수열의 합은 다음의 순서로 구한다.

(ⅰ) 일반항을 부분분수를 이용하여 정리한다.

(ⅱ) 합의 기호 $\sum$를 풀어 계산한다.

37

$1+\dfrac{1}{1+2}+\dfrac{1}{1+2+3}+\cdots+\dfrac{1}{1+2+\cdots+20}$의 값은?

① $\dfrac{21}{40}$ ② $\dfrac{40}{21}$ ③ $\dfrac{20}{21}$

④ $\dfrac{21}{20}$ ⑤ $\dfrac{19}{20}$

38

수열 $\dfrac{2}{3^2-1}$, $\dfrac{2}{5^2-1}$, $\dfrac{2}{7^2-1}$, $\cdots$, $\dfrac{2}{(2n+1)^2-1}$, $\cdots$의 첫째항부터 제 15항까지의 합은?

① $\dfrac{16}{15}$ ② $\dfrac{15}{16}$ ③ $\dfrac{15}{32}$

④ $\dfrac{32}{15}$ ⑤ $\dfrac{15}{64}$

39

$3+\dfrac{5}{1^2+2^2}+\dfrac{7}{1^2+2^2+3^2}+\cdots+\dfrac{21}{1^2+2^2+\cdots+10^2}$의 값은?

① $\dfrac{60}{11}$ ② $\dfrac{62}{11}$ ③ $\dfrac{65}{11}$

④ $\dfrac{68}{11}$ ⑤ $\dfrac{72}{11}$

도전 40

$\dfrac{1}{1\times2\times3}+\dfrac{1}{2\times3\times4}+\dfrac{1}{3\times4\times5}+\cdots+\dfrac{1}{8\times9\times10}$의 값은?

① $\dfrac{3}{11}$ ② $\dfrac{7}{23}$ ③ $\dfrac{9}{35}$

④ $\dfrac{11}{45}$ ⑤ $\dfrac{13}{55}$

01 ☆

수열 $\{a_n\}$이 $a_1=2$, $a_{10}=35$를 만족할 때, $\displaystyle\sum_{k=1}^{9} a_{k+1} - \sum_{k=2}^{10} a_{k-1}$ 의 값은?

① 29　　② 31　　③ 33
④ 35　　⑤ 37

02 ☆

$\displaystyle\sum_{k=1}^{10} a_k = 25$, $\displaystyle\sum_{k=1}^{5} a_{2k} = 8$일 때, $\displaystyle\sum_{k=1}^{5} a_{2k-1}$의 값은?

① 8　　② 12　　③ 15
④ 17　　⑤ 21

03 ☆　　　　　　　　　　[2017년 4월 교육청]

두 수열 $\{a_n\}$, $\{b_n\}$에 대하여
$$\sum_{n=1}^{10} a_n = 9, \quad \sum_{n=1}^{10} b_n = 7$$
일 때, $\displaystyle\sum_{n=1}^{10} (3a_n + b_n - 2)$의 값은?

① 11　　② 12　　③ 13
④ 14　　⑤ 15

04 ☆

수열 $\{a_n\}$에 대하여
$$\sum_{k=1}^{100} (a_k + 1)^2 = 500, \quad \sum_{k=1}^{100} (a_k + 2)^2 = 1000$$
일 때, $\displaystyle\sum_{k=1}^{100} a_k$의 값은?

① 50　　② 100　　③ 150
④ 200　　⑤ 250

05 ☆☆ 첨삭 해설

등차수열 $\{a_n\}$에 대하여 $a_1 + a_3 + a_5 = 20$, $a_4 + a_6 + a_8 = 56$이 성립할 때, $\displaystyle\sum_{k=1}^{10} (a_{k+1} - a_k)$의 값은?

① 36　　② 38　　③ 40
④ 42　　⑤ 44

06 |단답형| ☆☆ 첨삭 해설　　　　[2016년 7월 교육청]

첫째항이 3인 등차수열 $\{a_n\}$에 대하여
$\displaystyle\sum_{n=1}^{10} (a_{5n} - a_n) = 440$일 때, $\displaystyle\sum_{n=1}^{10} a_n$의 값을 구하시오.

07 |서술형| ☆☆

자연수 n에 대하여 2^n의 모든 양의 약수의 합을 a_n이라 할 때, $\displaystyle\sum_{n=1}^{9} a_n$의 값을 구하시오.

08 ☆

$\displaystyle\sum_{k=1}^{20} (2k + a) = 600$일 때, 상수 a의 값은?

① 9　　② 10　　③ 11
④ 12　　⑤ 13

09 ☆

$\displaystyle\sum_{k=1}^{5}\left(3^{k+1}-\frac{1}{11}k^2\right)$의 값은?

① 1080 ② 1082 ③ 1084

④ 1088 ⑤ 1092

10 ☆☆

$\displaystyle\sum_{m=1}^{n}\left(\sum_{k=1}^{m}k\right)=20$일 때, 양의 정수 n의 값은?

① 3 ② 4 ③ 5

④ 6 ⑤ 7

11 ☆☆

$\displaystyle\sum_{k=1}^{n}a_k=n^2+3$일 때, $\displaystyle\sum_{k=1}^{10}a_{2k}$의 값은?

① 180 ② 190 ③ 200

④ 210 ⑤ 220

12 |단답형| ☆☆ 첨삭 해설 [2017년 10월 교육청]

수열 $\{a_n\}$에 대하여

$$\sum_{k=1}^{n}a_k=\log_2\left(n^2+n\right)$$

일 때, $\displaystyle\sum_{n=1}^{15}a_{2n+1}$의 값을 구하시오.

13 ☆☆ 첨삭 해설

이차방정식 $x^2-2x+2k(k+1)=0$의 두 근을 α_k, β_k라 할 때, $\displaystyle\sum_{k=1}^{100}\left(\frac{1}{\alpha_k}+\frac{1}{\beta_k}\right)$의 값은?

① $\dfrac{99}{100}$ ② $\dfrac{100}{101}$ ③ $\dfrac{102}{101}$

④ $\dfrac{101}{100}$ ⑤ $\dfrac{103}{100}$

14 ☆ [2016년 9월 평가원]

첫째항이 4이고 공차가 1인 등차수열 $\{a_n\}$에 대하여

$$\sum_{k=1}^{12}\frac{1}{\sqrt{a_{k+1}}+\sqrt{a_k}}$$

의 값은?

① 1 ② 2 ③ 3

④ 4 ⑤ 5

15 ☆

$\dfrac{1}{2\times5}+\dfrac{1}{5\times8}+\dfrac{1}{8\times11}+\cdots+\dfrac{1}{59\times62}=\dfrac{q}{p}$를 만족시키는 서로소인 두 자연수 p, q에 대하여 $p-q$의 값은?

① 25 ② 26 ③ 27

④ 28 ⑤ 29

16 ☆

$\displaystyle\sum_{k=1}^{n}\log_3\left(1+\frac{1}{k}\right)=5$일 때, 자연수 n의 값은?

① 236 ② 238 ③ 240

④ 242 ⑤ 244

Simple T 수열의 귀납적 정의

57 수열의 귀납적 정의

처음 몇 개의 항과 이웃하는 여러 항 사이의 관계식으로 수열을 정의하는 것을 수열의 귀납적 정의라 한다.
일반적으로 수열 $\{a_n\}$을 다음과 같이 귀납적으로 정의할 수 있다.
(i) 첫째항 a_1의 값
(ii) 이웃하는 두 항 a_n, a_{n+1} $(n=1,\ 2,\ 3,\ \cdots)$ 사이의 관계식

58 등차수열의 귀납적 정의

첫째항이 a, 공차가 d인 등차수열 $\{a_n\}$의 귀납적 정의는
$$a_1=a,\ a_{n+1}=a_n+d\,(n=1,\ 2,\ 3,\ \cdots)$$

59 등비수열의 귀납적 정의

첫째항이 a, 공비가 $r(r\neq0)$인 등비수열 $\{a_n\}$의 귀납적 정의는
$$a_1=a,\ a_{n+1}=ra_n(n=1,\ 2,\ 3,\ \cdots)$$

- 수열 $\{a_n\}$을 a_1, a_2의 값과 이웃한 세 항 a_{n+2}, a_{n+1}, a_n 사이의 관계식으로 정의하기도 한다.

- 다음이 성립하는 수열 $\{a_n\}$은 등차수열이다.
  (1) $a_{n+1}-a_n=a_{n+2}-a_{n+1}$
  (2) $a_{n+1}=\dfrac{a_n+a_{n+2}}{2}$

- 다음이 성립하는 수열 $\{a_n\}$은 등비수열이다.
  (1) $\dfrac{a_{n+1}}{a_n}=\dfrac{a_{n+2}}{a_{n+1}}$
  (2) $a_{n+1}{}^2=a_na_{n+2}$

개념 CHECK

정답 및 해설 p. 129

[01~05] 다음 빈칸에 알맞은 것을 써넣으시오.

01 처음 몇 개의 항과 이웃하는 항 사이의 관계식으로 수열을 정의하는 것을 수열의 [　　　　　]라 한다.

02 첫째항이 a, 공차가 d인 등차수열 $\{a_n\}$의 귀납적 정의는
$$a_1=a,\ a_{n+1}=a_n+[\quad]\ (n=1,\ 2,\ 3,\ \cdots)$$

03 첫째항이 a, 공비가 $r(r\neq0)$인 등비수열 $\{a_n\}$의 귀납적 정의는
$$a_1=a,\ a_{n+1}=[\quad]\times a_n\ (n=1,\ 2,\ 3,\ \cdots)$$

04 $a_{n+1}=\dfrac{a_n+a_{n+2}}{2}$의 관계가 성립하는 수열 $\{a_n\}$은 [　　]수열이다.

05 $a_{n+1}{}^2=a_na_{n+2}$의 관계가 성립하는 수열 $\{a_n\}$은 [　　]수열이다.

[06~11] 옳은 것에 ○표, 옳지 <u>않은</u> 것에 ×표를 하시오.

06 수열 $\{a_n\}$의 첫째항 a_1의 값과 두 항 a_n, a_{n+1} 사이의 관계식이 주어지면 수열 $\{a_n\}$의 모든 항을 정할 수 있다. (　　　)

07 $a_1=2$, $a_{n+1}=2a_n+n$으로 정의된 수열 $\{a_n\}$이 존재한다. (　　　)

08 $a_1=1$, $2a_{n+1}=a_n+3$으로 정의된 수열 $\{a_n\}$은 등차수열이다. (　　　)

09 $a_1=3$, $2a_{n+1}=3a_n$으로 정의된 수열 $\{a_n\}$은 등비수열이다. (　　　)

10 등차수열 $\{a_n\}$에서 $a_{n+1}-a_n=a_{n+2}-a_{n+1}$이 성립한다. (　　　)

11 등비수열 $\{a_n\}$에서 $\dfrac{a_{n+1}}{a_n}=\dfrac{a_{n+2}}{a_{n+1}}$가 성립한다. (　　　)

57 수열의 귀납적 정의

[12~14] 다음과 같이 정의된 수열 $\{a_n\}$에서 제4항을 구하시오. (단, $n=1, 2, 3, \cdots$)

12 $\begin{cases} a_1=1 \\ a_{n+1}=a_n+n \end{cases}$

13 $\begin{cases} a_1=-1 \\ a_{n+1}=na_n+2 \end{cases}$

14 $\begin{cases} a_1=1,\ a_2=1 \\ a_{n+2}=a_{n+1}+a_n \end{cases}$

58 등차수열의 귀납적 정의

[15~16] 다음과 같이 정의된 등차수열 $\{a_n\}$의 공차를 구하시오. (단, $n=1, 2, 3, \cdots$)

15 $a_1=5,\ a_{n+1}=a_n-2$

16 $a_1=4,\ a_{n+1}-a_n=3$

[17~20] 다음과 같이 정의된 수열 $\{a_n\}$의 일반항 a_n을 구하시오. (단, $n=1, 2, 3, \cdots$)

17 $a_1=1,\ a_{n+1}=a_n+2$

18 $a_1=7,\ a_{n+1}-a_n=-2$

19 $a_1=-3,\ a_2=4,\ a_{n+1}-a_n=a_{n+2}-a_{n+1}$

20 $a_1=1,\ a_2=-2,\ 2a_{n+1}=a_n+a_{n+2}$

59 등비수열의 귀납적 정의

[21~23] 다음과 같이 정의된 등비수열 $\{a_n\}$의 공비를 구하시오. (단, $n=1, 2, 3, \cdots$)

21 $a_1=-2,\ a_{n+1}=3a_n$

22 $a_1=20,\ a_{n+1}\div a_n=-4$

23 $a_1=5,\ \dfrac{a_{n+1}}{a_n}=\dfrac{1}{2}$

[24~26] 다음과 같이 정의된 수열 $\{a_n\}$의 일반항 a_n을 구하시오. (단, $n=1, 2, 3, \cdots$)

24 $a_1=2,\ a_{n+1}=4a_n$

25 $a_1=-24,\ a_2=12,\ \dfrac{a_{n+1}}{a_n}=\dfrac{a_{n+2}}{a_{n+1}}$

26 $a_1=1,\ a_2=\dfrac{1}{3},\ a_{n+1}{}^2=a_n a_{n+2}$

유형 144 수열의 귀납적 정의 ★

두 항 a_n, a_{n+1} 사이의 관계식에 n 대신 1, 2, 3, $\cdots$을 차례로 대입하여 수열의 각 항을 구한다.

27

수열 $\{a_n\}$이

$$a_1=1,\ a_{n+1}=2n-a_n\,(n=1,\ 2,\ 3,\ \cdots)$$

으로 정의될 때, a_7의 값은?

① 4 ② 5 ③ 6
④ 7 ⑤ 8

28

수열 $\{a_n\}$이

$$a_1=-1,\ a_n+a_{n+1}=(-1)^{n+1}\,(n=1,\ 2,\ 3,\ \cdots)$$

으로 정의될 때, $a_{30}-a_{35}$의 값은?

① 45 ② 50 ③ 55
④ 60 ⑤ 65

유형 145 등차수열의 귀납적 정의 ★★

$n=1$, 2, 3, $\cdots$일 때,
(1) $a_{n+1}-a_n=d$(일정)이면 수열 $\{a_n\}$은 공차가 d인 등차수열
(2) $a_{n+1}=\dfrac{a_n+a_{n+2}}{2}$이면 수열 $\{a_n\}$은 등차수열

29

수열 $\{a_n\}$이

$$a_1=3,\ a_{n+1}=a_n-2\,(n=1,\ 2,\ 3,\ \cdots)$$

으로 정의될 때, a_{10}의 값은?

① -15 ② -10 ③ -5
④ 10 ⑤ 15

30

수열 $\{a_n\}$이

$$a_1=-2,\ a_{n+1}-6=a_n\,(n=1,\ 2,\ 3,\ \cdots)$$

으로 정의될 때, $a_k=94$를 만족시키는 자연수 k의 값은?

① 14 ② 15 ③ 16
④ 17 ⑤ 18

31

수열 $\{a_n\}$이

$$2a_{n+1}=a_n+a_{n+2}\,(n=1,\ 2,\ 3,\ \cdots)$$

을 만족시키고, $a_5=32$, $a_{10}=57$일 때, a_{18}의 값은?

① 96 ② 97 ③ 98
④ 99 ⑤ 100

32

수열 $\{a_n\}$이

$$a_1=3,\ a_2=6,\ a_{n+2}-a_{n+1}=a_{n+1}-a_n\,(n=1,\ 2,\ 3,\ \cdots)$$

으로 정의될 때, $\displaystyle\sum_{k=1}^{9}\dfrac{1}{a_k a_{k+1}}$은?

① $\dfrac{1}{6}$ ② $\dfrac{1}{7}$ ③ $\dfrac{1}{8}$
④ $\dfrac{1}{9}$ ⑤ $\dfrac{1}{10}$

유형 146 등비수열의 귀납적 정의 ★★

$n=1$, 2, 3, $\cdots$일 때,
(1) $\dfrac{a_{n+1}}{a_n}=r$(일정)이면 수열 $\{a_n\}$은 공비가 r인 등비수열
(2) $a_{n+1}{}^2=a_n a_{n+2}$이면 수열 $\{a_n\}$은 등비수열

33

수열 $\{a_n\}$이 다음과 같이 정의되어 있을 때, a_5의 값은?

$$a_1=5,\ a_{n+1}=2a_n\,(n=1,\ 2,\ 3,\ \cdots)$$

① 80 ② 85 ③ 90
④ 95 ⑤ 100

34

수열 $\{a_n\}$이

$$a_1=4^5,\ \dfrac{a_{n+1}}{a_n}=\dfrac{1}{2}\,(n=1,\ 2,\ 3,\ \cdots)$$

으로 정의될 때, $a_k=\dfrac{1}{2^5}$을 만족시키는 자연수 k의 값은?

① 15 ② 16 ③ 17
④ 18 ⑤ 19

35

모든 항이 양수인 수열 $\{a_n\}$이

$\dfrac{a_{n+2}}{a_{n+1}} = \dfrac{a_{n+1}}{a_n}\,(n=1,\ 2,\ 3,\ \cdots)$을 만족시키고,

$a_5=6$, $a_7=24$일 때, a_{12}의 값을 구하시오.

36

수열 $\{a_n\}$이

$$a_1=4,\ a_2=6,\ a_{n+1}{}^2=a_n a_{n+2}\,(n=1,\ 2,\ 3,\ \cdots)$$

으로 정의될 때, $\displaystyle\sum_{k=1}^{7} a_k$의 값은?

① $8\left\{\left(\dfrac{3}{2}\right)^7-1\right\}$　② $4\left\{\left(\dfrac{3}{2}\right)^7-1\right\}$　③ $4\left(\dfrac{3}{2}\right)^7$

④ $8\left\{\left(\dfrac{3}{2}\right)^6-1\right\}$　⑤ $4\left\{\left(\dfrac{3}{2}\right)^6-1\right\}$

유형 147 $a_{n+1}=a_n+f(n)$ 꼴로 나타내어지는 **수열의 항 구하기** ★

$a_{n+1}=a_n+f(n)$으로 정의된 수열의 일반항 a_n은 주어진 식의 n 대신 $1, 2, 3, \cdots, n-1$을 차례로 대입하여 변끼리 더한다.

$a_n=a_1+f(1)+f(2)+f(3)+\cdots+f(n-1)=a_1+\displaystyle\sum_{k=1}^{n-1}f(k)$

37

수열 $\{a_n\}$이

$$a_1=-2,\ a_{n+1}=a_n+3n-2\,(n=1,\ 2,\ 3,\ \cdots)$$

으로 정의될 때, a_{10}의 값은?

① 110　② 115　③ 120

④ 125　⑤ 130

38

$a_1=2$, $a_{n+1}=a_n+3^n\,(n=1,\ 2,\ 3,\ \cdots)$으로 정의된 수열 $\{a_n\}$의 일반항이 $a_n=\dfrac{\alpha^n+\beta}{2}$일 때, 상수 α, β의 합 $\alpha+\beta$의 값을 구하시오.

유형 148 $a_{n+1}=a_n f(n)$ 꼴로 나타내어지는 **수열의 항 구하기** ★

$a_{n+1}=a_n f(n)$으로 정의된 수열의 일반항 a_n은 주어진 식의 n 대신 $1, 2, 3, \cdots, n-1$을 차례로 대입하여 변끼리 곱한다.

$a_n=a_1 f(1)f(2)f(3)\cdots f(n-1)$

39

$a_1=1$, $a_{n+1}=\dfrac{n+2}{n+1}a_n$으로 정의되는 수열 $\{a_n\}$에 대하여 a_{20}의 값은? (단, $n=1,\ 2,\ 3,\ \cdots$)

① $\dfrac{19}{2}$　② 10　③ $\dfrac{21}{2}$

④ 11　⑤ $\dfrac{23}{2}$

40

수열 $\{a_n\}$이 $a_1=1$, $a_{n+1}=2^n a_n\,(n=1,\ 2,\ 3,\ \cdots)$으로 정의될 때, $a_k=2^{45}$을 만족시키는 자연수 k의 값을 구하시오.

유형 149 $a_{n+1}=pa_n+q$ 꼴로 나타내어지는 **수열의 항 구하기** ★

$a_{n+1}=pa_n+q\,(p\neq1,\ pq\neq0)$으로 정의된 수열의 일반항 a_n은

$a_{n+1}-\alpha=p(a_n-\alpha)\left(\alpha=\dfrac{q}{1-p}\right)$꼴로 변형한다.

즉, 수열 $\{a_n-\alpha\}$가 공비가 p인 등비수열임을 이용하면

$a_n=\alpha+(a_1-\alpha)p^{n-1}$

41

수열 $\{a_n\}$이

$$a_1=5,\ a_{n+1}=2a_n-3\,(n=1,\ 2,\ 3,\ \cdots)$$

으로 정의될 때, $a_{30}-3$의 값은?

① 2^{29}　② 2^{30}　③ 2^{31}

④ 2^{32}　⑤ 2^{33}

42

수열 $\{a_n\}$이

$$a_1=3,\ a_{n+1}=\dfrac{1}{2}a_n+1\,(n=1,\ 2,\ 3,\ \cdots)$$

으로 정의될 때, $a_n=p^{n-1}+q$이다. 상수 p, q의 합 $p+q$의 값을 구하시오.

60 수학적 귀납법

자연수 n에 대한 명제 $p(n)$이 모든 자연수에 대하여 성립함을 증명하려면 다음 두 가지를 보이면 된다.

(i) $n=1$일 때, 명제 $p(n)$이 성립한다.

(ii) $n=k$일 때, 명제 $p(n)$이 성립한다고 가정하면
　　$n=k+1$일 때도 명제 $p(n)$이 성립한다.

이와 같은 방법으로 자연수 n에 대한 명제 $p(n)$이 성립함을 증명하는 것을 수학적 귀납법이라 한다.

61 수학적 귀납법을 이용한 등식과 부등식의 증명

모든 자연수 n에 대한 등식 또는 부등식이 성립함을 증명하려면 다음 두 가지를 보이면 된다.

(i) $n=1$일 때, 등식 또는 부등식이 성립한다.

(ii) $n=k$일 때, 등식 또는 부등식이 성립한다고 가정하면
　　$n=k+1$일 때도 등식 또는 부등식이 성립한다.

- $n \geq a$(a는 자연수)인 모든 자연수 n에 대하여 명제 $p(n)$이 성립함을 증명할 때, 다음 두 가지를 증명하면 된다.

  (i) $n=a$일 때, 명제 $p(n)$이 성립한다.

  (ii) $n=k(k \geq a)$일 때, 명제 $p(n)$이 성립한다고 가정하면 $n=k+1$일 때도 명제 $p(n)$이 성립한다.

개념 CHECK　　　　　　　　　　　　정답 및 해설 p. 132

[01~03] 다음 빈칸에 알맞은 것을 써넣으시오.

01 자연수 n에 대한 명제 $p(n)$이 모든 자연수에 대하여 성립함을 수학적 귀납법을 이용하여 증명하려면 다음 두 가지를 증명하면 된다.

(i) [　　　]일 때, 명제 $p(n)$이 성립한다.

(ii) $n=k$일 때, 명제 $p(n)$이 성립한다고 가정하면 [　　　]일 때도 명제 $p(n)$이 성립한다.

02 자연수 n에 대한 명제 $p(n)$이 m($m \geq 2$인 자연수) 이상의 모든 자연수 n에 대하여 성립함을 증명하려면 수학적 귀납법에서 $n=1$ 대신 [　　　]일 때 $p(n)$이 성립함을 보이면 된다.

03 $n \geq 3$인 모든 자연수 n에 대하여 명제 $p(n)$이 성립함을 수학적 귀납법을 이용하여 증명할 때, 다음 두 가지를 증명하면 된다.

(i) [　　　]일 때, 명제 $p(n)$이 성립한다.

(ii) $n=k($[　　　]$)$일 때, 명제 $p(n)$이 성립한다고 가정하면 [　　　]일 때도 명제 $p(n)$이 성립한다.

[04~08] 자연수 n에 대하여 명제 $p(n)$이 참이면 명제 $p(n+2)$가 참일 때, 옳은 것에 ○표, 옳지 <u>않은</u> 것에 ×표를 하시오.

04 $p(2)$가 참이면 $p(4)$가 참이다.　　　　(　　　)

05 $p(1)$이 참이면 $p(9)$가 참이다.　　　　(　　　)

06 $p(1)$이 참이면 $p(2n)$이 참이다.　　　　(　　　)

07 $p(2)$가 참이면 $p(2n)$이 참이다.　　　　(　　　)

08 $p(1)$, $p(2)$가 참이면 $p(n)$이 참이다.　　　(　　　)

60 **수학적 귀납법**

[09~10] 다음 물음에 답하시오.

09 자연수 n에 대하여 명제 $p(n)$이 성립하면 명제 $p(n+1)$이 성립한다. 명제 $p(n)$이 모든 자연수 n에 대하여 성립함을 보이기 위하여 반드시 성립함을 보여야 할 명제를 구하시오.

10 임의의 자연수 n에 대하여 명제 $p(n)$이 성립하면 명제 $p(n+2)$가 성립한다. 명제 $p(n)$이 모든 짝수 n에 대하여 성립함을 보이기 위하여 반드시 성립함을 보여야 할 명제를 구하시오.

61 **수학적 귀납법을 이용한 등식과 부등식의 증명**

11 다음은 모든 자연수 n에 대하여 등식
$$1+2+3+\cdots+n=\frac{n(n+1)}{2} \cdots \text{㉠}$$
이 성립함을 수학적 귀납법으로 증명한 것이다.

┌─ 증명 ─────────────────────
(ⅰ) $n=1$일 때,
   (좌변)$=1$, (우변)$=\dfrac{1\times(1+1)}{2}=1$
   따라서 $n=1$일 때, ㉠이 성립한다.
(ⅱ) $n=k$일 때, ㉠이 성립한다고 가정하면
   $$1+2+3+\cdots+k=\frac{k(k+1)}{2} \cdots \text{㉡}$$
   ㉡의 양변에 $\boxed{(가)}$ 을 더하면
   $$1+2+3+\cdots+k+(\boxed{(가)})$$
   $$=\frac{k(k+1)}{2}+\boxed{(가)}=\boxed{(나)}$$
   따라서 $n=\boxed{(가)}$ 일 때에도 ㉠이 성립한다.
(ⅰ), (ⅱ)에 의하여 ㉠은 모든 자연수 n에 대하여 성립한다.
└──────────────────────────

위의 증명에서 (가), (나)에 알맞을 것을 구하시오.

12 다음은 모든 자연수 n에 대하여 등식
$$1+3+5+\cdots+(2n-1)=n^2 \cdots \text{㉠}$$
이 성립함을 수학적 귀납법으로 증명한 것이다.

┌─ 증명 ─────────────────────
(ⅰ) $n=1$일 때,
   (좌변)$=1$, (우변)$=1^2=1$
   따라서 $n=1$일 때, ㉠이 성립한다.
(ⅱ) $n=\boxed{(가)}$ 일 때, ㉠이 성립한다고 가정하면
   $$1+3+5+\cdots+(2k-1)=k^2 \cdots \text{㉡}$$
   ㉡의 양변에 $\boxed{(나)}$ 을 더하면
   $$1+3+5+\cdots+(2k-1)+(\boxed{(나)})$$
   $$=k^2+(\boxed{(나)})=\boxed{(다)}$$
   따라서 $n=\boxed{(라)}$ 일 때에도 ㉠이 성립한다.
(ⅰ), (ⅱ)에 의하여 ㉠은 모든 자연수 n에 대하여 성립한다.
└──────────────────────────

위의 증명에서 (가), (나), (다), (라)에 알맞을 것을 구하시오.

13 다음은 $n\geq5$인 모든 자연수 n에 대하여 부등식
$$2^n>n^2 \cdots \text{㉠}$$
이 성립함을 수학적 귀납법으로 증명한 것이다.

┌─ 증명 ─────────────────────
(ⅰ) $n=5$일 때,
   (좌변)$=2^5=32$, (우변)$=5^2=25$
   따라서 $n=5$일 때 ㉠이 성립한다.
(ⅱ) $n=k(k\geq5)$일 때, ㉠이 성립한다고 가정하면 $2^k>k^2$
   이것의 양변에 $\boxed{(가)}$ 를 곱하면
   $$2^{\boxed{(나)}}>2k^2 \cdots \text{㉡}$$
   한편, $2k^2-(k+1)^2>0$이므로
   $$2k^2>(k+1)^2 \cdots \text{㉢}$$
   ㉡, ㉢에서 $2^{k+1}>\boxed{(다)}$
   따라서 $n=\boxed{(라)}$ 일 때에도 ㉠이 성립한다.
(ⅰ), (ⅱ)에 의하여 ㉠은 $n\geq5$인 모든 자연수 n에 대하여 성립한다.
└──────────────────────────

위의 증명에서 (가), (나), (다), (라)에 알맞을 것을 구하시오.

유형 150 수학적 귀납법

모든 자연수 n에 대하여 명제 $p(n)$이 다음 조건을 모두 만족시키면 명제 $p(n)$이 참이다.
(i) $p(1)$이 참이다.
(ii) $p(k)$가 참이면 $p(k+1)$도 참이다.(단, k는 자연수)

14

자연수 n에 대한 명제 $p(n)$이 다음 조건을 만족시킨다.

(가) $p(1)$이 참이다.
(나) $p(n)$ 또는 $p(n+1)$이 참이면 $p(n+2)$가 참이다.

[보기]에서 참인 것만을 있는 대로 고른 것은?

———————— [보기] ————————
ㄱ. $p(2)$ ㄴ. $p(5)$ ㄷ. $p(8)$

① ㄱ   ② ㄷ   ③ ㄱ, ㄴ
④ ㄴ, ㄷ   ⑤ ㄱ, ㄴ, ㄷ

15

자연수 n에 대하여 명제 $p(n)$이 다음 조건을 만족시킨다. $n \leq 100$일 때, 명제 $p(n)$이 반드시 참이 되는 모든 자연수 n의 값의 합을 구하시오.

(가) $p(1)$이 참이다.
(나) $p(n)$이 참이면 $p(3n)$이 참이다.

16

2, 6, 10, 14, …인 자연수 n에 대하여 명제 $p(n)$이 성립함을 수학적 귀납법을 이용하여 증명하려면 다음을 보여야 한다.

(i) $n=$ (가) 일 때, $p(n)$이 성립함을 보인다.
(ii) $n=k$일 때, $p(n)$이 성립한다고 가정하면 $n=$ (나) 일 때도 $p(n)$이 성립함을 보인다.

(가), (나)에 알맞은 것을 차례대로 적은 것은?

① 1, $k+2$ ② 2, $k+1$ ③ 2, $k+4$
④ 2, $4k-1$ ⑤ 2, $4k-2$

유형 151 수학적 귀납법을 이용한 등식의 증명   ★★

모든 자연수 n에 대하여 등식이 성립함을 증명하려면 다음 두 가지를 보이면 된다.
(i) $n=1$일 때, 등식이 성립함을 보인다.
(ii) $n=k$일 때, 등식이 성립한다고 가정하고 $n=k+1$일 때에도 등식이 성립함을 보인다.

17

다음은 모든 자연수 n에 대하여 등식
$$1^2+2^2+3^2+\cdots+n^2=\frac{n(n+1)(2n+1)}{6}$$
이 성립함을 수학적 귀납법으로 증명한 것이다.

> **증명**
>
> (i) $n=1$일 때, (좌변)=(우변)= (가) 이므로 주어진 등식이 성립한다.
> (ii) $n=k$일 때, 주어진 등식이 성립한다고 가정하면
> $$1^2+2^2+3^2+\cdots+k^2=\frac{k(k+1)(2k+1)}{6}$$
> 이 식의 양변에 (나) 을 더하면
> $$1^2+2^2+3^2+\cdots+k^2+ (나)$$
> $$=\frac{k(k+1)(2k+1)}{6}+ (나)$$
> $$=\frac{(k+1)\{(k+1)+1\}\{2(k+1)+1\}}{6}$$
> 따라서 $n=k+1$일 때에도 주어진 등식이 성립한다.
> (i), (ii)에 의하여 모든 자연수 n에 대하여 주어진 등식이 성립한다.

위의 과정에서 (가)에 알맞은 수를 a, (나)에 알맞은 식을 $f(k)$라 할 때, $f(a+1)$의 값은?

① 7   ② 8   ③ 9
④ 15   ⑤ 16

18

모든 자연수 n에 대하여 등식
$$\frac{1}{1\times 2}+\frac{1}{2\times 3}+\frac{1}{3\times 4}+\cdots+\frac{1}{n(n+1)}=\frac{n}{n+1}$$
이 성립함을 수학적 귀납법으로 증명하시오.

유형 152 수학적 귀납법을 이용한 부등식의 증명 ★

모든 자연수 n에 대하여 부등식이 성립함을 증명하려면 다음 두 가지를 보이면 된다.

(ⅰ) $n=1$일 때, 부등식이 성립함을 보인다.

(ⅱ) $n=k$일 때, 부등식이 성립한다고 가정하고 $n=k+1$일 때에도 부등식이 성립함을 보인다.

이때, $A>B>C$이면 $A>C$임을 이용한다.

19

다음은 '$h>0$일 때, $n\geq2$인 모든 자연수 n에 대하여 부등식 $(1+h)^n>1+nh$가 성립한다.'를 수학적 귀납법으로 증명하는 과정이다.

> **증명**
>
> (ⅰ) $n=2$일 때,
>
> (좌변)$=(1+h)^2=1+2h+h^2$,
>
> (우변)$=1+2h$
>
> 이때, $h>0$에서 $h^2>0$이므로 $n=2$일 때, 주어진 부등식이 성립한다.
>
> (ⅱ) $n=k(k\geq2)$일 때, 주어진 부등식이 성립한다고 가정하면 $(1+h)^k>1+kh$
>
> 이 식의 양변에 $\boxed{(가)}$를 곱하면 $h^2>0$이므로
>
> $(1+h)^{k+1}>(1+kh)(\boxed{(가)})$
>
> $\qquad\qquad=1+(\boxed{(나)})h+kh^2$
>
> $\qquad\qquad>1+(\boxed{(나)})h$
>
> 따라서 $n=k+1$일 때도 주어진 부등식이 성립한다.
>
> (ⅰ), (ⅱ)에 의하여 $n\geq2$인 자연수 n에 대하여 주어진 부등식이 성립한다.

위의 과정에서 (가), (나)에 알맞은 식을 각각 $f(h)$, $g(k)$라 할 때, $f(2)g(3)$의 값은?

① 9 　　　　② 12 　　　　③ 15

④ 18 　　　　⑤ 21

20

$n\geq3$인 모든 자연수 n에 대하여 부등식 $2^n>2n+1$이 성립함을 수학적 귀납법으로 증명하시오.

유형 153 수학적 귀납법을 이용한 여러 가지 증명 ★

모든 자연수 n에 대하여 명제 $p(n)$이 참임을 증명하려면 다음 두 가지를 보이면 된다.

(ⅰ) $n=1$일 때, 명제 $p(n)$이 참임을 보인다.

(ⅱ) $n=k$일 때, 명제 $p(n)$이 참이라 가정하고 $n=k+1$일 때에도 명제 $p(n)$이 참임을 보인다.

21

다음은 명제 '모든 자연수 n에 대하여 $3^{2n}-2^n$은 7의 배수이다.'가 참임을 수학적 귀납법으로 증명한 것이다.

> **증명**
>
> (ⅰ) $n=1$일 때, $3^2-2=7$이므로 7의 배수이다.
>
> (ⅱ) $n=k$일 때, $3^{2k}-2^k$이 7의 배수라 가정하면 자연수 N에 대하여 $3^{2k}-2^k=7N$이다.
>
> 이때, $n=k+1$이면
>
> $3^{2(k+1)}-2^{k+1}=\boxed{(가)}\times3^{2k}+\boxed{(나)}N$
>
> $\qquad\qquad\qquad=7(\boxed{})$
>
> 따라서 $n=k+1$일 때도 7의 배수이다.
>
> (ⅰ), (ⅱ)에 의하여 모든 자연수 n에 대하여 $3^{2n}-2^n$은 7의 배수이다.

위의 과정에서 (가), (나)에 알맞은 수를 각각 p, q라 할 때, pq의 값은?

① 94 　　　　② 96 　　　　③ 98

④ 100 　　　　⑤ 102

22

모든 자연수 n에 대하여 7^n-6n-1은 36의 배수임을 수학적 귀납법으로 증명하시오.

01 |단답형| ☆ [2017년 4월 교육청]

수열 $\{a_n\}$이 $a_1=2$이고, 모든 자연수 n에 대하여
$$a_{n+1}=2(a_n+2)$$
를 만족시킨다. a_5의 값을 구하시오.

02 |서술형| ☆☆

수열 $\{a_n\}$이 $a_1=3$이고
$$a_{n+1}=\begin{cases} a_n-3 & (a_n>4) \\ 3a_n & (a_n\leq 4) \end{cases} (n=1,\ 2,\ 3,\ \cdots)$$
으로 정의될 때, $a_n>7$을 만족시키는 100 이하의 자연수 n의 개수를 구하시오.

03 ☆☆ 첨삭 해설

수열 $\{a_n\}$이
$$a_1=30,\ a_{n+1}+5=a_n(n=1,\ 2,\ 3,\ \cdots)$$
으로 정의될 때, $\displaystyle\sum_{k=1}^{10} a_k$의 값은?

① 70   ② 75   ③ 80
④ 85   ⑤ 90

04 ☆

$a_1=1$, $a_2=\dfrac{1}{2}$, $2a_{n+1}=a_n+a_{n+2}(n=1,\ 2,\ 3,\ \cdots)$로 정의된 수열 $\{a_n\}$에서 a_{13}의 값은?

① $-\dfrac{11}{2}$ ② -5 ③ $-\dfrac{9}{2}$

④ -4 ⑤ $-\dfrac{7}{2}$

05 ☆ [2017년 3월 교육청]

수열 $\{a_n\}$이 모든 자연수 n에 대하여
$$a_{n+1}=3a_n$$
을 만족시킨다. $a_2=2$일 때, a_4의 값은?

① 6   ② 9   ③ 12
④ 15   ⑤ 18

06 ☆

수열 $\{a_n\}$이
$$a_1=\dfrac{1}{2},\ a_2=\dfrac{1}{3},\ \dfrac{a_{n+1}}{a_n}=\dfrac{a_{n+2}}{a_{n+1}}(n=1,\ 2,\ 3,\ \cdots)$$
으로 정의될 때, $\dfrac{a_{18}}{a_{15}}$의 값은?

① $\dfrac{8}{27}$ ② $\dfrac{16}{27}$ ③ $\dfrac{8}{81}$

④ $\dfrac{16}{81}$ ⑤ $\dfrac{32}{81}$

07 ☆☆

$a_1=12$, $a_{n+1}=a_n+2n(n=1,\ 2,\ 3,\ \cdots)$으로 정의된 수열 $\{a_n\}$에서 a_8의 값은?

① 66   ② 68   ③ 70
④ 72   ⑤ 74

08 ☆☆ 첨삭 해설

수열 $\{a_n\}$이
$$a_1=\sqrt{7},\ \sqrt{n+2}\,a_{n+1}=\sqrt{n}\,a_n(n=1,\ 2,\ 3,\ \cdots)$$
으로 정의될 때, $\dfrac{\sqrt{2}}{a_{63}}$의 값은?

① 20   ② 22   ③ 24
④ 26   ⑤ 28

09 ☆☆ 첨삭 해설

수열 $\{a_n\}$이
$$a_1=1,\ a_{n+1}=-3a_n+2\ (n=1,\ 2,\ 3,\ \cdots)$$
으로 정의될 때, a_6의 값은?

① -121 ② -118 ③ -115

④ -112 ⑤ -109

10 ☆☆ 첨삭 해설   [2016년 4월 교육청]

다음은 모든 자연수 n에 대하여
$$\frac{4}{3}+\frac{8}{3^2}+\frac{12}{3^3}+\cdots+\frac{4n}{3^n}=3-\frac{2n+3}{3^n}\ \cdots\cdots(*)$$
이 성립함을 수학적 귀납법으로 증명한 것이다.

> **증명**
>
> (i) $n=1$일 때,
>
> (좌변)$=\dfrac{4}{3}$, (우변)$=3-\dfrac{5}{3}=\dfrac{4}{3}$
>
> 이므로 $(*)$이 성립한다.
>
> (ii) $n=k$일 때, $(*)$이 성립한다고 가정하면
>
> $\dfrac{4}{3}+\dfrac{8}{3^2}+\dfrac{12}{3^3}+\cdots+\dfrac{4k}{3^k}=3-\dfrac{2k+3}{3^k}$이다.
>
> 위 등식의 양변에 $\dfrac{4(k+1)}{3^{k+1}}$을 더하여 정리하면
>
> $\dfrac{4}{3}+\dfrac{8}{3^2}+\dfrac{12}{3^3}+\cdots+\dfrac{4k}{3^k}+\dfrac{4(k+1)}{3^{k+1}}$
>
> $=3-\dfrac{1}{3^k}\left\{(2k+3)-(\boxed{(가)})\right\}$
>
> $=3-\dfrac{\boxed{(나)}}{3^{k+1}}$
>
> 따라서 $n=k+1$일 때도 $(*)$이 성립한다.
>
> (i), (ii)에 의하여 모든 자연수 n에 대하여 $(*)$이 성립한다.

위의 (가), (나)에 알맞은 식을 각각 $f(k)$, $g(k)$라 할 때, $f(3)\times g(2)$의 값은?

① 36   ② 39   ③ 42

④ 45   ⑤ 48

11 ☆☆

자연수 n에 대한 명제 $p(n)$이 다음 조건을 만족시킨다.

> (가) $p(1)$이 참이다.
>
> (나) $p(n)$이 참이면 $p(2n)$과 $p(3n)$이 참이다.

다음 중 참인 명제는?

① $p(100)$ ② $p(120)$ ③ $p(147)$

④ $p(169)$ ⑤ $p(216)$

12 ☆☆ 첨삭 해설

다음은 $n\geq2$인 모든 자연수 n에 대하여 부등식
$$1+\frac{1}{2}+\frac{1}{3}+\cdots+\frac{1}{n}>\frac{2n}{n+1}\ \cdots\cdots(*)$$
이 성립함을 수학적 귀납법으로 증명한 것이다.

> **증명**
>
> (i) $n=2$일 때
>
> (좌변)$=1+\dfrac{1}{2}=\dfrac{3}{2}$, (우변)$=\dfrac{2\times2}{2+1}=\dfrac{4}{3}$
>
> 이므로 $(*)$이 성립한다.
>
> (ii) $n=k\,(k\geq2)$일 때 $(*)$이 성립한다고 가정하면
>
> $1+\dfrac{1}{2}+\dfrac{1}{3}+\cdots+\dfrac{1}{k}>\dfrac{2k}{k+1}$이다.
>
> 위 부등식의 양변에 $\dfrac{1}{k+1}$을 더하면
>
> $1+\dfrac{1}{2}+\dfrac{1}{3}+\cdots+\dfrac{1}{k}+\dfrac{1}{k+1}>\boxed{(가)}\ \cdots\ \bigcirc$
>
> 이때, $\boxed{(가)}-\dfrac{2(k+1)}{(k+1)+1}=\dfrac{\boxed{(나)}}{(k+1)(k+2)}>0$
>
> 이므로 $\bigcirc$으로부터
>
> $1+\dfrac{1}{2}+\dfrac{1}{3}+\cdots+\dfrac{1}{k}+\dfrac{1}{k+1}>\dfrac{2(k+1)}{(k+1)+1}$
>
> 이다. 따라서 $n=k+1$일 때도 $(*)$이 성립한다.
>
> (i), (ii)에 의하여 $n\geq2$인 모든 자연수 n에 대하여 $(*)$이 성립한다.

위의 (가), (나)에 알맞은 식을 각각 $f(k)$, $g(k)$라 할 때, $f(8)\times g(9)$의 값은?

① 14   ② 15   ③ 16

④ 17   ⑤ 18

01 ☆

다음과 같이 일정한 규칙으로 나열된 수열의 제50항은?

$$\frac{1}{3}, \ \frac{1}{2}, \ \frac{3}{5}, \ \frac{2}{3}, \ \frac{5}{7}, \ \cdots$$

① $\dfrac{24}{25}$　　② $\dfrac{49}{50}$　　③ $\dfrac{50}{51}$

④ $\dfrac{25}{26}$　　⑤ $\dfrac{25}{27}$

02 ☆　　　　[2005년 수능]

등차수열 $\{a_n\}$에 대하여

$$a_1+a_2=10, \ a_3+a_4+a_5=45$$

가 성립할 때, a_{10}의 값은?

① 47　　② 45　　③ 43

④ 41　　⑤ 39

03 ☆☆☆　첨삭 해설

삼차방정식 $x^3-3x^2-2kx+8=0$의 세 근이 등차수열을 이룰 때, 상수 k의 값은?

① -1　　② 1　　③ 2

④ 3　　⑤ 4

04 ☆

다섯 개의 수 a, b, c, d, e가 이 순서대로 등차수열을 이루고 $a+c+e=6$일 때, $a+b+c+d+e$의 값은?

① 10　　② 11　　③ 12

④ 13　　⑤ 14

05 ☆☆　첨삭 해설

첫째항이 17, 공차가 -2인 등차수열 $\{a_n\}$에서 $|a_1|+|a_2|+|a_3|+\cdots+|a_{30}|$의 값은?

① 520　　② 522　　③ 524

④ 526　　⑤ 528

06 ☆☆　첨삭 해설　　　　[2009년 수능]

네 수 1, a, b, c는 이 순서대로 공비가 r인 등비수열을 이루고 $\log_8 c = \log_a b$를 만족시킨다. 공비 r의 값은?

(단, $r>1$)

① 2　　② $\dfrac{5}{2}$　　③ 3

④ $\dfrac{7}{2}$　　⑤ 4

07 ☆

등차수열 $\{a_n\}$에서 첫째항부터 제n항까지의 합이 $S_n=n^2+1$일 때, [보기]에서 옳은 것만을 있는 대로 고른 것은?

——————[보기]——————

ㄱ. $a_1=2$

ㄴ. $n \geq 2$일 때, $a_n=2n-1$

ㄷ. 수열 $\{a_{2n}\}$의 공차는 4이다.

① ㄱ　　② ㄴ　　③ ㄱ, ㄴ

④ ㄴ, ㄷ　　⑤ ㄱ, ㄴ, ㄷ

08 ☆

등비수열 $\{a_n\}$에 대하여 $a_1+a_2=1$, $a_3+a_4=3$이고 공비가 양수일 때, a_7+a_8의 값은?

① 18　　② 21　　③ 24

④ 27　　⑤ 30

09 ☆

등비수열 $\{a_n\}$에 대하여 $a_2=4$, $a_4=8$일 때, a_6의 값은?

① 10   ② 12   ③ 14
④ 16   ⑤ 18

10 ☆

첫째항이 4, 공비가 -3, 끝항이 324인 등비수열 $\{a_n\}$의 첫째항부터 끝항까지의 합은?

① 228   ② 236   ③ 244
④ 252   ⑤ 260

11 |서술형| ☆☆☆

수열 3, a_1, a_2, $\cdots$, a_n, -1536이 등비수열을 이루고 $a_1+a_2+a_3+\cdots+a_n=510$일 때, 공비 r와 n의 값의 합을 구하시오.

12 ☆

두 수열 $\{a_n\}$, $\{b_n\}$이 모든 자연수 n에 대하여 $a_n+b_n=10$을 만족시킨다. $\sum\limits_{k=1}^{10}(a_k+2b_k)=160$일 때, $\sum\limits_{k=1}^{10}b_k$의 값은?

① 60   ② 70   ③ 80
④ 90   ⑤ 100

13 ☆

$\sum\limits_{k=1}^{10}a_k=24$, $\sum\limits_{k=1}^{20}a_k=48$, $\sum\limits_{k=1}^{10}b_k=16$, $\sum\limits_{k=1}^{20}b_k=36$일 때, $\sum\limits_{k=11}^{20}(3a_k+b_k)$의 값은?

① 76   ② 80   ③ 84
④ 88   ⑤ 92

14 ☆

$\sum\limits_{k=1}^{10}(2^{k-1}+3k)$의 값은?

① 1166   ② 1188   ③ 2244
④ 2266   ⑤ 2288

15 ☆☆ 첨삭 해설

수열 $\{a_n\}$에서 $a_n=2n-3$일 때, $\sum\limits_{k=2}^{m}a_{k+1}=48$을 만족시키는 m의 값은?

① 4   ② 5   ③ 6
④ 7   ⑤ 8

16 ☆☆ 첨삭 해설

$\sum\limits_{k=1}^{9}(k-a)^2$의 값은 $a=p$일 때, 최솟값 q를 갖는다. 상수 p, q에 대하여 $p+q$의 값은?

① 55   ② 60   ③ 65
④ 70   ⑤ 75

17 ☆   [2014년 6월 평가원]

수열 $\{a_n\}$에 대하여

$$\sum_{k=1}^{n} a_k = n^2 - n \, (n \geq 1)$$

일 때, $\displaystyle\sum_{k=1}^{10} k a_{4k+1}$의 값은?

① 2960   ② 3000   ③ 3040

④ 3080   ⑤ 3120

18 ☆☆

수열 $\{a_n\}$에 대하여 $a_n = \dfrac{1}{2n-1} \, (n=1, 2, 3, \cdots)$일 때,

$\displaystyle\sum_{k=1}^{40} a_k a_{k+1}$의 값은?

① $\dfrac{10}{27}$ ② $\dfrac{35}{81}$ ③ $\dfrac{40}{81}$

④ $\dfrac{5}{9}$ ⑤ $\dfrac{50}{81}$

19 ☆☆

$\displaystyle\sum_{k=1}^{45} \dfrac{2\sqrt{k+3}}{\sqrt{k+4}+\sqrt{k+2}}$의 값은?

① $24\sqrt{2}$ ② $26\sqrt{2}$ ③ $24\sqrt{3}$

④ $26\sqrt{3}$ ⑤ $28\sqrt{3}$

20 ☆   [2017년 3월 교육청]

수열 $\{a_n\}$이 모든 자연수 n에 대하여

$$a_1 = 1, \quad a_{n+1} = \dfrac{k}{a_n + 2}$$

를 만족시킬 때, $a_3 = \dfrac{3}{2}$이 되도록 하는 상수 k의 값은?

① 4   ② 5   ③ 6

④ 7   ⑤ 8

21 |단답형| ☆

수열 $\{a_n\}$이

$$a_1 = 1, \ a_2 = 4, \ a_{n+1} = \dfrac{a_n + a_{n+2}}{2} \, (n=1, 2, 3, \cdots)$$

로 정의될 때, a_{10}의 값을 구하시오.

22 ☆

수열 $\{a_n\}$이

$$a_1 = \dfrac{1}{3}, \ a_2 = 3, \ a_{n+1}{}^2 = a_n a_{n+2} \, (n=1, 2, 3, \cdots)$$

로 정의될 때, $\log_3 a_{20}$의 값은?

① 37   ② 38   ③ 39

④ 40   ⑤ 41

23 ☆☆ 첨삭 해설

수열 $\{a_n\}$이 $a_1 = -\dfrac{3}{2}$이고, 모든 자연수 n에 대하여

$a_{n+1} = a_n + \dfrac{2}{n(n+2)}$를 만족시킬 때, a_{10}의 값은?

① $-\dfrac{9}{55}$ ② $-\dfrac{19}{110}$ ③ $-\dfrac{2}{11}$

④ $-\dfrac{21}{110}$ ⑤ $-\dfrac{1}{5}$

24 |서술형| ☆☆

수열 $\{a_n\}$이

$$a_1 = 1, \ 2a_{n+1} = a_n + 6 \, (n=1, 2, 3, \cdots)$$

으로 정의될 때, $a_{k+1} - a_k < \dfrac{1}{200}$을 만족시키는 자연수 k의 최솟값을 구하시오.

25 ★★☆ 첨삭 해설 [2016년 3월 교육청]

다음은 모든 자연수 n에 대하여

$$\sum_{k=1}^{n}(-1)^{k+1}k^2=(-1)^{n+1}\times\frac{n(n+1)}{2}\cdots(*)$$

이 성립함을 수학적 귀납법으로 증명한 것이다.

> **증명**
>
> (i) $n=1$일 때,
> $$(\text{좌변})=(-1)^2\times1^2=1$$
> $$(\text{우변})=(-1)^2\times\frac{1\times2}{2}=1$$
> 따라서 $(*)$이 성립한다.
>
> (ii) $n=m$일 때, $(*)$이 성립한다고 가정하면
> $$\begin{aligned}\sum_{k=1}^{m+1}(-1)^{k+1}k^2&=\sum_{k=1}^{m}(-1)^{k+1}k^2+\boxed{(가)}\\&=\boxed{(나)}+\boxed{(가)}\\&=(-1)^{m+2}\times\frac{(m+1)(m+2)}{2}\end{aligned}$$
> 이다.
> 따라서 $n=m+1$일 때도 $(*)$이 성립한다.
> (i), (ii)에 의하여 모든 자연수 n에 대하여 $(*)$이 성립한다.

위의 (가), (나)에 알맞은 식을 각각 $f(m)$, $g(m)$이라 할 때, $\dfrac{f(5)}{g(2)}$의 값은?

① 8 ② 10 ③ 12
④ 14 ⑤ 16

26 ★

자연수 n에 대한 명제 $p(n)$이 모든 홀수 n에 대하여 성립함을 수학적 귀납법으로 증명하려고 한다. [보기]에서 반드시 증명해야 하는 것만을 있는 대로 고른 것은?

> **[보기]**
> ㄱ. $p(1)$이 참이다.
> ㄴ. $p(n)$이 참이면 $p(n+1)$이 참이다.
> ㄷ. $p(2n-1)$이 참이면 $p(2n+1)$이 참이다.

① ㄱ ② ㄱ, ㄴ ③ ㄱ, ㄷ
④ ㄴ, ㄷ ⑤ ㄱ, ㄴ, ㄷ

27 ★★☆ 첨삭 해설

다음은 1보다 큰 모든 자연수 n에 대하여 부등식

$$\sum_{m=1}^{n}\frac{1}{2m(2m-1)}<\frac{1}{4}\left(3-\frac{1}{n}\right)$$

이 성립함을 수학적 귀납법으로 증명하는 과정이다.

> **증명**
>
> (i) $n=2$일 때,
> $$(\text{좌변})=\frac{1}{2\times1}+\frac{1}{4\times3}=\frac{7}{12},$$
> $$(\text{우변})=\frac{1}{4}\left(3-\frac{1}{2}\right)=\frac{5}{8}$$
> 이므로 주어진 부등식이 성립한다.
>
> (ii) $n=k\,(k\geq2)$일 때, 주어진 부등식이 성립한다고 가정하면
> $$\sum_{m=1}^{k}\frac{1}{2m(2m-1)}<\frac{1}{4}\left(3-\frac{1}{k}\right)$$
> 이 식의 양변에 $\boxed{(가)}$을 더하면
> $$\sum_{m=1}^{k+1}\frac{1}{2m(2m-1)}<\frac{1}{4}\left(3-\frac{1}{k}\right)+\boxed{(가)}$$
> 한편, $2(2k+1)>4k$이므로
> $$\frac{1}{4}\left(3-\frac{1}{k}\right)+\boxed{(가)}<\frac{1}{4}\left(3-\frac{1}{k}\right)+\boxed{(나)}$$
> $$=\frac{1}{4}\left(3-\frac{1}{k+1}\right)$$
> 따라서 $n=k+1$일 때도 주어진 부등식이 성립한다.
> (i), (ii)에 의하여 1보다 큰 모든 자연수 n에 대하여 주어진 부등식이 성립한다.

위의 증명 과정에서 (가), (나)에 알맞은 식을 각각 $f(k)$, $g(k)$라 할 때, $\dfrac{f(10)}{g(21)}$의 값은?

① 2 ② 4 ③ 6
④ 8 ⑤ 10

No. 1 생각의 순서를 만들어주는 책

문제 해결이 어려운 이유는 문제 해결에 실마리가 되는 생각의 순서가 잡혀 있지 않기 때문입니다. 이 교재는 문제 해결에 필요한 생각의 순서를 쉽게 단계적으로 잡아줍니다.

No. 2 개념의 적용 원리를 깨우치는 책

수학을 잘 하기 위해서는 개념을 잘 활용할 수 있어야 합니다. 이 교재는 어떤 문제든 적절하게 개념을 이용할 수 있도록 해주는 비법이 들어있습니다.

No. 3 문제를 분석하는 힘을 키우는 책

문제를 해결하기 위해서는 문제를 분석하는 작업이 필요합니다. 이 교재는 문제 하나를 제대로 분석하면서 2~3가지의 개념을 동시에 확장해서 적용하였습니다.

No. 4 나선형 학습으로 개념이 쉽게 익숙해지는 책

문제를 풀면서 실력이 성장하고 있다는 것을 스스로 느낄 수 있도록 나선형 반복 학습 체계를 구성하였습니다.

XISTORY HONORS CLUB

대한민국 No.1

자이스토리 제8기 장학생 선발!!

자이스토리와 함께 빛나는 성취를 이루어낸 수험생 여러분께
수경출판사가 장학금을 드립니다.

응모자격 · 2022 자이스토리 고등 교재로 학습을 한 고1·2·3학년, N수생

선발일정 · 2023년 2월 8일까지 접수 (이메일 접수)
· 2023년 2월 21일 수상자 발표
· 2023년 2월 28일 장학금 수여

선발기준 · 2022 자이스토리 교재를 활용해 얻은
학업 성취에 대해 진솔한 학습법을 작성한 학생

시상내역 · 자이스토리 장학금 3,000만 원+α
· 부상 : Xistory Honors Club 장학증서,
Xistory Honors Club 백팩(샘소나이트)

★ 이현일 장학금 총 400만 원(2명)
(대학입학시 100만 원+졸업시 100만 원 지급)

"이현일 장학금"은 MIT출신으로 현 샌프란시스코 재미한인 협회장이신 이현일 씨가 우리나라 이공계
학생들을 후원하기 위해 수경출판사에 기탁한 장학금입니다. 『한국 열등생, MIT우등생』 저자

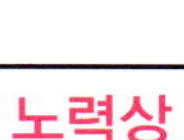

· XISTORY 1st HONORS CLUB 장학금은 2016년 2월 20일에 지급되었습니다.
· XISTORY 2nd HONORS CLUB 장학금은 2017년 2월 24일에 지급되었습니다.
· XISTORY 3rd HONORS CLUB 장학금은 2018년 2월 27일에 지급되었습니다.
· XISTORY 4th HONORS CLUB 장학금은 2019년 2월 27일에 지급되었습니다.
· XISTORY 5th HONORS CLUB 장학금은 2020년 2월 28일에 지급되었습니다.
· XISTORY 6th HONORS CLUB 장학금은 2021년 2월 26일에 지급되었습니다.
· XISTORY 7th HONORS CLUB 장학금은 2022년 2월 25일에 지급되었습니다.

* 자세한 내용은 수경출판사 홈페이지 검색 www.book-sk.kr 를 참조하여 주시기 바랍니다.

자이스토리 · 수경출판사

*나만의 학습계획표를 올려주세요.

교재 앞쪽에 있는 학습계획표를 작성하고, 사진을 찍어 SNS
또는 수험생 커뮤니티에 업로드해주시면 매월 추첨을 통하여
강남 인강 1년 수강권 또는 **모바일 상품권 3천 원**을 드립니다.

대　　상 : 수경출판사 교재 사용자라면 누구나
응모기간 : 매월 1일 ~ 말일까지
발　　표 : 매월 10일에 우수 후기 작성자 선발(개별 통지)
　　　　　 – 모바일 상품권 3천 원/강남인강 1년 수강권 증정

* 참여 방법 *

1단계 교재에 있는 학습계획표를 열심히 작성하고, 사진
을 찍어 SNS 또는 수험생 커뮤니티에 업로드합니다.
(필수 해시태그 #수경출판사 #자이스토리 #수능
#기출 #학습계획표 #공스타그램)

2단계 오른쪽 QR코드를 스캔하여 개인
정보 작성 및 작성한 게시물의 URL
을 인증합니다.

*수경 Mania가 되어주세요.

온라인 공간에 수경출판사 교재의 **사용 후기**를 작성하시면
매월 우수 작성자에게 푸짐한 **선물**을 드립니다.

대　　상 : 수경출판사 교재 사용자라면 누구나(교사, 학부모 포함)
응모기간 : 매월 1일 ~ 말일까지
발　　표 : 매월 10일에 우수 후기 작성자 선발(개별 통지)
시상내역 : **＊우수 후기 작성자**
　　　　　 – 원하는 수경출판사의 교재 1권 제공
　　　　　 ＊최우수 후기 작성자
　　　　　 – 강남인강 1년 수강권 + 원하는 수경출판사의 교재 1권 제공

* 작성 및 응모 방법 *

1단계 온라인 공간(카페, 블로그 등)에 본인이 직접 수경
출판사 교재에 대한 학습 후기나 서평을 올립니다.

2단계 오른쪽 QR코드를 스캔하여 교재후기
(서평)가 작성되어 있는 곳의 URL,
개인 정보, 당첨 시 받고 싶은 수경
출판사 교재 1권의 교재명 등을 입력
해주세요.

*수험장 생생체험단 모집!! (자이스토리 명품 해설편에 실림)

대 상
2023학년도 대입수능을 지원한 고3 및 N수생 (성적 우수자 우선 선발)

모집인원
2023학년도 각 영역별 1~5명

일 정
· 2022년 8월 1일~11월 17일 : 생생체험 원고단 후보 등록
· 2022년 11월 18일~21일 : 자이스토리 각 교재별 생생체험 원고단 선정(개별 통보)
· 2022년 11월 21일~22일 : 수험장에서 겪은 생생한 체험을 담은 원고 제출
· 2022년 12월 중순~12월 말 : 자이스토리 각 교재에 프로필과 사진, 원고 수록

★ 생생체험단으로 선정되신 수험생에게는 소정의 원고료를 드립니다.

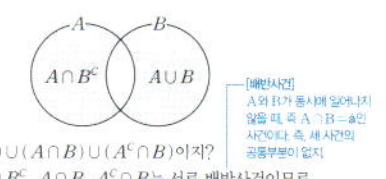

* 위 이벤트들의 자세한 내용은 수경출판사 홈페이지 [검색] 수경출판사 　또는 페이스북 [f] 자이스토리 [Q] 를 참조하여 주시기 바랍니다.

◉ (주)수경출판사의 모든 교재에는 **마인드 트리**가 있습니다.

◉ 교재의 **마인드 트리** 10개를 모아서 보내주시는 모든 분께 선물을 드립니다.

◉ 각각 다른 교재의 **마인드 트리**를 모아 주셔야 됩니다.

>> 다음 교재 중 1권과 개념정리 노트 1권을 드립니다.

- 30일 완성 국어 필수 어휘 [1225 어휘]
- 문제로 풀어 가는 기출 보카 [고교 기본편]
- 형상기억 수학공식집
  □ 고1 수학   □ 인문계   □ 자연계

중 1권 +  개념정리 노트 1권

◉ 보내실 곳 : 서울시 영등포구 양평로 21길 26(양평동 5가) IS비즈타워 807호
   (주)수경출판사 (우 07207)

◉ 언제든지 엽서에 붙이거나, 편지 봉투에 넣어 보내 주세요.

*오려서 보내 주세요.

우 편 봉 함 엽 서

보내는 사람

*주소 ___________________________

*이름 ___________   *학년 (중 ___ . 고 ___)

□ □ □ □ □

우표

받는 사람

서울시 영등포구 양평로 21길 26(양평동 5가)
IS비즈타워 807호
(주)수경출판사 교재 기획실

０ ７ ２ ０ ７

심플 자이스토리 수학 I

---

1. 이 책을 구입하게 된 동기는 무엇입니까? [교재명 :   ]

   ① 서점에서 다른 책들과 비교해 보고   ② 광고를 보고/듣고   ③ 학교/학원 보충 교재 [학교명(학원명):   ]
   ④ 선생님의 추천   ⑤ 친구/선배의 권유   ⑥ 기타 [   ]

2. 교재를 선택할 때 가장 큰 기준이 되는 것은?(복수 응답 가능)

   ① 유명 출판사   ② 교재 내용   ③ 디자인   ④ 난이도
   ⑤ 교재 분량   ⑥ 해설   ⑦ 동영상 강의   ⑧ 기타 [   ]

3. 이 책의 전반적인 부분에 대한 질문입니다.

   ◆ 표지 디자인: 좋다 □   보통이다 □   좋지 않다 □   ◆ 본문 디자인: 좋다 □   보통이다 □   좋지 않다 □
   ◆ 문제 난이도: 어렵다 □   알맞다 □   쉽다 □   ◆ 교재의 분량: 많다 □   알맞다 □   적다 □

4. 이 책의 구성 요소를 평가한다면?

   • 핵심 개념 정리 (   )   • 개념 CHECK (   )   • 연산 연습 (   )
   • 유형 연습 (   )   • 연습 문제 (   )   • 대단원 TEST (   )

   ① 매우 만족   ② 만족   ③ 보통   ④ 불만   ⑤ 매우 불만

5. 이 책에서 추가되어야 할 점이 있다면 무엇입니까?

____

____

6. 최근 본인이 크게 도움을 받은 책이 있다면?(또는 가장 인기있는 교재는?)

교재명 :　　　　　　　　　　과목 :

____

____

7. 내가 원하는 교재가 있다면?

____

____

____

____

이름 :	연락처 :	이메일 :
	학 교 :	학 년 :

❄ **마인드 트리**를 붙이고 원하는 교재를 체크하세요.

mind tree 1	mind tree 2	mind tree 3	mind tree 4	mind tree 5
mind tree 6	mind tree 7	mind tree 8	mind tree 9	mind tree 10

※ 원하는 교재를 `1권` 체크

☐ 30일 완성 국어 필수 어휘 `1225 어휘`	☐ 문제로 풀어 가는 기출 보카 `고교 기본편`	☐ 형상기억 수학 공식집 `고1 수학`	☐ 형상기억 수학 공식집 `인문계`	☐ 형상기억 수학 공식집 `자연계`

수학 공식과 개념을 머릿속에 사진으로 저장!

형상기억 수학 공식집

[고등 수학 공식집]

- **[고1용]** 고1 수학
- **[인문계용]** 수학Ⅰ + 수학Ⅱ + 확률과 통계
- **[자연계용]** 수학Ⅰ + 수학Ⅱ + 확률과 통계 + 미적분 + 기하

[중등 수학 공식집]

- **[학년편]** 중1 수학 / 중2 수학 / 중3 수학
- **[종합편]** 3개년 수학 종합 (중1+중2+중3)

---

❶ 개념의 압축 정리 + 공식의 형상화

내신 + 수능 대비를 위한 교과서 핵심 개념과 공식을 쉽게 공부할 수 있도록 압축 정리하였습니다. 또, 추상적인 개념이나 공식을 형상화하여 머릿속에 확실히 각인시킵니다.

❷ 한 권으로 끝내는 개념 + 공식 총정리

수학은 연계 + 계통 학습이 매우 중요합니다. 초등부터 고등까지 수학 개념의 연계 과정을 알 수 있게 단계별로 관련 내용을 정리하여 개념의 이해를 돕고, 확장 개념에 대한 수학적 사고력을 높여줍니다.

❸ 공식을 문제에 적용하는 훈련으로 수학 실력 완성

수학 공식은 단순히 외우기만 해서는 안 됩니다. 핵심 개념 문제와 종합 연습 문제를 통해 문제에 어떻게 적용하고 풀어야 하는지를 단계별로 학습하면 공식과 개념을 한 층 더 깊게 이해 할 수 있어 수학 실력이 쑥쑥 오릅니다.

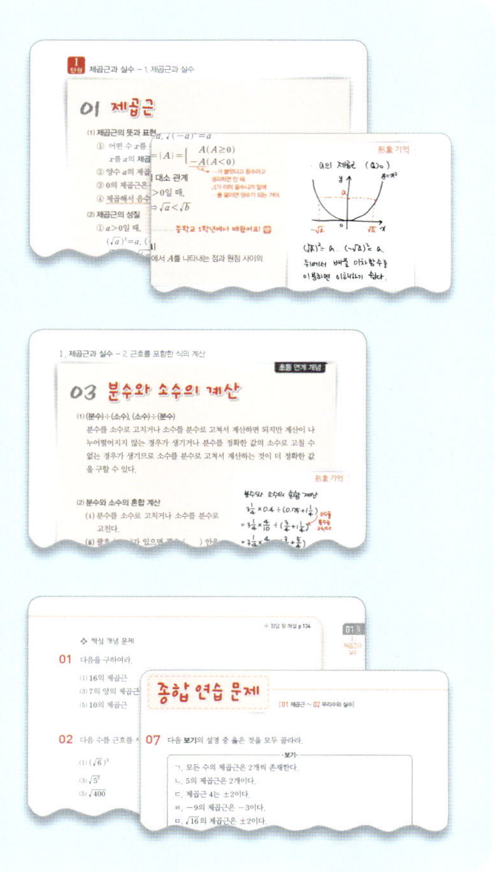

수학 Ⅰ

[해설편]

I 지수함수와 로그함수

A 거듭제곱과 거듭제곱근

01 n제곱, 거듭제곱 02 n제곱근, 거듭제곱근 03 n
04 × 05 × 06 ○ 07 ○ 08 2^5
09 $3^2 \times 7^3$ 10 $3^2 \times 5^2 \times 7^2$ 11 $a^2 \times b^4$ 12 $\left(\dfrac{1}{2}\right)^3$
13 128 14 729 15 216 16 $\dfrac{125}{216}$ 17 $\dfrac{1}{3}$
18 $\dfrac{x^3}{y}$ 19 $x^8 y^{22}$ 20 $\dfrac{8x^{26}y^5}{9}$ 21 $\dfrac{y^6}{4}$ 22 2
23 -3 24 -3 25 $-\dfrac{1}{2}$ 26 -4 27 $2, -2$
28 $3, -3$ 29 2 30 5 31 11 32 1
33 $\sqrt[6]{15} < \sqrt[3]{4} < \sqrt{3}$ 34 $\sqrt[3]{3\sqrt{2}} < \sqrt{2\sqrt{2}}$
35 ⑤ 36 ③ 37 ① 38 ② 39 ⑤ 40 ③
41 ③ 42 ⑤ 43 ④ 44 ⑤ 45 ③ 46 ②
47 ④ 48 ④ 49 ④ 50 ② 51 ② 52 ③
53 ④ 54 ⑤ 55 ④ 56 144 57 23 58 5
59 36 60 ④ 61 ④ 62 ① 63 ④

B 지수의 확장과 지수법칙

01 $\dfrac{1}{a^n}$ 02 $\sqrt[n]{a^m}$ 03 $r-s$ 04 a^{xy} 05 $a^x b^x$ 06 ○
07 × 08 × 09 × 10 1 11 $\dfrac{1}{49}$ 12 $\dfrac{1}{9}$
13 $\dfrac{9}{49}$ 14 1 15 $\dfrac{1}{a^4}$ 16 a^{26} 17 $\dfrac{1}{a^6}$ 18 $2^{\frac{5}{4}}$
19 $5^{\frac{4}{7}}$ 20 $2^{\frac{3}{2}}$ 21 $5^{\frac{2}{3}}$ 22 $\sqrt[3]{16^2}$ 23 $\sqrt[3]{\left(\dfrac{1}{6}\right)^2}$
24 $\sqrt[10]{\dfrac{1}{243}}$ 25 $\sqrt[8]{16^3}$ 26 36 27 16
28 $\dfrac{9}{4}$ 29 $9^{\frac{1}{3}}$ 30 $\dfrac{1}{a}$ 31 $a^{\frac{7}{24}}$ 32 $a^{\frac{23}{24}}$ 33 $5^{\frac{3\sqrt{3}}{2}}$
34 7 35 36 36 $2^{\sqrt{2}}$ 37 $a^{\sqrt{2}-3}$ 38 $a^{-\frac{\sqrt{2}}{2}}$
39 $a^{20}b^7$ 40 $a-b$ 41 ① 42 ① 43 ③
44 ③ 45 ③ 46 ① 47 8 48 23 49 ③
50 ④ 51 64 52 ⑤ 53 ① 54 9 55 ④
56 ④ 57 ④ 58 11 59 ② 60 ④ 61 ①
62 ③ 63 ② 64 ③ 65 ④ 66 ② 67 4
68 ④ 69 ④ 70 ④ 71 ② 72 ② 73 ①
74 ④ 75 ① 76 ③ 77 20 78 ② 79 ③
80 16 81 140 82 ⑤ 83 ②

연습 [A–B]

01 ④ 02 ② 03 108 04 5 05 ③ 06 ①
07 ① 08 ③ 09 ④ 10 ⑤ 11 ③ 12 ⑤
13 ③ 14 ② 15 20

C 로그

01 $\log_a b$, 로그 02 $a>0$, $a\neq 1$, $b>0$ 03 0, 1
04 $\dfrac{n}{m}$ 05 × 06 × 07 ○ 08 ○ 09 ×
10 $2^4 = 16$ 11 $3^3 = 27$ 12 $9^{\frac{1}{2}} = 3$
13 $3^{-4} = \dfrac{1}{81}$ 14 $6 = \log_2 64$ 15 $-4 = \log_2 \dfrac{1}{16}$
16 $\dfrac{1}{2} = \log_2 \sqrt{2}$ 17 $2 = \log_{0.1} 0.01$ 18 $\dfrac{1}{4}$ 19 $\dfrac{1}{27}$
20 2 21 16 22 0 23 1 24 3 25 10
26 6 27 2 28 $p+2q+3r$ 29 $p+q-r$
30 $\dfrac{1}{2}p + \dfrac{1}{2}q + r$ 31 $p-q-r$ 32 2 33 1
34 $\dfrac{3+b}{1+a+b}$ 35 $\dfrac{2a+b}{2b}$ 36 $\dfrac{2b}{a}$ 37 $\dfrac{a+b}{a}$
38 $\dfrac{2+b}{a+b}$ 39 6 40 81 41 $\sqrt{2}$ 42 256
43 0 44 $\dfrac{35}{4}$ 45 2 46 -1 47 ④ 48 ①
49 ③ 50 ④ 51 3 52 ② 53 ⑤ 54 ⑤
55 ③ 56 15 57 ③ 58 ④ 59 ⑤ 60 ④
61 ⑤ 62 ② 63 ① 64 ② 65 ① 66 ①
67 ② 68 ⑤ 69 ① 70 ① 71 ③ 72 ④
73 1 74 2 75 8 76 ② 77 ④ 78 ④
79 ② 80 ①

D 상용로그

01 상용로그, $\log N$　**02** 상용로그표　**03** 소수

04 ○　**05** ○　**06** ×　**07** ×　**08** ○　**09** 3

10 -2　**11** -5　**12** -3　**13** -1　**14** 2　**15** 1

16 16　**17** 2.3945　**18** -2.6055　**19** 5.3945

20 -4.6055　**21** 568　**22** 56800　**23** 0.000568

24 0.00568　**25** 0.4969　**26** 2.5092　**27** -1.4672

28 1.1737　**29** 31　**30** 24　**31** 20　**32** 13

33 1　**34** ②　**35** ①　**36** ④　**37** ⑤　**38** ④

39 ①　**40** ③　**41** ①　**42** ⑤　**43** 22　**44** ④

45 66　**46** ②　**47** ②　**48** ④　**49** ②　**50** ③

연습 [C-D]

01 ④　**02** 69　**03** ②　**04** ①　**05** ②　**06** ③

07 ③　**08** 13　**09** ②　**10** ④　**11** ②　**12** 10

13 ①　**14** ②　**15** $10^{2019}-1$

E 지수함수

01 지수함수　**02** 실수 전체의 집합, 양의 실수 전체의 집합

03 증가, 감소　**04** ○　**05** ×　**06** ○　**07** ○

08 ㄱ, ㄹ, ㅁ, ㅂ　**09** 4　**10** $\dfrac{1}{8}$　**11** $\dfrac{\sqrt{2}}{2}$　**12** $\dfrac{1}{4}$

13 $a=2, b=1$　**14** $\left(\dfrac{1}{2}\right)^{0.1}<8$　**15** $3^{-3}<\dfrac{1}{9}$

16 $0.5^{\frac{1}{3}}<\sqrt[3]{4}<(\sqrt{2})^2$　**17** $y=3^{x+1}+3$　**18** $y=-3^x$

19 $y=3^{-x}$　**20** $y=-3^{-x}$　**21** 풀이 참조

22 최댓값 : 8, 최솟값 : $\dfrac{1}{2}$　**23** 최댓값 : 81, 최솟값 : $\dfrac{1}{9}$

24 최댓값 : 128, 최솟값 : $\dfrac{1}{32}$

25 최댓값 : 19, 최솟값 : $\dfrac{13}{4}$　**26** ③　**27** ④　**28** ②

29 ③　**30** ⑤　**31** ⑤　**32** ④　**33** ①　**34** ②

35 ①　**36** 81　**37** ③　**38** ③　**39** ③　**40** ③

41 ⑤　**42** ④　**43** ④　**44** ⑤　**45** ②　**46** ①

47 ③　**48** ②　**49** ②　**50** ③　**51** ④　**52** ①

53 ③　**54** 3　**55** ④

F 지수함수의 활용

01 지수방정식, 지수부등식　**02** $f(x)=g(x)$　**03** $a=b$

04 $f(x)<g(x), f(x)>g(x)$　**05** ○　**06** ×　**07** ×

08 ○　**09** ×　**10** $x=\dfrac{7}{3}$　**11** $x=5$　**12** $x=\dfrac{11}{4}$

13 $x=0$ 또는 $x=3$　**14** $x=1$ 또는 $x=-2$　**15** $x=2$

16 $x=0$　**17** $x=2$ 또는 $x=3$　**18** $x>\dfrac{1}{4}$

19 $x\geq-1$　**20** $x<6$　**21** $-1\leq x\leq4$　**22** $1<x<2$

23 $1<x<2$　**24** $-1\leq x\leq2$　**25** $-2<x<4$

26 ④　**27** ③　**28** ①　**29** ③　**30** ②　**31** ②

32 ⑤　**33** ②　**34** ⑤　**35** ②　**36** ③　**37** ③

38 ②　**39** ②　**40** ④　**41** ③　**42** ③　**43** ③

44 ②　**45** ④　**46** ②　**47** ②　**48** ③　**49** ③

50 ④　**51** ④　**52** ⑤　**53** ③　**54** ③

연습 [E-F]

01 ①　**02** ③　**03** ③　**04** 10　**05** ④　**06** ⑤

07 ①　**08** 22　**09** 3　**10** ①　**11** 100　**12** ②

13 7　**14** ②　**15** ②

G 로그함수

01 로그함수　**02** $y=\log_a(x-m)+n$　**03** $0<a<1$

04 ○　**05** ×　**06** ○　**07** ×　**08** ○

09 $\{x|x>1\}$　**10** $\{x|x<3\}$　**11** $\{x|x>0\}$

12 $\{x|x\neq-3$인 모든 실수$\}$　**13** $a=1, b=4$

14 $\log_2 8>\log_2 6$　**15** $\log_{\frac{1}{2}}5<\log_{\frac{1}{2}}\dfrac{1}{5}$

16 $\log_3\sqrt{12}<\log_3 4<2\log_3 4$　**17** $y=\log_3(x+1)+4$

18 $y=-\log_3 x$　**19** $y=\log_3(-x)$　**20** $y=-\log_3(-x)$

21 풀이 참조　**22** 풀이 참조　**23** 최댓값 : 4, 최솟값 : 1

24 최댓값 : -3, 최솟값 : -6

25 최댓값 : -1, 최솟값 : $-\log_3 20$

26 최댓값 : 11, 최솟값 : 7　**27** ②　**28** ①　**29** ③

30 ④　**31** ④　**32** ④　**33** ④　**34** ②　**35** 12

36 ③　**37** ②　**38** ③　**39** 4　**40** ②　**41** ③

42 ③　**43** ①　**44** ⑤　**45** ②　**46** ②　**47** ⑤

48 3　**49** ③　**50** ④　**51** ②　**52** ④　**53** ②

54 ①　**55** ①　**56** ③　**57** ③

H 로그함수의 활용

01 $f(x)=a^b$ **02** $f(x)=g(x)$ **03** $g(x)=h(x)$

04 $0<f(x)<g(x),\ 0<g(x)<f(x)$ **05** ○ **06** ○

07 × **08** ○ **09** × **10** $x=\dfrac{1}{9}$ **11** $x=5$

12 $x=2$ **13** $x=1$ **14** $x=2$ 또는 $x=\dfrac{1}{4}$

15 $x=9$ 또는 $x=\dfrac{1}{81}$ **16** $x=2$ 또는 $x=16$

17 $x=\dfrac{1}{64}$ 또는 $x=8$ **18** $0<x\leq2$ **19** $x>1$

20 $\dfrac{1}{2}<x<\dfrac{3}{2}$ **21** $0<x<1$ **22** $2\leq x<6$

23 $3<x\leq4$ **24** $-4<x<-3$ 또는 $0<x<1$

25 $0<x<\dfrac{1}{2}$ 또는 $x>16$ **26** ⑤ **27** ③ **28** ②

29 ④ **30** ① **31** ② **32** ② **33** ① **34** ②

35 ② **36** ⑤ **37** ② **38** ⑤ **39** ② **40** ④

41 12 **42** ⑤ **43** ③ **44** ⑤ **45** ② **46** ①

47 ② **48** ② **49** ③ **50** ④ **51** ② **52** ②

53 ① **54** ② **55** ④ **56** ②

연습 [G-H]

01 ⑤ **02** 13 **03** ③ **04** ① **05** ④ **06** ③

07 ① **08** 2 **09** ② **10** ② **11** $\dfrac{1}{81}$ **12** ①

13 ③ **14** ② **15** 14 **16** ②

I 대단원 TEST [A-H]

01 ① **02** ④ **03** ② **04** ⑤ **05** ② **06** ④

07 ③ **08** ③ **09** ① **10** 7 **11** ⑤ **12** ①

13 ③ **14** ④ **15** ⑤ **16** ① **17** ⑤ **18** ②

19 ② **20** ⑤ **21** 1 **22** 15 **23** ⑤ **24** ①

25 1 **26** 12 **27** 25 **28** ② **29** ④

Ⅱ 삼각함수

I 일반각과 호도법

01 일반각 **02** 1라디안, 호도법 **03** $r\theta,\ \dfrac{1}{2}r^2\theta,\ \dfrac{1}{2}rl$

04 ○ **05** × **06** ○ **07** ○ **08** ○

09 풀이 참조 **10** 풀이 참조 **11** ㄱ과 ㄷ, ㄴ과 ㄹ

12 $360°\times n+120°$ (n은 정수) **13** $360°\times n+120°$ (n은 정수)

14 $360°\times n+30°$ (n은 정수) **15** $360°\times n+240°$ (n은 정수)

16 제3사분면의 각 **17** 제1사분면의 각

18 제4사분면의 각 **19** 제2사분면의 각

20 $\dfrac{\pi}{2}$ **21** $\dfrac{7}{12}\pi$ **22** $-\dfrac{5}{6}\pi$ **23** $-\dfrac{5}{4}\pi$ **24** $45°$

25 $72°$ **26** $-210°$ **27** $-300°$ **28** $l=4\pi,\ S=12\pi$

29 5 **30** $\dfrac{3}{4}$ **31** ② **32** ① **33** ① **34** ④

35 ④ **36** ③ **37** ⑤ **38** ⑤ **39** ② **40** ③

41 ③ **42** ⑤ **43** ② **44** ④ **45** ② **46** ①

47 ② **48** ② **49** ③ **50** ④ **51** ④ **52** ①

53 ② **54** ③ **55** ④ **56** ① **57** ③

J 삼각함수

01 $\dfrac{y}{r},\ \dfrac{x}{r},\ \dfrac{y}{x}$ **02** $<,\ <$ **03** $\sin\theta$ **04** $1,\ \dfrac{1}{4}$

05 ○ **06** ○ **07** ○ **08** × **09** × **10** $\dfrac{12}{13}$

11 $-\dfrac{5}{13}$ **12** $-\dfrac{12}{5}$

13 $\mathrm{P}\left(-\dfrac{\sqrt{2}}{2},\ -\dfrac{\sqrt{2}}{2}\right),\ -\dfrac{\sqrt{2}}{2},\ -\dfrac{\sqrt{2}}{2},\ 1$

14 $\mathrm{P}(-1,\ -1),\ -\dfrac{\sqrt{2}}{2},\ -\dfrac{\sqrt{2}}{2},\ 1$

15 $\mathrm{P}(-\sqrt{2},\ -\sqrt{2}),\ -\dfrac{\sqrt{2}}{2},\ -\dfrac{\sqrt{2}}{2},\ 1$

16 $\sin\theta=\dfrac{4}{5},\ \tan\theta=\dfrac{4}{3}$ **17** $\sin\theta=-\dfrac{4}{5},\ \tan\theta=-\dfrac{4}{3}$

18 $\dfrac{\pi}{3},\ \dfrac{\sqrt{3}}{2}$ **19** $\dfrac{\pi}{6},\ \dfrac{\sqrt{3}}{2}$ **20** $\cos,\ \dfrac{\sqrt{3}}{2}$

21 $-\tan,\ -1$ **22** $\tan,\ 1$ **23** $\dfrac{\pi}{6},\ -\dfrac{1}{2}$

24 $\dfrac{\pi}{6},\ \dfrac{1}{2}$ **25** $\dfrac{\pi}{3},\ -\dfrac{1}{2}$ **26** $\dfrac{\pi}{6},\ -\dfrac{1}{2}$

27 $-\tan,\ -1$ **28** $\dfrac{\pi}{6},\ \sqrt{3}$ **29** $\cos,\ \dfrac{\sqrt{2}}{2}$

30 ② **31** ⑤ **32** ④ **33** ⑤ **34** ⑤ **35** ③

36 ③ **37** ② **38** ① **39** ⑤ **40** ④ **41** ③

42 ④ **43** ⑤ **44** ① **45** ③ **46** ② **47** ③

48 ④ **49** ⑤ **50** ② **51** ③ **52** ② **53** ⑤

54 ⑤ **55** 0 **56** 1 **57** ④ **58** ④ **59** ①

60 ③ **61** ② **62** ② **63** ② **64** ① **65** ③

66 ② **67** ① **68** ⑤ **69** ④ **70** ⑤ **71** ④

72 ① **73** ② **74** ③ **75** ①

연습 [I-J]

01 ④ 02 ① 03 ⑤ 04 ① 05 $l=20,\ \theta=2$
06 ④ 07 ① 08 ④ 09 ④ 10 ① 11 ③
12 27 13 1

K 삼각함수의 그래프

01 주기 02 2π, 원점 03 $\{y\,|\,-1\le y\le 1\}$
04 $\theta=n\pi+\dfrac{\pi}{2}$ (단, n은 정수) 05 ○ 06 × 07 ○
08 × 09 3 10 3 11 6 12 4 13 4
14 8 15 실수 전체의 집합 16 $\{y\,|\,-1\le y\le 1\}$
17 2π 18 원점에 대하여 대칭 19 실수 전체의 집합
20 $\{y\,|\,-1\le y\le 1\}$ 21 2π 22 y축에 대하여 대칭
23 $\theta\ne n\pi+\dfrac{\pi}{2}$ (단, n은 정수)인 실수 전체의 집합
24 실수 전체의 집합 25 π 26 원점에 대하여 대칭
27 $\theta=n\pi+\dfrac{\pi}{2}$ (단, n은 정수) 28 ③ 29 ③
30 ④ 31 ⑤ 32 ⑤ 33 ② 34 ② 35 ④
36 ④ 37 2π 38 ⑤ 39 ②

L 삼각함수의 최대·최소와 주기

01 $\{y\,|\,-3\le y\le 3\}$, 3, -3, 2π 02 없고, $\dfrac{\pi}{2}$
03 2, 1 04 ○ 05 × 06 ○ 07 ○
08 풀이 참조 09 풀이 참조 10 풀이 참조
11 최댓값 : $\dfrac{1}{4}$, 최솟값 : $-\dfrac{1}{4}$ 12 최댓값 : 5, 최솟값 : -5
13 최댓값 : 없다, 최솟값 : 없다 14 풀이 참조
15 풀이 참조 16 풀이 참조 17 π, 1, 2π
18 $\dfrac{\pi}{2}$, 1, π 19 $\dfrac{\pi}{3}\cdot\dfrac{\pi}{3}$
20 최댓값 : 4, 최솟값 : -2, 주기 : 4π
21 최댓값 : -1, 최솟값 : -3, 주기 : π
22 최댓값 : 없다, 최솟값 : 없다, 주기 : $\dfrac{\pi}{3}$ 23 ①
24 ④ 25 ① 26 ④ 27 ② 28 ⑤ 29 ②
30 $\dfrac{\pi}{3}$ 31 ⑤ 32 ① 33 ② 34 ③ 35 ④
36 ③ 37 41 38 ③ 39 2 40 ⑤ 41 ①
42 ⑤ 43 ③ 44 ① 45 ② 46 ④ 47 ⑤

M 삼각방정식과 삼각부등식

01 삼각방정식 02 $y=a$, x 03 삼각부등식
04 $y=a$, 아래 05 × 06 ○ 07 ○ 08 ○
09 $x=\dfrac{\pi}{4}$ 또는 $x=\dfrac{3}{4}\pi$ 10 $x=\dfrac{\pi}{3}$ 또는 $x=\dfrac{5}{3}\pi$
11 $x=\dfrac{\pi}{6}$ 또는 $x=\dfrac{7}{6}\pi$ 12 $x=\dfrac{4}{3}\pi$ 또는 $x=\dfrac{5}{3}\pi$
13 $x=\dfrac{3}{4}\pi$ 또는 $x=\dfrac{5}{4}\pi$ 14 $x=\dfrac{3}{4}\pi$ 또는 $x=\dfrac{7}{4}\pi$
15 $\dfrac{\pi}{6}<x<\dfrac{5}{6}\pi$ 16 $0\le x<\dfrac{\pi}{6}$ 또는 $\dfrac{11}{6}\pi<x<2\pi$
17 $\dfrac{\pi}{3}<x<\dfrac{\pi}{2}$ 또는 $\dfrac{4}{3}\pi<x<\dfrac{3}{2}\pi$
18 $0\le x\le\dfrac{7}{6}\pi$ 또는 $\dfrac{11}{6}\pi\le x<2\pi$ 19 $\dfrac{5}{6}\pi\le x\le\dfrac{7}{6}\pi$
20 $\dfrac{\pi}{2}<x\le\dfrac{2}{3}\pi$ 또는 $\dfrac{3}{2}\pi<x\le\dfrac{5}{3}\pi$ 21 ④ 22 ⑤
23 ④ 24 ② 25 ③ 26 ⑤ 27 ① 28 ①
29 ② 30 ③ 31 ② 32 ① 33 ③ 34 ①
35 ⑤ 36 ④ 37 ② 38 ② 39 ④ 40 ⑤
41 ④ 42 ① 43 ④ 44 ② 45 ⑤ 46 ②
47 ② 48 ⑤

연습 [K-M]

01 ⑤ 02 A 또는 $\{y\,|\,-1\le y\le 1\}$ 03 ⑤ 04 ③
05 9 06 ① 07 9 08 ⑤ 09 ② 10 ②
11 ② 12 ① 13 ⑤ 14 ⑤

N 사인법칙과 코사인법칙

01 내접, a, $\sin B$, c, 사인법칙 02 사인법칙, 일정
03 코사인법칙, $\cos A$, c^2+a^2, c^2 04 ○ 05 ×
06 ○ 07 ○ 08 $R=3$, $a=3\sqrt{2}$ 09 $R=4$, $a=4\sqrt{3}$
10 $A=30°$, $B=60°$, $C=90°$
11 $a=2R\sin A$, $b=2R\sin B$, $c=2R\sin C$
12 $1:\sqrt{3}:2$ 13 $\sqrt{13}$ 14 $\sqrt{10}$ 15 13
16 $\cos A=\dfrac{\sqrt{3}}{2}$, $\cos B=\dfrac{\sqrt{3}}{2}$, $\cos C=-\dfrac{1}{2}$
17 $\cos A=\dfrac{9}{16}$, $\cos B=\dfrac{1}{8}$, $\cos C=\dfrac{3}{4}$
18 $\cos A=-\dfrac{1}{2}$, $\cos B=\dfrac{23}{26}$, $\cos C=\dfrac{11}{13}$
19 ⑤ 20 ③ 21 ② 22 ③ 23 ③ 24 ③
25 ④ 26 ② 27 ⑤ 28 ③ 29 ④ 30 ①
31 ① 32 ⑤ 33 ① 34 ② 35 ① 36 ⑤
37 ⑤ 38 ④ 39 ⑤ 40 ③ 41 ⑤ 42 ③
43 ③ 44 ④ 45 ④ 46 ⑤

O 삼각함수의 삼각형에의 활용

01 $h,\ b\sin A,\ \sin A$　**02** $a,\ \sin A,\ 4R$　**03** $2,\ 2,\ \sin\theta$

04 ×　**05** ×　**06** ○　**07** ○　**08** $\dfrac{3\sqrt{2}}{2}$　**09** 3

10 20　**11** $6\sqrt{3}$　**12** $9\sqrt{3}$　**13** $12\sqrt{5}$　**14** $\dfrac{25\sqrt{3}}{2}$

15 $24\sqrt{3}$　**16** 3　**17** $48\sqrt{3}$　**18** ③　**19** ②　**20** ②

21 ④　**22** ①　**23** ③　**24** ①　**25** ④　**26** ②

27 ⑤　**28** ①　**29** ④　**30** ③　**31** ①　**32** 80

33 ②　**34** ①　**35** ①　**36** ①　**37** ②　**38** ④

39 ③　**40** ④　**41** ⑤　**42** ③　**43** ②

연습 [N~O]

01 ⑤　**02** ③　**03** ④　**04** ②　**05** ③　**06** ①

07 ⑤　**08** ③　**09** ⑤　**10** 6　**11** 116　**12** ②

13 199

Ⅱ 대단원 TEST [I~O]

01 ②　**02** ④　**03** ③　**04** ①　**05** ①　**06** ②

07 4　**08** ③　**09** 23　**10** ④　**11** ④　**12** ⑤

13 ③　**14** ②　**15** ②　**16** ①　**17** ④　**18** ②

19 ②　**20** ③　**21** 4　**22** ⑤　**23** ⑤　**24** ③

25 32　**26** $b=c$인 이등변삼각형　**27** ⑤　**28** ②

29 5

P 등차수열

01 수열, 항　**02** 등차수열, 공차　**03** $a+(n-1)d$

04 등차중항　**05** $\dfrac{n(a+l)}{2}$　**06** ○　**07** ○

08 ×　**09** ○　**10** ○　**11** 제2항 : 5, 제4항 : 9

12 제2항 : 2, 제4항 : 12　**13** 제2항 : 5, 제4항 : 17

14 3　**15** -2　**16** $a_n=5n-3$　**17** $a_n=-8n+12$

18 $a_n=4n-15$　**19** $a=7,\ b=23$　**20** $a=12,\ b=4$

21 100　**22** -40　**23** 200　**24** -85　**25** $a_n=2n+1$

26 ③　**27** ②　**28** ④　**29** ②　**30** ①　**31** ④

32 ③　**33** ⑤　**34** ①　**35** ③　**36** ④　**37** ②

38 ①　**39** ⑤　**40** ④　**41** ②　**42** ②　**43** ②

44 ②　**45** ①　**46** ①　**47** ④　**48** ①　**49** ②

50 ②　**51** ③　**52** ②　**53** ④　**54** ②　**55** ⑤

56 ⑤　**57** ③　**58** ②　**59** ⑤　**60** ②　**61** ③

62 ②　**63** ②　**64** ⑤　**65** ④　**66** ②　**67** ③

68 ②　**69** ①　**70** ④　**71** ④　**72** ②

Q 등비수열

01 등비수열, 공비　**02** 1, 2　**03** ar^{n-1}　**04** 등비중항

05 $\dfrac{a(1-r^n)}{1-r}$, $\dfrac{a(r^n-1)}{r-1}$　**06** ○　**07** ×　**08** ×

09 ○　**10** ○　**11** -2　**12** $\dfrac{1}{2}$　**13** $a_n=\left(\dfrac{1}{2}\right)^{n-2}$

14 $a_n=(-3)^n$　**15** $a_n=3\times\left(\dfrac{1}{2}\right)^{n-1}$

16 $a_n=-\left(-\dfrac{1}{\sqrt{3}}\right)^{n-2}$　**17** $x=15$ 또는 $x=-15$

18 $x=6$ 또는 $x=-6$　**19** 1023　**20** -15　**21** $\dfrac{11}{4}$

22 45　**23** $a_n=2\times3^{n-3}$　**24** 10　**25** $\dfrac{1}{9}\times(3^{10}-1)$

26 $1000000\times(1.05)^{10}$원　**27** $51a\times(1.02^{10}-1)$원

28 ④　**29** ④　**30** $a_n=\left(\dfrac{1}{3}\right)^{n-3}$　**31** ②　**32** ③

33 ③　**34** ①　**35** ②　**36** ⑤　**37** ①　**38** ②

39 ④　**40** ③　**41** ③　**42** ②　**43** ③　**44** ④

45 ①　**46** ③　**47** ④　**48** 511　**49** ②　**50** ③

51 ③　**52** ④　**53** ②　**54** ④　**55** ②　**56** ④

57 ③　**58** ③　**59** ②

연습 [P~Q]

01 14 **02** ④ **03** ③ **04** ② **05** ③ **06** 1290
07 ② **08** 99 **09** ③ **10** 32 **11** ③ **12** ②
13 ① **14** 96 **15** ① **16** ④

R 합의 기호 Σ

01 $10, k$ **02** $30, 11$ **03** 6 **04** $3k$ **05** 190
06 ○ **07** × **08** ○ **09** × **10** ○ **11** $\sum\limits_{k=1}^{50}\dfrac{1}{k}$
12 $\sum\limits_{k=1}^{5}2$ **13** $\sum\limits_{k=1}^{10}(2k+1)^2$ **14** $\sum\limits_{k=1}^{n}2^k$
15 $2+3+4+\cdots+11$ **16** $1+3+3^2+\cdots+3^9$
17 $2^3+3^3+4^3+5^3+6^3$
18 $2\times3+3\times4+4\times5+\cdots+10\times11$
19 55 **20** 15 **21** 30 **22** 57 **23** 9 **24** 74
25 ④ **26** ② **27** ③ **28** ① **29** ④ **30** ③
31 ④ **32** ① **33** ① **34** ② **35** ② **36** ④
37 ③ **38** ④ **39** ② **40** ③

S 여러 가지 수열의 합

01 $5, 5, 15$ **02** $5, 5, 5, 2, 55$ **03** $k^3, 5, 5, 225$
04 2 **05** $k, k+1$ **06** × **07** × **08** ×
09 ○ **10** × **11** 210 **12** 385 **13** 3025 **14** 65
15 80 **16** 70 **17** 35 **18** $\dfrac{2}{5}$ **19** $\dfrac{5}{6}$ **20** $\dfrac{7}{15}$
21 2 **22** 2 **23** 9 **24** 6 **25** ④ **26** ④
27 ④ **28** ⑤ **29** ⑤ **30** 200 **31** ① **32** ④
33 201 **34** ② **35** ① **36** ③ **37** ② **38** ③
39 ① **40** ④

연습 [R~S]

01 ③ **02** ④ **03** ④ **04** ② **05** ③ **06** 120
07 2035 **08** ① **09** ③ **10** ② **11** ④
12 4 **13** ② **14** ② **15** ② **16** ④

T 수열의 귀납적 정의

01 귀납적 정의 **02** d **03** r **04** 등차
05 등비 **06** ○ **07** ○ **08** × **09** ○ **10** ○
11 ○ **12** 7 **13** 14 **14** 3 **15** -2 **16** 3
17 $a_n=2n-1$ **18** $a_n=-2n+9$ **19** $a_n=7n-10$
20 $a_n=-3n+4$ **21** 3 **22** -4 **23** $\dfrac{1}{2}$
24 $a_n=2^{2n-1}$ **25** $a_n=-24\times\left(-\dfrac{1}{2}\right)^{n-1}$
26 $a_n=\left(\dfrac{1}{3}\right)^{n-1}$ **27** ④ **28** ⑤ **29** ① **30** ④
31 ② **32** ⑤ **33** ① **34** ② **35** 768 **36** ①
37 ② **38** 4 **39** ③ **40** 10 **41** ② **42** $\dfrac{5}{2}$

U 수학적 귀납법

01 $n=1, n=k+1$ **02** $n=m$ **03** $n=3, k\geq3, n=k+1$
04 ○ **05** ○ **06** × **07** ○ **08** ○ **09** $p(1)$
10 $p(2)$ **11** (가) $k+1$ (나) $\dfrac{(k+1)(k+2)}{2}$
12 (가) k (나) $2k+1$ (다) $(k+1)^2$ (라) $k+1$
13 (가) 2 (나) $k+1$ (다) $(k+1)^2$ (라) $k+1$
14 ④ **15** 121 **16** ③ **17** ③ **18** 풀이 참조
19 ② **20** 풀이 참조 **21** ③ **22** 풀이 참조

연습 [T~U]

01 92 **02** 33 **03** ② **04** ② **05** ⑤ **06** ①
07 ② **08** ③ **09** ① **10** ⑤ **11** ⑤ **12** ④

Ⅲ 대단원 TEST [P~U]

01 ④ **02** ⑤ **03** ④ **04** ① **05** ② **06** ⑤
07 ⑤ **08** ④ **09** ④ **10** ③ **11** 6 **12** ①
13 ⑤ **14** ② **15** ④ **16** ③ **17** ④ **18** ③
19 ④ **20** ③ **21** 28 **22** ① **23** ④ **24** 10
25 ③ **26** ③ **27** ②

지수함수와 로그함수

 **A** 거듭제곱과 거듭제곱근

[개념 CHECK + 연산 연습] pp. 8~9

01 답 n제곱, 거듭제곱

02 답 n제곱근, 거듭제곱근

03 답 n

04 답 ×

05 답 ×

06 답 ○

07 답 ○

08 답 2^5

09 답 $3^2 \times 7^3$

10 답 $3^2 \times 5^2 \times 7^2$

11 답 $a^2 \times b^4$

12 답 $\left(\dfrac{1}{2}\right)^3$

13 답 128
$$2^3 \times 2^4 = 2^{3+4} = 2^7 = 128$$

14 답 729
$$(3^2)^3 = 3^{2\times3} = 3^6 = 729$$

15 답 216
$$(2\times3)^3 = 2^3 \times 3^3 = 8 \times 27 = 216$$

16 답 $\dfrac{125}{216}$
$$\left(\dfrac{5}{6}\right)^3 = \dfrac{5^3}{6^3} = \dfrac{125}{216}$$

17 답 $\dfrac{1}{3}$
$3<4$이므로 $3^3 \div 3^4 = \dfrac{1}{3^{4-3}} = \dfrac{1}{3}$

18 답 $\dfrac{x^3}{y}$
$$(2x^2y)^3 \div 8x^3y^4 = 8x^6y^3 \div 8x^3y^4 = \dfrac{x^3}{y}$$

19 답 x^8y^{22}
$$(x^3y)^2 \times (x^2y^3)^4 \div \left(\dfrac{x^3}{y^4}\right)^2$$
$$= x^6y^2 \times x^8y^{12} \div \dfrac{x^6}{y^8} = x^6y^2 \times x^8y^{12} \times \dfrac{y^8}{x^6}$$
$$= x^8y^{22}$$

20 답 $\dfrac{8x^{26}y^5}{9}$
$$(2x^4y^3)^3 \div (3x^3y^4)^2 \times (x^5y)^4$$
$$= 8x^{12}y^9 \times \dfrac{1}{9x^6y^8} \times x^{20}y^4 = \dfrac{8x^{26}y^5}{9}$$

21 답 $\dfrac{y^6}{4}$
$$(x^4y^5)^6 \times \left(\dfrac{1}{2}x^3y^3\right)^2 \div (x^6y^6)^5$$
$$= x^{24}y^{30} \times \dfrac{1}{4}x^6y^6 \times \dfrac{1}{x^{30}y^{30}} = \dfrac{y^6}{4}$$

22 답 2
$$\sqrt[4]{16} = \sqrt[4]{2^4} = 2$$

23 답 -3
$$\sqrt[3]{-27} = \sqrt[3]{(-3)^3} = -3$$

24 답 -3
$$-\sqrt[4]{81} = -\sqrt[4]{3^4} = -3$$

25 답 $-\dfrac{1}{2}$
$$\sqrt[5]{-\dfrac{1}{32}} = \sqrt[5]{\left(-\dfrac{1}{2}\right)^5} = -\dfrac{1}{2}$$

26 답 -4
-64의 세제곱근을 x라 하면 $x^3 = -64$에서
$$x^3 + 64 = 0$$
$$(x+4)(x^2-4x+16) = 0$$
$$\therefore x = -4 \text{ 또는 } x = 2 \pm 2\sqrt{3}i$$
따라서 -64의 세제곱근 중에서 실수인 것은 -4이다.

27 답 $2, -2$
16의 네제곱근을 x라 하면 $x^4 = 16$에서
$$x^4 - 16 = 0$$
$$(x^2-4)(x^2+4) = 0$$
$$(x-2)(x+2)(x+2i)(x-2i) = 0$$
$$\therefore x = \pm 2 \text{ 또는 } x = \pm 2i$$
따라서 16의 네제곱근 중에서 실수인 것은 2와 -2이다.

28 답 $3, -3$
729의 여섯제곱근을 x라 하면 $x^6 = 729$에서
$$x^6 - 729 = 0$$
$$(x^3-27)(x^3+27) = 0$$
$$(x-3)(x^2+3x+9)(x+3)(x^2-3x+9) = 0$$
$$\therefore x = \pm 3 \text{ 또는 } x = \dfrac{-3\pm3\sqrt{3}i}{2} \text{ 또는 } x = \dfrac{3\pm3\sqrt{3}i}{2}$$
따라서 729의 세제곱근 중에서 실수인 것은 3과 -3이다.

29 답 2
$$\sqrt[3]{\sqrt{64}} = \sqrt[6]{64} = \sqrt[6]{2^6} = 2$$

30 답 5
$$\sqrt[6]{25^3} = \sqrt[6]{(5^2)^3} = \sqrt[6]{5^6} = 5$$

31 답 11
$$\sqrt[3]{9}\sqrt[3]{81}+\frac{\sqrt[4]{64}}{\sqrt[4]{4}}=\sqrt[3]{9\times81}+\sqrt[4]{\frac{64}{4}}$$
$$=\sqrt[3]{729}+\sqrt[4]{16}=\sqrt[3]{9^3}+\sqrt[4]{2^4}$$
$$=9+2=11$$

32 답 1
$$\sqrt[3]{\frac{\sqrt{3}}{\sqrt[4]{5}}}\times\sqrt{\frac{\sqrt[6]{5}}{\sqrt[3]{3}}}=\frac{\sqrt[6]{3}}{\sqrt[12]{5}}\times\frac{\sqrt[12]{5}}{\sqrt[6]{3}}=1$$

33 답 $\sqrt[6]{15}<\sqrt[3]{4}<\sqrt{3}$
$\sqrt{3}=\sqrt[6]{3^3}=\sqrt[6]{27}$, $\sqrt[3]{4}=\sqrt[6]{4^2}=\sqrt[6]{16}$ 이므로
$$\sqrt[6]{15}<\sqrt[6]{16}<\sqrt[6]{27}$$
$$\therefore \sqrt[6]{15}<\sqrt[3]{4}<\sqrt{3}$$

34 답 $\sqrt[3]{3\sqrt{2}}<\sqrt{2\sqrt{2}}$
$\sqrt{2\sqrt{2}}=\sqrt{\sqrt{2^2\times2}}=\sqrt[4]{2^3}=\sqrt[12]{(2^3)^3}=\sqrt[12]{2^9}=\sqrt[12]{512}$
$\sqrt[3]{3\sqrt{2}}=\sqrt[3]{\sqrt{3^2\times2}}=\sqrt[6]{18}=\sqrt[12]{18^2}=\sqrt[12]{324}$ 이므로
$$\sqrt[12]{324}<\sqrt[12]{512}$$
$$\therefore \sqrt[3]{3\sqrt{2}}<\sqrt{2\sqrt{2}}$$

> **유형 연습** [+ 내신 유형] ●── 문제편 pp. 10~13

35 답 ⑤
⑤ $m<n$일 때, $a^m\div a^n=\dfrac{1}{a^{n-m}}$

36 답 ③
$3^2\times27\div3^5=3^2\times3^3\div3^5=3^5\div3^5=1$

37 답 ①
$2^4\times5^4\div10^3=(2\times5)^4\div10^3=10^4\div10^3$
$$=10^{4-3}=10$$

38 답 ②
$\left(\dfrac{3}{2}\right)^3\times\dfrac{8}{9}=\dfrac{3^3}{2^3}\times\dfrac{8}{9}=\dfrac{27}{8}\times\dfrac{8}{9}=3$

39 답 ⑤
$\left(\dfrac{5}{3}\right)^2\times\dfrac{18}{5}=\dfrac{5^2}{3^2}\times\dfrac{18}{5}=\dfrac{25}{9}\times\dfrac{18}{5}=5\times2=10$

40 답 ③
$(2x^3y^2)^3\times(3xy)^2\div(6x^5y^3)^2$
$=8x^9y^6\times9x^2y^2\div36x^{10}y^6$
$=72x^{9+2}y^{6+2}\div36x^{10}y^6$
$=2x^{11-10}y^{8-6}=2xy^2$

41 답 ③
$(xy)^2\times\dfrac{6x}{y}\div2x^3y=x^2y^2\times\dfrac{6x}{y}\div2x^3y$
$$=6x^3y\div2x^3y=3$$

42 답 ⑤
$x^4=16$에서 $x^4-16=0$, $(x^2-4)(x^2+4)=0$
$(x-2)(x+2)(x-2i)(x+2i)=0$
$\therefore x=\pm2$ 또는 $x=\pm2i$
따라서 $4i$는 16의 네제곱근이 아니다.

43 답 ④
$x^3=-8$에서 $x^3+8=0$, $(x+2)(x^2-2x+4)=0$
$\therefore x=-2$ 또는 $x=1\pm\sqrt{3}i$
따라서 -8의 세제곱근인 것은 ㄱ, ㄷ이다.

44 답 ⑤
a의 n제곱근의 개수가 $f(a,\ n)$이므로
$f(2017,\ 2018)=2018$, $f(2016,\ 2017)=2017$
$f(2015,\ 2016)=2016$, $f(2014,\ 2015)=2015$
따라서 구하는 식의 값은 $2018-2017+2016-2015=2$

45 답 ③
① 216의 세제곱근은 6과 $-3\pm3\sqrt{3}i$이다. (거짓)
② 25의 네제곱근은 $\pm\sqrt{5}$와 $\pm\sqrt{5}i$이다. (거짓)
③ $\sqrt[4]{256}$은 256의 네제곱근 중 하나이다. (참)
④ n이 홀수일 때 음의 실수 a의 n제곱근 중 실수인 것은 $\sqrt[n]{a}$의 1개이다. (거짓)
⑤ n이 짝수일 때 $a<0$이면 a의 n제곱근 중 실수인 것은 존재하지 않는다. (거짓)

46 답 ②
6의 세제곱근 중 실수인 것은 $\sqrt[3]{6}$으로 1개이므로 $p=1$
-5의 네제곱근 중 실수인 것은 없으므로 $q=0$
-4의 다섯제곱근 중 실수인 것은 $\sqrt[5]{-4}$로 1개이므로
$r=1$
$\therefore p+q+r=1+0+1=2$

47 답 ④
ㄱ. $(-x)^{2n+1}$은 음수이고 $2m$은 짝수이므로
$\sqrt[2m]{(-x)^{2n+1}}$은 실수가 아니다.
ㄴ. $(-x)^{2n}$은 양수이고 $2m+1$은 홀수이므로
$\sqrt[2m+1]{(-x)^{2n}}$은 실수이다.
ㄷ. $(-x)^{2n+1}$은 음수이고 $2m+1$은 홀수이므로
$\sqrt[2m+1]{(-x)^{2n+1}}$은 실수이다.
따라서 실수인 것은 ㄴ, ㄷ이다.

48 답 ④
ㄱ. n이 홀수일 때, $\sqrt[n]{(-3)^n}=-3$ (참)
ㄴ. n이 짝수일 때, $x^n=20$을 만족시키는 실수 x는
$x=\pm\sqrt[n]{20}$으로 2개이다. (참)
ㄷ. n이 짝수일 때, $x^n=-4$를 만족시키는 실수 x는 존재하지 않으므로 0개이다. (거짓)
따라서 옳은 것은 ㄱ, ㄴ이다.

49 답 ④

m의 n제곱근 중 실수인 것의 개수가 $f(m, n)$이므로

ㄱ. 2018의 제곱근 중 실수는 $\pm\sqrt{2018}$로 2개이다.

$\quad\quad \therefore f(2018, 2)=2$ (참)

ㄴ. -2018의 네제곱근 중 실수는 존재하지 않으므로 0개
이다.

$\quad\quad \therefore f(-2018, 4)=0$ (거짓)

ㄷ. $n=2k+1$일 때, n은 홀수이므로 임의의 m에 대하여
m의 n제곱근 중 실수인 것은 $\sqrt[n]{m}$으로 1개이다.

$\quad\quad \therefore f(m, n)=1$ (참)

따라서 옳은 것은 ㄱ, ㄷ이다.

50 답 ②

$\sqrt[3]{2}\times\sqrt[3]{4}=\sqrt[3]{2\times4}=\sqrt[3]{8}=\sqrt[3]{2^3}=2$

51 답 ②

$\sqrt[3]{6}\times\sqrt[3]{\dfrac{9}{2}}+\sqrt[4]{16^2}=\sqrt[3]{6\times\dfrac{9}{2}}+\sqrt[4]{(4^2)^2}$

$\quad\quad\quad\quad\quad\quad =\sqrt[3]{27}+\sqrt[4]{4^4}=\sqrt[3]{3^3}+4$

$\quad\quad\quad\quad\quad\quad =3+4=7$

52 답 ③

$\sqrt[6]{16}\times\sqrt[6]{4}+\dfrac{\sqrt[3]{81}}{\sqrt[3]{3}}=\sqrt[6]{16\times4}+\sqrt[3]{\dfrac{81}{3}}$

$\quad\quad\quad\quad\quad\quad =\sqrt[6]{64}+\sqrt[3]{27}=\sqrt[6]{2^6}+\sqrt[3]{3^3}$

$\quad\quad\quad\quad\quad\quad =2+3=5$

53 답 ④

$\sqrt[3]{\sqrt{4096}}+\sqrt[3]{125}=\sqrt[6]{4^6}+\sqrt[3]{5^3}=4+5=9$

54 답 ⑤

$3^2-\dfrac{\sqrt[3]{128}}{\sqrt[3]{2}}=9-\sqrt[3]{\dfrac{128}{2}}=9-\sqrt[3]{64}=9-\sqrt[3]{4^3}$

$\quad\quad\quad\quad\quad =9-4=5$

55 답 ④

$(\sqrt[3]{3})^6-\sqrt{\sqrt[3]{64}}=\sqrt[3]{3^6}-\sqrt[6]{64}=\sqrt[3]{(3^2)^3}-\sqrt[6]{2^6}$

$\quad\quad\quad\quad\quad\quad =3^2-2=9-2=7$

56 답 144

$2\times\sqrt[3]{54}+3\times\sqrt[3]{16}=2\times\sqrt[3]{3^3\times2}+3\times\sqrt[3]{2^3\times2}$

$\quad\quad\quad\quad\quad\quad =6\times\sqrt[3]{2}+6\times\sqrt[3]{2}$

$\quad\quad\quad\quad\quad\quad =12\times\sqrt[3]{2}=\sqrt[3]{12^3\times2}$

따라서 $k=12^3\times2$이므로

$\dfrac{k}{24}=\dfrac{12^3\times2}{24}=\dfrac{12^3\times2}{12\times2}=12^2=144$

57 답 23

$\sqrt[6]{a}=\sqrt[12]{a^2}$이고 $\sqrt[4]{a^3}=\sqrt[12]{(a^3)^3}=\sqrt[12]{a^9}$이므로

$\sqrt[6]{a}\times\sqrt[4]{a^3}=\sqrt[12]{a^2}\times\sqrt[12]{a^9}=\sqrt[12]{a^{2+9}}=\sqrt[12]{a^{11}}$

따라서 $m=12$, $n=11$이므로

$m+n=12+11=23$

58 답 5

$\sqrt[3]{a^2}\times\sqrt[4]{a\sqrt{a}}=\sqrt[3]{a^2}\times\sqrt[12]{a\sqrt{a}}=\sqrt[3]{a^2}\times\sqrt[12]{a}\times\sqrt[24]{a}$

$\quad\quad\quad\quad =\sqrt[24]{(a^2)^8}\times\sqrt[24]{a^2}\times\sqrt[24]{a}$

$\quad\quad\quad\quad =\sqrt[24]{a^{16}}\times\sqrt[24]{a^2}\times\sqrt[24]{a}$

$\quad\quad\quad\quad =\sqrt[24]{a^{16+2+1}}=\sqrt[24]{a^{19}}$

따라서 $m=24$, $n=19$이므로

$m-n=24-19=5$

59 답 36

$\sqrt[6]{a}=4$에서 $a=4^6=(2^2)^6=2^{12}$

$\sqrt[4]{b}=27$에서 $b=27^4=(3^3)^4=3^{12}$

따라서 $ab=2^{12}\times3^{12}=(2\times3)^{12}=6^{12}$이므로

$\sqrt[6]{ab}=\sqrt[6]{6^{12}}=\sqrt[6]{(6^2)^6}=6^2=36$

60 답 ④

전자계산기에 입력한 결과는 $3\times\sqrt{\sqrt{A}}$이다.

이 값이 6이므로

$3\times\sqrt{\sqrt{A}}=6$에서 $3\times\sqrt[4]{A}=6$, $\sqrt[4]{A}=2$

$\therefore A=2^4=16$

61 답 ④

$A=\sqrt{5}=\sqrt[6]{5^3}=\sqrt[6]{125}$, $B=\sqrt[3]{15}=\sqrt[6]{15^2}=\sqrt[6]{225}$,

$C=\sqrt[6]{111}$

이때, $\sqrt[6]{111}<\sqrt[6]{125}<\sqrt[6]{225}$이므로 $\sqrt[6]{111}<\sqrt{5}<\sqrt[3]{15}$

$\therefore C<A<B$

62 답 ①

$A=\sqrt[3]{4}=\sqrt[12]{4^4}=\sqrt[12]{256}$

$B=\sqrt[4]{7}=\sqrt[12]{7^3}=\sqrt[12]{343}$

$C=\sqrt[6]{19}=\sqrt[12]{19^2}=\sqrt[12]{361}$

이때, $\sqrt[12]{256}<\sqrt[12]{343}<\sqrt[12]{361}$이므로 $\sqrt[3]{4}<\sqrt[4]{7}<\sqrt[6]{19}$

$\therefore A<B<C$

63 답 ④

$A=\sqrt[3]{5}=\sqrt[12]{5^4}=\sqrt[12]{625}$

$B=\sqrt[4]{10}=\sqrt[12]{10^3}=\sqrt[12]{1000}$

$C=\sqrt[6]{20}=\sqrt[12]{20^2}=\sqrt[12]{400}$

이때, $\sqrt[12]{400}<\sqrt[12]{625}<\sqrt[12]{1000}$이므로 $\sqrt[6]{20}<\sqrt[3]{5}<\sqrt[4]{10}$

$\therefore C<A<B$

ㄱ. $A<B$이므로 $A-B<0$ (거짓)

ㄴ. $C<B$이므로 $B-C>0$ (참)

ㄷ. $C<A$이므로 $C-A<0$ (참)

따라서 옳은 것은 ㄴ, ㄷ이다.

01 답 $\dfrac{1}{a^n}$

02 답 $\sqrt[n]{a^m}$

03 답 $r-s$

04 답 a^{xy}

05 답 $a^x b^x$

06 답 ○

07 답 ×

08 답 ×

09 답 ×

10 답 1

11 답 $\dfrac{1}{49}$

12 답 $\dfrac{1}{9}$

13 답 $\dfrac{9}{49}$

14 답 1
$$a^2 \times a^3 \div a^5 = a^{2+3-5} = a^0 = 1$$

15 답 $\dfrac{1}{a^4}$
$$a^4 \times (a^{-3})^2 \div a^2 = a^4 \times a^{-6} \times a^{-2} = a^{4-6-2} = a^{-4} = \dfrac{1}{a^4}$$

16 답 a^{26}
$$(a^3)^4 \div (a^5)^{-2} \times a^4 = a^{12} \times a^{10} \times a^4 = a^{12+10+4} = a^{26}$$

17 답 $\dfrac{1}{a^6}$
$$\dfrac{(a^{-4})^2 \times (a^2)^4}{a^2 \times a^4} = \dfrac{a^{-8} \times a^8}{a^6} = \dfrac{1}{a^6}$$

18 답 $2^{\frac{5}{4}}$

19 답 $5^{\frac{4}{7}}$

20 답 $2^{\frac{3}{2}}$
$$\sqrt{8} = \sqrt{2^3} = 2^{\frac{3}{2}}$$

21 답 $5^{\frac{2}{3}}$
$$\sqrt[3]{25} = \sqrt[3]{5^2} = 5^{\frac{2}{3}}$$

22 답 $\sqrt[3]{16^2}$

23 답 $\sqrt[3]{\left(\dfrac{1}{6}\right)^2}$

24 답 $\sqrt[10]{\dfrac{1}{243}}$

25 답 $\sqrt[8]{16^3}$

26 답 36
$$(6^3)^{\frac{2}{3}} = 6^{3 \times \frac{2}{3}} = 6^2 = 36$$

27 답 16
$$4^{\frac{1}{3}} \times 32^{\frac{2}{3}} = 2^{\frac{2}{3}} \times 32^{\frac{2}{3}} = (2 \times 32)^{\frac{2}{3}} = 64^{\frac{2}{3}} = (4^3)^{\frac{2}{3}}$$
$$= 4^2 = 16$$

28 답 $\dfrac{9}{4}$
$$\left\{\left(\dfrac{2}{3}\right)^{-\frac{4}{3}}\right\}^{\frac{3}{2}} = \left(\dfrac{2}{3}\right)^{-2} = \left(\dfrac{3}{2}\right)^2 = \dfrac{3^2}{2^2} = \dfrac{9}{4}$$

29 답 $9^{\frac{1}{3}}$
$$27^{\frac{1}{3}} \div 27^{\frac{1}{9}} = 27^{\frac{1}{3}-\frac{1}{9}} = 27^{\frac{2}{9}} = (3^3)^{\frac{2}{9}} = 3^{\frac{2}{3}} = 9^{\frac{1}{3}}$$

30 답 $\dfrac{1}{a}$
$$\left(a^{\frac{3}{8}} \times a^{\frac{1}{8}}\right)^{-2} = \left(a^{\frac{3}{8}+\frac{1}{8}}\right)^{-2} = \left(a^{\frac{1}{2}}\right)^{-2} = a^{\frac{1}{2} \times (-2)} = a^{-1} = \dfrac{1}{a}$$

31 답 $a^{\frac{7}{24}}$
$$\sqrt{\sqrt[3]{a} \times \sqrt[4]{a}} = \sqrt{a^{\frac{1}{3}} \times a^{\frac{1}{4}}} = \sqrt{a^{\frac{1}{3}+\frac{1}{4}}}$$
$$= \sqrt{a^{\frac{7}{12}}} = \left(a^{\frac{7}{12}}\right)^{\frac{1}{2}} = a^{\frac{7}{12} \times \frac{1}{2}} = a^{\frac{7}{24}}$$

32 답 $a^{\frac{23}{24}}$
$$\sqrt[4]{a^3 \sqrt{a^3 \sqrt{a^2}}} = \sqrt[8]{a^6 \times a^3 \sqrt{a^2}} = \sqrt[8]{a^7 \times \sqrt[3]{a^2}}$$
$$= \sqrt[24]{a^{21} \times a^2} = \sqrt[24]{a^{23}} = a^{\frac{23}{24}}$$

다른 풀이
$$\sqrt[4]{a^3 \sqrt{a^3 \sqrt{a^2}}} = a^{\frac{3}{4}} \times \sqrt[8]{a^3 \sqrt{a^2}} = a^{\frac{3}{4}} \times a^{\frac{1}{8}} \times \sqrt[24]{a^2}$$
$$= a^{\frac{3}{4}} \times a^{\frac{1}{8}} \times a^{\frac{1}{12}} = a^{\frac{3}{4}+\frac{1}{8}+\frac{1}{12}} = a^{\frac{23}{24}}$$

33 답 $5^{\frac{3\sqrt{3}}{2}}$
$$5^{\frac{\sqrt{3}}{2}} \times 5^{\sqrt{3}} = 5^{\frac{\sqrt{3}}{2}+\sqrt{3}} = 5^{\frac{3\sqrt{3}}{2}}$$

34 답 7
$$(7^{\sqrt{3}})^{\frac{\sqrt{3}}{3}} = 7^{\sqrt{3} \times \frac{\sqrt{3}}{3}} = 7^1 = 7$$

35 답 36
$$(4^{\sqrt{2}} \times 3^{\sqrt{8}})^{\frac{1}{\sqrt{2}}} = 4 \times 3^2 = 4 \times 9 = 36$$

36 답 $2^{\sqrt{2}}$

$$4^{\sqrt{2}+1} \div 2^{\sqrt{2}+2} = 2^{2\sqrt{2}+2} \div 2^{\sqrt{2}+2} = 2^{(2\sqrt{2}+2)-(\sqrt{2}+2)} = 2^{\sqrt{2}}$$

37 답 $a^{\sqrt{2}-\sqrt{3}}$

$$a^{\sqrt{3}} \div a^{2\sqrt{3}} \times a^{\sqrt{2}} = a^{\sqrt{3}-2\sqrt{3}+\sqrt{2}} = a^{\sqrt{2}-\sqrt{3}}$$

38 답 $a^{-\frac{\sqrt{2}}{2}}$

$$a^{\frac{\sqrt{2}}{3}} \div a^{\sqrt{2}} \times a^{\frac{\sqrt{2}}{6}} = a^{\frac{\sqrt{2}}{3}-\sqrt{2}+\frac{\sqrt{2}}{6}} = a^{-\frac{\sqrt{2}}{2}}$$

39 답 $a^{20}b^7$

$$(a^{2\sqrt{2}} b^{\sqrt{2}})^{\frac{1}{\sqrt{2}}} \div (a^{3\sqrt{3}} b^{\sqrt{3}})^{-2\sqrt{3}}$$
$$= a^2 b \div (a^{-18} b^{-6}) = a^{2-(-18)} b^{1-(-6)} = a^{20}b^7$$

40 답 $a-b$

$$\left(a^{\frac{1}{2}}+b^{\frac{1}{2}}\right)\left(a^{\frac{1}{2}}-b^{\frac{1}{2}}\right) = \left(a^{\frac{1}{2}}\right)^2 - \left(b^{\frac{1}{2}}\right)^2 = a^{\frac{1}{2}\times 2} - b^{\frac{1}{2}\times 2}$$
$$= a-b$$

> **유형 연습** [+ 내신 유형] ───● 문제편 pp. 16~21

41 답 ①

$$5^5 \times 25^{-2} = 5^5 \times (5^2)^{-2} = 5^5 \times 5^{-4} = 5^{5+(-4)} = 5$$

42 답 ①

$$7^{-2} \times 49 = 7^{-2} \times 7^2 = 7^{(-2)+2} = 7^0 = 1$$

43 답 ③

$$3^4 \div 6^2 \times 2^3 = 3^4 \div (2\times 3)^2 \times 2^3$$
$$= 3^4 \div (2^2 \times 3^2) \times 2^3$$
$$= 3^4 \div 3^2 \times 2^3 \div 2^2$$
$$= 3^{4-2} \times 2^{3-2}$$
$$= 9 \times 2 = 18$$

44 답 ③

$$8^3 \times 4^{-2} \div \left(\frac{1}{2}\right)^{-2} = (2^3)^3 \times (2^2)^{-2} \div 2^2$$
$$= 2^9 \times 2^{-4} \div 2^2 = 2^{9-4-2}$$
$$= 2^3 = 8$$

45 답 ③

$$16^{\frac{3}{4}} \times \left(\frac{3}{2}\right)^2 = (2^4)^{\frac{3}{4}} \times \frac{9}{4} = 2^3 \times \frac{9}{4} = 8 \times \frac{9}{4} = 18$$

46 답 ①

$$\left(\frac{1}{2}\right)^3 \times 16^{\frac{3}{4}} \times 125^{\frac{1}{3}} = 2^{-3} \times (2^4)^{\frac{3}{4}} \times (5^3)^{\frac{1}{3}}$$
$$= 2^{-3} \times 2^3 \times 5 = 5$$

47 답 8

$$\sqrt{9a \times \sqrt[3]{a}} = 3\sqrt[6]{a^3 \times a} = 3\sqrt[6]{a^4} = 3 \times a^{\frac{4}{6}} = 3 \times a^{\frac{2}{3}}$$

따라서 $x=3$, $m=3$, $n=2$이므로
$$m+n+x = 3+2+3 = 8$$

48 답 23

$$\sqrt[3]{a\sqrt{a^2\sqrt{a^3}}} = \sqrt[6]{a^2 \times a^2\sqrt{a^3}} = \sqrt[6]{a^4\sqrt{a^3}}$$
$$= \sqrt[12]{a^8 \times a^3} = \sqrt[12]{a^{11}} = a^{\frac{11}{12}}$$

따라서 $m=12$, $n=11$이므로 $m+n = 12+11 = 23$

[다른 풀이]

$$\sqrt[3]{a\sqrt{a^2\sqrt{a^3}}} = a^{\frac{1}{3}} \times \sqrt[6]{a^2\sqrt{a^3}} = a^{\frac{1}{3}} \times a^{\frac{2}{6}} \times \sqrt[12]{a^3}$$
$$= a^{\frac{1}{3}} \times a^{\frac{2}{6}} \times a^{\frac{3}{12}} = a^{\frac{1}{3}+\frac{2}{6}+\frac{3}{12}} = a^{\frac{11}{12}}$$

49 답 ③

$$4^{\sqrt{2}} \times \left(\frac{3^{\frac{\sqrt{2}}{2}}}{2}\right)^{2\sqrt{2}} = 2^{2\sqrt{2}} \times \frac{3^2}{2^{2\sqrt{2}}} = 3^2 = 9$$

50 답 ④

$$7^{\sqrt{2}} \times \left(\frac{7}{3^{\sqrt{2}}}\right)^{-\sqrt{2}} = 7^{\sqrt{2}} \times \frac{7^{-\sqrt{2}}}{3^{-2}} = \frac{1}{3^{-2}} = 3^2 = 9$$

51 답 64

$$9^{\sqrt{3}} \times \left(\frac{3}{2^{\sqrt{3}}}\right)^{-2\sqrt{3}} = 3^{2\sqrt{3}} \times \frac{3^{-2\sqrt{3}}}{2^{-6}} = 2^6 = 64$$

52 답 ⑤

$$(a^{\sqrt{27}} \times b^{-\sqrt{3}})^{-\frac{1}{\sqrt{3}}} = a^{-\sqrt{9}} \times b = a^{-3} \times b = \frac{b}{a^3}$$

53 답 ①

$25^x = 3$이므로

$$\left(\frac{1}{125}\right)^{-\frac{4}{3}x} = (5^{-3})^{-\frac{4}{3}x} = 5^{4x} = (5^{2x})^2 = (25^x)^2 = 3^2 = 9$$

54 답 9

$3^x = 11$이므로 $11^{\frac{y}{3}} = (3^x)^{\frac{y}{3}} = 3^{\frac{xy}{3}} = 27 = 3^3$

따라서 $\frac{xy}{3} = 3$이므로 $xy = 9$

55 답 ④

$10^x = 9$이므로

$$\frac{729^{\frac{1}{x}}}{100} = \frac{(9^3)^{\frac{1}{x}}}{100} = \frac{9^{\frac{3}{x}}}{100} = \frac{(10^x)^{\frac{3}{x}}}{100} = \frac{10^3}{10^2} = 10$$

56 답 ④

$a = 9^{27} = (3^2)^{27} = 3^{54}$이므로

$$27^9 = (3^3)^9 = 3^{27} = (3^{54})^{\frac{1}{2}} = a^{\frac{1}{2}} \qquad \therefore x = \frac{1}{2}$$

57 답 ④

$$\left(x^{\frac{1}{2}}-y^{\frac{1}{2}}\right)\left(x^{\frac{1}{2}}+y^{\frac{1}{2}}\right)(x+y) = (x-y)(x+y) = x^2-y^2$$

58 답 11

$2^{2x}=6$, $2^{2y}=5$이므로

$$(2^x+2^y)(2^x-2^y)(2^{2x}+2^{2y})=(2^{2x}-2^{2y})(2^{2x}+2^{2y})$$
$$=(2^{2x})^2-(2^{2y})^2$$
$$=6^2-5^2=36-25=11$$

59 답 ②

$$\left(x^{\frac{1}{4}}+x^{-\frac{1}{4}}\right)^2-\left(x^{\frac{1}{4}}-x^{-\frac{1}{4}}\right)^2$$
$$=\left(x^{\frac{1}{2}}+x^{-\frac{1}{2}}+2\right)-\left(x^{\frac{1}{2}}+x^{-\frac{1}{2}}-2\right)=4$$

60 답 ④

$$\frac{x-y}{x^{\frac{2}{3}}+x^{\frac{1}{3}}y^{\frac{1}{3}}+y^{\frac{2}{3}}}+\frac{x+y}{x^{\frac{2}{3}}-x^{\frac{1}{3}}y^{\frac{1}{3}}+y^{\frac{2}{3}}}$$
$$=\frac{\left(x^{\frac{1}{3}}-y^{\frac{1}{3}}\right)\left(x^{\frac{2}{3}}+x^{\frac{1}{3}}y^{\frac{1}{3}}+y^{\frac{2}{3}}\right)}{x^{\frac{2}{3}}+x^{\frac{1}{3}}y^{\frac{1}{3}}+y^{\frac{2}{3}}}+\frac{\left(x^{\frac{1}{3}}+y^{\frac{1}{3}}\right)\left(x^{\frac{2}{3}}-x^{\frac{1}{3}}y^{\frac{1}{3}}+y^{\frac{2}{3}}\right)}{x^{\frac{2}{3}}-x^{\frac{1}{3}}y^{\frac{1}{3}}+y^{\frac{2}{3}}}$$
$$=\left(x^{\frac{1}{3}}-y^{\frac{1}{3}}\right)+\left(x^{\frac{1}{3}}+y^{\frac{1}{3}}\right)=2x^{\frac{1}{3}}$$

61 답 ①

$a^{\frac{1}{2}}-a^{-\frac{1}{2}}=-1$이므로

$$a+a^{-1}=\left(a^{\frac{1}{2}}-a^{-\frac{1}{2}}\right)^2+2=(-1)^2+2=3$$
$$\therefore\ a^2+a^{-2}=(a+a^{-1})^2-2=3^2-2=9-2=7$$

62 답 ③

$a^{\frac{1}{2}}+a^{-\frac{1}{2}}=4$이므로

$$a+a^{-1}=\left(a^{\frac{1}{2}}+a^{-\frac{1}{2}}\right)^2-2=4^2-2=16-2=14\text{이고}$$
$$(a-a^{-1})^2=(a+a^{-1})^2-4=14^2-4=196-4=192$$
$$\therefore\ a-a^{-1}=\pm\sqrt{192}=\pm8\sqrt{3}$$

이때, $a>a^{-1}$이므로 $a-a^{-1}=8\sqrt{3}$

63 답 ②

$x-x^{-1}=5$에서

$$(x+x^{-1})^2=(x-x^{-1})^2+4=5^2+4=25+4=29$$

따라서 $k^2=29$이므로 $\sqrt{k^2+7}=\sqrt{29+7}=\sqrt{36}=\sqrt{6^2}=6$

64 답 ③

$3^x+3^{-x}=5$이므로

$$3^{3x}+3^{-3x}=(3^x+3^{-x})^3-3\times3^x\times3^{-x}(3^x+3^{-x})$$
$$=(3^x+3^{-x})^3-3(3^x+3^{-x})$$
$$=5^3-3\times5=125-15=110$$

65 답 ④

$5^{\frac{x}{3}}+5^{-\frac{x}{3}}=3$이므로

$$5^x+5^{-x}=\left(5^{\frac{x}{3}}+5^{-\frac{x}{3}}\right)^3-3\times5^{\frac{x}{3}}\times5^{-\frac{x}{3}}\left(5^{\frac{x}{3}}+5^{-\frac{x}{3}}\right)$$
$$=\left(5^{\frac{x}{3}}+5^{-\frac{x}{3}}\right)^3-3\left(5^{\frac{x}{3}}+5^{-\frac{x}{3}}\right)$$
$$=3^3-3\times3=27-9=18$$
$$\therefore\ 5^{2x}+5^{-2x}=(5^x+5^{-x})^2-2=18^2-2$$
$$=324-2=322$$

66 답 ②

$7^{\frac{x}{2}}-7^{-\frac{x}{2}}=-2$이므로

$$7^{\frac{3}{2}x}-7^{-\frac{3}{2}x}=\left(7^{\frac{x}{2}}-7^{-\frac{x}{2}}\right)^3+3\times7^{\frac{x}{2}}\times7^{-\frac{x}{2}}\left(7^{\frac{x}{2}}-7^{-\frac{x}{2}}\right)$$
$$=\left(7^{\frac{x}{2}}-7^{-\frac{x}{2}}\right)^3+3\left(7^{\frac{x}{2}}-7^{-\frac{x}{2}}\right)$$
$$=(-2)^3+3\times(-2)=(-8)+(-6)=-14$$

67 답 4

$a^{2x}=5$이므로 $\dfrac{a^x+3a^{-x}}{a^x-3a^{-x}}$의 분모, 분자에 a^x을 각각 곱하면

$$\frac{a^x+3a^{-x}}{a^x-3a^{-x}}=\frac{a^{2x}+3}{a^{2x}-3}=\frac{5+3}{5-3}=\frac{8}{2}=4$$

68 답 ⑤

$a^{2x}=3$이므로 $\dfrac{a^{3x}-a^{-3x}}{a^x-a^{-x}}$의 분모, 분자에 a^{3x}을 각각 곱하면

$$\frac{a^{3x}-a^{-3x}}{a^x-a^{-x}}=\frac{a^{6x}-1}{a^{4x}-a^{2x}}=\frac{3^3-1}{3^2-3}=\frac{26}{6}=\frac{13}{3}$$

따라서 $k=\dfrac{13}{3}$이므로 $3k=13$

다른 풀이

$\dfrac{a^{3x}-a^{-3x}}{a^x-a^{-x}}$의 분모, 분자에 a^x을 각각 곱하면

$$\frac{a^{3x}-a^{-3x}}{a^x-a^{-x}}=\frac{a^{4x}-a^{-2x}}{a^{2x}-1}=\frac{3^2-\frac{1}{3}}{3-1}=\frac{\frac{26}{3}}{2}=\frac{26}{6}=\frac{13}{3}$$
$$\therefore\ k=\frac{13}{3}\Rightarrow 3k=13$$

69 답 ④

$\dfrac{2^x-2^{-x}}{2^x+2^{-x}}=\dfrac{1}{3}$의 좌변의 분모, 분자에 2^x을 각각 곱하면

$$\frac{4^x-1}{4^x+1}=\frac{1}{3},\ 3(4^x-1)=4^x+1,\ 2\times4^x=4$$

따라서 $4^x=2$이므로

$$4^x+4^{-x}=2+\frac{1}{2}=\frac{5}{2}$$

70 답 ④

$\dfrac{2^a+2^{-a}}{2^a-2^{-a}}=-3$의 좌변의 분모, 분자에 2^a을 각각 곱하면

$\dfrac{4^a+1}{4^a-1}=-3$, $4^a+1=-3(4^a-1)$, $4\times4^a=2$

따라서 $4^a=\dfrac{1}{2}$이므로

$4^a-4^{-a}=\dfrac{1}{2}-2=-\dfrac{3}{2}$

71 답 ②

$3^x=4^y=12$이므로

$3^x=12$에서 $3=12^{\frac{1}{x}}$ … ㉠, $4^y=12$에서 $4=12^{\frac{1}{y}}$ … ㉡

㉠$\times$㉡을 하면 $12^{\frac{1}{x}}\times12^{\frac{1}{y}}=3\times4=12$에서 $12^{\frac{1}{x}+\frac{1}{y}}=12^1$

$\therefore \dfrac{1}{x}+\dfrac{1}{y}=1$

72 답 ②

$4^x=9^y=6$이므로

$4^x=6$에서 $4=6^{\frac{1}{x}}$ … ㉠, $9^y=6$에서 $9=6^{\frac{1}{y}}$ … ㉡

㉠$\times$㉡을 하면 $6^{\frac{1}{x}}\times6^{\frac{1}{y}}=4\times9=36$에서 $6^{\frac{1}{x}+\frac{1}{y}}=6^2$

$\therefore \dfrac{1}{x}+\dfrac{1}{y}=2$

73 답 ①

$2^x=3^y=18$이므로

$2^x=18$에서 $2=18^{\frac{1}{x}}$ … ㉠, $3^y=18$에서 $3=18^{\frac{1}{y}}$ … ㉡

㉠$^2\times$㉡^{4}을 하면
$\left(18^{\frac{1}{x}}\right)^2\times\left(18^{\frac{1}{y}}\right)^4=2^2\times3^4=(2\times3^2)^2=18^2$에서

$18^{\frac{2}{x}}\times18^{\frac{4}{y}}=18^{\frac{2}{x}+\frac{4}{y}}=18^2$

$\therefore \dfrac{2}{x}+\dfrac{4}{y}=2$

74 답 ④

$53^x=8$에서 $53=8^{\frac{1}{x}}=(2^3)^{\frac{1}{x}}=2^{\frac{3}{x}}$ … ㉠

$424^y=32$에서 $424=32^{\frac{1}{y}}=(2^5)^{\frac{1}{y}}=2^{\frac{5}{y}}$ … ㉡

㉡$\div$㉠을 하면 $2^{\frac{5}{y}}\div2^{\frac{3}{x}}=424\div53=8$에서 $2^{\frac{5}{y}-\frac{3}{x}}=2^3$

$\therefore \dfrac{5}{y}-\dfrac{3}{x}=3$

75 답 ①

$23^x=9$에서 $23=9^{\frac{1}{x}}=(3^2)^{\frac{1}{x}}=3^{\frac{2}{x}}$ … ㉠

$207^y=243$에서 $207=243^{\frac{1}{y}}=(3^5)^{\frac{1}{y}}=3^{\frac{5}{y}}$ … ㉡

㉠$\div$㉡을 하면 $3^{\frac{2}{x}}\div3^{\frac{5}{y}}=23\div207=\dfrac{1}{9}$에서 $3^{\frac{2}{x}-\frac{5}{y}}=3^{-2}$

$\therefore \dfrac{2}{x}-\dfrac{5}{y}=-2$

76 답 ③

$2^x=3^y=12^z=k$라 하면

$2^x=k$에서 $2=k^{\frac{1}{x}}$

$3^y=k$에서 $3=k^{\frac{1}{y}}$

$12^z=k$에서 $12=k^{\frac{1}{z}}$

이때, $xyz\neq0$이므로 $k\neq1$이고

$k^{\frac{2}{x}+\frac{1}{y}-\frac{1}{z}}=k^{\frac{2}{x}}\times k^{\frac{1}{y}}\div k^{\frac{1}{z}}=2^2\times3\div12=1$에서

$\dfrac{2}{x}+\dfrac{1}{y}-\dfrac{1}{z}=0$

77 답 20

$6=\dfrac{30}{5}$이고 $30^y=5$이므로

$6^{\frac{2x+y}{1-y}}=\left(\dfrac{30}{5}\right)^{\frac{2x+y}{1-y}}=\left(\dfrac{30}{30^y}\right)^{\frac{2x+y}{1-y}}=(30^{1-y})^{\frac{2x+y}{1-y}}$

$\qquad\qquad=30^{2x+y}=(30^x)^2\times30^y$

$\qquad\qquad=2^2\times5=20$

78 답 ②

80인분의 식사 준비시간은 $3.5\times80^{\frac{1}{2}}$이고,

5인분의 식사 준비시간은 $3.5\times5^{\frac{1}{2}}$이므로

$\dfrac{3.5\times80^{\frac{1}{2}}}{3.5\times5^{\frac{1}{2}}}=\left(\dfrac{80}{5}\right)^{\frac{1}{2}}=16^{\frac{1}{2}}=(4^2)^{\frac{1}{2}}=4$

따라서 80인분의 식사 준비시간은 5인분의 식사 준비시간의 4배이다.

$\therefore k=4$

79 답 ③

빵 48조각을 굽는데 걸리는 시간은 $0.8\times48^{\frac{2}{3}}$이고,

빵 6조각을 굽는데 걸리는 시간은 $0.8\times6^{\frac{2}{3}}$이므로

$\dfrac{0.8\times48^{\frac{2}{3}}}{0.8\times6^{\frac{2}{3}}}=\left(\dfrac{48}{6}\right)^{\frac{2}{3}}=8^{\frac{2}{3}}=(2^3)^{\frac{2}{3}}=2^2=4$

따라서 빵 48조각을 굽는데 걸리는 시간은 빵 6조각을 굽는데 걸리는 시간의 4배이다.

$\therefore k=4$

80 답 16

8000개의 물건을 만드는 데 걸리는 시간은 $0.7\times8000^{\frac{2}{3}}$이고, 125개의 물건을 만드는 데 걸리는 시간은 $0.7\times125^{\frac{2}{3}}$이므로

$\dfrac{0.7\times8000^{\frac{2}{3}}}{0.7\times125^{\frac{2}{3}}}=\left(\dfrac{8000}{125}\right)^{\frac{2}{3}}=64^{\frac{2}{3}}=(2^6)^{\frac{2}{3}}=2^4=16$

따라서 8000개의 물건을 만드는 데 걸리는 시간은 125개의 물건을 만드는 데 걸리는 시간의 16배이다.

81　답 140

어떤 방사능 물질 A의 반감기가 28년이므로
$T=28$이고, 이 물질의 양이 처음 양의 3.125 %가 되는
데 걸리는 시간 t를 구하기 위하여
$K=K_0\left(\dfrac{1}{2}\right)^{\frac{t}{T}}$에 $K=0.03125K_0$, $T=28$을 주어진 조건
식에 대입하면 $0.03125K_0=K_0\left(\dfrac{1}{2}\right)^{\frac{t}{28}}$에서
$\dfrac{1}{32}K_0=K_0\left(\dfrac{1}{2}\right)^{\frac{t}{28}}$, $\left(\dfrac{1}{2}\right)^5=\left(\dfrac{1}{2}\right)^{\frac{t}{28}}$
$\dfrac{t}{28}=5$　∴ $t=140$
따라서 이 물질의 양이 처음 양의 3.125 %가 되는데 걸리
는 시간은 140년이다.

82　답 ⑤

초기 농도가 r인 기체 P가 분해가 시작되고 t_1초가 지났을
때의 농도가 r^2이므로
$r^2=r\times10^{-kt_1}$　∴ $r=10^{-kt_1}$ … ㉠
또, 초기 농도가 r인 기체 P가 분해가 시작되고 t_2초가 지
났을 때의 농도가 r^6이므로
$r^6=r\times10^{-kt_2}$　∴ $r^5=10^{-kt_2}$ … ㉡
㉠을 ㉡에 대입하면
$(10^{-kt_1})^5=10^{-kt_2}$, $10^{-5kt_1}=10^{-kt_2}$
$-5kt_1=-kt_2$　∴ $t_2=5t_1(\because k\neq0)$
∴ $m=5$

83　답 ②

어떤 우주선이 빛의 속력의 80 %의 속력으로 움직이므로
이 우주선의 속력을 v라 하면 $v=\dfrac{80}{100}c=\dfrac{4}{5}c$
∴ $T=\left\{1-\left(\dfrac{\frac{4}{5}c}{c}\right)^2\right\}^{-\frac{1}{2}}=\left(1-\dfrac{16}{25}\right)^{-\frac{1}{2}}=\left(\dfrac{9}{25}\right)^{-\frac{1}{2}}=\dfrac{5}{3}$
즉, 우주선 내부에서 1초가 흐르는 동안 우주선 밖의 정지
된 장소에서는 $\dfrac{5}{3}$초가 흐르므로 우주선 밖의 정지된 장소
에서 1초가 흐르는 동안 우주선 내부에서는 a초가 흐르므로
$1:\dfrac{5}{3}=a:1$
∴ $a=\dfrac{3}{5}$

01　답 ④

$3\sqrt[3]{81}+\sqrt[3]{24}=3\sqrt[3]{3^3\times3}+\sqrt[3]{2^3\times3}$
$\phantom{3\sqrt[3]{81}+\sqrt[3]{24}}=9\sqrt[3]{3}+2\sqrt[3]{3}=11\sqrt[3]{3}=k\sqrt[3]{3}$
∴ $k=11$

> **심플 정리**
>
> [거듭제곱근의 성질]
> $a>0$, $b>0$이고 m, n이 2 이상인 자연수일 때,
> (1) $(\sqrt[n]{a})^m=\sqrt[n]{a^m}$　　(2) $\sqrt[n]{a}\,\sqrt[n]{b}=\sqrt[n]{ab}$
> (3) $\dfrac{\sqrt[n]{a}}{\sqrt[n]{b}}=\sqrt[n]{\dfrac{a}{b}}$　　(4) $\sqrt[m]{\sqrt[n]{a}}=\sqrt[mn]{a}$
> (5) $\sqrt[np]{a^{mp}}=\sqrt[n]{a^m}$ (단, p는 자연수)

02　답 ②

$f(x)=\dfrac{1+x+x^2+x^3+x^4+x^5}{x^{-2}+x^{-3}+x^{-4}+x^{-5}+x^{-6}+x^{-7}}$
$=\dfrac{1+x+x^2+x^3+x^4+x^5}{x^{-7}(x^5+x^4+x^3+x^2+x+1)}=\dfrac{1}{x^{-7}}=x^7$
∴ $f(\sqrt[14]{3})=(\sqrt[14]{3})^7=\left(3^{\frac{1}{14}}\right)^7=3^{\frac{1}{2}}=\sqrt{3}$

03　답 108

$\sqrt[3]{2k}$의 값이 자연수가 되려면 $k=2^2x^3$ (단, x는 자연수) … ㉠
의 꼴이어야 한다.
$\sqrt{3k}$의 값이 자연수가 되려면 $k=3y^2$ (단, y는 자연수) … ㉡
의 꼴이어야 한다.　　　　　　　　　　　… Ⅰ
$\sqrt[3]{2k}$, $\sqrt{3k}$가 모두 자연수가 되려면 ㉠, ㉡에서
$k=2^2\times3^3\times z^6$ (단, z는 자연수)
의 꼴이어야 한다.　　　　　　　　　　　… Ⅱ
따라서 자연수 k의 최솟값은 $z=1$일 때
$2^2\times3^3\times1^6=108$　　　　　　　　… Ⅲ

[채점기준표]

Ⅰ	$\sqrt[3]{2k}$와 $\sqrt{3k}$가 각각 자연수가 될 수 있는 k의 꼴을 구한다.	30%
Ⅱ	$\sqrt[3]{2k}$와 $\sqrt{3k}$가 모두 자연수가 될 수 있는 k의 꼴을 구한다.	40%
Ⅲ	자연수 k의 최솟값을 구한다.	30%

04　답 5

m^n의 세제곱근은 $m^{\frac{n}{3}}$이다. 이 값이 자연수가 되기 위해서
는 n이 3의 배수가 되어야 하므로 $n=3$ 또는 $n=6$이다.
(ⅰ) $n=3$일 때, 조건을 만족시키는 m의 값은 2이다.
(ⅱ) $n=6$일 때, 조건을 만족시키는 m의 값은 2, 3, 4, 5이다.
(ⅰ), (ⅱ)에 의하여 m^n의 세제곱근이 자연수가 되도록 하는
순서쌍 (m, n)의 개수는 $(2, 3)$, $(2, 6)$, $(3, 6)$, $(4, 6)$,
$(5, 6)$으로 5이다.

05 답 ③

> 자연수 $n(n\geq2)$에 대하여 실수 a의 n제곱근 중에서 실수인 것의 개수를 $f_n(a)$라 할 때, $f_2(-3)+f_3(-2)+f_4(5)$의 값은?
> ($x^n=a$가 실수인 해를 가지는 조건을 생각하여 $f_n(a)$의 값을 구해.)
>
> ① 1　　　② 2　　　③ 3
> ④ 4　　　⑤ 5

1st 실수 a의 n제곱근을 식으로 나타내어 $f_n(a)$를 구해.

-3의 제곱근 중 실수는 없으므로 $f_2(-3)=0$
($x^2=-3$에서 $x=\pm\sqrt{-3}$이니까 허수야.)
(방정식 $x^n=a$의 근 중에서 실수의 개수야.)

-2의 세제곱근 중 실수는 $\sqrt[3]{-2}$로 한 개뿐이므로
$f_3(-2)=1$　($x^3=-2$)

5의 네제곱근 중 실수는 $\sqrt[4]{5}$, $-\sqrt[4]{5}$로 2개이므로
$f_4(5)=2$　($x^4=5$)

$\therefore f_2(-3)+f_3(-2)+f_4(5)=0+1+2=3$

06 답 ①

> 세 수 $A=\sqrt{\sqrt[3]{5}}$, $B=\sqrt[3]{3}$, $C=\sqrt[3]{\sqrt{20}}$의 대소 관계는?
> (지수법칙을 이용하여 지수를 통일한 후 크기를 비교해.)
>
> ① $A<B<C$　　② $A<C<B$　　③ $B<A<C$
> ④ $B<C<A$　　⑤ $C<B<A$

1st 지수법칙을 이용하여 거듭제곱근 A, B, C의 지수를 통일해.

$A=\sqrt{\sqrt[3]{5}}=\sqrt[2\times3]{5}=\sqrt[6]{5}=5^{\frac{1}{6}}$　($\sqrt[m]{a}=a^{\frac{1}{m}}$)

$B=\sqrt[3]{3}=3^{\frac{1}{3}}$

$C=\sqrt[3]{\sqrt{20}}=\sqrt[3\times2]{20}=\sqrt[6]{20}=20^{\frac{1}{6}}$

이 세 수를 각각 6제곱하면 (지수인 $\frac{1}{6}$, $\frac{1}{3}$, $\frac{1}{6}$을 통분하기 위해서 6, 3, 6의 최소공배수를 곱해야 해.)
$A^6=5$, $B^6=3^2=9$, $C^6=20$

따라서 $A^6<B^6<C^6$이므로 $A<B<C$

다른 풀이

$A=\sqrt{\sqrt[3]{5}}=\sqrt[6]{5}$　($\sqrt[m]{\sqrt[n]{a}}=\sqrt[mn]{a}$)
$B=\sqrt[3]{3}=\sqrt[6]{3^2}=\sqrt[6]{9}$
$C=\sqrt[3]{\sqrt{20}}=\sqrt[6]{20}$　($\sqrt[m]{a^n}=\sqrt[mk]{a^{nk}}$)

$\therefore A<B<C$

07 답 ①

$\left(8^{\frac{1}{2}}\right)^{\frac{2}{3}}=8^{\frac{1}{3}}=(2^3)^{\frac{1}{3}}=2$

08 답 ③

$\left(\frac{1}{3}\right)^x=2$에서 $\frac{1}{3}=2^{\frac{1}{x}}$

$27^y=32$에서 $27=32^{\frac{1}{y}}=(2^5)^{\frac{1}{y}}=2^{\frac{5}{y}}$

$\therefore 2^{\frac{1}{x}+\frac{5}{y}}=2^{\frac{1}{x}}\times2^{\frac{5}{y}}=\frac{1}{3}\times27=9$

09 답 ④

$7^{3a+b}=128$과 $7^{a-b}=2$를 곱하면
$7^{(3a+b)+(a-b)}=7^{4a}=128\times2=256=4^4$, $(7^a)^4=4^4$

$7^a=4$　　$\therefore 7=4^{\frac{1}{a}}=(2^2)^{\frac{1}{a}}=2^{\frac{2}{a}}$

또, $7^{a-b}=2$에서 $7^a=4$이므로

$4\times7^{-b}=2$, $7^b=2$　　$\therefore 7=2^{\frac{1}{b}}$

$\therefore 2^{\frac{3}{b}}\div2^{\frac{2}{a}}=\left(2^{\frac{1}{b}}\right)^3\div7=7^3\div7=7^2=49$

10 답 ⑤

$5^{\frac{1}{a}}=2$에서 $5=2^a$, $81^{\frac{1}{b}}=25$에서 $81=25^b$

$\therefore (2^a)^b=5^b=\left(25^{\frac{1}{2}}\right)^b=(25^b)^{\frac{1}{2}}=81^{\frac{1}{2}}=(9^2)^{\frac{1}{2}}=9$

11 답 ③

$4^x=9^y=16^z$이므로 $16^{xz}=9^{xy}$, $16^{yz}=4^{xy}$

$\therefore 16^{xz+yz}=16^{xz}\times16^{yz}=9^{xy}\times4^{xy}=9^{\frac{1}{2}}\times4^{\frac{1}{2}}$　$\left(\because xy=\frac{1}{2}\right)$

$\qquad=(3^2)^{\frac{1}{2}}\times(2^2)^{\frac{1}{2}}=3\times2=6$

다른 풀이

$4^x=9^y=16^z=k\,(k\neq1)$라 하면
$4=k^{\frac{1}{x}}\cdots㉠$, $9=k^{\frac{1}{y}}\cdots㉡$, $16=k^{\frac{1}{z}}$

이때, ㉠×㉡을 하면
$4\times9=36=k^{\frac{1}{x}}\times k^{\frac{1}{y}}=k^{\frac{1}{x}+\frac{1}{y}}=k^{\frac{x+y}{xy}}=k^{2(x+y)}$　$\left(\because xy=\frac{1}{2}\right)$

$\therefore 16^{xz+yz}=\left(k^{\frac{1}{z}}\right)^{xz+yz}=k^{x+y}=\{k^{2(x+y)}\}^{\frac{1}{2}}$

$\qquad=36^{\frac{1}{2}}=(6^2)^{\frac{1}{2}}=6$

12 답 ⑤

$4^a=\sqrt{6}$에서 $4=(\sqrt{6})^{\frac{1}{a}}$이고

$9^b=\sqrt{6}$에서 $9=(\sqrt{6})^{\frac{1}{b}}$이므로

$(\sqrt{6})^{\frac{1}{a}+\frac{1}{b}}=(\sqrt{6})^{\frac{1}{a}}\times(\sqrt{6})^{\frac{1}{b}}=4\times9=36=(\sqrt{6})^4$

$\therefore \frac{1}{a}+\frac{1}{b}=4$

13 답 ③

> 양수 a에 대하여 $\sqrt{a}+\dfrac{1}{\sqrt{a}}=4$일 때,
> $\dfrac{a^2+a^{-2}+6}{a+a^{-1}-4}$의 값은?
> (주어진 식을 구해야 하는 식의 꼴로 변형해야 해.)
>
> ① 10　　　② 15　　　③ 20
> ④ 25　　　⑤ 30

1st 주어진 식을 변형하자.

$\sqrt{a}+\dfrac{1}{\sqrt{a}}=4$의 양변을 제곱하면

$$\left(\sqrt{a}+\dfrac{1}{\sqrt{a}}\right)^2=4^2,\ a+2+\dfrac{1}{a}=16$$

$$\left(\sqrt{a}+\dfrac{1}{\sqrt{a}}\right)^2=(\sqrt{a})^2+2\times\sqrt{a}\times\dfrac{1}{\sqrt{a}}+\left(\dfrac{1}{\sqrt{a}}\right)^2=a+2+\dfrac{1}{a}$$

$$\therefore a+\dfrac{1}{a}=14 \cdots \bigcirc$$

이 식의 양변을 다시 제곱하면

$$\left(a+\dfrac{1}{a}\right)^2=14^2,\ a^2+2+\dfrac{1}{a^2}=196$$

$$\therefore a^2+\dfrac{1}{a^2}=194 \cdots \bigcirc\!\!\bigcirc$$

$$\left(a+\dfrac{1}{a}\right)^2=a^2+2\times a\times\dfrac{1}{a}+\left(\dfrac{1}{a}\right)^2=a^2+2+\dfrac{1}{a^2}$$

2nd 구하는 값을 계산하자.

$\bigcirc$, $\bigcirc\!\!\bigcirc$을 구하는 식에 대입하면

$$\dfrac{a^2+a^{-2}+6}{a+a^{-1}-4}=\dfrac{194+6}{14-4}=\dfrac{200}{10}=20$$

$a^2+a^{-2}=a^2+\dfrac{1}{a^2},\ a+a^{-1}=a+\dfrac{1}{a}$이지?

14 답 ②

$\dfrac{5a^{5x}+4a^{-4x}}{5a^{5x}-4a^{-4x}}$의 분모, 분자에 각각 a^{4x}을 곱하면 $a^{3x}=2$

이므로

$$\dfrac{5a^{9x}+4}{5a^{9x}-4}=\dfrac{5(a^{3x})^3+4}{5(a^{3x})^3-4}=\dfrac{5\times2^3+4}{5\times2^3-4}=\dfrac{40+4}{40-4}=\dfrac{44}{36}=\dfrac{11}{9}$$

15 답 20

$D=d,\ W=160,\ R=R_1$을 $R=k\left(\dfrac{W}{D+10}\right)^{\frac{1}{3}}$에 대입하면

$$R_1=k\left(\dfrac{160}{d+10}\right)^{\frac{1}{3}} \cdots \bigcirc$$

또, $D=d,\ W=p,\ R=R_2$를 $R=k\left(\dfrac{W}{D+10}\right)^{\frac{1}{3}}$에 대입하면

$$R_2=k\left(\dfrac{p}{d+10}\right)^{\frac{1}{3}} \cdots \bigcirc\!\!\bigcirc$$

$\bigcirc\div\bigcirc\!\!\bigcirc$을 하면

$$\dfrac{R_1}{R_2}=\dfrac{k\left(\dfrac{160}{d+10}\right)^{\frac{1}{3}}}{k\left(\dfrac{p}{d+10}\right)^{\frac{1}{3}}}=2에서\ \left(\dfrac{160}{p}\right)^{\frac{1}{3}}=2$$

$$\dfrac{160}{p}=2^3=8 \qquad \therefore p=20$$

Simple C 로그

01 답 $\log_a b$, 로그

02 답 $a>0,\ a\neq1,\ b>0$

03 답 $0,\ 1$

04 답 $\dfrac{n}{m}$

05 답 $\times$

06 답 $\times$

07 답 $\bigcirc$

08 답 $\bigcirc$

09 답 $\times$

10 답 $2^4=16$

11 답 $3^3=27$

12 답 $9^{\frac{1}{2}}=3$

13 답 $3^{-4}=\dfrac{1}{81}$

14 답 $6=\log_2 64$

15 답 $-4=\log_2 \dfrac{1}{16}$

16 답 $\dfrac{1}{2}=\log_2 \sqrt{2}$

17 답 $2=\log_{0.1} 0.01$

18 답 $\dfrac{1}{4}$

19 답 $\dfrac{1}{27}$

20 답 2

$x^4=16$에서 $x=16^{\frac{1}{4}}=(2^4)^{\frac{1}{4}}=2$

21 답 16

$x^{\frac{1}{4}}=2$에서 $x=2^4=16$

22 답 0

23 답 1

24 답 3

25 답 10

26 답 6

$$\log_2 4+\log_2 16=\log_2(4\times16)=\log_2 64$$
$$=\log_2 2^6=6$$

27 답 2

$$\log_2 12 - \log_2 3 = \log_2 \frac{12}{3} = \log_2 4 = \log_2 2^2 = 2$$

28 답 $p + 2q + 3r$

$$\log_a xy^2 z^3 = \log_a x + \log_a y^2 + \log_a z^3$$
$$= \log_a x + 2\log_a y + 3\log_a z = p + 2q + 3r$$

29 답 $p + q - r$

$$\log_a \frac{xy}{z} = \log_a xy - \log_a z = \log_a x + \log_a y - \log_a z$$
$$= p + q - r$$

30 답 $\frac{1}{2}p + \frac{1}{2}q + r$

$$\log_a \sqrt{xyz^2} = \log_a (xyz^2)^{\frac{1}{2}} = \frac{1}{2}\log_a xyz^2$$
$$= \frac{1}{2}(\log_a x + \log_a y + 2\log_a z)$$
$$= \frac{1}{2}\log_a x + \frac{1}{2}\log_a y + \log_a z$$
$$= \frac{1}{2}p + \frac{1}{2}q + r$$

31 답 $p - q - r$

$$\log_a \frac{x}{yz} = \log_a x - \log_a yz = \log_a x - (\log_a y + \log_a z)$$
$$= \log_a x - \log_a y - \log_a z = p - q - r$$

32 답 2

$$\log_2 3 \times \log_9 16 = \log_2 3 \times \frac{\log_2 16}{\log_2 9} = \log_2 3 \times \frac{\log_2 2^4}{\log_2 3^2}$$
$$= \log_2 3 \times \frac{4}{2\log_2 3} = 2$$

33 답 1

$$\log_{\frac{1}{2}} 3 \times \log_{\frac{1}{3}} 2 = \frac{1}{\log_3 \frac{1}{2}} \times \frac{1}{\log_2 \frac{1}{3}}$$
$$= \frac{1}{-\log_3 2} \times \frac{1}{-\log_2 3} = 1$$

34 답 $\frac{3+b}{1+a+b}$

$$\log_{42} 56 = \frac{\log_2 56}{\log_2 42} = \frac{\log_2 (2^3 \times 7)}{\log_2 (2 \times 3 \times 7)}$$
$$= \frac{3 + \log_2 7}{1 + \log_2 3 + \log_2 7} = \frac{3+b}{1+a+b}$$

35 답 $\frac{2a+b}{2b}$

$$\log_9 12 = \frac{\log_5 12}{\log_5 9} = \frac{\log_5 (2^2 \times 3)}{\log_5 3^2} = \frac{2\log_5 2 + \log_5 3}{2\log_5 3}$$
$$= \frac{2a+b}{2b}$$

36 답 $\frac{2b}{a}$

$$\log_2 9 = \frac{\log_7 9}{\log_7 2} = \frac{\log_7 3^2}{\log_7 2} = \frac{2\log_7 3}{\log_7 2} = \frac{2b}{a}$$

37 답 $\frac{a+b}{a}$

$$\log_3 15 = \frac{\log_2 15}{\log_2 3} = \frac{\log_2 (3 \times 5)}{\log_2 3} = \frac{\log_2 3 + \log_2 5}{\log_2 3}$$
$$= \frac{a+b}{a}$$

38 답 $\frac{2+b}{a+b}$

$$\log_{15} 20 = \frac{\log_2 20}{\log_2 15} = \frac{\log_2 (2^2 \times 5)}{\log_2 (3 \times 5)} = \frac{2 + \log_2 5}{\log_2 3 + \log_2 5}$$
$$= \frac{2+b}{a+b}$$

39 답 6

$$\log_{\sqrt{2}} \sqrt{64} = \log_{2^{\frac{1}{2}}} 64^{\frac{1}{2}} = \log_2 2^6 = 6$$

40 답 81

$$16^{\log_2 3} = 3^{\log_2 16} = 3^4 = 81$$

41 답 $\sqrt{2}$

$$3^{\log_9 2} = 2^{\log_9 3} = 2^{\frac{1}{2}} = \sqrt{2}$$

42 답 256

$$3^{\log_{\sqrt{3}} 16} = 16^{\log_{\sqrt{3}} 3} = 16^{2\log_3 3} = 16^2 = 256$$

43 답 0

$$\log_2 \sqrt{3} - \log_4 3 = \frac{1}{2}\log_2 3 - \frac{1}{2}\log_2 3 = 0$$

44 답 $\frac{35}{4}$

$$(\log_2 9 + \log_4 3)(\log_3 4 + \log_9 8)$$
$$= \left(2\log_2 3 + \frac{1}{2}\log_2 3\right)\left(2\log_3 2 + \frac{3}{2}\log_3 2\right)$$
$$= \frac{5}{2}\log_2 3 \times \frac{7}{2}\log_3 2 = \frac{35}{4}$$

45 답 2

$$\log_2 6 \times \log_3 6 - (\log_2 3 + \log_3 2)$$
$$= (1 + \log_2 3) \times \frac{1 + \log_2 3}{\log_2 3} - \left(\log_2 3 + \frac{1}{\log_2 3}\right)$$
$$= \frac{(1 + \log_2 3)^2}{\log_2 3} - \frac{(\log_2 3)^2 + 1}{\log_2 3} = 2$$

46 답 -1

$$\log_2 \frac{5}{4} + \log_2 \sqrt{20} - \frac{3}{2}\log_2 5$$
$$= \log_2 \frac{5}{4} + \log_2 \sqrt{20} - \log_2 \sqrt{125}$$
$$= \log_2 \frac{5}{4} + \log_2 \frac{\sqrt{20}}{\sqrt{125}} = \log_2 \frac{5}{4} + \log_2 \frac{2}{5}$$
$$= \log_2 \left(\frac{5}{4} \times \frac{2}{5}\right) = \log_2 \frac{1}{2} = -1$$

47 답 ④

$\log_2 128 = x$라 하면 $2^x = 128$, $2^x = 2^7$

$\therefore x = 7 \Rightarrow \log_2 128 = 7$

48 답 ①

$\log_4 \dfrac{1}{8} = x$라 하면 $4^x = \dfrac{1}{8}$, $2^{2x} = 2^{-3}$, $2x = -3$

$\therefore x = -\dfrac{3}{2} \Rightarrow \log_4 \dfrac{1}{8} = -\dfrac{3}{2}$

49 답 ③

$a = \log_2(\sqrt{2}-1)$에서 $2^a = \sqrt{2}-1$이므로

$$2^a + 2^{-a} = 2^a + \dfrac{1}{2^a} = \sqrt{2}-1 + \dfrac{1}{\sqrt{2}-1}$$
$$= \sqrt{2}-1 + \dfrac{\sqrt{2}+1}{(\sqrt{2}-1)(\sqrt{2}+1)}$$
$$= \sqrt{2}-1 + \sqrt{2}+1 = 2\sqrt{2}$$

50 답 ④

$\log_2 2x = 4$에서 $2x = 2^4$, $2x = 16$ $\quad \therefore x = 8$

다른 풀이

$\log_2 2x = 4$에서 $\log_2 2 + \log_2 x = 4$, $1 + \log_2 x = 4$

$\log_2 x = 3$ $\quad \therefore x = 2^3 = 8$

51 답 3

$\log_x 27 = 3$에서 $x^3 = 27$

$\therefore x = 27^{\frac{1}{3}} = (3^3)^{\frac{1}{3}} = 3$

> **심플 정리**
>
> [지수법칙]
>
> $a > 0$, $b > 0$이고 x, y가 실수일 때,
>
> (1) $a^x a^y = a^{x+y}$ (2) $a^x \div a^y = a^{x-y}$
>
> (3) $(a^x)^y = a^{xy}$ (4) $(ab)^x = a^x b^x$

52 답 ②

$\log_4(\log_2 x) = \dfrac{1}{2}$에서 $\log_2 x = 4^{\frac{1}{2}} = (2^2)^{\frac{1}{2}} = 2$

$\therefore x = 2^2 = 4$

53 답 ⑤

$\log_2(10-x)$에서 진수 $10-x$는 양수이어야 하므로

$10-x > 0$에서 $x < 10$

따라서 $\log_2(10-x)$가 정의되기 위한 x의 값으로 옳지 않은 것은 ⑤ 10이다.

54 답 ⑤

$\log_{(x-4)} 4$에서 밑 $x-4$는 1이 아닌 양수이어야 하므로

$x-4 > 0$, $x-4 \neq 1$에서 $x > 4$, $x \neq 5$

따라서 $\log_{(x-4)} 4$가 정의되기 위한 x의 값으로 알맞은 것은 ⑤ 6이다.

55 답 ③

$\log_{(x-2)}(-x^2+11x-10)$에서

밑의 조건에 의하여 $x-2 > 0$, $x-2 \neq 1$

$\therefore x > 2$, $x \neq 3$ … ㉠

진수의 조건에 의하여 $-x^2+11x-10 > 0$에서

$x^2 - 11x + 10 < 0$, $(x-1)(x-10) < 0$

$\therefore 1 < x < 10$ … ㉡

㉠, ㉡에 의하여 $2 < x < 3$ 또는 $3 < x < 10$이므로

$\log_{(x-2)}(-x^2+11x-10)$이 정의되기 위한 정수 x의 개수는 4, 5, 6, 7, 8, 9의 6이다.

56 답 15

$\log_{(x-2)}(-x^2+8x-7)$에서

밑의 조건에 의하여 $x-2 > 0$, $x-2 \neq 1$

$\therefore x > 2$, $x \neq 3$ … ㉠

또, 진수의 조건에 의하여 $-x^2+8x-7 > 0$에서

$x^2 - 8x + 7 < 0$, $(x-1)(x-7) < 0$

$\therefore 1 < x < 7$ … ㉡

㉠, ㉡에 의하여 $2 < x < 3$ 또는 $3 < x < 7$이므로

$\log_{(x-2)}(-x^2+8x-7)$이 정의되기 위한 모든 정수는 4, 5, 6이다.

$\therefore$ (구하는 합) $= 4+5+6 = 15$

57 답 ③

$$\log_2 \dfrac{4}{3} + 2\log_2 \sqrt{48} = \log_2 4 - \log_2 3 + 2\log_2 (2^4 \times 3)^{\frac{1}{2}}$$
$$= 2\log_2 2 - \log_2 3 + \log_2 (2^4 \times 3)$$
$$= 2 - \log_2 3 + 4\log_2 2 + \log_2 3 = 6$$

다른 풀이

$$\log_2 \dfrac{4}{3} + 2\log_2 \sqrt{48} = \log_2 \dfrac{4}{3} + \log_2 48$$
$$= \log_2 \left(\dfrac{4}{3} \times 48\right) = \log_2 64$$
$$= \log_2 2^6 = 6$$

58 답 ④

$$\log_2 64 - \log_2 \dfrac{3}{64} + \log_2 48$$
$$= \log_2 64 - (\log_2 3 - \log_2 64) + \log_2 48$$
$$= 2\log_2 64 + \log_2 48 - \log_2 3$$
$$= \log_2 \dfrac{64^2 \times 48}{3} = \log_2 (2^{12} \times 2^4) = \log_2 2^{16} = 16$$이므로

$$\log_2 \left(\log_2 64 - \log_2 \dfrac{3}{64} + \log_2 48\right) = \log_2 16 = \log_2 2^4 = 4$$

59 답 ⑤

$$\log_2(\sqrt{7}+\sqrt{3})^5 + \log_2(\sqrt{7}-\sqrt{3})^5$$
$$= 5\log_2(\sqrt{7}+\sqrt{3}) + 5\log_2(\sqrt{7}-\sqrt{3})$$
$$= 5\log_2\{(\sqrt{7}+\sqrt{3})(\sqrt{7}-\sqrt{3})\}$$
$$= 5\log_2 4 = 5\log_2 2^2 = 10\log_2 2 = 10$$

60 답 ③

$$\log_{11}\left(1-\frac{1}{2^2}\right)+\log_{11}\left(1-\frac{1}{3^2}\right)+\cdots+\log_{11}\left(1-\frac{1}{10^2}\right)$$

$$=\log_{11}\left(1-\frac{1}{2}\right)\left(1+\frac{1}{2}\right)+\log_{11}\left(1-\frac{1}{3}\right)\left(1+\frac{1}{3}\right)+$$

$$\cdots+\log_{11}\left(1-\frac{1}{10}\right)\left(1+\frac{1}{10}\right)$$

$$=\log_{11}\left(1-\frac{1}{2}\right)\left(1+\frac{1}{2}\right)\left(1-\frac{1}{3}\right)\left(1+\frac{1}{3}\right)$$

$$\cdots\left(1-\frac{1}{10}\right)\left(1+\frac{1}{10}\right)$$

$$=\log_{11}\left(\frac{1}{2}\times\frac{3}{2}\times\frac{2}{3}\times\frac{4}{3}\times\cdots\times\frac{9}{10}\times\frac{11}{10}\right)$$

$$=\log_{11}\left(\frac{1}{2}\times\frac{11}{10}\right)=\log_{11}\frac{11}{20}=1-\log_{11}20$$

61 답 ⑤

$$(\log_3\sqrt{8})\times(\log_2 27)=\log_3 2^{\frac{3}{2}}\times\log_2 3^3$$

$$=\frac{3}{2}\log_3 2\times 3\log_2 3$$

$$=\frac{9}{2}\times\log_3 2\times\frac{1}{\log_3 2}=\frac{9}{2}$$

62 답 ②

$$\frac{\log_8 14}{\log_8 5}=\log_5 14,\quad \frac{1}{\log_{10}5}=\log_5 10\text{이므로}$$

$$\log_5 35-\frac{\log_8 14}{\log_8 5}+\frac{1}{\log_{10}5}$$

$$=\log_5 35-\log_5 14+\log_5 10$$

$$=\log_5\frac{35\times 10}{14}=\log_5 25=2$$

63 답 ①

$$2\log_3 4=\log_3 4^2=\log_3 16$$

$$\log_9 100=\frac{\log_3 10^2}{\log_3 3^2}=\frac{2\log_3 10}{2}=\log_3 10$$

$$\frac{3}{\log_2 3}=3\log_3 2=\log_3 8\text{이므로}$$

$$2\log_3 4+\log_9 100-\frac{3}{\log_2 3}$$

$$=\log_3 16+\log_3 10-\log_3 8$$

$$=\log_3\frac{16\times 10}{8}=\log_3 20$$

64 답 ②

$$\log_5 36=\log_5 6^2=2\log_5 6$$

$$\log_{25}10000=\frac{\log_5 10^4}{\log_5 5^2}=\frac{4\log_5 10}{2}=2\log_5 10\text{이므로}$$

$$\frac{\log_5 36+2\log_5 2}{\log_{25}10000}=\frac{2\log_5 6+2\log_5 2}{2\log_5 10}$$

$$=\frac{\log_5 6+\log_5 2}{\log_5 10}=\frac{\log_5 12}{\log_5 10}=\log_{10}12$$

65 답 ①

$$\log_a b=\frac{\log_2 b}{\log_2 a}=\frac{B}{A}$$

66 답 ①

$$\log_2 3=a\text{에서 }\log_3 2=\frac{1}{a}\text{ 이고, }\log_3 7=b\text{이므로}$$

$$\log_6 21=\frac{\log_3 21}{\log_3 6}=\frac{\log_3(3\times 7)}{\log_3(2\times 3)}=\frac{1+\log_3 7}{\log_3 2+1}$$

$$=\frac{1+b}{\frac{1}{a}+1}=\frac{a+ab}{1+a}$$

67 답 ②

$$\log_a 4=\frac{1}{20}\text{에서 }2\log_a 2=\frac{1}{20},\ \log_a 2=\frac{1}{40}$$

$$\therefore \log_2 a=40$$

또, $\log_2 b=5$이므로

$$\log_b a^4=\frac{\log_2 a^4}{\log_2 b}=\frac{4\log_2 a}{\log_2 b}=\frac{4\times 40}{5}=32$$

68 답 ⑤

$$2^a=x,\ 4^b=2^{2b}=y,\ 8^c=2^{3c}=z\text{에서}$$

$$\log_2 x=a,\ \log_2 y=2b,\ \log_2 z=3c$$

$$\therefore \log_x y^2 z^4=\frac{\log_2 y^2 z^4}{\log_2 x}=\frac{2\log_2 y+4\log_2 z}{\log_2 x}$$

$$=\frac{4b+12c}{a}$$

69 답 ①

$$\log_9 2^{\log_2 3}=\log_9 3^{\log_2 2}=\log_{3^2}3=\frac{1}{2}\log_3 3=\frac{1}{2}$$

다른 풀이

$$\log_9 2^{\log_2 3}=\log_2 3\times\log_9 2=\log_2 3\times\frac{1}{\log_2 9}$$

$$=\log_2 3\times\frac{1}{2\log_2 3}=\frac{1}{2}$$

70 답 ①

$$\log_a\sqrt{a}-\log_{a^4}a^2-\frac{1}{2}\log_{a^{-1}}a$$

$$=\log_a a^{\frac{1}{2}}-\frac{2}{4}\log_a a-\frac{1}{2}\times\left(\frac{1}{-1}\right)\log_a a$$

$$=\frac{1}{2}-\frac{1}{2}+\frac{1}{2}=\frac{1}{2}$$

71 답 ③

$$\log_4 3\times\log_9 25\times\log_5 8=\log_4 3\times\log_{3^2}5^2\times\log_5 8$$

$$=\log_4 3\times\log_3 5\times\log_5 8$$

$$=\log_4 3\times\frac{\log_4 5}{\log_4 3}\times\frac{\log_4 8}{\log_4 5}$$

$$=\log_4 8=\log_{2^2}2^3=\frac{3}{2}$$

72 답 ④

$$\log_2(\log_4 3)+\log_2(\log_9 125)+\log_2(\log_{25}n)=\log_2\frac{3}{4}$$

$$\log_2(\log_4 3\times\log_9 125\times\log_{25}n)=\log_2\frac{3}{4}$$

$$\log_4 3\times\log_9 125\times\log_{25}n=\frac{3}{4}$$

$$\log_4 3\times\frac{3}{2}\log_3 5\times\frac{1}{2}\log_5 n=\frac{3}{4}$$

$$\log_4 3 \times \log_3 5 \times \log_5 n = 1$$

$$\log_4 3 \times \frac{\log_4 5}{\log_4 3} \times \frac{\log_4 n}{\log_4 5} = 1$$

$$\log_4 n = 1$$

$$\therefore n = 4$$

73 답 1

조건 (가)에서 $\log_a b : \log_c d = 1 : 3$이므로 양수 k에 대

하여 $\log_a b = k$, $\log_c d = 3k$라 하면

$b = a^k$, $d = c^{3k}$ $\cdots$ ㉠

또, 조건 (나)에서 $ab = c^3 d$이므로 ㉠을 대입하면

$a \times a^k = c^3 \times c^{3k}$에서

$a^{k+1} = c^{3(k+1)}$ $\qquad \therefore a = c^3 (\because k \neq -1)$

$\therefore \log_a c^3 = \log_a a = 1$

74 답 2

조건 (가)의 $\log_2 ab + \log_2 bc + \log_2 ca = 20$에서

$\log_2 (ab \times bc \times ca) = 20$, $\log_2 (abc)^2 = 20$

$\log_2 abc = 10$

$\therefore abc = 2^{10} = (2^5)^2 = 32^2 \cdots$ ㉠

또, 조건 (나)의 $a^{2x} = b^y = c^{\frac{1}{2}z} = 32$에서

$a = 32^{\frac{1}{2x}}$, $b = 32^{\frac{1}{y}}$, $c = 32^{\frac{2}{z}}$

위의 세 등식을 변끼리 곱하면

$abc = 32^{\frac{1}{2x} + \frac{1}{y} + \frac{2}{z}} \cdots$ ㉡

㉠, ㉡에 의하여

$$\frac{1}{2x} + \frac{1}{y} + \frac{2}{z} = 2$$

75 답 8

$\log_a p = X$, $\log_b q = Y$라 하면

$\log_a p + \log_b q = 2$에서 $X + Y = 2 \cdots$ ㉠

$\log_p a + \log_q b = \dfrac{1}{\log_a p} + \dfrac{1}{\log_b q} = -1$에서

$\dfrac{1}{X} + \dfrac{1}{Y} = -1$ $\qquad \therefore \dfrac{X+Y}{XY} = -1 \cdots$ ㉡

㉠을 ㉡에 대입하면 $\dfrac{2}{XY} = -1$ $\qquad \therefore XY = -2$

$\therefore (\log_a p)^2 + (\log_b q)^2 = X^2 + Y^2$

$$= (X+Y)^2 - 2XY$$
$$= 2^2 - 2 \times (-2) = 8$$

76 답 ②

$7^a = 2$에서 $a = \log_7 2$

또, $\log_b 7 = 2$에서 $b^2 = 7$ $\qquad \therefore b = 7^{\frac{1}{2}}$

$\therefore b^a = (7^{\frac{1}{2}})^{\log_7 2} = 7^{\log_7 \sqrt{2}} = \sqrt{2}$

77 답 ④

$$\left(\frac{3}{2}\right)^{\log_7 5} \times \left(\frac{2}{5}\right)^{\log_7 3} = \frac{3^{\log_7 5}}{2^{\log_7 5}} \times \frac{2^{\log_7 3}}{5^{\log_7 3}}$$

$$= \frac{5^{\log_7 3}}{2^{\log_7 5}} \times \frac{2^{\log_7 3}}{5^{\log_7 3}}$$

$$= 2^{\log_7 3 - \log_7 5} = 2^{\log_7 \frac{3}{5}}$$

$$= (4^{\frac{1}{2}})^{\log_7 \frac{3}{5}} = 4^{\frac{1}{2}\log_7 \frac{3}{5}}$$

$$= 4^{\log_7 \frac{\sqrt{3}}{\sqrt{5}}}$$

$$\therefore a = \frac{\sqrt{3}}{\sqrt{5}} = \frac{\sqrt{15}}{5}$$

78 답 ④

이차방정식 $x^2 - 9x + 16 = 0$의 두 근이 α, β이므로 근과

계수의 관계에 의하여 $\alpha\beta = 16$

$\therefore \log_2 \alpha + \log_2 \beta = \log_2 \alpha\beta = \log_2 16 = 4$

79 답 ②

이차방정식 $x^2 - 5x + 2 = 0$의 두 근이 α, β이므로 근과

계수의 관계에 의하여 $\alpha + \beta = 5$, $\alpha\beta = 2$

$\therefore \log_{\alpha\beta}\left(1 + \dfrac{1}{\alpha}\right) + \log_{\alpha\beta}\left(1 + \dfrac{1}{\beta}\right)$

$$= \log_{\alpha\beta}\left(1 + \frac{1}{\alpha}\right)\left(1 + \frac{1}{\beta}\right) = \log_{\alpha\beta}\left(\frac{\alpha+1}{\alpha} \times \frac{\beta+1}{\beta}\right)$$

$$= \log_{\alpha\beta} \frac{\alpha\beta + \alpha + \beta + 1}{\alpha\beta}$$

$$= \log_2 \frac{2 + 5 + 1}{2} = \log_2 4 = 2$$

80 답 ①

이차방정식 $x^2 - 9x - 3 = 0$의 두 근이 $\log_{10} a$, $\log_{10} b$이므로

근과 계수의 관계에 의하여

$\log_{10} a + \log_{10} b = 9$, $\log_{10} a \times \log_{10} b = -3$

$\therefore \log_a b + \log_b a = \dfrac{\log_{10} b}{\log_{10} a} + \dfrac{\log_{10} a}{\log_{10} b}$

$$= \frac{(\log_{10} a)^2 + (\log_{10} b)^2}{\log_{10} a \times \log_{10} b}$$

$$= \frac{(\log_{10} a + \log_{10} b)^2 - 2\log_{10} a \times \log_{10} b}{\log_{10} a \times \log_{10} b}$$

$$= \frac{9^2 - 2 \times (-3)}{-3} = -29$$

> **심플 정리**
>
> **[이차방정식의 근과 계수의 관계]**
> 이차방정식 $ax^2 + bx + c = 0$의 두 근을 α, β라 하면
> $\alpha + \beta = -\dfrac{b}{a}$, $\alpha\beta = \dfrac{c}{a}$이다.

01 답 상용로그, $\log N$

02 답 상용로그표

03 답 소수

04 답 ○

05 답 ○

06 답 ×

07 답 ×

08 답 ○

09 답 3

10 답 -2

11 답 -5

12 답 -3

13 답 -1

14 답 2

15 답 1

16 답 16

17 답 2.3945

$$\log 248 = \log(100 \times 2.48) = 2 + \log 2.48$$
$$= 2 + 0.3945 = 2.3945$$

18 답 -2.6055

$$\log 0.00248 = \log(10^{-3} \times 2.48) = -3 + \log 2.48$$
$$= -3 + 0.3945 = -2.6055$$

19 답 5.3945

$$\log 248000 = \log(10^5 \times 2.48) = 5 + \log 2.48$$
$$= 5 + 0.3945 = 5.3945$$

20 답 -4.6055

$$\log 0.0000248 = \log(10^{-5} \times 2.48) = -5 + \log 2.48$$
$$= -5 + 0.3945 = -4.6055$$

21 답 568

$$2.7543 = 2 + 0.7543 = \log 10^2 + \log 5.68$$
$$= \log(10^2 \times 5.68) = \log 568$$
$$\therefore x = 568$$

22 답 56800

$$4.7543 = 4 + 0.7543 = \log 10^4 + \log 5.68$$
$$= \log(10^4 \times 5.68) = \log 56800$$
$$\therefore x = 56800$$

23 답 0.000568

$$-4 + 0.7543 = \log 10^{-4} + \log 5.68 = \log(10^{-4} \times 5.68)$$
$$= \log 0.000568$$
$$\therefore x = 0.000568$$

24 답 0.00568

$$-2.2457 = -2 - 0.2457 = -3 + 0.7543$$
$$= \log 10^{-3} + \log 5.68 = \log(10^{-3} \times 5.68)$$
$$= \log 0.00568$$
$$\therefore x = 0.00568$$

25 답 0.4969

26 답 2.5092

$$\log 323 = \log(10^2 \times 3.23) = 2 + \log 3.23$$
$$= 2 + 0.5092 = 2.5092$$

27 답 -1.4672

$$\log 0.0341 = \log(10^{-2} \times 3.41) = -2 + \log 3.41$$
$$= -2 + 0.5328 = -1.4672$$

28 답 1.1737

$$\log \sqrt[3]{3320} = \frac{1}{3}\log(10^3 \times 3.32) = \frac{1}{3} \times (3 + 0.5211)$$
$$= 1.1737$$

29 답 31

$$\log 2^{100} = 100\log 2 = 100 \times 0.3010 = 30.10$$

즉, 정수 부분이 30이므로 2^{100}은 31자리의 수이다.

$$\therefore n = 31$$

30 답 24

$$\log 3^{50} = 50\log 3 = 50 \times 0.4771 = 23.855$$

즉, 정수 부분이 23이므로 3^{50}은 24자리의 수이다.

$$\therefore n = 24$$

31 답 20

$$\log 0.012^{10} = 10\log(10^{-2} \times 1.2)$$
$$= 10(\log 10^{-2} + \log 1.2)$$
$$= 10 \times (-2 + 0.0792) = -20 + 0.792$$

즉, 정수 부분이 -20이므로 0.012^{10}은 소수점 아래 20번째 자리에서 처음으로 0이 아닌 수가 나온다. $\therefore n = 20$

32 답 13

$$\log 0.24^{20} = 20\log(10^{-1} \times 2.4)$$
$$= 20(\log 10^{-1} + \log 2.4)$$
$$= 20 \times (-1 + 0.3802)$$
$$= -12.396 = -12 - 0.396$$
$$= -13 + 0.604$$

즉, 정수 부분이 -13이므로 0.24^{20}은 소수점 아래 13번째 자리에서 처음으로 0이 아닌 수가 나온다. $\therefore n = 13$

33 답 1

$\log(5-\sqrt{15})+\log(5+\sqrt{15})$
$=\log(5-\sqrt{15})(5+\sqrt{15})=\log(25-15)$
$=\log 10=1$

34 답 ②

$a=\log(\sqrt{5}-2)$에서 $10^a=\sqrt{5}-2$이므로
$10^a-10^{-a}=\sqrt{5}-2-(\sqrt{5}-2)^{-1}=\sqrt{5}-2-\dfrac{1}{\sqrt{5}-2}$
$\qquad\qquad=\sqrt{5}-2-(\sqrt{5}+2)=-4$

35 답 ①

$\log\dfrac{25}{3}=\log 5^2-\log 3=2\log\dfrac{10}{2}-\log 3$
$\qquad=2(1-\log 2)-\log 3=2-2\log 2-\log 3$
$\qquad=2-2a-b$

36 답 ④

$10^a=2$에서 $a=\log 2$, $10^b=3$에서 $b=\log 3$
$\therefore \log_5 6=\dfrac{\log 6}{\log 5}=\dfrac{\log 2+\log 3}{\log 10-\log 2}=\dfrac{a+b}{1-a}$

37 답 ⑤

진수의 조건에 의하여 $a-2>0$, $6-b>0$
이때, a, b는 양수이므로 $a>2$, $0<b<6$ … ㉠
한편, $\log(a-2)+\log(6-b)=1$에서
$\log(a-2)(6-b)=\log 10$
$\therefore (a-2)(6-b)=10$ … ㉡
㉠, ㉡을 만족시키는 a, b의 순서쌍은 $(4, 1)$, $(7, 4)$,
$(12, 5)$이므로 $a+b$의 최댓값은 $12+5=17$

> **TIP**
>
> $a-2$, $6-b$가 양수이고 a, b가 양의 정수이므로 $a-2$,
> $6-b$도 양의 정수이다.
> 따라서 $(a-2)(6-b)=10$을 만족시키는 $a-2$, $6-b$의
> 값은 다음과 같다.
>
> | $a-2$ | 1 | 2 | 5 | 10 |
> |---|---|---|---|---|
> | $6-b$ | 10 | 5 | 2 | 1 |

38 답 ④

$\log 50-\log 12=\log\dfrac{100}{2}-\log(2^2\times 3)$
$\qquad\qquad=\log 100-\log 2-(2\log 2+\log 3)$
$\qquad\qquad=2-3\log 2-\log 3$
$\qquad\qquad=2-3\times 0.30-0.48=0.62$

39 답 ①

$10^{0.3010}=2$에서 $\log 2=0.3010$
$10^{0.4771}=3$에서 $\log 3=0.4771$

$\therefore \log 2.4=\log\dfrac{24}{10}=\log\dfrac{2^3\times 3}{10}$
$\qquad\qquad=3\log 2+\log 3-\log 10$
$\qquad\qquad=3\times 0.3010+0.4771-1=0.3801$

40 답 ③

$\log 205=\log(100\times 2.05)=2+\log 2.05=2.3118$
따라서 $\log 2.05=0.3118$이므로
$3.3118=3+0.3118=3+\log 2.05$
$\qquad\quad=\log 1000+\log 2.05=\log(1000\times 2.05)$
$\qquad\quad=\log 2050$
$\therefore x=2050$

41 답 ①

$\log 0.815=-0.0888$이므로
$-1.0888=-1-0.0888=\log 10^{-1}+\log 0.815$
$\qquad\qquad=\log(10^{-1}\times 0.815)=\log 0.0815$
$\therefore x=0.0815$

42 답 ⑤

$\log a=2.3$, $\log b=1.1$이므로
$2.3-2\times 1.1=0.1$에서 $\log a-2\log b=\log\dfrac{a}{b^2}=0.1$
따라서 $2.1=2+0.1=\log 10^2+\log\dfrac{a}{b^2}=\log\dfrac{100a}{b^2}$
이므로 $N=\dfrac{100a}{b^2}$

43 답 22

정수 부분이 2이므로 $2\le\log n^2<3$에서
$\log 100\le\log n^2<\log 1000$
따라서 n^2은 세 자리의 자연수이다.
이때, $10^2=100$, $31^2=961$, $32^2=1024$이므로 주어진 조건
을 만족시키는 자연수 n의 개수는 10, 11, 12, $\cdots$, 31로
22이다.

> **TIP**
>
> $N>1$일 때, $\log N$의 정수 부분이 n이면
> $n\le\log N<n+1$에서
> $10^n\le N<10^{n+1}$이므로 N은 정수 부분이 $(n+1)$자리인
> 수이다.

44 답 ④

5^{60}이 42자리의 수이므로
$41\le\log 5^{60}<42$에서 $\dfrac{41}{60}\le\log 5<\dfrac{42}{60}$
$40\times\dfrac{41}{60}\le 40\log 5<40\times\dfrac{42}{60}$
$\therefore 27.\times\times\times\le\log 5^{40}<28$
따라서 $\log 5^{40}$의 정수 부분이 27이므로 5^{40}은 28자리의 수
이다.
$\therefore n=28$

45 답 66

$$\log\left(\frac{2}{9}\right)^{100}=100\times(\log 2-\log 9)$$
$$=100\times(\log 2-2\log 3)$$
$$=100\times(0.3010-0.9542)$$
$$=-65.32=-65-1+1-0.32$$
$$=-66+0.68$$

따라서 $\log\left(\frac{2}{9}\right)^{100}$ 의 정수 부분이 -66이므로 $\left(\frac{2}{9}\right)^{100}$ 은 소수점 아래 66째 자리에서 처음으로 0이 아닌 숫자가 나타난다.

$$\therefore n=66$$

46 답 ②

(i) $n=15$일 때,

$$\log 15^{-15}=-15\log 15=-15\log\frac{30}{2}$$
$$=-15\{\log(10\times 3)-\log 2\}$$
$$=-15\times(1+\log 3-\log 2)$$
$$=-15\times(1+0.4771-0.3010)$$
$$=-17.6415=-17-0.6415$$
$$=-17-1+1-0.6415=-18+0.3585$$

따라서 $\log 15^{-15}$의 정수 부분이 -18이므로 15^{-15}은 소수점 아래 18째 자리에서 처음으로 0이 아닌 숫자가 나타난다.

$$\therefore f(15)=18$$

(ii) $n=30$일 때

$$\log 30^{-30}=-30\log(10\times 3)=-30\times(1+\log 3)$$
$$=-30\times(1+0.4771)=-44.3130$$
$$=-44-1+1-0.3130=-45+0.6870$$

따라서 $\log 30^{-30}$의 정수 부분이 -45이므로 30^{-30}은 소수점 아래 45째 자리에서 처음으로 0이 아닌 숫자가 나타난다.

$$\therefore f(30)=45$$
$$\therefore f(15)+f(30)=18+45=63$$

47 답 ②

(i) $1\leq n\leq 3$일 때,

$2\leq 2^n\leq 8$에서 2^n은 한 자리의 정수이므로

$$f(1)=0,\ f(2)=0,\ f(3)=0$$

(ii) $4\leq n\leq 6$일 때,

$16\leq 2^n\leq 64$에서 2^n은 두 자리의 정수이므로 $f(4)=1$, $f(5)=1$, $f(6)=1$

(iii) $7\leq n\leq 9$일 때,

$128\leq 2^n\leq 512$에서 2^n은 세 자리의 정수이므로

$$f(7)=2,\ f(8)=2,\ f(9)=2$$

(iv) $10\leq n\leq 13$일 때,

$1024\leq 2^n\leq 8192$에서 2^n은 네 자리의 정수이므로

$$f(10)=3,\ f(11)=3,\ f(12)=3,\ f(13)=3$$

이때, $f(1)+f(2)+f(3)+\cdots+f(10)=12$이므로 $n=10$

48 답 ④

투과하기 전의 전파의 세기를 A, 투과한 후의 전파의 세기를 B라 하면 $F=-7$이므로

$$-7=10(\log B-\log A)$$
$$-7=10\log\frac{B}{A},\ \log\frac{B}{A}=-\frac{7}{10},\ \frac{B}{A}=10^{-\frac{7}{10}}$$
$$\therefore B=10^{-\frac{7}{10}}A$$

따라서 투과한 후의 전파의 세기는 투과하기 전의 전파의 세기의 $10^{-\frac{7}{10}}$ 배이다.

49 답 ②

올해의 생산량을 a라 할 때, 생산량을 매년 $k\%$씩 증가시킨다고 하면 10년 후의 생산량은 $a\left(1+\frac{k}{100}\right)^{10}$이다.

이때, 10년 후의 생산량이 올해의 생산량의 4배이므로

$a\left(1+\frac{k}{100}\right)^{10}=4a$에서 $\left(1+\frac{k}{100}\right)^{10}=4$

양변에 상용로그를 취하면

$$10\log\left(1+\frac{k}{100}\right)=\log 4=2\log 2=2\times 0.3=0.6$$
$$\log\left(1+\frac{k}{100}\right)=0.06=\log 1.15$$
$$1+\frac{k}{100}=1.15,\ \frac{k}{100}=0.15\qquad \therefore k=15$$

50 답 ③

주위 온도가 18℃로 유지될 때, 최초 온도가 30℃인 물체의 2시간 후의 온도가 24℃이므로

$$24=18+\frac{30-18}{10^{2k}},\ \frac{12}{10^{2k}}=6,\ 10^{2k}=2$$

양변에 상용로그를 취하면

$$2k=\log 2=0.3\qquad \therefore k=0.15$$

같은 조건에서 최초 온도가 24℃인 물체의 온도가 20℃가 될 때까지 걸린 시간을 t라 하면

$$20=18+\frac{24-18}{10^{0.15t}},\ \frac{6}{10^{0.15t}}=2,\ 10^{0.15t}=3$$

양변에 상용로그를 취하면

$$0.15t=\log 3=0.48\qquad \therefore t=\frac{16}{5}$$

따라서 $\frac{16}{5}$(시간), 즉 3시간 12분이 걸린다.

01 답 ④

$\log_a 9=5$에서 $a^5=9$

$\log_3 2=b$에서 $3^b=2$

$\therefore a^{10b}=(a^5)^{2b}=9^{2b}=3^{4b}=(3^b)^4=2^4=16$

02 답 69

$\log_2 \sqrt{a}=3$에서 $\sqrt{a}=2^3$ $\quad \therefore a=2^6=64$

또, $\log_b 125=3$에서 $b^3=125$ $\quad \therefore b=125^{\frac{1}{3}}=(5^3)^{\frac{1}{3}}=5$

$\therefore a+b=64+5=69$

03 답 ②

밑의 조건에 의하여 $a-1>0$, $a-1\neq1$

즉, $a>1$, $a\neq2$이므로 $1<a<2$ 또는 $a>2 \cdots \bigcirc$

또, 진수의 조건에 의하여 $x^2-2ax+8a>0$

이 부등식이 모든 실수 x에 대하여 성립하려면 이차방정

식 $x^2-2ax+8a=0$의 판별식을 D라 할 때 $D<0$이어야

한다. 즉, $\dfrac{D}{4}=a^2-8a<0$에서 $a(a-8)<0$

$\therefore 0<a<8 \cdots \bigcirc$

$\bigcirc$, $\bigcirc$에 의하여 $1<a<2$ 또는 $2<a<8$

따라서 자연수 a의 개수는 3, 4, 5, 6, 7로 5이다.

04 답 ①

> 2 이상의 자연수 n에 대하여
>
> $f(n)={}^{n+2}\!\sqrt{\sqrt[n]{16}}$ 지수 법칙을 이용하여 식을 정리해.
>
> 이라 할 때, $\log_{\sqrt{2}} f(1)+\log_{\sqrt{2}} f(3)+\log_{\sqrt{2}} f(5)$의
> 값은? (단, $f(1)=2^{\frac{4}{3}}$으로 계산한다.) 로그의 성질을 이용하여 식을 간단히 해.
>
> ① $\dfrac{24}{7}$ ② $\dfrac{25}{6}$ ③ $\dfrac{26}{5}$ ④ $\dfrac{27}{4}$ ⑤ $\dfrac{28}{3}$

1st $f(n)$을 간단히 하자.

$f(n)={}^{n+2}\!\sqrt{\sqrt[n]{16}}=\left(16^{\frac{1}{n}}\right)^{\frac{1}{n+2}}=2^{\frac{4}{n(n+2)}}$

$\quad =2^{2\left(\frac{1}{n}-\frac{1}{n+2}\right)}$ $\quad {}^m\!\sqrt{\sqrt[n]{a}}={}^{mn}\!\sqrt{a}=a^{\frac{1}{mn}}$, $(a^m)^n=a^{mn}$

부분분수 $\dfrac{1}{ab}=\dfrac{1}{b-a}\left(\dfrac{1}{a}-\dfrac{1}{b}\right)$을 이용한 거야.

2nd 구하는 값을 계산하자.

$\therefore \log_{\sqrt{2}} f(1)+\log_{\sqrt{2}} f(3)+\log_{\sqrt{2}} f(5)$

$\quad =\log_{\sqrt{2}} \{f(1)\times f(3)\times f(5)\}$

$\quad =\log_{\sqrt{2}} \left\{2^{2\left(1-\frac{1}{3}\right)}\times 2^{2\left(\frac{1}{3}-\frac{1}{5}\right)}\times 2^{2\left(\frac{1}{5}-\frac{1}{7}\right)}\right\}$ $\quad f(1)=2^{\frac{4}{3}}=2^{2\times\frac{2}{3}}=2^{2\left(1-\frac{1}{3}\right)}$

$\quad\quad\quad\quad a^b\times a^c=a^{b+c}$

$\quad =\log_{\sqrt{2}} \left\{2^{2\left(1-\frac{1}{7}\right)}\right\}$

$\quad =\log_{\sqrt{2}} 2^{\frac{12}{7}}=\dfrac{\frac{12}{7}}{\frac{1}{2}}\log_2 2=\dfrac{24}{7}$

$\quad\quad\quad\quad \log_{a^m} b^n=\dfrac{n}{m}\log_a b$

05 답 ②

$x=2^{\log_4 3}-3^{\log_9 2}=3^{\log_{2^2} 2}-2^{\log_3 3}=3^{\frac{1}{2}}-2=\sqrt{3}-2$

$\therefore x-\dfrac{1}{x}=\sqrt{3}-2-\dfrac{1}{\sqrt{3}-2}$

$\quad\quad\quad =\sqrt{3}-2+(\sqrt{3}+2)=2\sqrt{3}$

06 답 ③

> $3^a=4^b=5^c=6$을 만족시키는 세 수 a, b, c에 대하여
> 지수를 로그로 나타내서 a, b, c를 각각 구해.
> $\dfrac{1}{a}+\dfrac{1}{b}+\dfrac{1}{c}$의 값은?
>
> ① $\log_6 20$ ② $\log_6 40$ ③ $\log_6 60$
> ④ $\log_6 80$ ⑤ $\log_6 100$

1st 지수를 로그로 변형해.

$3^a=4^b=5^c=6$에서

$a=\log_3 6$, $b=\log_4 6$, $c=\log_5 6$ $\quad a^x=b$에서 $x=\log_a b$이지?

$\therefore \dfrac{1}{a}+\dfrac{1}{b}+\dfrac{1}{c}=\dfrac{1}{\log_3 6}+\dfrac{1}{\log_4 6}+\dfrac{1}{\log_5 6}$

$\quad =\log_6 3+\log_6 4+\log_6 5$ $\quad$ 밑의 변환 공식 $\log_a b=\dfrac{\log_b b}{\log_b a}=\dfrac{1}{\log_b a}$을 이용한 거야.

$\quad =\log_6 (3\times4\times5)=\log_6 60$

$\quad\quad\quad\quad \log_a m+\log_a n=\log_a mn$

07 답 ③

$9^{(\log_3 49-\log_3 \sqrt{7})}\times 7^{(\log_7 27-\log_{49} 9)}$

$=9^{\left(2\log_3 7-\frac{1}{2}\log_3 7\right)}\times 7^{(3\log_7 3-\log_7 3)}$

$=9^{\frac{3}{2}\log_3 7}\times 7^{2\log_7 3}$

$=3^{\log_3 7^3}\times 7^{\log_7 3^2}$

$=7^3\times 3^2$

08 답 13

$\log_2 a=\log_3 b=k$ (k는 실수)라 하면

$a=2^k$, $b=3^k$

이때, $ab=36$에서 $ab=2^k\times3^k=6^k=36=6^2$

따라서 $k=2$이므로 $a=4$, $b=9$

$\therefore a+b=4+9=13$

09 답 ②

$\log_a b=t$라 하면 $\log_b a=\dfrac{1}{\log_a b}=\dfrac{1}{t}$

즉, $\log_a b+\log_b a=\dfrac{5}{2}$에서 $t+\dfrac{1}{t}=\dfrac{5}{2}$

$2t^2-5t+2=0$, $(2t-1)(t-2)=0$

$\therefore t=\dfrac{1}{2}$ 또는 $t=2$

이때, $1<a<b$에서 $t>1$이므로 $t=2$

따라서 $\log_a b=2$, $\log_b a=\dfrac{1}{2}$이므로

$\dfrac{\log_b a}{\log_a b}=\dfrac{\frac{1}{2}}{2}=\dfrac{1}{4}$

$1<a<b$에서 각 변에 밑이 a인 로그를 취하면
$\log_a 1<\log_a a<\log_a b$에서 $0<1<\log_a b$
즉, $t=\log_a b>1$이다.

10 답 ④

정수 n과 $0\leq\alpha<1$인 실수 α에 대하여 $\log A=n+\alpha$라 하면 n과 α는 이차방정식 $2x^2-15x+k+3=0$의 두 근이다.

즉, 이차방정식의 근과 계수의 관계에 의하여

$n+\alpha=\dfrac{15}{2}$ … ㉠, $n\alpha=\dfrac{k+3}{2}$ … ㉡

㉠에서 $\dfrac{15}{2}=7+\dfrac{1}{2}$이므로 $n=7$, $\alpha=\dfrac{1}{2}$이다.

이것을 ㉡에 대입하면 $7\times\dfrac{1}{2}=\dfrac{k+3}{2}$에서 $k=4$

11 답 ②

10보다 작은 자연수 n에 대하여 $\left(\dfrac{n}{10}\right)^{10}$이 소수 여섯째 자리에서 처음으로 0이 아닌 숫자가 나타날 때, n의 값은? $\log_a\left(\dfrac{n}{10}\right)^{10}$의 정수 부분이 -6이라는 거야.
(단, $\log 2=0.3010$, $\log 3=0.4771$로 계산한다.)

① 2 ② 3 ③ 4
④ 5 ⑤ 6

1st 상용로그의 성질을 이용해.

$\left(\dfrac{n}{10}\right)^{10}$이 소수 여섯째 자리에서 처음으로 0이 아닌 숫자가 나타나므로 $\log\left(\dfrac{n}{10}\right)^{10}$의 정수 부분은 -6이다.

즉, $-6\leq\log\left(\dfrac{n}{10}\right)^{10}<-5$에서

$\log_a b^n=n\log_a b$

$-6\leq 10(\log n-1)<-5$

$-0.6\leq\log n-1<-0.5$ $\log_a\dfrac{m}{n}=\log_a m-\log_a n$

$\therefore 0.4\leq\log n<0.5$ … ㉠

2nd n의 값을 구하자.

이때, $\log 2=0.3010$이고, $\log 4=0.6020$이므로 ㉠에 의하여 $\log 2<\log n<\log 4$

따라서 주어진 조건을 만족시키는 10보다 작은 자연수 n은 3이다.

12 답 10

$2^{31}+2^{28}$은 n자리의 정수이다. n의 값을 구하시오.
(단, $\log 2=0.3010$, $\log 3=0.4771$로 계산한다.)
$\log(2^{31}+2^{28})$의 정수 부분을 알면 $2^{31}+2^{28}$의 자리의 수를 구할 수 있어.

1st 지수법칙을 이용해서 $2^{31}+2^{28}$을 간단히 해.

$2^{31}+2^{28}=2^3\times 2^{28}+2^{28}=(8+1)\times 2^{28}=9\times 2^{28}$
$\longrightarrow a^b\times a^c=a^{b+c}$

2nd 주어진 정수가 몇 자리의 정수인지 구하자.

$\log(9\times 2^{28})=\log(3^2\times 2^{28})=2\log 3+28\log 2$
$=2\times 0.4771+28\times 0.3010$ $\log_a b^n=n\log_a b,$
$\log_a mn=\log_a m+\log_a n$
$=9.3822=9+0.3822$

따라서 $\log(2^{31}+2^{28})$의 정수 부분이 9이므로 $2^{31}+2^{28}$은 10자리의 정수이다.

$\therefore n=10$

[상용로그의 정수 부분]
(1) 정수 부분이 n자리인 수의 상용로그의 정수 부분은 $n-1$이다.
(2) 소수점 아래 n째 자리에서 처음으로 0이 아닌 숫자가 나타나는 수의 상용로그의 정수 부분은 $-n$이다.

13 답 ①

$\log(2^n\times 3^{-2n}\times 10^2)=n\log 2-2n\log 3+2$
$=n(\log 2-2\log 3)+2$
$=n(0.3-0.96)+2$
$=-0.66n+2$

이때, $2^n\times 3^{-2n}\times 10^2$의 정수 부분이 한 자리의 자연수이므로 $\log(2^n\times 3^{-2n}\times 10^2)$의 정수 부분은 0이다.

즉, $0\leq -0.66n+2<1$에서

$-2\leq -0.66n<-1$, $1<0.66n\leq 2$

$\therefore 1.\times\times\times\cdots<n\leq 3.\times\times\times$

따라서 주어진 조건을 만족시키는 자연수 n의 값은 2, 3이 므로 구하는 합은 $2+3=5$이다.

14 답 ②

고속철도의 최고소음도 $L(\text{dB})$을 예측하는 모형에 따르면 한 지점에서 가까운 선로 중앙 지점까지의 거리를 $d(\text{m})$, 열차가 가까운 선로 중앙 지점을 통과할 때의 속력을 $v(\text{km/h})$라 할 때, 다음과 같은 관계식이 성립한다고 한다. 주어진 식에서 문자가 의미하는 것을 정확히 파악하고 주어진 조건을 대입해.

$$L=80+28\log\dfrac{v}{100}-14\log\dfrac{d}{25}$$

가까운 선로 중앙 지점 P까지의 거리가 75 m인 한 지점에서 속력이 서로 다른 두 열차 A, B의 최고소음도를 예측하고자 한다. 열차 A가 지점 P를 통과할 때의 속력이 열차 B가 지점 P를 통과할 때의 속력의 0.9배일 때, 두 열차 A, B의 예측 최고소음도를 각각 L_A, L_B라 하자. L_B-L_A의 값은?

① $14-28\log 3$ ② $28-56\log 3$ ③ $28-28\log 3$
④ $56-34\log 3$ ⑤ $56-56\log 3$

1st 주어진 L, d, v의 관계식을 이용하여 L_A, L_B를 각각 구해.

열차 A가 지점 P를 통과할 때의 속력을 v_A, 열차 B가 지점 P를 통과할 때의 속력을 v_B라 하면 v_A가 v_B의 0.9배이므로 $v_A = 0.9v_B$

또한, 두 열차 모두 가까운 선로 중앙 지점 P까지의 거리 d가 75 m로 같으므로 두 열차 A, B의 최고소음도인 L_A와 L_B를 각각 구하면

$$L_A = 80 + 28\log\frac{v_A}{100} - 14\log\frac{75}{25}$$

$$= 80 + 28\log\frac{0.9v_B}{100} - 14\log\frac{75}{25} \cdots ㉠$$

$$L_B = 80 + 28\log\frac{v_B}{100} - 14\log\frac{75}{25} \cdots ㉡$$

2nd $L_B - L_A$의 값을 구하자.

$㉡ - ㉠$을 하면

$$L_B - L_A = 28\log\frac{v_B}{100} - 28\log\frac{0.9v_B}{100}$$

$$n\log a - n\log b = n(\log a - \log b) = n\log\frac{a}{b}$$

$$= 28\log\frac{\dfrac{v_B}{100}}{\dfrac{0.9v_B}{100}} = 28\log\frac{1}{0.9}$$

선택지의 값이 log 3으로 나타나있으니까 log 3이 나오도록 변형하자.

$$= 28\log\frac{10}{9} = 28(\log 10 - \log 9)$$

$$\log 9 = \log 3^2 = 2\log 3$$

$$= 28(1 - 2\log 3) = 28 - 56\log 3$$

15 답 $10^{2019} - 1$

$$f(n) = \log\left(1 + \frac{1}{n}\right) = \log\frac{n+1}{n} \text{이므로} \qquad \cdots \text{Ⅰ}$$

$$f(1) + f(2) + f(3) + \cdots + f(k)$$

$$= \log\frac{2}{1} + \log\frac{3}{2} + \log\frac{4}{3} + \cdots + \log\frac{k+1}{k}$$

$$= \log\left(\frac{2}{1} \times \frac{3}{2} \times \frac{4}{3} \times \cdots \times \frac{k+1}{k}\right)$$

$$= \log(k+1) \qquad \cdots \text{Ⅱ}$$

이 값이 2019이므로 $\log(k+1) = 2019$에서

$$k+1 = 10^{2019} \quad \therefore k = 10^{2019} - 1 \qquad \cdots \text{Ⅲ}$$

[채점기준표]

Ⅰ	진수를 통분하여 식을 정리한다.	20%
Ⅱ	$f(1) + f(2) + f(3) + \cdots + f(k)$를 구한다.	40%
Ⅲ	자연수 k의 값을 구한다.	40%

01 답 지수함수

02 답 실수 전체의 집합, 양의 실수 전체의 집합

03 답 증가, 감소

04 답 ○

05 답 ×

06 답 ○

07 답 ○

08 답 ㄱ, ㄹ, ㅁ, ㅂ

09 답 4

$$f(2) = 2^2 = 4$$

10 답 $\dfrac{1}{8}$

$$f(-3) = 2^{-3} = \frac{1}{2^3} = \frac{1}{8}$$

11 답 $\dfrac{\sqrt{2}}{2}$

$$f(-1)f\left(\frac{1}{2}\right) = 2^{-1} \times 2^{\frac{1}{2}} = \frac{1}{2} \times \sqrt{2} = \frac{\sqrt{2}}{2}$$

12 답 $\dfrac{1}{4}$

$$\frac{f(3)}{f(5)} = \frac{2^3}{2^5} = 2^{3-5} = 2^{-2} = \frac{1}{2^2} = \frac{1}{4}$$

13 답 $a = 2$, $b = 1$

$$a = \left(\frac{1}{2}\right)^{-1} = 2 \text{이고} \frac{1}{2} = \left(\frac{1}{2}\right)^b \text{에서} b = 1$$

14 답 $\left(\dfrac{1}{2}\right)^{0.1} < 8$

$$\left(\frac{1}{2}\right)^{0.1} = 2^{-0.1}, \ 8 = 2^3 \text{이고} -0.1 < 3$$

이때, 함수 $y = 2^x$의 그래프는 x의 값이 증가하면 y의 값도 증가하므로 $\left(\dfrac{1}{2}\right)^{0.1} < 8$이다.

15 답 $3^{-3} < \dfrac{1}{9}$

$$3^{-3} = \left(\frac{1}{3}\right)^3, \ \frac{1}{9} = \left(\frac{1}{3}\right)^2 \text{이고} 3 > 2$$

이때, 함수 $y = \left(\dfrac{1}{3}\right)^x$의 그래프는 x의 값이 증가하면 y의 값은 감소하므로 $3^{-3} < \dfrac{1}{9}$이다.

16 답 $0.5^{\frac{1}{3}}<\sqrt[3]{4}<(\sqrt{2})^2$

$(\sqrt{2})^2=2^1$, $0.5^{\frac{1}{3}}=2^{-\frac{1}{3}}$, $\sqrt[3]{4}=2^{\frac{2}{3}}$이고 $-\frac{1}{3}<\frac{2}{3}<1$

이때, 함수 $y=2^x$의 그래프는 x의 값이 증가하면 y의 값도 증가하므로 $0.5^{\frac{1}{3}}<\sqrt[3]{4}<(\sqrt{2})^2$이다.

17 답 $y=3^{x+1}+3$

x축의 방향으로 -1만큼, y축의 방향으로 3만큼 평행이동 이므로 x 대신에 $x+1$을, y 대신에 $y-3$을 대입하면 $y-3=3^{x+1}$, 즉 $y=3^{x+1}+3$이다.

18 답 $y=-3^x$

x축에 대하여 대칭이동이므로 y 대신에 $-y$를 대입하면 $-y=3^x$, 즉 $y=-3^x$이다.

19 답 $y=3^{-x}$

y축에 대하여 대칭이동이므로 x 대신에 $-x$를 대입하면 $y=3^{-x}$이다.

20 답 $y=-3^{-x}$

원점에 대하여 대칭이동이므로 x 대신에 $-x$, y 대신에 $-y$를 대입하면 $-y=3^{-x}$, 즉 $y=-3^{-x}$이다.

21 답 풀이 참조

함수 $y=2^{x-1}-1$의 그래프는 함수 $y=2^x$의 그래프를 x축 방향으로 1만큼, y축 방향으로 -1만큼 평행이동한 것이므로 그림과 같다.

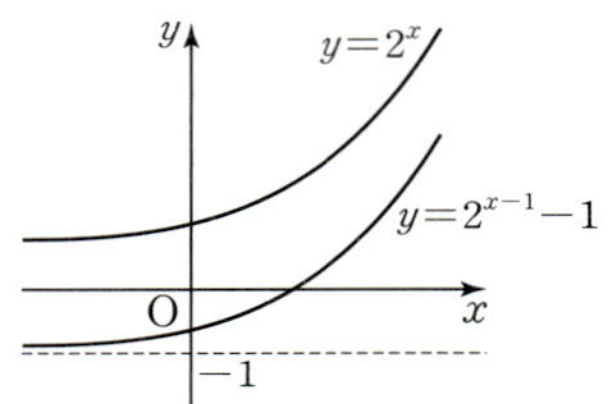

따라서 점근선의 방정식은 $y=-1$이다.

22 답 최댓값 : 8, 최솟값 : $\frac{1}{2}$

$y=2^x$의 밑이 1보다 크므로

$x=3$일 때, 최댓값은 $2^3=8$

$x=-1$일 때, 최솟값은 $2^{-1}=\frac{1}{2}$

23 답 최댓값 : 81, 최솟값 : $\frac{1}{9}$

$y=3^{-2x}=\left(\frac{1}{9}\right)^x$의 밑이 1보다 작으므로

$x=-2$일 때, 최댓값은 $\left(\frac{1}{9}\right)^{-2}=(9^{-1})^{-2}=81$

$x=1$일 때, 최솟값은 $\left(\frac{1}{9}\right)^1=\frac{1}{9}$

24 답 최댓값 : 128, 최솟값 : $\frac{1}{32}$

$y=2^{-3x+1}=2\times\left(\frac{1}{8}\right)^x$의 밑이 1보다 작으므로

$x=-2$일 때, 최댓값은 $2\times\left(\frac{1}{8}\right)^{-2}=128$

$x=2$일 때, 최솟값은 $2\times\left(\frac{1}{8}\right)^2=\frac{1}{32}$

25 답 최댓값 : 19, 최솟값 : $\frac{13}{4}$

$y=\left(\frac{1}{4}\right)^{1-x}+3=\frac{1}{4}\times4^x+3$의 밑이 1보다 크므로

$x=3$일 때, 최댓값은 $\frac{1}{4}\times4^3+3=19$

$x=0$일 때, 최솟값은 $\frac{1}{4}\times4^0+3=\frac{13}{4}$

▶ 유형 연습 [+ 내신 유형] ● 문제편 pp. 38~41

26 답 ③

함수 $f(x)=a^{2x-1}+3$에 대하여 $f(2)=67$이므로

$f(2)=a^3+3=67$에서

$a^3=64=4^3$ ∴ $a=4$

따라서 $f(x)=4^{2x-1}+3$이므로

$f(1)=4+3=7$

27 답 ④

$g(x)=\left(\frac{1}{2}\right)^x$에서 $g(-2)=\left(\frac{1}{2}\right)^{-2}=4$

$f(x)=3^x$에서 $f(4)=3^4=81$

∴ $(f\circ g)(-2)=f(g(-2))=f(4)=81$

28 답 ②

$f(x)=3^{1-x}$에서

$f(-1)=3^{1-(-1)}=9$, $f(9)=3^{1-9}=3^{-8}$

∴ $(f\circ f)(-1)=f(f(-1))=f(9)=3^{-8}$

또, $f(4)=3^{1-4}=3^{-3}$이므로

$\dfrac{(f\circ f)(-1)}{f(4)}=\dfrac{3^{-8}}{3^{-3}}=3^{-5}$

즉, $\dfrac{(f\circ f)(-1)}{f(4)}=f(c)$에서

$3^{-5}=3^{1-c}$, $1-c=-5$

∴ $c=6$

29 답 ③

함수 $f(x)=a^x$에 대하여 $f(m)=n$이므로 $a^m=n$

즉, $f(2m)=a^{2m}=(a^m)^2=n^2$이고

$f\left(\frac{m}{2}\right)=a^{\frac{m}{2}}=(a^m)^{\frac{1}{2}}=n^{\frac{1}{2}}$이므로

$\dfrac{f(2m)}{f\left(\frac{m}{2}\right)}=\dfrac{n^2}{n^{\frac{1}{2}}}=n^{2-\frac{1}{2}}=n^{\frac{3}{2}}$

∴ $k=\dfrac{3}{2}$

30 답 ⑤

ㄱ. 정의역은 실수 전체의 집합이다. (참)

ㄴ. 그래프의 점근선은 x축(직선 $y=0$)이다. (참)

ㄷ. x의 값이 증가하면 y의 값은 감소한다. 즉,
$x_1<x_2$이면 $f(x_1)>f(x_2)$이다. (참)

따라서 옳은 것은 ㄱ, ㄴ, ㄷ이다.

31 답 ⑤

⑤ $y=\left(\dfrac{1}{a}\right)^x=a^{-x}$이므로 $y=a^x$에서 x 대신 $-x$를 대입한 것이다.

따라서 $y=\left(\dfrac{1}{a}\right)^x$의 그래프는 $y=a^x$의 그래프와 y축에 대하여 대칭이다. (거짓)

32 답 ④

ㄱ. $f(0)=a^0=1$ (참)

ㄴ. 【반례】 $n=2$, $a=2$, $p=2$라 하면
$$f(np)=f(2\times2)=2^{2\times2}=16$$
$$nf(p)=2\times f(2)=2\times2^2=8$$
$$\therefore f(np)\neq nf(p)\ (거짓)$$

ㄷ. $f(p-q)=a^{p-q}=\dfrac{a^p}{a^q}=\dfrac{f(p)}{f(q)}$ (참)

ㄹ. $f(p+q)=a^{p+q}=a^p\times a^q=f(p)f(q)$ (참)

따라서 옳은 것은 ㄱ, ㄷ, ㄹ이다.

33 답 ①

함수 $y=3^{x+1}-2$의 그래프가 점 $(a,7)$을 지나므로
$x=a$, $y=7$을 대입하면 $7=3^{a+1}-2$에서
$9=3^{a+1}$, $3^2=3^{a+1}$, $a+1=2$
$$\therefore a=1$$

34 답 ②

점근선이 $y=-1$이므로 $b=-1$

또, $y=\left(\dfrac{1}{2}\right)^{x+a}-1$의 그래프가 점 $(-3,0)$을 지나므로
$x=-3$, $y=0$을 대입하면
$$0=\left(\dfrac{1}{2}\right)^{-3+a}-1,\ \left(\dfrac{1}{2}\right)^{-3+a}=1=\left(\dfrac{1}{2}\right)^0$$
$-3+a=0$ $\therefore a=3$
$$\therefore a+b=3+(-1)=2$$

35 답 ①

점 $A(a,8)$이 곡선 $y=2^x$ 위에 있으므로
$2^a=8=2^3$ $\therefore a=3$

따라서 삼각형 AOH의 밑변을 선분 OH, 높이를 선분 AH라 하면
$$\triangle AOH=\dfrac{1}{2}\times\overline{OH}\times\overline{AH}=\dfrac{1}{2}\times3\times8=12$$

36 답 81

두 점 A, B의 x좌표를 각각 a, b라 하면 점 A는 곡선 $y=3^x$, 점 B는 곡선 $y=9^x$ 위의 점이므로

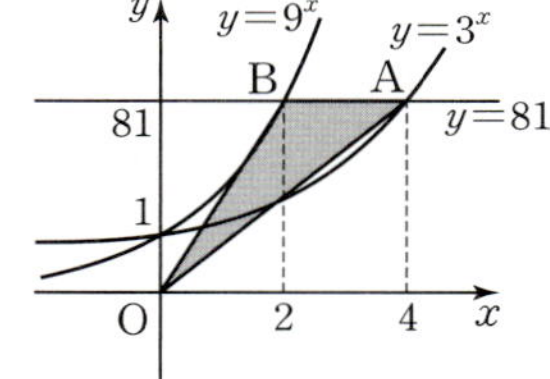

$3^a=81=3^4$에서 $a=4$

$9^b=81=9^2$에서 $b=2$

즉, 두 점 A, B의 좌표는 각각 $(4,81)$, $(2,81)$이다.

이때, 삼각형 AOB의 밑변을 선분 AB라 하면 높이는 점 A의 y좌표이므로

$$\triangle AOB=\dfrac{1}{2}\times\overline{AB}\times(\text{점 A의 }y\text{좌표})=\dfrac{1}{2}\times2\times81=81$$

37 답 ③

지수함수 $y=2^x$의 그래프를 x축의 방향으로 -1만큼, y축의 방향으로 3만큼 평행이동하면 $y=2^{x+1}+3$

이 그래프가 점 $(a,11)$을 지나므로

$11=2^{a+1}+3$, $2^{a+1}=8=2^3$, $a+1=3$ $\therefore a=2$

TIP

함수 $y=f(x)$의 그래프를 x축의 방향으로 m만큼, y축의 방향으로 n만큼 평행이동한 그래프의 식은 x 대신 $x-m$, y 대신 $y-n$을 대입하여 구한다.

또, 함수 $y=f(x)$의 그래프를 x축에 대하여 대칭이동한 그래프의 식은 y 대신 $-y$를, y축에 대하여 대칭이동한 그래프의 식은 x 대신 $-x$를, 원점에 대하여 대칭이동한 그래프의 식은 x 대신 $-x$, y 대신 $-y$를 대입하여 구한다.

38 답 ③

$$y=3^{2x+1}-2=3^{2\left(x+\frac{1}{2}\right)}-2$$

즉, 이 그래프는 $y=9^x=3^{2x}$의 그래프를 x축의 방향으로 $-\dfrac{1}{2}$만큼, y축의 방향을 -2만큼 평행이동한 것이다.

따라서 $a=-\dfrac{1}{2}$, $b=-2$이므로 $ab=-\dfrac{1}{2}\times(-2)=1$

39 답 ③

ㄱ. $y=9^x-2$는 밑이 9이므로 겹쳐질 수 없다.

ㄴ. $y=-9\times3^x=-3^2\times3^x=-3^{x+2}$이므로 $y=3^x$의 그래프를 x축의 방향으로 -2만큼 평행이동한 후, x축에 대하여 대칭이동하면 겹쳐질 수 있다.

ㄷ. $y=\dfrac{1}{3^x}+1=3^{-x}+1$이므로 $y=3^x$의 그래프를 y축에 대하여 대칭이동한 후, y축의 방향으로 1만큼 평행이동하면 겹쳐질 수 있다.

ㄹ. $y=3^{1-2x}=3^{-2\left(x-\frac{1}{2}\right)}=\left(\dfrac{1}{9}\right)^{x-\frac{1}{2}}$은 밑이 $\dfrac{1}{9}$이므로 겹쳐질 수 없다.

따라서 $y=3^x$의 그래프를 평행이동 또는 대칭이동하여 겹칠 수 있는 것은 ㄴ, ㄷ이다.

40 답 ③

$y=a^x$의 그래프를 x축에 대하여 대칭이동하면 $y=-a^x$

이 함수의 그래프를 x축의 방향으로 -2만큼, y축의 방향으로 3만큼 평행이동하면 $y=-a^{x+2}+3$

한편, $x=-2$일 때, $y=-a^0+3=-1+3=2$이므로

이 함수의 그래프는 점 $(-2,\ 2)$를 반드시 지난다.

따라서 $p=-2,\ q=2$이므로

$p+q=(-2)+2=0$

41 답 ⑤

$(h \circ g \circ f)(x)=h(g(f(x)))=h(g(x-1))$
$\qquad\qquad\qquad =h(4^{x-1})=-4^{x-1}$

이때, 함수 $y=(h \circ g \circ f)(x)$의 그래프를 x축의 방향으로 k만큼 평행이동시키면 $y=-4^{x-k-1}$

이 함수의 그래프가 함수 $y=-4^x$의 그래프와 일치하므로
$-4^{x-k-1}=-4^x$에서

$-k-1=0 \qquad \therefore k=-1$

42 답 ④

$A=\sqrt{8}=2^{\frac{3}{2}},\ B=\left(\dfrac{1}{2}\right)^{-\frac{1}{4}}=2^{\frac{1}{4}},\ C=\sqrt[3]{2}=2^{\frac{1}{3}}$

이때, $\dfrac{1}{4}<\dfrac{1}{3}<\dfrac{3}{2}$이고 (밑)$=2>1$이므로

$\left(\dfrac{1}{2}\right)^{-\frac{1}{4}}<\sqrt[3]{2}<\sqrt{8} \qquad \therefore B<C<A$

43 답 ④

$A=\sqrt{0.1}=\left(\dfrac{1}{10}\right)^{\frac{1}{2}},\ B=\sqrt[3]{0.01}=\left(\dfrac{1}{10}\right)^{\frac{2}{3}},$

$C=\sqrt[5]{0.001}=\left(\dfrac{1}{10}\right)^{\frac{3}{5}}$

이때, $\dfrac{1}{2}<\dfrac{3}{5}<\dfrac{2}{3}$이고 $0<$(밑)$=\dfrac{1}{10}<1$이므로

$\sqrt[3]{0.01}<\sqrt[5]{0.001}<\sqrt{0.1} \qquad \therefore B<C<A$

44 답 ⑤

$2^a=3^b=5^c=k$라 하면 $a,\ b,\ c$는 각각 세 곡선 $y=2^x,\ y=3^x,\ y=5^x$과 직선 $y=k$가 만나는 점의 x좌표이다.

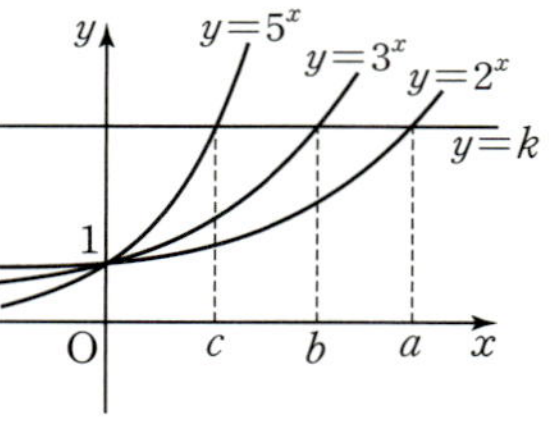

세 곡선 $y=2^x,\ y=3^x,$

$y=5^x$과 직선 $y=k$는 그림과 같으므로 $c<b<a$이다.

45 답 ②

함수 $y=2^{x+1}-3$에서 (밑)$=2>1$이므로 x의 값이 증가하면 y의 값도 증가한다.

따라서 주어진 함수의

최댓값은 $x=3$일 때 $M=2^{3+1}-3=13$이고

최솟값은 $x=1$일 때 $m=2^{1+1}-3=1$이다.

$\therefore M+m=13+1=14$

46 답 ①

함수 $y=3^{-x+a}=3^{-(x-a)}=\left(\dfrac{1}{3}\right)^{x-a}$에서 $0<$(밑)$=\dfrac{1}{3}<1$이므로 이 함수는 x가 최소일 때 최댓값을 갖는다.

즉, $x=-2$일 때 최댓값 27을 가지므로

$\left(\dfrac{1}{3}\right)^{-2-a}=27=\left(\dfrac{1}{3}\right)^{-3}$에서 $-2-a=-3 \qquad \therefore a=1$

47 답 ③

정의역이 주어진 지수함수 $y=a^x$은 정의역의 양끝의 함숫값 중 큰 값이 최댓값, 작은 값이 최솟값이다. 즉, 정의역이 $\{x|-1\le x\le 3\}$으로 주어진 지수함수 $y=a^x$의 최댓값과 최솟값의 곱은 $a^{-1},\ a^3$의 곱과 같다.

즉, $a^{-1}\times a^3=4$이므로 $a^{-1+3}=a^2=4 \quad \therefore a=2\ (\because a>0)$

48 답 ②

함수 $y=\left(\dfrac{1}{2}\right)^x$에서 $0<$(밑)$=\dfrac{1}{2}<1$이므로 x의 값이 증가하면 y의 값은 감소한다.

따라서 주어진 함수의

최댓값은 $x=-5$일 때 $M=\left(\dfrac{1}{2}\right)^{-5}=2^5$이고,

최솟값은 $x=k$일 때 $m=\left(\dfrac{1}{2}\right)^k=2^{-k}$이다.

이때, $\dfrac{M}{m}=8$이므로 $\dfrac{2^5}{2^{-k}}=8=2^3$에서

$2^{5-(-k)}=2^3,\ 5+k=3 \qquad \therefore k=-2$

49 답 ②

$f(x)=x^2+2x-3=(x+1)^2-4$라 하면

$-3\le x\le 2$일 때, 함수 $f(x)$는 $x=-1$에서 최솟값 -4를, $x=2$에서 최댓값 5를 갖는다.

즉, $f(x)$가 갖는 값의 범위는 $-4\le f(x)\le 5$이다.

한편, $y=3^{f(x)}$에서 (밑)$=3>1$이므로 지수가 최대일 때 최댓값을, 지수가 최소일 때 최솟값을 갖는다.

따라서 함수 $y=3^{f(x)}=3^{x^2+2x-3}$은 $f(x)=5$일 때 최댓값 $y=3^5$을, $f(x)=-4$일 때 최솟값 $y=3^{-4}$을 가지므로 최댓값과 최솟값의 곱은 $3^5\times 3^{-4}=3^{5-4}=3$

50 답 ③

$0<a<1$이므로 함수 $y=a^{x^2+2x+3}$은 지수 x^2+2x+3이 최소일 때 최댓값을 갖는다.

이때, $f(x)=x^2+2x+3=(x+1)^2+2$라 하면 $f(x)$는 $x=-1$일 때 최솟값 2를 가지므로 함수 $y=a^{f(x)}$의 최댓값은 a^2이다.

즉, $a^2=\dfrac{1}{9}$이므로 $a=\dfrac{1}{3}\ (\because 0<a<1)$

51 답 ④

$y=2^{x^2-2x}\times 3^{2x-x^2}=2^{x^2-2x}\times 3^{-(x^2-2x)}$

$\qquad =2^{x^2-2x}\times \left(\dfrac{1}{3}\right)^{x^2-2x}=\left(\dfrac{2}{3}\right)^{x^2-2x}$

에서 $0<(밑)=\dfrac{2}{3}<1$이므로 주어진 함수는 지수 x^2-2x가 최소일 때 최댓값을 갖는다.

이때, $f(x)=x^2-2x=(x-1)^2-1$이라 하면 $f(x)$는 $x=1$에서 최솟값 -1을 가지므로 함수 $y=\left(\dfrac{2}{3}\right)^{f(x)}$의 최댓값은 $\left(\dfrac{2}{3}\right)^{-1}=\dfrac{3}{2}$이다.

52 답 ①

$2^x=t$라 하면
$$y=2^{2x}-2^{x+2}+3=(2^x)^2-4\times2^x+3$$
$$=t^2-4t+3=(t-2)^2-1$$
이때, $-1\leq x\leq3$에서 $2^{-1}\leq2^x\leq2^3$이므로 t의 값의 범위는 $\dfrac{1}{2}\leq t\leq8$이다.

따라서 주어진 함수는 $t=2$일 때 최솟값 -1을, $t=8$일 때 최댓값 35를 갖는다.

따라서 $M=35$, $m=-1$이므로 $Mm=35\times(-1)=-35$

53 답 ③

$2^x=t$라 하면
$$y=-4^x+2^{x+2}+1=-(2^x)^2+4\times2^x+1$$
$$=-t^2+4t+1=-(t-2)^2+5$$
이때, $-1\leq x\leq2$에서 $2^{-1}\leq2^x\leq2^2$이므로 t의 값의 범위는 $\dfrac{1}{2}\leq t\leq4$이다.

따라서 주어진 함수는 $t=2$, 즉 $2^x=2$일 때, 최댓값 5를 가지므로 $q=5$이고 $2^x=2$에서 $x=1$이므로 $p=1$이다.

$\therefore p+q=1+5=6$

54 답 3

모든 실수 x에 대하여 $3^x>0$, $3^{-x}>0$이므로
산술평균과 기하평균의 관계에 의하여
$$3^x+4\times3^{-x}-1\geq2\sqrt{3^x\times(4\times3^{-x})}-1=3$$
$$(단, 등호는 3^x=4\times3^{-x}일 때 성립)$$
따라서 함수 $y=3^x+4\times3^{-x}-1$의 최솟값은 3이다.

> **심플 정리**
>
> [산술평균과 기하평균의 관계]
> $a>0$, $b>0$인 두 수 a, b에 대하여
> $a+b\geq2\sqrt{ab}$ (단, 등호는 $a=b$일 때 성립)

55 답 ④

모든 실수 x에 대하여 $2^{a+x}>0$, $2^{-x}>0$이므로
산술평균과 기하평균의 관계에 의하여
$$2^{a+x}+2^{-x}\geq2\sqrt{2^{a+x}\times2^{-x}}=2\sqrt{2^{a+x-x}}=2\sqrt{2^a}$$
$$(단, 등호는 2^{a+x}=2^{-x}일 때 성립)$$
즉, 함수 $f(x)$의 최솟값은 $2\sqrt{2^a}$이고 이 값이 8이므로
$$2\sqrt{2^a}=8에서 \sqrt{2^a}=4, 2^a=16=2^4$$
$$\therefore a=4$$

01 답 지수방정식, 지수부등식

02 답 $f(x)=g(x)$

03 답 $a=b$

04 답 $f(x)<g(x)$, $f(x)>g(x)$

05 답 ○

06 답 ×

07 답 ×

08 답 ○

09 답 ×

10 답 $x=\dfrac{7}{3}$

$8^x=128$에서 $2^{3x}=2^7$, $3x=7$ $\quad\therefore x=\dfrac{7}{3}$

11 답 $x=5$

$3^{x-2}=27$에서 $3^{x-2}=3^3$, $x-2=3$ $\quad\therefore x=5$

12 답 $x=\dfrac{11}{4}$

$\left(\dfrac{1}{4}\right)^{2-x}=2\sqrt{2}$에서 $(2^{-2})^{2-x}=2^{\frac{3}{2}}$, $2^{2x-4}=2^{\frac{3}{2}}$

$2x-4=\dfrac{3}{2}$, $2x=\dfrac{11}{2}$ $\quad\therefore x=\dfrac{11}{4}$

13 답 $x=0$ 또는 $x=3$

$(x+1)^x=2^{2x}$에서 $(x+1)^x=4^x$

(ⅰ) 밑이 같을 때, $x+1=4$에서 $x=3$

(ⅱ) 지수가 같을 때, $x=0$

$\therefore x=0$ 또는 $x=3$

14 답 $x=1$ 또는 $x=-2$

$5^{x^2+3x}=25^{x+1}$에서 $5^{x^2+3x}=5^{2x+2}$

$x^2+3x=2x+2$, $x^2+x-2=0$

$(x-1)(x+2)=0$

$\therefore x=1$ 또는 $x=-2$

15 답 $x=2$

$4^x-2^{x+1}-8=0$에서 $2^x=t\,(t>0)$라 하면

$t^2-2t-8=0$, $(t+2)(t-4)=0$ $\quad\therefore t=4\,(\because t>0)$

즉, $2^x=4=2^2$이므로 $x=2$

16 답 $x=0$

$3^x+3^{-x}=2$에서 $3^x=t\,(t>0)$라 하면

$t+\dfrac{1}{t}=2$, $t^2-2t+1=0$, $(t-1)^2=0$

즉, $t=1$에서 $3^x=1$ $\quad\therefore x=0$

17 답 $x=2$ 또는 $x=3$

$(2^x-5)(2^x-7)=3$에서 $2^x=t$ $(t>0)$라 하면

$(t-5)(t-7)=3$, $t^2-12t+32=0$

$(t-4)(t-8)=0$ ∴ $t=4$ 또는 $t=8$

(i) $t=2^x=4$에서 $x=2$

(ii) $t=2^x=8$에서 $x=3$

∴ $x=2$ 또는 $x=3$

18 답 $x>\dfrac{1}{4}$

$3^{2x}>\sqrt{3}$에서 $3^{2x}>3^{\frac{1}{2}}$

이때, 밑이 1보다 크므로

$2x>\dfrac{1}{2}$ ∴ $x>\dfrac{1}{4}$

19 답 $x\geq-1$

$9^x\geq3^{x-1}$에서 $3^{2x}\geq3^{x-1}$

이때, 밑이 1보다 크므로

$2x\geq x-1$ ∴ $x\geq-1$

20 답 $x<6$

$\left(\dfrac{1}{4}\right)^x>\left(\dfrac{1}{2}\right)^{x+6}$에서 $\left(\dfrac{1}{2}\right)^{2x}>\left(\dfrac{1}{2}\right)^{x+6}$

이때, 밑이 1보다 작으므로

$2x<x+6$ ∴ $x<6$

21 답 $-1\leq x\leq4$

$(0.008)^x\leq(0.2)^{x^2-4}$에서 $(0.2)^{3x}\leq(0.2)^{x^2-4}$

이때, 밑이 1보다 작으므로

$3x\geq x^2-4$, $x^2-3x-4\leq0$, $(x+1)(x-4)\leq0$

∴ $-1\leq x\leq4$

22 답 $1<x<2$

$x^{2x}>x^{x^2}$에서

(i) $0<x<1$일 때,

　　$2x<x^2$에서 $x^2-2x>0$, $x(x-2)>0$

　　∴ $x<0$ 또는 $x>2$

　　그런데 $0<x<1$이므로 이때의 해는 존재하지 않는다.

(ii) $x>1$일 때,

　　$2x>x^2$에서 $x^2-2x<0$, $x(x-2)<0$

　　∴ $0<x<2$

　　그런데 $x>1$이므로 주어진 부등식의 해는 $1<x<2$

(iii) $x=1$일 때,

　　$1>1$이므로 주어진 부등식은 성립하지 않는다.

(i)~(iii)에 의하여 주어진 부등식의 해는 $1<x<2$이다.

23 답 $1<x<2$

$(3^x-3)(3^x-9)<0$에서 $3^x=t$ $(t>0)$라 하면

$(t-3)(t-9)<0$ ∴ $3<t<9$

즉, $3<3^x<3^2$이고 밑이 1보다 크므로 $1<x<2$

24 답 $-1\leq x\leq2$

$4^{2x+1}-65\times4^x+16\leq0$에서 $4^x=t$ $(t>0)$라 하면

$4t^2-65t+16\leq0$, $(4t-1)(t-16)\leq0$

∴ $\dfrac{1}{4}\leq t\leq16$

즉, $4^{-1}\leq4^x\leq4^2$이고 밑이 1보다 크므로 $-1\leq x\leq2$

25 답 $-2<x<4$

$\dfrac{1}{16}<\left(\dfrac{1}{2}\right)^x<4$에서 $\left(\dfrac{1}{2}\right)^4<\left(\dfrac{1}{2}\right)^x<\left(\dfrac{1}{2}\right)^{-2}$

이때, 밑이 1보다 작으므로 $-2<x<4$

26 답 ④

$3^{(x-1)^2}=3^{7-x}$에서 $(x-1)^2=7-x$

$x^2-2x+1=7-x$, $x^2-x-6=0$

$(x-3)(x+2)=0$ ∴ $x=3$ 또는 $x=-2$

따라서 주어진 방정식을 만족시키는 모든 x의 값의 합은

$3+(-2)=1$이다.

27 답 ③

$2^{x^2+2}=4^{x+1}$에서 $2^{x^2+2}=2^{2x+2}$

$x^2+2=2x+2$, $x^2-2x=0$, $x(x-2)=0$

∴ $x=0$ 또는 $x=2$

따라서 주어진 방정식을 만족시키는 모든 x의 값의 합은

$0+2=2$이다.

28 답 ①

$4^{|x|}=2^{x^2}$에서 $2^{2|x|}=2^{x^2}$, $2|x|=x^2$ ∴ $x^2-2|x|=0$

(i) $x\geq0$일 때, $x^2-2x=0$에서 $x(x-2)=0$

　　∴ $x=0$ 또는 $x=2$

(ii) $x<0$일 때, $x^2+2x=0$에서 $x(x+2)=0$

　　∴ $x=-2$ $(∵ x<0)$

(i), (ii)에 의하여 주어진 방정식을 만족시키는 x의 값은

$x=0$ 또는 $x=2$ 또는 $x=-2$이므로 $\alpha=-2$, $\beta=2$

∴ $\alpha-\beta=-2-2=-4$

29 답 ③

$4^{x^2-a}-2^{x^2-x+2}=0$에서 $4^{x^2-a}=2^{x^2-x+2}$

$2^{2x^2-2a}=2^{x^2-x+2}$, $2x^2-2a=x^2-x+2$

∴ $x^2+x-2a-2=0$ ··· ㉠

이때, 방정식 ㉠의 한 근이 2이므로

$4+2-2a-2=0$ ∴ $a=2$

$a=2$를 ㉠에 대입하면 $x^2+x-6=0$에서

$(x-2)(x+3)=0$ ∴ $x=2$ 또는 $x=-3$

따라서 다른 한 근은 -3이다.

30 답 ②

$9^x - 10 \times 3^x + 9 = 0$에서 $3^x = t \, (t > 0)$라 하면

$t^2 - 10t + 9 = 0$, $(t-1)(t-9) = 0$

$\therefore t = 1$ 또는 $t = 9$

(i) $t = 3^x = 1$일 때, $x = 0$

(ii) $t = 3^x = 9$일 때, $x = 2$

따라서 $x = 0$ 또는 $x = 2$이므로 $\alpha = 0$, $\beta = 2 \, (\because \alpha < \beta)$

$\therefore \alpha - \beta = 0 - 2 = -2$

31 답 ②

$8^x - 7 \times 4^x + 14 \times 2^x - 8 = 0$에서 $2^x = t \, (t > 0)$라 하면

$t^3 - 7t^2 + 14t - 8 = 0$, $(t-1)(t-2)(t-4) = 0$

$\therefore t = 1$ 또는 $t = 2$ 또는 $t = 4$

(i) $t = 2^x = 1$에서 $x = 0$

(ii) $t = 2^x = 2$에서 $x = 1$

(iii) $t = 2^x = 4$에서 $x = 2$

따라서 $x = 0$ 또는 $x = 1$ 또는 $x = 2$이므로

$\alpha^2 + \beta^2 + \gamma^2 = 0^2 + 1^2 + 2^2 = 5$

32 답 ⑤

$2^x + 32 \times 2^{-x} = 12$에서 $2^x = t \, (t > 0)$라 하면

$t + \dfrac{32}{t} = 12$, $t^2 - 12t + 32 = 0$, $(t-4)(t-8) = 0$

$\therefore t = 4$ 또는 $t = 8$

(i) $t = 2^x = 4$에서 $x = 2$

(ii) $t = 2^x = 8$에서 $x = 3$

따라서 $x = 2$ 또는 $x = 3$이므로 주어진 방정식을 만족시키는 모든 x의 값의 곱은 $2 \times 3 = 6$이다.

33 답 ②

$(9^x + 81 \times 9^{-x}) - 11(3^x + 9 \times 3^{-x}) + 28 = 0$에서

$\left(3^{2x} + \dfrac{81}{3^{2x}}\right) - 11\left(3^x + \dfrac{9}{3^x}\right) + 28 = 0$

$\therefore \left\{\left(3^x + \dfrac{9}{3^x}\right)^2 - 18\right\} - 11\left(3^x + \dfrac{9}{3^x}\right) + 28 = 0$

이때, $3^x + \dfrac{9}{3^x} = X$라 하면 산술평균과 기하평균의 관계에 의하여

$X = 3^x + \dfrac{9}{3^x} \geq 2\sqrt{3^x \times \dfrac{9}{3^x}} = 6 \, \cdots \, \bigcirc$

$\left(\text{단, 등호는 } 3^x = \dfrac{9}{3^x}\text{일 때 성립}\right)$

이고 주어진 방정식은 $(X^2 - 18) - 11X + 28 = 0$에서

$X^2 - 11X + 10 = 0$, $(X-1)(X-10) = 0$

$\therefore X = 10 \, (\because \bigcirc)$

즉, $3^x + \dfrac{9}{3^x} = 10$에서 $3^x = Y \, (Y > 0)$라 하면

$Y + \dfrac{9}{Y} = 10$, $Y^2 - 10Y + 9 = 0$, $(Y-1)(Y-9) = 0$

$\therefore Y = 1$ 또는 $Y = 9$

(i) $Y = 3^x = 1$에서 $x = 0$

(ii) $Y = 3^x = 9$에서 $x = 2$

따라서 $x = 0$ 또는 $x = 2$이므로 주어진 방정식을 만족시키는 모든 x의 값의 합은 $0 + 2 = 2$이다.

34 답 ⑤

$(x+2)^{x^2} = (x+2)^{6x-8}$에서 밑이 같으므로

(i) 지수가 같을 때, $x^2 = 6x - 8$에서

$x^2 - 6x + 8 = 0$, $(x-2)(x-4) = 0$

$\therefore x = 2$ 또는 $x = 4$

(ii) 밑이 1일 때, $x + 2 = 1$에서 $x = -1$

(i), (ii)에 의하여 주어진 방정식을 만족시키는 x의 값은

$x = 2$ 또는 $x = 4$ 또는 $x = -1$이므로 구하는 합은

$2 + 4 + (-1) = 5$이다.

35 답 ③

$(x-3)^{x-4} = 5^{x-4}$에서 지수가 같으므로

(i) 밑이 같을 때, $x - 3 = 5$에서 $x = 8$

(ii) 지수가 0일 때, $x - 4 = 0$에서 $x = 4$

(i), (ii)에 의하여 주어진 방정식을 만족시키는 x의 값은

$x = 8$ 또는 $x = 4$이므로 구하는 곱은 $8 \times 4 = 32$이다.

36 답 ③

$\begin{cases} 3 \times 2^x - 3^y = -3 \\ 2^x + 3^y = 11 \end{cases}$에서

$2^x = X \, (X > 0)$, $3^y = Y \, (Y > 0)$라 하면

$\begin{cases} 3X - Y = -3 \, \cdots \, \bigcirc \\ X + Y = 11 \, \cdots \, \bigcirc\!\!\!\bigcirc \end{cases}$

$\bigcirc + \bigcirc\!\!\!\bigcirc$을 하면 $4X = 8$ $\quad \therefore X = 2$

이것을 $\bigcirc\!\!\!\bigcirc$에 대입하면 $2 + Y = 11$ $\quad \therefore Y = 9$

따라서 $X = 2^x = 2$에서 $x = 1$이고 $Y = 3^y = 9$에서 $y = 2$이므로 $x + y = 1 + 2 = 3$

37 답 ③

$\begin{cases} 2^x + 2^y = 12 \\ 2^x \times 2^y = 32 \end{cases}$에서

$2^x = X \, (X > 0)$, $2^y = Y \, (Y > 0)$라 하면

$\begin{cases} X + Y = 12 \, \cdots \, \bigcirc \\ XY = 32 \, \cdots \, \bigcirc\!\!\!\bigcirc \end{cases}$

$\bigcirc$에서 $Y = 12 - X$이고 이것을 $\bigcirc\!\!\!\bigcirc$에 대입하면

$X(12 - X) = 32$, $X^2 - 12X + 32 = 0$

$(X-4)(X-8) = 0$ $\quad \therefore X = 4$ 또는 $X = 8$

$\therefore \begin{cases} X = 4 \\ Y = 8 \end{cases}$ 또는 $\begin{cases} X = 8 \\ Y = 4 \end{cases}$

한편, $2^x = 4$일 때 $x = 2$이고, $2^x = 8$일 때 $x = 3$이므로

주어진 방정식의 해는 $x = 2$, $y = 3$ 또는 $x = 3$, $y = 2$이다.

$\therefore x^2 + y^2 = 2^2 + 3^2 = 13$

$\begin{cases} X+Y=12 \\ XY=32 \end{cases}$ 이므로 X, Y를 두 근으로 하는 이차방정식

을 $t^2-12t+32=0$이라 하면

$(t-4)(t-8)=0$에서 $t=4$ 또는 $t=8$

$\therefore \begin{cases} X=4 \\ Y=8 \end{cases}$ 또는 $\begin{cases} X=8 \\ Y=4 \end{cases}$

(이하 동일)

TIP

두 수의 합과 곱이 주어진 경우 두 수를 근으로 하는 이차방정식을 근과 계수의 관계를 이용하여 세울 수 있다.
즉, $a+b=\alpha$, $ab=\beta$일 때, 두 수 a, b를 근으로 하고 최고차항의 계수가 1인 이차방정식은 $x^2-\alpha x+\beta=0$임을 이용하자.

38 답 ②

$\begin{cases} 2^{x+1}+2^{y+1}=9 \\ 2^{x+y}=2^y-2^{x+2} \end{cases}$ 에서

$2^x=X\,(X>0)$, $2^y=Y\,(Y>0)$라 하면

$\begin{cases} 2X+2Y=9 \cdots \text{㉠} \\ XY=Y-4X \cdots \text{㉡} \end{cases}$

㉠에서 $Y=\dfrac{9}{2}-X$를 ㉡에 대입하면

$X\left(\dfrac{9}{2}-X\right)=\dfrac{9}{2}-X-4X$에서

$\dfrac{9}{2}X-X^2=\dfrac{9}{2}-5X$, $2X^2-19X+9=0$

$(X-9)(2X-1)=0$ $\therefore X=9$ 또는 $X=\dfrac{1}{2}$

그런데 $X=9$이면 $Y=-\dfrac{9}{2}$이므로 해가 될 수 없다.

즉, $X=\dfrac{1}{2}$, $Y=4$이므로 $2^x=\dfrac{1}{2}$에서 $x=-1$이고

$2^y=4$에서 $y=2$이다.

$\therefore x-y=-1-2=-3$

39 답 ③

$\left(\dfrac{1}{9}\right)^x<3^{x^2+1}$에서 $3^{-2x}<3^{x^2+1}$

이때, 밑이 1보다 크므로 $-2x<x^2+1$에서

$x^2+2x+1>0$, $(x+1)^2>0$

$\therefore x\neq-1$

따라서 주어진 부등식의 해의 집합은 $\{x\,|\,x\neq-1\}$이다.

40 답 ④

$\left(\dfrac{1}{4}\right)^{x^2-3x}\geq16^{x-1}$에서 $\left(\dfrac{1}{4}\right)^{x^2-3x}\geq\left(\dfrac{1}{4}\right)^{-2x+2}$

이때, 밑이 1보다 작으므로 $x^2-3x\leq-2x+2$에서

$x^2-x-2\leq0$, $(x+1)(x-2)\leq0$

$\therefore -1\leq x\leq2$

따라서 주어진 부등식을 만족시키는 모든 정수 x의 개수는 -1, 0, 1, 2로 4이다.

$\left(\dfrac{1}{4}\right)^{x^2-3x}\geq16^{x-1}$에서 $4^{-x^2+3x}\geq4^{2x-2}$

이때, 밑이 1보다 크므로 $-x^2+3x\geq2x-2$

$x^2-x-2\leq0$, $(x+1)(x-2)\leq0$ $\therefore -1\leq x\leq2$

(이하 동일)

41 답 ③

$2^{x+1}=10$의 해가 α이므로 $2^{\alpha+1}=10$이 성립하고

$2^3=8<10<16=2^4$이므로 $2^3<2^{\alpha+1}<2^4$

이때, 밑이 1보다 크므로 $3<\alpha+1<4$ $\therefore 2<\alpha<3$

42 답 ③

$3^{2x+1}-28\times3^x+9\leq0$에서 $3^x=t\,(t>0)$라 하면

$3t^2-28t+9\leq0$, $(3t-1)(t-9)\leq0$ $\therefore \dfrac{1}{3}\leq t\leq9$

즉, $3^{-1}\leq3^x\leq3^2$이고 밑이 1보다 크므로 $-1\leq x\leq2$

따라서 $\alpha=-1$, $\beta=2$이므로 $(\alpha-\beta)^2=(-1-2)^2=9$

43 답 ③

$\left\{4\left(\dfrac{1}{2}\right)^x-\dfrac{5}{4}\right\}^2<\dfrac{9}{16}$에서 $16\left(\dfrac{1}{2}\right)^{2x}-10\left(\dfrac{1}{2}\right)^x+1<0$

이때, $\left(\dfrac{1}{2}\right)^x=t\,(t>0)$라 하면

$16t^2-10t+1<0$, $(2t-1)(8t-1)<0$

$\therefore \dfrac{1}{8}<t<\dfrac{1}{2}$

즉, $\dfrac{1}{8}<\left(\dfrac{1}{2}\right)^x<\dfrac{1}{2}$에서 $\left(\dfrac{1}{2}\right)^3<\left(\dfrac{1}{2}\right)^x<\left(\dfrac{1}{2}\right)^1$이고

밑이 1보다 작으므로 $1<x<3$

따라서 $\alpha=1$, $\beta=3$이므로 $\alpha\beta=1\times3=3$

44 답 ②

$27\times a^{2x}-12\times a^x+1\leq0$에서 $a^x=t\,(t>0)$라 하면

$27t^2-12t+1\leq0$, $(9t-1)(3t-1)\leq0$

$\therefore \dfrac{1}{9}\leq t\leq\dfrac{1}{3} \Rightarrow \left(\dfrac{1}{3}\right)^2\leq a^x\leq\left(\dfrac{1}{3}\right)^1$

이때, $0<a<1$이고 부등식의 해가 $1\leq x\leq2$이므로

$a=\dfrac{1}{3}$

45 답 ④

(i) $\left(\dfrac{1}{4}\right)^{x^2}>\left(\dfrac{1}{2}\right)^{x^2-3x+4}$에서 $\left(\dfrac{1}{2}\right)^{2x^2}>\left(\dfrac{1}{2}\right)^{x^2-3x+4}$

　　이때, 밑이 1보다 작으므로 $2x^2<x^2-3x+4$

　　$x^2+3x-4<0$, $(x-1)(x+4)<0$

　　$\therefore -4<x<1$

(ii) $8^{x^2-3x-4}<4^{x^2-2x+6}$에서 $2^{3x^2-9x-12}<2^{2x^2-4x+12}$

　　이때, 밑이 1보다 크므로 $3x^2-9x-12<2x^2-4x+12$

　　$x^2-5x-24<0$, $(x+3)(x-8)<0$

　　$\therefore -3<x<8$

(i), (ii)에 의하여 주어진 연립부등식의 해는 $-3<x<1$이
므로 $\alpha=-3$, $\beta=1$
$\therefore \beta-\alpha=1-(-3)=4$

46 답 ②

$4^{1-x}\leq 2^{x^2-3x}\leq 2^{x-3}$에서 $\begin{cases} 4^{1-x}\leq 2^{x^2-3x} \\ 2^{x^2-3x}\leq 2^{x-3} \end{cases}$

(i) $4^{1-x}\leq 2^{x^2-3x}$에서 $2^{2-2x}\leq 2^{x^2-3x}$

　　이때, 밑이 1보다 크므로 $2-2x\leq x^2-3x$

　　$x^2-x-2\geq 0$, $(x+1)(x-2)\geq 0$

　　$\therefore x\leq -1$ 또는 $x\geq 2$

(ii) $2^{x^2-3x}\leq 2^{x-3}$에서 밑이 1보다 크므로

　　$x^2-3x\leq x-3$, $x^2-4x+3\leq 0$

　　$(x-1)(x-3)\leq 0$　　$\therefore 1\leq x\leq 3$

(i), (ii)에 의하여 주어진 연립부등식의 해는 $2\leq x\leq 3$이므
로 x의 최솟값은 2이다.

47 답 ②

(i) $3^{x+2}\geq 9^{2x}$에서 $3^{x+2}\geq 3^{4x}$

　　이때, 밑이 1보다 크므로

　　$x+2\geq 4x$, $3x\leq 2$　　$\therefore x\leq \dfrac{2}{3}$

(ii) $4^{x^2-7}\leq 16$에서 $4^{x^2-7}\leq 4^2$

　　이때, 밑이 1보다 크므로 $x^2-7\leq 2$

　　$x^2-9\leq 0$, $(x+3)(x-3)\leq 0$　　$\therefore -3\leq x\leq 3$

(i), (ii)에 의하여 주어진 연립부등식의 해는 $-3\leq x\leq \dfrac{2}{3}$

이므로 정수 x는 -3, -2, -1, 0이다.

따라서 구하는 합은 $(-3)+(-2)+(-1)+0=-6$이다.

48 답 ③

$\begin{cases} 4^x-2^x\leq 2 \\ 4^x\leq 5\times 2^x-6 \end{cases}$에서 $2^x=t$ $(t>0)$라 하면

$\begin{cases} t^2-t\leq 2 \\ t^2\leq 5t-6 \end{cases}$ $\cdots$ ㉠

(i) $t^2-t\leq 2$에서 $t^2-t-2\leq 0$

　　$(t+1)(t-2)\leq 0$　　$\therefore -1\leq t\leq 2$

　　그런데 $t>0$이므로 $0<t\leq 2$

(ii) $t^2\leq 5t-6$에서 $t^2-5t+6\leq 0$

　　$(t-2)(t-3)\leq 0$　　$\therefore 2\leq t\leq 3$

(i), (ii)에 의하여 연립부등식 ㉠의 해는 $t=2$이므로 주어
진 연립부등식의 해는 $t=2^x=2$에서 $x=1$

49 답 ③

$x^{x^2-1}\leq x^{x+1}$에서

(i) 밑이 1보다 클 때, 즉 $x>1$일 때,

　　$x^2-1\leq x+1$에서 $x^2-x-2\leq 0$

　　$(x+1)(x-2)\leq 0$　　$\therefore -1\leq x\leq 2$

　　그런데 $x>1$이므로 $1<x\leq 2$

(ii) 밑이 1보다 작을 때, 즉 $0<x<1$일 때,

　　$x^2-1\geq x+1$에서 $x^2-x-2\geq 0$

　　$(x+1)(x-2)\geq 0$　　$\therefore x\leq -1$ 또는 $x\geq 2$

　　그런데 $0<x<1$이므로 해는 존재하지 않는다.

(iii) 밑이 1일 때, 즉 $x=1$일 때,

　　$x^{x^2-1}\leq x^{x+1}$에서 $1^0\leq 1^2$이므로 주어진 부등식을 만족시

　　킨다.

　　$\therefore x=1$

(i)~(iii)에 의하여 주어진 부등식의 해는 $1\leq x\leq 2$이고 모
든 정수 x의 값의 합은 $1+2=3$이다.

50 답 ④

(i) 밑이 1보다 클 때, $x^2-1>1$에서 $x^2-2>0$

　　$(x+\sqrt{2})(x-\sqrt{2})>0$

　　$\therefore x>\sqrt{2}$ $(\because x>1)$ $\cdots$ ㉠

　　이때, $(x^2-1)^x>1=(x^2-1)^0$에서 밑이 1보다 크므로

　　$x>0$ $\cdots$ ㉡

　　따라서 밑이 1보다 클 때 주어진 부등식의 해는 ㉠, ㉡
　　에 의하여 $x>\sqrt{2}$이다.

(ii) 밑이 1보다 작을 때, $x^2-1<1$에서 $x^2-2<0$

　　$(x+\sqrt{2})(x-\sqrt{2})<0$

　　$\therefore 1<x<\sqrt{2}$ $(\because x>1)$ $\cdots$ ㉢

　　이때, $(x^2-1)^x>1=(x^2-1)^0$에서 밑이 1보다 작으므로

　　$x<0$ $\cdots$ ㉣

　　따라서 밑이 1보다 작을 때 주어진 부등식의 해는 ㉢,
　　㉣에 의하여 존재하지 않는다.

(iii) 밑이 1일 때, $x^2-1=1$에서 $x^2=2$

　　$\therefore x=\sqrt{2}$ $(\because x>1)$

　　이때, $(x^2-1)^x>1$에서 $1^{\sqrt{2}}>1$이므로 주어진 부등식을
　　만족시키지 않는다.

(i)~(iii)에 의하여 주어진 부등식의 해의 집합은
$\{x\,|\,x>\sqrt{2}\}$이다.

51 답 ④

$9^x-k\times 3^{x+1}+k=0$에서 $3^x=t$ $(t>0)$라 하면
$t^2-3kt+k=0$ $\cdots$ ㉠

따라서 주어진 지수방정식이 서로 다른 두 실근을 가지려
면 이차방정식 ㉠의 판별식을 D라 할 때 $D>0$이고 두 실
근은 모두 양수이어야 한다.

(i) $D>0$에서 $9k^2-4k>0$, $k(9k-4)>0$

　　$\therefore k<0$ 또는 $k>\dfrac{4}{9}$

(ii) 두 근이 모두 양수이므로 두 근의 합, 두 근의 곱이 모
　　두 양수이다. 즉, 이차방정식의 근과 계수의 관계에 의
　　하여 (두 근의 합)$=3k>0$, (두 근의 곱)$=k>0$이므로
　　$k>0$

(i), (ii)에 의하여 주어진 지수방정식이 서로 다른 두 실근을 갖기 위한 k의 값의 범위는 $k>\dfrac{4}{9}$이므로 정수 k의 최솟값은 1이다. ▮

52 답 ⑤

$16^x-8\times4^x+k^2>0$에서 $4^x=t\,(t>0)$라 하면
$t^2-8t+k^2>0$ … ㉠이고 주어진 지수부등식이 모든 실수 x에 대하여 항상 성립하기 위해서는 부등식 ㉠이 $t>0$에서 항상 성립해야 한다.
이때, $f(t)=t^2-8t+k^2=(t-4)^2+k^2-16$이라 하면 $f(t)$는 $t=4$에서 최솟값 k^2-16을 가지므로 $k^2-16>0$이어야 한다.
즉, $(k+4)(k-4)>0$이므로 $k<-4$ 또는 $k>4$
따라서 자연수 k의 최솟값은 5이다.

53 답 ③

$f(x)=k\left(\dfrac{1}{10}\right)^{\frac{x}{500}}$에 $k=1000$, $f(x)=1$을 대입하면
$1=1000\times\left(\dfrac{1}{10}\right)^{\frac{x}{500}}$에서
$\left(\dfrac{1}{10}\right)^{\frac{x}{500}}=\dfrac{1}{1000}=\left(\dfrac{1}{10}\right)^3$, $\dfrac{x}{500}=3$
$\therefore x=1500$
따라서 어떤 물질은 1500년 전 것이다.

54 답 ③

처음 투자금액이 80만 원일 때 t년 후의 투자이익금이 270만 원 이상이므로
$80\left(\dfrac{3}{2}\right)^t\geq270$에서 $\left(\dfrac{3}{2}\right)^t\geq\dfrac{27}{8}=\left(\dfrac{3}{2}\right)^3$
이때, 밑이 1보다 크므로 $t\geq3$
따라서 투자이익금이 270만 원 이상이 되기 위해서는 최소한 3년을 투자해야 한다.

01 답 ①

함수 $y=a^{x-2}$의 그래프와 직선 $y=x$의 접점이 함수 $y=a^{x-2}$의 그래프와 그 역함수의 그래프의 접점이다.
이때, 함수 $y=a^{x-2}$의 그래프와 그 역함수의 그래프의 접점의 x좌표가 4이므로 접점의 좌표는 $(4,\,4)$이다.
따라서 함수 $y=a^{x-2}$의 그래프는 점 $(4,\,4)$를 지나므로
$a^{4-2}=4$에서 $a^2=4$
$\therefore a=2\,(\because a>0)$

02 답 ③

$y=2^{2x-1}-2=2^{2\left(x-\frac{1}{2}\right)}-2=4^{x-\frac{1}{2}}-2$

ㄱ. (밑)$=4>1$이므로 x의 값이 증가하면 y의 값도 증가한다. (거짓)

ㄴ. 정의역은 실수 전체의 집합이고, 치역은 $\{y\,|\,y>-2\}$이다. (참)

ㄷ. $x=0$이면 $y=4^{-\frac{1}{2}}-2=2^{-1}-2=-\dfrac{3}{2}$이므로 그래프는 점 $\left(0,\,-\dfrac{3}{2}\right)$을 지나고 ㄱ에 의하여 증가함수이므로 그래프는 그림과 같다.
따라서 제2사분면을 지나지 않는다. (참)

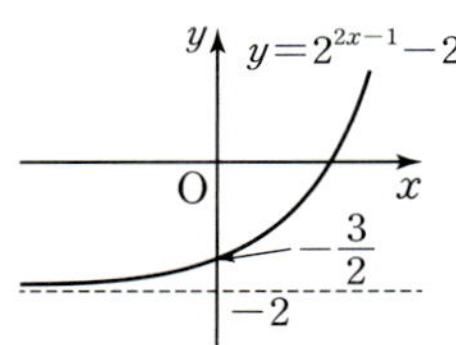

ㄹ. 함수 $y=2^{2x-1}-2$의 그래프는 함수 $y=4^x$의 그래프를 x축의 방향으로 $\dfrac{1}{2}$만큼, y축의 방향으로 -2만큼 평행이동한 것이다. 즉, 함수 $y=2^x$의 그래프와 평행이동하여도 겹치지 않는다. (거짓)
따라서 옳은 것은 ㄴ, ㄷ이다.

03 답 ③

함수 $y=a^x-b$의 그래프는 함수 $y=a^x$의 그래프를 y축의 방향으로 $-b$만큼 평행이동한 것이다.
이때, $y=a^x-b$의 그래프의 점근선이 $y=-1$이므로
$-b=-1$에서 $b=1$

즉, $y=a^x-1$이고 이 함수의 그래프가 점 $(-1, 3)$을 지나므로 $3=a^{-1}-1$에서 $\dfrac{1}{a}=4$ $\quad\therefore a=\dfrac{1}{4}$

$\therefore ab=\dfrac{1}{4}\times1=\dfrac{1}{4}$

04 답 10

방정식 $|3^x-5|=k$의 서로 다른 실근의 개수가 2가 되도록 하는 모든 정수 k의 값의 합을 구하시오.
주어진 방정식의 서로 다른 실근의 개수는 곡선 $y=|3^x-5|$와 직선 $y=k$의 교점의 개수야.

1st 함수 $y=|3^x-5|$의 그래프를 그리자.

함수 $y=|3^x-5|$의 그래프는 $y=3^x-5$의 그래프에서 $y<0$인 부분을 x축에 대하여 대칭이동한 그래프이므로 그림과 같다.
$y=3^x-5$의 그래프는 $y=3^x$의 그래프를 y축의 방향으로 -5만큼 평행이동한 거야.

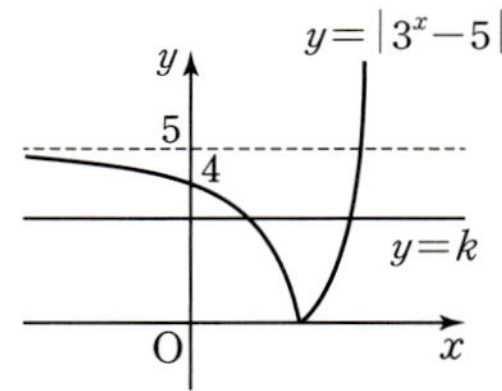

2nd 방정식 $|3^x-5|=k$의 서로 다른 실근의 개수가 2가 되는 k의 값의 범위를 구하자.
$y=3^x-5$의 점근선이 $y=-5$이므로 $y=|3^x-5|$의 점근선은 x축에 대하여 대칭이동 되어 $y=5$가 돼.

한편, 그림과 같이 함수 $y=|3^x-5|$의 그래프의 점근선이 $y=5$이므로 $y=|3^x-5|$의 그래프와 직선 $y=k$의 교점의 개수, 즉 방정식 $|3^x-5|=k$의 실근의 개수가 2가 되기 위한 k의 값의 범위는 $0<k<5$이다.
따라서 주어진 조건을 만족시키는 정수 k는 1, 2, 3, 4이므로 구하는 합은 $1+2+3+4=10$이다.

TIP

방정식 $f(x)=g(x)$의 실근의 개수는 두 함수 $y=f(x)$와 $y=g(x)$의 그래프의 교점의 개수와 같다. 즉, 방정식의 실근의 개수를 구하는 문제에서 방정식의 근을 쉽게 구할 수 없다면 그래프 문제로 생각하여 그래프를 그려 해결하자.

05 답 ④

$A=\sqrt[4]{0.25}=\sqrt[4]{\dfrac{1}{4}}=\left\{\left(\dfrac{1}{2}\right)^2\right\}^{\frac{1}{4}}=\left(\dfrac{1}{2}\right)^{\frac{1}{2}}$

$B=2^{-\frac{5}{2}}=\left(\dfrac{1}{2}\right)^{\frac{5}{2}}$

$C=\sqrt[3]{64^{-1}}=\sqrt[3]{\dfrac{1}{64}}=\left\{\left(\dfrac{1}{2}\right)^6\right\}^{\frac{1}{3}}=\left(\dfrac{1}{2}\right)^2$

이때, 세 수 A, B, C의 밑이 모두 $\dfrac{1}{2}$로 1보다 작으므로 세 수의 대소 관계는 지수가 작은 것이 더 큰 수이다.
즉, $\dfrac{1}{2}<2<\dfrac{5}{2}$에서 $\left(\dfrac{1}{2}\right)^{\frac{5}{2}}<\left(\dfrac{1}{2}\right)^2<\left(\dfrac{1}{2}\right)^{\frac{1}{2}}$이므로 $B<C<A$이다.

06 답 ⑤

두 함수 $f(x)=x^2-4x-1$, $g(x)=a^x(0<a<1)$에 대하여 $-1\le x\le3$에서 합성함수 $(g\circ f)(x)$의 최댓값은 32, 최솟값은 m일 때, $\dfrac{a}{m}$의 값은?

① $\dfrac{1}{8}$ ② $\dfrac{1}{4}$ ③ 1
④ 4 ⑤ 8
$(g\circ f)(x)=a^{f(x)}$이므로 $f(x)$가 어떤 값을 가져야 $(g\circ f)(x)$가 최댓값, 최솟값을 갖는지 생각해.

1st 합성함수 $(g\circ f)(x)$를 구하자.
$f(x)=x^2-4x-1$, $g(x)=a^x$이므로
$(g\circ f)(x)=g(f(x))=g(x^2-4x-1)=a^{x^2-4x-1}$

2nd $f(x)$의 값의 범위를 구하자.
$f(x)=x^2-4x-1=(x-2)^2-5$이므로
$-1\le x\le3$에서 $f(x)$는 $x=2$일 때 최솟값 -5를, $x=-1$일 때 최댓값 4를 갖는다.
$-1\le x\le3$에서 함수 $y=f(x)$의 그래프는 그림과 같으므로 함수 $f(x)$의 최솟값은 -5이고 최댓값은 4야.

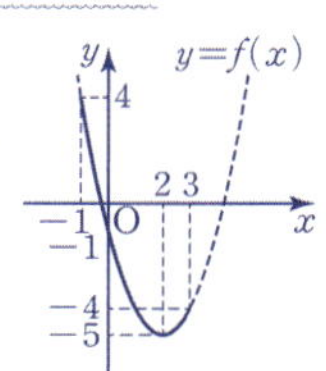

3rd 합성함수 $(g\circ f)(x)$의 최댓값과 최솟값을 구하여 $\dfrac{a}{m}$의 값을 계산하자.
지수함수 $y=a^x$는 $a>1$이면 증가함수이고 $0<a<1$이면 감소함수야.
합성함수 $(g\circ f)(x)$는 밑 a의 값의 범위가 $0<a<1$이므로 $f(x)$가 최소일 때 최댓값 32를 갖고, 최대일 때 최솟값 m을 갖는다.

$a^{-5}=32$에서 $a^{-5}=\left(\dfrac{1}{2}\right)^{-5}$ $\quad\therefore a=\dfrac{1}{2}$

$\left(\dfrac{1}{2}\right)^4=m$에서 $m=\dfrac{1}{16}$

$\therefore \dfrac{a}{m}=\dfrac{\dfrac{1}{2}}{\dfrac{1}{16}}=8$

07 답 ①

그림에서 함수 $y=2^x-1$의 그래프 위의 서로 다른 두 점 P, Q의 x좌표를 각각 a, b라 할 때, $A=\dfrac{2^a-1}{a}$, $B=\dfrac{2^b-1}{b}$, $C=\dfrac{2^b-2^a}{b-a}$의 대소 관계를 옳게 나타낸 것은? (단, $0<a<b<1$)
원점과 두 점 P, Q에 대하여 A, B, C가 의미하는 것이 무엇인지 파악해.

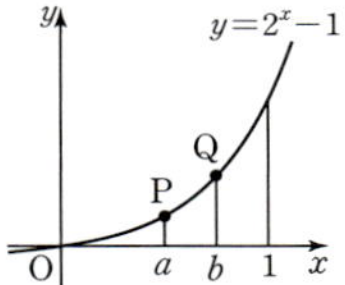

① $A<B<C$ ② $A<C<B$ ③ $B<A<C$
④ $B<C<A$ ⑤ $C<A<B$

1st 주어진 A, B, C가 무엇을 의미하는 알아보자.

점 $P(a, 2^a-1)$에 대하여 $A=\dfrac{2^a-1}{a}=\dfrac{(2^a-1)-0}{a-0}$ 은

원점과 점 P를 잇는 직선의 기울기를 의미한다.

마찬가지로 점 $Q(b, 2^b-1)$에 대하여

$B=\dfrac{2^b-1}{b}=\dfrac{(2^b-1)-0}{b-0}$ 은 원점과 점 Q를 잇는 직선의

기울기를 의미하고,

> 두 점 (x_1, y_1), (x_2, y_2)를 잇는 직선의 기울기는 $\dfrac{y_2-y_1}{x_2-x_1}$ 이야.

$C=\dfrac{2^b-2^a}{b-a}=\dfrac{(2^b-1)-(2^a-1)}{b-a}$ 은 두 점 P와 Q를 잇는

직선의 기울기를 의미한다.

2nd 세 직선의 기울기를 각각 직관적으로 비교하여 대소 관계를 파악해.

따라서 그림과 같이 세 직선의 기울기를 비교하면

$A<B<C$이다.

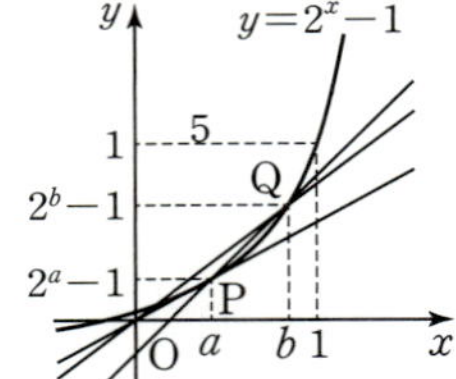

A, B의 크기는 쉽게 비교할 수 있지만 C는 비교하기가 힘들기 때문에 직선 PQ를 원점을 지나도록 평행이동하여 비교해.

08 답 22

곡선 $y=2^{x-2}$은 곡선 $y=2^x$을 x축의 방향으로 2만큼 평행

이동한 것이므로 $\overline{P_kQ_k}=2$

따라서 삼각형 OP_kQ_k의 밑변을 $\overline{P_kQ_k}$라 하면 높이는 두

점 P_k, Q_k의 y좌표 k이므로

$$A_k=\triangle OP_kQ_k=\frac{1}{2}\times\overline{P_kQ_k}\times k$$

$$=\frac{1}{2}\times 2\times k=k$$

$$\therefore A_1+A_4+A_7+A_{10}=1+4+7+10=22$$

[점과 도형의 평행이동] 〈심플 정리〉

(1) 점 (x, y)를 x축의 방향으로 m만큼, y축의 방향으로 n만큼 평행이동한 점의 좌표는 $(x+m, y+n)$

(2) 도형 $y=f(x)$를 x축의 방향으로 m만큼, y축의 방향으로 n만큼 평행이동한 도형의 방정식은

$$y-n=f(x-m)$$

---

09 답 3

$4^{x+1}-9\times 2^x+2=0$, 즉 $4\times 2^{2x}-9\times 2^x+2=0$에서

$2^x=t\,(t>0)$라 하면 $4t^2-9t+2=0$에서

$(4t-1)(t-2)=0$

$\therefore t=\dfrac{1}{4}$ 또는 $t=2$

(ⅰ) $t=2^x=\dfrac{1}{4}$에서 $x=-2$

(ⅱ) $t=2^x=2$에서 $x=1$

따라서 주어진 방정식의 해는 $x=-2$ 또는 $x=1$이므로

$\alpha=-2$, $\beta=1\,(\because \alpha<\beta)$이다.

$\therefore \beta-\alpha=1-(-2)=3$

10 답 ①

조건 (가)에서 두 함수 $y=f(x)$, $y=g(x)$의 그래프가 직선 $x=2$에 대하여 대칭이므로 $f(2)=g(2)$

이때, $f(2)=a^{2b-1}$, $g(2)=a^{1-2b}$이므로

$a^{2b-1}=a^{1-2b}$, $2b-1=1-2b$ $\qquad\therefore b=\dfrac{1}{2}$

$\therefore f(x)=a^{\frac{1}{2}x-1}$, $g(x)=a^{1-\frac{1}{2}x}$

한편, 조건 (나)에서 $f(4)+g(4)=\dfrac{5}{2}$이고

$f(4)=a^{\frac{1}{2}\times 4-1}=a$, $g(4)=a^{1-\frac{1}{2}\times 4}=a^{-1}$이므로

$f(4)+g(4)=a+a^{-1}=\dfrac{5}{2}$에서

양변에 $2a$를 곱하면 $2a^2-5a+2=0$

$(2a-1)(a-2)=0$ $\qquad\therefore a=\dfrac{1}{2}\,(\because 0<a<1)$

$\therefore a+b=\dfrac{1}{2}+\dfrac{1}{2}=1$

11 답 100

> 방정식 $9^x+9^{-x}+4(3^x+3^{-x})+a=0$이 **실근을 갖기 위한** 상수 a의 최댓값은 M이다. M^2의 값을 구하시오.
>
> $3^x+3^{-x}=t$로 치환했을 때 만들어지는 이차방정식에서 생각해.

1st 치환을 이용하여 방정식을 간단히 하자.

$9^x+9^{-x}+4(3^x+3^{-x})+a=0 \cdots \bigcirc$에서

$3^x+3^{-x}=t$라 하면 $\underbrace{9^x+9^{-x}=(3^x+3^{-x})^2-2}_{a^2+b^2=(a+b)^2-2ab}$이므로

주어진 방정식은

$t^2-2+4t+a=0$ $\qquad\therefore t^2+4t+a-2=0 \cdots \bigcirc\!\!\!\!\bigcirc$

2nd 주어진 방정식이 실근을 갖기 위한 조건을 생각하자.

이때, $3^x>0$, $3^{-x}>0$이므로 산술평균과 기하평균의 관계에 의하여

> $a>0$, $b>0$일 때, $a+b\geq 2\sqrt{ab}$
> (단, 등호는 $a=b$일 때 성립)

$t=3^x+3^{-x}\geq 2\sqrt{3^x\times 3^{-x}}=2$

(단, 등호는 $3^x=3^{-x}$일 때 성립)

이므로 방정식 $\bigcirc$이 실근을 갖기 위해서는 t에 대한 이차

방정식 $\bigcirc\!\!\!\!\bigcirc$이 $t\geq 2$에서 실근이 존재해야 한다.

한편, $f(t)=t^2+4t+a-2=(t+2)^2+a-6$이라 하면 함

수 $y=f(t)$의 그래프의 대칭축이 $t=-2$이므로 $t\geq 2$에서

근이 존재하려면 $f(2)=a+10\leq 0$이어야 한다.

$\therefore a\leq -10$

따라서 상수 a의 최댓값은 -10이므로 $M=-10$

$\therefore M^2=(-10)^2=100$

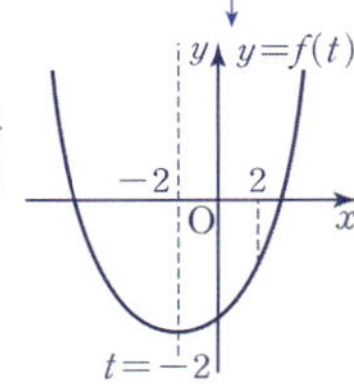

함수 $y=f(t)$의 그래프의 대칭축이 $t=-2$이니까 $t\geq 2$에서 방정식 $f(t)=0$의 근이 존재하려면 $y=f(t)$의 그래프는 그림과 같아야 해. 즉, $f(2)\leq 0$이어야 해.

12 답 ②

$4^{-x}-3\times2^{-x+1}+8\leq0$, 즉 $(2^{-x})^2-6\times2^{-x}+8\leq0$에서
$2^{-x}=t\,(t>0)$라 하면
$t^2-6t+8\leq0$, $(t-2)(t-4)\leq0$ $\quad\therefore\ 2\leq t\leq4$
즉, $2\leq2^{-x}\leq2^2$에서 $\left(\dfrac{1}{2}\right)^{-1}\leq\left(\dfrac{1}{2}\right)^{x}\leq\left(\dfrac{1}{2}\right)^{-2}$이고 밑이 1
보다 작으므로 $-2\leq x\leq-1$
따라서 $\alpha=-2$, $\beta=-1$이므로
$\alpha\beta=(-2)\times(-1)=2$

13 답 7

$(5^x-125)\left(\dfrac{1}{3^x}-81\right)<0$에서
$5^x-125>0$, $\dfrac{1}{3^x}-81<0$ 또는 $5^x-125<0$, $\dfrac{1}{3^x}-81>0$
이다. $\qquad\qquad\qquad\qquad\qquad\cdots\ \text{I}$

(i) $5^x-125>0$, $\dfrac{1}{3^x}-81<0$일 때,

　$5^x-125>0$에서 $5^x>125=5^3$

　이때, 밑이 1보다 크므로 $x>3\cdots\ \bigcirc$

　또, $\dfrac{1}{3^x}-81<0$에서 $\left(\dfrac{1}{3}\right)^x<81=\left(\dfrac{1}{3}\right)^{-4}$

　이때, 밑이 1보다 작으므로 $x>-4\cdots\ \bigcirc$

　$\bigcirc$, $\bigcirc$에 의하여 $x>3$

(ii) $5^x-125<0$, $\dfrac{1}{3^x}-81>0$일 때,

　$5^x-125<0$에서 $5^x<125=5^3$

　이때, 밑이 1보다 크므로 $x<3\cdots\ \bigcirc$

　또, $\dfrac{1}{3^x}-81>0$에서 $\left(\dfrac{1}{3}\right)^x>81=\left(\dfrac{1}{3}\right)^{-4}$

　이때, 밑이 1보다 작으므로 $x<-4\cdots\ \textcircled{2}$

　$\bigcirc$, $\textcircled{2}$에 의하여 $x<-4$

(i), (ii)에 의하여 주어진 부등식의 해는
$x<-4$ 또는 $x>3$이다. $\qquad\qquad\cdots\ \text{II}$
따라서 $\alpha=-4$, $\beta=3$이므로
$\beta-\alpha=3-(-4)=7$ $\qquad\qquad\qquad\cdots\ \text{III}$

[채점기준표]

I	주어진 부등식을 만족시키는 경우를 찾는다.	30%
II	각 경우의 해를 구한다.	50%
III	$\beta-\alpha$의 값을 구한다.	20%

14 답 ②

$a^{f(x)}\geq a^{g(x)}$에서 밑 a의 값의 범위가 $0<a<1$이므로
$f(x)\leq g(x)$
따라서 주어진 부등식의 해는 함수 $y=f(x)$의 그래프가
함수 $y=g(x)$의 그래프보다 아래쪽에 있거나 만날 때의
x의 값의 범위이므로
$b\leq x\leq0$ 또는 $d\leq x\leq f$

15 답 ②

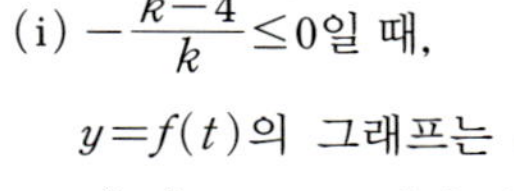

1st 주어진 부등식을 치환을 이용하여 간단히 하자.
$k(4^x+2^{x+1})\geq2^{x+3}-2$에서 $2^x=t\,(t>0)$라 하면
$k(t^2+2t)\geq8t-2$
$\therefore\ kt^2+2(k-4)t+2\geq0\ \cdots\ \bigcirc$

2nd 주어진 부등식이 항상 성립하기 위한 k의 값의 범위를 구해.
모든 실수 x에 대하여 주어진 부등식이 항상 성립해야 하
므로 t에 대한 이차부등식 $\bigcirc$이 $t>0$에서 항상 성립해야
한다.
즉, $k>0$이어야 한다. 이때,
$f(t)=kt^2+2(k-4)t+2$

$\qquad=k\left(t+\dfrac{k-4}{k}\right)^2-\dfrac{(k-4)^2}{k}+2$

라 하면 $y=f(t)$의 그래프는 대칭축이 $t=-\dfrac{k-4}{k}$이므로
대칭축의 위치에 따라 경우를 나누면

(i) $-\dfrac{k-4}{k}\leq0$일 때,
$y=f(t)$의 그래프는 그림
과 같으므로 주어진 부등식
이 항상 성립한다. 즉,
$-\dfrac{k-4}{k}\leq0$에서 $k-4\geq0$
$\therefore\ k\geq4$

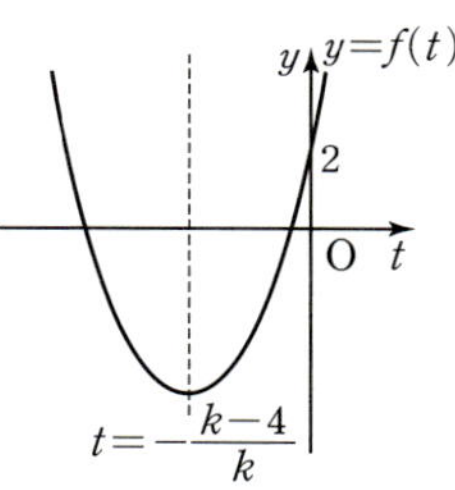

(ii) $-\dfrac{k-4}{k}>0\ \cdots\ \bigcirc$일 때,
주어진 부등식이 항상 성립하
려면 그래프는 그림과 같아야
하므로 이차방정식
$kt^2+2(k-4)t+2=0$의 판
별식을 D라 하면 $D\leq0$이어
야 한다.

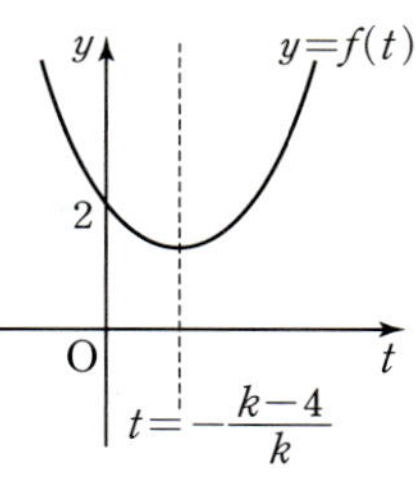

$\dfrac{D}{4}=(k-4)^2-2k=(k-2)(k-8)\leq0$
$\therefore\ 2\leq k\leq8$
그런데 $\bigcirc$에서 $k-4<0$, 즉 $k<4$이므로 $2\leq k<4$이다.

(i), (ii)에 의하여 주어진 지수부등식이 임의의 실수 x에
대하여 성립하기 위한 k의 값의 범위는 $k\geq2$이다.

01 답 로그함수

02 답 $y=\log_a(x-m)+n$

03 답 $0<a<1$

04 답 ○

05 답 ×

06 답 ○

07 답 ×

08 답 ○

09 답 $\{x\,|\,x>1\}$

$x-1>0$에서 $x>1$이므로 정의역은 $\{x\,|\,x>1\}$

10 답 $\{x\,|\,x<3\}$

$3-x>0$에서 $x<3$이므로 정의역은 $\{x\,|\,x<3\}$

11 답 $\{x\,|\,x>0\}$

$2x>0$에서 $x>0$이므로 정의역은 $\{x\,|\,x>0\}$

12 답 $\{x\,|\,x\neq-3$인 모든 실수$\}$

$(x+3)^2>0$에서 $x\neq-3$이므로 정의역은
$\{x\,|\,x\neq-3$인 모든 실수$\}$

13 답 $a=1$, $b=4$

$a=\log_2 2=1$
$2=\log_2 b \Longleftrightarrow b=2^2=4$

14 답 $\log_2 8>\log_2 6$

$8>6$이고 함수 $y=\log_2 x$는 x의 값이 증가하면 y의 값이 증가하므로 $\log_2 8>\log_2 6$

15 답 $\log_{\frac{1}{2}} 5<\log_{\frac{1}{2}}\dfrac{1}{5}$

$5>\dfrac{1}{5}$이고 함수 $y=\log_{\frac{1}{2}} x$는 x의 값이 증가하면 y의 값이 감소하므로 $\log_{\frac{1}{2}} 5<\log_{\frac{1}{2}}\dfrac{1}{5}$

16 답 $\log_3\sqrt{12}<\log_3 4<2\log_3 4$

$2\log_3 4=\log_3 4^2=\log_3 16$이고 $\sqrt{12}<\sqrt{16}<\sqrt{256}$이다.
이때, 함수 $y=\log_3 x$는 x의 값이 증가하면 y의 값이 증가하므로 $\log_3\sqrt{12}<\log_3 4<2\log_3 4$이다.

17 답 $y=\log_3(x+1)+4$

x축의 방향으로 -1만큼, y축의 방향으로 4만큼 평행이동이므로 x 대신에 $x+1$을 y 대신에 $y-4$를 대입하면
$y-4=\log_3(x+1)$, 즉 $y=\log_3(x+1)+4$이다.

18 답 $y=-\log_3 x$

x축에 대하여 대칭이동이므로 y 대신에 $-y$를 대입하면
$-y=\log_3 x$, 즉 $y=-\log_3 x$

19 답 $y=\log_3(-x)$

y축에 대하여 대칭이동이므로 x 대신에 $-x$를 대입하면
$y=\log_3(-x)$

20 답 $y=-\log_3(-x)$

원점에 대하여 대칭이동이므로 x 대신에 $-x$, y 대신에 $-y$를 대입하면 $-y=\log_3(-x)$, 즉 $y=-\log_3(-x)$

21 답 풀이 참조

$y=\log_2(x+1)$의 그래프는 함수 $y=\log_2 x$의 그래프를 x축의 방향으로 -1만큼 평행이동한 것이므로 그림과 같다. 따라서 정의역은 $\{x\,|\,x>-1\}$이고, 점근선의 방정식은 $x=-1$이다.

22 답 풀이 참조

$y=-\log_2 x+1$의 그래프는 함수 $y=\log_2 x$의 그래프를 x축에 대하여 대칭이동한 다음 y축의 방향으로 1만큼 평행이동한 것이므로 그림과 같다. 따라서 정의역은 $\{x\,|\,x>0\}$이고, 점근선의 방정식은 $x=0$이다.

23 답 최댓값 : 4, 최솟값 : 1

$y=\log_2 x$의 밑이 1보다 크므로
$x=16$일 때, 최댓값은 $\log_2 16=\log_2 2^4=4$
$x=2$일 때, 최솟값은 $\log_2 2=1$

24 답 최댓값 : -3, 최솟값 : -6

$y=\log_{\frac{1}{2}} 4x$의 밑이 1보다 작으므로
$x=2$일 때, 최댓값은 $\log_{\frac{1}{2}} 8=-\log_2 2^3=-3$
$x=16$일 때, 최솟값은 $\log_{\frac{1}{2}} 64=-\log_2 2^6=-6$

25 답 최댓값 : -1, 최솟값 : $-\log_3 20$

$y=\log_{\frac{1}{3}}(3x+2)$의 밑이 1보다 작으므로
$x=\dfrac{1}{3}$일 때, 최댓값은 $\log_{\frac{1}{3}} 3=-\log_3 3=-1$
$x=6$일 때, 최솟값은 $\log_{\frac{1}{3}} 20=-\log_3 20$

26 답 최댓값 : 11, 최솟값 : 7

$y=\log_2(x-1)+5$의 밑이 1보다 크므로
$x=65$일 때, 최댓값은 $\log_2 64+5=6+5=11$
$x=5$일 때, 최솟값은 $\log_2 4+5=2+5=7$

27 답 ②

$$f(\sqrt{3})=\log_3\sqrt{3}=\log_3 3^{\frac{1}{2}}=\frac{1}{2}$$

$$f(9)=\log_3 9=\log_3 3^2=2$$

$$\therefore f(\sqrt{3})+f(9)=\frac{1}{2}+2=\frac{5}{2}$$

28 답 ①

$f(x)=\log_a(4x+1)+2$에 대하여 $f(2)=4$이므로

$4=\log_a(8+1)+2$에서 $\log_a 9=2$, $a^2=9$

$\therefore a=3\,(\because a>0,\ a\neq 1)$

$\therefore f(20)=\log_3(80+1)+2=\log_3 3^4+2=6$

29 답 ③

$f(-2)=\left(\dfrac{1}{2}\right)^{-2}=(2^{-1})^{-2}=2^2=4$이므로

$(g\circ f)(-2)=g(f(-2))=g(4)=\log_4 4=1$

30 답 ④

$f(x)=\log_2 x$에 대하여 $f(f(x))=2$이므로

$\log_2(\log_2 x)=2$에서 $\log_2 x=2^2=4$

$\therefore x=2^4=16$

31 답 ④

진수가 양수이어야 하므로 $(x+2)^2>0$에서 $x\neq-2$인 모든 실수이다.

따라서 로그함수 $y=\log(x+2)^2$의 정의역은 $\{x\,|\,x\neq-2$인 모든 실수$\}$이다.

32 답 ④

④ $y=\log_{\frac{1}{a}}x$에서 $y=-\log_a x$이므로 $y=\log_a x$의 그래프와 $y=\log_{\frac{1}{a}}x$의 그래프는 x축에 대하여 대칭이다.

33 답 ④

주어진 함수 $y=\log_2 x$의 정의역은 $\{x\,|\,x>0\}$이다.

ㄱ. $y=-\log_2\dfrac{1}{x}=\log_2 x$이고 정의역은 $\dfrac{1}{x}>0$에서 $\{x\,|\,x>0\}$

ㄴ. $y=\log_4 x^2=\log_2|x|$이고 정의역은 $x^2>0$에서 $\{x\,|\,x\neq 0\}$

ㄷ. $y=\dfrac{1}{3}\log_2 x^3=\log_2 x$이고 정의역은 $x^3>0$에서 $\{x\,|\,x>0\}$

따라서 $y=\log_2 x$와 같은 함수는 ㄱ, ㄷ이다.

34 답 ②

함수 $y=\log_2(x+3)+5$의 그래프가 점 $(a,8)$을 지나므로

$8=\log_2(a+3)+5$에서 $\log_2(a+3)=3$

$a+3=2^3=8$ $\therefore a=5$

35 답 12

주어진 함수 $y=\log_{\frac{1}{2}}(ax+b)$의 그래프가 점 $(-1,0)$과 점 $(0,-2)$를 지나므로

$0=\log_{\frac{1}{2}}(-a+b)\ \cdots\ \boxdot,\quad -2=\log_{\frac{1}{2}}(0+b)\ \cdots\ \boxdot$

$\boxdot$에서 $-a+b=1$이고 $\boxdot$에서 $b=\left(\dfrac{1}{2}\right)^{-2}=4$이므로

$a=3,\ b=4$이다.

$\therefore ab=3\times 4=12$

36 답 ③

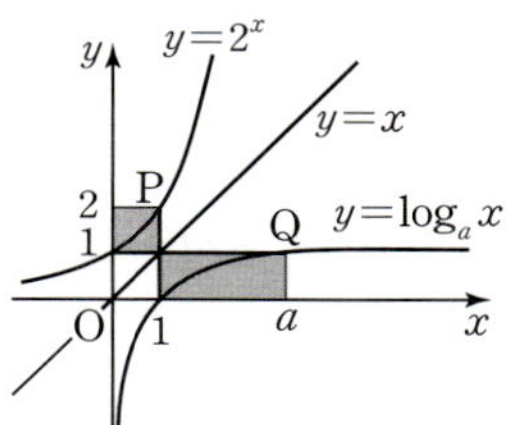

그림과 같이 점 P는 곡선 $y=2^x$ 위의 점이므로 점 P의 좌표는 $(1,2)$이다. 따라서 작은 직사각형은 한 변의 길이가 1인 정사각형이므로 넓이는 1이다.

한편, 점 Q는 곡선 $y=\log_a x$ 위의 점이고 y좌표가 1이므로 $1=\log_a x$에서 $x=a$ $\therefore$ Q$(a,1)$

따라서 큰 직사각형의 가로의 길이가 $a-1$, 세로의 길이가 1이므로 넓이는 $a-1$이다.

이때, 두 직사각형의 넓이의 합이 4이므로

$1+(a-1)=4$ $\therefore a=4$

37 답 ②

점 B의 좌표를 $(a,0)$이라 하면 점 A의 좌표는 $(a,3)$이다.

이때, 점 A는 함수 $y=\log_2 x$의 그래프 위에 있으므로

$3=\log_2 a$에서 $a=2^3=8$

즉, 점 B의 좌표는 $(8,0)$이고 $\overline{BC}=3$이므로

점 C의 x좌표는 $a+3=8+3=11$이다.

38 답 ③

로그함수 $y=\log_3 x$의 그래프를 x축의 방향으로 2만큼, y축의 방향으로 5만큼 평행이동하면 $y=\log_3(x-2)+5$

이 그래프가 점 $(a,9)$를 지나므로

$9=\log_3(a-2)+5$, $\log_3(a-2)=4$

$a-2=3^4=81$ $\therefore a=83$

TIP

함수 $y=f(x)$의 그래프를 x축의 방향으로 m만큼, y축의 방향으로 n만큼 평행이동한 그래프의 식은 x 대신 $x-m$, y 대신 $y-n$을 대입하여 구한다.

또, 함수 $y=f(x)$의 그래프를 x축에 대하여 대칭이동한 그래프의 식은 y 대신 $-y$를, y축에 대하여 대칭이동한 그래프의 식은 x 대신 $-x$를, 원점에 대하여 대칭이동한 그래프의 식은 x 대신 $-x$, y 대신 $-y$를 대입하여 구한다.

I

G

39 답 4

$y=\log_2(2x+6)=\log_2 2(x+3)=\log_2(x+3)+1$

즉, 이 그래프는 $y=\log_2 x$의 그래프를 x축의 방향으로 -3만큼, y축의 방향을 1만큼 평행이동한 것이다.

따라서 $a=-3$, $b=1$이므로

$b-a=1-(-3)=4$

40 답 ②

ㄱ. $y=\log_3(-x)$의 그래프는 $y=\log_3 x$의 그래프를 y축에 대하여 대칭이동한 것이다.

ㄹ. $y=\log_3 3x=\log_3 x+1$이므로 이 그래프는 $y=\log_3 x$의 그래프를 y축의 방향으로 1만큼 평행이동한 것이다.

따라서 $y=\log_3 x$의 그래프를 평행이동 또는 대칭이동하여 겹칠 수 있는 것은 ㄱ, ㄹ이다.

41 답 ②

함수 $y=\log_2 x$의 그래프를 x축에 대하여 대칭이동하면

$-y=\log_2 x$에서 $y=-\log_2 x=\log_2 \dfrac{1}{x}$

이 함수의 그래프를 y축의 방향으로 1만큼 평행이동하면

$y-1=\log_2 \dfrac{1}{x}$에서

$y=\log_2 \dfrac{1}{x}+1=\log_2 \dfrac{1}{x}+\log_2 2=\log_2 \dfrac{2}{x}$

$\therefore a=2$

42 답 ③

$y=\log_2(x-3)+1$에서 $y-1=\log_2(x-3)$

$x-3=2^{y-1}$ $\therefore x=2^{y-1}+3$

이때, x와 y를 서로 바꾸면 역함수는

$y=2^{x-1}+3$에서 $g(x)=2^{x-1}+3$

$\therefore g(2)=2^{2-1}+3=5$

[다른 풀이]

$f(x)=\log_2(x-3)+1$이라 하면 $g(x)=f^{-1}(x)$

이때, $g(2)=k$라 하면 $f(k)=2$이므로

$\log_2(k-3)+1=2$에서 $\log_2(k-3)=1$

$k-3=2$ $\therefore k=5$

$\therefore g(2)=k=5$

> **심플 정리**
> [역함수 구하는 순서]
> (i) $y=f(x)$를 정리하여 $x=f^{-1}(y)$ 꼴로 고친다.
> (ii) x와 y를 서로 바꾼다. 이때 $y=f(x)$의 치역을 그 역함수 $y=f^{-1}(x)$의 정의역으로 한다.

43 답 ①

$y=3^x$에서 $x=\log_3 y$

이때, x와 y를 서로 바꾸면 $y=\log_3 x$

따라서 $f^{-1}(x)=\log_3 x=-\log_{\frac{1}{3}} x$이므로 $a=-1$

또, $y=\log_{\frac{1}{2}} x$에서 $x=\left(\dfrac{1}{2}\right)^y$

이때, x와 y를 서로 바꾸면 $y=\left(\dfrac{1}{2}\right)^x$

따라서 $g^{-1}(x)=\left(\dfrac{1}{2}\right)^x=2^{-x}$이므로 $b=-1$

$\therefore a+b=(-1)+(-1)=-2$

44 답 ⑤

$y=3^{x+2}$에서 $x+2=\log_3 y$ $\therefore x=\log_3 y-2$

이때, x와 y를 서로 바꾸면 역함수는

$y=\log_3 x-2=\log_3 x-\log_3 3^2=\log_3 \dfrac{x}{9}$

즉, $\log_3 \dfrac{1}{9}x=\log_3 kx$에서 $k=\dfrac{1}{9}$

45 답 ②

$y=f(x)$의 그래프와 그 역함수의 그래프의 교점은 $y=f(x)$의 그래프와 직선 $y=x$의 그래프의 교점과 같으므로 교점의 좌표는 $(2, 2)$, $(4, 4)$이다.

(i) $f(2)=2$에서

$\log_a 1+n=2$, $0+n=2$ $\therefore n=2$

(ii) $f(4)=4$에서

$\log_a 3+n=4$, $\log_a 3+2=4$, $\log_a 3=2$ $\therefore a^2=3$

(i), (ii)에서 $a^2+n^2=3+4=7$

> **심플 정리**
> [함수의 그래프와 그 역함수의 그래프의 교점]
> 함수 $y=f(x)$의 그래프와 직선 $y=x$의 교점은 모두 $y=f(x)$의 그래프와 그 역함수 $y=f^{-1}(x)$의 그래프의 교점이다. 하지만 그 역은 성립하지 않는다.

46 답 ②

ㄱ. $\log_{\frac{1}{4}} 6=\dfrac{1}{2}\log_{\frac{1}{2}} 6=\log_{\frac{1}{2}} \sqrt{6}$

이때, $3>\sqrt{6}$이고, $0<(밑)=\dfrac{1}{2}<1$이므로

$\log_{\frac{1}{2}} 3<\log_{\frac{1}{4}} 6$ (거짓)

ㄴ. $\log_9 2=\dfrac{1}{2}\log_3 2=\log_3 2^{\frac{1}{2}}$이고, $\dfrac{1}{3}=\log_3 3^{\frac{1}{3}}$

이때, $\left(2^{\frac{1}{2}}\right)^6=2^3=8$, $\left(3^{\frac{1}{3}}\right)^6=3^2=9$이므로

$2^{\frac{1}{2}}<3^{\frac{1}{3}}$이고 $(밑)=3>1$이므로 $\log_9 2<\dfrac{1}{3}$ (거짓)

ㄷ. $\dfrac{\log_5 3}{3}=\dfrac{\log_5 9}{6}$이고, $\dfrac{\log_5 4}{4}=\dfrac{\log_5 2}{2}=\dfrac{\log_5 8}{6}$

이때, $(밑)=5>1$이므로 $\dfrac{\log_5 3}{3}>\dfrac{\log_5 4}{4}$ (참)

따라서 옳은 것은 ㄷ이다.

47 답 ⑤

$A=\dfrac{1}{2}\log_{0.1} 2=\log_{0.1} \sqrt{2}$, $B=\log_{0.1} \sqrt{3}$,

$C=\dfrac{1}{3}\log_{0.1} 8=\log_{0.1} 2$

이때, $\sqrt{2}<\sqrt{3}<2$이고 $0<(\text{밑})=0.1<1$이므로

$$\frac{1}{3}\log_{0.1}8<\log_{0.1}\sqrt{3}<\frac{1}{2}\log_{0.1}2$$

$$\therefore C<B<A$$

48 답 3

함수 $y=\log_3 x+1$에서 $(\text{밑})=3>1$이므로 x의 값이 증가하면 y의 값도 증가한다.
따라서 주어진 함수의
최댓값은 $x=3$일 때 $M=\log_3 3+1=2$이고
최솟값은 $x=1$일 때 $m=\log_3 1+1=1$이다.

$$\therefore M+m=2+1=3$$

49 답 ③

함수 $y=\log_3(x+a)+2$에서 $(\text{밑})=3>1$이므로
이 함수는 x의 값이 최대일 때 최댓값을 갖는다.
즉, $x=4$일 때, 최댓값 4를 가지므로
$\log_3(4+a)+2=4$에서 $\log_3(4+a)=2$

$$4+a=3^2=9 \qquad \therefore a=5$$

50 답 ④

$f(x)=-x^2+2x+7=-(x-1)^2+8$이라 하면
$0\leq x\leq 3$일 때, $f(x)$는 $x=1$에서 최댓값 $f(1)=8$을,
$x=3$에서 최솟값 $f(3)=4$를 갖는다. 즉, $f(x)$가 갖는 값의 범위는 $4\leq f(x)\leq 8$이다.

한편, $y=\log_{\frac{1}{2}}f(x)$에서 $0<(\text{밑})=\frac{1}{2}<1$이므로 진수가 최대일 때 최솟값, 진수가 최소일 때 최댓값을 갖는다.
따라서 주어진 함수는
$f(x)=4$일 때 최댓값 $y=\log_{\frac{1}{2}}4=-2$를,
$f(x)=8$일 때 최솟값 $y=\log_{\frac{1}{2}}8=-3$을 갖는다.
따라서 최댓값과 최솟값의 곱은 $(-2)\times(-3)=6$이다.

51 답 ②

$f(x)=5x^2-10x+6=5(x-1)^2+1$이라 하면
$-1\leq x\leq 5$일 때, $f(x)$는 $x=1$에서 최솟값 $f(1)=1$을,
$x=5$에서 최댓값 $f(5)=81$을 갖는다. 즉, $f(x)$가 갖는 값의 범위는 $1\leq f(x)\leq 81$이다.
한편, $\log_a f(x)$에서 $0<(\text{밑})=a<1$이므로 진수가 최대일 때 최솟값, 진수가 최소일 때 최댓값을 갖는다.

따라서 주어진 함수는 $f(x)=81$일 때 최솟값을 가지므로
$\log_a 81=-4$, $a^{-4}=81=3^4$

$$\therefore a=\frac{1}{3}$$

따라서 함수 $y=\log_a f(x)=\log_{\frac{1}{3}}f(x)$는 $f(x)=1$일 때
최댓값 $M=\log_{\frac{1}{3}}1=0$을 갖는다.

$$\therefore a+M=\frac{1}{3}+0=\frac{1}{3}$$

52 답 ④

$\log_2 x=t$라 하면
$$y=(\log_2 x)^2-2\log_2 x+3=t^2-2t+3=(t-1)^2+2$$
이때, $1\leq x\leq 8$에서 $\log_2 1\leq\log_2 x\leq\log_2 8$이므로
t의 값의 범위는 $0\leq t\leq 3$이다.
따라서 주어진 함수는 $t=1$일 때 최솟값 2를, $t=3$일 때 최댓값 6을 갖는다.
따라서 $M=6$, $m=2$이므로

$$M+m=6+2=8$$

53 답 ②

$\log_{\frac{1}{3}}x=t$라 하면
$$y=(\log_{\frac{1}{3}}x-1)^2+1=(t-1)^2+1$$
이때, $\frac{1}{9}\leq x\leq 3$에서 $\log_{\frac{1}{3}}3\leq\log_{\frac{1}{3}}x\leq\log_{\frac{1}{3}}\frac{1}{9}$이므로
t의 값의 범위는 $-1\leq t\leq 2$이다.
따라서 주어진 함수는 $t=-1$일 때 최댓값 5를 가지므로
$t=\log_{\frac{1}{3}}x=-1$에서

$$x=\left(\frac{1}{3}\right)^{-1}=3$$

54 답 ①

$\log_3 x=t$라 하면
$$y=(\log_3 x)^2+a\log_3 x+b=t^2+at+b$$
이 함수가 $x=\frac{1}{9}$, 즉 $t=\log_3\frac{1}{9}=-2$일 때 최솟값 5를 가지므로 이차함수 $y=t^2+at+b$의 그래프의 꼭짓점의 좌표는 $(-2,\ 5)$이다.
즉, $y=t^2+at+b=(t+2)^2+5=t^2+4t+9$이므로
$a=4$, $b=9$이다.

$$\therefore a+b=4+9=13$$

55 답 ①

$$y=(\log_2 2x)\left(\log_2 \frac{8}{x}\right)=(1+\log_2 x)(3-\log_2 x)$$
$$=-(\log_2 x)^2+2\log_2 x+3$$

이때, $\log_2 x=t$라 하면 주어진 함수는
$$y=-t^2+2t+3=-(t-1)^2+4$$이고

$\dfrac{1}{16}\le x\le 8$에서 $\log_2 \dfrac{1}{16}\le \log_2 x\le \log_2 8$이므로 t의 값의

범위는 $-4\le t\le 3$이다.

따라서 주어진 함수는 $t=1$일 때 최댓값 4를, $t=-4$일 때

최솟값 -21을 갖는다.

따라서 최댓값과 최솟값의 곱은 $4\times(-21)=-84$이다.

56 답 ③

$x>1$, $y>1$이므로 $\log_3 x>0$, $\log_3 y>0$이다.

이때, $\log_3 x\times \log_3 y=2$이므로 산술평균과 기하평균의 관

계에 의하여
$$\log_3 xy^2=\log_3 x+2\log_3 y$$
$$\ge 2\sqrt{\log_3 x\times 2\log_3 y}$$
$$=2\sqrt{2\times(\log_3 x\times \log_3 y)}=4$$
$$(\text{단, 등호는 } \log_3 x=2\log_3 y\text{일 때 성립})$$

따라서 $\log_3 xy^2$의 최솟값은 4이다.

57 답 ③

$$y=\log_6(x+1)+\log_6\left(\frac{25}{x}+1\right)$$
$$=\log_6(x+1)\left(\frac{25}{x}+1\right)=\log_6\left(26+x+\frac{25}{x}\right)$$

이때, $(\text{밑})=6>1$이므로 주어진 함수는 $26+x+\dfrac{25}{x}$의 값

이 최소일 때 최솟값을 갖는다.

한편, $x>0$에서 $\dfrac{25}{x}>0$이므로 산술평균과 기하평균의 관

계에 의하여
$$26+x+\frac{25}{x}\ge 26+2\sqrt{x\times\frac{25}{x}}=26+2\times5=36$$
$$\left(\text{단, 등호는 } x=\frac{25}{x}\text{일 때 성립}\right)$$

따라서 $26+x+\dfrac{25}{x}$의 최솟값은 36이므로 주어진 함수의

최솟값은 $\log_6 36=\log_6 6^2=2$이다.

> **[산술평균과 기하평균의 관계]** 심플 정리
> $a>0$, $b>0$인 두 수 a, b에 대하여
> $a+b\ge 2\sqrt{ab}$ (단, 등호는 $a=b$일 때 성립)

01 답 $f(x)=a^b$

02 답 $f(x)=g(x)$

03 답 $g(x)=h(x)$

04 답 $0<f(x)<g(x)$, $0<g(x)<f(x)$

05 답 ○

06 답 ○

07 답 ×

08 답 ○

09 답 ×

10 답 $x=\dfrac{1}{9}$

진수의 조건에 의하여 $\dfrac{1}{x}>0$에서 $x>0\ \cdots\ \bigcirc$

$\log_3 \dfrac{1}{x}=2$에서 $\dfrac{1}{x}=3^2$ $\quad\therefore\ x=\dfrac{1}{9}$

따라서 $\bigcirc$에 의하여 $x=\dfrac{1}{9}$

11 답 $x=5$

진수의 조건에 의하여 $x-1>0$에서 $x>1\ \cdots\ \bigcirc$

$\log_2(x-1)=2$에서 $x-1=2^2$ $\quad\therefore\ x=5$

따라서 $\bigcirc$에 의하여 $x=5$

12 답 $x=2$

진수의 조건에 의하여 $x+7>0$에서 $x>-7\ \cdots\ \bigcirc$

$\log_{\frac{1}{3}}(x+7)=-2$에서

$x+7=\left(\dfrac{1}{3}\right)^{-2}=(3^{-1})^{-2}=3^2=9$ $\quad\therefore\ x=2$

따라서 $\bigcirc$에 의하여 $x=2$

13 답 $x=1$

진수의 조건에 의하여

$2x-1>0$, $2-x>0$에서 $\dfrac{1}{2}<x<2\ \cdots\ \bigcirc$

$\log_2(2x-1)=\log_2(2-x)$에서

$2x-1=2-x$, $3x=3$ $\quad\therefore\ x=1$

따라서 $\bigcirc$에 의하여 $x=1$

14 답 $x=2$ 또는 $x=\dfrac{1}{4}$

$(\log_2 x)^2+\log_2 x-2=0$에서 $\log_2 x=t$라 하면

$t^2+t-2=0$, $(t-1)(t+2)=0$

$\therefore\ t=1$ 또는 $t=-2$

(ⅰ) $t=\log_2 x=1$에서 $x=2$

(ⅱ) $t=\log_2 x=-2$에서 $x=2^{-2}=\dfrac{1}{4}$

(ⅰ), (ⅱ)에 의하여 구하는 해는 $x=2$ 또는 $x=\dfrac{1}{4}$

15 답 $x=9$ 또는 $x=\dfrac{1}{81}$

$(\log_3 x)^2+2\log_3 x-8=0$에서 $\log_3 x=t$라 하면

$t^2+2t-8=0$, $(t-2)(t+4)=0$

$\therefore t=2$ 또는 $t=-4$

(ⅰ) $t=\log_3 x=2$에서 $x=3^2=9$

(ⅱ) $t=\log_3 x=-4$에서 $x=3^{-4}=\dfrac{1}{81}$

(ⅰ), (ⅱ)에 의하여 구하는 해는 $x=9$ 또는 $x=\dfrac{1}{81}$

16 답 $x=2$ 또는 $x=16$

$\log_2 x+\log_x 16=5$에서 $\log_2 x+\dfrac{4}{\log_2 x}=5$

이때, $\log_2 x=t$라 하면 $t+\dfrac{4}{t}=5$

양변에 t를 곱하여 정리하면

$t^2-5t+4=0$, $(t-1)(t-4)=0$

$\therefore t=1$ 또는 $t=4$

(ⅰ) $t=\log_2 x=1$에서 $x=2$

(ⅱ) $t=\log_2 x=4$에서 $x=2^4=16$

(ⅰ), (ⅱ)에 의하여 구하는 해는

$x=2$ 또는 $x=16$

17 답 $x=\dfrac{1}{64}$ 또는 $x=8$

$\log_2 2x=\log_2 2+\log_2 x=1+\log_2 x$이고

$\log_2 4x=\log_2 4+\log_2 x=2+\log_2 x$이므로

$(\log_2 2x)(\log_2 4x)=20$에서

$(1+\log_2 x)(2+\log_2 x)=20$

$(\log_2 x)^2+3\log_2 x-18=0$

이때, $\log_2 x=t$라 하면

$t^2+3t-18=0$, $(t+6)(t-3)=0$

$\therefore t=-6$ 또는 $t=3$

(ⅰ) $t=\log_2 x=-6$에서 $x=2^{-6}=\dfrac{1}{64}$

(ⅱ) $t=\log_2 x=3$에서 $x=2^3=8$

(ⅰ), (ⅱ)에 의하여 구하는 해는

$x=\dfrac{1}{64}$ 또는 $x=8$

18 답 $0<x\leq 2$

진수의 조건에 의하여 $x>0$ $\cdots$ ㉠

$\log_{\frac{1}{2}}x\geq\log_{\frac{1}{2}}2$에서 밑이 1보다 작으므로 $x\leq 2$ $\cdots$ ㉡

㉠, ㉡에 의하여 구하는 해는 $0<x\leq 2$

19 답 $x>1$

진수의 조건에 의하여

$x+1>0$ $\quad\therefore x>-1$ $\cdots$ ㉠

$\log_5(x+1)>\log_5 2$에서 밑이 1보다 크므로

$x+1>2$ $\quad\therefore x>1$ $\cdots$ ㉡

㉠, ㉡에 의하여 구하는 해는 $x>1$

20 답 $\dfrac{1}{2}<x<\dfrac{3}{2}$

진수의 조건에 의하여

$2x-1>0$ $\quad\therefore x>\dfrac{1}{2}$ $\cdots$ ㉠

$\log_2(2x-1)<1=\log_2 2$에서 밑이 1보다 크므로

$2x-1<2$ $\quad\therefore x<\dfrac{3}{2}$ $\cdots$ ㉡

㉠, ㉡에 의하여 구하는 해는 $\dfrac{1}{2}<x<\dfrac{3}{2}$

21 답 $0<x<1$

$3<5$이므로 양변에 $\log_x$를 취했을 때, 부등호의 방향이 바뀌려면 밑이 $0<x<1$이어야 한다.

따라서 주어진 부등식의 해는 $0<x<1$이다.

22 답 $2\leq x<6$

진수의 조건에 의하여

$3x-2>0$, $6-x>0$

$\therefore \dfrac{2}{3}<x<6$ $\cdots$ ㉠

$\log(3x-2)\geq\log(6-x)$에서 밑이 1보다 크므로

$3x-2\geq 6-x$ $\quad\therefore x\geq 2$ $\cdots$ ㉡

㉠, ㉡에 의하여 구하는 해는 $2\leq x<6$

23 답 $3<x\leq 4$

진수의 조건에 의하여

$x>0$, $x-3>0$ $\quad\therefore x>3$ $\cdots$ ㉠

$\log x+\log(x-3)\leq\log 4$에서

$\log x(x-3)\leq\log 4$이고 밑이 1보다 크므로

$x(x-3)\leq 4$, $x^2-3x-4\leq 0$, $(x+1)(x-4)\leq 0$

$\therefore -1\leq x\leq 4$ $\cdots$ ㉡

㉠, ㉡에 의하여 구하는 해는 $3<x\leq 4$

24 답 $-4<x<-3$ 또는 $0<x<1$

진수의 조건에 의하여

$x^2+3x>0$, $x(x+3)>0$

$\therefore x<-3$ 또는 $x>0$ $\cdots$ ㉠

$\log_3(x^2+3x)<\log_3 4$에서 밑이 1보다 크므로

$x^2+3x<4$, $x^2+3x-4<0$, $(x+4)(x-1)<0$

$\therefore -4<x<1$ $\cdots$ ㉡

㉠, ㉡에 의하여 구하는 해는

$-4<x<-3$ 또는 $0<x<1$

25 답 $0<x<\dfrac{1}{2}$ 또는 $x>16$

진수의 조건에 의하여 $x>0$ … ㉠

$(\log_2 x)^2>4+3\log_2 x$에서 $(\log_2 x)^2-3\log_2 x-4>0$

이때, $\log_2 x=t$라 하면

$t^2-3t-4>0$, $(t+1)(t-4)>0$

$\therefore t<-1$ 또는 $t>4$

(i) $t<-1$에서 $\log_2 x<-1$, $\log_2 x<\log_2 2^{-1}$

$\qquad \therefore x<\dfrac{1}{2}$

(ii) $t>4$에서 $\log_2 x>4$, $\log_2 x>\log_2 2^4$

$\qquad \therefore x>16$

(i), (ii)에 의하여 $x<\dfrac{1}{2}$ 또는 $x>16$ … ㉡

㉠, ㉡에 의하여 구하는 해는 $0<x<\dfrac{1}{2}$ 또는 $x>16$

26 답 ⑤

진수의 조건에 의하여 $(x+1)^2>0$, $5x+1>0$

$\therefore x>-\dfrac{1}{5}$ … ㉠

$\log_2 (x+1)^2=\log_2 (5x+1)$에서

$(x+1)^2=5x+1$, $x^2-3x=0$, $x(x-3)=0$

$\therefore x=0$ 또는 $x=3$

이 값은 ㉠을 모두 만족하므로 주어진 방정식의 해는

$x=0$ 또는 $x=3$이다. 따라서 모든 x의 값의 합은 $0+3=3$

27 답 ③

진수의 조건에 의하여 $x-3>0$, $x-1>0$

$\therefore x>3$ … ㉠

$\log_2 (x-3)=\log_4 (x-1)$에서

$\log_2 (x-3)=\dfrac{1}{2}\log_2 (x-1)$

$2\log_2 (x-3)=\log_2 (x-1)$

$\log_2 (x-3)^2=\log_2 (x-1)$, $(x-3)^2=x-1$

$x^2-7x+10=0$, $(x-2)(x-5)=0$

$\therefore x=5\ (\because ㉠)$

따라서 $\alpha=5$이므로 $2^{\alpha}=2^5=32$

28 답 ②

$\log_2 16x^3=\log_2 16+\log_2 x^3=4+3\log_2 x$이므로

$(\log_2 x)^2-\log_2 16x^3=0$에서

$(\log_2 x)^2-3\log_2 x-4=0$

이때, $\log_2 x=t$라 하면

$t^2-3t-4=0$, $(t-4)(t+1)=0$

$\therefore t=-1$ 또는 $t=4$

(i) $t=\log_2 x=-1$에서 $x=2^{-1}=\dfrac{1}{2}$

(ii) $t=\log_2 x=4$에서 $x=2^4=16$

(i), (ii)에 의하여 구하는 해는 $x=\dfrac{1}{2}$ 또는 $x=16$이므로

$\alpha=\dfrac{1}{2}$, $\beta=16\ (\because \alpha<\beta)$

$\therefore 2\alpha+\beta=2\times\dfrac{1}{2}+16=17$

29 답 ④

$\log_3 9x=\log_3 9+\log_3 x=2+\log_3 x$이므로

$(\log_3 9x)^2-3\log_3 x=6$에서

$(2+\log_3 x)^2-3\log_3 x-6=0$

$(\log_3 x)^2+\log_3 x-2=0$

이때, $\log_3 x=t$라 하면

$t^2+t-2=0$, $(t-1)(t+2)=0$

$\therefore t=1$ 또는 $t=-2$

(i) $t=\log_3 x=1$에서 $x=3$

(ii) $t=\log_3 x=-2$에서 $x=3^{-2}=\dfrac{1}{9}$

(i), (ii)에 의하여 구하는 해는 $x=3$ 또는 $x=\dfrac{1}{9}$이므로

모든 근의 합은 $3+\dfrac{1}{9}=\dfrac{28}{9}$

30 답 ①

밑과 진수의 조건에 의하여 $x>0$, $x\neq1$ … ㉠

한편, $\log_x 4=2\log_x 2=\dfrac{2}{\log_2 x}$이므로

$\log_x 4-\log_2 x=1$에서 $\dfrac{2}{\log_2 x}-\log_2 x=1$

이때, $\log_2 x=t$라 하면

$\dfrac{2}{t}-t=1$, $t^2+t-2=0$, $(t-1)(t+2)=0$

$\therefore t=1$ 또는 $t=-2$

(i) $t=\log_2 x=1$에서 $x=2$

(ii) $t=\log_2 x=-2$에서 $x=2^{-2}=\dfrac{1}{4}$

㉠과 (i), (ii)에 의하여 구하는 해는 $x=2$ 또는 $x=\dfrac{1}{4}$이므

로 $\alpha=2$, $\beta=\dfrac{1}{4}\ (\because \alpha>\beta)$

$\therefore \alpha+\beta=2+\dfrac{1}{4}=\dfrac{9}{4}$

31 답 ②

$x^{\log 3}=3^{\log x}$이므로

$3^{\log x}\times x^{\log 3}-2(3^{\log x}+x^{\log 3})+3=0$에서

$3^{\log x}\times 3^{\log x}-2(3^{\log x}+3^{\log x})+3=0$

$(3^{\log x})^2-4\times3^{\log x}+3=0$

이때, $3^{\log x}=t\,(t>0)$라 하면

$t^2-4t+3=0$, $(t-1)(t-3)=0$

$\therefore t=1$ 또는 $t=3$

(i) $t=3^{\log x}=1$에서 $\log x=0$ $\therefore x=1$

(ii) $t=3^{\log x}=3$에서 $\log x=1$ $\therefore x=10$

(i), (ii)에 의하여 구하는 해는 $x=1$ 또는 $x=10$이므로
모든 x의 값의 합은 $1+10=11$이다.

32 답 ②

밑의 조건에 의하여 $x^2-1>0$, $x^2-1\neq1$, $x+11>0$,
$x+11\neq1$ … ㉠이어야 한다.

$\log_{x^2-1}5=\log_{x+11}5$에서 $x^2-1=x+11$

$x^2-x-12=0$, $(x+3)(x-4)=0$

$\therefore x=-3$ 또는 $x=4$

㉠에 의하여 주어진 방정식의 해는 $x=-3$ 또는 $x=4$

따라서 $\alpha=-3$, $\beta=4\,(\because \alpha<\beta)$이므로

$\beta-\alpha=4-(-3)=7$

33 답 ①

밑과 진수의 조건에 의하여

$x^2>0$, $x^2\neq1$, $x+6>0$, $x+6\neq1$, $x-1>0$

$\therefore x>1$ … ㉠

(i) 밑이 같을 때, 즉 $x^2=x+6$에서

  $x^2-x-6=0$, $(x+2)(x-3)=0$

  $\therefore x=-2$ 또는 $x=3$

  따라서 ㉠에 의하여 $x=3$

(ii) 진수가 1일 때, 즉 $x-1=1$에서 $x=2$

  따라서 ㉠에 의하여 $x=2$

(i), (ii)에 의하여 주어진 방정식의 해는 $x=2$ 또는 $x=3$
이므로 모든 해의 곱은 $2\times3=6$이다.

34 답 ②

진수의 조건에 의하여 $x+y>0$, $x>0$, $y>0$

$\therefore x>0$, $y>0$

(i) $\log_2(x+y)=3$에서 $x+y=2^3=8$

(ii) $\log_2 x+\log_2 y=1$에서 $\log_2 xy=1$이므로 $xy=2$

$\therefore (x-y)^2=(x+y)^2-4xy=8^2-4\times2=56$

TIP

실수 x, y에 대하여 $x+y=8$, $xy=2$를 만족하므로 이차방
정식 $t^2-8t+2=0$의 두 근이 x, y가 된다. 즉,
$t=4\pm\sqrt{16-2}=4\pm\sqrt{14}$이므로 두 근 모두 양수이다.

35 답 ②

$\log_3 x=X$, $\log_2 y=Y$라 하면

$\log_4 x=\dfrac{\log_3 x}{\log_3 4}=\dfrac{X}{2\log_3 2}$, $\log_9 y=\dfrac{\log_2 y}{\log_2 9}=\dfrac{Y}{2\log_2 3}$

$\therefore \log_4 x\times\log_9 y=\dfrac{X}{2\log_3 2}\times\dfrac{Y}{2\log_2 3}=\dfrac{XY}{4}$

따라서 주어진 방정식은 $\begin{cases} X+Y=6 \\ \dfrac{XY}{4}=2 \end{cases}$ 에서

$\begin{cases} X+Y=6 \ \cdots \ ㉠ \\ XY=8 \ \cdots \ ㉡ \end{cases}$

㉠에서 $Y=6-X$를 ㉡에 대입하면

$X(6-X)=8$, $X^2-6X+8=0$

$(X-2)(X-4)=0$ $\therefore X=2$ 또는 $X=4$

$\therefore \begin{cases} X=2 \\ Y=4 \end{cases}$ 또는 $\begin{cases} X=4 \\ Y=2 \end{cases}$

(i) $\log_3 x=2$, $\log_2 y=4$일 때, $x=9$, $y=16$

(ii) $\log_3 x=4$, $\log_2 y=2$일 때, $x=81$, $y=4$

한편, $x<y$이므로 $x=9$, $y=16$

$\therefore x+y=9+16=25$

36 답 ⑤

$(2x)^{\log 2}=(3x)^{\log 3}$의 양변에 상용로그를 취하면

$\log 2\,(\log 2x)=\log 3\,(\log 3x)$에서

$\log 2\,(\log 2+\log x)=\log 3\,(\log 3+\log x)$

$(\log 2-\log 3)\log x=(\log 3)^2-(\log 2)^2$
$\qquad\qquad\qquad =(\log 3-\log 2)(\log 3+\log 2)$

$\log x=-(\log 3+\log 2)=-\log 6=\log\dfrac{1}{6}$

$\therefore x=\dfrac{1}{6}$

37 답 ②

$x^{\log x}=\dfrac{100}{x}$의 양변에 상용로그를 취하면

$\log x^{\log x}=\log\dfrac{100}{x}$에서 $(\log x)^2=\log 100-\log x$

$(\log x)^2+\log x-2=0$

이때, $\log x=t$라 하면

$t^2+t-2=0$, $(t+2)(t-1)=0$

$\therefore t=-2$ 또는 $t=1$

(i) $t=\log x=-2$에서 $x=10^{-2}=\dfrac{1}{100}$

(ii) $t=\log x=1$에서 $x=10$

(i), (ii)에 의하여 주어진 방정식의 해는 $x=\dfrac{1}{100}$ 또는

$x=10$이므로 모든 근의 곱은

$\dfrac{1}{100}\times10=\dfrac{1}{10}$

38 답 ⑤

$(\log_{\sqrt2} x)^2-k\log_{\sqrt2} x-2=0$의 두 근을 α, β라 하면

$\alpha\beta=4$

이때, $\log_{\sqrt2} x=t$라 하면 $t^2-kt-2=0$의 두 근은

$\log_{\sqrt2}\alpha$, $\log_{\sqrt2}\beta$이므로 이차방정식의 근과 계수의 관계에
의하여

$k=\log_{\sqrt2}\alpha+\log_{\sqrt2}\beta=\log_{\sqrt2}\alpha\beta=\log_{\sqrt2}4=\log_{\sqrt2}(\sqrt2)^4=4$

심플 정리

[이차방정식의 근과 계수의 관계]

이차방정식 $ax^2+bx+c=0$의 두 근을 α, β라 하면

$\alpha+\beta=-\dfrac{b}{a}$, $\alpha\beta=\dfrac{c}{a}$

39 답 ③

$(\log x)\left(\log \dfrac{x}{27}\right)=1$에서 $(\log x)(\log x-\log 27)=1$

$\therefore (\log x)^2-\log 27\times\log x-1=0$

이 방정식의 두 근이 α, β이므로 $\log x=t$라 하면

$t^2-(\log 27)t-1=0$의 두 근은 $\log\alpha$, $\log\beta$이다.

따라서 이차방정식의 근과 계수의 관계에 의하여

$\log\alpha+\log\beta=\log\alpha\beta=\log 27 \qquad \therefore \alpha\beta=27$

40 답 ④

$x^2-x\log_5 a^2-\log_5 a+6=0$, 즉

$x^2-(2\log_5 a)x-\log_5 a+6=0$이 중근을 가지려면

이 이차방정식의 판별식을 D라 할 때 $D=0$이어야 한다.

$\dfrac{D}{4}=(\log_5 a)^2+\log_5 a-6=0$

이때, $\log_5 a=t$라 하면

$t^2+t-6=0$, $(t+3)(t-2)=0$

$\therefore t=-3$ 또는 $t=2$

(ⅰ) $t=\log_5 a=-3$에서 $a=5^{-3}=\dfrac{1}{125}$

(ⅱ) $t=\log_5 a=2$에서 $a=5^2=25$

(ⅰ), (ⅱ)에 의하여 주어진 이차방정식이 중근을 갖기 위한

a의 값은 $\dfrac{1}{125}$ 또는 25이므로 모든 상수 a의 값의 곱은

$\dfrac{1}{125}\times 25=\dfrac{1}{5}$이다.

41 답 12

방정식 $\log_3 x=kx$의 두 근의 비가 $1:3$이므로 $\alpha\neq 0$인

상수 α에 대하여 두 근을 각각 α, 3α라 하면

$\log_3\alpha=k\alpha\ \cdots\ \bigcirc$, $\log_3 3\alpha=3k\alpha\ \cdots\ \bigcirc\!\bigcirc$

$\bigcirc\!\bigcirc$에서 $\log_3 3\alpha=1+\log_3\alpha=1+k\alpha=3k\alpha\ (\because\ \bigcirc)$

$2k\alpha=1 \qquad \therefore k\alpha=\dfrac{1}{2}\ \cdots\ \bigcirc\!\bigcirc\!\bigcirc$

$\bigcirc\!\bigcirc\!\bigcirc$을 $\bigcirc$에 대입하면 $\log_3\alpha=\dfrac{1}{2}$에서 $\alpha=3^{\frac{1}{2}}=\sqrt{3}\ \cdots\ ②$

$②$을 $\bigcirc\!\bigcirc\!\bigcirc$에 대입하면 $\sqrt{3}\,k=\dfrac{1}{2}$에서 $k=\dfrac{1}{2\sqrt{3}}$

따라서 $k^2=\dfrac{1}{12}$이므로 $\dfrac{1}{k^2}=12$

42 답 ⑤

진수의 조건에 의하여 $x+1>0$, $2x-5>0$

$\therefore x>\dfrac{5}{2}\ \cdots\ \bigcirc$

$\log_{\frac{1}{5}}(x+1)<\log_{\frac{1}{5}}(2x-5)$에서 밑이 1보다 작으므로

$x+1>2x-5 \qquad \therefore x<6\ \cdots\ \bigcirc$

$\bigcirc$, $\bigcirc$에 의하여 주어진 부등식의 해는 $\dfrac{5}{2}<x<6$

따라서 주어진 부등식을 만족시키는 정수 x의 값은 3, 4,

5이므로 모든 정수 x의 값의 합은 $3+4+5=12$이다.

43 답 ③

진수의 조건에 의하여 $x-1>0$, $2x+6>0$

$\therefore x>1\ \cdots\ \bigcirc$

$2\log_3(x-1)\le\log_3(2x+6)$에서

$\log_3(x-1)^2\le\log_3(2x+6)$

밑이 1보다 크므로 $(x-1)^2\le 2x+6$

$x^2-4x-5\le 0$, $(x+1)(x-5)\le 0$

$\therefore -1\le x\le 5\ \cdots\ \bigcirc$

$\bigcirc$, $\bigcirc$에 의하여 주어진 부등식의 해는 $1<x\le 5$

따라서 정수 x의 최댓값은 5, 최솟값은 2이므로

$M=5$, $m=2$이다.

$\therefore M+m=5+2=7$

44 답 ⑤

진수의 조건에 의하여 $x-1>0$, $x+2>0$

$\therefore x>1\ \cdots\ \bigcirc$

$\log_2(x-1)+\log_2(x+2)<2$에서

$\log_2(x-1)(x+2)<2$, $\log_2(x^2+x-2)<\log_2 4$

밑이 1보다 크므로 $x^2+x-2<4$

$x^2+x-6<0$, $(x+3)(x-2)<0$

$\therefore -3<x<2\ \cdots\ \bigcirc$

$\bigcirc$, $\bigcirc$에 의하여 주어진 부등식의 해는 $1<x<2$

따라서 $\alpha=1$, $\beta=2$이므로 $\alpha+\beta=1+2=3$

45 답 ②

$x^2-2x+4=(x-1)^2+3>0$이므로 진수의 조건에 의하여

모든 실수 x에 대하여 $\log_{\frac{1}{4}}(x^2-2x+4)$가 정의된다.

$\log_{\frac{1}{4}}(x^2-2x+4)\ge -1$에서

$\log_{\frac{1}{4}}(x^2-2x+4)\ge\log_{\frac{1}{4}}\left(\dfrac{1}{4}\right)^{-1}=\log_{\frac{1}{4}}4$

밑이 1보다 작으므로 $x^2-2x+4\le 4$, $x(x-2)\le 0$

$\therefore 0\le x\le 2$

따라서 주어진 부등식을 만족시키는 x의 최댓값은 2이다.

46 답 ①

진수의 조건에 의하여 $x>0\ \cdots\ \bigcirc$

$(\log_2 x)^2+\log_2 x^3\le 4$에서 $(\log_2 x)^2+3\log_2 x\le 4$

$(\log_2 x)^2+3\log_2 x-4\le 0$

이때, $\log_2 x=t$라 하면 $t^2+3t-4\le 0$

$(t+4)(t-1)\le 0 \qquad \therefore -4\le t\le 1$

즉, $-4\le\log_2 x\le 1$에서 $\log_2 2^{-4}\le\log_2 x\le\log_2 2$이고 밑

이 1보다 크므로 $\dfrac{1}{16}\le x\le 2\ \cdots\ \bigcirc$

$\bigcirc$, $\bigcirc$에 의하여 주어진 부등식의 해는 $\dfrac{1}{16}\le x\le 2$이다.

따라서 $\alpha=\dfrac{1}{16}$, $\beta=2$이므로 $\alpha\beta=\dfrac{1}{16}\times 2=\dfrac{1}{8}$

47 답 ②

진수의 조건에 의하여 $x>0$ … ㉠

$\log_{\frac{1}{5}}x=-\log_5 x$이므로 $(\log_5 x-1)(\log_{\frac{1}{5}}x+2)>0$에서

$(\log_5 x-1)(-\log_5 x+2)>0$

$(\log_5 x-1)(\log_5 x-2)<0$

이때, $\log_5 x=t$라 하면

$(t-1)(t-2)<0$ $\quad\therefore 1<t<2$

즉, $1<\log_5 x<2$에서 $\log_5 5<\log_5 x<\log_5 5^2$이고 밑이 1보다 크므로 $5<x<25$ … ㉡

㉠, ㉡에 의하여 주어진 부등식의 해는 $5<x<25$이다.

따라서 주어진 부등식을 만족시키는 자연수 x의 개수는 6, 7, $\cdots$, 24의 19이다.

> **[부등식을 만족시키는 정수의 개수]** 심플 정리
>
> 정수 α, β에 대하여 다음 부등식을 만족시키는 정수 x의 개수는
>
> (1) $\alpha<x<\beta \Rightarrow \beta-\alpha-1$ (개)
>
> (2) $\alpha\leq x<\beta \Rightarrow \beta-\alpha$ (개)
>
> (3) $\alpha<x\leq\beta \Rightarrow \beta-\alpha$ (개)
>
> (4) $\alpha\leq x\leq\beta \Rightarrow \beta-\alpha+1$ (개)

48 답 ②

진수의 조건에 의하여 $x>0$ … ㉠

$x^{\log_3 x}<9x$의 양변에 밑이 3인 로그를 취하면

$\log_3 x^{\log_3 x}<\log_3 9x$, $(\log_3 x)^2<2+\log_3 x$

이때, $\log_3 x=t$라 하면 $t^2<2+t$

$t^2-t-2<0$, $(t+1)(t-2)<0$ $\quad\therefore -1<t<2$

즉, $-1<\log_3 x<2$에서 $\log_3 3^{-1}<\log_3 x<\log_3 3^2$이고 밑이 1보다 크므로 $\frac{1}{3}<x<9$ … ㉡

㉠, ㉡에 의하여 주어진 부등식의 해는 $\frac{1}{3}<x<9$

따라서 $\alpha=\frac{1}{3}$, $\beta=9$이므로 $3\alpha\beta=3\times\frac{1}{3}\times9=9$

49 답 ③

진수의 조건에 의하여 $x>0$ … ㉠

$x^{\log x}<100x$의 양변에 상용로그를 취하면

$(\log x)^2<\log 100x=2+\log x$에서

$(\log x)^2-\log x-2<0$

이때, $\log x=t$라 하면 $t^2-t-2<0$

$(t+1)(t-2)<0$ $\quad\therefore -1<t<2$

즉, $-1<\log x<2$에서 $\log 10^{-1}<\log x<\log 10^2$이고 밑이 1보다 크므로 $\frac{1}{10}<x<100$ … ㉡

㉠, ㉡에 의하여 주어진 부등식의 해는 $\frac{1}{10}<x<100$이므로 자연수 x의 개수는 1, 2, 3, $\cdots$, 99의 99이다.

50 답 ④

진수의 조건에 의하여 $\log_3 x>0$, $x>0$

$\therefore x>1$ … ㉠

$\log_2(\log_3 x)\leq1$에서 $\log_2(\log_3 x)\leq\log_2 2$

이때, (밑)$=2>1$이므로 $\log_3 x\leq2$에서 $\log_3 x\leq\log_3 3^2$

또, (밑)$=3>1$이므로 $x\leq9$ … ㉡

㉠, ㉡에 의하여 주어진 부등식의 해는 $1<x\leq9$이므로 구하는 정수 x의 개수는 2, 3, 4, 5, 6, 7, 8, 9의 8이다.

51 답 ②

진수의 조건에 의하여 $x>0$, $\log_3 x>0$, $\log_4(\log_3 x)>0$

이므로 $\log_3 x>0=\log_3 1$에서 $x>1$

$\log_4(\log_3 x)>0=\log_4 1$에서

$\log_3 x>1=\log_3 3$ $\quad\therefore x>3$

$\therefore x>3$ … ㉠

$\log_{\frac{1}{5}}\{\log_4(\log_3 x)\}>0=\log_{\frac{1}{5}}1$에서

$\log_4(\log_3 x)<1=\log_4 4$, $\log_3 x<4=\log_3 81$

$\therefore x<81$ … ㉡

㉠, ㉡에 의하여

$3<x<81$이므로 $\alpha=3$, $\beta=81$

$\therefore \alpha+\beta=3+81=84$

52 답 ②

진수의 조건에 의하여

$a>0$ … ㉠

주어진 부등식이 모든 실수 x에 대하여 성립하려면 x에 대한 이차방정식 $x^2+2x\log_2 a+4\log_2 a-3=0$의 해가 존재하지 않아야 한다. 즉, 이 이차방정식의 판별식을 D라 하면 $D<0$이어야 한다.

$\frac{D}{4}=(\log_2 a)^2-(4\log_2 a-3)<0$에서

$(\log_2 a)^2-4\log_2 a+3<0$

이때, $\log_2 a=t$라 하면

$t^2-4t+3<0$, $(t-1)(t-3)<0$

$\therefore 1<t<3$

즉, $1<\log_2 a<3$에서 $\log_2 2<\log_2 a<\log_2 2^3$이고 밑이 1보다 크므로

$2<a<8$ … ㉡

㉠, ㉡에 의하여 주어진 부등식이 모든 실수 x에 대하여 성립하려면 $2<a<8$이어야 한다.

따라서 자연수 a의 최댓값은 7이다.

> **TIP**
>
> x에 대한 이차부등식 $ax^2+bx+c>0\,(a>0)$이 모든 실수 x에 대하여 항상 성립하기 위한 조건은 이차방정식 $ax^2+bx+c=0$의 해가 존재하지 않아야 한다. 즉, 판별식을 D라 하면 $D<0$이어야 한다.

53 답 ①

진수의 조건에 의하여 $a>0$ … ㉠

(ⅰ) 이차방정식 $x^2-x\log_3 a+2-\log_3\sqrt{a}=0$의 두 근이 존재해야 하므로 판별식을 D라 하면

$D=(\log_3 a)^2-4(2-\log_3\sqrt{a})\geq 0$에서

$(\log_3 a)^2+2\log_3 a-8\geq 0$

$(\log_3 a+4)(\log_3 a-2)\geq 0$

$\therefore \log_3 a\leq -4$ 또는 $\log_3 a\geq 2$

즉, $\log_3 a\leq \log_3 3^{-4}$ 또는 $\log_3 a\geq \log_3 3^2$이므로 ㉠에 의하여 $0<a\leq\dfrac{1}{81}$ 또는 $a\geq 9$ … ㉡

(ⅱ) 이차방정식 $x^2-x\log_3 a+2-\log_3\sqrt{a}=0$의 두 근을 α, β라 하면 이차방정식의 근과 계수의 관계에 의하여 $\alpha+\beta=\log_3 a>0$, $\alpha\beta=2-\log_3\sqrt{a}>0$이다.

$\alpha+\beta=\log_3 a>0$에서 $\log_3 a>\log_3 1$이므로 ㉠에 의하여 $a>1$ … ㉢

$\alpha\beta=2-\log_3\sqrt{a}>0$에서 $\dfrac{1}{2}\log_3 a<2$

$\log_3 a<4=\log_3 3^4$이므로 ㉠에 의하여 $0<a<81$ … ㉣

㉡, ㉢, ㉣에 의하여 $9\leq a<81$

따라서 주어진 이차방정식의 두 근이 모두 양수가 되도록 하는 자연수 a의 최댓값은 80이다.

> **TIP**
>
> 이차방정식 $ax^2+bx+c=0$의 두 근 α, β가 모두 양수가 될 조건은 다음과 같다.
> (ⅰ) 판별식 $D\geq 0$
> (ⅱ) $\alpha+\beta>0$
> (ⅲ) $\alpha\beta>0$

54 답 ②

$x^{\log_3 x}>(27x)^k$의 양변에 밑이 3인 로그를 취하면

$\log_3 x^{\log_3 x}>\log_3(27x)^k$에서 $(\log_3 x)^2>k(3+\log_3 x)$

$\therefore (\log_3 x)^2-k\log_3 x-3k>0$

이때, $\log_3 x=t$라 하면 $t^2-kt-3k>0$ … ㉠

즉, 모든 실수 t에 대하여 ㉠이 성립해야 한다.

이차방정식 $t^2-kt-3k=0$의 판별식을 D라 하면

$D<0$이어야 하므로

$D=k^2-4\times(-3k)=k(k+12)<0$

$\therefore -12<k<0$

따라서 정수 k의 개수는 -11, -10, $\cdots$, -1의 11이다.

> **TIP**
>
> x에 대한 이차부등식 $ax^2+bx+c>0\,(a>0)$이 모든 실수 x에 대하여 항상 성립하기 위한 조건은 이차방정식 $ax^2+bx+c=0$의 해가 존재하지 않아야 한다. 즉, 판별식을 D라 하면 $D<0$이어야 한다.

55 답 ④

처음 연구비를 a라 하고 매년 $p\,\%$씩 증가시킨다고 하면 10년 후의 연구비는 $a\left(1+\dfrac{p}{100}\right)^{10}$이다.

이때, 10년 후의 연구비가 처음 연구비의 2배가 되므로

$a\left(1+\dfrac{p}{100}\right)^{10}=2a$에서 $\left(1+\dfrac{p}{100}\right)^{10}=2$

양변에 상용로그를 취하면

$10\log\left(1+\dfrac{p}{100}\right)=\log 2$

$\log\left(1+\dfrac{p}{100}\right)=\dfrac{\log 2}{10}=0.030=\log 1.07$

$1+\dfrac{p}{100}=1.07$ $\qquad \therefore p=7$

56 답 ②

처음 자외선의 양을 a, 자외선 차단 필름의 장수를 n장이라 하면 $a\left(1-\dfrac{6}{100}\right)^n\leq\dfrac{1}{2}a$에서 $0.94^n\leq\dfrac{1}{2}$

양변에 상용로그를 취하면 $n\log 0.94\leq -\log 2$

이때, $\log 0.94<0$이므로

$n\geq\dfrac{-\log 2}{\log 0.94}=\dfrac{-\log 2}{\log 9.4-1}=\dfrac{-0.3010}{0.9731-1}=11.18\times\times\times$

따라서 자연수 n의 최솟값은 12이므로 최소한 12장의 자외선 차단 필름을 통과시켜야 한다.

01 답 ⑤

$$y=\log_2(16x-4)=\log_2 16\left(x-\frac{1}{4}\right)$$
$$=\log_2 16+\log_2\left(x-\frac{1}{4}\right)=\log_2\left(x-\frac{1}{4}\right)+4$$

즉, 함수 $y=\log_2(16x-4)$의 그래프는 $f(x)=\log_2 x$의 그래프를 x축의 방향으로 $\frac{1}{4}$만큼, y축의 방향으로 4만큼 평행이동시킨 그래프이다.

따라서 $a=\frac{1}{4}$, $b=4$이므로 $a+b=\frac{1}{4}+4=\frac{17}{4}$

> **심플 정리**
>
> **[그래프의 평행이동]**
> 함수 $y=f(x)$에 대하여 이 함수의 그래프를 x축의 방향으로 m만큼, y축의 방향으로 n만큼 평행이동한 그래프의 식은 x 대신 $x-m$, y 대신 $y-n$을 대입한다.
> 즉, 평행이동된 그래프의 식은 $y-n=f(x-m)$이다.

02 답 13

함수 $f(x)=\log_6(x-a)+b$의 그래프는 함수 $y=\log_6 x$의 그래프를 x축의 방향으로 a만큼, y축의 방향으로 b만큼 평행이동한 것이다. 이때, $y=\log_6 x$의 그래프의 점근선은 $x=0$이므로 함수 $y=f(x)$의 그래프의 점근선은 $x=a$이다.

$$\therefore a=5 \Rightarrow f(x)=\log_6(x-5)+b$$

한편, $f(11)=9$에서

$\log_6(11-5)+b=\log_6 6+b=1+b=9$이므로 $b=8$

$$\therefore a+b=5+8=13$$

03 답 ③

주어진 그래프에서

$\log_2 a=1$이므로 $a=2$, $b=a$이므로 $b=2$

$\log_2 c=b=2$이므로 $c=2^2=4$, $d=c$이므로 $d=4$

$\log_2 e=d=4$이므로 $e=2^4=16$

ㄱ. $a+b=2+2=4$ (참)

ㄴ. $2^d=2^4=16$ (참)

ㄷ. $e-a=16-2=14$ (거짓)

따라서 옳은 것은 ㄱ, ㄴ이다.

04 답 ①

$$A=-\log_{\frac{1}{3}}2=\log_{\frac{1}{3}}\frac{1}{2},\ B=1=\log_{\frac{1}{3}}\frac{1}{3}$$
$$C=2\log_{\frac{1}{3}}\frac{1}{2}=\log_{\frac{1}{3}}\left(\frac{1}{2}\right)^2=\log_{\frac{1}{3}}\frac{1}{4}$$

이때, $\frac{1}{2}>\frac{1}{3}>\frac{1}{4}$이고 함수 $y=\log_{\frac{1}{3}}x$의 그래프는 x의 값이 증가하면 y의 값은 감소하므로

$$\log_{\frac{1}{3}}\frac{1}{2}<\log_{\frac{1}{3}}\frac{1}{3}<\log_{\frac{1}{3}}\frac{1}{4}$$
$$\therefore A<B<C$$

다른 풀이

$$A=-\log_{\frac{1}{3}}2=\log_3 2,\ B=1=\log_3 3$$
$$C=2\log_{\frac{1}{3}}\frac{1}{2}=2\log_3 2=\log_3 2^2=\log_3 4$$

이때, $2<3<4$이고 밑이 1보다 크므로

$$\log_3 2<\log_3 3<\log_3 4$$
$$\therefore A<B<C$$

05 답 ④

> 그림과 같이 함수 $y=\log_2 x$의 그래프 위의 두 점 A, B에서 x축에 내린 수선의 발을 각각 C(p, 0), D($2p$, 0)이라 하자. 삼각형 BCD와 삼각형 ACB의 넓이의 차가 8일 때, 실수 p의 값은? (단, $p>1$)
>
> 두 삼각형 BCD와 ACB의 밑변을 각각 BD, AC라 하면 높이는 모두 CD야.
>
> ① 4 ② 8 ③ 12
> ④ 16 ⑤ 20

1st 두 삼각형의 넓이를 각각 구하자.

두 점 A, B는 $y=\log_2 x$의 그래프 위의 점이다.

이때, 점 A의 x좌표가 p이므로 A(p, $\log_2 p$)이고 점 B의 x좌표가 $2p$이므로 B($2p$, $\log_2 2p$)이다.

따라서 두 삼각형 BCD, ACB의 넓이는

$$\triangle\text{BCD}=\frac{1}{2}\times\overline{\text{BD}}\times\overline{\text{CD}}$$
$$=\frac{1}{2}\times\log_2 2p\times(2p-p)$$
$$=\frac{p}{2}\log_2 2p$$
$$\triangle\text{ACB}=\frac{1}{2}\times\overline{\text{AC}}\times\overline{\text{CD}}$$
$$=\frac{1}{2}\times\log_2 p\times(2p-p)$$
$$=\frac{p}{2}\log_2 p$$

2nd 넓이의 차가 8임을 이용하여 실수 p의 값을 구하자.

삼각형 BCD와 삼각형 ACB의 넓이의 차가 8이므로

$$|\triangle\text{BCD}-\triangle\text{ACB}|=\left|\frac{p}{2}\log_2 2p-\frac{p}{2}\log_2 p\right|=8$$

두 삼각형 중에서 어느 삼각형의 넓이가 더 넓은지 알 수 없으니까 절댓값을 취해야 해.

$$\left|\frac{p}{2}(\log_2 2p-\log_2 p)\right|=8,\ \left|\frac{p}{2}\log_2\frac{2p}{p}\right|=8$$

$\log_a m-\log_a n=\log_a\frac{m}{n}$

$$\left|\frac{p}{2}\log_2 2\right|=8,\ \frac{p}{2}=8\,(\because p>1)$$
$$\therefore p=16$$

I

G~H
연습

06 답 ③

> 함수 $y=\log_a(x^2-4x+12)$의 최댓값이 -3일 때,
> 양수 a의 값은? (단, $a\neq1$)
> 밑 a의 값의 범위가 $0<a<1$이면 진수가 최소일 때 최댓값을 갖고,
> $a>1$이면 진수가 최대일 때 최댓값을 가져.
>
> ① $\dfrac{1}{4}$　　　② $\dfrac{1}{3}$　　　③ $\dfrac{1}{2}$
>
> ④ 2　　　⑤ 3

1st 밑 a의 값의 범위를 구하자.

$f(x)=x^2-4x+12=(x-2)^2+8$이라 하면 $f(x)$는
$x=2$일 때 최솟값 $f(2)=8$을 갖고, 최댓값은 존재하지 않는다.

이때, 주어진 함수의 밑 a의 값의 범위가 $a>1$이면 진수 $f(x)$가 최대일 때 최댓값을 갖는데 진수 $f(x)$의 최댓값이 존재하지 않으므로 함수 $y=\log_a f(x)$의 최댓값도 존재하지 않는다.

$\therefore\ 0<a<1$　함수 $f(x)=\log_a x$에 대하여 $a>1$이면 함수 $f(x)$는 증가함수이고 $0<a<1$이면 감소함수야.

2nd 양수 a의 값을 구하자.

따라서 진수 $f(x)$가 최소일 때 주어진 함수가 최댓값 -3을 가지므로 $\log_a f(2)=-3$에서

$\log_a 8=-3,\ 8=a^{-3},\ a^3=\dfrac{1}{8}$
　　　$y=\log_a x$에서 $x=a^y$
$\therefore\ a=\dfrac{1}{2}\ (\because\ 0<a<1)$

---

07 답 ①

> 정의역이 $\{x\,|\,1\leq x\leq25\}$인 함수
> $y=|\log_5 x-1|(\log_5 x-3)$의 최댓값을 M, 최솟값
> 을 m이라 할 때, $M+m$의 값은?
>
> ① -3　　　② -1　　　③ 1
>
> ④ 3　　　⑤ 5　　$\log_5 x$가 반복되고 있으니까 $\log_5 x=t$로
> 　　　　　　　　치환하자. 이때, t의 값의 범위에 주의해.

1st $\log_5 x=t$라 하고 t에 대한 함수의 그래프를 그려서 최댓값, 최솟값을 구해.

$y=|\log_5 x-1|(\log_5 x-3)$에서 $\log_5 x=t$라 하면
$1\leq x\leq25$에서 $0\leq t\leq2$이고　각 변에 밑이 5인 로그를 취하면
　　　　　　　　　　　　　　　$\log_5 1\leq\log_5 x\leq\log_5 5^2$에서
$y=|t-1|(t-3)$　　　　　　　$0\leq t\leq2$야.

(i) $0\leq t\leq1$일 때,　절댓값 안이 0보다 작거나 같은 경우와
　　　　　　　　　　　0보다 큰 경우로 나누어 생각해.

$\begin{aligned}y&=-(t-1)(t-3)=-t^2+4t-3\\&=-(t-2)^2+1\end{aligned}$
　　　　　　　　　　$0\leq t\leq1$이면 $t-1\leq0$이므로
　　　　　　　　　　$|t-1|=-(t-1)$

(ii) $1<t\leq2$일 때,

$\begin{aligned}y&=(t-1)(t-3)=t^2-4t+3\\&=(t-2)^2-1\end{aligned}$
　　　　　　　　　　$1<t\leq2$이면 $t-1>0$이므로
　　　　　　　　　　$|t-1|=t-1$

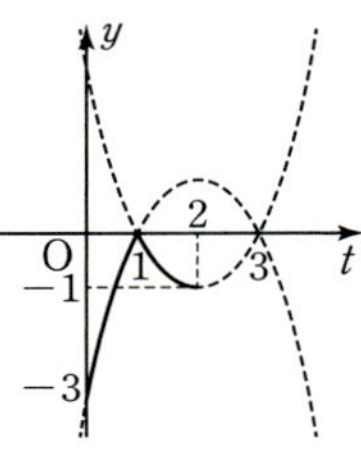

(i), (ii)에 의하여 $0\leq t\leq2$에서 함수
$y=|t-1|(t-3)$의 그래프는 그림
과 같으므로 주어진 함수는 $t=1$일
때 최댓값 0을, $t=0$일 때 최솟값
-3을 갖는다.

따라서 $M=0,\ m=-3$이므로
$M+m=0+(-3)=-3$

---

08 답 2

$\log_5 x+\log_5 y=\log_5 xy$이고 밑이 1보다 크므로 xy가 최대일 때 최댓값을 갖는다.

$x+y=10$에서 $y=10-x$이므로
$\begin{aligned}xy&=x(-x+10)=-x^2+10x\\&=-(x-5)^2+25\end{aligned}$

즉, xy는 $x=5$일 때, 최댓값 25를 가지므로
$\log_5 x+\log_5 y=\log_5 xy$의 최댓값은 $\log_5 25=2$

다른 풀이

$x>0,\ y>0$이므로 산술평균과 기하평균의 관계에 의하여
$10=x+y\geq2\sqrt{xy}$ (단, 등호는 $x=y$일 때 성립)
$\sqrt{xy}\leq5$　　$\therefore\ xy\leq25$
(이하 동일)

---

09 답 ②

> x에 대한 이차방정식
> $x^2-2(1+\log a)x+1-(\log a)^2=0$이 중근을 가질
> 때, 모든 상수 a의 값의 합은?　이차방정식이 중근을 가지면 판별
> 　　　　　　　　　　　　　식을 D라 할 때 $D=0$이야.
>
> ① 1　　　② $\dfrac{11}{10}$　　　③ $\dfrac{101}{100}$
>
> ④ 2　　　⑤ 3

1st 판별식을 이용하여 모든 a의 값을 구하자.

이차방정식 $x^2-2(1+\log a)x+1-(\log a)^2=0$이 중근을
가지므로 판별식을 D라 하면 $D=0$이어야 한다.
　　　　　　이차방정식 $ax^2+bx+c=0$의 판별식은 $D=b^2-4ac$
즉, $\dfrac{D}{4}=(1+\log a)^2-\{1-(\log a)^2\}=0$에서

$(\log a)^2+\log a=0$
$(\log a)(\log a+1)=0$
　　　　$AB=0$이면 $A=0$ 또는 $B=0$
$\therefore\ \log a=0$ 또는 $\log a=-1$

(i) $\log a=0$에서 $a=1$

(ii) $\log a=-1$에서 $a=10^{-1}=\dfrac{1}{10}$

(i), (ii)에 의하여 $a=1$ 또는 $a=\dfrac{1}{10}$이므로 모든 a의 값의
합은 $1+\dfrac{1}{10}=\dfrac{11}{10}$이다.

10 답 ②

진수의 조건에 의하여 $4+x>0$, $4-x>0$이므로

$-4<x<4$ $\cdots$ ㉠

$\log_2(4+x)+\log_2(4-x)=3$에서

$\log_2(4+x)(4-x)=\log_2 2^3$, $\log_2(16-x^2)=\log_2 8$

$16-x^2=8$, $x^2=8$

$\therefore x=2\sqrt{2}$ 또는 $x=-2\sqrt{2}$

따라서 ㉠에 의하여 주어진 방정식의 해는

$x=2\sqrt{2}$ 또는 $x=-2\sqrt{2}$이므로 모든 실수 x의 값의 곱은

$2\sqrt{2}\times(-2\sqrt{2})=-8$

11 답 $\dfrac{1}{81}$

$(\log_9 x)^2+\log_3 x-3=0$에서 $\left(\dfrac{1}{2}\log_3 x\right)^2+\log_3 x-3=0$

$\dfrac{1}{4}(\log_3 x)^2+\log_3 x-3=0$ $\qquad\cdots$ Ⅰ

이때, $\log_3 x=t$라 하면

$\dfrac{1}{4}t^2+t-3=0$, $t^2+4t-12=0$, $(t+6)(t-2)=0$

$\therefore t=-6$ 또는 $t=2$ $\qquad\cdots$ Ⅱ

(i) $t=\log_3 x=-6$에서 $x=\dfrac{1}{3^6}$

(ii) $t=\log_3 x=2$에서 $x=3^2$

(i), (ii)에 의하여 주어진 방정식의 실근은

$x=\dfrac{1}{3^6}$ 또는 $x=3^2$

따라서 모든 실근의 곱은 $\dfrac{1}{3^6}\times 3^2=\dfrac{1}{3^4}=\dfrac{1}{81}$이다. $\qquad\cdots$ Ⅲ

[채점기준표]

Ⅰ	주어진 방정식을 정리한다.	20%
Ⅱ	$\log_3 x=t$로 치환하여 t에 대한 방정식을 푼다.	40%
Ⅲ	주어진 방정식의 해를 구하고 모든 실근의 곱을 구한다.	40%

12 답 ①

주어진 방정식의 양변에 3을 밑으로 하는 로그를 취하면

$x^{\log_3 4x}=9$에서 $\log_3 x^{\log_3 4x}=\log_3 9$

$(\log_3 x+\log_3 4)\log_3 x=2$

$(\log_3 x)^2+(\log_3 4)(\log_3 x)-2=0$ $\cdots$ ㉠

이때, $\log_3 x=t$라 하면

$t^2+t\log_3 4-2=0$ $\cdots$ ㉡

한편, ㉠의 두 실근이 α, β이므로 ㉡의 두 실근은 $\log_3 \alpha$, $\log_3 \beta$이다.

따라서 ㉡의 이차방정식의 근과 계수의 관계에 의하여

$\log_3 \alpha+\log_3 \beta=-\log_3 4$에서

$\log_3 \alpha\beta=\log_3 \dfrac{1}{4}$

$\therefore \alpha\beta=\dfrac{1}{4}$

13 답 ③

진수의 조건에 의하여 $x>0$ $\cdots$ ㉠, $\log_2 x-3>0$

이때, $\log_2 x-3>0$에서 $\log_2 x>3=\log_2 8$이므로

$x>8$ $\cdots$ ㉡

㉠, ㉡에 의하여 $x>8$ $\cdots$ ㉢

부등식 $\log_4(\log_2 x-3)\leq\dfrac{1}{2}=\log_4 4^{\frac{1}{2}}=\log_4 2$에서

$\log_2 x-3\leq 2$, $\log_2 x\leq 5=\log_2 2^5=\log_2 32$

$\therefore x\leq 32$ $\cdots$ ㉣

㉢, ㉣에 의하여 $8<x\leq 32$

따라서 주어진 부등식을 만족시키는 정수 x의 개수는

$32-8=24$이다.

> **[부등식을 만족시키는 정수의 개수]**   심플 정리!
>
> 정수 a, b에 대하여
>
> (1) $a<x<b$를 만족시키는 정수 x의 개수는
> $b-a-1$ (개)
>
> (2) $a\leq x<b$를 만족시키는 정수 x의 개수는
> $b-a$ (개)
>
> (3) $a<x\leq b$를 만족시키는 정수 x의 개수는
> $b-a$ (개)
>
> (4) $a\leq x\leq b$를 만족시키는 정수 x의 개수는
> $b-a+1$ (개)

14 답 ②

> 부등식 $2\log_2|x-1|\leq 1-\log_2\dfrac{1}{2}$을 만족시키는 모든 정수 x의 개수는?
> 진수의 조건에 주의하면서 부등식을 $\log_2 f(x)\leq\log_2 g(x)$ 꼴로 변형하여 풀어.
>
> ① 2   ② 4   ③ 6
> ④ 8   ⑤ 10

1st 진수의 조건을 생각해.

진수의 조건에 의하여 $|x-1|>0$에서 $x\neq 1$ $\cdots$ ㉠

$|x-1|\geq 0$이니까 $|x-1|>0$ 이려면 $x\neq 1$이기만 하면 돼.

2nd 주어진 부등식을 풀자.

$1-\log_2\dfrac{1}{2}=1+\log_2 2=2$이므로

$\log_2\dfrac{1}{2}=\log_2 2^{-1}=-\log_2 2$, $\log_2 2=1$

$2\log_2|x-1|\leq 1-\log_2\dfrac{1}{2}$에서

$2\log_2|x-1|\leq 2$, $\log_2|x-1|\leq 1=\log_2 2$

$|x-1|\leq 2$, $-2\leq x-1\leq 2$

$\therefore -1\leq x\leq 3$ $\cdots$ ㉡

밑이 1보다 크므로 부등호의 방향이 바뀌지 않아.

㉠, ㉡에 의하여 주어진 부등식의 해는

$-1\leq x<1$ 또는 $1<x\leq 3$

따라서 주어진 부등식을 만족시키는 정수 x의 개수는

-1, 0, 2, 3의 4이다.

15 답 14

진수의 조건에 의하여 $4x>0$, $8x>0$　　∴ $x>0$ … ㉠

$(\log_2 4x)(\log_2 8x)<2$에서

$(\log_2 4+\log_2 x)(\log_2 8+\log_2 x)<2$

$(2+\log_2 x)(3+\log_2 x)<2$

$(\log_2 x)^2+5\log_2 x+4<0$

이때, $\log_2 x=t$라 하면

$t^2+5t+4<0$, $(t+1)(t+4)<0$

∴ $-4<t<-1$

즉, $-4<\log_2 x<-1$에서 $\log_2 2^{-4}<\log_2 x<\log_2 2^{-1}$이

므로 $\dfrac{1}{16}<x<\dfrac{1}{2}$ … ㉡

㉠, ㉡에 의하여 주어진 부등식의 해는 $\dfrac{1}{16}<x<\dfrac{1}{2}$

한편, 해가 $\dfrac{1}{16}<x<\dfrac{1}{2}$이고 x^2의 계수가 1인 이차부등식

은 $\left(x-\dfrac{1}{16}\right)\left(x-\dfrac{1}{2}\right)<0$에서 $x^2-\dfrac{9}{16}x+\dfrac{1}{32}<0$이다.

이 부등식의 양변에 양수 a를 곱하면

$ax^2-\dfrac{9}{16}ax+\dfrac{1}{32}a<0$이고 이 부등식이

$ax^2+bx+1<0$과 같으므로

$-\dfrac{9}{16}a=b$, $\dfrac{1}{32}a=1$에서 $a=32$, $b=-18$

∴ $a+b=32+(-18)=14$

16 답 ②

(ⅰ) $\log_5 x\geq\log_5 3$에서 $x\geq3$

이때, 진수의 조건에 의하여 $x>0$이므로 이 부등식의

해는 $x\geq3$이다.

(ⅱ) $\log_{\frac{1}{2}} x^2\geq-5$에서 $\log_{\frac{1}{2}} x^2\geq\log_{\frac{1}{2}}\left(\dfrac{1}{2}\right)^{-5}$

$\log_{\frac{1}{2}} x^2\geq\log_{\frac{1}{2}} 32$, $x^2\leq32$

∴ $-4\sqrt{2}\leq x\leq4\sqrt{2}$

그런데 진수의 조건에 의하여 $x\neq0$이므로 이 부등식의

해는 $-4\sqrt{2}\leq x<0$ 또는 $0<x\leq4\sqrt{2}$이다.

(ⅰ), (ⅱ)에 의하여 주어진 연립부등식의 해는

$3\leq x\leq4\sqrt{2}=5.\times\times\times$이므로 정수 x는 3, 4, 5이다.

따라서 모든 정수 x의 값의 합은 $3+4+5=12$이다.

01 답 ①

$3^4\times(6^3)^3\div(12^2\times24)$

$=3^4\times(2^3\times3^3)^3\div(2^4\times3^2\times2^3\times3)$

$=3^4\times2^9\times3^9\div(2^7\times3^3)$

$=3^{13}\times2^9\div(2^7\times3^3)$

$=2^{9-7}\times3^{13-3}=2^2\times3^{10}$

이므로 $a=2$, $b=10$이다.

∴ $a+b=2+10=12$

02 답 ④

$\sqrt{\dfrac{\sqrt[3]{a}}{\sqrt[4]{a}}}\times\sqrt[4]{\dfrac{\sqrt{a}}{\sqrt[3]{a}}}=\dfrac{\sqrt[6]{a}}{\sqrt[8]{a}}\times\dfrac{\sqrt[8]{a}}{\sqrt[12]{a}}=\dfrac{\sqrt[12]{a^2}}{\sqrt[12]{a}}=\sqrt[12]{a}$

03 답 ②

> 세 수 $A=\sqrt[3]{\dfrac{1}{4}}$, $B=\sqrt[4]{\dfrac{1}{6}}$, $C=\sqrt[3]{\sqrt{\dfrac{1}{15}}}$의 대소 관
>
> 계를 바르게 나타낸 것은?　거듭제곱근의 성질을 이용하여 식을 간
> 단히 정리한 후에 거듭제곱근을 통일시
> 켜 보자.
>
> ① $A<B<C$　　② $A<C<B$　　③ $B<A<C$
>
> ④ $B<C<A$　　⑤ $C<A<B$

1st 제곱근의 성질을 이용하여 제곱근을 통일시키자.

$A=\sqrt[3]{\dfrac{1}{4}}=\sqrt[12]{\left(\dfrac{1}{4}\right)^4}=\sqrt[12]{\dfrac{1}{4^4}}=\sqrt[12]{\dfrac{1}{256}}$

$\underset{\sqrt[n]{\sqrt[m]{a}}=\sqrt[mn]{a}}{}$

→ 거듭제곱근의 성질을 이
용하여 식을 간단히 한
후 3, 4, 6의 최소공배
수인 12로 거듭제곱근
을 통일시켜야 수들의
대소를 비교할 수 있어.

$B=\sqrt[4]{\dfrac{1}{6}}=\sqrt[12]{\left(\dfrac{1}{6}\right)^3}=\sqrt[12]{\dfrac{1}{6^3}}=\sqrt[12]{\dfrac{1}{216}}$

$C=\sqrt[3]{\sqrt{\dfrac{1}{15}}}=\sqrt[6]{\dfrac{1}{15}}=\sqrt[12]{\left(\dfrac{1}{15}\right)^2}=\sqrt[12]{\dfrac{1}{15^2}}=\sqrt[12]{\dfrac{1}{225}}$

2nd 제곱근 안에 있는 수들의 대소 관계를 비교하자.

이때, $216<225<256$이므로 $\dfrac{1}{256}<\dfrac{1}{225}<\dfrac{1}{216}$

즉, $\sqrt[12]{\dfrac{1}{256}}<\sqrt[12]{\dfrac{1}{225}}<\sqrt[12]{\dfrac{1}{216}}$에서 $A<C<B$이다.

04 답 ⑤

$a=(2^{3+\sqrt{3}})^{\sqrt{3}}=2^{3\sqrt{3}+3}$이고

$b=(2^{\sqrt{3}})^{3-\sqrt{3}}=2^{3\sqrt{3}-3}$이므로

$\dfrac{a}{b}=\dfrac{2^{3\sqrt{3}+3}}{2^{3\sqrt{3}-3}}=2^{\{(3\sqrt{3}+3)-(3\sqrt{3}-3)\}}=2^6=64$

05 답 ②

$a^x=b^y=c^z=125=5^3$에서 $a=5^{\frac{3}{x}}$, $b=5^{\frac{3}{y}}$, $c=5^{\frac{3}{z}}$

∴ $abc=5^{\frac{3}{x}}\times5^{\frac{3}{y}}\times5^{\frac{3}{z}}=5^{\left(\frac{3}{x}+\frac{3}{y}+\frac{3}{z}\right)}$

한편, $abc=5$에서 $5^{\left(\frac{3}{x}+\frac{3}{y}+\frac{3}{z}\right)}=5^{3\left(\frac{1}{x}+\frac{1}{y}+\frac{1}{z}\right)}=5^1$

$3\left(\dfrac{1}{x}+\dfrac{1}{y}+\dfrac{1}{z}\right)=1$　　∴ $\dfrac{1}{x}+\dfrac{1}{y}+\dfrac{1}{z}=\dfrac{1}{3}$

06 답 ④

$f(x)=\dfrac{a^x-a^{-x}}{a^x+a^{-x}}=\dfrac{a^{2x}-1}{a^{2x}+1}$에서

$a^{2x}f(x)+f(x)=a^{2x}-1,\ 1+f(x)=a^{2x}-a^{2x}f(x)$

$1+f(x)=a^{2x}\{1-f(x)\}$ $\cdots$ ㉠

$\therefore a^{2x}=\dfrac{1+f(x)}{1-f(x)}$

이때, $f(\alpha)=\dfrac{1}{3}$이므로 $a^{2\alpha}=\dfrac{1+f(\alpha)}{1-f(\alpha)}=\dfrac{1+\frac{1}{3}}{1-\frac{1}{3}}=2$

또, $f(\beta)=\dfrac{1}{2}$이므로 $a^{2\beta}=\dfrac{1+f(\beta)}{1-f(\beta)}=\dfrac{1+\frac{1}{2}}{1-\frac{1}{2}}=3$

$\therefore f(\alpha+\beta)=\dfrac{a^{2(\alpha+\beta)}-1}{a^{2(\alpha+\beta)}+1}=\dfrac{a^{2\alpha+2\beta}-1}{a^{2\alpha+2\beta}+1}$

$=\dfrac{a^{2\alpha}\times a^{2\beta}-1}{a^{2\alpha}\times a^{2\beta}+1}=\dfrac{2\times3-1}{2\times3+1}=\dfrac{5}{7}$

TIP

주어진 $f(x)$에서 $f(x)=1$이라면 $\dfrac{a^x-a^{-x}}{a^x+a^{-x}}=1$에서

$a^x-a^{-x}=a^x+a^{-x}$이므로 $a^{-x}=0$이다.

그런데 $a^{-x}>0$이므로 $f(x)=1$이 될 수 없다.

즉, ㉠에서 $1-f(x)\neq0$이므로 양변을 $1-f(x)$로 나눌 수 있다.

07 답 ③

올림픽에 참가한 어느 나라가 딴 금메달, 은메달, 동메달의 수를 각각 a, b, c라 할 때, $3a+2b+c$의 값을 그 나라의 메달 가치라 하자. 어떤 연구에 의하면 인구가 P만 명이고 국내총생산액이 G억 달러인 나라의 메달 가치 S는 부등식

부등식 (＊)에 있는 미지수 P, G, S가 각각 무엇을 의미하는지 확인하여 주어진 부등식에 대입해야 해.

$$S\leq0.215\left(\dfrac{P}{100}\right)^{\frac{1}{3}}\left(\dfrac{G}{10}\right)^{\frac{2}{3}} \cdots (\,＊\,)$$

을 만족시킨다고 한다. 어느 해 올림픽에 참가한 A나라의 인구가 6400만 명이고, 국내총생산액이 5120억 달러라 하자. 부등식 (＊)이 항상 성립한다고 할 때, A나라의 메달 가치의 최댓값은?

① 51 ② 53 ③ 55 ④ 57 ⑤ 59

1st 주어진 값을 부등식에 대입하자.

$P=6400,\ G=5120$이므로

$S\leq0.215\left(\dfrac{6400}{100}\right)^{\frac{1}{3}}\left(\dfrac{5120}{10}\right)^{\frac{2}{3}}$

문제에서 P, G는 각각 인구 수, 국내총생산액이므로 부등식 (＊)에 각각 대입해.

$=0.215\times(2^6)^{\frac{1}{3}}\times(2^9)^{\frac{2}{3}}$

지수법칙을 바로 이용하기 보다는 밑을 간단히 정리한 후에 적용하는 것이 계산을 더 간편히 할 수 있어.

$=0.215\times2^2\times2^6=55.04$

따라서 메달 가치의 최댓값은 55이다.

메달 가치는 $3a+2b+c$에서 음이 아닌 정수이므로 답은 55.04가 아닌 55가 되어야 해.

08 답 ③

밑의 조건에 의하여 $x-2>0$, $x-2\neq1$에서

$x>2$, $x\neq3$ $\therefore 2<x<3$ 또는 $x>3$ $\cdots$ ㉠

진수의 조건에 의하여 $-x^2+4x+5>0$이므로

$x^2-4x-5<0,\ (x+1)(x-5)<0$

$\therefore -1<x<5$ $\cdots$ ㉡

㉠, ㉡에 의하여 주어진 로그가 정의되기 위한 x의 값의 범위는 $2<x<3$ 또는 $3<x<5$

따라서 구하는 정수 x의 값은 4이다.

09 답 ①

ㄱ. $a^0=1$이므로 $\log_a1=0$이다. (참)

ㄴ. 로그의 성질에 의하여

$\log_a\dfrac{M}{N}=\log_aM-\log_aN$이다. (거짓)

ㄷ. 【반례】 $a=2$, $N=4$이면

$\log_aN^2=\log_24^2=\log_22^4=4,$

$(\log_aN)^2=(\log_24)^2=(\log_22^2)^2=2^2=4$이므로

$\log_aN^2=(\log_aN)^2$이다. (거짓)

따라서 옳은 것은 ㄱ이다.

[로그의 기본 성질] 심플 정리!

$a>0$, $a\neq1$, $M>0$, $N>0$일 때,

(1) $\log_a1=0$, $\log_aa=1$

(2) $\log_aMN=\log_aM+\log_aN$

(3) $\log_a\dfrac{M}{N}=\log_aM-\log_aN$

(4) $\log_aM^k=k\log_aM$ (단, k는 상수)

10 답 7

이차방정식 $x^2-3x+1=0$의 두 근이 $\log_4a$, $\log_4b$이므로 이차방정식의 근과 계수의 관계에 의하여

$\log_4a+\log_4b=3,\ (\log_4a)(\log_4b)=1$ $\cdots$ Ⅰ

한편, 로그의 밑의 변환 공식에 의하여

$\log_ab+\log_ba=\dfrac{\log_4b}{\log_4a}+\dfrac{\log_4a}{\log_4b}$ $\cdots$ Ⅱ

$=\dfrac{(\log_4b)^2+(\log_4a)^2}{(\log_4a)(\log_4b)}$

$=\dfrac{(\log_4a+\log_4b)^2-2(\log_4a)(\log_4b)}{(\log_4a)(\log_4b)}$

$=\dfrac{3^2-2\times1}{1}=7$ $\cdots$ Ⅲ

[채점기준표]

Ⅰ	$\log_4a$와 $\log_4b$의 합과 곱을 구한다.	30%
Ⅱ	$\log_ab+\log_ba$를 $\log_4a$와 $\log_4b$의 식으로 나타낸다.	30%
Ⅲ	$\log_ab+\log_ba$의 값을 구한다.	40%

11 답 ⑤

> 등식 $x^5y^3=5^{15}$을 만족시키는 양의 실수 x, y에 대하여 $m\log_5 x+15\log_5 y$가 일정한 값을 가질 때, 실수 m의 값은? $x^5y^3=5^{15}$을 밑이 5인 로그로 나타내어 이 식을 하나의 문자에 대한 식으로 나타내.
>
> ① 3　　　　② 5　　　　③ 15
>
> ④ 20　　　⑤ 25

1st $x^5y^3=5^{15}$을 변형하자.

$x^5y^3=5^{15}$의 양변에 밑이 5인 로그를 취하면

$\log_5 x^5y^3=\log_5 5^{15}$에서

$5\log_5 x+3\log_5 y=15$ 　→ $\log_a MN=\log_a M+\log_a N$　$\log_a N^m=m\log_a N$

2nd 치환하여 한 문자에 대한 식으로 나타내자.

이때, $\log_5 x=X$, $\log_5 y=Y$라 하면

$5X+3Y=15$에서 $Y=-\dfrac{5}{3}X+5$

$\therefore m\log_5 x+15\log_5 y=mX+15Y$

$\qquad\qquad=mX+15\left(-\dfrac{5}{3}X+5\right)$

$\qquad\qquad=(m-25)X+75$

$\qquad\qquad=(m-25)\log_5 x+75$

이것이 x의 값에 관계없이 일정해야 하므로

$m-25=0$에서 $m=25$ 　$(m-25)\log_5 x+75=C$라 하면 어떤 x에 대해서도 이 식이 항상 성립해야 하니까 x에 대한 항등식이어야 해.

12 답 ①

$\log 200+\log 0.02+\log\left(\dfrac{1}{2}\right)^3$

$=\log(2\times10^2)+\log(2\times10^{-2})+\log 2^{-3}$

$=\log 2+2+\log 2-2+(-3\log 2)$

$=-\log 2=-0.3010$

13 답 ③

> 정수 n과 $0\le a<1$인 실수 a에 대하여 $\log x=n+a$로 표현해 봐.
>
> $5\le\log x<6$일 때, $\log x$와 $\log x^2$의 합이 정수가 되게 하는 모든 양수 x의 값의 곱은?
>
> ① 10^{14}　　　② 10^{15}　　　③ 10^{16}
>
> ④ 10^{17}　　　⑤ 10^{18}

1st $\log x$를 (정수)$+$(0 또는 양의 소수)의 꼴로 나타내자.

$5\le\log x<6$이므로 $\log x=5+a\,(0\le a<1)$라 하면

$\log x^2=2\log x=10+2a$이므로

$\log x+\log x^2=(5+a)+(10+2a)=15+3a$

2nd 정수가 되기 위한 a의 값을 찾아서 x의 값을 구하자.

$15+3a$가 정수가 되기 위해서는 　15가 정수이므로 $3a$만 정수이면 되고, a는 0보다 크거나 같고 1보다 작은 값이므로 a의 범위에 해당하는 값만 찾아야 해.

$a=0$ 또는 $a=\dfrac{1}{3}$ 또는 $a=\dfrac{2}{3}$

즉, $\log x=5$ 또는 $\log x=5+\dfrac{1}{3}=\dfrac{16}{3}$ 또는

$\log x=5+\dfrac{2}{3}=\dfrac{17}{3}$이므로

$x=10^5$ 또는 $x=10^{\frac{16}{3}}$ 또는 $x=10^{\frac{17}{3}}$이다.

따라서 모든 양수 x의 값의 곱은

$10^5\times10^{\frac{16}{3}}\times10^{\frac{17}{3}}=10^{5+\frac{16}{3}+\frac{17}{3}}=10^{16}$

14 답 ④

> 전체 인구가 500만 명인 A시는 저탄소 녹색성장 정책 추진에 힘입어 2010년 초 자전거 보유 인구가 전체 인구의 16 %를 차지하였다. 이 도시에서는 2010년 초에 5개년 계획을 세워 자전거 보유 인구를 전년도에 비해 28 %씩 증가시킨다고 한다. 계획대로 진행된다면 5년 후 자전거 보유 인구는 전체 인구의 약 몇 %인가? (단, 인구변동은 고려하지 않으며 $\log 1.28=0.108$, $\log 3.50=0.540$으로 계산한다.)
>
> ① 44　　　　② 48　　　　③ 52
>
> ④ 56　　　　⑤ 60　　n년 후 자전거 보유 인구는 2010년의 자전거 보유 인구의 $(1+0.28)^n$배야.

1st 2010년 초 자전거 보유 인구를 계산하자.

2010년 초 자전거 보유 인구는 $500\times\dfrac{16}{100}$(만 명)이다.

2nd 5년 후 자전거 보유 인구의 비율을 구하자.

5년 후 자전거 보유 인구는

$500\times\dfrac{16}{100}\times(1+0.28)^5=500\times\dfrac{16}{100}\times1.28^5$(만 명)

1년 후 자전거 보유 인구는 처음의 $(1+0.28)$배이고, 2년 후 자전거 보유 인구는 $(1+0.28)^2$배야. 이 과정을 반복하면 n년 후 자전거 보유 인구는 $(1+0.28)^n$배가 돼.

이때, $1.28^5=x$라 하고 양변에 상용로그를 취하면

$\log x=5\log 1.28=0.54$에서 $x=3.50$

$\qquad\log_a m^k=k\log_a m$

따라서 5년 후 자전거 보유 인구는 $\left(500\times\dfrac{16}{100}\times3.50\right)$만

명이므로 5년 후 자전거 보유 인구는 전체 인구의 약

$\dfrac{500\times\dfrac{16}{100}\times3.50}{500}\times100=56(\%)$이다.

15 답 ⑤

① 치역은 $\{y\,|\,y>2\}$이다. (거짓)

② $x=1$을 대입하면 $y=3\times\dfrac{1}{3}+2=3$이므로 그래프는

점 $(1,\ 3)$을 지난다. (거짓)

③ 점근선은 $y=2$이다. (거짓)

④ 그래프는 제1, 2사분면을 지난다. (거짓)

⑤ $y=3\times\left(\dfrac{1}{3}\right)^x+2=\left(\dfrac{1}{3}\right)^{x-1}+2$의 그래프는 $y=\left(\dfrac{1}{3}\right)^x$의

그래프를 x축의 방향으로 1만큼, y축의 방향으로 2만큼 평행이동한 것이다. (참)

함수 $y=f(x)$의 그래프를 x축의 방향으로 m만큼, y축의
방향으로 n만큼 평행이동시킨 그래프의 식은 x 대신 $x-m$,
y 대신 $y-n$을 대입하면 된다. 즉, $y-n=f(x-m)$이다.

16 답 ①

$y=2^{x+2}-4^x=2^2\times2^x-(2^2)^x=-(2^x)^2+4\times2^x$

이때, $2^x=t$라 하면 $x\le3$이므로 $0<t=2^x\le8$이고

$y=-t^2+4t=-(t-2)^2+4$이다.

즉, 주어진 함수는 $t=2$일 때 최댓값 4를 갖고, $t=8$일 때

최솟값 -32를 가지므로 최댓값과 최솟값의 합은

$4+(-32)=-28$이다.

17 답 ⑤

함수 $y=3^x$의 그래프 위의 점 $\mathrm{P}(\alpha,\ 3^\alpha)$과 함수
$y=-3^{-x}$의 그래프 위의 점 $\mathrm{Q}(\beta,\ -3^{-\beta})$에 대하여
$\beta-\alpha=4$가 성립한다. 그림과 같이 두 점 P, Q를 지
나고 x축, y축과 평행한 직선을 그려 만들어지는

직사각형의 넓이의 최솟값은?
직사각형의 가로와 세
로의 길이를 α, β에
대한 식으로 나타내.

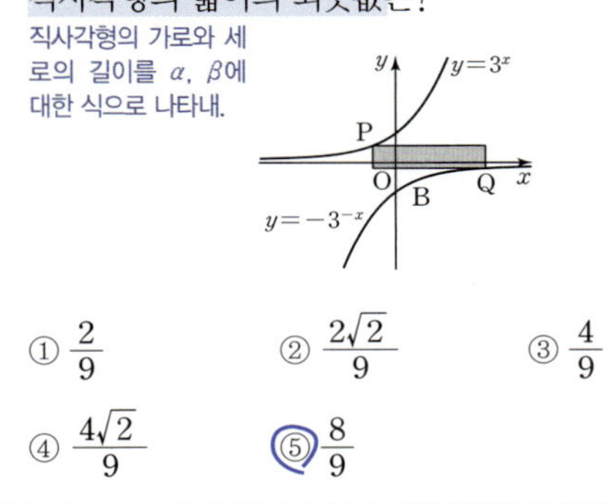

① $\dfrac{2}{9}$　　② $\dfrac{2\sqrt{2}}{9}$　　③ $\dfrac{4}{9}$

④ $\dfrac{4\sqrt{2}}{9}$　　⑤ $\dfrac{8}{9}$

1st 직사각형의 넓이를 구하자.

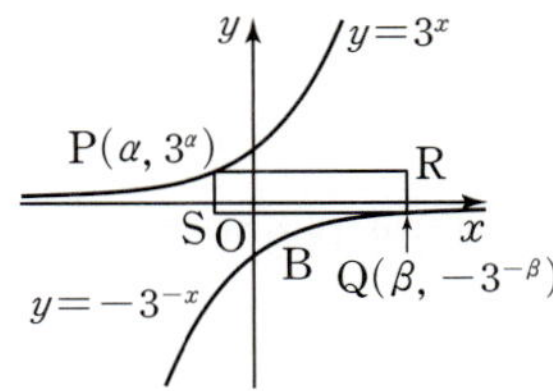

그림과 같이 두 점 P, Q가 아닌 두 점을 R, S라 하면 점
R의 x좌표와 y좌표는 각각 점 Q의 x좌표와 점 P의 y좌표
와 같고, 점 S의 x좌표와 y좌표는 각각 점 P의 x좌표와 점
Q의 y좌표와 같으므로 두 점 R, S의 좌표는 각각
$\mathrm{R}(\beta,\ 3^\alpha)$, $\mathrm{S}(\alpha,\ -3^{-\beta})$이다.

따라서 직사각형 PSQR의 가로의 길이는 $\overline{\mathrm{RP}}=\beta-\alpha$,
세로의 길이는 $\overline{\mathrm{RQ}}=3^\alpha-(-3^{-\beta})=3^\alpha+3^{-\beta}$이므로

$\square\mathrm{PSQR}=(\beta-\alpha)(3^\alpha+3^{-\beta})$

$\qquad\qquad=4(3^\alpha+3^{-\alpha-4})\ (\because\ \beta-\alpha=4)$

2nd 직사각형의 넓이의 최솟값을 구하자.

한편, $3^\alpha>0$, $3^{-\alpha-4}>0$이므로
산술평균과 기하평균의 관계에 의하여

산술평균과 기하평균의
관계는 두 수가 양수일
때만 적용할 수 있으니
수의 범위를 꼭 확인하고
적용하자.

$4(3^\alpha+3^{-\alpha-4})\ge4\times2\sqrt{3^\alpha\times3^{-\alpha-4}}=\dfrac{8}{9}$

$-\alpha=-\alpha-4$에서 $2\alpha=-4$　　(단, 등호는 $\alpha=-2$일 때 성립)
$\therefore\ \alpha=-2$

따라서 직사각형의 넓이의 최솟값은 $\dfrac{8}{9}$이다.

심플 정리!

[산술평균과 기하평균의 관계]
$a>0$, $b>0$일 때 $a+b\ge2\sqrt{ab}$

(단, 등호는 $a=b$일 때 성립)

18 답 ②

$f(x)=\left(\dfrac{1}{2}\right)^{x^2-4x+a}$의 밑이 1보다 작으므로 지수가 최소일

때, $f(x)$는 최댓값을 갖는다.

한편, $x^2-4x+a=(x-2)^2-4+a$이므로 지수는 $x=2$일

때 최솟값 $-4+a$를 갖는다.

이때, 함수 $f(x)$의 최댓값이 4이므로 $\left(\dfrac{1}{2}\right)^{-4+a}=4$에서

$2^{4-a}=2^2$, $4-a=2$　　$\therefore\ a=2$

19 답 ②

$\begin{cases}3^x+3^y=36\\3^{x+y}=243\end{cases}$에서 $3^x=X$, $3^y=Y\,(X>0,\ Y>0)$라 하면

$\begin{cases}X+Y=36\\XY=243\end{cases}$이므로 X, Y는 이차방정식

$t^2-36t+243=(t-9)(t-27)=0$의 두 근이다.

즉, $t=9$ 또는 $t=27$이므로

$X=9$, $Y=27$ 또는 $X=27$, $Y=9$이다.

(ⅰ) $X=9$, $Y=27$, 즉 $3^x=9$, $3^y=27$일 때, $x=2$, $y=3$

(ⅱ) $X=27$, $Y=9$, 즉 $3^x=27$, $3^y=9$일 때, $x=3$, $y=2$

따라서 $a=2$, $b=3$ 또는 $a=3$, $b=2$인데 $a>b$이므로

$a=3$, $b=2$이다.

$\therefore\ 2a+3b=2\times3+3\times2=12$

다른 풀이

$\begin{cases}X+Y=36\ \cdots\ \bigcirc\\XY=243\ \cdots\ \bigcirc\!\!\!\bigcirc\end{cases}$

$\bigcirc$에서 $Y=36-X$이므로 $\bigcirc\!\!\!\bigcirc$에 대입하면

$X(36-X)=243$, $-X^2+36X=243$

$X^2-36X+243=0$, $(X-9)(X-27)=0$

따라서 $X=9$ 또는 $X=27$이므로

$\begin{cases}X=9\\Y=27\end{cases}$ 또는 $\begin{cases}X=27\\Y=9\end{cases}$

(이하 동일)

20 답 ⑤

$9^{2x}-6\times9^{x}+4=0$의 두 근이 α, β이므로 $9^{x}=t\,(t>0)$라 하면 $t^2-6t+4=0$의 두 근은 9^{α}, 9^{β}이다.

따라서 이차방정식의 근과 계수의 관계에 의하여

$9^{\alpha}+9^{\beta}=6$이고 $9^{\alpha}\times9^{\beta}=4$이다.

이때, $9^{\alpha}\times9^{\beta}=4$에서 $(3^{\alpha}\times3^{\beta})^2=2^2$이므로

$3^{\alpha}\times3^{\beta}=2\,(\because 3^{\alpha}>0,\ 3^{\beta}>0)$

$\therefore\ (3^{\alpha}\times3^{\beta})^2=9^{\alpha}+2\times3^{\alpha}\times3^{\beta}+9^{\beta}$

$\qquad\qquad\qquad=(9^{\alpha}+9^{\beta})+2\times3^{\alpha}\times3^{\beta}$

$\qquad\qquad\qquad=6+2\times2=10$

21 답 1

$4^{x}-a\times2^{x+2}\geq-4$에서

$(2^2)^{x}-a\times2^2\times2^{x}+4\geq0,\ (2^{x})^2-4a\times2^{x}+4\geq0$

이때, $2^{x}=t\,(t>0)$라 하면 $t^2-4at+4\geq0$에서

$(t-2a)^2-4a^2+4\geq0$ $\cdots$ Ⅰ

이 부등식이 $t>0$인 모든 실수 t에 대하여 성립하기 위해서는

(ⅰ) $2a\geq0$, 즉 $a\geq0$이면

   $t=2a$일 때 최솟값 $-4a^2+4$를 가지므로

   $-4a^2+4\geq0$이어야 한다.

   즉, $(a+1)(a-1)\leq0$에서 $-1\leq a\leq1$

   그런데 $a\geq0$이므로 $0\leq a\leq1$

(ⅱ) $2a<0$, 즉 $a<0$이면

   $t=0$일 때의 값이 0 또는 양수이어야 한다.

   그런데 $t=0$이면 $(0-2a)^2-4a^2+4=4\geq0$이므로

   $a<0$일 때 주어진 부등식은 항상 성립한다. $\cdots$ Ⅱ

(ⅰ), (ⅱ)에 의하여 주어진 부등식을 항상 만족시키는 a의 값의 범위는 $a\leq1$이므로 a의 최댓값은 1이다. $\cdots$ Ⅲ

[채점기준표]

Ⅰ	치환하여 이차부등식으로 나타낸다.	30%
Ⅱ	이차함수의 꼭짓점의 위치에 따라 a의 값의 범위를 구한다.	50%
Ⅲ	a의 최댓값을 구한다.	20%

TIP

제한된 범위에서 이차함수의 최댓값, 최솟값을 구할 때 꼭짓점의 x좌표의 값이 제한된 범위에 포함되면 꼭짓점의 y좌표의 값이 최댓값 또는 최솟값이고, 포함이 안 되어 있는 경우 범위의 양끝에 있는 값을 대입하여 최댓값과 최솟값을 구해야 한다.

22 답 15

1st 일차함수 $y=f(x)$의 그래프를 보고 $y=f(x)$의 식을 세우자.

$f(-5)=0$이므로 함수 $y=f(x)$의 그래프는 점 $(-5,\ 0)$을 지나고 일차함수 $y=f(x)$의 그래프의 기울기가 양수이므로 기울기를 $a\,(a>0)$라 하면 $f(x)=a(x+5)$이다.

2nd 밑이 2인 지수부등식을 풀자.

기울기가 m이고 점 $(a,\ b)$를 지나는 직선의 방정식은 $y=m(x-a)+b$야.

$f(x)=a(x+5)$를 $2^{f(x)}\leq8$에 대입하면

$2^{a(x+5)}\leq2^3$이고 밑이 1보다 크므로

$a(x+5)\leq3$에서

문제에 주어진 부등식을 이용하면 미지수 a의 값을 구할 수 있어. 지수부등식이므로 밑의 범위를 잘 확인하여 부등식을 풀자.

$x+5\leq\dfrac{3}{a}\,(\because a>0)$ $\therefore\ x\leq\dfrac{3}{a}-5$

이때, 주어진 부등식의 해가 $x\leq-4$이므로

$\dfrac{3}{a}-5=-4$에서 $\dfrac{3}{a}=1$ $\therefore\ a=3$

따라서 $f(x)=3(x+5)$이므로

$f(0)=3\times(0+5)=15$

23 답 ⑤

ㄱ. $y=\log_2 2x=\log_2 2+\log_2 x=1+\log_2 x$이므로 함수 $y=\log_2 x$의 그래프를 y축의 방향으로 1만큼 평행이동한 것이다. (참)

ㄴ. $y=\log_{\frac{1}{2}}(-x)=-\log_2(-x)$이므로 함수 $y=\log_2 x$의 그래프를 원점에 대하여 대칭이동한 것이다. (참)

ㄷ. $y=\dfrac{2^{x}}{2}=2^{x-1}$이므로 함수 $y=\log_2 x$의 그래프를 직선 $y=x$에 대하여 대칭이동한 다음 x축의 방향으로 1만큼 평행이동한 것이다. (참)

따라서 함수 $y=\log_2 x$의 그래프를 평행이동 또는 대칭이동하여 겹쳐질 수 있는 것은 ㄱ, ㄴ, ㄷ이다.

24 답 ①

$y=a^x$과 $y=\log_a x$는 서로 역함수 관계이고 서로 역함수 관계인 두 함수의 그래프의 교점은 직선 $y=x$ 위에 존재해.

그림과 같이 지수함수 $y=a^x$과 로그함수 $y=\log_a x$가 두 점 P, Q에서 만날 때, 점 P에서 x축, y축에 내린 수선의 발을 각각 A, B라 하자. 점 Q를 지나고 x축과 평행한 직선이 직선 AP와 만나는 점을 D, 점 Q를 지나고 y축과 평행한 직선이 직선 BP와 만나는 점을 C라 할 때, 두 사각형 OAPB와 PCQD는 합동이다. a의 값은? (단, O는 원점이다.)

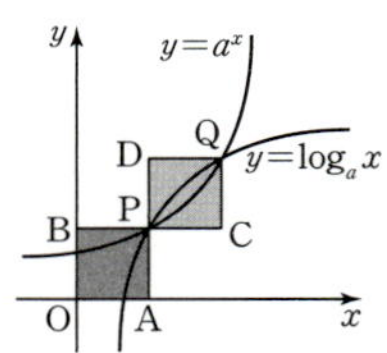

① $\sqrt{2}$ ② $\sqrt{3}$ ③ $\dfrac{\sqrt{5}}{2}$

④ $\dfrac{\sqrt{6}}{2}$ ⑤ 2

1st 두 점 P, Q를 좌표로 나타내자.

두 함수 $y=a^x$, $y=\log_a x$는 서로 역함수 관계에 있고, 두 점 P, Q는 $y=a^x$, $y=\log_a x$의 그래프의 교점이므로 직선 $y=x$ 위의 점이다.   함수 $y=f(x)$의 그래프와 직선 $y=x$의 교점은 모두 $y=f(x)$의 그래프와 그 역함수 $y=f^{-1}(x)$의 그래프의 교점이야.

두 사각형 OAPB, PCQD가 서로 합동이므로 $\mathrm{P}(k,\ k)$, $\mathrm{Q}(2k,\ 2k)$라 하자.

2nd a의 값을 구하자.

두 점 P, Q는 $y=a^x$의 그래프 위의 점이므로 $a^k=k\ \cdots\ \bigcirc$, $a^{2k}=2k$이다.

이때, $a^{2k}=2k$에서 $(a^k)^2=2k$, $k^2=2k\,(\because\ \bigcirc)$

$k^2-2k=0$, $k(k-2)=0$

$\therefore\ k=2\,(\because\ k>0)$

이것을 $\bigcirc$에 대입하면 $a^2=2$

$\therefore\ a=\sqrt{2}\,(\because\ a>1)$ 지수함수 $y=a^x$이 증가함수이므로 $a>1$이야.

다른 풀이

두 점 $\mathrm{P}(k,\ k)$, $\mathrm{Q}(2k,\ 2k)$가 $y=\log_a x$의 그래프 위의 점이므로 $\log_a k=k\ \cdots\ \bigcirc\!\!\bigcirc$, $\log_a 2k=2k$이다.

$\log_a 2k=2k$에서 $\log_a 2+\log_a k=2k$

$\log_a 2+\log_a k=2\log_a k\,(\because\ \bigcirc\!\!\bigcirc)$, $\log_a 2=\log_a k$

$\therefore\ k=2$

이것을 $\bigcirc\!\!\bigcirc$에 대입하면 $\log_a 2=2=\log_a a^2$에서

$a^2=2$

$\therefore\ a=\sqrt{2}\,(\because\ a>1)$

25 답 1

$\log_2 x=X$, $\log_3 y=Y$라 하면 $1<x<8$에서

$\log_2 1<\log_2 x<\log_2 8$ $\therefore\ 0<X<3\ \cdots\ \bigcirc$

이때, $\log_2 x+\log_3 y=4$이므로 $X+Y=4\ \cdots\ \bigcirc\!\!\bigcirc$

$\therefore\ \log_x 2+\log_y 3=\dfrac{1}{\log_2 x}+\dfrac{1}{\log_3 y}=\dfrac{1}{X}+\dfrac{1}{Y}$

$\qquad\qquad\qquad\quad =\dfrac{X+Y}{XY}=\dfrac{4}{XY}\,(\because\ \bigcirc\!\!\bigcirc)$

한편, $\bigcirc\!\!\bigcirc$에서 $X=4-Y$이므로 $\bigcirc$에 의하여

$0<4-Y<3$ $\therefore\ 1<Y<4$

즉, $X>0$, $Y>0$이므로 산술평균과 기하평균의 관계에 의하여

$4=X+Y\geq 2\sqrt{XY}$ (단, 등호는 $X=Y=2$일 때 성립)

에서 $\sqrt{XY}\leq 2$ $\therefore\ XY\leq 4$

따라서 $\log_x 2+\log_y 3=\dfrac{4}{XY}$는 XY가 최댓값 4를 가질 때 최솟값 1을 갖는다.

26 답 12

진수의 조건에 의하여 $x-4>0$, $5x+4>0$

$\therefore\ x>4\ \cdots\ \bigcirc$

$\log_3(x-4)=\log_9(5x+4)$에서

$\log_3(x-4)=\dfrac{1}{2}\log_3(5x+4)$

$2\log_3(x-4)=\log_3(5x+4)$

$\log_3(x-4)^2=\log_3(5x+4)$

$(x-4)^2=5x+4$, $x^2-13x+12=0$

$(x-1)(x-12)=0$

$\therefore\ x=1$ 또는 $x=12$

그런데 $\bigcirc$에 의하여 $x=12$이므로 $a=12$

27 답 25

$(\log x+\log 2)(\log x+\log 4)=-(\log k)^2$에서

$\log x=t$라 하면

$(t+\log 2)(t+\log 4)=-(\log k)^2$

$t^2+(3\log 2)t+2(\log 2)^2+(\log k)^2=0$

이 이차방정식이 서로 다른 두 실근을 가져야 하므로 판별식을 D라 할 때 $D>0$이어야 한다.

$D=(3\log 2)^2-4\{2(\log 2)^2+(\log k)^2\}>0$에서

$4(\log k)^2-(\log 2)^2<0$

$(2\log k+\log 2)(2\log k-\log 2)<0$

$-\dfrac{1}{2}\log 2<\log k<\dfrac{1}{2}\log 2$

$\therefore\ \log 2^{-\frac{1}{2}}<\log k<\log 2^{\frac{1}{2}}$

이때, 밑이 1보다 크므로 $2^{-\frac{1}{2}}<k<2^{\frac{1}{2}}$

따라서 $\alpha=2^{-\frac{1}{2}}$, $\beta=2^{\frac{1}{2}}$이므로

$10(\alpha^2+\beta^2)=10\times(2^{-1}+2)=25$

28 답 ②

진수의 조건에 의하여

$x>0,\ \log_2 x>0,\ \log_3(\log_2 x)>0$

이때, $\log_2 x>0=\log_2 1$에서 $x>1$이고

$\log_3(\log_2 x)>0=\log_3 1$에서

$\log_2 x>1=\log_2 2$이므로 $x>2$이다.

$\therefore x>2\ \cdots\ \bigcirc$

$\log_4\{\log_3(\log_2 x)\}\le 0=\log_4 1$에서

$\log_3(\log_2 x)\le 1=\log_3 3,\ \log_2 x\le 3=\log_2 8$

$\therefore x\le 8\ \cdots\ \bigcirc$

따라서 $\bigcirc$, $\bigcirc$에 의하여 주어진 부등식의 해는 $2<x\le 8$이

므로 구하는 정수는 3, 4, 5, 6, 7, 8이다.

따라서 모든 정수 x의 값의 합은

$3+4+5+6+7+8=33$

29 답 ④

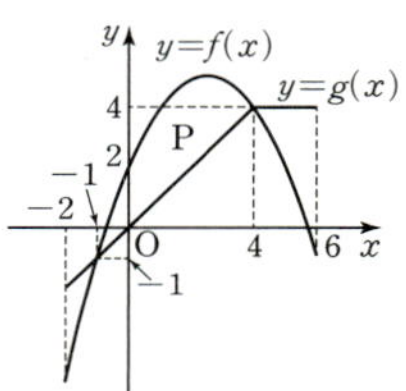

정의역이 $\{x\,|\,-2\le x\le 6\}$인 두 함수 $y=f(x)$,
$y=g(x)$의 그래프가 그림과 같을 때, 부등식
$2-\log_{\frac{1}{2}}g(x)\le\log_2\{4f(x)\}$를 만족시키는 모든 정
수 x의 개수는? (단, $f(-1)=g(-1)=-1$,
　　　　$f(0)=2,\ g(0)=0,\ f(4)=g(4)=4$이다.)

로그의 성질을 이
용하여 부등식을
간단히 정리하고
주어진 그래프에
서 해를 구해.

① 1　　　　② 2　　　　③ 3
④ 4　　　　⑤ 5

1st 부등식을 간단히 나타내보자.

$2-\log_{\frac{1}{2}}g(x)\le\log_2\{4f(x)\}$에서

$2+\log_2 g(x)\le\log_2 4+\log_2 f(x)$

$2+\log_2 g(x)\le 2+\log_2 f(x)$　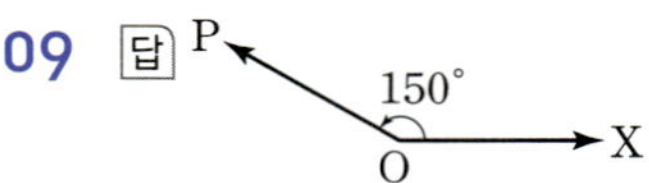

$\log_2 g(x)\le\log_2 f(x)$

$\therefore 0<g(x)\le f(x)$　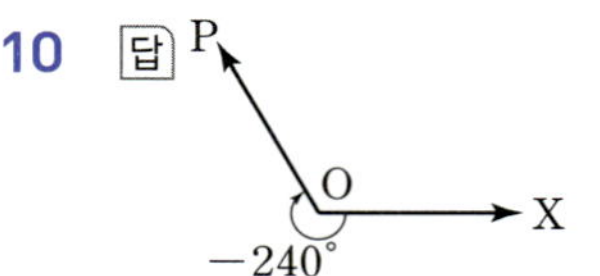

진수의 조건에 의하여 $g(x)>0,\ f(x)>0$
이고 밑이 1보다 크지?

2nd x의 값의 범위를 구하자.

$0<g(x)$를 만족시키는 x의 값의 범위는

$0<x\le 6\ \cdots\ \bigcirc$　$y=g(x)$의 그래프가 x축의 윗부분에
존재하는 x의 값의 범위야.

$g(x)\le f(x)$를 만족시키는 x의 값의 범위는

$-1\le x\le 4\ \cdots\ \bigcirc$　$y=f(x)$의 그래프가 $y=g(x)$의 그래프와
만나거나 윗부분에 존재하는 x의 값의 범위야.

$\bigcirc$, $\bigcirc$에 의하여 주어진 부등식을 만족시키는 x의 값의 범

위는 $0<x\le 4$

따라서 정수 x의 개수는 1, 2, 3, 4로 4이다.

Simple 1 일반각과 호도법

[개념 CHECK + 연산 연습] pp. 70~71

01 답 일반각

02 답 1라디안, 호도법

03 답 $r\theta,\ \dfrac{1}{2}r^2\theta,\ \dfrac{1}{2}rl$

04 답 ○

05 답 ×

06 답 ○

07 답 ○

08 답 ○

09 답

10 답

11 답 ㄱ과 ㄷ, ㄴ과 ㄹ

12 답 $360°\times n+120°$ (n은 정수)

13 답 $360°\times n+120°$ (n은 정수)

$-240°=360°\times(-1)+120°$이므로

각 $-240°$의 동경이 나타내는 일반각은

$360°\times n+120°$ (n은 정수)이다.

14 답 $360°\times n+30°$ (n은 정수)

$390°=360°\times 1+30°$이므로

각 $390°$의 동경이 나타내는 일반각은

$360°\times n+30°$ (n은 정수)이다.

15 답 $360°\times n+240°$ (n은 정수)

$-840°=360°\times(-3)+240°$이므로

각 $-840°$의 동경이 나타내는 일반각은

$360°\times n+240°$ (n은 정수)이다.

16 답 제3사분면의 각

17 답 제1사분면의 각

18 답 제4사분면의 각

19 답 제2사분면의 각

20 답 $\dfrac{\pi}{2}$

$$90° = 90 \times \dfrac{\pi}{180} = \dfrac{\pi}{2}$$

21 답 $\dfrac{7}{12}\pi$

$$105° = 105 \times \dfrac{\pi}{180} = \dfrac{7}{12}\pi$$

22 답 $-\dfrac{5}{6}\pi$

$$-150° = -150 \times \dfrac{\pi}{180} = -\dfrac{5}{6}\pi$$

23 답 $-\dfrac{5}{4}\pi$

$$-225° = -225 \times \dfrac{\pi}{180} = -\dfrac{5}{4}\pi$$

24 답 $45°$

$$\dfrac{\pi}{4} = \dfrac{\pi}{4} \times \dfrac{180°}{\pi} = 45°$$

25 답 $72°$

$$\dfrac{2}{5}\pi = \dfrac{2}{5}\pi \times \dfrac{180°}{\pi} = 72°$$

26 답 $-210°$

$$-\dfrac{7}{6}\pi = -\dfrac{7}{6}\pi \times \dfrac{180°}{\pi} = -210°$$

27 답 $-300°$

$$-\dfrac{5}{3}\pi = -\dfrac{5}{3}\pi \times \dfrac{180°}{\pi} = -300°$$

28 답 $l=4\pi$, $S=12\pi$

$$l = r\theta = 6 \times \dfrac{2}{3}\pi = 4\pi$$
$$S = \dfrac{1}{2}r^2\theta = \dfrac{1}{2} \times 6^2 \times \dfrac{2}{3}\pi = 12\pi$$

29 답 5

부채꼴의 반지름의 길이를 r라 하면

$3\pi = r \times \dfrac{3}{5}\pi$에서 $r=5$

30 답 $\dfrac{3}{4}$

부채꼴의 중심각의 크기를 θ라 하면

$6 = \dfrac{1}{2} \times 4^2 \times \theta$에서 $\theta = \dfrac{3}{4}$

> **유형 연습** [+ 내신 유형] ● 문제편 pp. 72~75

31 답 ②

$$72° = 72 \times \dfrac{\pi}{180} = \dfrac{2}{5}\pi$$

32 답 ①

$$\dfrac{\pi}{10} = \dfrac{\pi}{10} \times \dfrac{180°}{\pi} = 18°$$

33 답 ①

① $60° = 60 \times \dfrac{\pi}{180} = \dfrac{\pi}{3}$

② $225° = 225 \times \dfrac{\pi}{180} = \dfrac{5}{4}\pi$

③ $300° = 300 \times \dfrac{\pi}{180} = \dfrac{5}{3}\pi$

④ $\dfrac{4}{3}\pi = \dfrac{4}{3}\pi \times \dfrac{180°}{\pi} = 240°$

⑤ $\dfrac{11}{6}\pi = \dfrac{11}{6}\pi \times \dfrac{180°}{\pi} = 330°$

34 답 ④

ㄱ. $\dfrac{30°}{\pi} = \dfrac{30}{\pi} \times \dfrac{\pi}{180} = \dfrac{1}{6}$ (참)

ㄴ. $150° = 150 \times \dfrac{\pi}{180} = \dfrac{5}{6}\pi$ (거짓)

ㄷ. $\pi = \pi \times \dfrac{180°}{\pi} = 180°$ (거짓)

ㄹ. $\dfrac{7}{6}\pi = \dfrac{7}{6}\pi \times \dfrac{180°}{\pi} = 210°$ (참)

따라서 옳은 것은 ㄱ, ㄹ이다.

35 답 ④

ㄱ. $15\pi = 2\pi \times 7 + \pi$이므로 일반각으로 나타내면
$2n\pi + \pi$이다. (참)

ㄴ. $\dfrac{9}{2}\pi = 2\pi \times 2 + \dfrac{\pi}{2}$이므로 일반각으로 나타내면
$2n\pi + \dfrac{\pi}{2}$이다. (거짓)

ㄷ. $-\dfrac{5}{6}\pi = 2\pi \times (-1) + \dfrac{7}{6}\pi$이므로 일반각으로 나타내면
$2n\pi + \dfrac{7}{6}\pi$이다. (참)

따라서 옳은 것은 ㄱ, ㄷ이다.

36 답 ③

$\theta = 360° \times n + 70°$ (n은 정수)이다.

① $n=2$일 때, $\theta = 360° \times 2 + 70° = 790°$

② $n=1$일 때, $\theta = 360° \times 1 + 70° = 430°$

④ $n=-2$일 때, $\theta = 360° \times (-2) + 70° = -650°$

⑤ $n=-3$일 때, $\theta = 360° \times (-3) + 70° = -1010°$

그런데 ③ $-300° = 360° \times (-1) + 60°$이므로 θ가 될 수 없다.

37 답 ⑤

ㄱ. $120° = 360° \times 0 + 120°$

ㄴ. $420° = 360° \times 1 + 60°$

ㄷ. $-300° = 360° \times (-1) + 60°$

따라서 $60° = 360° \times 0 + 60°$와 동경이 일치하는 각은
ㄴ, ㄷ이다.

38 답 ⑤

$\dfrac{5}{4}\pi=-\dfrac{3}{4}\pi+2\pi$이므로 $-\dfrac{3}{4}\pi$를 나타내는 동경을 반시

계 방향으로 한 바퀴 회전하면 $\dfrac{5}{4}\pi$를 나타내는 동경과 일

치한다. 즉, 각 $-\dfrac{3}{4}\pi$를 나타내는 동경과 $\dfrac{5}{4}\pi$를 나타내는

동경은 일치한다.

39 답 ②

$\pi<\theta<\dfrac{3}{2}\pi$이므로 $\dfrac{\pi}{2}<\dfrac{\theta}{2}<\dfrac{3}{4}\pi$

따라서 $\dfrac{\theta}{2}$는 제2사분면의 각이다.

>
>
> 정수 n에 대하여 θ가
> (1) 제1사분면의 각이면
> $360°\times n<\theta<360°\times n+90°$
> (2) 제2사분면의 각이면
> $360°\times n+90°<\theta<360°\times n+180°$
> (3) 제3사분면의 각이면
> $360°\times n+180°<\theta<360°\times n+270°$
> (4) 제4사분면의 각이면
> $360°\times n+270°<\theta<360°\times n+360°$

40 답 ③

$-120°=360°\times(-1)+240°$는 제3사분면의 각이다.
$640°=360°\times1+280°$는 제4사분면의 각이다.
$1020°=360°\times2+300°$는 제4사분면의 각이다.
$630°=360°\times1+270°$는 어느 사분면에도 속하지 않은 각이다.
따라서 제4사분면의 각은 $640°$, $1020°$의 2개이다.

41 답 ③

①, ② 제3사분면
③ $490°=360°\times1+130°$이므로 제2사분면
④ $600°=360°\times1+240°$이므로 제3사분면
⑤ $970°=360°\times2+250°$이므로 제3사분면

42 답 ⑤

θ가 제3사분면의 각이므로 정수 n에 대하여
$360°\times n+180°<\theta<360°\times n+270°$
$\therefore 120°\times n+60°<\dfrac{\theta}{3}<120°\times n+90°$

정수 k에 대하여
(ⅰ) $n=3k$일 때
  $120°\times3k+60°<\dfrac{\theta}{3}<120°\times3k+90°$

  $360°\times k+60°<\dfrac{\theta}{3}<360°\times k+90°$

  따라서 $\dfrac{\theta}{3}$는 제1사분면의 각이다.

(ⅱ) $n=3k+1$일 때
  $120°\times(3k+1)+60°<\dfrac{\theta}{3}<120°\times(3k+1)+90°$

  $360°\times k+180°<\dfrac{\theta}{3}<360°\times k+210°$

  따라서 $\dfrac{\theta}{3}$는 제3사분면의 각이다.

(ⅲ) $n=3k+2$일 때
  $120°\times(3k+2)+60°<\dfrac{\theta}{3}<120°\times(3k+2)+90°$

  $360°\times k+300°<\dfrac{\theta}{3}<360°\times k+330°$

  따라서 $\dfrac{\theta}{3}$는 제4사분면의 각이다.

(ⅰ)~(ⅲ)에 의하여 $\dfrac{\theta}{3}$의 동경이 존재하는 사분면은
제1, 3, 4분면이다.

43 답 ②

두 각 θ, 6θ를 나타내는 동경이 일치하면
$6\theta-\theta=2n\pi$ (n은 정수)이므로 $5\theta=2n\pi$
$\therefore \theta=\dfrac{2n}{5}\pi$

즉, $0<\theta<\pi$에서 $0<\dfrac{2n}{5}\pi<\pi$ $\therefore 0<n<\dfrac{5}{2}$

이때, n은 정수이므로 $n=1$ 또는 $n=2$

따라서 $\theta=\dfrac{2}{5}\pi$ 또는 $\theta=\dfrac{4}{5}\pi$이므로 구하는 합은

$\dfrac{2}{5}\pi+\dfrac{4}{5}\pi=\dfrac{6}{5}\pi$

44 답 ④

각 θ를 나타내는 동경과 각 6θ를 나타내는 동경이 일직선
위에 있고 방향이 반대이므로
$6\theta-\theta=2n\pi+\pi$ (n은 정수), $5\theta=2n\pi+\pi$
$\therefore \theta=\dfrac{2n+1}{5}\pi$

이때, $0<\theta<\dfrac{\pi}{2}$이므로 $0<\dfrac{2n+1}{5}\pi<\dfrac{\pi}{2}$에서

$0<2n+1<\dfrac{5}{2}$, $-1<2n<\dfrac{3}{2}$ $\therefore -\dfrac{1}{2}<n<\dfrac{3}{4}$

따라서 $n=0$이므로 $\theta=\dfrac{\pi}{5}$

즉, $\theta+\dfrac{2}{15}\pi=\dfrac{\pi}{5}+\dfrac{2}{15}\pi=\dfrac{\pi}{3}=\dfrac{\pi}{3}\times\dfrac{180°}{\pi}=60°$이므로

$\sin\left(\theta+\dfrac{2}{15}\pi\right)=\sin60°=\dfrac{\sqrt{3}}{2}$

45 답 ②

각 θ를 나타내는 동경과 각 5θ를 나타내는 동경이 x축에
대하여 대칭이므로
$\theta+5\theta=2n\pi$ (n은 정수), $6\theta=2n\pi$
$\therefore \theta=\dfrac{n}{3}\pi$

이때, $\pi<\theta<\dfrac{3}{2}\pi$이므로 $\pi<\dfrac{n}{3}\pi<\dfrac{3}{2}\pi$

$\therefore 3<n<\dfrac{9}{2}$

따라서 $n=4$이므로 $\theta=\dfrac{4}{3}\pi$이다.

46 답 ①

각 θ를 나타내는 동경과 각 4θ를 나타내는 동경이 y축에 대하여 대칭이므로

$\theta+4\theta=2n\pi+\pi$ (n은 정수), $5\theta=2n\pi+\pi$

$\therefore \theta=\dfrac{2n+1}{5}\pi$

이때, $\dfrac{\pi}{2}<\theta<\pi$이므로 $\dfrac{\pi}{2}<\dfrac{2n+1}{5}\pi<\pi$

$\dfrac{5}{2}<2n+1<5,\ \dfrac{3}{2}<2n<4$

$\therefore \dfrac{3}{4}<n<2$

따라서 $n=1$이므로 $\theta=\dfrac{3}{5}\pi$이다.

47 답 ③

부채꼴의 호의 길이 l은

$l=6\times\dfrac{5}{9}\pi=\dfrac{10}{3}\pi$

부채꼴의 넓이 S는

$S=\dfrac{1}{2}\times6^2\times\dfrac{5}{9}\pi=10\pi$

48 답 ②

반지름의 길이가 r, 중심각의 크기가 a인 부채꼴의 호의 길이를 l이라 하면 $l=ra$이므로 $12=4a$에서 $a=3$

또, 부채꼴의 넓이를 S라 하면 $S=\dfrac{1}{2}rl$이므로

$S=\dfrac{1}{2}\times4\times12=24 \qquad \therefore b=24$

$\therefore a+b=3+24=27$

49 답 ③

부채꼴의 반지름의 길이를 r, 호의 길이를 l, 넓이를 S라 하면 $S=\dfrac{1}{2}rl$이므로 $\dfrac{3}{2}\pi=\dfrac{1}{2}\times3\times l$에서 $l=\pi$

50 답 ④

반지름의 길이가 a, 중심각의 크기가 b인 부채꼴의 호의 길이를 l이라 하면 $l=ab$이므로 $2\pi=ab$ $\cdots$ ㉠

또한, 부채꼴의 넓이를 S라 하면 $S=\dfrac{1}{2}al$이므로

$4\pi=\dfrac{1}{2}\times a\times2\pi \qquad \therefore a=4$

$a=4$를 ㉠에 대입하면 $b=\dfrac{\pi}{2}$

$\therefore \dfrac{a}{b}=4\times\dfrac{2}{\pi}=\dfrac{8}{\pi}$

51 답 ④

부채꼴의 중심각의 크기를 θ라 하면 반지름의 길이가 5이므로 호의 길이는 5θ이다.

따라서 부채꼴의 둘레의 길이는 $5\theta+2\times5=5\theta+10$ $\cdots$ ㉠

또, 부채꼴의 넓이는 $\dfrac{1}{2}\times5^2\times\theta=\dfrac{25}{2}\theta$ $\cdots$ ㉡

㉠=㉡이므로 $5\theta+10=\dfrac{25}{2}\theta$에서 $\dfrac{15}{2}\theta=10$

$\therefore \theta=\dfrac{4}{3}$

52 답 ①

주어진 원뿔의 전개도에서 옆면인 부채꼴의 중심각의 크기를 θ라 하면 부채꼴의 호의 길이는 밑면인 원의 둘레의 길이와 같으므로

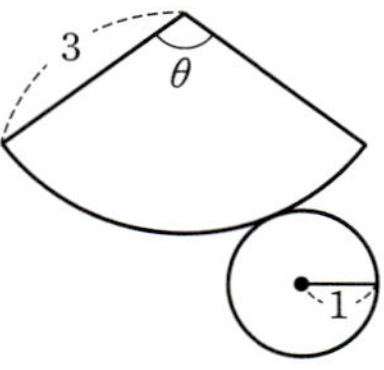

$3\theta=2\pi\times1$에서 $\theta=\dfrac{2}{3}\pi$

따라서 원뿔의 옆면인 부채꼴의 넓이를 S라 하면

$S=\dfrac{1}{2}\times3^2\times\dfrac{2}{3}\pi=3\pi$

다른 풀이

옆면인 부채꼴의 호의 길이는 밑면인 원의 둘레의 길이인 $2\pi\times1=2\pi$이다.

따라서 옆면인 부채꼴의 넓이는

$\dfrac{1}{2}\times3\times2\pi=3\pi$

> **심플 정리**
>
> **[부채꼴의 호의 길이와 넓이]**
> 반지름의 길이가 r, 중심각의 크기가 θ인 부채꼴의 호의 길이와 넓이를 각각 l, S라 하면
> $$l=r\theta,\ S=\dfrac{1}{2}r^2\theta=\dfrac{1}{2}rl$$

53 답 ②

점 O에서 선분 AB에 내린 수선의 발을 H라 하면 점 H는 선분 AB의 중점이므로 $\overline{\mathrm{AH}}=\dfrac{1}{2}\overline{\mathrm{AB}}=\sqrt{3}$이고

직각삼각형 OAH에서 $\overline{\mathrm{OH}}=\sqrt{\overline{\mathrm{OA}}^2-\overline{\mathrm{AH}}^2}=\sqrt{4-3}=1$

즉, 직각삼각형 OAH의 세 변의 길이의 비는

$\overline{\mathrm{OH}}:\overline{\mathrm{AH}}:\overline{\mathrm{OA}}=1:\sqrt{3}:2$이므로 $\angle\mathrm{AOH}=\dfrac{\pi}{3}$

따라서 $\angle\mathrm{AOB}=2\angle\mathrm{AOH}=\dfrac{2}{3}\pi$이므로 호 AB의 길이는

$2\times\dfrac{2}{3}\pi=\dfrac{4}{3}\pi$이다.

이때, 호 AB의 길이는 원 O'의 둘레의 길이와 같으므로 원 O'의 반지름의 길이를 r라 하면 $2\pi\times r=\dfrac{4}{3}\pi$

$\therefore r=\dfrac{2}{3}$

54 답 ②

호와 현으로 둘러싸인 부분의 넓이를 S라 하면

$S=$(부채꼴 OAB의 넓이)$-$(삼각형 OAB의 넓이)이다.

(ⅰ) 부채꼴 OAB의 넓이는 $\dfrac{1}{2}\times 2^2\times\dfrac{2}{3}\pi=\dfrac{4}{3}\pi$

(ⅱ) 삼각형 OAB는 $\overline{OA}=\overline{OB}$인 이등변삼각형이므로 꼭짓
점 O에서 변 AB에 내린 수선의 발을 H라 하면 점 H는
변 AB의 중점이다.

한편, 직각삼각형 OAH에서 세 내각의 크기가 각각

$\dfrac{\pi}{6}$, $\dfrac{\pi}{3}$, $\dfrac{\pi}{2}$이므로 $\overline{OH}:\overline{AH}:\overline{OA}=1:\sqrt{3}:2$이다.

즉, $\overline{OH}=1$이고 $\overline{AH}=\sqrt{3}$이므로 $\overline{AB}=2\overline{AH}=2\sqrt{3}$이다.

$\therefore \triangle OAB=\dfrac{1}{2}\times\overline{AB}\times\overline{OH}=\dfrac{1}{2}\times 2\sqrt{3}\times 1=\sqrt{3}$

(ⅰ), (ⅱ)에 의하여 $S=\dfrac{4}{3}\pi-\sqrt{3}$

55 답 ④

부채꼴의 반지름의 길이를 r, 호의 길이를 l이라 하면 둘
레의 길이가 10이므로

$2r+l=10$에서 $l=10-2r$

이때, $r>0$, $l>0$이므로 $0<r<5$

한편, 부채꼴의 넓이를 S라 하면

$S=\dfrac{1}{2}rl=\dfrac{1}{2}r(10-2r)=-r^2+5r$

$=-\left(r-\dfrac{5}{2}\right)^2+\dfrac{25}{4}\ (0<r<5)$

따라서 주어진 부채꼴의 넓이는 반지름의 길이가 $\dfrac{5}{2}$일 때,

최댓값 $\dfrac{25}{4}$를 갖는다.

> **TIP**
>
> 반지름의 길이가 r, 둘레의 길이가 a인 부채꼴의 넓이 S는
>
> $S=\dfrac{1}{2}r(a-2r)=-\left(r-\dfrac{1}{4}a\right)^2+\dfrac{1}{16}a^2$이다.
>
> 즉, 이 부채꼴의 넓이는 $r=\dfrac{1}{4}a$일 때, 최댓값 $\dfrac{1}{16}a^2$을 갖는다.

56 답 ①

부채꼴의 반지름의 길이를 r, 호의 길이를 l이라 하면 둘
레의 길이가 16이므로

$2r+l=16$에서 $l=16-2r$

이때, $r>0$, $l>0$이므로 $0<r<8$

한편, 부채꼴의 넓이를 S라 하면

$S=\dfrac{1}{2}rl=\dfrac{1}{2}r(16-2r)=8r-r^2$

$=-(r-4)^2+16\ (0<r<8)$

따라서 주어진 부채꼴의 넓이는 반지름의 길이가 4일 때,
최댓값 16을 갖는다.

57 답 ③

부채꼴의 반지름의 길이를 r, 호의 길이를 l이라 하면 둘
레의 길이가 8이므로

$2r+l=8$에서 $l=8-2r$

이때, $r>0$, $l>0$이므로 $0<r<4$

한편, 부채꼴의 넓이를 S라 하면

$S=\dfrac{1}{2}rl=\dfrac{1}{2}r(8-2r)=4r-r^2$

$=-(r-2)^2+4\ (0<r<4)$

따라서 주어진 부채꼴의 넓이는 반지름의 길이가 2일 때,
최댓값 4를 갖는다.

즉, 반지름의 길이가 2이고 넓이가 4인 부채꼴의 중심각의
크기를 θ라 하면

$\dfrac{1}{2}\times 2^2\times\theta=4$, $2\theta=4$

$\therefore \theta=2$

> **심플 정리**
>
> **[이차함수의 최대·최소]**
>
> 이차함수 $f(x)=a(x-m)^2+n$에 대하여
>
> (1) $a>0$이면 $x=m$에서 최솟값 $f(m)=n$을 갖고 최댓
> 값은 없다.
>
> (2) $a<0$이면 $x=m$에서 최댓값 $f(m)=n$을 갖고 최솟
> 값은 없다.

01 답 $\dfrac{y}{r}$, $\dfrac{x}{r}$, $\dfrac{y}{x}$

02 답 $<$, $<$

03 답 $\sin\theta$

04 답 1, $\dfrac{1}{4}$

05 답 ○

06 답 ○

07 답 ○

08 답 ×

09 답 ×

10 답 $\dfrac{12}{13}$

11 답 $-\dfrac{5}{13}$

12 답 $-\dfrac{12}{5}$

13 답 $P\left(-\dfrac{\sqrt{2}}{2},\ -\dfrac{\sqrt{2}}{2}\right)$, $-\dfrac{\sqrt{2}}{2}$, $-\dfrac{\sqrt{2}}{2}$, 1

14 답 $P(-1,\ -1)$, $-\dfrac{\sqrt{2}}{2}$, $-\dfrac{\sqrt{2}}{2}$, 1

15 답 $P(-\sqrt{2},\ -\sqrt{2})$, $-\dfrac{\sqrt{2}}{2}$, $-\dfrac{\sqrt{2}}{2}$, 1

16 답 $\sin\theta=\dfrac{4}{5}$, $\tan\theta=\dfrac{4}{3}$

17 답 $\sin\theta=-\dfrac{4}{5}$, $\tan\theta=-\dfrac{4}{3}$

18 답 $\dfrac{\pi}{3}$, $\dfrac{\sqrt{3}}{2}$

19 답 $\dfrac{\pi}{6}$, $\dfrac{\sqrt{3}}{2}$

20 답 $\cos$, $\dfrac{\sqrt{3}}{2}$

21 답 $-\tan$, -1

22 답 $\tan$, 1

23 답 $\dfrac{\pi}{6}$, $-\dfrac{1}{2}$

24 답 $\dfrac{\pi}{6}$, $\dfrac{1}{2}$

25 답 $\dfrac{\pi}{3}$, $-\dfrac{1}{2}$

26 답 $\dfrac{\pi}{6}$, $-\dfrac{1}{2}$

27 답 $-\tan$, -1

28 답 $\dfrac{\pi}{6}$, $\sqrt{3}$

29 답 $\cos$, $\dfrac{\sqrt{2}}{2}$

30 답 ②

원점 O를 중심으로 하는 원의 반지름의 길이를 r라 하면

$r=\sqrt{(-6)^2+(-8)^2}=10$이므로 $\sin\theta=\dfrac{-8}{10}=-\dfrac{4}{5}$이다.

31 답 ⑤

$\overline{OP}=\sqrt{(-5)^2+(-12)^2}=13$이므로
원점 O를 중심으로 하고 반지름의
길이가 13인 원과 동경 OP가 만나
는 점이 $P(-5,\ -12)$이다. 따라서

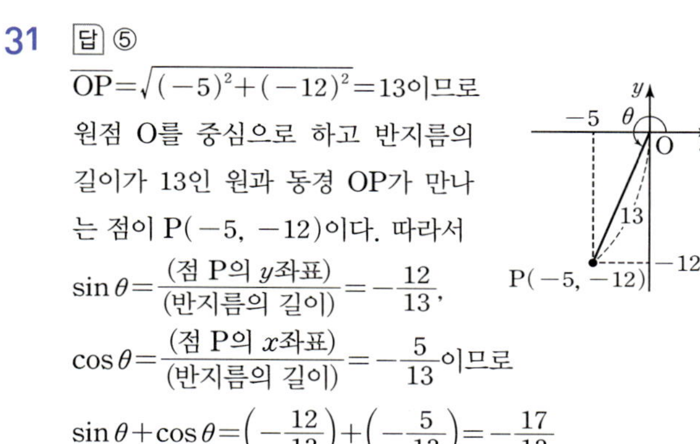

$\sin\theta=\dfrac{(점\ P의\ y좌표)}{(반지름의\ 길이)}=-\dfrac{12}{13}$,

$\cos\theta=\dfrac{(점\ P의\ x좌표)}{(반지름의\ 길이)}=-\dfrac{5}{13}$이므로

$\sin\theta+\cos\theta=\left(-\dfrac{12}{13}\right)+\left(-\dfrac{5}{13}\right)=-\dfrac{17}{13}$

32 답 ④

$\sin\theta=\dfrac{3}{5}$이므로 삼각함수의 정의에 의하여 동경 OP는 원

점 O를 중심으로 하고 반지름의 길이가 5인 원과 점
$P(x,\ 3)$에서 만난다.

즉, $\sqrt{x^2+3^2}=5$에서 $x^2=16$ ∴ $x=4$ 또는 $x=-4$

그런데 θ가 제2사분면의 각이므로 $x<0$이다.

따라서 $x=-4$이므로 점 P의 좌표는 $(-4,\ 3)$이다.

∴ $\tan\theta=-\dfrac{3}{4}$

33 답 ⑤

$\dfrac{1-\cos\theta}{1+\cos\theta}=\dfrac{1}{3}$에서 $3(1-\cos\theta)=1+\cos\theta$

$3-3\cos\theta=1+\cos\theta$, $4\cos\theta=2$ ∴ $\cos\theta=\dfrac{1}{2}$

삼각함수의 정의에 의하여 동경 OP가 원점 O를 중심으로
하고 반지름의 길이가 2인 원과 점 $P(1,\ y)$에서 만난다.

즉, $\sqrt{1^2+y^2}=2$에서 $y^2=3$ ∴ $y=\sqrt{3}$ 또는 $y=-\sqrt{3}$

그런데 θ가 제4사분면의 각이므로 $y<0$이다.

따라서 $y=-\sqrt{3}$이므로 점 P의 좌표는 $(1, -\sqrt{3})$이다.

따라서 $\sin\theta=-\dfrac{\sqrt{3}}{2}$, $\tan\theta=-\sqrt{3}$이므로

$\sin\theta+\tan\theta=\left(-\dfrac{\sqrt{3}}{2}\right)+(-\sqrt{3})=-\dfrac{3\sqrt{3}}{2}$

34 답 ⑤

① $\dfrac{6}{5}\pi$는 제3사분면의 각이므로 $\sin\theta<0$

② $-\dfrac{\pi}{5}$는 제4사분면의 각이므로 $\sin\theta<0$

③ $\dfrac{11}{6}\pi$는 제4사분면의 각이므로 $\sin\theta<0$

④ $-\dfrac{7}{9}\pi$는 제3사분면의 각이므로 $\sin\theta<0$

⑤ $\dfrac{5}{7}\pi$는 제2사분면의 각이므로 $\sin\theta>0$

따라서 부호가 다른 것은 ⑤ $\dfrac{5}{7}\pi$이다.

35 답 ③

$\cos\theta<0$이면 θ는 제2사분면, 제3사분면에 존재하고,
$\tan\theta>0$이면 θ는 제1사분면, 제3사분면에 존재한다.
따라서 θ는 제3사분면의 각이다.

36 답 ③

$\sin\theta\cos\theta<0$이므로
$\sin\theta>0$, $\cos\theta<0$ 또는 $\sin\theta<0$, $\cos\theta>0$이다.
$\sin\theta>0$, $\cos\theta<0$일 때 θ는 제2사분면의 각이고
$\sin\theta<0$, $\cos\theta>0$일 때 θ는 제4사분면의 각이므로
θ는 제2사분면 또는 제4사분면의 각이다.

37 답 ②

$\sin\theta\cos\theta<0$을 만족시키는 각 θ는 제2사분면 또는
제4사분면의 각이고, $\sin\theta\tan\theta>0$을 만족시키는 각 θ는
제1사분면 또는 제4사분면의 각이다.
따라서 두 부등식을 동시에 만족시키는 각 θ는 제4사분면
의 각이다.

38 답 ①

θ가 제4사분면의 각이므로 $\sin\theta<0$, $\cos\theta>0$, $\tan\theta<0$
$\therefore \sqrt{\sin^2\theta}+\sqrt{\cos^2\theta}-|\sin\theta+\tan\theta|$
$\quad=|\sin\theta|+|\cos\theta|-\{-(\sin\theta+\tan\theta)\}$
$\quad=-\sin\theta+\cos\theta+\sin\theta+\tan\theta$
$\quad=\cos\theta+\tan\theta$

39 답 ⑤

θ는 제3사분면의 각이므로 $\sin\theta<0$, $\tan\theta>0$
$\therefore \sqrt{\sin^2\theta}+\sqrt{(\tan\theta-\sin\theta)^2}$
$\quad=|\sin\theta|+|\tan\theta-\sin\theta|$
$\quad=-\sin\theta+\tan\theta-\sin\theta$
$\quad=\tan\theta-2\sin\theta$

40 답 ④

$\dfrac{\sqrt{\cos\theta}}{\sqrt{\sin\theta}}=-\sqrt{\dfrac{\cos\theta}{\sin\theta}}$이면 $\cos\theta\geq0$, $\sin\theta<0$이다.
그런데 주어진 조건에서 $\sin\theta\cos\theta\neq0$이므로
$\cos\theta>0$, $\sin\theta<0$
따라서 θ는 제4사분면의 각이다.

> **심플 정리**
> [음수의 제곱근의 성질]
> (1) $a<0$, $b<0$이면 $\sqrt{a}\sqrt{b}=-\sqrt{ab}$
>   그 외에는 $\sqrt{a}\sqrt{b}=\sqrt{ab}$
> (2) $a>0$, $b<0$이면 $\dfrac{\sqrt{a}}{\sqrt{b}}=-\sqrt{\dfrac{a}{b}}$
>   그 외에는 $\dfrac{\sqrt{a}}{\sqrt{b}}=\sqrt{\dfrac{a}{b}}$

41 답 ③

$\sin\theta+\cos\theta=\sqrt{2}$의 양변을 제곱하면
$\sin^2\theta+2\sin\theta\cos\theta+\cos^2\theta=2$
$1+2\sin\theta\cos\theta=2$ ($\because \sin^2\theta+\cos^2\theta=1$)
$2\sin\theta\cos\theta=1$ $\quad\therefore \sin\theta\cos\theta=\dfrac{1}{2}$

42 답 ④

$\sin\theta+\cos\theta=\dfrac{1}{2}$의 양변을 제곱하면

$\sin^2\theta+2\sin\theta\cos\theta+\cos^2\theta=\dfrac{1}{4}$

$1+2\sin\theta\cos\theta=\dfrac{1}{4}$ ($\because \sin^2\theta+\cos^2\theta=1$)

$2\sin\theta\cos\theta=-\dfrac{3}{4}$ $\quad\therefore \sin\theta\cos\theta=-\dfrac{3}{8}$

또, $\sin\theta+\cos\theta=\dfrac{1}{2}$의 양변을 세제곱하면

$\sin^3\theta+3\sin^2\theta\cos\theta+3\sin\theta\cos^2\theta+\cos^3\theta=\dfrac{1}{8}$

$\sin^3\theta+\cos^3\theta+3\sin\theta\cos\theta(\sin\theta+\cos\theta)=\dfrac{1}{8}$

$\sin^3\theta+\cos^3\theta+3\times\left(-\dfrac{3}{8}\right)\times\dfrac{1}{2}=\dfrac{1}{8}$

$\therefore \sin^3\theta+\cos^3\theta=\dfrac{11}{16}$

43 답 ⑤

$(\sin\theta+\cos\theta)^2+(\sin\theta-\cos\theta)^2$
$=(\sin^2\theta+2\sin\theta\cos\theta+\cos^2\theta)$
$\qquad\qquad +(\sin^2\theta-2\sin\theta\cos\theta+\cos^2\theta)$
$=2(\sin^2\theta+\cos^2\theta)=2$ ($\because \sin^2\theta+\cos^2\theta=1$)

44 답 ①

$\dfrac{\sin^3\theta}{\cos\theta-\cos^3\theta}=\dfrac{\sin^3\theta}{\cos\theta(1-\cos^2\theta)}$

$\qquad\qquad =\dfrac{\sin^3\theta}{\cos\theta\sin^2\theta}$ ($\because \sin^2\theta+\cos^2\theta=1$)

$\qquad\qquad =\dfrac{\sin\theta}{\cos\theta}=\tan\theta$

45 답 ③

$$\frac{\sin\theta}{1+\cos\theta}-\frac{1-\cos\theta}{\sin\theta}$$
$$=\frac{\sin^2\theta-(1-\cos\theta)(1+\cos\theta)}{(1+\cos\theta)\sin\theta}$$
$$=\frac{\sin^2\theta-(1-\cos^2\theta)}{(1+\cos\theta)\sin\theta}$$
$$=\frac{\sin^2\theta-\sin^2\theta}{(1+\cos\theta)\sin\theta}\ (\because\ \sin^2\theta+\cos^2\theta=1)$$
$$=0$$

46 답 ②

$$\frac{\cos\theta}{1+\sin\theta}+\frac{1+\sin\theta}{\cos\theta}=\frac{\cos^2\theta+(1+\sin\theta)^2}{(1+\sin\theta)\cos\theta}$$
$$=\frac{\cos^2\theta+\sin^2\theta+2\sin\theta+1}{(1+\sin\theta)\cos\theta}$$
$$=\frac{2(1+\sin\theta)}{(1+\sin\theta)\cos\theta}$$
$$(\because\ \sin^2\theta+\cos^2\theta=1)$$
$$=\frac{2}{\cos\theta}$$

47 답 ③

ㄱ. 이차방정식 $3x^2-2x+k=0$의 두 근이 $\sin\theta$, $\cos\theta$이
므로 근과 계수의 관계에 의하여
$\sin\theta+\cos\theta=\frac{2}{3}$, $\sin\theta\cos\theta=\frac{k}{3}$이다. (참)

ㄴ. $\sin\theta+\cos\theta=\frac{2}{3}$의 양변을 제곱하면

$$\sin^2\theta+2\sin\theta\cos\theta+\cos^2\theta=\frac{4}{9}$$

$$1+2\sin\theta\cos\theta=\frac{4}{9},\ 2\sin\theta\cos\theta=-\frac{5}{9}$$

$$\sin\theta\cos\theta=-\frac{5}{18},\ \frac{k}{3}=-\frac{5}{18}$$

$$\therefore\ k=-\frac{5}{6}\ (거짓)$$

ㄷ. $\sin^3\theta+\cos^3\theta$
$$=(\sin\theta+\cos\theta)^3-3\sin\theta\cos\theta(\sin\theta+\cos\theta)$$
$$=\left(\frac{2}{3}\right)^3-3\times\left(-\frac{5}{18}\right)\times\frac{2}{3}$$
$$=\frac{8}{27}+\frac{5}{9}=\frac{23}{27}\ (참)$$

따라서 옳은 것은 ㄱ, ㄷ이다.

48 답 ④

이차방정식 $x^2-x+2a=0$의 두 근이
$\sin\theta+\cos\theta$, $\sin\theta-\cos\theta$이므로 근과 계수의 관계에 의
하여

$$(\sin\theta+\cos\theta)+(\sin\theta-\cos\theta)=1\ \cdots\ \ominus$$
$$(\sin\theta+\cos\theta)(\sin\theta-\cos\theta)=2a\ \cdots\ \bigcirc$$

$\ominus$에서 $2\sin\theta=1$ $\therefore\ \sin\theta=\frac{1}{2}$

$\bigcirc$에서 $\sin^2\theta-\cos^2\theta=2a$
$\sin^2\theta-(1-\sin^2\theta)=2a,\ 2\sin^2\theta-1=2a$
$$2\times\left(\frac{1}{2}\right)^2-1=2a,\ -\frac{1}{2}=2a$$
$$\therefore\ a=-\frac{1}{4}$$

49 답 ⑤

$\sin\theta+\cos\theta=1$의 양변을 제곱하면
$\sin^2\theta+2\sin\theta\cos\theta+\cos^2\theta=1$
$1+2\sin\theta\cos\theta=1$
$\sin\theta\cos\theta=0$
$\therefore\ \sin\theta=0$ 또는 $\cos\theta=0$

따라서 $\begin{cases}\sin\theta=0\\\cos\theta=1\end{cases}$ 또는 $\begin{cases}\sin\theta=1\\\cos\theta=0\end{cases}$ 이므로

$\sin^{2018}\theta+\cos^{2018}\theta=1$

50 답 ②

이차방정식 $x^2-ax+2a=0$의 두 근이 $\sin\theta$, $\cos\theta$이므로
근과 계수의 관계에 의하여
$\sin\theta+\cos\theta=a$, $\sin\theta\cos\theta=2a$이다.
$\sin\theta+\cos\theta=a$의 양변을 제곱하면
$\sin^2\theta+2\sin\theta\cos\theta+\cos^2\theta=a^2$
$1+2\sin\theta\cos\theta=a^2,\ 1+2\times2a=a^2$
$a^2-4a-1=0\ \cdots\ \ominus$
$\therefore\ a=2\pm\sqrt{5}$
그런데 $a<0$이므로 $a=2-\sqrt{5}$
$\therefore\ \sin^3\theta+\cos^3\theta$
$$=(\sin\theta+\cos\theta)(\sin^2\theta-\sin\theta\cos\theta+\cos^2\theta)$$
$$=(\sin\theta+\cos\theta)(1-\sin\theta\cos\theta)$$
$$=a(1-2a)=-2a^2+a$$
$$=-2(4a+1)+a\ (\because\ \ominus에서\ a^2=4a+1)$$
$$=-7a-2=-7(2-\sqrt{5})-2$$
$$=-16+7\sqrt{5}$$
따라서 $\alpha=-16$, $\beta=7$이므로 $\alpha+\beta=(-16)+7=-9$

51 답 ③

$$\sin^2\frac{13}{6}\pi+\cos^2\frac{25}{6}\pi$$
$$=\sin^2\left(2\pi+\frac{\pi}{6}\right)+\cos^2\left(2\times2\pi+\frac{\pi}{6}\right)$$
$$=\sin^2\frac{\pi}{6}+\cos^2\frac{\pi}{6}$$
$$=1$$

52 답 ②

$$\frac{\cos\frac{13}{3}\pi}{\sin\frac{7}{3}\pi}=\frac{\cos\left(2\times2\pi+\frac{\pi}{3}\right)}{\sin\left(2\pi+\frac{\pi}{3}\right)}=\frac{\cos\frac{\pi}{3}}{\sin\frac{\pi}{3}}$$

$$=\frac{1}{\tan\frac{\pi}{3}}=\frac{1}{\sqrt{3}}=\frac{\sqrt{3}}{3}$$

53 답 ⑤

$$\sin\frac{25}{4}\pi\times\cos\frac{9}{4}\pi+\tan\frac{17}{4}\pi$$

$$=\sin\left(3\times2\pi+\frac{\pi}{4}\right)\times\cos\left(2\pi+\frac{\pi}{4}\right)+\tan\left(2\times2\pi+\frac{\pi}{4}\right)$$

$$=\sin\frac{\pi}{4}\times\cos\frac{\pi}{4}+\tan\frac{\pi}{4}=\frac{\sqrt{2}}{2}\times\frac{\sqrt{2}}{2}+1=\frac{3}{2}$$

54 답 ⑤

$\sin\left(-\frac{\pi}{5}\right)=-\sin\frac{\pi}{5}$, $\cos\left(-\frac{\pi}{4}\right)=\cos\frac{\pi}{4}$이므로

$$\sin\left(-\frac{\pi}{5}\right)+\sin\frac{\pi}{5}+\cos\left(-\frac{\pi}{4}\right)+\cos\frac{\pi}{4}$$

$$=-\sin\frac{\pi}{5}+\sin\frac{\pi}{5}+\cos\frac{\pi}{4}+\cos\frac{\pi}{4}=2\cos\frac{\pi}{4}$$

$$=2\times\frac{\sqrt{2}}{2}=\sqrt{2}$$

55 답 0

$\tan(-\theta)=-\tan\theta$이므로

$$\tan\left(-\frac{9}{10}\pi\right)+\tan\left(-\frac{8}{10}\pi\right)+\tan\left(-\frac{7}{10}\pi\right)+\cdots$$

$$+\tan\left(-\frac{1}{10}\pi\right)+\tan0+\tan\frac{1}{10}\pi+\tan\frac{2}{10}\pi+\cdots$$

$$+\tan\frac{9}{10}\pi$$

$$=-\tan\frac{9}{10}\pi-\tan\frac{8}{10}\pi-\tan\frac{7}{10}\pi-\cdots-\tan\frac{1}{10}\pi$$

$$+\tan0+\tan\frac{1}{10}\pi+\tan\frac{2}{10}\pi+\cdots+\tan\frac{9}{10}\pi$$

$$=\tan0=0$$

56 답 1

$\sin(\pi-\theta)=\sin\theta$, $\cos(\pi+\theta)=-\cos\theta$이므로

$$\sin^2(\pi-\theta)+\cos^2(\pi+\theta)$$

$$=\{\sin(\pi-\theta)\}^2+\{\cos(\pi+\theta)\}^2$$

$$=\sin^2\theta+(-\cos\theta)^2=\sin^2\theta+\cos^2\theta=1$$

57 답 ④

$$\tan\frac{4}{3}\pi=\tan\left(\pi+\frac{\pi}{3}\right)=\tan\frac{\pi}{3}=\sqrt{3},$$

$$\cos\frac{4}{3}\pi=\cos\left(\pi+\frac{\pi}{3}\right)==-\cos\frac{\pi}{3}=-\frac{1}{2},$$

$$\tan\frac{2}{3}\pi=\tan\left(\pi-\frac{\pi}{3}\right)=-\tan\frac{\pi}{3}=-\sqrt{3},$$

$$\sin\frac{2}{3}\pi=\sin\left(\pi-\frac{\pi}{3}\right)=\sin\frac{\pi}{3}=\frac{\sqrt{3}}{2}$$

이므로

$$\tan\frac{4}{3}\pi\cos\frac{4}{3}\pi-\tan\frac{2}{3}\pi\sin\frac{2}{3}\pi$$

$$=\sqrt{3}\times\left(-\frac{1}{2}\right)-(-\sqrt{3})\times\frac{\sqrt{3}}{2}$$

$$=\frac{3-\sqrt{3}}{2}$$

58 답 ④

$\sin\theta=\frac{1}{3}$이므로 $\cos^2\theta=1-\sin^2\theta=1-\frac{1}{9}=\frac{8}{9}$

$$\therefore\ \cos\theta=\frac{2\sqrt{2}}{3}\ \text{또는}\ \cos\theta=-\frac{2\sqrt{2}}{3}$$

그런데 θ가 제2사분면의 각이므로 $\cos\theta=-\frac{2\sqrt{2}}{3}$이다.

$$\therefore\ \cos(\pi-\theta)=-\cos\theta=\frac{2\sqrt{2}}{3}$$

59 답 ①

$\cos\theta=-\frac{3}{5}$이므로

$$\sin^2\theta=1-\cos^2\theta=1-\frac{9}{25}=\frac{16}{25}$$

$$\therefore\ \sin\theta=\frac{4}{5}\ \text{또는}\ \sin\theta=-\frac{4}{5}$$

그런데 $\pi<\theta<\frac{3}{2}\pi$이므로 $\sin\theta=-\frac{4}{5}$이고

$$\tan\theta=\frac{\sin\theta}{\cos\theta}=\frac{4}{3}\text{이다.}$$

즉, $\tan(\pi-\theta)=-\tan\theta=-\frac{4}{3}$,

$\tan(\pi+\theta)=\tan\theta=\frac{4}{3}$이므로

$$\tan(\pi-\theta)+\frac{1}{\tan(\pi+\theta)}=-\frac{4}{3}+\frac{1}{\frac{4}{3}}$$

$$=-\frac{4}{3}+\frac{3}{4}=-\frac{7}{12}$$

60 답 ③

$\sin\left(\frac{\pi}{2}-\theta\right)=\cos\theta$이므로

$$\sin\left(\frac{\pi}{2}-\theta\right)-\cos\theta=\cos\theta-\cos\theta=0$$

61 답 ③

$\cos\left(\frac{\pi}{2}+\theta\right)=-\sin\theta$이므로

$$\sin\theta+\cos\left(\frac{\pi}{2}+\theta\right)=\sin\theta-\sin\theta=0$$

62 답 ②

$\tan\left(\dfrac{\pi}{2}+\theta\right)=-\dfrac{1}{\tan\theta}$이므로

$\tan\theta\times\tan\left(\dfrac{\pi}{2}+\theta\right)=\tan\theta\times\left(-\dfrac{1}{\tan\theta}\right)=-1$

63 답 ②

$\sin^2\theta+\cos^2\theta=1$의 양변을 $\cos^2\theta$로 나누면

$\tan^2\theta+1=\dfrac{1}{\cos^2\theta}$

이때, $\tan\theta=-\dfrac{1}{3}$이므로

$\left(-\dfrac{1}{3}\right)^2+1=\dfrac{1}{\cos^2\theta}$

$\therefore \cos^2\theta=\dfrac{9}{10}$, $\sin^2\theta=\dfrac{1}{10}$

즉, $\sin\theta=\pm\dfrac{1}{\sqrt{10}}$, $\cos\theta=\pm\dfrac{3}{\sqrt{10}}$이다.

그런데 θ가 제2사분면의 각이므로

$\sin\theta=\dfrac{1}{\sqrt{10}}$, $\cos\theta=-\dfrac{3}{\sqrt{10}}$

한편, $\sin\left(\dfrac{\pi}{2}+\theta\right)=\cos\theta$이고

$\cos\left(\dfrac{3}{2}\pi-\theta\right)=\cos\left(\pi+\left(\dfrac{\pi}{2}-\theta\right)\right)=-\cos\left(\dfrac{\pi}{2}-\theta\right)$

$\qquad\qquad\qquad=-\sin\theta$

이므로

$\sin\left(\dfrac{\pi}{2}+\theta\right)+\cos\left(\dfrac{3}{2}\pi-\theta\right)=\cos\theta-\sin\theta$

$\qquad\qquad\qquad=-\dfrac{3}{\sqrt{10}}-\dfrac{1}{\sqrt{10}}$

$\qquad\qquad\qquad=-\dfrac{4}{\sqrt{10}}=-\dfrac{2\sqrt{10}}{5}$

다른 풀이

$\tan\theta=-\dfrac{1}{3}$에서 그림과 같은

직각삼각형을 생각하면

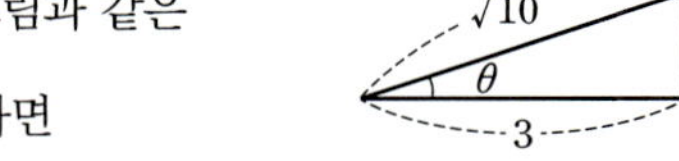

$\sin\theta=\dfrac{1}{\sqrt{10}}$, $\cos\theta=\dfrac{3}{\sqrt{10}}$이다.

그런데 θ가 제2사분면의 각이므로

$\sin\theta=\dfrac{1}{\sqrt{10}}$, $\cos\theta=-\dfrac{3}{\sqrt{10}}$

(이하 동일)

64 답 ①

$\cos\theta=\dfrac{4}{5}$이므로

$\sin^2\theta=1-\cos^2\theta=1-\dfrac{16}{25}=\dfrac{9}{25}$

$\therefore \sin\theta=\dfrac{3}{5}$ 또는 $\sin\theta=-\dfrac{3}{5}$

그런데 $\dfrac{3}{2}\pi<\theta<2\pi$에서 $\sin\theta=-\dfrac{3}{5}$이므로

$\tan\theta=\dfrac{\sin\theta}{\cos\theta}=-\dfrac{3}{4}$이다.

한편, $\tan\left(\dfrac{\pi}{2}-\theta\right)=\dfrac{1}{\tan\theta}$, $\tan\left(\dfrac{\pi}{2}+\theta\right)=-\dfrac{1}{\tan\theta}$이므로

$\tan\left(\dfrac{\pi}{2}-\theta\right)-\tan\left(\dfrac{\pi}{2}+\theta\right)=\dfrac{1}{\tan\theta}-\left(-\dfrac{1}{\tan\theta}\right)$

$\qquad\qquad\qquad=\dfrac{2}{\tan\theta}=-\dfrac{8}{3}$

65 답 ③

$\sin\left(\dfrac{\pi}{2}+\theta\right)=\cos\theta$, $\cos(\pi+\theta)=-\cos\theta$이므로

$\sin\left(\dfrac{\pi}{2}+\theta\right)+\cos(\pi+\theta)=\cos\theta-\cos\theta=0$

다른 풀이

삼각함수 $\left(\dfrac{n\pi}{2}\pm\theta\right)$를 $\pm$(삼각함수)θ로 바꾸는 방법을 활용해 보자.

$\sin\left(\dfrac{\pi}{2}+\theta\right)=\sin\left(\dfrac{\pi}{2}\times1+\theta\right)$에서

(ⅰ) 1은 홀수이므로 sin은 cos으로 바뀐다.

(ⅱ) $\dfrac{\pi}{2}\times1+\theta$는 제2사분면의 각이므로 sin의 부호는

$\quad+$이다.

(ⅰ), (ⅱ)에 의하여 $\sin\left(\dfrac{\pi}{2}+\theta\right)=\cos\theta$

$\cos(\pi+\theta)=\cos\left(\dfrac{\pi}{2}\times2+\theta\right)$에서

(ⅲ) 2는 짝수이므로 cos은 바뀌지 않는다.

(ⅳ) $\dfrac{\pi}{2}\times2+\theta$는 제3사분면의 각이므로 cos의 부호는

$\quad-$이다.

(ⅲ), (ⅳ)에 의하여 $\cos(\pi+\theta)=-\cos\theta$

$\therefore \sin\left(\dfrac{\pi}{2}+\theta\right)+\cos(\pi+\theta)=\cos\theta-\cos\theta=0$

66 답 ②

$\cos\left(\dfrac{3}{2}\pi-\theta\right)=\cos\left(\pi+\left(\dfrac{\pi}{2}-\theta\right)\right)$

$\qquad\qquad\qquad=-\cos\left(\dfrac{\pi}{2}-\theta\right)=-\sin\theta$

이고 $\sin(-\theta)=-\sin\theta$이므로

$\cos\left(\dfrac{3}{2}\pi-\theta\right)+\sin(-\theta)=-\sin\theta+(-\sin\theta)$

$\qquad\qquad\qquad=-2\sin\theta$

다른 풀이

$\cos\left(\dfrac{3}{2}\pi-\theta\right)=\cos\left(\dfrac{\pi}{2}\times3-\theta\right)$에서

(ⅰ) 3은 홀수이므로 cos은 sin으로 바뀐다.

(ⅱ) $\dfrac{\pi}{2}\times3-\theta$는 제3사분면의 각이므로 cos의 부호는

$\quad-$이다.

(ⅰ), (ⅱ)에 의하여 $\cos\left(\dfrac{3}{2}\pi-\theta\right)=-\sin\theta$

$\sin(-\theta)=\sin\left(\dfrac{\pi}{2}\times 0-\theta\right)$에서

(iii) 0은 짝수이므로 sin은 바뀌지 않는다.

(iv) $\dfrac{\pi}{2}\times 0-\theta$는 제4사분면의 각이므로 sin의 부호는

$\qquad -$이다.

(iii), (iv)에 의하여 $\sin(-\theta)=-\sin\theta$

$\therefore \cos\left(\dfrac{3}{2}\pi-\theta\right)+\sin(-\theta)=-\sin\theta+(-\sin\theta)$

$\qquad\qquad\qquad\qquad\qquad =-2\sin\theta$

67 답 ①

$\sin(-\theta)=-\sin\theta$, $\cos(90°+\theta)=-\sin\theta$,

$\sin(180°-\theta)=\sin\theta$,

$\cos(\theta-180°)=\cos(-(180°-\theta))$

$\qquad\qquad\qquad =\cos(180°-\theta)=-\cos\theta$

$\therefore \sin(-\theta)+\cos(90°+\theta)$

$\qquad\qquad\qquad +\sin(180°-\theta)+\cos(\theta-180°)$

$\quad =-\sin\theta-\sin\theta+\sin\theta-\cos\theta$

$\quad =-\sin\theta-\cos\theta$

68 답 ⑤

$\cos(\pi+\theta)=-\cos\theta$

$\sin\left(\dfrac{3}{2}\pi+\theta\right)=\sin\left(\pi+\left(\dfrac{\pi}{2}+\theta\right)\right)$

$\qquad\qquad\qquad =-\sin\left(\dfrac{\pi}{2}+\theta\right)=-\cos\theta$

$\cos(\pi-\theta)=-\cos\theta$이므로

$\dfrac{\cos(\pi+\theta)}{\sin\left(\dfrac{3}{2}\pi+\theta\right)\cos^2(\pi-\theta)}=\dfrac{-\cos\theta}{-\cos\theta(-\cos\theta)^2}$

$\qquad\qquad\qquad\qquad\qquad =\dfrac{1}{\cos^2\theta}$

69 답 ④

$\sin\dfrac{\pi}{6}\cos\left(-\dfrac{9}{4}\pi\right)+\tan\dfrac{14}{3}\pi$

$=\dfrac{1}{2}\cos\dfrac{9}{4}\pi+\tan\left(4\pi+\dfrac{2}{3}\pi\right)$

$=\dfrac{1}{2}\cos\left(2\pi+\dfrac{\pi}{4}\right)+\tan\dfrac{2}{3}\pi$

$=\dfrac{1}{2}\cos\dfrac{\pi}{4}+\tan\left(\pi-\dfrac{\pi}{3}\right)$

$=\dfrac{1}{2}\times\dfrac{\sqrt{2}}{2}-\tan\dfrac{\pi}{3}$

$=\dfrac{\sqrt{2}}{4}-\sqrt{3}$

70 답 ⑤

θ가 제2사분면의 각이고

$\tan\theta=-\dfrac{3}{4}$이므로 θ의 동경은

그림의 반직선 OP와 같다.

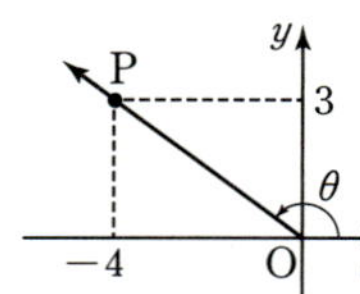

이때, 점 P의 좌표는 $(-4,\,3)$이므로

$\overline{\text{OP}}=\sqrt{(-4)^2+3^2}=5$이다.

$\therefore \sin\theta=\dfrac{3}{5}$, $\cos\theta=-\dfrac{4}{5}$

이때, $\sin(\pi-\theta)=\sin\theta$, $\cos(\pi+\theta)=-\cos\theta$이므로

$\sin(\pi-\theta)+\cos(\pi+\theta)=\sin\theta-\cos\theta$

$\qquad\qquad\qquad =\dfrac{3}{5}-\left(-\dfrac{4}{5}\right)=\dfrac{7}{5}$

71 답 ④

θ가 제3사분면의 각이고

$\sin\theta=-\dfrac{1}{3}$이므로 θ의 동경은

그림의 반직선 OP와 같다.

이때, 점 P의 좌표는 $(-2\sqrt{2},\,-1)$이므로

$\cos\theta=-\dfrac{2\sqrt{2}}{3}$, $\tan\theta=\dfrac{\sqrt{2}}{4}$이다.

이때, $\sin\left(\dfrac{\pi}{2}-\theta\right)=\cos\theta=-\dfrac{2\sqrt{2}}{3}$이고

$\tan\left(\dfrac{\pi}{2}+\theta\right)=-\dfrac{1}{\tan\theta}=-\dfrac{1}{\dfrac{\sqrt{2}}{4}}=-2\sqrt{2}$이므로

$\sin\left(\dfrac{\pi}{2}-\theta\right)+\tan\left(\dfrac{\pi}{2}+\theta\right)=-\dfrac{2\sqrt{2}}{3}-2\sqrt{2}=-\dfrac{8\sqrt{2}}{3}$

72 답 ①

$\sin\left(\dfrac{3}{2}\pi+A\right)=\sin\left(\pi+\left(\dfrac{\pi}{2}+A\right)\right)$

$\qquad\qquad\qquad =-\sin\left(\dfrac{\pi}{2}+A\right)=-\cos A$

또한, 삼각형의 세 내각의 크기의 합은 π이므로

$A+B+C=\pi$에서 $B+C=\pi-A$

$\therefore \cos(B+C)=\cos(\pi-A)=-\cos A$

이때, $\sin A=\dfrac{1}{3}$이므로

(i) $0<A<\dfrac{\pi}{2}$일 때, $\cos A=\dfrac{2\sqrt{2}}{3}$

(ii) $\dfrac{\pi}{2}<A<\pi$일 때, $\cos A=-\dfrac{2\sqrt{2}}{3}$

따라서 $\cos A=\dfrac{2\sqrt{2}}{3}$ 또는 $\cos A=-\dfrac{2\sqrt{2}}{3}$이므로

$\sin\left(\dfrac{3}{2}\pi+A\right)+\cos(B+C)=-\cos A+(-\cos A)$

$\qquad\qquad\qquad =-2\cos A=\pm\dfrac{4\sqrt{2}}{3}$

73 답 ②

$\cos(90°-\theta)=\sin\theta$이므로

$\cos 0°=\cos(90°-90°)=\sin 90°$

$\cos 1°=\cos(90°-89°)=\sin 89°$

$\cos 2°=\cos(90°-88°)=\sin 88°$

$\qquad\qquad \vdots$

$\cos 44°=\cos(90°-46°)=\sin 46°$

$$\therefore \cos^2 0^\circ + \cos^2 1^\circ + \cos^2 2^\circ + \cdots + \cos^2 89^\circ + \cos^2 90^\circ$$
$$= \sin^2 90^\circ + \sin^2 89^\circ + \cdots + \sin^2 46^\circ + \cos^2 45^\circ$$
$$\qquad\qquad + \cos^2 46^\circ + \cos^2 47^\circ + \cdots + \cos^2 90^\circ$$
$$= (\sin^2 90^\circ + \cos^2 90^\circ) + (\sin^2 89^\circ + \cos^2 89^\circ) + \cdots$$
$$\qquad\qquad + (\sin^2 46^\circ + \cos^2 46^\circ) + \cos^2 45^\circ$$
$$= \underbrace{1 + 1 + \cdots + 1}_{45\text{개}} + \left(\frac{\sqrt{2}}{2}\right)^2 \;(\because \sin^2\theta + \cos^2\theta = 1)$$
$$= 1 \times 45 + \frac{1}{2} = \frac{91}{2}$$

74 답 ③

$\sin(90^\circ - \theta) = \cos\theta$ 이므로

$$\sin 1^\circ = \sin(90^\circ - 89^\circ) = \cos 89^\circ$$
$$\sin 3^\circ = \sin(90^\circ - 87^\circ) = \cos 87^\circ$$
$$\sin 5^\circ = \sin(90^\circ - 85^\circ) = \cos 85^\circ$$
$$\vdots$$
$$\sin 43^\circ = \sin(90^\circ - 47^\circ) = \cos 47^\circ$$

$$\therefore \sin^2 1^\circ + \sin^2 3^\circ + \sin^2 5^\circ + \cdots + \sin^2 87^\circ + \sin^2 89^\circ$$
$$= \cos^2 89^\circ + \cos^2 87^\circ + \cdots + \cos^2 47^\circ + \sin^2 45^\circ$$
$$\qquad\qquad + \sin^2 47^\circ + \sin^2 49^\circ + \cdots + \sin^2 89^\circ$$
$$= (\cos^2 89^\circ + \sin^2 89^\circ) + (\cos^2 87^\circ + \sin^2 87^\circ) + \cdots$$
$$\qquad\qquad + (\cos^2 47^\circ + \sin^2 47^\circ) + \sin^2 45^\circ$$
$$= \underbrace{1 + 1 + \cdots + 1}_{22\text{개}} + \left(\frac{\sqrt{2}}{2}\right)^2 \;(\because \sin^2\theta + \cos^2\theta = 1)$$
$$= 22 \times 1 + \frac{1}{2} = \frac{45}{2}$$

75 답 ①

$\tan(90^\circ - \theta) = \dfrac{1}{\tan\theta}$ 이므로

$$\tan 1^\circ = \tan(90^\circ - 89^\circ) = \frac{1}{\tan 89^\circ}$$
$$\tan 2^\circ = \tan(90^\circ - 88^\circ) = \frac{1}{\tan 88^\circ}$$
$$\tan 3^\circ = \tan(90^\circ - 87^\circ) = \frac{1}{\tan 87^\circ}$$
$$\vdots$$
$$\tan 44^\circ = \tan(90^\circ - 46^\circ) = \frac{1}{\tan 46^\circ}$$

$$\therefore \tan 1^\circ \times \tan 2^\circ \times \tan 3^\circ \times \cdots \times \tan 88^\circ \times \tan 89^\circ$$
$$= \frac{1}{\tan 89^\circ} \times \frac{1}{\tan 88^\circ} \times \cdots \times \frac{1}{\tan 46^\circ}$$
$$\qquad\qquad \times \tan 45^\circ \times \tan 46^\circ \times \cdots \times \tan 89^\circ$$
$$= \left(\frac{1}{\tan 89^\circ} \times \tan 89^\circ\right) \times \left(\frac{1}{\tan 88^\circ} \times \tan 88^\circ\right) \times \cdots$$
$$\qquad\qquad \times \left(\frac{1}{\tan 46^\circ} \times \tan 46^\circ\right) \times \tan 45^\circ$$
$$= 1 \times 1 \times \cdots \times 1 = 1$$

01 답 ④

각 θ를 7배한 각 7θ와 θ의 동경이 일치하므로

$7\theta - \theta = 6\theta = 360^\circ \times n$ (단, n은 정수)에서 $\theta = 60^\circ \times n$

이때, $0^\circ < \theta < 90^\circ$에서 $0^\circ < 60^\circ \times n < 90^\circ$

$$\therefore 0 < n < \frac{3}{2}$$

이때, n은 정수이므로 $n = 1$

$\theta = 60^\circ \times n = 60^\circ \times 1 = 60^\circ$

02 답 ①

다음은 호도법에 대한 설명이다.

> 그림과 같이 반지름의 길이가 r, 중심이 O인 원에서 길이가 l인 호 AB에 대한 중심각 AOB의 크기를 α°라 하면, 호 AB의 길이는 중심각의 크기 α°에 비례한다.
>
> 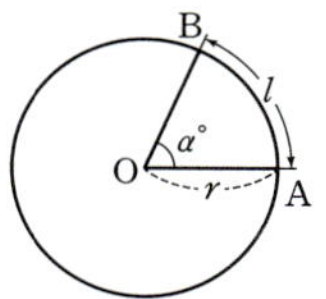
>
> 따라서 $\dfrac{l}{\boxed{(가)}} = \dfrac{\alpha^\circ}{360^\circ}$ → 호의 길이는 중심각의 크기에 비례함을 이용하여 비례식을 세워 정리해.
>
> 여기서 $l = r$이면 $\alpha^\circ = \boxed{(나)}$ → 위에서 구한 식에 $l = r$을 대입해.
>
> 이 경우 중심각의 크기 α°는 원의 반지름의 길이에 관계없이 항상 일정하다.
>
> 이 일정한 각의 크기를 1라디안이라 하고, 이것을 단위로 하여 각의 크기를 나타내는 방법을 호도법이라 한다.

위에서 (가), (나)에 알맞은 것을 순서대로 적으면?

① $2\pi r$, $\dfrac{180^\circ}{\pi}$ ② $2\pi r$, $\dfrac{\pi}{180^\circ}$ ③ $2\pi r$, $\dfrac{360^\circ}{\pi}$

④ πr, $\dfrac{\pi}{180^\circ}$ ⑤ πr, $\dfrac{360^\circ}{\pi}$

1st 호의 길이와 중심각의 크기의 비를 생각해.

호 AB의 길이는 중심각의 크기 α°에 비례하므로

$$l : \alpha^\circ = 2\pi r : 360^\circ \text{에서} \quad \frac{l}{2\pi r} = \frac{\alpha^\circ}{360^\circ}$$

반지름의 길이가 r인 원의 원주의 길이는 $2\pi r$야. (가)

호의 길이와 부채꼴의 넓이는 중심각의 크기에 정비례 해.

이때, $l = r$를 위의 식에 대입하면 $\dfrac{r}{2\pi r} = \dfrac{\alpha^\circ}{360^\circ}$에서

$$\alpha^\circ = \frac{360^\circ r}{2\pi r} = \frac{180^\circ}{\pi} \leftarrow \text{(나)}$$

03 답 ⑤

각 2θ를 나타내는 동경과 각 7θ를 나타내는 동경이 일직선 위에 있고 방향이 반대이므로

$7\theta - 2\theta = 360° \times n + 180°$ (단, n은 정수)에서

$5\theta = 180° \times (2n+1)$

$\therefore \theta = \dfrac{2n+1}{5} \times 180°$

이때, $90° < \theta < 180°$이므로

$90° < \dfrac{2n+1}{5} \times 180° < 180°$, $\dfrac{5}{2} < 2n+1 < 5$

$\dfrac{3}{2} < 2n < 4$ $\quad \therefore \dfrac{3}{4} < n < 2$

이때, n은 정수이므로 $n=1$ $\quad \therefore \theta = 108°$

$\therefore \theta + 72° = 108° + 72° = 180° = \pi$

> **[두 동경의 위치 관계]** 심플 정리
>
> 두 각 α, β를 나타내는 동경이
> (1) 일치하면 $\alpha - \beta = 360° \times n$ (n은 정수)
> (2) 일직선 위에 있고 방향이 반대이면
> $\quad \alpha - \beta = 360° \times n + 180°$ (n은 정수)
> (3) x축에 대하여 대칭이면
> $\quad \alpha + \beta = 360° \times n$ (n은 정수)
> (4) y축에 대하여 대칭이면
> $\quad \alpha + \beta = 360° \times n + 180°$ (n은 정수)
> (5) 직선 $y=x$에 대하여 대칭이면
> $\quad \alpha + \beta = 360° \times n + 90°$ (n은 정수)

04 답 ①

호의 길이를 l이라 하면 $l = r\theta = \pi$ $\cdots$ ㉠

또, 넓이를 S라 하면

$S = \dfrac{1}{2} \times r \times l = \dfrac{1}{2} \times r \times \pi = 2\pi$ $\quad \therefore r = 4$

이것을 ㉠에 대입하면 $4\theta = \pi$ $\quad \therefore \theta = \dfrac{\pi}{4}$

$\therefore \dfrac{\theta}{r} = \dfrac{\frac{\pi}{4}}{4} = \dfrac{\pi}{16}$

05 답 $l=20$, $\theta=2$

부채꼴의 반지름의 길이를 r, 호의 길이를 l이라 하면 둘레의 길이가 40이므로

$2r + l = 40$에서 $l = 40 - 2r$ $\quad\cdots$ Ⅰ

이때, $r>0$, $l>0$이므로 $0 < r < 20$

한편, 부채꼴의 넓이는

$\dfrac{1}{2} rl = \dfrac{1}{2} r(40 - 2r) = -(r-10)^2 + 100$에서

$r=10$일 때 최댓값 100을 갖는다. $\quad\cdots$ Ⅱ

따라서 $l = 40 - 2 \times 10 = 20$이므로

$l = r\theta = 20$에서 $10\theta = 20$

$\therefore \theta = 2$ $\quad\cdots$ Ⅲ

[채점기준표]

Ⅰ	l을 r에 대한 식으로 표현한다.	30%
Ⅱ	부채꼴의 넓이를 반지름의 길이 r에 대한 이차함수로 나타내어 넓이가 최대일 때의 r의 값을 구한다.	40%
Ⅲ	l, θ의 값을 각각 구한다.	30%

06 답 ④

제3사분면의 각 θ에 대하여 $\cos\theta = -\dfrac{4}{5}$인 동경 위의 한 점은 $(-4, -3)$이므로

$\tan\theta = \dfrac{-3}{-4} = \dfrac{3}{4}$

$\sin\theta = \dfrac{-3}{5} = -\dfrac{3}{5}$

$\therefore \dfrac{16\tan\theta - 7}{5\sin\theta + 8} = \dfrac{16 \times \frac{3}{4} - 7}{5 \times \left(-\frac{3}{5}\right) + 8}$

$\qquad = \dfrac{12-7}{-3+8} = \dfrac{5}{5} = 1$

07 답 ①

$\sin\theta - \cos\theta = \dfrac{1}{\sqrt{2}}$의 양변을 제곱하면

$(\sin\theta - \cos\theta)^2 = \left(\dfrac{1}{\sqrt{2}}\right)^2$

$\sin^2\theta - 2\sin\theta\cos\theta + \cos^2\theta = \dfrac{1}{2}$

$1 - 2\sin\theta\cos\theta = \dfrac{1}{2}$, $2\sin\theta\cos\theta = \dfrac{1}{2}$

$\therefore \sin\theta\cos\theta = \dfrac{1}{4}$

이때,

$\tan\theta + \dfrac{1}{\tan\theta} = \dfrac{\sin\theta}{\cos\theta} + \dfrac{\cos\theta}{\sin\theta}$

$\qquad = \dfrac{\sin^2\theta + \cos^2\theta}{\sin\theta\cos\theta}$

$\qquad = \dfrac{1}{\frac{1}{4}} = 4$

이므로

$\tan^3\theta + \dfrac{1}{\tan^3\theta} = \left(\tan\theta + \dfrac{1}{\tan\theta}\right)^3 - 3\left(\tan\theta + \dfrac{1}{\tan\theta}\right)$

$\qquad = 4^3 - 3 \times 4 = 52$

> **[곱셈 공식의 변형]** 심플 정리
>
> (1) $a^2 + b^2 = (a+b)^2 - 2ab = (a-b)^2 + 2ab$
> (2) $(a+b)^2 = (a-b)^2 + 4ab$
> $\quad (a-b)^2 = (a+b)^2 - 4ab$
> (3) $a^3 + b^3 = (a+b)^3 - 3ab(a+b)$
> $\quad a^3 - b^3 = (a-b)^3 + 3ab(a-b)$
> (4) $a^2 + b^2 + c^2 = (a+b+c)^2 - 2(ab+bc+ca)$
> (5) $a^2 + b^2 + c^2 - ab - bc - ca$
> $\quad = \dfrac{1}{2}\{(a-b)^2 + (b-c)^2 + (c-a)^2\}$

08 답 ④

$\sin\theta+\cos\theta=\dfrac{1}{3}$의 양변을 제곱하면

$\sin^2\theta+2\sin\theta\cos\theta+\cos^2\theta=\dfrac{1}{9}$에서

$1+2\sin\theta\cos\theta=\dfrac{1}{9}$

따라서 $2\sin\theta\cos\theta=-\dfrac{8}{9}$이므로

$(\sin\theta-\cos\theta)^2=\sin^2\theta-2\sin\theta\cos\theta+\cos^2\theta$

$$=1-\left(-\dfrac{8}{9}\right)=\dfrac{17}{9}$$

한편, θ가 제2사분면의 각이므로 $\sin\theta>0$, $\cos\theta<0$

따라서 $\sin\theta-\cos\theta>0$이므로 $\sin\theta-\cos\theta=\dfrac{\sqrt{17}}{3}$

$\therefore \sin^2\theta-\cos^2\theta=(\sin\theta+\cos\theta)(\sin\theta-\cos\theta)$

$$=\dfrac{1}{3}\times\dfrac{\sqrt{17}}{3}=\dfrac{\sqrt{17}}{9}$$

09 답 ④

$\sin\left(\dfrac{\pi}{2}-\theta\right)\sin(\pi+\theta)-\cos\left(\dfrac{\pi}{2}-\theta\right)\cos(\pi+\theta)$

$=\cos\theta(-\sin\theta)-\sin\theta(-\cos\theta)$

$=-\cos\theta\sin\theta+\sin\theta\cos\theta=0$

10 답 ①

직선 $y=-\dfrac{4}{3}x$ 위의 점 $P(a,\ b)\ (a<0)$에 대하여
선분 OP가 x축의 양의 방향과 이루는 각의 크기를 θ라 할 때, $\sin(\pi-\theta)+\cos(\pi+\theta)$의 값은?
(단, O는 원점이다.)

기울기가 m인 직선이 x축의 양의 방향과 이루는 각의 크기를 θ라 하면 $m=\tan\theta$가 성립해.

① $\dfrac{7}{5}$ ② $\dfrac{1}{5}$ ③ 0

④ $-\dfrac{1}{5}$ ⑤ $-\dfrac{7}{5}$

1st 직선의 기울기와 $\tan\theta$ 사이의 관계를 이용해.

직선 $y=-\dfrac{4}{3}x$의 기울기가 $-\dfrac{4}{3}$이고 이 직선 위에 있는
선분 OP가 x축의 양의 방향과 이루는 각의 크기가 θ이므로
$\tan\theta=-\dfrac{4}{3}$이다.

2nd $\sin(\pi-\theta)+\cos(\pi+\theta)$의 값을 구하자.

그런데 $a<0$이므로 직선 $y=-\dfrac{4}{3}x$ 위의 점 $P(a,\ b)$는
제2사분면에 존재한다. 즉, θ는 제2사분면의 각이고,
$\tan\theta=-\dfrac{4}{3}$이므로

삼각함수의 정의에 의하여

$\sin\theta=\dfrac{4}{5}$, $\cos\theta=-\dfrac{3}{5}$

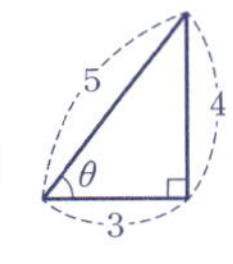

$\therefore \sin(\pi-\theta)+\cos(\pi+\theta)=\sin\theta-\cos\theta$

$$=\dfrac{4}{5}-\left(-\dfrac{3}{5}\right)=\dfrac{7}{5}$$

11 답 ③

반지름의 길이가 1인 원을 12등분하였으므로
부채꼴 $\mathrm{OP}_n\mathrm{P}_{n+1}$($n$은 $1\le n\le 11$인 자연수)의 중심각의
크기는 $\theta=\dfrac{360°}{12}=30°$이다.

즉, $6\theta=180°$이므로

$\cos\theta+\cos2\theta+\cos3\theta+\cdots+\cos12\theta$

$=\cos\theta+\cdots+\cos6\theta+\cos(180°+\theta)+\cdots$

$\qquad\qquad\qquad\qquad\qquad +\cos(180°+6\theta)$

$=\cos\theta+\cdots+\cos6\theta-\cos\theta-\cdots-\cos6\theta=0$

> **심플 정리!**
>
> **[$\pi\pm x$의 삼각함수의 성질]**
> (1) $\sin(\pi+x)=-\sin x$
> $\quad \sin(\pi-x)=\sin x$
> (2) $\cos(\pi+x)=-\cos x$
> $\quad \cos(\pi-x)=-\cos x$
> (3) $\tan(\pi+x)=\tan x$
> $\quad \tan(\pi-x)=-\tan x$

12 답 27

그림과 같이 길이가 12인 선분 AB를 지름으로 하는
반원이 있다. 반원 위에서 호 BC의 길이가 4π인 점
C를 잡고 점 C에서 선분 AB에 내린 수선의 발을 H
라 하자. $\overline{\mathrm{CH}}^2$의 값을 구하시오.

호 BC의 길이를 구하려면 반원의 반지름의 길이와 호 BC에 대한 중심각의 크기를 알아야 해.

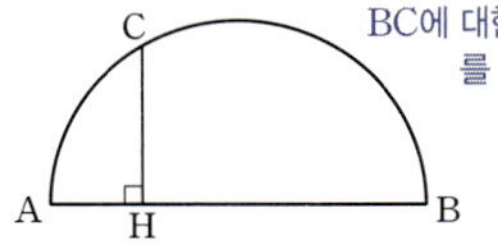

1st 반원의 중심과 점 C를 연결해.

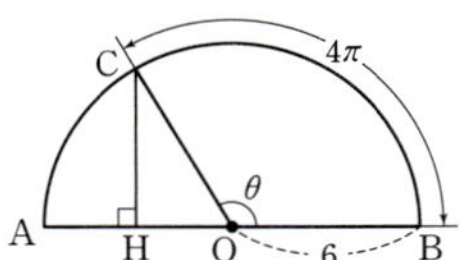

반원의 중심을 O, $\angle \mathrm{BOC}=\theta$라 하면 $\overline{\mathrm{OB}}=6$이므로

$6\theta=4\pi$에서 $\theta=\dfrac{2}{3}\pi$

$\overline{\mathrm{AB}}=12$이므로 $\overline{\mathrm{OB}}=\dfrac{1}{2}\overline{\mathrm{AB}}=6$

2nd $\overline{\mathrm{CH}}^2$의 값을 구하자.

호 BC의 길이가 4π이므로 $\overline{\mathrm{OB}}\times\angle\mathrm{BOC}=4\pi$

직각삼각형 OHC에서

$\overline{\mathrm{CH}}=\overline{\mathrm{OC}}\sin(\pi-\theta)=\overline{\mathrm{OC}}\sin\theta$

$$=6\sin\dfrac{2}{3}\pi=6\times\dfrac{\sqrt{3}}{2}=3\sqrt{3}$$

$\therefore \overline{\mathrm{CH}}^2=(3\sqrt{3})^2=27$

13 답 1

> 좌표평면 위의 점 $A(0, 1)$과 x축의 양의 방향 위의 점 P_1, P_2, $\cdots$, P_{89}에 대하여
> $$\angle OAP_1 = \angle P_1 AP_2 = \cdots = \angle P_{88} AP_{89} = 1°\text{이다.}$$
> $\overline{OP_1} \times \overline{OP_2} \times \cdots \times \overline{OP_{89}}$의 값을 구하시오. (단, O는 원점이고, 점 P_n의 x좌표는 점 P_{n-1}의 x좌표보다 크다.) 선분 OP_n의 길이를 직각삼각형 AOP_n에서 구한 후 삼각함수의 성질을 이용해.

1st 선분 OP_1, OP_2, $\cdots$, OP_{89}의 길이를 구하자.

$\angle OAP_1 = \angle P_1 AP_2 = \cdots = \angle P_{88} AP_{89} = 1°$이므로

자연수 n에 대하여 $\angle OAP_n = n°$이다.

$\therefore \overline{OP_n} = \overline{OA} \tan(\angle OAP_n) = \tan n°$ 직각삼각형 OAP_n에서

2nd $\overline{OP_1} \times \overline{OP_2} \times \cdots \times \overline{OP_{89}}$의 값을 구하자. $\tan(\angle OAP_n) = \dfrac{\overline{OP_n}}{\overline{OA}}$

$\therefore \overline{OP_1} \times \overline{OP_2} \times \cdots \times \overline{OP_{89}}$

$= \tan 1° \times \tan 2° \times \cdots \times \tan 88° \times \tan 89°$

$= \dfrac{\sin 1°}{\cos 1°} \times \dfrac{\sin 2°}{\cos 2°} \times \cdots \times \dfrac{\sin 88°}{\cos 88°} \times \dfrac{\sin 89°}{\cos 89°}$

$= \dfrac{\sin 1°}{\sin 89°} \times \dfrac{\sin 2°}{\sin 88°} \times \cdots \times \dfrac{\sin 88°}{\sin 2°} \times \dfrac{\sin 89°}{\sin 1°}$

$= 1$

$\cos 1° = \cos(90° - 89°) = \sin 89°$,
$\cos 2° = \cos(90° - 88°) = \sin 88°$, $\cdots$
$\cos 89° = \cos(90° - 1°) = \sin 1°$

다른 풀이

$\overline{OP_1} \times \overline{OP_2} \times \cdots \times \overline{OP_{89}}$

$= \tan 1° \times \tan 2° \times \cdots \times \tan 89°$ $\tan(90° - \theta) = \dfrac{1}{\tan \theta}$

$= \tan(90° - 89°) \times \tan(90° - 88°) \times \cdots \times \tan(90° - 46°)$
$\qquad\qquad \times \tan 45° \times \tan 46° \times \cdots \times \tan 89°$

$= \dfrac{1}{\tan 89°} \times \dfrac{1}{\tan 88°} \times \cdots \times \dfrac{1}{\tan 46°}$
$\qquad\qquad \times \tan 45° \times \tan 46° \times \cdots \times \tan 89°$

$= 1$

Simple K 삼각함수의 그래프

01 답 주기

02 답 2π, 원점

03 답 $\{y \mid -1 \le y \le 1\}$

04 답 $\theta = n\pi + \dfrac{\pi}{2}$ (단, n은 정수)

05 답 ○

06 답 ×

07 답 ○

08 답 ×

09 답 3

10 답 3

11 답 6

12 답 4

13 답 4

14 답 8

15 답 실수 전체의 집합

16 답 $\{y \mid -1 \le y \le 1\}$

17 답 2π

18 답 원점에 대하여 대칭

19 답 실수 전체의 집합

20 답 $\{y \mid -1 \le y \le 1\}$

21 답 2π

22 답 y축에 대하여 대칭

23 답 $\theta \ne n\pi + \dfrac{\pi}{2}$ (단, n은 정수)인 실수 전체의 집합

24 답 실수 전체의 집합

25 답 π

26 답 원점에 대하여 대칭

27 답 $\theta = n\pi + \dfrac{\pi}{2}$ (단, n은 정수)

28 답 ③

함수 $f(x)$의 주기가 2π이므로
$$f(5\pi)=f(2\pi\times2+\pi)=f(\pi)$$
한편, $x=\pi$일 때, $f(x)=\sin2x$이므로
$$f(5\pi)=f(\pi)=\sin2\pi=0$$

29 답 ③

조건 (가)에 의하여 함수 $f(x)$는 주기가 4인 주기함수이다.
$$\therefore f(21)=f(4\times5+1)=f(1)$$
이때, 조건 (나)에 의하여 $-2\le x\le2$에서 $f(x)=2-|x|$
이므로 $f(21)=f(1)=2-|1|=1$

30 답 ④

ㄱ. 함수 $y=\sin x$는 주기가 2π인 주기함수이다. (참)
ㄴ. 함수 $y=\sin x$의 그래프는 원점에 대하여 대칭인 함수
  이다. (참)
ㄷ. 치역은 $\{y\,|-1\le y\le1\}$이다. (거짓)
따라서 옳은 것은 ㄱ, ㄴ이다.

31 답 ⑤

ㄱ. 함수 $f(x)=\sin x$의 그래프는 원점에 대하여 대칭이
  므로 $f(-x)=-f(x)$이다. (참)
ㄴ. 삼각함수의 성질에 의하여 모든 실수 x에 대하여
  $\sin(\pi+x)=-\sin x$이므로 $f(\pi+x)=-f(x)$이다.
                                    (참)
ㄷ. 삼각함수의 성질에 의하여 모든 실수 x에 대하여
  $\sin\left(\dfrac{\pi}{2}-x\right)=\cos x,\ \sin\left(\dfrac{\pi}{2}+x\right)=\cos x$이므로
  $\sin\left(\dfrac{\pi}{2}-x\right)=\sin\left(\dfrac{\pi}{2}+x\right)$이다.
  즉, $f\left(\dfrac{\pi}{2}-x\right)=f\left(\dfrac{\pi}{2}+x\right)$이므로 함수 $f(x)=\sin x$의
  그래프는 직선 $x=\dfrac{\pi}{2}$에 대하여 대칭이다. (참)
따라서 옳은 것은 ㄱ, ㄴ, ㄷ이다.

> **TIP**
> 함수 $y=f(x)$의 그래프가 모든 실수 x에 대하여
> (1) y축에 대하여 대칭이면
> $f(x)=f(-x)$
> (2) 원점에 대하여 대칭이면
> $f(x)=-f(-x)$
> (3) 직선 $x=a$에 대하여 대칭이면
> $f(a+x)=f(a-x)\Longleftrightarrow f(x)=f(2a-x)$

32 답 ⑤

ㄱ. 함수 $y=\cos x$는 주기가 2π인 주기함수이다. (참)
ㄴ. 함수 $y=\cos x$의 그래프는 y축에 대하여 대칭이다.
                                    (참)
ㄷ. 치역은 $\{y\,|-1\le y\le1\}$이므로 서로 다른 정수의 개수
  는 -1, 0, 1로 3이다. (참)
따라서 옳은 것은 ㄱ, ㄴ, ㄷ이다.

33 답 ②

ㄱ. 함수 $f(x)=\cos x$의 그래프는 y축에 대하여 대칭이므
  로 $f(-x)=f(x)$이다. (거짓)
ㄴ. 삼각함수의 성질에 의하여 모든 실수 x에 대하여
  $\cos\left(\dfrac{\pi}{2}+x\right)=-\sin x,\ \cos\left(\dfrac{\pi}{2}-x\right)=\sin x$이므로
  $f\left(\dfrac{\pi}{2}+x\right)\neq f\left(\dfrac{\pi}{2}-x\right)$ (거짓)
ㄷ. 삼각함수의 성질에 의하여 모든 실수 x에 대하여
  $\cos(\pi-x)=-\cos x,\ \cos(\pi+x)=-\cos x$이므로
  $f(\pi-x)=f(\pi+x)$이다.
  따라서 함수 $f(x)=\cos x$의 그래프는 직선 $x=\pi$에 대
  하여 대칭이다. (참)
따라서 옳은 것은 ㄷ이다.

> **TIP**
> 함수 $y=\cos x$의 그래프는 직선 $x=n\pi$ (단, n은 정수)에
> 대하여 대칭이다.

34 답 ②

ㄱ. 정의역은 $x\neq n\pi+\dfrac{\pi}{2}$ (단, n은 정수)인 실수 전체의
  집합이다. (거짓)
ㄴ. 치역은 실수 전체의 집합이다. (참)
ㄷ. 함수 $y=\tan x$는 주기가 π인 주기함수이다. (거짓)
따라서 옳은 것은 ㄴ이다.

35 답 ④

ㄱ. 함수 $f(x)=\tan x$의 그래프는 원점에 대하여 대칭이
  므로 $f(-x)=-f(x)$이다. (거짓)
ㄴ. 삼각함수 성질에 의하여 $\tan\left(\dfrac{\pi}{2}+x\right)=-\dfrac{1}{\tan x}$,
  $\tan\left(\dfrac{\pi}{2}-x\right)=\dfrac{1}{\tan x}$이므로
  $f\left(\dfrac{\pi}{2}+x\right)=-f\left(\dfrac{\pi}{2}-x\right)$ (참)
ㄷ. 함수 $f(x)=\tan x$의 그래프는 점 $(n\pi,\,0)$ (n은 정수)
  에 대하여 대칭이다. (참)
따라서 옳은 것은 ㄴ, ㄷ이다.

36 답 ④

함수 $y=|\sin x|$의 그래프는 다음과 같다.

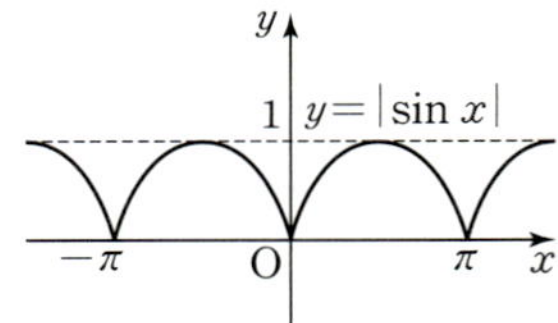

따라서 치역은 $\{y\,|\,0\leq y\leq 1\}$이다.

37 답 2π

두 함수 $y=|\cos x|$, $y=|\tan x|$의 그래프는 다음과 같다.

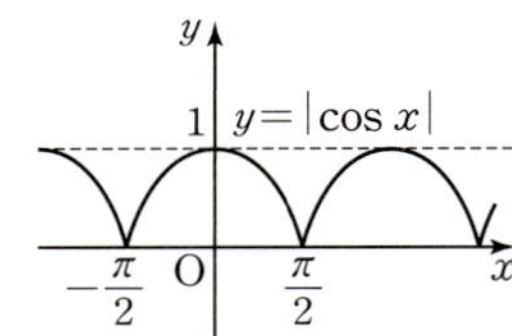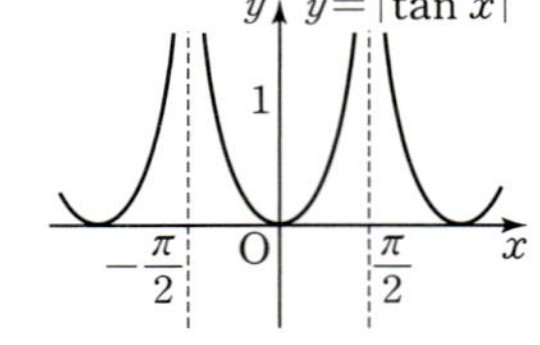

따라서 두 함수 $y=|\cos x|$, $y=|\tan x|$의 주기는 모두 π이므로 $a=\pi$, $b=\pi$

$\therefore a+b=\pi+\pi=2\pi$

38 답 ⑤

함수 $y=\sin|x|$의 그래프는 다음과 같다.

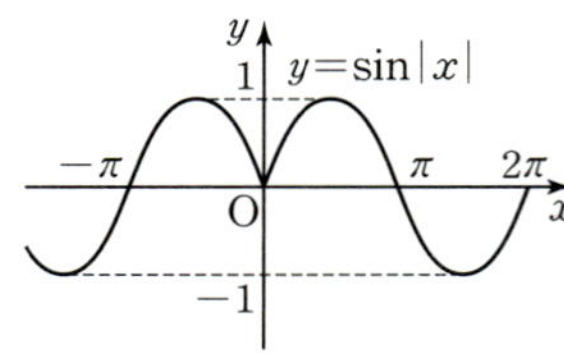

① 정의역은 실수 전체의 집합이다.
② 치역은 $\{y\,|\,-1\leq y\leq 1\}$이다.
③ 주기함수가 아니다.
④ 최솟값은 -1이다.

39 답 ②

함수 $y=\cos|x|$의 그래프는 다음과 같다.

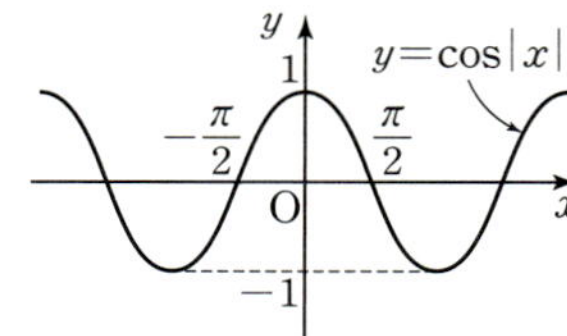

② 치역은 $\{y\,|\,-1\leq y\leq 1\}$이다.

01 답 $\{y\,|\,-3\leq y\leq 3\}$, 3, -3, 2π

02 답 없고, $\dfrac{\pi}{2}$

03 답 2, 1

04 답 ○

05 답 ×

06 답 ○

07 답 ○

08 답 풀이 참조

함수 $y=2\sin x$의 그래프는 다음과 같고 치역은 $\{y\,|\,-2\leq y\leq 2\}$이다.

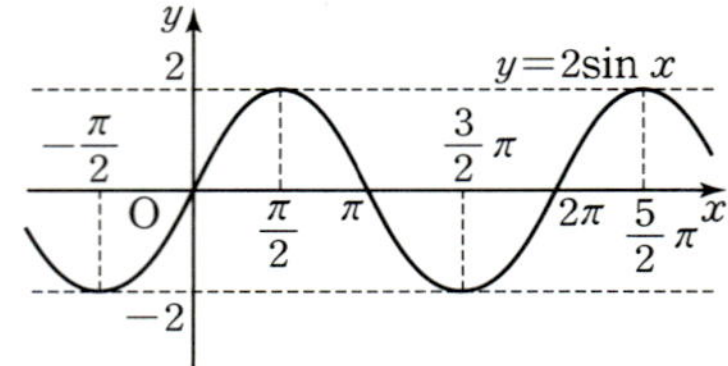

09 답 풀이 참조

함수 $y=-3\cos x$의 그래프는 그림과 같고 치역은 $\{y\,|\,-3\leq y\leq 3\}$이다.

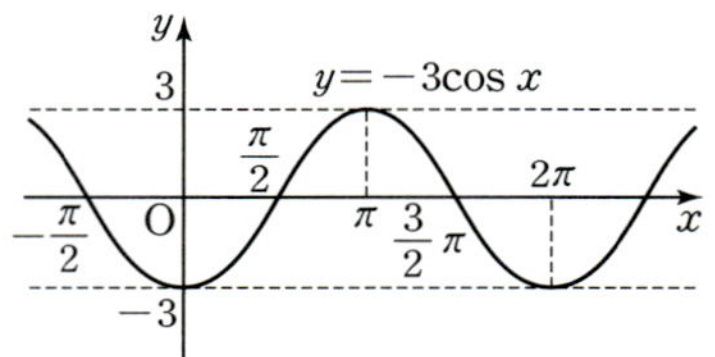

10 답 풀이 참조

함수 $y=\dfrac{1}{2}\tan x$의 그래프는 그림과 같고 치역은 실수 전체의 집합이다.

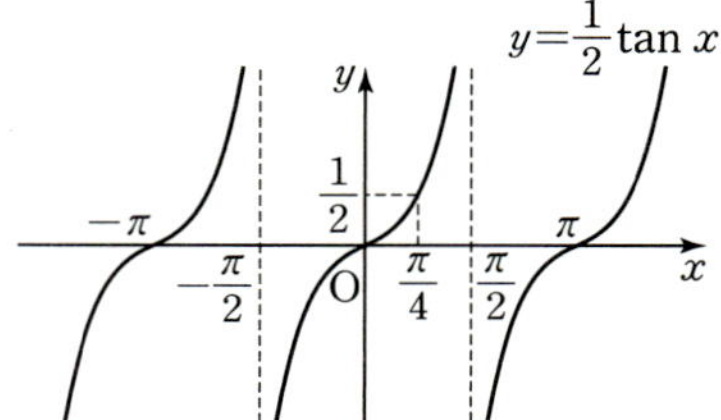

11 답 최댓값 : $\dfrac{1}{4}$, 최솟값 : $-\dfrac{1}{4}$

$y=\sin 4x$의 치역은 $\{y\,|\,-1\leq y\leq 1\}$이므로

$y=\dfrac{1}{4}\sin 4x$의 치역은 $\left\{y\,\middle|\,-\dfrac{1}{4}\leq y\leq \dfrac{1}{4}\right\}$이다.

따라서 최댓값과 최솟값은 각각 $\dfrac{1}{4}$, $-\dfrac{1}{4}$이다.

12 답 최댓값 : 5, 최솟값 : -5

$y=\cos\dfrac{1}{2}x$의 치역은 $\{y\,|\,-1\leq y\leq 1\}$이므로

$y=5\cos\dfrac{1}{2}x$의 치역은 $\{y\,|\,-5\leq y\leq 5\}$이다.

따라서 최댓값과 최솟값은 각각 5, -5이다.

13 답 최댓값 : 없다, 최솟값 : 없다

$y=\tan 2x$의 치역은 실수 전체의 집합이므로

$y=-\tan 2x$의 치역은 실수 전체의 집합이다.

따라서 최댓값과 최솟값은 없다.

14 답 풀이 참조

함수 $y=\sin\dfrac{x}{2}$의 그래프는 그림과 같고 주기는

$\dfrac{2\pi}{\frac{1}{2}}=4\pi$이다.

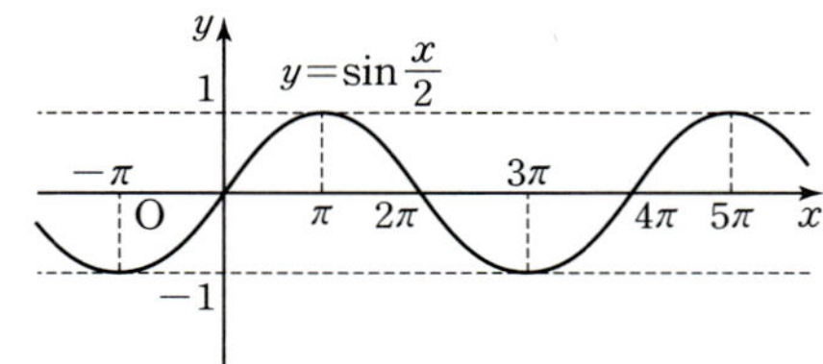

15 답 풀이 참조

함수 $y=\cos 3x$의 그래프는 그림과 같고 주기는

$\dfrac{2\pi}{3}=\dfrac{2}{3}\pi$이다.

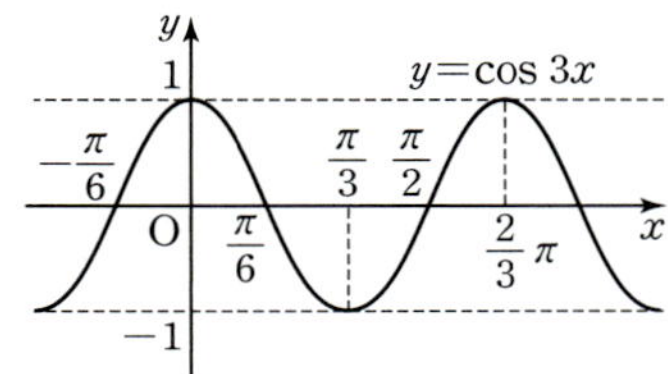

16 답 풀이 참조

함수 $y=-\tan\dfrac{x}{2}$의 그래프는 그림과 같고 주기는

$\dfrac{\pi}{\frac{1}{2}}=2\pi$이다.

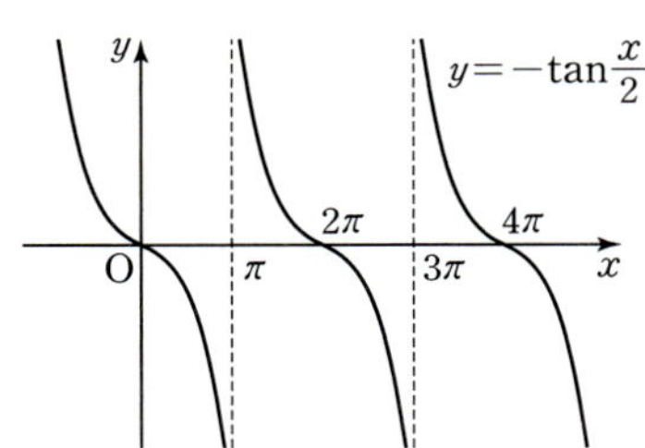

17 답 π, 1, 2π

18 답 $\dfrac{\pi}{2}$, 1, π

19 답 $\dfrac{\pi}{3}$, $\dfrac{\pi}{3}$

20 답 최댓값 : 4, 최솟값 : -2, 주기 : 4π

21 답 최댓값 : -1, 최솟값 : -3, 주기 : π

22 답 최댓값 : 없다, 최솟값 : 없다, 주기 : $\dfrac{\pi}{3}$

23 답 ①

$y=2\sin 2x-1$의 그래프는 $y=2\sin 2x$의 그래프를 y축의 방향으로 -1만큼 평행이동한 것이다.

이때, $y=2\sin 2x$의 치역은 $\{y\,|\,-2\leq y\leq 2\}$이므로

$y=2\sin 2x-1$의 치역은 $\{y\,|\,-3\leq y\leq 1\}$이다.

따라서 주어진 함수의 최댓값은 1, 최솟값은 -3이므로 최댓값과 최솟값의 합은 -2이다.

> **TIP**
>
> 두 함수 $y=a\sin(bx+c)+d$, $y=a\cos(bx+c)+d$에서 최댓값과 최솟값은 a, d에 의해서 결정된다. 즉, b, c는 최댓값과 최솟값에 영향을 주지 않는다.

24 답 ④

함수 $y=a\sin\dfrac{1}{2}x$의 최댓값이 $\dfrac{3}{4}$이므로

$|a|=\dfrac{3}{4}$에서 $a=\dfrac{3}{4}\,(\because a>0)$

또, 함수 $y=b\cos 2x+2$의 최솟값이 -2이므로

$-|b|+2=-2$에서 $|b|=4$　　$\therefore b=4\,(\because b>0)$

$\therefore 4a+b=4\times\dfrac{3}{4}+4=7$

25 답 ①

ㄱ. $-1\leq\sin x\leq 1$에서 $-3\leq 3\sin x\leq 3$이므로

　　$y=3\sin x$의 최댓값은 3이다.

ㄴ. $-1\leq\sin\pi x\leq 1$에서 $-2\leq 2\sin\pi x\leq 2$이므로

　　$y=2\sin\pi x$의 최댓값은 2이다.

ㄷ. $-1\leq\cos 3x\leq 1$에서 $-1\leq 2\cos 3x+1\leq 3$이므로

　　$y=2\cos 3x+1$의 최댓값은 3이다.

ㄹ. $-1\leq\cos\dfrac{x}{2}\leq 1$에서 $3\leq -3\cos\dfrac{x}{2}+6\leq 9$이므로

　　$y=-3\cos\dfrac{x}{2}+6$의 최댓값은 9이다.

따라서 ㄱ, ㄷ의 최댓값은 3으로 같다.

26 답 ④

함수 $y=\dfrac{1}{2}\sin 3x$의 주기는 $\dfrac{2\pi}{|3|}=\dfrac{2}{3}\pi$이다.

> **TIP**
>
> 함수 $y=a\sin(bx+c)+d$, $y=a\cos(bx+c)+d$, $y=a\tan(bx+c)+d$에서 주기는 오직 b에 의해서 결정된다. 즉, a, c, d는 주기에 영향을 주지 않는다.

27 답 ②

함수 $f(x)=a\tan bx+3$의 주기가 2π이므로

$\dfrac{\pi}{|b|}=2\pi$에서 $|b|=\dfrac{1}{2}$ $\quad \therefore b=\dfrac{1}{2}\,(\because b>0)$

즉, $f(x)=a\tan\dfrac{1}{2}x+3$이므로 $f\left(\dfrac{\pi}{2}\right)=6$에서

$f\left(\dfrac{\pi}{2}\right)=a\tan\left(\dfrac{1}{2}\times\dfrac{\pi}{2}\right)+3=a\tan\dfrac{\pi}{4}+3$

$\qquad\quad =a+3=6$

$\therefore a=3$

$\therefore a+2b=3+2\times\dfrac{1}{2}=4$

28 답 ⑤

조건 (가)의 $f(-x)=-f(x)$를 만족시키는 함수 $f(x)$는 원점에 대하여 대칭이다.

조건 (나)의 $f(x+\pi)=f(x)$를 만족시키는 함수 $f(x)$는 주기가 π인 함수이다. 이때, 원점에 대하여 대칭인 함수는

$y=-2\sin x$, $y=\tan\dfrac{1}{2}x$, $y=\sin 2x$이고, 이 함수의 주기는 각각 2π, 2π, π이므로 주어진 조건을 만족시키는 함수는 ⑤ $f(x)=\sin 2x$이다.

29 답 ②

$f(x)=f(x-\pi)$의 양변에 $x=x+\pi$를 대입하면

$f(x+\pi)=f(x)$이므로 함수 $f(x)$는 주기가 π인 함수이다.

ㄱ. $y=3\sin\dfrac{x}{2}$의 주기는 $\dfrac{2\pi}{\frac{1}{2}}=4\pi$이다.

ㄴ. $y=2\cos\left(2x+\dfrac{\pi}{3}\right)+1$의 주기는 $\dfrac{2\pi}{2}=\pi$이다.

ㄷ. $y=\tan\left(x-\dfrac{\pi}{2}\right)$의 주기는 π이다.

ㄹ. $y=-\cos\dfrac{x}{4}+2$의 주기는 $\dfrac{2\pi}{\frac{1}{4}}=8\pi$이다.

따라서 $f(x)=f(x-\pi)$, 즉 주기가 π인 함수는 ㄴ, ㄷ이다.

30 답 $\dfrac{\pi}{3}$

$y=\dfrac{1}{3}\sin\left(x+\dfrac{\pi}{6}\right)+2$의 그래프는 $y=\dfrac{1}{3}\sin x$의 그래프를 x축의 방향으로 $-\dfrac{\pi}{6}$만큼, y축의 방향으로 2만큼 평행이동한 것이다.

따라서 $p=\dfrac{\pi}{6}$, $q=2$이므로 $pq=\dfrac{\pi}{6}\times 2=\dfrac{\pi}{3}$

31 답 ⑤

① $-1\le\sin\pi x\le 1$에서 $-2\le\sin\pi x-1\le 0$이므로 함수 $f(x)$의 최댓값은 0, 최솟값은 -2이다. 따라서 최댓값과 최솟값의 합은 -2이다. (거짓)

② $f(x)=\sin\pi x-1$의 주기는 $\dfrac{2\pi}{\pi}=2$이고

$y=\tan 2x$의 주기는 $\dfrac{\pi}{2}$이므로 주기가 서로 다르다.

(거짓)

③ $f(-x)=\sin\pi(-x)-1=-\sin\pi x-1\ne -f(x)$

즉, 원점에 대하여 대칭이 아니다. (거짓)

④ $f(x)=\sin\pi x-1$의 그래프는 $y=\sin\pi x$의 그래프를 y축의 방향으로 -1만큼 평행이동한 것이므로 그래프는 그림과 같다. 따라서 $x>0$에서 그래프

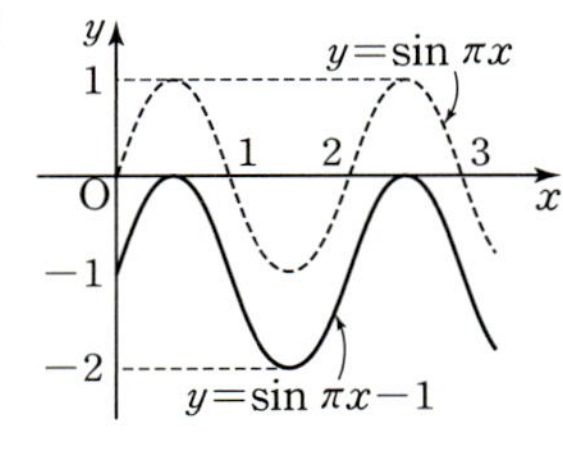

가 x축과 두 번째로 만나는 점은 $\left(\dfrac{5}{2},\,0\right)$이다. (거짓)

⑤ 함수 $f(x)$의 주기가 2이므로

$f\left(-\dfrac{1}{2}\right)=f\left(-\dfrac{1}{2}+2\right)=f\left(\dfrac{3}{2}\right)$이다. (참)

32 답 ①

$y=-2\cos\left(\dfrac{x}{3}+\dfrac{\pi}{6}\right)-1=-2\cos\dfrac{1}{3}\left(x+\dfrac{\pi}{2}\right)-1$의 그래프는 $y=-2\cos\dfrac{x}{3}$의 그래프를 x축의 방향으로 $-\dfrac{\pi}{2}$만큼, y축의 방향으로 -1만큼 평행이동한 것이다.

따라서 $p=\dfrac{\pi}{2}$, $q=-1$이므로 $pq=\dfrac{\pi}{2}\times(-1)=-\dfrac{\pi}{2}$

33 답 ③

$y=f\left(x+\dfrac{\pi}{2}\right)$의 그래프는 $y=f(x)$의 그래프를 x축의 방향으로 $-\dfrac{\pi}{2}$만큼 평행이동한 것이다.

즉, $y=\cos x$의 그래프를 x축의 방향으로 $-\dfrac{\pi}{2}$만큼 평행이동한 그래프는 $y=-\sin x$이다.

34 답 ③

① 주기는 $\dfrac{2\pi}{2}=\pi$이다. (참)

② 최댓값은 $2+1=3$이다. (참)

③ 최솟값은 $-2+1=-1$이다. (거짓)

④ $x=0$을 대입하면

$$y=-2\cos\left(-\frac{\pi}{3}\right)+1=-2\times\frac{1}{2}+1=0$$

따라서 그래프는 원점을 지난다. (참)

⑤ $y=2\cos 2x$의 그래프를 x축의 방향으로 $-\frac{\pi}{3}$만큼,

y축의 방향으로 1만큼 평행이동하면

$$y=2\cos 2\left(x+\frac{\pi}{3}\right)+1=2\cos\left(2x+\frac{2}{3}\pi\right)+1$$

$$=2\cos\left(\pi+\left(2x-\frac{\pi}{3}\right)\right)+1=-2\cos\left(2x-\frac{\pi}{3}\right)+1$$

이므로 두 그래프는 평행이동에 의해 일치한다. (참)

[코사인함수의 최댓값과 최솟값]
함수 $y=a\cos(bx+c)+d$의 최댓값과 최솟값은 각각
$|a|+d,\ -|a|+d$이다.

35 답 ④

$$f(x)=-\tan(\pi x-\pi)=-\tan(-(\pi-\pi x))$$
$$=\tan(\pi-\pi x)=-\tan\pi x$$

① 함수 $f(x)$의 정의역은 $x\neq n+\frac{1}{2}$ (단, n은 정수)인 실

수 전체 집합이다. (참)

② 치역은 실수 전체의 집합이다. (참)

③ $f(-x)=-\tan(-\pi x)=\tan\pi x=-f(x)$이므로

그래프는 원점에 대하여 대칭이다. (참)

④ 함수 $f(x)$의 주기는 $\frac{\pi}{\pi}=1$이다.

따라서 모든 실수 x에 대하여 $f(x+2\pi)=f(x)$가 성립

하는 것은 아니다. (거짓)

⑤ 점근선의 방정식은 $x=n+\frac{1}{2}$ (n은 정수)이다. (참)

[$y=a\tan bx$의 정의역과 점근선]
$y=a\tan bx$의 정의역은 $x\neq\frac{1}{b}\left(n\pi+\frac{\pi}{2}\right)$(단, n은 정수)
인 실수 전체의 집합이고 점근선의 방정식은
$x=\frac{1}{b}\left(n\pi+\frac{\pi}{2}\right)$(단, n은 정수)이다.

36 답 ③

ㄱ. $y=3\sin x-1$의 그래프를 x축의 방향으로 $-\frac{2}{3}\pi$만큼,

y축의 방향으로 1만큼 평행이동하면

$$y=3\sin\left(x+\frac{2}{3}\pi\right)-1+1=3\sin\left(\frac{\pi}{2}+x+\frac{\pi}{6}\right)$$

$$=3\cos\left(x+\frac{\pi}{6}\right)$$

따라서 두 함수 $y=3\sin x-1$, $y=3\cos\left(x+\frac{\pi}{6}\right)$의

그래프는 평행이동에 의해 겹친다.

ㄴ. $y=\sin(3x-\pi)$, $y=\cos(1-x)+\pi$의 주기는 각각

$\frac{2\pi}{3}$, 2π이므로 평행이동에 의해 겹치지 않는다.

ㄷ. $y=2\tan 3x+1$의 그래프를 x축의 방향으로 $\frac{\pi}{2}$만큼

평행이동하면

$$y=2\tan 3\left(x-\frac{\pi}{2}\right)+1=2\tan\left(3x-\frac{3}{2}\pi\right)+1$$

$$=2\tan\left(-2\pi+3x+\frac{\pi}{2}\right)+1=2\tan\left(3x+\frac{\pi}{2}\right)+1$$

따라서 두 함수 $y=2\tan 3x+1$,

$y=2\tan\left(3x+\frac{\pi}{2}\right)+1$의 그래프는 평행이동에 의해

겹친다.

따라서 평행이동에 의해 겹치는 두 함수는 ㄱ, ㄷ이다.

$y=\sin x$와 $y=\cos x$의 그래프는 평행이동에 의해 일치하
므로 $y=a\sin bx$, $y=a\cos bx$의 그래프도 평행이동에 의
해 일치한다.
한편, 주기가 다른 그래프는 평행이동하여도 일치하지 않는다.

37 답 41

함수 $y=\frac{1}{2}\tan 2x$의 그래프를 x축의 방향으로 $\frac{\pi}{6}$만큼,

y축의 방향으로 -1만큼 평행이동하면

$$y=\frac{1}{2}\tan 2\left(x-\frac{\pi}{6}\right)-1=\frac{1}{2}\tan\left(2x-\frac{\pi}{3}\right)-1$$이다.

$\therefore a=-\frac{\pi}{3},\ b=-1$

한편, $y=\frac{1}{2}\tan 2x$의 그래프의 점근선의 방정식은

$x=\frac{n}{2}\pi+\frac{\pi}{4}$ (단, n은 정수)이므로

$y=\frac{1}{2}\tan 2\left(x-\frac{\pi}{6}\right)-1$의 그래프의 점근선의 방정식은

$$x=\left(\frac{n}{2}\pi+\frac{\pi}{4}\right)+\frac{\pi}{6}=\frac{n}{2}\pi+\frac{5}{12}\pi$$ (단, n은 정수)이다.

이때, $0<c<\frac{\pi}{2}$이므로 $c=\frac{5}{12}\pi$이다.

$$\therefore abc=\left(-\frac{\pi}{3}\right)\times(-1)\times\frac{5}{12}\pi=\frac{5}{36}\pi^2$$

따라서 $p=36$, $q=5$이므로 $p+q=36+5=41$

38 답 ③

함수 $y=a\sin bx+c$의 최댓값은 5, 최솟값은 -1이므로

$|a|+c=5$, $-|a|+c=-1$

두 식을 연립하면 $|a|=3$, $c=2$

그런데 $a>0$이므로 $a=3$, $c=2$이다.

또한, 함수 $y=a\sin bx+c$의 주기가 π이므로

$\frac{2\pi}{|b|}=\pi$에서 $|b|=2$

그런데 $b<0$이므로 $b=-2$이다.

$\therefore a+b+c=3+(-2)+2=3$

39 답 2

함수 $y=a\cos bx+c$의 최댓값은 5, 최솟값은 -3이므로

$|a|+c=5,\ -|a|+c=-3$

두 식을 연립하면 $|a|=4,\ c=1$

그런데 $a>0$이므로 $a=4,\ c=1$이다.

또한, 함수 $y=a\cos bx+c$의 주기가 4π이므로

$\dfrac{2\pi}{|b|}=4\pi$에서 $|b|=\dfrac{1}{2}$

그런데 $b>0$이므로 $b=\dfrac{1}{2}$이다.

$\therefore abc=4\times\dfrac{1}{2}\times1=2$

40 답 ⑤

그래프에서 함수 $y=a\sin(bx-c)$의 최댓값이 2, 최솟값이 -2이므로 $|a|=2$

그런데 $a>0$이므로 $a=2$이다.

또한, 주기가 $\dfrac{5}{6}\pi-\left(-\dfrac{\pi}{6}\right)=\pi$이므로 $\dfrac{2\pi}{|b|}=\pi$에서 $|b|=2$

그런데 $b>0$이므로 $b=2$이다.

따라서 주어진 함수의 식은 $y=2\sin(2x-c)$이고, 이 함수의 그래프는 $y=2\sin 2x$의 그래프를 x축의 방향으로 $\dfrac{c}{2}$만큼 평행이동한 그래프이므로 점 $\left(\dfrac{c}{2},\ 0\right)$을 지난다.

$0<c<\pi$일 때 $0<\dfrac{c}{2}<\dfrac{\pi}{2}$이므로 $\dfrac{c}{2}=\dfrac{\pi}{3}$ $\quad\therefore c=\dfrac{2}{3}\pi$

$\therefore abc=2\times2\times\dfrac{2}{3}\pi=\dfrac{8}{3}\pi$

41 답 ②

그래프에서 함수 $y=a\cos(x-b)+c$의 최댓값이 3, 최솟값이 -2이므로

$|a|+c=3,\ -|a|+c=-2$

두 식을 연립하면 $|a|=\dfrac{5}{2},\ c=\dfrac{1}{2}$

그런데 $a>0$이므로 $a=\dfrac{5}{2},\ c=\dfrac{1}{2}$이다.

또한, $y=\dfrac{5}{2}\cos(x-b)+\dfrac{1}{2}$의 그래프는 점 $\left(\dfrac{\pi}{5},\ 3\right)$을 지나므로 대입하면 $3=\dfrac{5}{2}\cos\left(\dfrac{\pi}{5}-b\right)+\dfrac{1}{2}$에서

$\dfrac{5}{2}\cos\left(\dfrac{\pi}{5}-b\right)=\dfrac{5}{2}$ $\quad\therefore\cos\left(\dfrac{\pi}{5}-b\right)=1$

이때, $0<b<2\pi$에서 $-\dfrac{9}{5}\pi<\dfrac{\pi}{5}-b<\dfrac{\pi}{5}$이므로

$\dfrac{\pi}{5}-b=0$ $\quad\therefore b=\dfrac{\pi}{5}$

$\therefore abc=\dfrac{5}{2}\times\dfrac{\pi}{5}\times\dfrac{1}{2}=\dfrac{\pi}{4}$

42 답 ⑤

그래프에서 $y=a\tan(bx-c\pi)+d$의 주기는

$\dfrac{5}{4}\pi-\left(-\dfrac{\pi}{4}\right)=\dfrac{3}{2}\pi$이므로 $\dfrac{\pi}{|b|}=\dfrac{3}{2}\pi$에서 $|b|=\dfrac{2}{3}$

그런데 $b>0$이므로 $b=\dfrac{2}{3}$이다.

따라서 주어진 함수는

$y=a\tan\left(\dfrac{2}{3}x-c\pi\right)+d=a\tan\dfrac{2}{3}\left(x-\dfrac{3}{2}c\pi\right)+d$

한편, 이 함수의 그래프는 $y=a\tan\dfrac{2}{3}x$의 그래프를 x축의 방향으로 $\dfrac{3}{2}c\pi$만큼, y축의 방향으로 d만큼 평행이동한 것인데 주어진 그래프에서 x축의 방향으로 $\dfrac{\pi}{4}$만큼, y축의 방향으로 2만큼 평행이동한 것을 알 수 있다.

따라서 $\dfrac{3}{2}c\pi=\dfrac{\pi}{4}$에서 $c=\dfrac{1}{6},\ d=2$이다.

이때, 주어진 그래프가 점 $\left(\dfrac{5}{4}\pi,\ 0\right)$을 지나므로 대입하면

$0=a\tan\dfrac{2}{3}\left(\dfrac{5}{4}\pi-\dfrac{\pi}{4}\right)+2,\ a\tan\dfrac{2}{3}\pi=-2$

$-\sqrt{3}a=-2$ $\quad\therefore a=\dfrac{2\sqrt{3}}{3}$

$\therefore abcd=\dfrac{2\sqrt{3}}{3}\times\dfrac{2}{3}\times\dfrac{1}{6}\times2=\dfrac{4\sqrt{3}}{27}$

43 답 ③

$y=\dfrac{\sin^2 x+1}{\sin x}$에서 $\sin x=t$라 하면

$y=\dfrac{t^2+1}{t}=t+\dfrac{1}{t}$ $\cdots$ ㉠

한편, $0<x<\pi$에서 $0<\sin x\leq1$이므로 $0<t\leq1$

즉, $t>0,\ \dfrac{1}{t}>0$이므로 ㉠에서 산술평균과 기하평균의 관계에 의하여

$y=\dfrac{\sin^2 x+1}{\sin x}=t+\dfrac{1}{t}\geq2\sqrt{t\times\dfrac{1}{t}}=2$

$\qquad\qquad\qquad$ (단, 등호는 $t=1$일 때 성립)

따라서 주어진 함수의 최솟값은 2이다.

44 답 ①

$y=\sin^2 x+4\cos x+a$

$\quad=(1-\cos^2 x)+4\cos x+a\ (\because\sin^2 x+\cos^2 x=1)$

$\quad=-\cos^2 x+4\cos x+a+1$

이때, $\cos x=t$라 하면

$-1\leq t\leq1$이고

$y=-t^2+4t+a+1$

$\quad=-(t-2)^2+a+5$

따라서 최댓값은 $t=1$일 때

$a+4$이므로 $a+4=5$에서 $a=1$

45 답 ②

$y=4\sin x+\cos^2 x$

$\quad=4\sin x+(1-\sin^2 x)\ (\because\sin^2 x+\cos^2 x=1)$

$\quad=-\sin^2 x+4\sin x+1$

이때, $\sin x = t$라 하면 $0 \le x \le \pi$
에서 $0 \le t \le 1$이고
$$y = -t^2 + 4t + 1 = -(t-2)^2 + 5$$
따라서 주어진 함수는 $t=1$일 때
최댓값 4를, $t=0$일 때 최솟값 1
을 가지므로 $M=4$, $m=1$

$\therefore Mm = 4 \times 1 = 4$

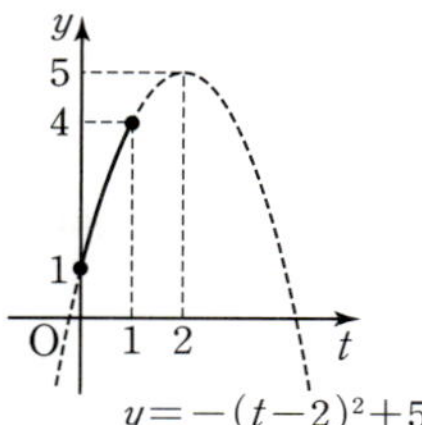

46 답 ④

$y = \dfrac{-\sin x + 2}{\sin x + 3}$에서 $\sin x = t$라 하면 $-1 \le t \le 1$이고

$$y = \dfrac{-t+2}{t+3} = \dfrac{-(t+3)+5}{t+3} = \dfrac{5}{t+3} - 1$$

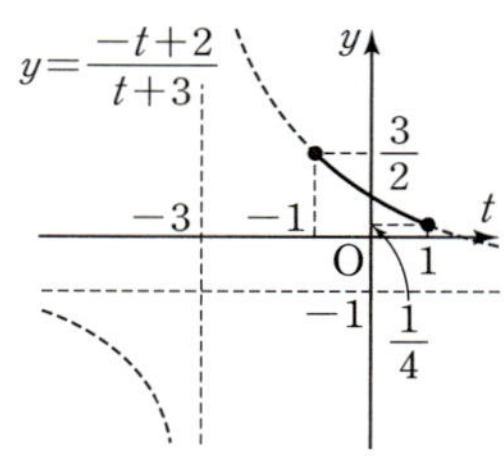

따라서 주어진 함수는 $t=-1$일 때 최댓값 $\dfrac{3}{2}$을,

$t=1$일 때 최솟값 $\dfrac{1}{4}$을 가지므로 $M=\dfrac{3}{2}$, $m=\dfrac{1}{4}$

$\therefore M+m = \dfrac{3}{2} + \dfrac{1}{4} = \dfrac{7}{4}$

47 답 ⑤

$y = \dfrac{2\cos x + 1}{\cos x - 2}$에서 $\cos x = t$라 하면 $-1 \le t \le 1$이고

$$y = \dfrac{2t+1}{t-2} = \dfrac{2(t-2)+5}{t-2} = \dfrac{5}{t-2} + 2$$

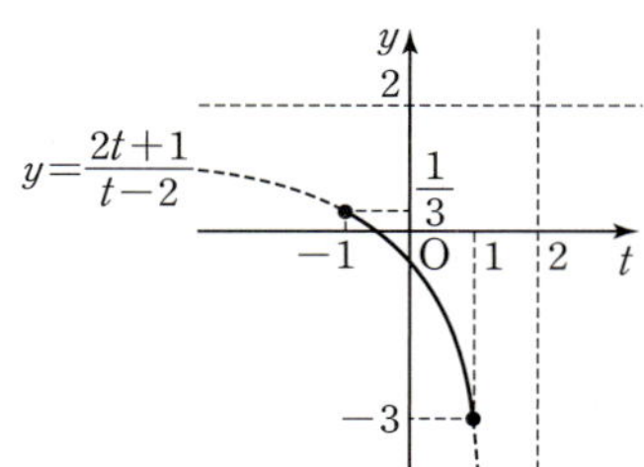

따라서 주어진 함수는 $t=-1$일 때 최댓값 $\dfrac{1}{3}$을,

$t=1$일 때 최솟값 -3을 가지므로 $M=\dfrac{1}{3}$, $m=-3$

$\therefore M-m = \dfrac{1}{3} - (-3) = \dfrac{10}{3}$

심플 정리

$$\left[\text{유리함수 } y = \dfrac{k}{x-p} + q\,(k \ne 0)\text{의 그래프}\right]$$

(1) 함수 $y = \dfrac{k}{x}$의 그래프를 x축의 방향으로 p만큼, y축의
방향으로 q만큼 평행이동한 것이다.

(2) 점 (p, q)와 직선 $y = \pm(x-p) + q$에 대하여 대칭이다.

(3) 점근선은 직선 $x=p$, $y=q$이다.

---

01 답 삼각방정식

02 답 $y=a$, x

03 답 삼각부등식

04 답 $y=a$, 아래

05 답 ×

06 답 ○

07 답 ○

08 답 ○

09 답 $x = \dfrac{\pi}{4}$ 또는 $x = \dfrac{3}{4}\pi$

10 답 $x = \dfrac{\pi}{3}$ 또는 $x = \dfrac{5}{3}\pi$

11 답 $x = \dfrac{\pi}{6}$ 또는 $x = \dfrac{7}{6}\pi$

12 답 $x = \dfrac{4}{3}\pi$ 또는 $x = \dfrac{5}{3}\pi$

13 답 $x = \dfrac{3}{4}\pi$ 또는 $x = \dfrac{5}{4}\pi$

14 답 $x = \dfrac{3}{4}\pi$ 또는 $x = \dfrac{7}{4}\pi$

15 답 $\dfrac{\pi}{6} < x < \dfrac{5}{6}\pi$

16 답 $0 \le x < \dfrac{\pi}{6}$ 또는 $\dfrac{11}{6}\pi < x < 2\pi$

17 답 $\dfrac{\pi}{3} < x < \dfrac{\pi}{2}$ 또는 $\dfrac{4}{3}\pi < x < \dfrac{3}{2}\pi$

18 답 $0 \le x \le \dfrac{7}{6}\pi$ 또는 $\dfrac{11}{6}\pi \le x < 2\pi$

19 답 $\dfrac{5}{6}\pi \le x \le \dfrac{7}{6}\pi$

20 답 $\dfrac{\pi}{2} < x \le \dfrac{2}{3}\pi$ 또는 $\dfrac{3}{2}\pi < x \le \dfrac{5}{3}\pi$

21 답 ④

그림과 같이 $0 \le x < 2\pi$에서 함수 $y = \sin x$의 그래프와

직선 $y = 1$의 교점의 x좌표는 $\dfrac{\pi}{2}$이다.

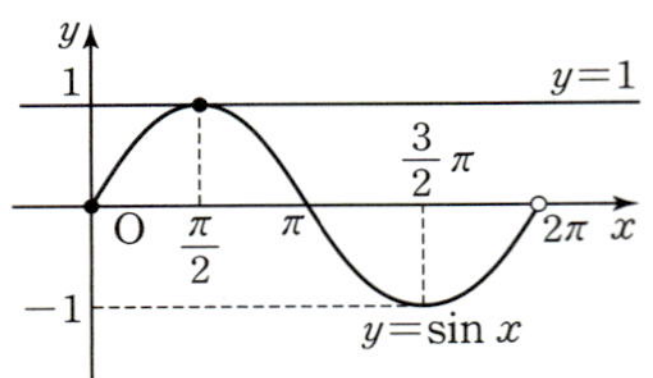

따라서 방정식 $\sin x = 1$의 해는 $x = \dfrac{\pi}{2}$

> **심플 정리**
>
> [방정식과 함수의 그래프]
> (1) 방정식 $f(x) = 0$의 해는 함수 $y = f(x)$의 그래프와
> x축 (직선 $y = 0$)의 교점의 x좌표와 같다.
> (2) 방정식 $f(x) = g(x)$의 해는 함수 $y = f(x)$의 그래프와
>   함수 $y = g(x)$의 그래프의 교점의 x좌표와 같다.

22 답 ⑤

$2\cos x - \sqrt{3} = 0$에서 $\cos x = \dfrac{\sqrt{3}}{2}$

그림과 같이 $0 \le x < 2\pi$에서 함수 $y = \cos x$의 그래프와

직선 $y = \dfrac{\sqrt{3}}{2}$의 교점의 x좌표는 $\dfrac{\pi}{6}$, $\dfrac{11}{6}\pi$이다.

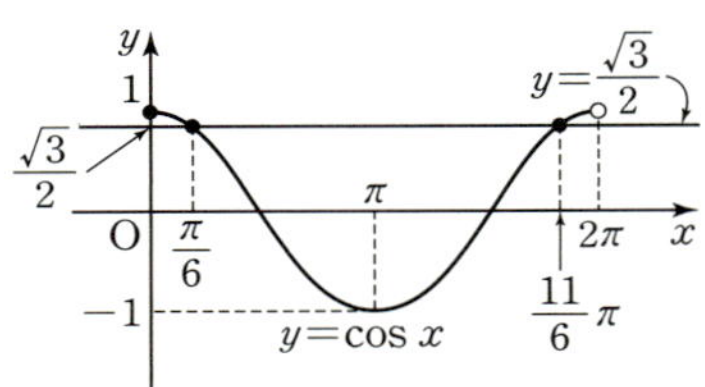

따라서 주어진 방정식의 해는 $x = \dfrac{\pi}{6}$ 또는 $x = \dfrac{11}{6}\pi$이므로

모든 해의 합은 $\dfrac{\pi}{6} + \dfrac{11}{6}\pi = 2\pi$이다.

23 답 ④

$3\tan x + \sqrt{3} = 0$에서 $\tan x = -\dfrac{\sqrt{3}}{3}$

그림과 같이 $0 \le x < 2\pi$에서 함수 $y = \tan x$의 그래프와

직선 $y = -\dfrac{\sqrt{3}}{3}$의 교점의 x좌표는 $\dfrac{5}{6}\pi$, $\dfrac{11}{6}\pi$이다.

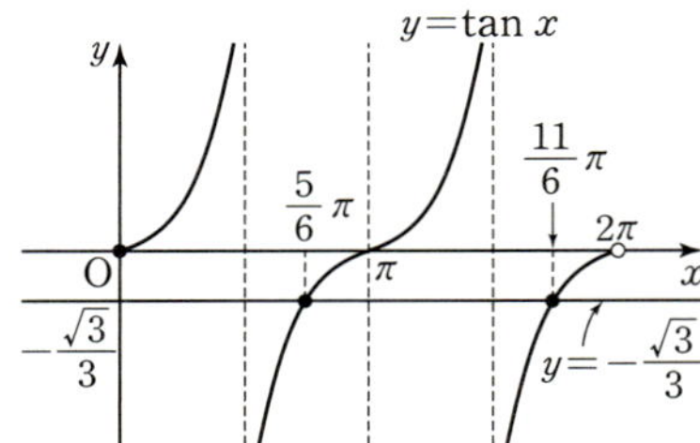

따라서 구하는 해는 $x = \dfrac{5}{6}\pi$ 또는 $x = \dfrac{11}{6}\pi$이다.

24 답 ②

$\cos \dfrac{x}{2} = -\dfrac{1}{2}$에서 $\dfrac{x}{2} = t$로 치환하면 $0 \le x < 2\pi$에서

$0 \le \dfrac{x}{2} < \pi$이므로 $0 \le t < \pi$이고 $\cos t = -\dfrac{1}{2}$ $\cdots$ ㉠

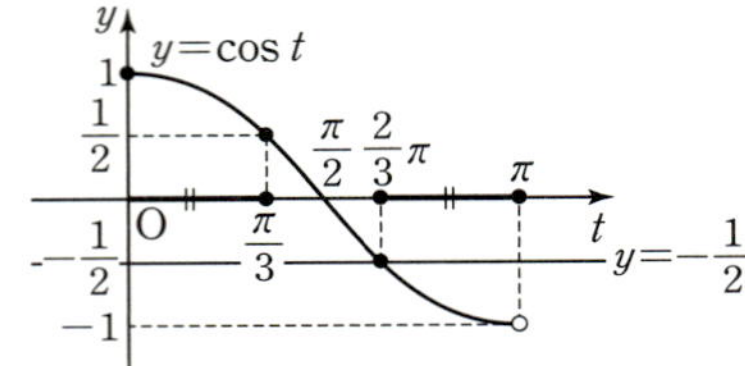

이때, 그림과 같이 $0 \le t < \pi$에서 함수 $y = \cos t$의 그래프와

직선 $y = -\dfrac{1}{2}$의 교점의 t좌표는 $t = \pi - \dfrac{\pi}{3} = \dfrac{2}{3}\pi$이므로 방

정식 ㉠의 해는 $t = \dfrac{2}{3}\pi$이다.

그런데 $t = \dfrac{x}{2}$이므로 구하는 해는 $\dfrac{x}{2} = \dfrac{2}{3}\pi$에서 $x = \dfrac{4}{3}\pi$

25 답 ③

$2\sin\left(2x + \dfrac{\pi}{6}\right) = \sqrt{3}$에서 $\sin\left(2x + \dfrac{\pi}{6}\right) = \dfrac{\sqrt{3}}{2}$

$2x + \dfrac{\pi}{6} = t$로 치환하면 $0 \le x < 2\pi$에서

$\dfrac{\pi}{6} \le t = 2x + \dfrac{\pi}{6} < \dfrac{25}{6}\pi$이고 $\sin t = \dfrac{\sqrt{3}}{2}$ $\cdots$ ㉠

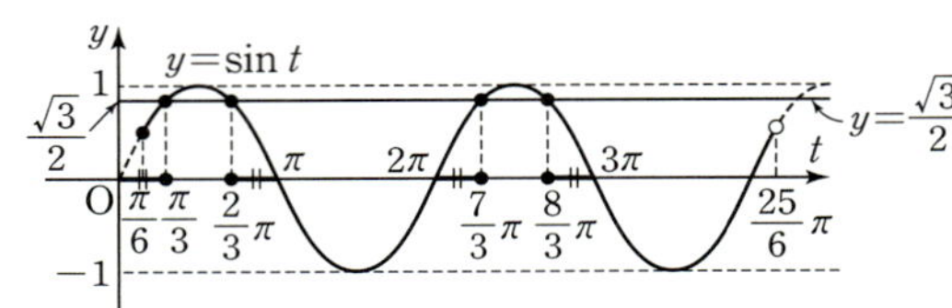

이때, 그림과 같이 $\dfrac{\pi}{6} \le t < \dfrac{25}{6}\pi$에서 함수 $y = \sin t$의 그

래프와 직선 $y = \dfrac{\sqrt{3}}{2}$의 교점의 t좌표는

$t = \dfrac{\pi}{3}$ 또는 $t = \pi - \dfrac{\pi}{3} = \dfrac{2}{3}\pi$ 또는 $t = 2\pi + \dfrac{\pi}{3} = \dfrac{7}{3}\pi$

또는 $t = 3\pi - \dfrac{\pi}{3} = \dfrac{8}{3}\pi$이므로 방정식 ㉠의 해는

$t = \dfrac{\pi}{3}$ 또는 $t = \dfrac{2}{3}\pi$ 또는 $t = \dfrac{7}{3}\pi$ 또는 $t = \dfrac{8}{3}\pi$이다.

그런데 $t = 2x + \dfrac{\pi}{6}$이므로

$2x + \dfrac{\pi}{6} = \dfrac{\pi}{3}$에서 $x = \dfrac{\pi}{12}$

$2x + \dfrac{\pi}{6} = \dfrac{2}{3}\pi$에서 $x = \dfrac{\pi}{4}$

$2x + \dfrac{\pi}{6} = \dfrac{7}{3}\pi$에서 $x = \dfrac{13}{12}\pi$

$2x + \dfrac{\pi}{6} = \dfrac{8}{3}\pi$에서 $x = \dfrac{5}{4}\pi$

따라서 주어진 방정식의 모든 해의 합은

$\dfrac{\pi}{12} + \dfrac{\pi}{4} + \dfrac{13}{12}\pi + \dfrac{5}{4}\pi = \dfrac{8}{3}\pi$이다.

26 답 ⑤

$\sqrt{3}\tan\left(x-\dfrac{\pi}{6}\right)=3$에서 $\tan\left(x-\dfrac{\pi}{6}\right)=\sqrt{3}$

$x-\dfrac{\pi}{6}=t$로 치환하면 $0\le x<2\pi$에서

$-\dfrac{\pi}{6}\le t=x-\dfrac{\pi}{6}<\dfrac{11}{6}\pi$이고 $\tan t=\sqrt{3}$ $\cdots$ ㉠

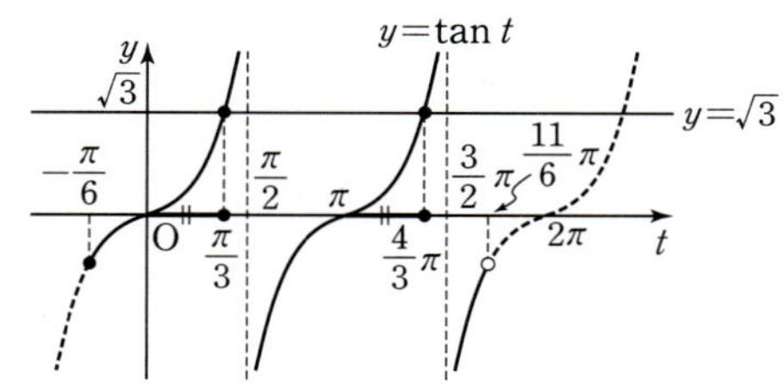

이때, 그림과 같이 $-\dfrac{\pi}{6}\le t<\dfrac{11}{6}\pi$에서 함수 $y=\tan t$의

그래프와 직선 $y=\sqrt{3}$의 교점의 t좌표는

$t=\dfrac{\pi}{3}$ 또는 $t=\pi+\dfrac{\pi}{3}=\dfrac{4}{3}\pi$이므로 방정식 ㉠의 해는

$t=\dfrac{\pi}{3}$ 또는 $t=\dfrac{4}{3}\pi$이다.

그런데 $t=x-\dfrac{\pi}{6}$이므로

$x-\dfrac{\pi}{6}=\dfrac{\pi}{3}$에서 $x=\dfrac{\pi}{2}$, $x-\dfrac{\pi}{6}=\dfrac{4}{3}\pi$에서 $x=\dfrac{3}{2}\pi$

따라서 $\alpha=\dfrac{\pi}{2}$, $\beta=\dfrac{3}{2}\pi$ $(\because \alpha<\beta)$이므로

$\beta-\alpha=\dfrac{3}{2}\pi-\dfrac{\pi}{2}=\pi$

27 답 ①

$\pi\sin x=t$로 치환하면 $0\le x<\pi$에서

$0\le\sin x\le 1$이므로 $0\le t=\pi\sin x\le\pi$

즉, $\cos(\pi\sin x)=0$에서 $\cos t=0$ $\quad\therefore t=\dfrac{\pi}{2}$

그런데 $t=\pi\sin x$이므로 $\pi\sin x=\dfrac{\pi}{2}$에서 $\sin x=\dfrac{1}{2}$

$\therefore x=\dfrac{\pi}{6}$ 또는 $x=\dfrac{5}{6}\pi$

따라서 주어진 방정식의 모든 해의 합은

$\dfrac{\pi}{6}+\dfrac{5}{6}\pi=\pi$

28 답 ①

$2\sin^2 x-\sin x-1=0$에서

$(2\sin x+1)(\sin x-1)=0$

$\therefore \sin x=-\dfrac{1}{2}$ 또는 $\sin x=1$

$0\le x<2\pi$에서

$\sin x=-\dfrac{1}{2}$일 때, $x=\dfrac{7}{6}\pi$ 또는 $x=\dfrac{11}{6}\pi$

$\sin x=1$일 때, $x=\dfrac{\pi}{2}$

따라서 구하는 해는 $x=\dfrac{\pi}{2}$ 또는 $x=\dfrac{7}{6}\pi$ 또는 $x=\dfrac{11}{6}\pi$

29 답 ②

$\cos x=-\sqrt{3}\sin x$에서

$\dfrac{\sin x}{\cos x}=-\dfrac{1}{\sqrt{3}}$

$\therefore \tan x=-\dfrac{1}{\sqrt{3}}$

따라서 $0\le x<2\pi$에서 주어진 방정식의 해는

$x=\dfrac{5}{6}\pi$ 또는 $x=\dfrac{11}{6}\pi$

30 답 ③

$\tan x=2\sin x$에서 $\dfrac{\sin x}{\cos x}=2\sin x$

$\sin x=2\sin x\cos x$

$2\sin x\cos x-\sin x=0$

$\sin x(2\cos x-1)=0$

$\therefore \sin x=0$ 또는 $\cos x=\dfrac{1}{2}$

$0\le x<2\pi$에서

$\sin x=0$일 때, $x=0$ 또는 $x=\pi$

$\cos x=\dfrac{1}{2}$일 때, $x=\dfrac{\pi}{3}$ 또는 $x=\dfrac{5}{3}\pi$

따라서 모든 해의 합은

$0+\dfrac{\pi}{3}+\dfrac{5}{3}\pi+\pi=3\pi$

31 답 ②

$\sin^2 x+\cos^2 x=1$, 즉 $\sin^2 x=1-\cos^2 x$를 주어진 방정식 $2\sin^2 x-5\cos x+1=0$에 대입하면

$2(1-\cos^2 x)-5\cos x+1=0$

$2\cos^2 x+5\cos x-3=0$

$(2\cos x-1)(\cos x+3)=0$

$\therefore \cos x=\dfrac{1}{2}$ $(\because -1\le\cos x\le 1)$

따라서 $0\le x<2\pi$에서 주어진 방정식의 해는

$x=\dfrac{\pi}{3}$ 또는 $x=\dfrac{5}{3}\pi$

32 답 ①

$\sin^2 x+\cos^2 x=1$, 즉 $\sin^2 x=1-\cos^2 x$를 주어진 방정식 $2\sin^2 x+3\cos x=0$에 대입하면

$2(1-\cos^2 x)+3\cos x=0$

$2\cos^2 x-3\cos x-2=0$

$(2\cos x+1)(\cos x-2)=0$

$\therefore \cos x=-\dfrac{1}{2}$ $(\because -1\le\cos x\le 1)$

따라서 $0\le x<2\pi$에서 주어진 방정식의 해는

$x=\dfrac{2}{3}\pi$ 또는 $x=\dfrac{4}{3}\pi$이므로

$\alpha+\beta=\dfrac{2}{3}\pi+\dfrac{4}{3}\pi=2\pi$

$\therefore \sin(\alpha+\beta)=\sin 2\pi=0$

33 답 ③

$\sin x+1=2\cos x$에서 $\sin x=2\cos x-1$

이것을 $\sin^2 x+\cos^2 x=1 \cdots$ ㉠에 대입하면

$(2\cos x-1)^2+\cos^2 x=1,\ 5\cos^2 x-4\cos x=0$

$\cos x(5\cos x-4)=0$

$\therefore \cos x=0$ 또는 $\cos x=\dfrac{4}{5}$

그런데 $0<x<\dfrac{\pi}{2}$이므로 $\cos x=\dfrac{4}{5}$이다.

이것을 ㉠에 대입하면 $\sin^2 x+\left(\dfrac{4}{5}\right)^2=1$에서

$\sin^2 x=\dfrac{9}{25}\qquad \therefore \sin x=\dfrac{3}{5}\ \left(\because 0<x<\dfrac{\pi}{2}\right)$

$\therefore \tan x=\dfrac{\sin x}{\cos x}=\dfrac{\dfrac{3}{5}}{\dfrac{4}{5}}=\dfrac{3}{4}$

34 답 ⑤

방정식 $\cos x=\dfrac{1}{8}x$의 실근의 개수는 함수 $y=\cos x$의 그래프와 직선 $y=\dfrac{1}{8}x$의 교점의 개수와 같다.

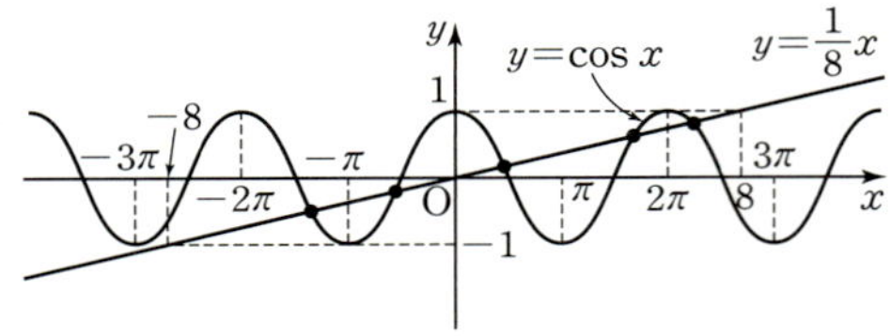

이때, 직선 $y=\dfrac{1}{8}x$는 두 점 $(-8,\ -1)$, $(8,\ 1)$을 지나므로 그림과 같이 함수 $y=\cos x$의 그래프와 직선 $y=\dfrac{1}{8}x$의 교점의 개수는 5이다.

따라서 주어진 방정식의 실근의 개수는 5이다.

35 답 ⑤

방정식 $\sin x=\dfrac{1}{3\pi}x$의 실근의 개수는 함수 $y=\sin x$의 그래프와 직선 $y=\dfrac{1}{3\pi}x$의 교점의 개수와 같다.

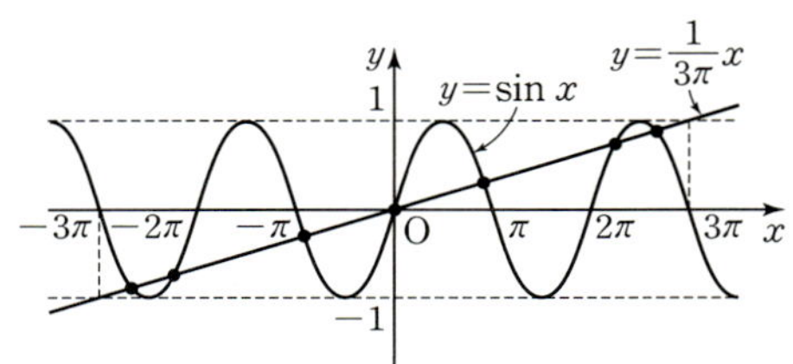

이때, 직선 $y=\dfrac{1}{3\pi}x$는 두 점 $(-3\pi,\ -1)$, $(3\pi,\ 1)$을 지나므로 그림과 같이 함수 $y=\sin x$의 그래프와 직선 $y=\dfrac{1}{3\pi}x$의 교점의 개수는 7이다.

따라서 주어진 방정식의 실근의 개수는 7이다.

36 답 ④

방정식 $\cos\dfrac{\pi}{2}x=\dfrac{1}{9}x$의 실근의 개수는 함수 $y=\cos\dfrac{\pi}{2}x$의 그래프와 직선 $y=\dfrac{1}{9}x$의 교점의 개수와 같다.

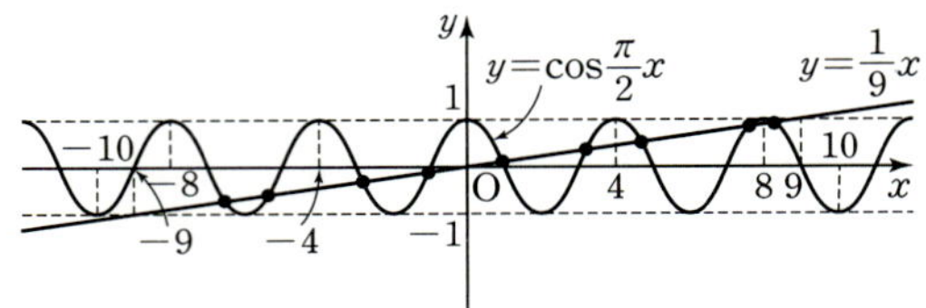

이때, $y=\cos\dfrac{\pi}{2}x$의 주기는 $\dfrac{2\pi}{\dfrac{\pi}{2}}=4$이고 직선 $y=\dfrac{1}{9}x$는 두 점 $(-9,\ -1)$, $(9,\ 1)$을 지나므로 그림과 같이 함수 $y=\cos\dfrac{\pi}{2}x$의 그래프와 직선 $y=\dfrac{1}{9}x$의 교점의 개수는 9이다.

따라서 주어진 방정식의 실근의 개수는 9이다.

37 답 ②

부등식 $\sin x>\dfrac{\sqrt{3}}{2}$의 해는 함수 $y=\sin x$의 그래프가 직선 $y=\dfrac{\sqrt{3}}{2}$보다 위쪽(경계선 제외)에 있는 x의 값의 범위이다.

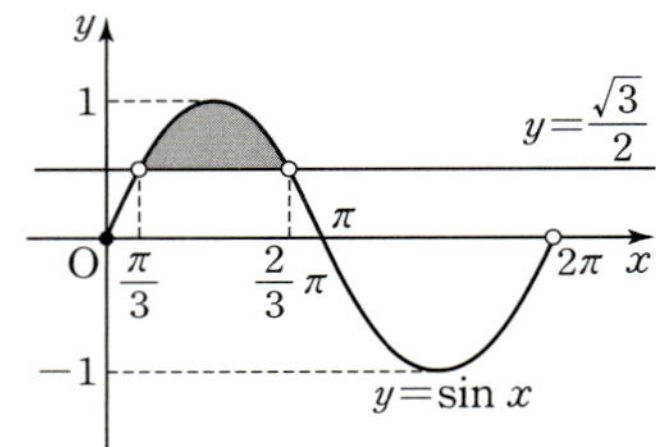

이때, 그림과 같이 $0\leq x<2\pi$에서 함수 $y=\sin x$의 그래프와 직선 $y=\dfrac{\sqrt{3}}{2}$의 교점의 x좌표가 $\dfrac{\pi}{3}$, $\dfrac{2}{3}\pi$이므로 주어진 부등식의 해는 $\dfrac{\pi}{3}<x<\dfrac{2}{3}\pi$이다.

38 답 ②

부등식 $\cos x\leq-\dfrac{\sqrt{3}}{2}$의 해는 함수 $y=\cos x$의 그래프가 직선 $y=-\dfrac{\sqrt{3}}{2}$보다 아래쪽(경계선 포함)에 있는 x의 값의 범위이다.

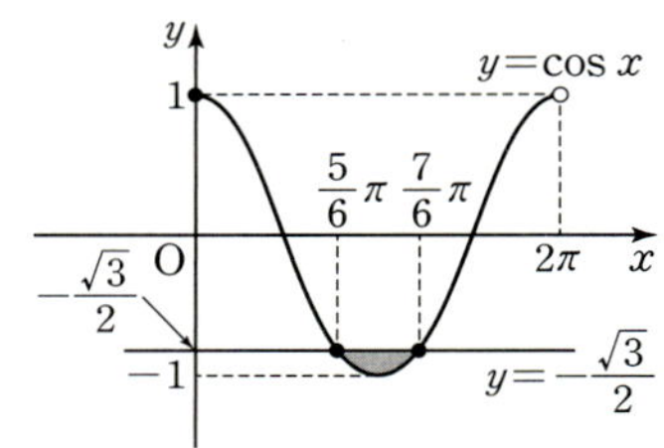

이때, 그림과 같이 $0 \le x < 2\pi$에서 함수 $y = \cos x$의 그래프와 직선 $y = -\dfrac{\sqrt{3}}{2}$의 교점의 x좌표가 $\dfrac{5}{6}\pi$, $\dfrac{7}{6}\pi$이므로 주어진 부등식의 해는 $\dfrac{5}{6}\pi \le x \le \dfrac{7}{6}\pi$이다.

따라서 $\alpha = \dfrac{5}{6}\pi$, $\beta = \dfrac{7}{6}\pi$이므로

$$\beta - \alpha = \dfrac{7}{6}\pi - \dfrac{5}{6}\pi = \dfrac{\pi}{3}$$

39 답 ④

$2\sin x + 1 < 0$에서 $\sin x < -\dfrac{1}{2}$

즉, 주어진 부등식의 해는 함수 $y = \sin x$의 그래프가 직선 $y = -\dfrac{1}{2}$보다 아래쪽(경계선 제외)에 있는 x의 값의 범위이다.

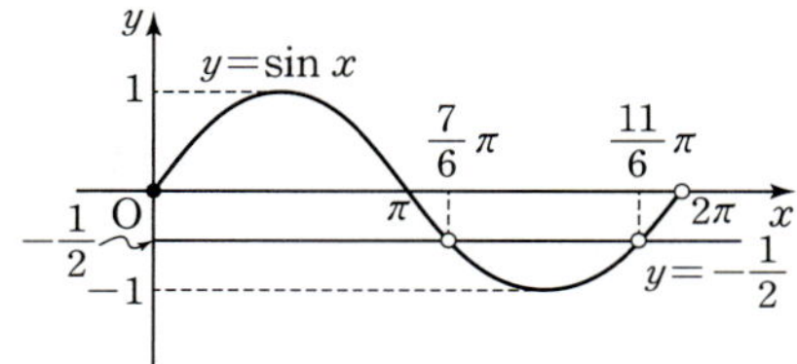

이때, 그림과 같이 $0 \le x < 2\pi$에서 함수 $y = \sin x$의 그래프와 직선 $y = -\dfrac{1}{2}$의 교점의 x좌표가 $\dfrac{7}{6}\pi$, $\dfrac{11}{6}\pi$이므로 주어진 부등식의 해는 $\dfrac{7}{6}\pi < x < \dfrac{11}{6}\pi$이다.

40 답 ⑤

$\sqrt{3}\tan x < -1$에서 $\tan x < -\dfrac{\sqrt{3}}{3}$

즉, 주어진 부등식의 해는 함수 $y = \tan x$의 그래프가 직선 $y = -\dfrac{\sqrt{3}}{3}$보다 아래쪽(경계선 제외)에 있는 x의 값의 범위이다.

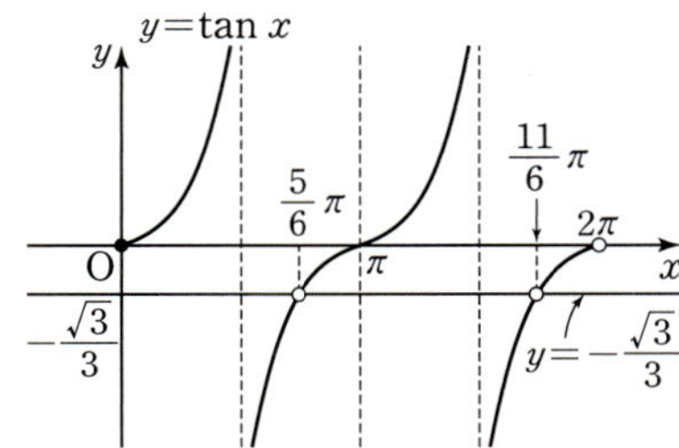

이때, 그림과 같이 $0 \le x < 2\pi$에서 함수 $y = \tan x$의 그래프와 직선 $y = -\dfrac{\sqrt{3}}{3}$의 교점의 x좌표가 $\dfrac{5}{6}\pi$, $\dfrac{11}{6}\pi$이므로 주어진 부등식의 해는 $\dfrac{\pi}{2} < x < \dfrac{5}{6}\pi$ 또는 $\dfrac{3}{2}\pi < x < \dfrac{11}{6}\pi$이다.

따라서 $\alpha = \dfrac{5}{6}\pi$, $\beta = \dfrac{11}{6}\pi$이므로

$$\sin(\alpha + \beta) = \sin\left(\dfrac{5}{6}\pi + \dfrac{11}{6}\pi\right) = \sin\dfrac{8}{3}\pi = \sin\dfrac{2}{3}\pi$$
$$= \dfrac{\sqrt{3}}{2}$$

41 답 ④

$\sin 2x < \dfrac{\sqrt{2}}{2}$에서 $2x = t$로 치환하면

$0 \le x < \pi$에서 $0 \le t = 2x < 2\pi$이고 $\sin t < \dfrac{\sqrt{2}}{2}$ $\cdots$ ㉠

부등식 ㉠의 해는 함수 $y = \sin t$의 그래프가 직선 $y = \dfrac{\sqrt{2}}{2}$보다 아래쪽(경계선 제외)에 있는 t의 값의 범위이다.

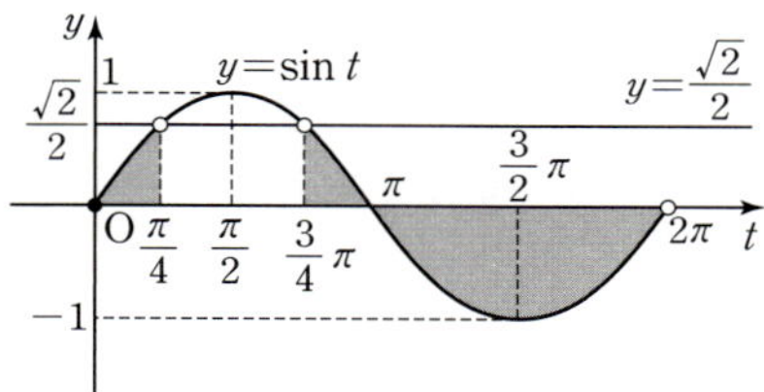

이때, 그림과 같이 $0 \le t < 2\pi$에서 함수 $y = \sin t$의 그래프와 직선 $y = \dfrac{\sqrt{2}}{2}$의 교점의 t좌표는 $\dfrac{\pi}{4}$, $\dfrac{3}{4}\pi$이므로 부등식 ㉠의 해는 $0 \le t < \dfrac{\pi}{4}$ 또는 $\dfrac{3}{4}\pi < t < 2\pi$이다.

그런데 $t = 2x$이므로

$0 \le t < \dfrac{\pi}{4}$에서 $0 \le 2x < \dfrac{\pi}{4}$ $\quad \therefore 0 \le x < \dfrac{\pi}{8}$

$\dfrac{3}{4}\pi < t < 2\pi$에서 $\dfrac{3}{4}\pi < 2x < 2\pi$ $\quad \therefore \dfrac{3}{8}\pi < x < \pi$

따라서 주어진 부등식의 해는 $0 \le x < \dfrac{\pi}{8}$ 또는 $\dfrac{3}{8}\pi < x < \pi$이다.

42 답 ①

$\tan \dfrac{x}{3} > -\sqrt{3}$에서 $\dfrac{x}{3} = t$로 치환하면

$0 \le x < 2\pi$에서 $0 \le t = \dfrac{x}{3} < \dfrac{2}{3}\pi$이고 $\tan t > -\sqrt{3}$ $\cdots$ ㉠

부등식 ㉠의 해는 함수 $y = \tan t$의 그래프가 직선 $y = -\sqrt{3}$보다 위쪽(경계선 제외)에 있는 t의 값의 범위이다.

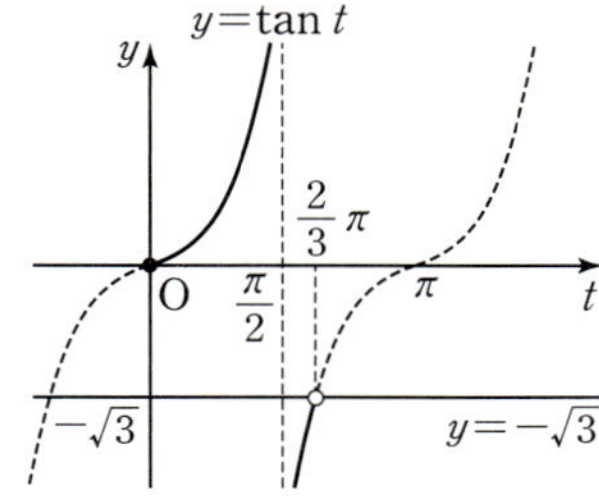

따라서 그림에 의하여 부등식 ㉠의 해는 $0 \le t < \dfrac{\pi}{2}$이다.

그런데 $t = \dfrac{x}{3}$이므로 주어진 부등식의 해는 $0 \le t < \dfrac{\pi}{2}$에서

$0 \le \dfrac{x}{3} < \dfrac{\pi}{2}$ $\quad \therefore 0 \le x < \dfrac{3}{2}\pi$

따라서 $\alpha = 0$, $\beta = \dfrac{3}{2}\pi$이므로

$$\sin(\alpha + \beta) = \sin\left(0 + \dfrac{3}{2}\pi\right) = \sin\dfrac{3}{2}\pi = -1$$

43 답 ④

$\tan\left(x+\dfrac{\pi}{3}\right)<1$에서 $x+\dfrac{\pi}{3}=t$로 치환하면

$0\le x\le\pi$에서 $\dfrac{\pi}{3}\le t=x+\dfrac{\pi}{3}\le\dfrac{4}{3}\pi$이고 $\tan t<1$ $\cdots$ ㉠

부등식 ㉠의 해는 함수 $y=\tan t$의 그래프가 직선 $y=1$보다 아래쪽(경계선 제외)에 있는 t의 값의 범위이다.

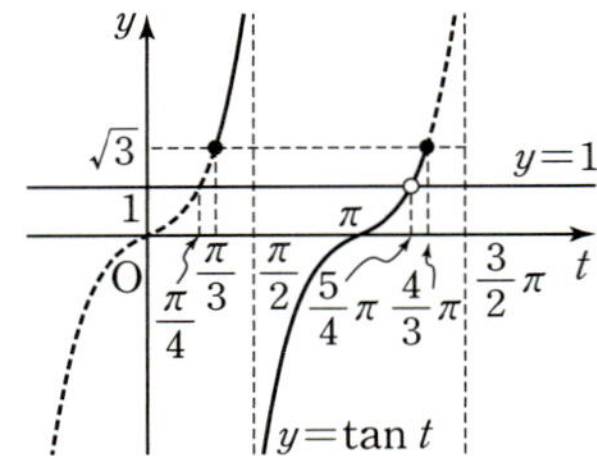

이때, 그림과 같이 $\dfrac{\pi}{3}\le t\le\dfrac{4}{3}\pi$에서 함수 $y=\tan t$의 그래프와 직선 $y=1$의 교점의 t좌표는 $\dfrac{5}{4}\pi$이므로 부등식 ㉠의 해는 $\dfrac{\pi}{2}<t<\dfrac{5}{4}\pi$이다.

그런데 $t=x+\dfrac{\pi}{3}$이므로 주어진 부등식의 해는

$\dfrac{\pi}{2}<t<\dfrac{5}{4}\pi$에서 $\dfrac{\pi}{2}<x+\dfrac{\pi}{3}<\dfrac{5}{4}\pi$ $\therefore$ $\dfrac{\pi}{6}<x<\dfrac{11}{12}\pi$

따라서 $\alpha=\dfrac{\pi}{6}$, $\beta=\dfrac{11}{12}\pi$이므로 $\alpha+\beta=\dfrac{\pi}{6}+\dfrac{11}{12}\pi=\dfrac{13}{12}\pi$

44 답 ②

$\sqrt{2}\cos^2 x<\cos x$에서 $\sqrt{2}\cos^2 x-\cos x<0$

$\cos x(\sqrt{2}\cos x-1)<0$ $\therefore$ $0<\cos x<\dfrac{\sqrt{2}}{2}$ $\cdots$ ㉠

부등식 ㉠의 해는 함수 $y=\cos x$의 그래프가 직선 $y=0$보다 위쪽(경계선 제외)에 있고 직선 $y=\dfrac{\sqrt{2}}{2}$보다 아래쪽(경계선 제외)에 있는 x의 값의 범위이다.

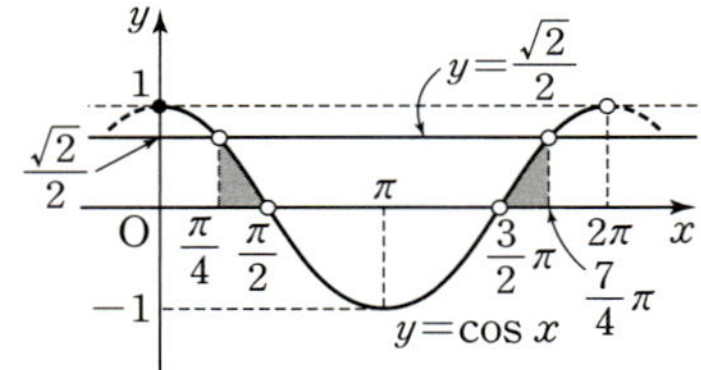

이때, 그림과 같이 $0\le x<2\pi$에서 함수 $y=\cos x$의 그래프와 두 직선 $y=0$, $y=\dfrac{\sqrt{2}}{2}$의 교점의 x좌표는 $\dfrac{\pi}{4}$, $\dfrac{\pi}{2}$, $\dfrac{3}{2}\pi$, $\dfrac{7}{4}\pi$이므로 주어진 부등식의 해는

$\dfrac{\pi}{4}<x<\dfrac{\pi}{2}$ 또는 $\dfrac{3}{2}\pi<x<\dfrac{7}{4}\pi$

45 답 ③

$\sin x+\cos x<0$에서 $\sin x<-\cos x$

즉, 주어진 부등식의 해는 함수 $y=\sin x$의 그래프가 함수 $y=-\cos x$의 그래프의 아래쪽(경계선 제외)에 있는 x의 값의 범위이다.

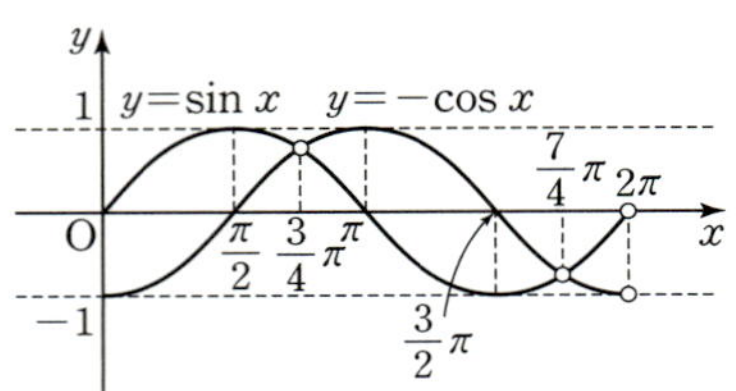

이때, 그림과 같이 $0\le x<2\pi$에서 두 함수 $y=\sin x$, $y=-\cos x$의 그래프의 교점의 x좌표는 $\dfrac{3}{4}\pi$, $\dfrac{7}{4}\pi$이므로 주어진 부등식의 해는 $\dfrac{3}{4}\pi<x<\dfrac{7}{4}\pi$이다.

따라서 $\alpha=\dfrac{3}{4}\pi$, $\beta=\dfrac{7}{4}\pi$이므로

$\tan(\beta-\alpha)=\tan\left(\dfrac{7}{4}\pi-\dfrac{3}{4}\pi\right)=\tan\pi=0$

46 답 ②

$\sin^2 x+\cos^2 x=1$, 즉 $\cos^2 x=1-\sin^2 x$를 주어진 부등식 $2\cos^2 x-3\sin x<0$에 대입하면

$2(1-\sin^2 x)-3\sin x<0$

$2\sin^2 x+3\sin x-2>0$, $(2\sin x-1)(\sin x+2)>0$

그런데 $\sin x+2>0$이므로 $2\sin x-1>0$에서

$\sin x>\dfrac{1}{2}$ $\cdots$ ㉠

부등식 ㉠의 해는 함수 $y=\sin x$의 그래프가 직선 $y=\dfrac{1}{2}$보다 위쪽(경계선 제외)에 있는 x의 값의 범위이다.

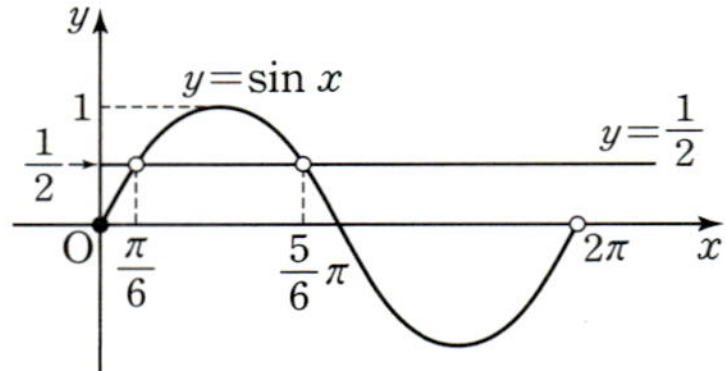

이때, 그림과 같이 $0\le x<2\pi$에서 함수 $y=\sin x$의 그래프와 직선 $y=\dfrac{1}{2}$의 교점의 x좌표는 $\dfrac{\pi}{6}$, $\dfrac{5}{6}\pi$이므로 주어진 부등식의 해는 $\dfrac{\pi}{6}<x<\dfrac{5}{6}\pi$이다.

따라서 $\alpha=\dfrac{\pi}{6}$, $\beta=\dfrac{5}{6}\pi$이므로

$\cos(\beta-\alpha)=\cos\left(\dfrac{5}{6}\pi-\dfrac{\pi}{6}\right)=\cos\dfrac{2}{3}\pi=-\dfrac{1}{2}$

47 답 ②

$\sin^2 x+\cos^2 x=1$, 즉 $\sin^2 x=1-\cos^2 x$를 주어진 부등식 $2\sin^2 x+3\cos x-3\ge0$에 대입하면

$2(1-\cos^2 x)+3\cos x-3\ge0$

$2\cos^2 x-3\cos x+1\le0$, $(2\cos x-1)(\cos x-1)\le0$

$\therefore$ $\dfrac{1}{2}\le\cos x\le1$ $\cdots$ ㉠

부등식 ㉠의 해는 함수 $y=\cos x$의 그래프가 직선 $y=\dfrac{1}{2}$

보다 위쪽(경계선 포함)에 있고 직선 $y=1$보다 아래쪽(경계선 포함)에 있는 x의 값의 범위이다.

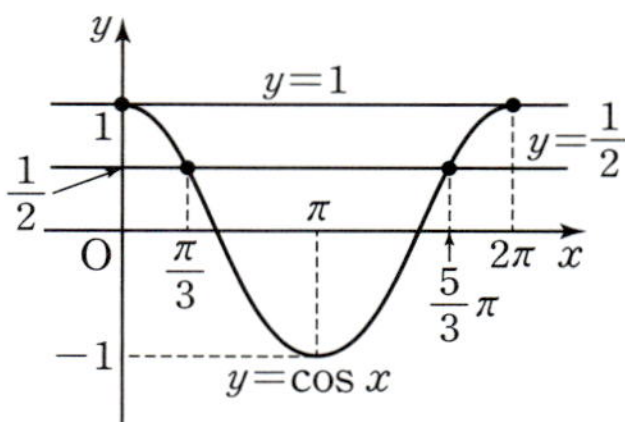

이때, 그림과 같이 $0\le x\le 2\pi$에서 함수 $y=\cos x$의 그래프와 두 직선 $y=\dfrac{1}{2}$, $y=1$의 교점의 x좌표는 0, $\dfrac{\pi}{3}$, $\dfrac{5}{3}\pi$,

2π이므로 주어진 부등식의 해는

$0\le x\le\dfrac{\pi}{3}$ 또는 $\dfrac{5}{3}\pi\le x\le 2\pi$이다.

따라서 $\alpha=\dfrac{\pi}{3}$, $\beta=\dfrac{5}{3}\pi$이므로

$\cos(\beta-\alpha)=\cos\left(\dfrac{5}{3}\pi-\dfrac{\pi}{3}\right)=\cos\dfrac{4}{3}\pi=-\dfrac{1}{2}$

48 답 ⑤

주어진 부등식이 항상 성립하려면 방정식

$3x^2-2x\tan\theta+1=0$이 허근을 가져야 한다.

즉, 이 이차방정식의 판별식을 D라 하면 $D<0$이어야 하

므로 $\dfrac{D}{4}=\tan^2\theta-3<0$에서

$(\tan\theta+\sqrt{3})(\tan\theta-\sqrt{3})<0$

$\therefore -\sqrt{3}<\tan\theta<\sqrt{3}$ … ㉠

부등식 ㉠의 해는 함수 $y=\tan\theta$의 그래프가 직선 $y=-\sqrt{3}$

보다 위쪽(경계선 제외)에 있고 직선 $y=\sqrt{3}$보다 아래쪽(경계선 제외)에 있는 θ의 값의 범위이다.

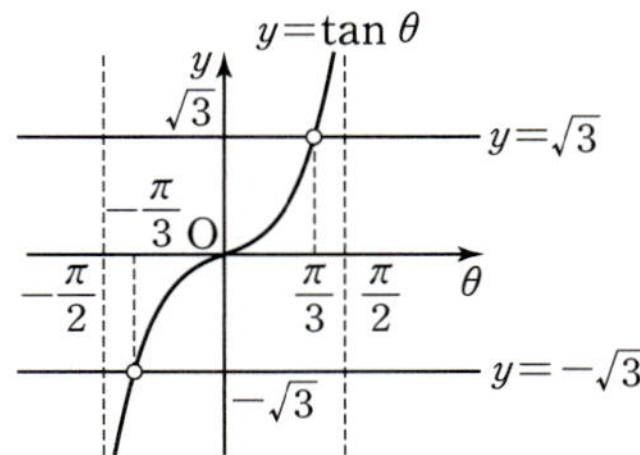

이때, 그림과 같이 $-\dfrac{\pi}{2}<\theta<\dfrac{\pi}{2}$에서 함수 $y=\tan\theta$의 그래프와 두 직선 $y=-\sqrt{3}$, $y=\sqrt{3}$의 교점의 θ좌표는 $-\dfrac{\pi}{3}$,

$\dfrac{\pi}{3}$이므로 부등식 ㉠의 해는 $-\dfrac{\pi}{3}<\theta<\dfrac{\pi}{3}$이다.

[이차부등식이 항상 성립할 조건] 심플 정리

모든 실수 x에 대하여 이차부등식

$ax^2+bx+c>0\,(a>0)$이 성립하려면 이차함수

$y=ax^2+bx+c$의 그래프가 x축과 만나지 않아야 한다.

즉, 이차방정식 $ax^2+bx+c=0$의 해가 존재하지 않아야

하므로 $b^2-4ac<0$을 만족시켜야 한다.

---

01 답 ⑤

ㄱ. 함수 $y=\tan x$는 $x=n\pi+\dfrac{\pi}{2}$(n은 정수)일 때는 정의되지 않으며 함수 $y=\tan x$의 그래프의 점근선은 직선

$x=n\pi+\dfrac{\pi}{2}$(n은 정수)이다. (참)

ㄴ. $\sin(-x)=-\sin x$이므로 $y=\sin x$의 그래프는 원점에 대하여 대칭이다. (참)

ㄷ. $\cos\left(x+\dfrac{3}{2}\pi\right)=\cos\left(\pi+\dfrac{\pi}{2}+x\right)=-\cos\left(\dfrac{\pi}{2}+x\right)$

$\qquad\qquad\qquad =\sin x$

이므로 두 함수 $y=\sin x$, $y=\cos\left(x+\dfrac{3}{2}\pi\right)$는 서로

같은 함수이다. (참)

따라서 옳은 것은 ㄱ, ㄴ, ㄷ이다.

02 답 A 또는 $\{y\,|-1\le y\le 1\}$

$y=\sin\left(x+\dfrac{\pi}{2}\right)=\cos x$이고 $y=\cos x$의 치역은

$\{y\,|-1\le y\le 1\}$이므로 $A=\{y\,|-1\le y\le 1\}$

또, $y=2\tan x$의 치역은 $y=\tan x$의 치역과 일치하므로

$B=\{y\,|\,y$는 모든 실수$\}$

따라서 $A\subset B$이므로 $A\cap B=A=\{y\,|-1\le y\le 1\}$

03 답 ⑤

> 다음 함수 중 모든 실수 x에 대하여
> $f(x)=f(x+\sqrt{3})$을 만족시키는 것은?
>
> ① $f(x)=\sin 2x$　　② $f(x)=\cos\sqrt{3}x$
>
> ③ $f(x)=\sin\pi x$　　④ $f(x)=\tan\sqrt{3}x$
>
> ⑤ $f(x)=\cos\dfrac{2\sqrt{3}}{3}\pi x$　 $f(x)=f(x+p)$를 만족시키는 함수는 주기가 p인 주기함수야.

1st 주어진 조건식이 의미하는 것을 찾아.

$f(x)=f(x+\sqrt{3})$은 주기가 $\sqrt{3}$인 주기함수를 의미한다.

2nd 각 함수의 주기를 구하자.

① $f(x)=\sin 2x$의 주기는 $\dfrac{2\pi}{2}=\pi$　$y=a\sin(bx+c)+d$의 주기는 $\dfrac{2\pi}{|b|}$

② $f(x)=\cos\sqrt{3}x$의 주기는 $\dfrac{2\pi}{\sqrt{3}}=\dfrac{2\sqrt{3}}{3}\pi$

　　　　　　　　　　　$y=a\cos(bx+c)+d$의 주기는 $\dfrac{2\pi}{|b|}$

③ $f(x)=\sin\pi x$의 주기는 $\dfrac{2\pi}{\pi}=2$

④ $f(x)=\tan\sqrt{3}x$의 주기는 $\dfrac{\pi}{\sqrt{3}}=\dfrac{\sqrt{3}}{3}\pi$　$y=a\tan(bx+c)+d$의 주기는 $\dfrac{\pi}{|b|}$

⑤ $f(x)=\cos\dfrac{2\sqrt{3}}{3}\pi x$의 주기는 $\dfrac{2\pi}{\dfrac{2\sqrt{3}}{3}\pi}=\sqrt{3}$

따라서 모든 실수 x에 대하여 $f(x)=f(x+\sqrt{3})$을 만족시키는 함수는 ⑤이다.

04 답 ③

① 함수 $y=\sin|x|$의 그래프는 y축에 대하여 대칭이다.
그런데 함수 $y=\sin x$의 그래프는 원점에 대하여 대칭
이므로 두 함수의 그래프는 일치하지 않는다.

② $y=\sin|x|$의 치역은 $\{y\,|\,-1\leq y\leq 1\}$이고, $y=|\sin x|$
의 치역은 $\{y\,|\,0\leq y\leq 1\}$이므로 두 함수의 그래프는 일
치하지 않는다.

③ $x\geq 0$일 때, $y=\cos|x|=\cos x$이고,
$x<0$일 때, $y=\cos|x|=\cos(-x)=\cos x$이므로
두 함수의 그래프는 일치한다.

④ $y=|\cos x|$의 치역은 $\{y\,|\,0\leq y\leq 1\}$이고, $y=\cos x$의
치역은 $\{y\,|\,-1\leq y\leq 1\}$이므로 두 함수의 그래프는 일
치하지 않는다.

⑤ $y=\tan x$의 치역은 실수 전체 집합이고, $y=|\tan x|$의
치역은 $\{y\,|\,y\geq 0\}$이므로 두 함수의 그래프는 일치하지
않는다.

05 답 9

$f(x)=a\sin bx+c\,(a>0,\ b>0)$의 최댓값은 5, 최솟값은
-1이므로 $a+c=5$, $-a+c=-1$이다.
두 식을 연립하면 $a=3$, $c=2$
또한, 함수 $f(x)$의 주기가 π이므로 $\dfrac{2\pi}{b}=\pi$에서 $b=2$
$\therefore a+b+2c=3+2+2\times 2=9$

> **TIP**
>
> 함수 $y=a\sin(bx+c)+d$의 최댓값은 $|a|+d$,
> 최솟값은 $-|a|+d$이고 주기는 $\dfrac{2\pi}{|b|}$이다.
> 즉, 최댓값과 최솟값은 a, d에 의하여 결정되고, 주기는 b에
> 의하여 결정된다.

06 답 ①

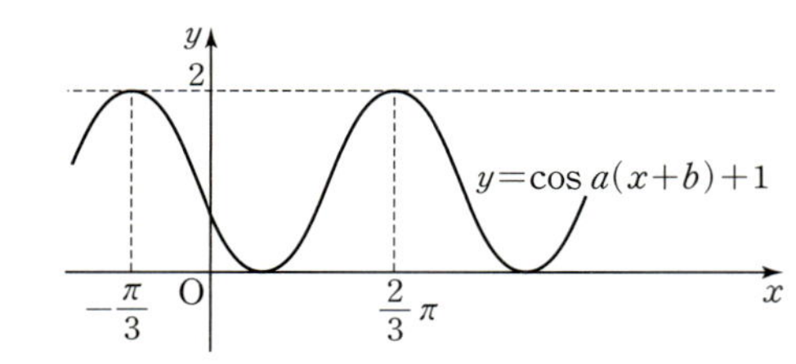

그림은 함수 $y=\cos a(x+b)+1$의 그래프이다. 상
수 a, b에 대하여 ab의 값은?

(단, $a>0$, $0<b<\pi$이고, O는 원점이다.)

① $\dfrac{2}{3}\pi$　　　② π　　　③ $\dfrac{4}{3}\pi$

④ $\dfrac{5}{3}\pi$　　　⑤ 2π

주어진 함수의 그래프는 $y=\cos ax$의 그
래프를 x축의 방향으로 $-b$만큼, y축의
방향으로 1만큼 평행이동한 거야.

1st 주어진 그래프의 주기를 이용하여 a의 값을 구하자.

주어진 그래프에서 주기가 $\dfrac{2}{3}\pi-\left(-\dfrac{\pi}{3}\right)=\pi$이다.

이때, 양수 a에 대하여 $y=\cos ax$의 주기는 $\dfrac{2\pi}{a}$이고

$y=\cos a(x+b)+1$의 그래프는 $y=\cos ax$의 그래프를
x축의 방향으로 $-b$만큼, y축의 방향으로 1만큼 평행이동
한 그래프이므로 $y=\cos a(x+b)+1$의 주기도 $\dfrac{2\pi}{a}$이다.

즉, $\dfrac{2\pi}{a}=\pi$에서 $a=2$

2nd 평행이동을 이용하여 b의 값을 구하자.

또한, 주어진 그래프는 $y=\cos 2x+1$의 그래프를 x축의

방향으로 $-\dfrac{\pi}{3}$만큼 평행이동한 것이므로 주어진 그래프의

식은 $y=\cos 2\left(x+\dfrac{\pi}{3}\right)+1$이다.

> $y=f(x)$의 그래프를 x축의 방향
> 으로 m만큼, y축의 방향으로 n만
> 큼 평행이동한 그래프의 식은
> $y=f(x-m)+n$이야.

즉, $b=\dfrac{\pi}{3}$이므로 $ab=2\times\dfrac{\pi}{3}=\dfrac{2}{3}\pi$

07 답 9

$$y=\cos^2\left(\dfrac{\pi}{2}-x\right)-3\cos^2 x+4\sin(\pi-x)$$
$$=\sin^2 x-3\cos^2 x+4\sin x$$
$$=\sin^2 x-3(1-\sin^2 x)+4\sin x$$
$$=4\sin^2 x+4\sin x-3 \qquad \cdots \text{I}$$

이때, $\sin x=t\,(-1\leq t\leq 1)$이라 하면

$$y=4t^2+4t-3=4\left(t+\dfrac{1}{2}\right)^2-4$$

따라서 주어진 함수는 $t=1$에서 최댓값 5, $t=-\dfrac{1}{2}$에서

최솟값 -4를 갖는다. $\qquad \cdots \text{II}$

따라서 $M=5$, $m=-4$이므로

$M-m=5-(-4)=9 \qquad \cdots \text{III}$

[채점기준표]

I	주어진 함수를 $\sin x$에 대한 식으로 나타낸다.	40%
II	$\sin x=t$로 치환하여 이차함수로 나타낸 다음 제한된 범위에서의 최댓값과 최솟값을 구한다.	40%
III	$M-m$의 값을 구한다.	20%

08 답 ⑤

$2\cos^2 x+3\sin x=0$에서
$2(1-\sin^2 x)+3\sin x=0\,(\because \sin^2 x+\cos^2 x=1)$
$2\sin^2 x-3\sin x-2=0$
$(2\sin x+1)(\sin x-2)=0$
$\therefore \sin x=-\dfrac{1}{2}\,(\because -1\leq\sin x\leq 1)$

따라서 $0\leq x<2\pi$에서 주어진 방정식의 해는
$x=\dfrac{7}{6}\pi$ 또는 $x=\dfrac{11}{6}\pi$

09 답 ②

> 어떤 건물의 난방기에는 자동 온도 조절 장치가 있어
> 서 실내 온도가 2시간 주기로 변한다. 이 난방기의 온
> 도를 $B(℃)$로 설정하였을 때, 가동한 지 t분 후의 실
> 내 온도는 $T(℃)$가 되어 다음 식이 성립한다고 한다.
>
> $$T=B-\frac{k}{6}\cos\frac{\pi}{60}t \ (단, \ B, \ k는 \ 양의 \ 상수이다.)$$
>
> 이 난방기를 가동한 지 20분 후의 실내 온도가 18 ℃
> 이었고, 40분 후의 실내 온도가 20 ℃이었다. k의 값
> 은? 시간을 나타내는 문자는 t이고 온도를 나타내는 문자는 T임을 기억해.
>
> ① 11 　　② 12 　　③ 13
> ④ 14 　　⑤ 15

1st $t=20$, $T=18$, $t=40$, $T=20$을 대입하여 k의 값을 구해.

20분 후의 실내 온도가 18 ℃이므로

$t=20$, $T=18$을 조건식에 대입하면

$$B-\frac{k}{6}\cos\left(\frac{\pi}{60}\times20\right)=B-\frac{k}{6}\cos\frac{\pi}{3}$$

시간은 소문자 t이고, 온도는 대문자 T에 해당하므로 정확히 확인하고 대입해야 해.

$$=B-\frac{k}{12}=18$$

40분 후의 실내 온도가 20 ℃이므로

$t=40$, $T=20$을 조건식에 대입하면

$$B-\frac{k}{6}\cos\left(\frac{\pi}{60}\times40\right)=B-\frac{k}{6}\cos\frac{2}{3}\pi$$

$$=B+\frac{k}{12}=20$$

$\cos\frac{2}{3}\pi=\cos\left(\pi-\frac{\pi}{3}\right)=-\cos\frac{\pi}{3}=-\frac{1}{2}$

두 식을 연립하면 $k=12$

10 답 ②

> 방정식 $\sin^2 x+\cos x-2a=0$이 실근을 갖기 위한
> 상수 a의 값의 범위는? 방정식 $f(x)=0$이 실근을 가지면 함수 $y=f(x)$의 그래프는 x축과 만나.
>
> ① $-1\le a\le\frac{3}{8}$ 　　② $-\frac{1}{2}\le a\le\frac{5}{8}$
> ③ $0\le a\le\frac{2}{3}$ 　　④ $0\le a\le\frac{7}{8}$
> ⑤ $\frac{1}{2}\le a\le\frac{9}{8}$

1st 함수의 그래프와 방정식 사이의 관계를 생각해.

$\sin^2 x+\cos x-2a=0$에서

$1-\cos^2 x+\cos x-2a=0 \ (\because \sin^2 x+\cos^2 x=1)$

$-\cos^2 x+\cos x-2a+1=0$

실수 전체의 집합에서 정의된 함수 $y=\cos x$의 치역은 $\{y\,|\,-1\le y\le1\}$이야.

이때, $\cos x=t \ (-1\le t\le1)$라 하면

$-t^2+t-2a+1=0$이고

$$f(t)=-t^2+t-2a+1$$

$$=-\left(t-\frac{1}{2}\right)^2-2a+\frac{5}{4}$$

함수 $y=f(t)$의 그래프는 점 $\left(\frac{1}{2},\ -2a+\frac{5}{4}\right)$를 꼭짓점으로 하고 위로 볼록한 곡선이야.

라 하면 방정식 $f(t)=0$은 $-1\le t\le1$에서 실근을 가지므
로 $f\left(\frac{1}{2}\right)\ge0$, $f(-1)\le0$ 또는 $f\left(\frac{1}{2}\right)\ge0$, $f(1)\le0$이어
야 한다.

(i) $f\left(\frac{1}{2}\right)\ge0$, $f(-1)\le0$일 때,

$f\left(\frac{1}{2}\right)\ge0$에서 $-2a+\frac{5}{4}\ge0$ 　$\therefore a\le\frac{5}{8}$

$f(-1)\le0$에서 $-2a-1\le0$ 　$\therefore a\ge-\frac{1}{2}$

$\therefore -\frac{1}{2}\le a\le\frac{5}{8}$

(ii) $f\left(\frac{1}{2}\right)\ge0$, $f(1)\le0$일 때,

$f\left(\frac{1}{2}\right)\ge0$에서 $a\le\frac{5}{8}$

$f(1)\le0$에서 $-2a+1\le0$ 　$\therefore a\ge\frac{1}{2}$

$\therefore \frac{1}{2}\le a\le\frac{5}{8}$

(i), (ii)에 의하여 $-\frac{1}{2}\le a\le\frac{5}{8}$

11 답 ②

$0<x<\frac{\pi}{2}$에서 $0<\cos x<1$이므로 주어진 부등식의 양변
을 $\sqrt{3}\cos x$로 나누면 $\sqrt{3}\sin x>\cos x$에서

$\dfrac{\sin x}{\cos x}>\dfrac{1}{\sqrt{3}}$ 　$\therefore \tan x>\dfrac{\sqrt{3}}{3}$

따라서 주어진 부등식의 해는 $\frac{\pi}{6}<x<\frac{\pi}{2}$이므로

$\alpha=\frac{\pi}{6}$, $\beta=\frac{\pi}{2}$

$\therefore 2(\sin\alpha+\cos\beta)=2\left(\sin\frac{\pi}{6}+\cos\frac{\pi}{2}\right)$

$$=2\times\left(\frac{1}{2}+0\right)=1$$

12 답 ①

(i) $2\sin x+\sqrt{2}<0$에서 $\sin x<-\dfrac{\sqrt{2}}{2} \cdots$ ㉠

이때, $0\le x<2\pi$에서 부등식 ㉠의 해는

$$\frac{5}{4}\pi<x<\frac{7}{4}\pi$$

(ii) $2\cos x\ge1$에서 $\cos x\ge\dfrac{1}{2} \cdots$ ㉡

이때, $0\le x<2\pi$에서 부등식 ㉡의 해는

$$0\le x\le\frac{\pi}{3} \ 또는 \ \frac{5}{3}\pi\le x<2\pi$$

(i), (ii)를 동시에 만족시키는 x의 값의 범위는

$$\frac{5}{3}\pi\le x<\frac{7}{4}\pi$$이므로

$\alpha=\frac{5}{3}\pi$, $\beta=\frac{7}{4}\pi$

$\therefore 12(\beta-\alpha)=12\times\left(\frac{7}{4}\pi-\frac{5}{3}\pi\right)=\pi$

13 답 ⑤

부등식 $2\cos^2 x - 3\sin x + 7 - k \leq 0$에서

$2(1-\sin^2 x) - 3\sin x + 7 - k \leq 0 \ (\because \sin^2 x + \cos^2 x = 1)$

$2\sin^2 x + 3\sin x - 9 + k \geq 0$

이때, $\sin x = t$라 하면 $-1 \leq t \leq 1$이고

$2t^2 + 3t - 9 + k \geq 0$

또, $f(t) = 2t^2 + 3t - 9 + k = 2\left(t + \dfrac{3}{4}\right)^2 - \dfrac{81}{8} + k$라 하면

모든 실수 x에 대하여 부등식

$2\cos^2 x - 3\sin x + 7 - k \leq 0$이 성립하기 위해서는

$-1 \leq t \leq 1$에서 $f(t)$의 최솟값인

$f\left(-\dfrac{3}{4}\right) = -\dfrac{81}{8} + k$가 0보다 크거나 같아야 한다.

즉, $-\dfrac{81}{8} + k \geq 0$에서 $k \geq \dfrac{81}{8} = 10.125$

따라서 자연수 k의 최솟값은 11이다.

14 답 ⑤

> 함수 $f(x)$가 다음 세 조건을 만족시킨다.
>
> (가) 모든 실수 x에 대하여 $f(x+\pi) = f(x)$이다.
> 　　주기가 π인 주기함수야.
> (나) $0 \leq x \leq \dfrac{\pi}{2}$일 때, $f(x) = \sin 4x$
> (다) $\dfrac{\pi}{2} < x \leq \pi$일 때, $f(x) = -\sin 4x$

이때, 함수 $f(x)$의 그래프와 직선 $y = \dfrac{x}{\pi}$가 만나는

점의 개수는?　이 직선이 두 직선 $y=1$, $y=-1$과
　　　　　　　만나는 두 점을 파악해야 해.

① 4　　　　② 5　　　　③ 6
④ 7　　　　⑤ 8

1st 함수 $y=f(x)$의 그래프와 직선 $y = \dfrac{x}{\pi}$가 만나는 점의 개수를

　구하자.　주기가 p인 함수 $f(x)$는
　　　　　$f(x+p) = f(x)$를 만족해.

함수 $f(x)$는 주기가 π인 주기함수이고 직선 $y = \dfrac{x}{\pi}$는 두

점 $(\pi, \ 1)$, $(-\pi, \ -1)$을 지나므로 함수 $y=f(x)$의 그래

프와 직선 $y = \dfrac{x}{\pi}$는 그림과 같다.

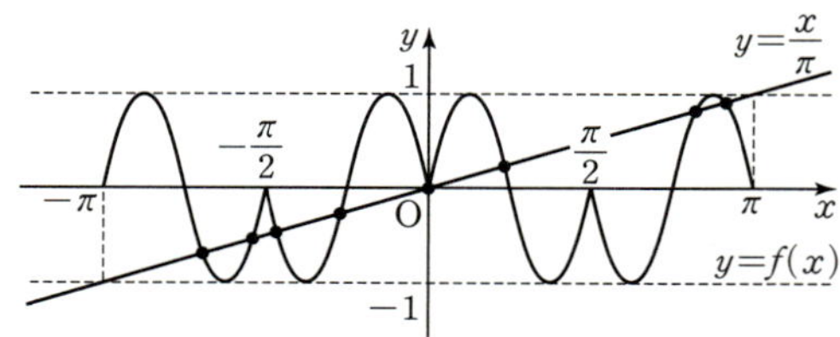

따라서 $y=f(x)$의 그래프와 직선 $y = \dfrac{x}{\pi}$가 만나는 점의 개

수는 8이다.　제1사분면에서 세 점, 제3사분면에서 네 점,
　　　　　　 그리고 원점에서 만나지?

---

01 답 내접, a, $\sin B$, c, 사인법칙

02 답 사인법칙, 일정

03 답 코사인법칙, $\cos A$, $c^2 + a^2$, c^2

04 답 ○

05 답 ×

06 답 ○

07 답 ○

08 답 $R=3$, $a=3\sqrt{2}$

$B=30°$, $\overline{AC}=3$이므로 $2R = \dfrac{3}{\sin 30°} = 6$　　$\therefore R=3$

즉, $\dfrac{a}{\sin 45°} = 6$이므로 $a = 3\sqrt{2}$

09 답 $R=4$, $a=4\sqrt{3}$

$C = \dfrac{\pi}{4}$, $\overline{AB} = 4\sqrt{2}$이므로 $2R = \dfrac{4\sqrt{2}}{\sin \dfrac{\pi}{4}} = 8$　　$\therefore R=4$

즉, $\dfrac{a}{\sin \dfrac{\pi}{3}} = 8$이므로 $a = 4\sqrt{3}$

10 답 $A=30°$, $B=60°$, $C=90°$

11 답 $a = 2R\sin A$, $b = 2R\sin B$, $c = 2R\sin C$

12 답 $1 : \sqrt{3} : 2$

13 답 $\sqrt{13}$

14 답 $\sqrt{10}$

15 답 13

16 답 $\cos A = \dfrac{\sqrt{3}}{2}$, $\cos B = \dfrac{\sqrt{3}}{2}$, $\cos C = -\dfrac{1}{2}$

17 답 $\cos A = \dfrac{9}{16}$, $\cos B = \dfrac{1}{8}$, $\cos C = \dfrac{3}{4}$

18 답 $\cos A = -\dfrac{1}{2}$, $\cos B = \dfrac{23}{26}$, $\cos C = \dfrac{11}{13}$

19 답 ⑤

사인법칙에 의하여 $\dfrac{\overline{BC}}{\sin A} = \dfrac{\overline{AC}}{\sin B}$에서

$\dfrac{5}{\sin A} = \dfrac{4}{\sin 30°}$, $\dfrac{5}{\sin A} = \dfrac{4}{\dfrac{1}{2}} = 8$

$\therefore \sin A = \dfrac{5}{8}$

20 답 ③

삼각형 ABC의 외접원의 반지름의 길이를 R라 하면

사인법칙에 의하여 $\dfrac{\overline{BC}}{\sin A}=2R$에서

$\dfrac{4}{\sin 30^\circ}=2R,\ \dfrac{4}{\frac{1}{2}}=2R,\ 8=2R$

$\therefore R=4$

따라서 삼각형 ABC의 외접원의 반지름의 길이는 4이다.

21 답 ②

사인법칙에 의하여 $\dfrac{\overline{AC}}{\sin B}=\dfrac{\overline{AB}}{\sin C}=2R$에서

$\dfrac{1}{\sin 30^\circ}=\dfrac{\sqrt{3}}{\sin C}=2R$이므로

$2R=\dfrac{1}{\sin 30^\circ}=\dfrac{1}{\frac{1}{2}}=2$

$\therefore R=1$

즉, $\dfrac{\sqrt{3}}{\sin C}=2$이므로 $\sin C=\dfrac{\sqrt{3}}{2}$

이때, $C>90^\circ$이므로 $C=120^\circ$이고

$A=180^\circ-(30^\circ+120^\circ)=30^\circ$

따라서 삼각형 ABC는 $A=B$인 이등변삼각형이므로

$a=\overline{BC}=\overline{AC}=1$

$\therefore a+R=1+1=2$

22 답 ③

사인법칙에 의하여 $\dfrac{6\sqrt{2}}{\sin 45^\circ}=\dfrac{a}{\sin 60^\circ}$에서

$\dfrac{6\sqrt{2}}{\frac{\sqrt{2}}{2}}=\dfrac{a}{\frac{\sqrt{3}}{2}}$

$\therefore a=6\sqrt{3}$

23 답 ③

사인법칙에 의하여 $\dfrac{3}{\sin\frac{\pi}{6}}=\dfrac{6}{\sin B}=2R$에서

$\dfrac{3}{\sin\frac{\pi}{6}}=\dfrac{3}{\frac{1}{2}}=6$이므로 $\sin B=1,\ R=3$이다.

즉, $B=\dfrac{\pi}{2}$이고 $A+B+C=\pi$이므로

$C=\pi-\dfrac{\pi}{6}-\dfrac{\pi}{2}=\dfrac{\pi}{3}$

따라서 $\dfrac{\overline{AB}}{\sin C}=\dfrac{\overline{AB}}{\sin\frac{\pi}{3}}=6$이므로

$\overline{AB}=6\times\sin\dfrac{\pi}{3}=6\times\dfrac{\sqrt{3}}{2}=3\sqrt{3}$

$\therefore \dfrac{\overline{AB}}{R}=\dfrac{3\sqrt{3}}{3}=\sqrt{3}$

24 답 ③

정삼각형의 한 변의 길이를 a라 하면 정삼각형의 한 내각의

크기는 $\dfrac{\pi}{3}$이고 $R=3$이므로 사인법칙에 의하여

$\dfrac{a}{\sin\frac{\pi}{3}}=2\times 3$에서 $a=6\times\sin\dfrac{\pi}{3}=6\times\dfrac{\sqrt{3}}{2}=3\sqrt{3}$

25 답 ④

사인법칙에 의하여 $\dfrac{2}{\sin 30^\circ}=\dfrac{2\sqrt{3}}{\sin B}$에서

$\dfrac{2}{\frac{1}{2}}=\dfrac{2\sqrt{3}}{\sin B}$ $\qquad\therefore \sin B=\dfrac{\sqrt{3}}{2}$

$\therefore B=60^\circ$ 또는 $B=120^\circ$

26 답 ②

$\angle ADC$는 삼각형 ABD의 한 외각이므로

$\angle ABD+\angle BAD=\angle ADC$에서

$30^\circ+\angle BAD=45^\circ$ $\qquad\therefore \angle BAD=15^\circ$

삼각형 ABD에서 사인법칙에 의하여

$\dfrac{20}{\sin 15^\circ}=\dfrac{\overline{AD}}{\sin 30^\circ}$이므로 $\overline{AD}=\dfrac{20\times\sin 30^\circ}{\sin 15^\circ}=\dfrac{10}{\sin 15^\circ}$

이때, 직각삼각형 ADC에서 $\overline{AC}=\overline{AD}\sin 45^\circ$이므로

$\overline{AC}=\dfrac{10}{\sin 15^\circ}\times\sin 45^\circ=\dfrac{10}{\sin 15^\circ}\times\dfrac{\sqrt{2}}{2}=\dfrac{5\sqrt{2}}{\sin 15^\circ}$

다른 풀이

삼각형 ADC는 $\overline{AC}=\overline{CD}$인 직각이등변삼각형이므로

$\overline{AC}=\overline{CD}=a$라 하면 $\overline{AD}=\sqrt{2}\,a$

이때, 삼각형 ABD에서 $\angle BAD=15^\circ$이므로 사인법칙에

의하여 $\dfrac{\sqrt{2}\,a}{\sin 30^\circ}=\dfrac{20}{\sin 15^\circ}$에서 $\sqrt{2}\,a=\dfrac{10}{\sin 15^\circ}$

$\therefore a=\dfrac{10}{\sin 15^\circ}\times\dfrac{1}{\sqrt{2}}=\dfrac{5\sqrt{2}}{\sin 15^\circ}$

따라서 선분 AC의 길이는 $\dfrac{5\sqrt{2}}{\sin 15^\circ}$이다.

27 답 ⑤

삼각형 ABC에서 사인법칙에 의하여

$a:b:c=\sin A:\sin B:\sin C$이다.

이때, $a:b:c=2:3:4$이므로

$\sin A:\sin B:\sin C=2:3:4=1:\alpha:\beta$

따라서 $\alpha=\dfrac{3}{2},\ \beta=2$이므로 $\alpha\beta=\dfrac{3}{2}\times 2=3$

28 답 ③

$(a+b):(b+c):(c+a)=4:5:6$이므로 양수 k에 대

하여 $a+b=4k,\ b+c=5k,\ c+a=6k$라 하고 세 식을 연

립하면

$a=\dfrac{5}{2}k,\ b=\dfrac{3}{2}k,\ c=\dfrac{7}{2}k$

따라서 사인법칙에 의하여

$\sin A:\sin B:\sin C=a:b:c=5:3:7$

29 답 ④

삼각형 ABC의 세 변의 길이를 a, b, c라 하면

$a+b+c=16$

이때, 삼각형 ABC의 외접원의 반지름의 길이가 4이므로
사인법칙에 의하여

$$\sin A + \sin B + \sin C = \frac{a}{2\times 4} + \frac{b}{2\times 4} + \frac{c}{2\times 4}$$
$$= \frac{a+b+c}{8} = \frac{16}{8} = 2$$

30 답 ①

$A+B+C=\pi$이고 $A:B:C=1:1:2$이므로

$A=\pi\times\dfrac{1}{4}=\dfrac{\pi}{4}$, $B=\pi\times\dfrac{1}{4}=\dfrac{\pi}{4}$, $C=\pi\times\dfrac{2}{4}=\dfrac{\pi}{2}$

따라서 사인법칙에 의하여

$$a:b:c=\sin A : \sin B : \sin C$$
$$=\sin\frac{\pi}{4}:\sin\frac{\pi}{4}:\sin\frac{\pi}{2}$$
$$=\frac{\sqrt{2}}{2}:\frac{\sqrt{2}}{2}:1=1:1:\sqrt{2}$$

31 답 ①

삼각형 ABC의 외접원의 반지름의 길이를 R라 하면 사인
법칙에 의하여

$$\sin A = \frac{a}{2R},\ \sin B = \frac{b}{2R},\ \sin C = \frac{c}{2R}$$

이것을 주어진 등식 $\sin^2 A = \sin^2 B + \sin^2 C$에 대입하면

$\left(\dfrac{a}{2R}\right)^2 = \left(\dfrac{b}{2R}\right)^2 + \left(\dfrac{c}{2R}\right)^2$에서 $a^2 = b^2 + c^2$

따라서 삼각형 ABC는 $A=90°$인 직각삼각형이다.

32 답 ⑤

$\dfrac{\sin A}{3} = \dfrac{\sin B}{4} = \dfrac{\sin C}{5}$에서

$\sin A : \sin B : \sin C = 3:4:5$

즉, 사인법칙에 의하여 삼각형 ABC의 세 변 a, b, c의 길이
의 비는 $a:b:c=\sin A : \sin B : \sin C = 3:4:5$이다.

따라서 $c^2 = a^2 + b^2$이 성립하므로 삼각형 ABC는 $C=90°$
인 직각삼각형이다.

33 답 ①

삼각형 ABC의 외접원의 반지름의 길이를 R라 하면
사인법칙에 의하여

$$\sin A = \frac{a}{2R},\ \sin B = \frac{b}{2R}$$

이것을 주어진 등식 $a\sin A = b\sin B$에 대입하면

$a\times\dfrac{a}{2R} = b\times\dfrac{b}{2R}$에서 $a^2 = b^2$

이때, $a>0$, $b>0$이므로 $a=b$

따라서 삼각형 ABC는 $a=b$인 이등변삼각형이다.

34 답 ②

코사인법칙에 의하여

$$\overline{BC}^2 = \overline{AB}^2 + \overline{AC}^2 - 2\times\overline{AB}\times\overline{AC}\times\cos A$$
$$= (5\sqrt{2})^2 + 6^2 - 2\times 5\sqrt{2}\times 6\times\cos 45°$$
$$= 50 + 36 - 60 = 26$$
$$\therefore\ \overline{BC} = \sqrt{26}\ (\because\ \overline{BC}>0)$$

35 답 ①

코사인법칙에 의하여

$$\overline{AB}^2 = \overline{BC}^2 + \overline{AC}^2 - 2\times\overline{BC}\times\overline{AC}\times\cos C$$
$$= 3^2 + (2\sqrt{2})^2 - 2\times 3\times 2\sqrt{2}\times\cos 45°$$
$$= 9 + 8 - 12 = 5$$
$$\therefore\ \overline{AB} = \sqrt{5}\ (\because\ \overline{AB}>0)$$

36 답 ③

코사인법칙에 의하여

$$\overline{AC}^2 = \overline{AB}^2 + \overline{BC}^2 - 2\times\overline{AB}\times\overline{BC}\times\cos B$$
$$= 3^2 + 4^2 - 2\times 3\times 4\times\cos\frac{\pi}{3}$$
$$= 9 + 16 - 12 = 13$$
$$\therefore\ \overline{AC} = \sqrt{13}\ (\because\ \overline{AC}>0)$$

37 답 ⑤

코사인법칙에 의하여

$$\overline{BC}^2 = \overline{AB}^2 + \overline{AC}^2 - 2\times\overline{AB}\times\overline{AC}\times\cos A$$
$$= 5^2 + 3^2 - 2\times 5\times 3\times\cos\frac{2}{3}\pi$$
$$= 25 + 9 + 15 = 49$$
$$\therefore\ \overline{BC} = 7\ (\because\ \overline{BC}>0)$$

이때, 삼각형 ABC의 외접원의 반지름의 길이를 R라 하
면 사인법칙에 의하여

$$2R = \frac{7}{\sin\frac{2}{3}\pi} = \frac{14}{\sqrt{3}} \qquad \therefore\ R = \frac{7}{\sqrt{3}}$$

따라서 삼각형 ABC의 외접원의 넓이는

$$\pi R^2 = \pi\times\left(\frac{7}{\sqrt{3}}\right)^2 = \frac{49}{3}\pi$$

38 답 ④

코사인법칙에 의하여

$$\cos A = \frac{\overline{AB}^2 + \overline{AC}^2 - \overline{BC}^2}{2\times\overline{AB}\times\overline{AC}} = \frac{8^2 + 7^2 - 13^2}{2\times 8\times 7} = -\frac{1}{2}$$

이때, A는 삼각형 ABC의 한 내각이므로

$$0 < A < \pi \qquad \therefore\ A = \frac{2}{3}\pi$$

39 답 ⑤

삼각형의 내각의 크기가 가장 작은 각의 대변의 길이는 최
소인 3이다.

따라서 코사인법칙에 의하여

$$\cos\alpha = \frac{5^2 + 7^2 - 3^2}{2\times 5\times 7} = \frac{65}{70} = \frac{13}{14}$$

40 답 ③

$\angle APB = \dfrac{\pi}{2}$이므로 직각삼각형

APB에서 피타고라스 정리에 의

하여

$\overline{BP} = \sqrt{\overline{AB}^2 - \overline{AP}^2}$

$\qquad = \sqrt{8-5} = \sqrt{3}$

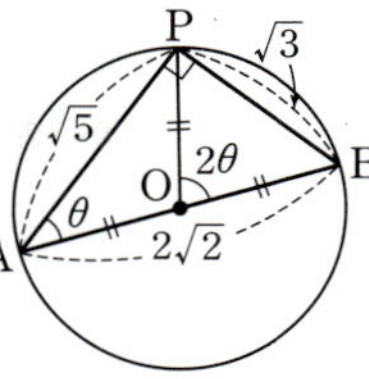

이때, 선분 AB의 중점을 O라 하면 $\angle PAB = \theta$이므로

$\angle POB = \angle PAB + \angle APO = 2\theta$이고 $\overline{OB} = \overline{OP} = \sqrt{2}$이

므로 삼각형 OBP에서 코사인법칙에 의하여

$\cos 2\theta = \dfrac{(\sqrt{2})^2 + (\sqrt{2})^2 - (\sqrt{3})^2}{2 \times \sqrt{2} \times \sqrt{2}} = \dfrac{1}{4}$

> **심플 정리**
>
> **[원주각과 중심각의 관계]**
> (1) 한 원에서 한 호에 대한 원주각의 크기는 그 호에 대한
> 중심각의 크기의 $\dfrac{1}{2}$이다.
> (2) 반원에 대한 원주각의 크기는 90°이다. 즉, 원 위의 한
> 점과 지름의 양 끝점을 꼭짓점으로 하는 삼각형은 직각
> 삼각형이다.

41 답 ⑤

정삼각형 ABC의 한 변의 길이를 $3a\,(a>0)$라 하면

$\overline{BP} = \overline{PQ} = \overline{QC} = a$

삼각형 ABP에서 코사인법칙에 의하여

$\overline{AP}^2 = \overline{AB}^2 + \overline{BP}^2 - 2 \times \overline{AB} \times \overline{BP} \times \cos B$

$\qquad = (3a)^2 + a^2 - 2 \times 3a \times a \times \cos 60° = 7a^2$

이때, $\overline{AP} > 0$이고 두 삼각형 ABP, ACQ는 서로 합동이

므로 $\overline{AP} = \overline{AQ} = \sqrt{7}a$이다.

따라서 삼각형 APQ에서 코사인법칙에 의하여

$\cos \theta = \dfrac{\overline{AP}^2 + \overline{AQ}^2 - \overline{PQ}^2}{2 \times \overline{AP} \times \overline{AQ}}$

$\qquad = \dfrac{(\sqrt{7}a)^2 + (\sqrt{7}a)^2 - a^2}{2 \times \sqrt{7}a \times \sqrt{7}a} = \dfrac{13}{14}$

42 답 ③

정사각형 ABCD의 한 변의 길이를 $3a\,(a>0)$라 하면

$\overline{BE} = \overline{DF} = a,\ \overline{CE} = \overline{CF} = 2a$

직각삼각형 ABE에서 피타고라스 정리에 의하여

$\overline{AE} = \overline{AF} = \sqrt{(3a)^2 + a^2} = \sqrt{10}a$

또, 직각삼각형 ECF에서 피타고라스 정리에 의하여

$\overline{EF} = \sqrt{(2a)^2 + (2a)^2} = 2\sqrt{2}a$

따라서 삼각형 AEF에서 코사인법칙에 의하여

$\cos \theta = \dfrac{\overline{AE}^2 + \overline{AF}^2 - \overline{EF}^2}{2 \times \overline{AE} \times \overline{AF}}$

$\qquad = \dfrac{(\sqrt{10}a)^2 + (\sqrt{10}a)^2 - (2\sqrt{2}a)^2}{2 \times \sqrt{10}a \times \sqrt{10}a} = \dfrac{3}{5}$

43 답 ③

정사각형 ABCD의 한 변의 길이를 $2a\,(a>0)$라 하면

$\overline{BM} = \overline{CM} = \overline{CN} = \overline{DN} = a$

즉, 두 직각삼각형 ABM, ADN에서 피타고라스 정리에

의하여 $\overline{AM} = \overline{AN} = \sqrt{(2a)^2 + a^2} = \sqrt{5}a$

또, 직각삼각형 MCN에서 $\overline{MN} = \sqrt{a^2 + a^2} = \sqrt{2}a$

따라서 삼각형 AMN에서 코사인법칙에 의하여

$\cos \theta = \dfrac{\overline{AM}^2 + \overline{AN}^2 - \overline{MN}^2}{2 \times \overline{AM} \times \overline{AN}}$

$\qquad = \dfrac{(\sqrt{5}a)^2 + (\sqrt{5}a)^2 - (\sqrt{2}a)^2}{2 \times \sqrt{5}a \times \sqrt{5}a} = \dfrac{4}{5}$

한편, $0 < \theta < 90°$이므로

$\sin \theta = \sqrt{1 - \cos^2 \theta} = \sqrt{1 - \left(\dfrac{4}{5}\right)^2} = \dfrac{3}{5}$이다.

44 답 ④

$\cos A = \dfrac{b^2 + c^2 - a^2}{2bc},\ \cos C = \dfrac{a^2 + b^2 - c^2}{2ab}$을 주어진 등식

$a \cos C = c \cos A$에 대입하면

$a \times \dfrac{a^2 + b^2 - c^2}{2ab} = c \times \dfrac{b^2 + c^2 - a^2}{2bc}$에서 $2a^2 = 2c^2$

이때, $a > 0,\ c > 0$이므로 $a = c$

따라서 삼각형 ABC는 $a = c$인 이등변삼각형이다.

45 답 ④

$\cos A = \dfrac{b^2 + c^2 - a^2}{2bc},\ \cos B = \dfrac{c^2 + a^2 - b^2}{2ca}$을 주어진 등식

$a \cos A = b \cos B$에 대입하면

$a \times \dfrac{b^2 + c^2 - a^2}{2bc} = b \times \dfrac{c^2 + a^2 - b^2}{2ca}$에서

$a^2 \times (b^2 + c^2 - a^2) = b^2 \times (c^2 + a^2 - b^2)$

$a^2 c^2 - a^4 = b^2 c^2 - b^4,\ c^2(a^2 - b^2) - (a^4 - b^4) = 0$

$c^2(a^2 - b^2) - (a^2 + b^2)(a^2 - b^2) = 0$

$(a^2 - b^2)(c^2 - a^2 - b^2) = 0$

$(a+b)(a-b)(c^2 - a^2 - b^2) = 0$

$\therefore\ a = b$ 또는 $c^2 = a^2 + b^2$

따라서 삼각형 ABC는 $a = b$인 이등변삼각형 또는 $C = \dfrac{\pi}{2}$

인 직각삼각형이다.

46 답 ⑤

삼각형 ABC의 외접원의 반지름의 길이를 R라 하면

사인법칙에 의하여 $\sin A = \dfrac{a}{2R},\ \sin C = \dfrac{c}{2R}$이고

코사인법칙에 의하여 $\cos B = \dfrac{c^2 + a^2 - b^2}{2ca}$이다.

이것을 $\sin A = 2 \cos B \sin C$에 대입하면

$\dfrac{a}{2R} = 2 \times \dfrac{c^2 + a^2 - b^2}{2ca} \times \dfrac{c}{2R},\ a^2 = c^2 + a^2 - b^2$

$\therefore\ b^2 = c^2$

이때, $b > 0,\ c > 0$이므로 $b = c$

따라서 삼각형 ABC는 $b = c$인 이등변삼각형이다.

01 답 h, $b\sin A$, $\sin A$

02 답 a, $\sin A$, $4R$

03 답 2, 2, $\sin\theta$

04 답 ×

05 답 ×

06 답 ○

07 답 ○

08 답 $\dfrac{3\sqrt{2}}{2}$

09 답 3

10 답 20

11 답 $6\sqrt{3}$

12 답 $9\sqrt{3}$

13 답 $12\sqrt{5}$

14 답 $\dfrac{25\sqrt{3}}{2}$

15 답 $24\sqrt{3}$

16 답 3

17 답 $48\sqrt{3}$

> **유형 연습** [+ 내신 유형] ● 문제편 pp. 112~115

18 답 ③

삼각형의 두 변의 길이가 3, 2이고 그 끼인각의 크기가
120°이므로 삼각형 ABC의 넓이는
$$\triangle\mathrm{ABC}=\frac{1}{2}\times\overline{\mathrm{AB}}\times\overline{\mathrm{AC}}\times\sin A$$
$$=\frac{1}{2}\times 3\times 2\times\sin 120°=\frac{3\sqrt{3}}{2}$$

19 답 ②

삼각형의 세 내각의 크기의 합은 $A+B+C=180°$이므로
$A=180°-60°-75°=45°$이다.
따라서 삼각형 ABC의 넓이는
$$\triangle\mathrm{ABC}=\frac{1}{2}\times\overline{\mathrm{AB}}\times\overline{\mathrm{AC}}\times\sin A$$
$$=\frac{1}{2}\times 5\times 4\times\sin 45°=5\sqrt{2}$$

20 답 ②

삼각형 ABC의 넓이가 $5\sqrt{2}$이므로
$$\triangle\mathrm{ABC}=\frac{1}{2}\times\overline{\mathrm{BC}}\times\overline{\mathrm{CA}}\times\sin C$$
$$=\frac{1}{2}\times 5\times 4\times\sin C=5\sqrt{2}$$
$$\therefore\ \sin C=\frac{\sqrt{2}}{2}$$
이때, $90°<C<180°$이므로 $C=135°$이다.

21 답 ④

C는 삼각형 ABC의 한 내각의 크기이므로
$0<C<\pi$에서 $\sin C>0$이다.
따라서 $\sin C=\sqrt{1-\cos^2 C}=\sqrt{1-\dfrac{1}{4}}=\dfrac{\sqrt{3}}{2}$이므로
$$\triangle\mathrm{ABC}=\frac{1}{2}\times\overline{\mathrm{BC}}\times\overline{\mathrm{CA}}\times\sin C$$
$$=\frac{1}{2}\times 3\times 6\times\frac{\sqrt{3}}{2}=\frac{9\sqrt{3}}{2}$$

22 답 ①

A는 삼각형 ABC의 한 내각의 크기이므로
$0<A<\pi$에서 $0<\sin A\leq 1$이다.
이때, $\sin^2 A+\cos^2 A=1$의 양변을 $\sin^2 A$로 나누면
$1+\dfrac{1}{\tan^2 A}=\dfrac{1}{\sin^2 A}$에서
$2=\dfrac{1}{\sin^2 A}\ (\because\ \tan A=1)$, $\sin^2 A=\dfrac{1}{2}$
$$\therefore\ \sin A=\frac{\sqrt{2}}{2}$$
따라서 삼각형 ABC의 넓이는
$$\triangle\mathrm{ABC}=\frac{1}{2}\times\overline{\mathrm{AB}}\times\overline{\mathrm{AC}}\times\sin A$$
$$=\frac{1}{2}\times 3\times 4\times\frac{\sqrt{2}}{2}=3\sqrt{2}$$

23 답 ③

두 선분 BC, CA의 길이를 각각 a, b라 하면
$\overline{\mathrm{BC}}+\overline{\mathrm{CA}}=10$에서 $a+b=10$　∴ $b=10-a$ … ㉠
이때, 삼각형 ABC의 넓이는
$$\triangle\mathrm{ABC}=\frac{1}{2}\times\overline{\mathrm{BC}}\times\overline{\mathrm{CA}}\times\sin C$$
$$=\frac{1}{2}\times a\times b\times\sin C$$
$$=\frac{1}{2}\times a\times(10-a)\times\frac{1}{2}\ (\because\ ㉠)$$
$$=-\frac{1}{4}a^2+\frac{5}{2}a$$
$$=-\frac{1}{4}(a-5)^2+\frac{25}{4}\ (0<a<10)$$
따라서 삼각형 ABC의 넓이의 최댓값은 $a=5$일 때,
$\dfrac{25}{4}$이다.

24 답 ①

반지름의 길이가 2인 원의 중심을 O라 하면 이 원 위의 세 점 A, B, C에 대하여 $\overset{\frown}{AB} : \overset{\frown}{BC} : \overset{\frown}{CA}=3:4:5$이므로

$$\angle AOB=2\pi\times\frac{3}{3+4+5}=\frac{\pi}{2}$$

$$\angle BOC=2\pi\times\frac{4}{3+4+5}=\frac{2}{3}\pi$$

$$\angle COA=2\pi\times\frac{5}{3+4+5}=\frac{5}{6}\pi$$

이때, 삼각형 ABC의 넓이는 세 삼각형 AOB, BOC, COA의 넓이의 합과 같으므로

$$\triangle ABC=\triangle AOB+\triangle BOC+\triangle COA$$
$$=\frac{1}{2}\times2\times2\times\sin\frac{\pi}{2}+\frac{1}{2}\times2\times2\times\sin\frac{2}{3}\pi$$
$$+\frac{1}{2}\times2\times2\times\sin\frac{5}{6}\pi$$
$$=\frac{1}{2}\times2\times2\times\left(\sin\frac{\pi}{2}+\sin\frac{2}{3}\pi+\sin\frac{5}{6}\pi\right)$$
$$=2\left(1+\frac{\sqrt{3}}{2}+\frac{1}{2}\right)=3+\sqrt{3}$$

25 답 ④

선분 AD의 길이를 x라 하면 삼각형 ABC의 넓이는 두 삼각형 ABD, ADC의 넓이의 합과 같으므로

$$\frac{1}{2}\times4\times3\times\sin60°=\frac{1}{2}\times4\times x\times\sin30°$$
$$+\frac{1}{2}\times x\times3\times\sin30°$$

에서 $3\sqrt{3}=x+\frac{3}{4}x$, $3\sqrt{3}=\frac{7}{4}x$ $\quad\therefore x=\frac{12\sqrt{3}}{7}$

따라서 삼각형 ABD의 넓이는

$$\triangle ABD=\frac{1}{2}\times4\times\frac{12\sqrt{3}}{7}\times\sin30°=\frac{12\sqrt{3}}{7}$$

26 답 ②

삼각형 ABC에서 사인법칙 $\dfrac{\overline{BC}}{\sin A}=\dfrac{\overline{AB}}{\sin C}$에 의하여

$$\frac{\overline{BC}}{\sin45°}=\frac{4\sqrt{2}}{\sin C}\qquad\therefore\overline{BC}=\frac{4\sqrt{2}}{\sin C}\times\sin45°=\frac{4}{\sin C}$$

이때, $0<C<\pi$에서 $0<\sin C\leq1$이므로 $\sin C=1$일 때 선분 BC의 길이는 최솟값 4를 갖는다.

즉, 이때의 $C=90°$이므로 삼각형 ABC는 직각삼각형이고 피타고라스 정리에 의하여

$$\overline{AC}=\sqrt{\overline{AB}^2-\overline{BC}^2}=\sqrt{(4\sqrt{2})^2-4^2}=4$$
$$\therefore\triangle ABC=\frac{1}{2}\times\overline{AB}\times\overline{AC}\times\sin A$$
$$=\frac{1}{2}\times4\sqrt{2}\times4\times\sin45°=8$$

27 답 ⑤

삼각형 ABC에서 사인법칙 $\dfrac{\overline{BC}}{\sin A}=\dfrac{\overline{AC}}{\sin B}$에 의하여

$$\frac{6}{\sin\frac{\pi}{4}}=\frac{\overline{AC}}{\sin\frac{\pi}{3}}\qquad\therefore\overline{AC}=3\sqrt{6}$$

이때, 점 C에서 변 AB에 내린 수선의 발을 D라 하면 직각삼각형 BCD에서

$$\overline{CD}=\overline{BC}\sin B$$
$$=6\times\sin\frac{\pi}{3}=3\sqrt{3}$$
$$\overline{BD}=\overline{BC}\cos B$$
$$=6\times\cos\frac{\pi}{3}=3$$

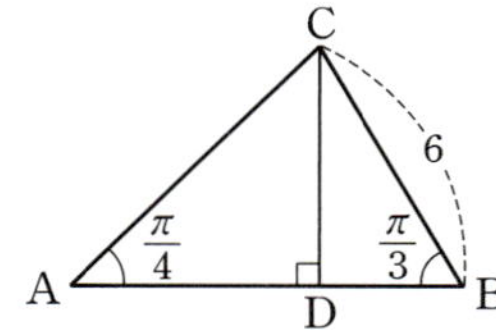

이때, $\angle CAD=\dfrac{\pi}{4}$이므로 삼각형 ADC는 직각이등변삼각형이다. 즉, $\overline{AD}=\overline{CD}=3\sqrt{3}$이므로

$$\overline{AB}=\overline{AD}+\overline{BD}=3\sqrt{3}+3$$
$$\therefore\triangle ABC=\frac{1}{2}\times\overline{AB}\times\overline{CD}=\frac{1}{2}\times(3\sqrt{3}+3)\times3\sqrt{3}$$
$$=\frac{27+9\sqrt{3}}{2}$$

따라서 $\alpha=\dfrac{27}{2}$, $\beta=\dfrac{9}{2}$이므로 $\alpha-\beta=\dfrac{27}{2}-\dfrac{9}{2}=\dfrac{18}{2}=9$

28 답 ①

삼각형 ABC에서 사인법칙 $\dfrac{\overline{AC}}{\sin B}=\dfrac{\overline{AB}}{\sin C}$에 의하여

$$\frac{8\sqrt{6}}{\sin\frac{\pi}{3}}=\frac{\overline{AB}}{\sin\frac{\pi}{4}}\qquad\therefore\overline{AB}=16$$

이때, 점 A에서 변 BC에 내린 수선의 발을 D라 하면 직각삼각형 ADC에서

$$\overline{AD}=\overline{CD}=\overline{AC}\cos C$$
$$=8\sqrt{6}\times\cos\frac{\pi}{4}=8\sqrt{3}$$

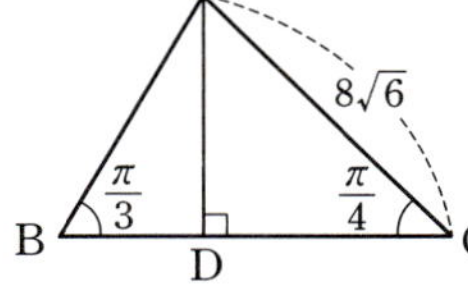

또, 직각삼각형 ABD에서

$$\overline{BD}=\overline{AB}\cos B=16\times\cos\frac{\pi}{3}=8$$

따라서 $\overline{BC}=\overline{BD}+\overline{CD}=8+8\sqrt{3}$이므로

$$\triangle ABC=\frac{1}{2}\times\overline{BC}\times\overline{AD}$$
$$=\frac{1}{2}\times(8+8\sqrt{3})\times8\sqrt{3}=96+32\sqrt{3}$$

29 답 ④

삼각형 ABC에서 코사인법칙에 의하여

$$\cos A = \frac{\overline{AB}^2 + \overline{AC}^2 - \overline{BC}^2}{2 \times \overline{AB} \times \overline{AC}} = \frac{7^2 + 4^2 - 9^2}{2 \times 7 \times 4} = -\frac{2}{7}$$

이때, $0 < A < \pi$에서 $0 < \sin A \le 1$이므로

$$\sin A = \sqrt{1 - \cos^2 A} = \sqrt{1 - \left(-\frac{2}{7}\right)^2} = \frac{3\sqrt{5}}{7}$$

$$\therefore \triangle ABC = \frac{1}{2} \times \overline{AB} \times \overline{AC} \times \sin A$$
$$= \frac{1}{2} \times 7 \times 4 \times \frac{3\sqrt{5}}{7} = 6\sqrt{5}$$

30 답 ③

삼각형 ABC에서 코사인법칙에 의하여

$$\cos A = \frac{\overline{AB}^2 + \overline{AC}^2 - \overline{BC}^2}{2 \times \overline{AB} \times \overline{AC}} = \frac{9^2 + 8^2 - 7^2}{2 \times 9 \times 8} = \frac{2}{3}$$

이때, $0 < A < \pi$에서 $0 < \sin A \le 1$이므로

$$\sin A = \sqrt{1 - \cos^2 A} = \sqrt{1 - \left(\frac{2}{3}\right)^2} = \frac{\sqrt{5}}{3}$$

$$\therefore \triangle ABC = \frac{1}{2} \times \overline{AB} \times \overline{AC} \times \sin A$$
$$= \frac{1}{2} \times 9 \times 8 \times \frac{\sqrt{5}}{3} = 12\sqrt{5}$$

31 답 ①

삼각형 ABC에서 코사인법칙에 의하여

$$\cos A = \frac{\overline{AB}^2 + \overline{AC}^2 - \overline{BC}^2}{2 \times \overline{AB} \times \overline{AC}} = \frac{7^2 + 6^2 - 5^2}{2 \times 7 \times 6} = \frac{5}{7}$$

이때, $0 < A < \pi$에서 $0 < \sin A \le 1$이므로

$$\sin A = \sqrt{1 - \cos^2 A} = \sqrt{1 - \left(\frac{5}{7}\right)^2} = \frac{2\sqrt{6}}{7}$$

$$\therefore \triangle ABC = \frac{1}{2} \times \overline{AB} \times \overline{AC} \times \sin A$$
$$= \frac{1}{2} \times 7 \times 6 \times \frac{2\sqrt{6}}{7} = 6\sqrt{6}$$

32 답 80

삼각형 ABC의 외접원의 반지름의 길이가 2이고 넓이가 10이므로 $\triangle ABC = \dfrac{abc}{4R}$에서

$$10 = \frac{abc}{4 \times 2} \qquad \therefore abc = 80$$

33 답 ②

$C = 180° - (A + B) = 180° - (60° + 30°) = 90°$
이므로

$$\triangle ABC = 2R^2 \sin A \sin B \sin C$$
$$= 2 \times 4^2 \times \sin 60° \times \sin 30° \times \sin 90°$$
$$= 8\sqrt{3}$$

34 답 ①

$$\triangle ABC = \frac{abc}{4R} = \frac{2\sqrt{5} \times 2\sqrt{2} \times 6}{4 \times \sqrt{10}} = 6$$

사인법칙 $\dfrac{a}{\sin A} = \dfrac{b}{\sin B} = \dfrac{c}{\sin C} = 2R$에 의하여

$\sin A = \dfrac{a}{2R}$, $\sin B = \dfrac{b}{2R}$, $\sin C = \dfrac{c}{2R}$이므로

$$\sin A = \frac{2\sqrt{5}}{2\sqrt{10}} = \frac{\sqrt{2}}{2}, \ \sin B = \frac{2\sqrt{2}}{2\sqrt{10}} = \frac{\sqrt{5}}{5}$$

$$\sin C = \frac{6}{2\sqrt{10}} = \frac{3\sqrt{10}}{10}$$

$$\therefore \triangle ABC = 2R^2 \sin A \sin B \sin C$$
$$= 2 \times (\sqrt{10})^2 \times \frac{\sqrt{2}}{2} \times \frac{\sqrt{5}}{5} \times \frac{3\sqrt{10}}{10} = 6$$

35 답 ①

$\overline{BC} : \overline{CA} : \overline{AB} = 3 : 4 : 5$이므로 양수 k에 대하여 $\overline{BC} = 3k$, $\overline{CA} = 4k$, $\overline{AB} = 5k$라 하면 코사인법칙에 의하여

$$\cos C = \frac{(3k)^2 + (4k)^2 - (5k)^2}{2 \times 3k \times 4k} = 0$$이므로 $C = 90°$

한편, 사인법칙에 의하여

$\overline{AB} = 2R \sin C = 2 \times 5 \times \sin 90° = 10$에서 $5k = 10$이므로

$k = 2$

따라서 $\overline{BC} = 6$, $\overline{CA} = 8$, $\overline{AB} = 10$이므로

$$\triangle ABC = \frac{6 \times 8 \times 10}{4 \times 5} = 24$$

36 답 ①

평행사변형에서 $A + B = \pi$이므로 $B = \dfrac{\pi}{3}$

따라서 평행사변형 ABCD의 넓이를 S라 하면

$$S = \overline{AB} \times \overline{BC} \times \sin B = 2 \times 2\sqrt{2} \times \sin \frac{\pi}{3} = 2\sqrt{6}$$

$\overline{AD} = \overline{BC} = 2\sqrt{2}$이므로 평행사변형 ABCD의 넓이는

$$\overline{AB} \times \overline{AD} \times \sin A = 2 \times 2\sqrt{2} \times \sin \frac{2}{3}\pi = 2\sqrt{6}$$

37 답 ②

평행사변형 ABCD의 넓이가 10이고 $\overline{BC} = \overline{AD}$이므로 평행사변형 ABCD의 넓이를 S라 하면

$$S = \overline{AB} \times \overline{BC} \times \sin B = 4 \times 5 \times \sin B = 20 \sin B = 10$$

따라서 $\sin B = \dfrac{1}{2}$이므로 $B = 30°$ $(\because 0° < B < 90°)$

38 답 ④

사각형 ABCD의 두 대각선의 길이는 각각 $3\sqrt{3}$, 6이고 두 대각선이 이루는 각의 크기는 $\dfrac{\pi}{4}$이므로 사각형 ABCD의 넓이를 S라 하면

$$S = \frac{1}{2} \times \overline{AC} \times \overline{BD} \times \sin \frac{\pi}{4}$$
$$= \frac{1}{2} \times 3\sqrt{3} \times 6 \times \frac{\sqrt{2}}{2} = \frac{9\sqrt{6}}{2}$$

39 답 ③

사각형 ABCD의 두 대각선의 길이는 각각 5, 6이고 두 대각선이 이루는 예각의 크기는 θ이므로 사각형 ABCD의 넓이를 S라 하면

$$S=\frac{1}{2}\times\overline{AC}\times\overline{BD}\times\sin\theta=\frac{1}{2}\times5\times6\times\sin\theta=10$$

이므로 $\sin\theta=\dfrac{2}{3}$

이때, θ는 예각이므로

$$\cos\theta=\sqrt{1-\sin^2\theta}=\sqrt{1-\left(\frac{2}{3}\right)^2}=\frac{\sqrt{5}}{3}$$

$$\therefore\ \tan\theta=\frac{\sin\theta}{\cos\theta}=\frac{\frac{2}{3}}{\frac{\sqrt{5}}{3}}=\frac{2}{\sqrt{5}}=\frac{2\sqrt{5}}{5}$$

40 답 ④

사각형 ABCD의 두 꼭짓점 A, C를 잇는 보조선을 그으면 사각형 ABCD의 넓이는 두 삼각형 ABC, ACD의 넓이의 합이다. 이때,

$$\triangle ABC=\frac{1}{2}\times3\times5\times\sin\frac{\pi}{3}=\frac{15\sqrt{3}}{4}$$ 이고

$$\triangle ACD=\frac{1}{2}\times3\times1\times\sin\frac{2}{3}\pi=\frac{3\sqrt{3}}{4}$$ 이므로

사각형 ABCD의 넓이를 S라 하면

$$S=\triangle ABC+\triangle ACD=\frac{15\sqrt{3}}{4}+\frac{3\sqrt{3}}{4}=\frac{9\sqrt{3}}{2}$$

41 답 ⑤

사각형 ABCD의 두 꼭짓점 B, D를 잇는 보조선을 그으면 사각형 ABCD의 넓이는 두 삼각형 ABD, BCD의 넓이의 합이다. 이때,

$$\triangle ABD=\frac{1}{2}\times5\times3\times\sin\frac{2}{3}\pi=\frac{15\sqrt{3}}{4}$$ 이고

$$\triangle BCD=\frac{1}{2}\times8\times3\times\sin\frac{\pi}{3}=6\sqrt{3}$$ 이므로

사각형 ABCD의 넓이를 S라 하면

$$S=\triangle ABD+\triangle BCD=\frac{15\sqrt{3}}{4}+6\sqrt{3}=\frac{39\sqrt{3}}{4}$$

42 답 ③

$$\triangle ABD=\frac{1}{2}\times3\times3\times\sin120°=\frac{9\sqrt{3}}{4}$$

삼각형 ABD에서 코사인법칙에 의하여

$$\overline{BD}^2=\overline{AB}^2+\overline{AD}^2-2\times\overline{AB}\times\overline{AD}\times\cos(\angle BAD)$$
$$=3^2+3^2-2\times3\times3\times\cos120°$$
$$=9+9-18\times\left(-\frac{1}{2}\right)=27$$

즉, $\overline{BD}=3\sqrt{3}$ $(\because\ \overline{BD}>0)$이므로

$$\triangle BCD=\frac{1}{2}\times3\sqrt{3}\times4\times\sin60°=9$$

따라서 사각형 ABCD의 넓이를 S라 하면

$$S=\triangle ABD+\triangle BCD=\frac{9\sqrt{3}}{4}+9$$ 이므로 $a=9$, $b=\frac{9}{4}$

이다.

$$\therefore\ a+4b=9+4\times\frac{9}{4}=18$$

43 답 ②

사각형 ABCD는 원에 내접하므로 $B+D=\pi$에서

$$D=\pi-B=\frac{2}{3}\pi$$

이때, 삼각형 ACD에서 코사인법칙에 의하여

$$\overline{AC}^2=\overline{AD}^2+\overline{CD}^2-2\times\overline{AD}\times\overline{CD}\times\cos D$$
$$=3^2+5^2-2\times3\times5\times\cos\frac{2}{3}\pi=49$$

$$\therefore\ \overline{AC}=7\ (\because\ \overline{AC}>0)$$

즉, $\overline{AB}=\overline{AC}=7$이고 $B=\dfrac{\pi}{3}$이므로 삼각형 ABC는 한 변의 길이가 7인 정삼각형이다.

따라서 사각형 ABCD의 넓이를 S라 하면

$$S=\triangle ABC+\triangle ACD=\frac{\sqrt{3}}{4}\times7^2+\frac{1}{2}\times3\times5\times\sin\frac{2}{3}\pi$$
$$=\frac{49\sqrt{3}}{4}+\frac{15\sqrt{3}}{4}=16\sqrt{3}$$

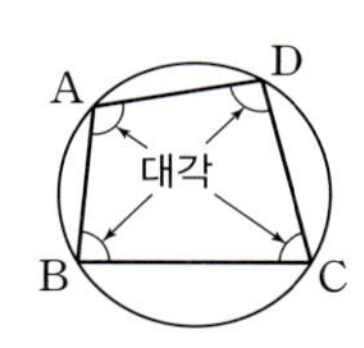

[원에 내접하는 사각형의 성질]

원에 내접하는 사각형의 한 쌍의 대각의 크기의 합은 180°이다. 즉,

$A+C=B+D=180°$

01 답 ⑤

$C=180°-(120°+30°)=30°$이므로 사인법칙에 의하여

$\dfrac{3}{\sin 120°}=\dfrac{b}{\sin 30°}=\dfrac{c}{\sin 30°}$에서

$b=c=\dfrac{3\sin 30°}{\sin 120°}=\dfrac{3\times\frac{1}{2}}{\frac{\sqrt3}{2}}=\sqrt3$

$\therefore b+c=\sqrt3+\sqrt3=2\sqrt3$

02 답 ③

$C=180°-(30°+15°)=135°$이므로 사인법칙에 의하여

$\dfrac{\overline{AB}}{\sin 135°}=\dfrac{20}{\sin 15°}$

$\therefore \overline{AB}=\dfrac{20\sin 135°}{\sin 15°}=\dfrac{20\sin(180°-45°)}{\sin 15°}$

$=\dfrac{20\sin 45°}{\sin 15°}=\dfrac{20\times 0.71}{0.26}≒54.6$

03 답 ④

$A+B+C=180°$이므로 $B+C=180°-A$

$4\cos(B+C)\cos A=-1$에서

$4\cos(180°-A)\cos A=-1,\ -4\cos^2 A=-1$

$\therefore \cos^2 A=\dfrac{1}{4}$

$0°<A<180°$이고, $0<\sin A\le1$이므로

$\sin A=\sqrt{1-\cos^2 A}=\sqrt{1-\dfrac{1}{4}}=\dfrac{\sqrt3}{2}$이다.

따라서 사인법칙에 의하여 $\dfrac{a}{\sin A}=2\times3=6$이므로

$a=6\times\sin A=6\times\dfrac{\sqrt3}{2}=3\sqrt3$

04 답 ②

> x에 대한 이차방정식
> $x^2\sin^2 A+2x\times\sin A\sin B+\sin^2 A+\sin^2 C=0$
> 이 중근을 가질 때, 삼각형 ABC는 어떤 삼각형인
> 가? 이차방정식이 중근을 가지면 판별식을 D라 할 때, $D=0$이야.
>
> ① $A=90°$인 직각삼각형
> ② $B=90°$인 직각삼각형
> ③ $C=90°$인 직각삼각형
> ④ $a=b$인 이등변삼각형
> ⑤ $a=b=c$인 정삼각형

1st 이차방정식이 중근을 가질 조건을 이용해.

이차방정식

$x^2\sin^2 A+2x\times\sin A\sin B+\sin^2 A+\sin^2 C=0$의

판별식을 D라 하면 이 이차방정식이 중근을 가지므로

$\dfrac{D}{4}=\sin^2 A\sin^2 B-\sin^2 A(\sin^2 A+\sin^2 C)=0$

2nd 사인법칙을 이용하여 삼각형 ABC의 모양을 결정해.

이 식의 양변을 $\sin^2 A$로 나누면 (A는 삼각형 ABC의 한 내각의 크기이므로 $0°<A<180°$지? 즉, $0<\sin A\le1$이니까 양변을 $\sin^2 A$로 나눌 수 있어.)

$\sin^2 B-\sin^2 A-\sin^2 C=0$ ··· ㉠

한편, 삼각형 ABC의 외접원의 반지름의 길이를 R라 하면

사인법칙에 의하여

$\sin A=\dfrac{a}{2R},\ \sin B=\dfrac{b}{2R},\ \sin C=\dfrac{c}{2R}$

이므로 이것을 ㉠에 대입하면 (삼각형 ABC에서 사인법칙에 의하여 $\dfrac{a}{\sin A}=\dfrac{b}{\sin B}=\dfrac{c}{\sin C}=2R$가 성립해.)

$\left(\dfrac{b}{2R}\right)^2-\left(\dfrac{a}{2R}\right)^2-\left(\dfrac{c}{2R}\right)^2=0$

$\therefore b^2=a^2+c^2$

따라서 삼각형 ABC는 $B=90°$인 직각삼각형이다.

05 답 ③

> 세 변의 길이가 7, 8, 13인 삼각형 ABC에서 세 내각
> 중 가장 큰 각의 크기는? (삼각형에서 어떤 한 내각의 크기가 커지면 그 각의 대변의 길이도 길어져.)
>
> ① 60°   ② 90°   ③ 120°
> ④ 135°   ⑤ 150°

1st 삼각형 ABC에서 가장 큰 각을 찾자.

삼각형 ABC에서 $a=13$, $b=8$, $c=7$이라 하면 가장 큰 내

각은 길이가 가장 긴 변인 a의 대각이므로 A이다.

2nd A의 크기를 구하자. (삼각형 ABC의 세 내각 A, B, C의 대변의 길이를 각각 a, b, c라 하면 $a:b:c=\sin A:\sin B:\sin C$가 성립해.)

따라서 코사인법칙에 의해

$\cos A=\dfrac{b^2+c^2-a^2}{2bc}=\dfrac{8^2+7^2-13^2}{2\times8\times7}=-\dfrac{1}{2}$이다.

이때, $0°<A<180°$이므로 $A=120°$

➞ 삼각형 ABC의 세 내각 A, B, C의 대변의 길이를 각각 a, b, c라 하면 $a^2=b^2+c^2-2bc\cos A$가 성립해.

06 답 ①

사각형 ABCD가 평행사변형이므로

$\overline{AD}=\overline{BC}=5$이고 $\angle BAD=120°$이므로

삼각형 ABD에서 코사인법칙에 의해

$\overline{BD}^2=\overline{AB}^2+\overline{AD}^2-2\times\overline{AB}\times\overline{AD}\times\cos(\angle BAD)$

$=3^2+5^2-2\times3\times5\times\cos 120°=49$

$\therefore \overline{BD}=7\ (\because \overline{BD}>0)$

> **심플 정리**
>
> [코사인법칙]
> 그림과 같은 삼각형 ABC에서 다
> 음이 성립하고 이를 코사인법칙이
> 라 한다.
> 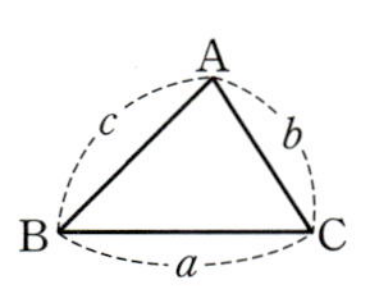
> $a^2=b^2+c^2-2bc\cos A$
> $b^2=c^2+a^2-2ca\cos B$
> $c^2=a^2+b^2-2ab\cos C$

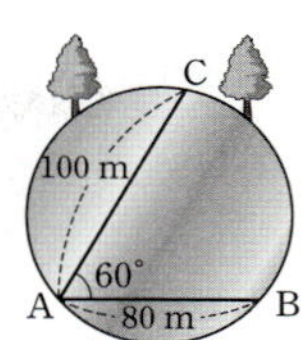

원 모양의 호수의 넓이를 구하기 위해 호수의 가장자리의 세 지점 A, B, C에서 거리와 각을 측정한 결과가 다음과 같았다.

$$\overline{AB}=80\,\text{m},\ \overline{AC}=100\,\text{m},\ \angle CAB=60°$$

이때, 이 호수의 넓이는? (호수가 원 모양이니까 넓이를 구하려면 반지름의 길이만 알면 돼.)

① 2400π m²   ② 2500π m²   ③ 2600π m²

④ 2700π m²   ⑤ 2800π m²

1st 코사인법칙을 이용하여 선분 BC의 길이를 구해.

삼각형 ABC에서 코사인법칙에 의하여

삼각형에서 두 변의 길이와 그 끼인각의 크기가 주어졌으니까 코사인법칙을 떠올려야 해.

$$\overline{BC}^2=\overline{AB}^2+\overline{AC}^2-2\times\overline{AB}\times\overline{AC}\times\cos 60°$$
$$=80^2+100^2-2\times80\times100\times\frac{1}{2}=8400$$
$$\therefore\ \overline{BC}=\sqrt{8400}\,(\text{m})\,(\because\ \overline{BC}>0)$$

2nd 사인법칙을 이용하여 호수의 반지름의 길이를 구하고 넓이를 구해.

이때, 호수의 반지름의 길이를 R라 하면

사인법칙에 의하여 $\dfrac{\overline{BC}}{\sin 60°}=2R$이므로

(호수는 삼각형 CAB의 외접원이므로 외접원의 반지름의 길이 R를 구하기 위해 사인법칙을 적용해.)

$$R=\frac{\sqrt{8400}}{2\times\frac{\sqrt{3}}{2}}=\sqrt{\frac{8400}{3}}=\sqrt{2800}\,(\text{m})$$

따라서 호수의 넓이는 $\pi R^2=2800\pi\,(\text{m}^2)$

08 답 ③

두 꼭짓점 A, C를 잇는 보조선을 긋자.

삼각형 ABC에서 코사인법칙에 의하여
$$\overline{AC}^2=\overline{AB}^2+\overline{BC}^2-2\times\overline{AB}\times\overline{BC}\times\cos(\angle ABC)$$
$$=5^2+3^2-2\times5\times3\times\cos 60°$$
$$=25+9-15=19\ \cdots\ \text{㉠}$$

이때, $\overline{AD}=x\,(x>0)$라 하면 삼각형 ACD에서 코사인법칙에 의하여
$$\overline{AC}^2=\overline{AD}^2+\overline{CD}^2-2\times\overline{AD}\times\overline{CD}\times\cos(\angle ADC)$$
$$=x^2+2^2-2\times x\times2\times\cos 120°$$
$$=x^2+2x+4\ \cdots\ \text{㉡}$$

㉠=㉡에서 $x^2+2x+4=19$, $x^2+2x-15=0$
$$(x-3)(x+5)=0\qquad\therefore\ x=3\,(\because\ x>0)$$
$$\therefore\ \overline{AD}=3$$

09 답 ⑤

그림과 같이 한 변의 길이가 $2\sqrt{3}$이고 $\angle B=120°$인 마름모 ABCD의 내부에 $\overline{EF}=\overline{EG}=2$이고 $\angle EFG=30°$인 이등변삼각형 EFG가 있다. 점 F는 선분 AB 위에, 점 G는 선분 BC 위에 있도록 삼각형 EFG를 움직일 때, $\angle BGF=\theta$라 하자. [보기]에서 옳은 것만을 있는 대로 고른 것은? (단, $0<\theta<60°$)

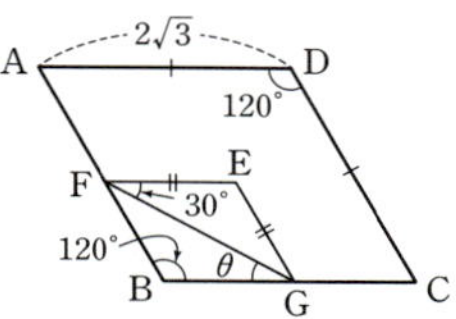

[보기]

ㄱ. $\angle BFE=90°-\theta$

ㄴ. $\overline{BF}=4\sin\theta$ → 삼각형 BGF에서 사인법칙을 이용해.

ㄷ. 선분 BE의 길이는 항상 일정하다.
→ 삼각형 EFB에서 코사인법칙을 이용해.

① ㄱ   ② ㄱ, ㄴ   ③ ㄱ, ㄷ

④ ㄴ, ㄷ   ⑤ ㄱ, ㄴ, ㄷ

1st 삼각형의 세 내각의 크기의 합은 180°야.

ㄱ. $\angle BGF=\theta$이고, 삼각형 FBG의 세 내각의 크기의 합은 180°이므로
$$\angle BFG=180°-(\angle FBG+\angle BGF)$$
$$=180°-(120°+\theta)=60°-\theta$$
$$\therefore\ \angle BFE=\angle BFG+\angle GFE$$
$$=(60°-\theta)+30°=90°-\theta\ (참)$$

2nd 사인법칙을 이용하여 ㄴ의 참, 거짓을 따지자.

ㄴ. 삼각형 EFG는 이등변삼각형이므로
$$\overline{FG}=2\overline{EF}\cos 30°=2\sqrt{3}$$

따라서 삼각형 BGF에서 사인법칙에 의하여
$$\frac{\overline{FG}}{\sin 120°}=\frac{\overline{BF}}{\sin\theta}$$에서 $\dfrac{2\sqrt{3}}{\frac{\sqrt{3}}{2}}=\dfrac{\overline{BF}}{\sin\theta}$

점 E에서 선분 FG에 내린 수선의 발을 H라 하면 점 H는 선분 FG의 중점이므로 $\overline{FG}=2\overline{FH}=2\overline{EF}\cos 30°$

$$\therefore\ \overline{BF}=4\sin\theta\ (참)$$

3rd 코사인법칙을 이용하여 ㄷ의 참, 거짓을 따지자.

ㄷ. 삼각형 EFB에서 코사인법칙에 의하여
$$\overline{BE}^2=\overline{BF}^2+\overline{EF}^2-2\times\overline{BF}\times\overline{EF}\times\cos(90°-\theta)$$
$$=(4\sin\theta)^2+2^2-2\times4\sin\theta\times2\times\sin\theta=4$$

따라서 $\overline{BE}=2$이므로 선분 BE의 길이는 항상 일정하다.

선분 BE는 θ의 크기에 따라 길이가 달라지지 않고 상수 2로 고정되어 있으므로 선분 BE의 길이는 항상 일정한 거야. (참)

따라서 옳은 것은 ㄱ, ㄴ, ㄷ이다.

10 답 6

$$\triangle ABC = \frac{1}{2} \times \overline{AB} \times \overline{AC} \times \sin A$$
$$= \frac{1}{2} \times 8 \times 3 \times \sin 60° = 6\sqrt{3}$$

$$\triangle APQ = \frac{1}{2} \times \overline{AP} \times \overline{AQ} \times \sin A$$
$$= \frac{1}{2} \times x \times y \times \sin 60° = \frac{\sqrt{3}}{4}xy$$

이때, 삼각형 APQ의 넓이가 삼각형 ABC의 넓이의 $\frac{1}{4}$이

므로 $\triangle APQ = \frac{1}{4}\triangle ABC$에서 $\frac{\sqrt{3}}{4}xy = \frac{1}{4} \times 6\sqrt{3}$

$$\therefore xy = 6$$

11 답 116

그림과 같이 세 정사각형 OABC, ODEF, OGHI와 세 삼각형 OCD, OFG, OIA는 한 점 O에서 만나고, $\angle COD = \angle FOG = \angle IOA = 30°$이다. 세 삼각형 넓이의 합이 26이고, 세 정사각형 둘레 길이의 합이 72일 때, 세 정사각형 넓이의 합을 구하시오.

정사각형과 삼각형은 변을 공유하니까 세 정사각형의 변의 길이를 미지수로 두고 식을 세워.

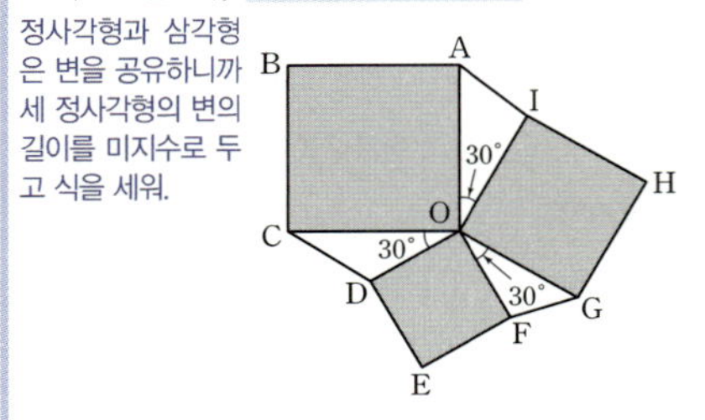

1st 주어진 조건으로 세 정사각형의 변의 길이에 대한 식을 세우자.

세 정사각형 OABC, ODEF, OGHI의 한 변의 길이를 각각 a, b, c라 하면 세 정사각형의 둘레의 길이의 합이 72이므로 $4a + 4b + 4c = 4(a+b+c) = 72$에서

$a + b + c = 18$ ⋯ ㉠

한편, 세 삼각형 OCD, OFG, OIA의 넓이는

$$\triangle OCD = \frac{1}{2} \times \overline{OC} \times \overline{OD} \times \sin 30° = \frac{1}{4}ab$$

$$\triangle OFG = \frac{1}{2} \times \overline{OF} \times \overline{OG} \times \sin 30° = \frac{1}{4}bc$$

$$\triangle OIA = \frac{1}{2} \times \overline{OI} \times \overline{OA} \times \sin 30° = \frac{1}{4}ca$$

두 변의 길이가 a, b이고 이 두 변의 끼인 각의 크기가 θ인 삼각형의 넓이를 S라 하면 $S = \frac{1}{2}ab\sin\theta$

이때, 세 삼각형의 넓이의 합이 26이므로

$\frac{1}{4}(ab+bc+ca) = 26$에서 $ab+bc+ca = 104$ ⋯ ㉡

2nd 세 정사각형의 넓이의 합을 구하자.

따라서 세 정사각형의 넓이의 합은 $a^2+b^2+c^2$이므로

$$a^2+b^2+c^2 = (a+b+c)^2 - 2(ab+bc+ca)$$
$$= 18^2 - 2 \times 104 = 116$$

곱셈공식 $(a+b+c)^2 = a^2+b^2+c^2+2(ab+bc+ca)$를 변형하여 이용하자.

12 답 ②

등변사다리꼴의 두 대각선의 길이는 같으므로 대각선의 길이를 x라 하면 등변사다리꼴의 넓이가 $\sqrt{3}$이므로

$\frac{1}{2} \times x \times x \times \sin 120° = \sqrt{3}$에서 $\frac{\sqrt{3}}{4}x^2 = \sqrt{3}$, $x^2 = 4$

$\therefore x = 2$ ($\because x > 0$)

따라서 구하는 대각선의 길이는 2이다.

> **심플 정리**
> **[사인함수를 이용한 사각형의 넓이]**
> 두 대각선의 길이가 a, b이고 두 대각선이 이루는 각의 크기가 θ인 사각형의 넓이를 S라 하면
> $$S = \frac{1}{2}ab\sin\theta$$

13 답 199

$\overline{AB} = x$, $\overline{BC} = y$라 하자.

선분 AB의 길이를 10% 줄이면

$$\overline{A'B} = \left(1 - \frac{10}{100}\right)x = \frac{9}{10}x$$

선분 BC의 길이를 10% 늘이면

$$\overline{BC'} = \left(1 + \frac{10}{100}\right)y = \frac{11}{10}y \quad \cdots \text{I}$$

$$\triangle ABC = \frac{1}{2} \times \overline{AB} \times \overline{BC} \times \sin B = \frac{1}{2}xy\sin B$$

$$\triangle A'BC' = \frac{1}{2} \times \overline{A'B} \times \overline{BC'} \times \sin B$$
$$= \frac{1}{2} \times \frac{9}{10}x \times \frac{11}{10}y \times \sin B$$
$$= \frac{99}{200}xy\sin B \quad \cdots \text{II}$$

이때, $\triangle A'BC' = \frac{q}{p}\triangle ABC$에서

$\frac{99}{200}xy\sin B = \frac{q}{p} \times \frac{1}{2}xy\sin B$ $\quad \therefore \frac{q}{p} = \frac{99}{100}$

$\therefore p + q = 100 + 99 = 199$ $\quad \cdots \text{III}$

[채점기준표]

I	두 선분 A'B, BC'의 길이를 두 선분 AB, BC의 길이를 이용하여 나타낸다.	40%
II	두 삼각형 ABC, A'BC'의 넓이를 구한다.	40%
III	$p+q$의 값을 구한다.	20%

01 답 ②

① $-30°$의 동경은 $330°$의 동경과 일치하므로 두 각 $300°$, $-30°$의 동경은 서로 일치하지 않는다.

② $750°$의 동경은 $30°$의 동경과 일치하고, $\dfrac{\pi}{6}=30°$이므로 두 각 $750°$, $\dfrac{\pi}{6}$의 동경은 서로 일치한다.

③ $-320°$의 동경은 $40°$의 동경과 일치하고, $\dfrac{\pi}{3}=60°$이므로 두 각 $-320°$, $\dfrac{\pi}{3}$의 동경은 서로 일치하지 않는다.

④ $1190°$의 동경은 $110°$의 동경과 일치하고, $\dfrac{2}{3}\pi=120°$이므로 두 각 $1190°$, $\dfrac{2}{3}\pi$의 동경은 서로 일치하지 않는다.

⑤ 20π의 동경은 2π의 동경과 일치하고, 3π의 동경은 π의 동경과 일치하므로 두 각 3π, 20π의 동경은 서로 일치하지 않는다.

02 답 ④

직선 $y=x$가 x축의 양의 방향과 이루는 각의 크기는 $45°$이고, 각 α의 동경이 직선 $y=x$와 이루는 각의 크기를 θ라 하면 $\alpha=360°n_1+45°+\theta$ (n_1은 정수) ⋯ ㉠,
$\beta=360°n_2+45°-\theta$ (n_2는 정수) ⋯ ㉡이다.
㉠+㉡을 하면 $\alpha+\beta=360°(n_1+n_2)+90°$
이때, n_1+n_2는 정수이므로 $n_1+n_2=n$이라 하면 정수 n에 대하여 $\alpha+\beta=360°n+90°$이다.

> **심플 정리**
>
> **[두 동경의 위치 관계]**
> 두 각 α, β를 나타내는 동경의 위치에 따라 다음 관계식이 성립한다. (단, n은 정수)
> (1) 일치한다. $\Longleftrightarrow \alpha-\beta=2n\pi$
> (2) 일직선 위에 있고 방향이 반대이다.
> $\Longleftrightarrow \alpha-\beta=2n\pi+\pi$
> (3) x축에 대하여 대칭이다. $\Longleftrightarrow \alpha+\beta=2n\pi$
> (4) y축에 대하여 대칭이다. $\Longleftrightarrow \alpha+\beta=2n\pi+\pi$
> (5) 직선 $y=x$에 대하여 대칭이다. $\Longleftrightarrow \alpha+\beta=2n\pi+\dfrac{\pi}{2}$

03 답 ③

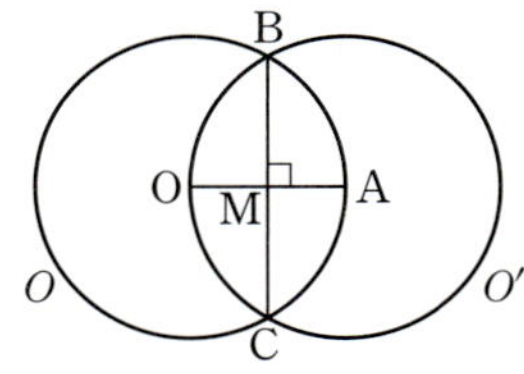

그림과 같이 두 원 O, O'의 두 교점을 B, C라 하고 두 선분 OA, BC의 교점을 M이라 하면
$\overline{OB}=4$, $\overline{OM}=\dfrac{1}{2}\times\overline{OA}=\dfrac{1}{2}\times4=2$이므로 직각삼각형

OMB에서 피타고라스 정리에 의하여
$\overline{BM}=\sqrt{\overline{OB}^2-\overline{OM}^2}=\sqrt{16-4}=2\sqrt{3}$
따라서 $\overline{BC}=2\times\overline{BM}=2\times2\sqrt{3}=4\sqrt{3}$이므로
$\triangle OBC=\dfrac{1}{2}\times\overline{BC}\times\overline{OM}=\dfrac{1}{2}\times4\sqrt{3}\times2=4\sqrt{3}$

한편, 두 삼각형 OAB, OCA는 한 변의 길이가 4인 정삼각형이므로 $\angle BOA=\angle AOC=\dfrac{\pi}{3}$이다.
따라서 $\angle BOC=\angle BOA+\angle AOC=\dfrac{2}{3}\pi$이므로 부채꼴 OBC의 넓이는 $\dfrac{1}{2}\times\overline{OB}^2\times\dfrac{2}{3}\pi=\dfrac{1}{2}\times4^2\times\dfrac{2}{3}\pi=\dfrac{16}{3}\pi$
이때, 삼각형 OBC의 넓이를 S_1, 부채꼴 OBC의 넓이를 S_2라 하면 두 원 O, O'의 공통부분의 넓이는
$2(S_2-S_1)=2\times\left(\dfrac{16}{3}\pi-4\sqrt{3}\right)=\dfrac{32}{3}\pi-8\sqrt{3}$

04 답 ①

> 부채꼴 모양의 종이의 호의 길이와 고깔모자의 밑면의 둘레의 길이는 같아.
> 그림과 같이 부채꼴 모양의 종이로 고깔모자를 만들었더니, 밑면의 반지름의 길이가 8 cm이고, 모선의 길이가 20 cm인 원뿔 모양이 되었다. 이 종이의 넓이는? (단, 종이는 겹치지 않도록 한다.)
>
> 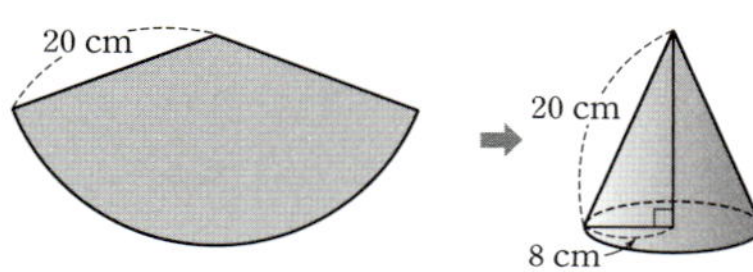
>
>
> ① 160π cm^2 ② 170π cm^2 ③ 180π cm^2
> ④ 190π cm^2 ⑤ 200π cm^2

1st 부채꼴 모양의 호의 길이를 구하자.
부채꼴 모양의 종이의 호의 길이와 고깔모자의 밑면의 둘레의 길이가 같고, 고깔모자의 밑면의 둘레의 길이는 $2\pi\times8=16\pi$(cm)이므로 부채꼴의 호의 길이는 16π cm이다.

2nd 부채꼴 모양의 종이의 넓이를 구하자.
이때, 부채꼴 모양의 종이의 반지름의 길이는 20 cm이고, 호의 길이는 16π cm이므로 구하는 넓이를 S라 하면
$$S=\dfrac{1}{2}\times20\times16\pi=160\pi(\text{cm}^2)$$

<u>반지름의 길이가 r이고, 호의 길이가 l인</u>
다른 풀이 <u>부채꼴의 넓이를 S라 하면 $S=\dfrac{1}{2}rl$</u>
부채꼴 모양의 종이의 중심각의 크기를 θ라 하면 호의 길이는 20θ cm이다. → 반지름의 길이가 r이고 중심각의 크기가 θ인 부채꼴의 호의 길이를 l이라 하면 $l=r\theta$
또, 원뿔의 밑면의 둘레의 길이는 $2\pi\times8=16\pi$(cm)이다.
즉, $20\theta=16\pi$에서 $\theta=\dfrac{4}{5}\pi$
따라서 부채꼴 모양의 종이의 넓이를 S라 하면
$$S=\dfrac{1}{2}\times20^2\times\dfrac{4}{5}\pi=160\pi(\text{cm}^2)$$
<u>반지름의 길이가 r이고 중심각의 크기가 θ인 부채꼴의 넓이를 S라 하면 $S=\dfrac{1}{2}r^2\theta$</u>

05 답 ①

① $\sin\theta<0$, $\cos\theta>0$이므로 θ는 제4사분면의 각이다.

② $\sin\theta<0$, $\tan\theta>0$이므로 θ는 제3사분면의 각이다.

③ $\cos\theta<0$, $\tan\theta>0$이므로 θ는 제3사분면의 각이다.

④ $\sin\theta\cos\theta>0$이면 $\sin\theta>0$, $\cos\theta>0$ 또는 $\sin\theta<0$, $\cos\theta<0$이다. 그런데 $\sin\theta>0$, $\cos\theta>0$이면 θ는 제1사분면의 각이고 $\sin\theta<0$, $\cos\theta<0$이면 θ는 제3사분면의 각이다.

⑤ $\sin\theta\tan\theta<0$이면 $\sin\theta>0$, $\tan\theta<0$ 또는 $\sin\theta<0$, $\tan\theta>0$이다. 그런데 $\sin\theta>0$, $\tan\theta<0$이면 θ는 제2사분면의 각이고 $\sin\theta<0$, $\tan\theta>0$이면 θ는 제3사분면의 각이다.

06 답 ②

$\tan\theta=\dfrac{1}{3}$이므로

$$\cos(\pi+\theta)+\sin\left(\dfrac{\pi}{2}-\theta\right)+\tan(-\theta)$$

$$=-\cos\theta+\cos\theta-\tan\theta=-\tan\theta=-\dfrac{1}{3}$$

07 답 4

> 한 개의 주사위를 던져서 나오는 눈의 수를 원소로 가지는 집합 A에 대하여 집합 X를
> $$X=\left\{x\,\middle|\,x=\sin\dfrac{a}{6}\pi,\ a\in A\right\}$$
> 집합 X는 $\sin\dfrac{a}{6}\pi$를 원소로 갖는 집합이야.
> 라 하자. 집합 X의 원소의 개수를 구하시오.

1st 집합 X가 가질 수 있는 원소를 구하자.

a는 주사위의 눈의 수이므로 집합 A는

$A=\{1,\ 2,\ 3,\ 4,\ 5,\ 6\}$이다.

이때, $\sin\dfrac{a}{6}\pi$에 $a=1,\ 2,\ \cdots,\ 6$을 대입하면

$\sin\dfrac{1}{6}\pi=\dfrac{1}{2}$, $\sin\dfrac{2}{6}\pi=\sin\dfrac{\pi}{3}=\dfrac{\sqrt{3}}{2}$

$\sin\dfrac{3}{6}\pi=\sin\dfrac{\pi}{2}=1$

$\sin\dfrac{4}{6}\pi=\sin\dfrac{2}{3}\pi=\sin\left(\pi-\dfrac{\pi}{3}\right)=\sin\dfrac{\pi}{3}=\dfrac{\sqrt{3}}{2}$

$\sin\dfrac{5}{6}\pi=\sin\left(\pi-\dfrac{\pi}{6}\right)=\sin\dfrac{\pi}{6}=\dfrac{1}{2}$ $\quad \sin(\pi-\theta)=\sin\theta$

$\sin\dfrac{6}{6}\pi=\sin\pi=0$

2nd 집합 X의 원소의 개수를 구해.

따라서 $X=\left\{0,\ \dfrac{1}{2},\ \dfrac{\sqrt{3}}{2},\ 1\right\}$이므로 집합 X의 원소의 개수는 4이다. $\quad$ 집합 $X=\left\{0,\ \dfrac{1}{2},\ \dfrac{1}{2},\ \dfrac{\sqrt{3}}{2},\ \dfrac{\sqrt{3}}{2},\ 1\right\}$과 같이 써서 답을 6개로 풀지 않도록 주의하자. 집합에서 중복되는 원소는 한 번만 써야 해.

08 답 ③

> $\theta=15°$일 때, $\log_3\tan\theta+\log_3\tan3\theta+\log_3\tan5\theta$를 간단히 하면? 로그의 합은 진수의 곱으로 바꿀 수 있지?
>
> ① -1 ② $-\dfrac{1}{2}$ ③ 0 ④ $\dfrac{1}{2}$ ⑤ 1

1st 로그의 성질을 이용하여 식을 정리해.

$\log_3\tan\theta+\log_3\tan3\theta+\log_3\tan5\theta$

$=\log_3\tan15°+\log_3\tan45°+\log_3\tan75°$

$=\log_3(\tan15°\times\tan45°\times\tan75°)\ \cdots\ ㉠$ $\quad \log_a M+\log_a N=\log_a MN$

2nd 삼각함수의 성질을 이용하자.

이때, $\tan45°=1$이고,

$\tan75°=\tan(90°-15°)=\dfrac{1}{\tan15°}$이므로

$㉠$에서 $\quad \tan(90°\pm\theta)=\mp\dfrac{1}{\tan\theta}$ (복호동순)

$\log_3\left(\tan15°\times\tan45°\times\dfrac{1}{\tan15°}\right)=\log_3 1=0$

> **[로그의 성질]** 심플 정리
> (1) $\log_a 1=0$, $\log_a a=1$
> (2) $\log_a M+\log_a N=\log_a MN$
> (3) $\log_a\dfrac{M}{N}=\log_a M-\log_a N$
> (4) $\log_a M^k=k\log_a M$ (단, k는 실수)

09 답 23

이차방정식 $x^2+ax+2a=0$에서 근과 계수의 관계에 의하여

$\sin\theta+\cos\theta=-a$, $\sin\theta\cos\theta=2a$ $\qquad\cdots\ \text{Ⅰ}$

이때, $\sin\theta+\cos\theta=-a$의 양변을 제곱하면

$\sin^2\theta+2\sin\theta\cos\theta+\cos^2\theta=a^2$에서

$1+4a=a^2$, $a^2-4a-1=0\ \cdots\ ㉠$

$\therefore a=2+\sqrt{5}\ (\because a>0)$ $\qquad\qquad\cdots\ \text{Ⅱ}$

$\therefore \sin^3\theta+\cos^3\theta$

$\quad=(\sin\theta+\cos\theta)(\sin^2\theta-\sin\theta\cos\theta+\cos^2\theta)$

$\quad=(\sin\theta+\cos\theta)(1-\sin\theta\cos\theta)$

$\quad=-a(1-2a)=2a^2-a=2(4a+1)-a\ (\because ㉠)$

$\quad=7a+2=7(2+\sqrt{5})+2$

$\quad=16+7\sqrt{5}$

따라서 $\alpha=16$, $\beta=7$이므로 $\alpha+\beta=16+7=23$ $\quad\cdots\ \text{Ⅲ}$

[채점기준표]

Ⅰ	$\sin\theta$와 $\cos\theta$의 합과 곱을 a에 대한 식으로 나타낸다.	20%
Ⅱ	a의 값을 구한다.	40%
Ⅲ	$\sin^3\theta+\cos^3\theta$의 값을 구하고 $\alpha+\beta$를 계산한다.	40%

10 답 ④

$\sin(90°-\theta)=\cos\theta$이므로

$\sin^2 1°+\sin^2 2°+\sin^2 3°+\cdots+\sin^2 89°+\sin^2 90°$

$=(\sin^2 1°+\sin^2 89°)+(\sin^2 2°+\sin^2 88°)+\cdots$
$\qquad\qquad+(\sin^2 44°+\sin^2 46°)+\sin^2 45°+\sin^2 90°$

$=(\sin^2 1°+\cos^2 1°)+(\sin^2 2°+\cos^2 2°)+\cdots$
$\qquad\qquad+(\sin^2 44°+\cos^2 44°)+\sin^2 45°+\sin^2 90°$

$=1+1+\cdots+1+\dfrac{1}{2}+1$

$=44+\dfrac{3}{2}=\dfrac{91}{2}$

11 답 ④

함수 $f(x)$는 주기가 3인 함수이므로

$f\left(\dfrac{82}{3}\right)=f\left(27+\dfrac{1}{3}\right)=f\left(24+\dfrac{1}{3}\right)=f\left(21+\dfrac{1}{3}\right)=\cdots$
$\qquad\qquad=f\left(\dfrac{1}{3}\right)=\sin\dfrac{\pi}{3}=\dfrac{\sqrt{3}}{2}$

12 답 ⑤

$-1\le\cos b\left(x-\dfrac{\pi}{6}\right)\le 1$에서

$-|a|+c\le a\cos b\left(x-\dfrac{\pi}{6}\right)+c\le|a|+c$이므로

함수 $y=a\cos b\left(x-\dfrac{\pi}{6}\right)+c$의 최댓값과 최솟값은 각각

$|a|+c,\ -|a|+c$이다.

이때, 함수 $y=a\cos b\left(x-\dfrac{\pi}{6}\right)+c$의 그래프에서 이 함수
의 최댓값과 최솟값이 각각 5, -1이므로

$|a|+c=5,\ -|a|+c=-1$

이 두 식을 연립하여 풀면

$|a|=3,\ c=2$

$\therefore a=3\,(\because a>0),\ c=2$

또, 이 함수의 주기가 $\dfrac{7}{6}\pi-\dfrac{\pi}{6}=\pi$이므로

$\dfrac{2\pi}{|b|}=\pi$에서 $|b|=2$ $\therefore b=2\,(\because b>0)$

$\therefore ab+c=3\times 2+2=8$

> **[삼각함수의 최댓값, 최솟값과 주기]** 심플 정리
>
> (1) 함수 $y=a\sin(bx+c)+d$의 최댓값과 최솟값은 각각
> $|a|+d,\ -|a|+d$이고, 주기는 $\dfrac{2\pi}{|b|}$이다.
>
> (2) 함수 $y=a\cos(bx+c)+d$의 최댓값과 최솟값은 각각
> $|a|+d,\ -|a|+d$이고, 주기는 $\dfrac{2\pi}{|b|}$이다.
>
> (3) 함수 $y=a\tan(bx+c)+d$의 최댓값과 최솟값은 존재
> 하지 않고, 주기는 $\dfrac{\pi}{|b|}$이다.

13 답 ③

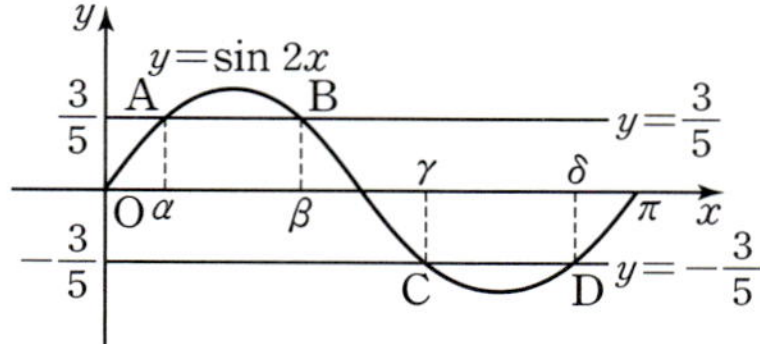

사인함수의 성질, 대칭성을 이용하여 $\alpha,\ \beta,\ \gamma,\ \delta$의 관계를 식으로 나타내.

그림과 같이 함수 $y=\sin 2x\,(0\le x\le\pi)$의 그래프가
직선 $y=\dfrac{3}{5}$과 두 점 A, B에서 만나고, 직선 $y=-\dfrac{3}{5}$
과 두 점 C, D에서 만난다. 네 점 A, B, C, D의 x좌
표를 각각 $\alpha,\ \beta,\ \gamma,\ \delta$라 할 때, $\alpha+2\beta+2\gamma+\delta$의 값은?

① $\dfrac{9}{4}\pi$ ② $\dfrac{5}{2}\pi$ ③ 3π

④ $\dfrac{7}{2}\pi$ ⑤ 4π

1st 주어진 함수의 주기를 구하자.

함수 $y=\sin 2x\,(0\le x\le\pi)$의 주기는 $\dfrac{2\pi}{2}=\pi$이다.

2nd 주기를 알면 삼각함수의 그래프가 대칭이 되는 점의 좌표를 구
할 수 있어.

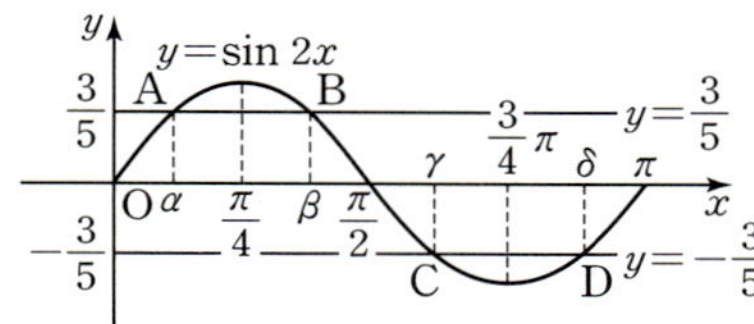

두 점 A, D는 점 $\left(\dfrac{\pi}{2},\ 0\right)$에 대하여 대칭이므로

점 $\left(\dfrac{\pi}{2},\ 0\right)$에 대하여 대칭이라는 것은 점 $\left(\dfrac{\pi}{2},\ 0\right)$을 중심으로 구간 $\left[\dfrac{\pi}{2},\ \pi\right]$에
존재하는 그래프를 회전하면 구간 $\left[0,\ \dfrac{\pi}{2}\right]$에 존재하는 그래프와 일치한다는 거야.

$\dfrac{\alpha+\delta}{2}=\dfrac{\pi}{2}$ $\therefore \alpha+\delta=\pi \cdots \text{㉠}$

한편, 두 점 B, C도 점 $\left(\dfrac{\pi}{2},\ 0\right)$에 대하여 대칭이므로

$\dfrac{\beta+\gamma}{2}=\dfrac{\pi}{2}$ $\therefore \beta+\gamma=\pi \cdots \text{㉡}$

㉠, ㉡에서

$\alpha+2\beta+2\gamma+\delta=(\alpha+\delta)+2(\beta+\gamma)=\pi+2\pi=3\pi$

다른 풀이

주기가 π인 사인함수의 성질에 의해

$\beta=\dfrac{\pi}{2}-\alpha,\ \gamma=\dfrac{\pi}{2}+\alpha,\ \delta=\pi-\alpha$이므로

$\alpha+2\beta+2\gamma+\delta=\alpha+2\left(\dfrac{\pi}{2}-\alpha\right)+2\left(\dfrac{\pi}{2}+\alpha\right)+(\pi-\alpha)=3\pi$

Ⅱ
대단원

14 답 ②

두 함수 $y=\sqrt{3}\sin x$, $y=-\tan x$의 그래프는 점 $P(\alpha,\ \beta)$
에서 만나므로 $\sqrt{3}\sin\alpha=-\tan\alpha$, 즉

$\sqrt{3}\sin\alpha=-\dfrac{\sin\alpha}{\cos\alpha}$ … ㉠이 성립한다.

이때, $0<\alpha<\pi$에서 $\sin\alpha>0$이므로 ㉠에서

$\sqrt{3}=-\dfrac{1}{\cos\alpha}$ $\therefore \cos\alpha=-\dfrac{\sqrt{3}}{3}$

한편, $\sin\alpha=\sqrt{1-\cos^2\alpha}=\sqrt{1-\dfrac{1}{3}}=\dfrac{\sqrt{6}}{3}$이고

점 $P(\alpha,\ \beta)$는 함수 $y=\sqrt{3}\sin x$의 그래프 위의 점이므로
$\beta=\sqrt{3}\sin\alpha=\sqrt{3}\times\dfrac{\sqrt{6}}{3}=\sqrt{2}$

$\therefore \dfrac{\cos\alpha}{\beta}=\dfrac{-\dfrac{\sqrt{3}}{3}}{\sqrt{2}}=-\dfrac{\sqrt{3}}{3\sqrt{2}}=-\dfrac{\sqrt{6}}{6}$

15 답 ②

함수 $y=\sin 2x$의 주기는 $\dfrac{2\pi}{2}=\pi$이므로

함수 $y=|\sin 2x|$의 그래프는 다음과 같다.

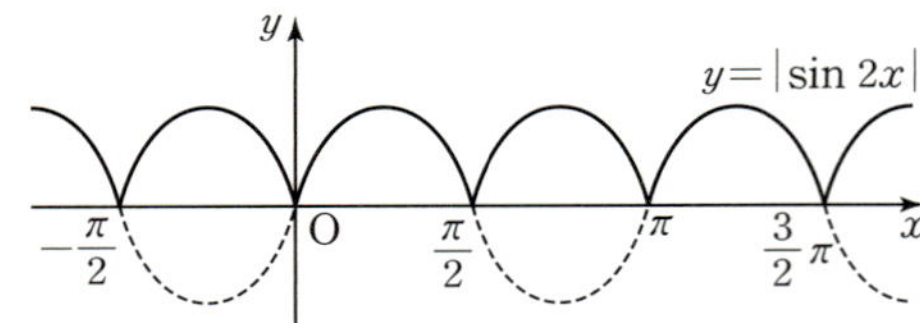

따라서 함수 $y=|\sin 2x|$의 주기는 $\dfrac{\pi}{2}$이므로 $p=\dfrac{\pi}{2}$

함수 $y=\tan 2x$의 주기는 $\dfrac{\pi}{2}$이므로

함수 $y=|\tan 2x|$의 그래프는 다음과 같다.

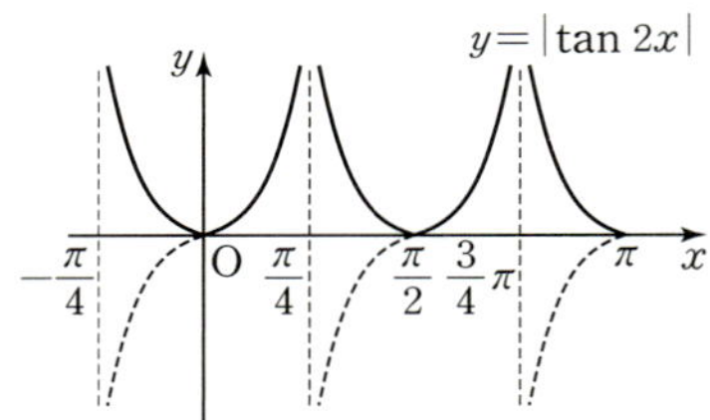

따라서 함수 $y=|\tan 2x|$의 주기는 $\dfrac{\pi}{2}$이므로 $q=\dfrac{\pi}{2}$

함수 $y=\cos 3x$의 주기는 $\dfrac{2}{3}\pi$이므로

함수 $y=|\cos 3x|$의 그래프는 다음과 같다.

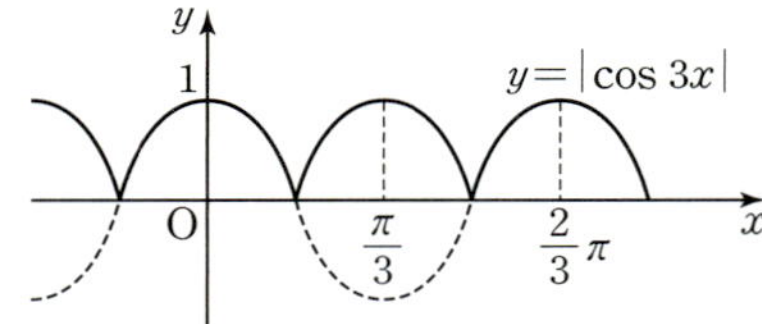

따라서 $y=|\cos 3x|$의 최댓값과 최솟값은 각각 1, 0이므로
$M=1$, $m=0$

$\therefore p+q+M+m=\dfrac{\pi}{2}+\dfrac{\pi}{2}+1+0=\pi+1$

16 답 ①

a가 양수이고 $-1\leq\sin bx\leq 1$이므로

$-a+c\leq a\sin bx+c\leq a+c$

즉, 함수 $f(x)$의 최댓값은 $a+c$, 최솟값은 $-a+c$이므로

조건 (가)에 의하여 $a+c=6$, $-a+c=0$

이 두 식을 연립하여 풀면 $a=3$, $c=3$

또, 양수 b에 대하여 함수 $f(x)$의 주기는 $\dfrac{2\pi}{b}$이므로

조건 (나)에 의하여 $\dfrac{2\pi}{b}=\pi$ $\therefore b=2$

$\therefore 2a+b+c=2\times 3+2+3=11$

17 답 ④

함수 $y=a\cos b(x-m)+n$의 주기는 $\dfrac{2\pi}{|b|}$이고, 최댓값과 최솟값은 각각 $|a|+n$, $-|a|+n$이야.

삼각함수 $f(x)=2\cos\left(3x-\dfrac{\pi}{3}\right)+1$에 대하여 [보기]

에서 옳은 것만을 있는 대로 고른 것은?

─ [보기] ─

ㄱ. $-1\leq f(x)\leq 3$이다.

ㄴ. 임의의 실수 x에 대하여 $f\left(x+\dfrac{\pi}{3}\right)=f(x)$
   이다.

ㄷ. $y=f(x)$의 그래프는 직선 $x=\dfrac{\pi}{9}$에 대하여
   대칭이다.

① ㄱ   ② ㄴ   ③ ㄱ, ㄴ
④ ㄱ, ㄷ   ⑤ ㄱ, ㄴ, ㄷ

1st 함수 $f(x)$의 범위를 구하자.

ㄱ. $-1\leq\cos\left(3x-\dfrac{\pi}{3}\right)\leq 1$이므로

$g(x)=\cos a(x+b)$가 갖는 값의 범위는 $-1\leq\cos a(x+b)\leq 1$이야.

$-2\leq 2\cos\left(3x-\dfrac{\pi}{3}\right)\leq 2$

$-1\leq 2\cos\left(3x-\dfrac{\pi}{3}\right)+1\leq 3$

$\therefore -1\leq f(x)\leq 3$ (참)

2nd 함수 $f(x)$가 임의의 실수 x에 대하여 $f(x+a)=f(x)$가 성립
하면 함수 $f(x)$는 주기가 a인 함수를 의미해.

ㄴ. $f(x)=2\cos\left(3x-\dfrac{\pi}{3}\right)+1=2\cos 3\left(x-\dfrac{\pi}{9}\right)+1$의 주

기는 $\dfrac{2}{3}\pi$이므로 임의의 실수 x에 대하여

$f\left(x+\dfrac{2}{3}\pi\right)=f(x)$ (거짓)

3rd 함수 $y=f(x)$의 그래프가 대칭이 되는 직선을 구하기 위해 함
수 $y=2\cos 3x$를 생각해.

ㄷ. 함수 $y=2\cos 3x$의 그래프는 직선 $x=0$에 대하여 대
   칭이고, $y=f(x)$의 그래프는 $y=2\cos 3x$의 그래프를

x축의 방향으로 $\dfrac{\pi}{9}$만큼, y축의 방향으로 1만큼 평행이

동한 그래프이므로 $y=f(x)$의 그래프는 직선 $x=0$을

x축의 방향으로 $\dfrac{\pi}{9}$만큼 평행이동한 직선 $x=\dfrac{\pi}{9}$에 대

하여 대칭이다. (참)

따라서 옳은 것은 ㄱ, ㄷ이다.

> 함수 $y=2\cos 3x$의 그래프는 직선 $x=0$, $x=\dfrac{\pi}{3}$, $x=\dfrac{2}{3}\pi$, $\cdots$에 대하여 대칭이므로 $y=f(x)$의 그래프는 $x=\dfrac{\pi}{9}$, $x=\dfrac{4}{9}\pi$, $x=\dfrac{7}{9}\pi$, $\cdots$에 대하여 대칭이야.

18 답 ②

$y=-2\cos^2 x+4\sin x+3$

$\quad =-2(1-\sin^2 x)+4\sin x+3\,(\because \sin^2 x+\cos^2 x=1)$

$\quad =2\sin^2 x+4\sin x+1$

이때, $\sin x=t\,(-1\le t\le 1)$라 하면

$f(t)=2t^2+4t+1=2(t+1)^2-1$

따라서 주어진 함수는 $t=-1$일 때 최솟값 $f(-1)=-1$

을 갖고 $t=1$일 때 최댓값 $f(1)=7$을 가지므로

$M=7,\ m=-1$

$\therefore M+m=7+(-1)=6$

19 답 ②

$2\sin\dfrac{x}{2}-\sqrt{3}=0$에서 $\sin\dfrac{x}{2}=\dfrac{\sqrt{3}}{2}$

이때, $0\le x<2\pi$에서 $0\le\dfrac{x}{2}<\pi$이므로

$\dfrac{x}{2}=\dfrac{\pi}{3}$ 또는 $\dfrac{x}{2}=\dfrac{2}{3}\pi$

$\therefore x=\dfrac{2}{3}\pi$ 또는 $x=\dfrac{4}{3}\pi$

따라서 모든 해의 합은 $\dfrac{2}{3}\pi+\dfrac{4}{3}\pi=2\pi$이다.

20 답 ③

$y=x^2-2x\sin\theta+\cos^2\theta$

$\quad =(x-\sin\theta)^2-\sin^2\theta+\cos^2\theta$

$\quad =(x-\sin\theta)^2-\sin^2\theta+(1-\sin^2\theta)$

$\hspace{4cm}(\because \sin^2\theta+\cos^2\theta=1)$

$\quad =(x-\sin\theta)^2+1-2\sin^2\theta$

이므로 꼭짓점의 좌표는 $(\sin\theta,\ 1-2\sin^2\theta)$이고 이 점이

직선 $y=-x$ 위에 있으므로 $1-2\sin^2\theta=-\sin\theta$에서

$2\sin^2\theta-\sin\theta-1=0,\ (\sin\theta-1)(2\sin\theta+1)=0$

$\therefore \sin\theta=1$ 또는 $\sin\theta=-\dfrac{1}{2}$

이때, $-\dfrac{\pi}{2}<\theta<\dfrac{\pi}{2}$이므로

(ⅰ) $\sin\theta=1$을 만족하는 θ는 존재하지 않는다.

(ⅱ) $\sin\theta=-\dfrac{1}{2}$일 때, $\theta=-\dfrac{\pi}{6}$

(ⅰ), (ⅱ)에 의하여 $\theta=-\dfrac{\pi}{6}$이다.

21 답 4

> 방정식 $\sin^2 x-\sin x=1-k$가 실근을 갖도록 하는 상수 k의 최댓값을 M, 최솟값을 m이라 할 때, $4M+m$의 값을 구하시오.
> 방정식 $f(x)=g(x)$가 실근을 가지려면 두 함수 $y=f(x)$, $y=g(x)$의 그래프의 교점이 존재해야 해.

1st $\sin x=t$로 치환하여 생각하자.

$\sin^2 x-\sin x=1-k$에서 $\sin x=t\,(-1\le t\le 1)$라 하면 ($-1\le\sin x\le 1$)

$t^2-t=1-k$이고 $f(t)=t^2-t\,(-1\le t\le 1)$라 하면

$y=f(t)$의 그래프는 다음과 같다.

$f(t)=t^2-t=\left(t-\dfrac{1}{2}\right)^2-\dfrac{1}{4}$

이므로 함수 $y=f(t)$의 그래프는 점 $\left(\dfrac{1}{2},\ -\dfrac{1}{4}\right)$을 꼭짓점으로 하는 포물선이야.

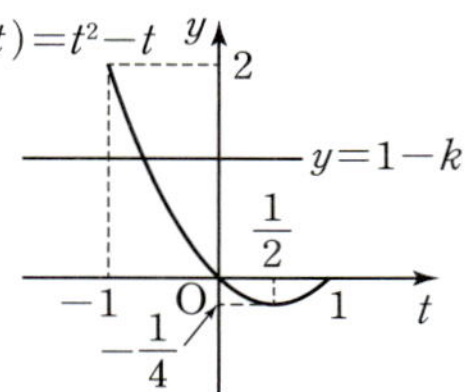

2nd 실근이 존재하도록 실수 k의 값의 범위를 정해.

이때, $-1\le t\le 1$에서 방정식 $t^2-t=1-k$가 실근을 가지

려면 $y=f(t)$의 그래프와 직선 $y=1-k$의 교점이

$-1\le t\le 1$에 존재해야 한다.

즉, $-\dfrac{1}{4}\le 1-k\le 2$에서 $-\dfrac{5}{4}\le -k\le 1$ $\quad\therefore -1\le k\le\dfrac{5}{4}$

따라서 $M=\dfrac{5}{4},\ m=-1$이므로

$4M+m=4\times\dfrac{5}{4}+(-1)=4$

22 답 ⑤

> 이차방정식 $2x^2+3x\sin\theta-2\cos^2\theta+1=0$의 두 근 사이에 1이 있도록 하는 θ의 값의 범위가 $\alpha<\theta<\beta$ 또는 $\beta<\theta<\gamma$일 때, $\alpha+2\beta+\gamma$의 값은?
> 두 근 사이에 1이 있도록 하는 조건을 생각해. (단, $0<\theta<2\pi$)
> ① 2π ② 3π ③ 4π ④ 5π ⑤ 6π

1st 주어진 방정식의 두 근 사이에 1이 존재하도록 하는 조건을 찾자.

이차방정식 $2x^2+3x\sin\theta-2\cos^2\theta+1=0$의 두 근 사이

에 1이 있기 위해서는 $f(x)=2x^2+3x\sin\theta-2\cos^2\theta+1$

이라 할 때, $f(1)<0$이어야 한다.

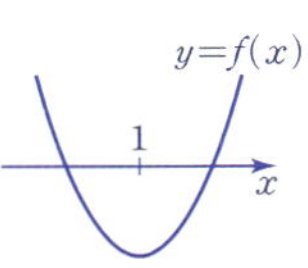

> $f(x)$는 최고차항의 계수가 양수인 이차 함수이므로 방정식 $f(x)=0$의 두 근 사이에 1이 존재하려면 $y=f(x)$의 그래프는 그림과 같아야 해.

2nd $f(1)<0$을 만족시키는 θ의 값의 범위를 구하자.

즉, $f(1)=2+3\sin\theta-2\cos^2\theta+1<0$에서

$3\sin\theta-2(1-\sin^2\theta)+3<0\,(\because \sin^2\theta+\cos^2\theta=1)$

$2\sin^2\theta+3\sin\theta+1<0,\ (2\sin\theta+1)(\sin\theta+1)<0$

$$\therefore\ -1<\sin\theta<-\frac{1}{2}$$

이때, $0<\theta<2\pi$이므로 $\dfrac{7}{6}\pi<\theta<\dfrac{3}{2}\pi$ 또는 $\dfrac{3}{2}\pi<\theta<\dfrac{11}{6}\pi$

따라서 $\alpha=\dfrac{7}{6}\pi$, $\beta=\dfrac{3}{2}\pi$, $\gamma=\dfrac{11}{6}\pi$이므로

$$\alpha+2\beta+\gamma=\frac{7}{6}\pi+2\times\frac{3}{2}\pi+\frac{11}{6}\pi=6\pi$$

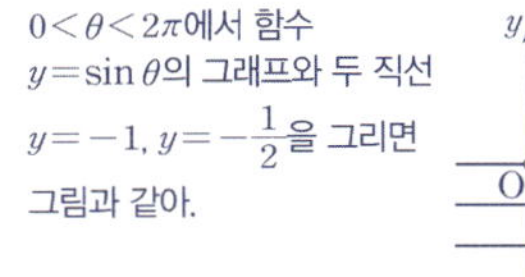

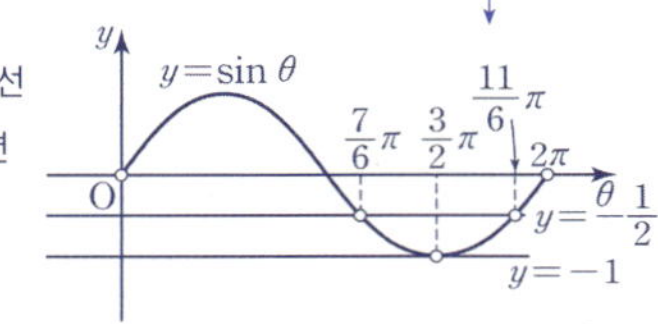

23 답 ⑤

x에 대한 이차방정식 $x^2+2x+\tan\theta=0$의 실근이 존재하지 않으므로 이 이차방정식의 판별식을 D라 하면

$$\frac{D}{4}=1-\tan\theta<0,\ \text{즉 } \tan\theta>1\text{이어야 한다.}$$

$0<\theta<2\pi$에서 방정식 $\tan\theta=1$의 해는

$\theta=\dfrac{\pi}{4}$ 또는 $\theta=\dfrac{5}{4}\pi$이므로 $\tan\theta>1$의 해는

$$\frac{\pi}{4}<\theta<\frac{\pi}{2}\ \text{또는}\ \frac{5}{4}\pi<\theta<\frac{3}{2}\pi\text{이다.}$$

따라서 $a=\dfrac{\pi}{4}$, $b=\dfrac{\pi}{2}$, $c=\dfrac{5}{4}\pi$, $d=\dfrac{3}{2}\pi$이므로

$$2a+b+2c+d=2\times\frac{\pi}{4}+\frac{\pi}{2}+2\times\frac{5}{4}\pi+\frac{3}{2}\pi=5\pi$$

24 답 ③

삼각형 ABC가 $\overline{AB}=\overline{AC}$인 이등변삼각형이고 $\angle A=120°$이므로 $\angle B=\angle C=30°$이다.

이때, 삼각형 BCP에서 $\overline{CP}=x$라 하고 코사인법칙을 적용하면

$$\overline{BP}^2=\overline{BC}^2+\overline{CP}^2-2\times\overline{BC}\times\overline{CP}\times\cos 30°$$
$$=4^2+x^2-2\times4\times x\times\frac{\sqrt{3}}{2}=x^2-4\sqrt{3}x+16$$
$$\therefore\ \overline{BP}^2+\overline{CP}^2=(x^2-4\sqrt{3}x+16)+x^2$$
$$=2(x-\sqrt{3})^2+10$$

즉, $\overline{BP}^2+\overline{CP}^2$은 $\overline{CP}=x=\sqrt{3}$일 때, 최솟값 10을 가지므로 $\alpha=\sqrt{3}$, $\beta=10$이다.

$$\therefore\ \alpha^2+\beta=(\sqrt{3})^2+10=13$$

25 답 32

원주각의 성질에 의하여 $\angle BDA=\angle BCA=30°$이므로 삼각형 ABD에서 사인법칙에 의하여

$$\frac{\overline{AB}}{\sin D}=\frac{\overline{AD}}{\sin B}\text{에서 } \frac{16\sqrt{2}}{\sin 30°}=\frac{\overline{AD}}{\sin 45°}$$

$$\therefore\ \overline{AD}=\frac{16\sqrt{2}}{\sin 30°}\times\sin 45°=\frac{16\sqrt{2}}{\frac{1}{2}}\times\frac{\sqrt{2}}{2}=32$$

26 답 $b=c$인 이등변삼각형

삼각형 ABC의 외접원의 반지름의 길이를 R라 하면 사인법칙에 의하여

$$\sin A=\frac{a}{2R},\ \sin B=\frac{b}{2R},\ \sin C=\frac{c}{2R}\text{이고}$$

코사인법칙에 의하여 $\cos C=\dfrac{a^2+b^2-c^2}{2ab}$이다.

이것을 $\sin A+\sin B-\sin C=2\sin B\cos C$에 대입하면

$$\frac{a}{2R}+\frac{b}{2R}-\frac{c}{2R}=2\times\frac{b}{2R}\times\frac{a^2+b^2-c^2}{2ab}\qquad\cdots\ \text{I}$$

이 식의 양변에 $2Ra$를 곱하면

$$a^2+ab-ca=a^2+b^2-c^2,\ b^2-c^2-ab+ca=0$$
$$(b+c)(b-c)-a(b-c)=0$$
$$\therefore\ (b-c)(b+c-a)=0$$

이때, 삼각형의 결정 조건에 의하여 $a<b+c$이므로

$a\ne b+c$, 즉 $b+c-a\ne0$이다. $\qquad\therefore\ b=c\qquad\cdots\ \text{II}$

따라서 삼각형 ABC는 $b=c$인 이등변삼각형이다. $\quad\cdots\ \text{III}$

[채점기준표]

I	사인법칙과 코사인법칙을 이용하여 주어진 식에 대입한다.	40%
II	주어진 식을 정리하여 b, c 사이의 관계식을 구한다.	40%
III	삼각형 ABC의 모양을 결정한다.	20%

27 답 ⑤

코사인법칙에 의하여 $\cos A=\dfrac{8^2+5^2-7^2}{2\times8\times5}=\dfrac{1}{2}$

이때, $\sin^2 A+\cos^2 A=1$이고 $0<A<\pi$에서 $0<\sin A\le1$이므로

$$\sin A=\sqrt{1-\cos^2 A}=\sqrt{1-\left(\frac{1}{2}\right)^2}=\frac{\sqrt{3}}{2}$$

$$\therefore\ \triangle ABC=\frac{1}{2}bc\sin A=\frac{1}{2}\times8\times5\times\frac{\sqrt{3}}{2}=10\sqrt{3}$$

28 답 ②

$$\triangle ABC=\frac{1}{2}\times\overline{AB}\times\overline{AC}\times\sin 120°$$
$$=\frac{1}{2}\times8\times4\times\frac{\sqrt{3}}{2}=8\sqrt{3}\text{이고}$$

$$\triangle ABD+\triangle ADC$$
$$=\frac{1}{2}\times\overline{AB}\times\overline{AD}\times\sin 60°+\frac{1}{2}\times\overline{AD}\times\overline{AC}\times\sin 60°$$
$$=\frac{1}{2}\times8\times\overline{AD}\times\frac{\sqrt{3}}{2}+\frac{1}{2}\times\overline{AD}\times4\times\frac{\sqrt{3}}{2}$$
$$=2\sqrt{3}\times\overline{AD}+\sqrt{3}\times\overline{AD}=3\sqrt{3}\times\overline{AD}$$

이므로 $\triangle ABC=\triangle ABD+\triangle ADC$에서

$$8\sqrt{3}=3\sqrt{3}\times\overline{AD}$$

$$\therefore\ \overline{AD}=\frac{8}{3}$$

29 답 5

그림과 같이 넓이가 18인 삼각형 ABC가 있다. 각 변 위의 점 L, M, N은 $\overline{AL}=2\overline{BL}$, $\overline{BM}=\overline{CM}$, $\overline{CN}=2\overline{AN}$을 만족할 때, 삼각형 LMN의 넓이를 구하시오. 삼각형 ABC의 넓이가 주어졌지만 각 변의 길이는 주어지지 않고 길이의 비로 주어졌지? 이는 삼각형의 넓이의 비를 이용하라는 거야.

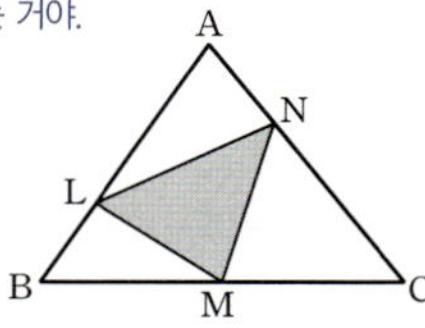

1st 세 삼각형 ALN, LBM, MCN의 넓이를 삼각형 ABC의 넓이를 이용하여 각각 구하자.

$$\triangle ABC=\frac{1}{2}\times\overline{AB}\times\overline{AC}\times\sin A$$

두 변의 길이가 a, b이고 그 끼인 각의 크기가 θ인 삼각형의 넓이를 S라 하면 $S=\frac{1}{2}ab\sin\theta$ 이므로

$$=\frac{1}{2}\times\overline{BA}\times\overline{BC}\times\sin B$$
$$=\frac{1}{2}\times\overline{CA}\times\overline{CB}\times\sin C=18$$

$$\triangle ALN=\frac{1}{2}\times\overline{AL}\times\overline{AN}\times\sin A$$
$$=\frac{1}{2}\times\frac{2}{3}\overline{AB}\times\frac{1}{3}\overline{AC}\times\sin A$$
$$=\frac{2}{9}\times\left(\frac{1}{2}\times\overline{AB}\times\overline{AC}\times\sin A\right)$$
$$=\frac{2}{9}\times18=4$$

$\overline{AL}=2\overline{BL}$에서 $\overline{AB}:\overline{AL}=3:2$이므로 $\overline{AL}=\frac{2}{3}\overline{AB}$이고 $\overline{CN}=2\overline{AN}$에서 $\overline{AC}:\overline{AN}=3:1$이므로 $\overline{AN}=\frac{1}{3}\overline{AC}$

$$\triangle LBM=\frac{1}{2}\times\overline{BL}\times\overline{BM}\times\sin B$$
$$=\frac{1}{2}\times\frac{1}{3}\overline{BA}\times\frac{1}{2}\overline{BC}\times\sin B$$
$$=\frac{1}{6}\times\left(\frac{1}{2}\times\overline{BA}\times\overline{BC}\times\sin B\right)$$
$$=\frac{1}{6}\times18=3$$

$\overline{AL}=2\overline{BL}$에서 $\overline{AB}:\overline{BL}=3:1$이므로 $\overline{BL}=\frac{1}{3}\overline{AB}$이고 $\overline{BM}=\overline{CM}$에서 $\overline{BC}:\overline{BM}=2:1$이므로 $\overline{BM}=\frac{1}{2}\overline{BC}$

$$\triangle MCN=\frac{1}{2}\times\overline{CM}\times\overline{CN}\times\sin C$$
$$=\frac{1}{2}\times\frac{1}{2}\overline{CB}\times\frac{2}{3}\overline{CA}\times\sin C$$
$$=\frac{1}{3}\times\left(\frac{1}{2}\times\overline{CB}\times\overline{CA}\times\sin C\right)$$
$$=\frac{1}{3}\times18=6$$

$\overline{BM}=\overline{CM}$에서 $\overline{BC}:\overline{CM}=2:1$이므로 $\overline{CM}=\frac{1}{2}\overline{BC}$이고 $\overline{CN}=2\overline{AN}$에서 $\overline{AC}:\overline{CN}=3:2$이므로 $\overline{CN}=\frac{2}{3}\overline{AC}$

2nd 삼각형 LMN의 넓이를 구하자.

$$\therefore \triangle LMN=\triangle ABC-\triangle ALN-\triangle LBM-\triangle MCN$$
$$=18-4-3-6=5$$

Ⅲ. 수열

Simple P 등차수열

[개념 CHECK + 연산 연습] pp. 124~125

01 답 수열, 항

02 답 등차수열, 공차

03 답 $a+(n-1)d$

04 답 등차중항

05 답 $\dfrac{n(a+l)}{2}$

06 답 ○

07 답 ○

08 답 ×

09 답 ○

10 답 ○

11 답 제2항 : 5, 제4항 : 9

$a_n=2n+1$에서 n 대신 2, 4를 각각 대입하면 제2항은 5이고 제4항은 9이다.

12 답 제2항 : 2, 제4항 : 12

$a_n=n^2-n$에서 n 대신 2, 4를 각각 대입하면 제2항은 2이고 제4항은 12이다.

13 답 제2항 : 5, 제4항 : 17

$a_n=2^n+1$에서 n 대신 2, 4를 각각 대입하면 제2항은 5이고 제4항은 17이다.

14 답 3

공차를 d라 하면 $a_7=22$에서
$4+6d=22$, $6d=18$ $\therefore d=3$

15 답 -2

공차를 d라 하면 $a_{10}=-6$에서
$12+9d=-6$, $9d=-18$ $\therefore d=-2$

16 답 $a_n=5n-3$

$a_n=2+(n-1)\times5=5n-3$

17 답 $a_n=-8n+12$

첫째항이 4, 공차가 -8인 등차수열이므로
$a_n=4+(n-1)\times(-8)=-8n+12$

18 답 $a_n=4n-15$

첫째항이 -11, 공차가 4인 등차수열이므로
$a_n=-11+(n-1)\times4=4n-15$

19 답 $a=7$, $b=23$

$$a=\frac{(-1)+15}{2}=7,\ b=\frac{15+31}{2}=23$$

20 답 $a=12$, $b=4$

$$a=\frac{16+8}{2}=12,\ b=\frac{8+0}{2}=4$$

21 답 100

$$S_{10}=\frac{10\times(3+17)}{2}=100$$

22 답 -40

$$S_{10}=\frac{10\times\{14+(-22)\}}{2}=-40$$

23 답 200

주어진 등차수열의 첫째항은 2, 공차는 4이므로 첫째항부터 제 10 항까지의 합은

$$S_{10}=\frac{10\times\{2\times2+(10-1)\times4\}}{2}=200$$

24 답 -85

주어진 등차수열의 첫째항은 5, 공차는 -3이므로 첫째항부터 제 10 항까지의 합은

$$S_{10}=\frac{10\times\{2\times5+(10-1)\times(-3)\}}{2}=-85$$

25 답 $a_n=2n+1$

(i) $n\geq2$일 때,

$$\begin{aligned}a_n&=S_n-S_{n-1}\\&=(n^2+2n)-\{(n-1)^2+2(n-1)\}\\&=2n+1\end{aligned}$$

(ii) $n=1$일 때, $a_1=S_1=3$

이때, (i)에서 $a_1=3$이므로 $a_n=2n+1\,(n\geq1)$

> **유형 연습** [+ 내신 유형] ● 문제편 pp. 126~131

26 답 ③

주어진 수열은 1^2, 2^2, 3^2, 4^2, 5^2, $\cdots$이므로 제 8 항은

$a_8=8^2=64$이다.

27 답 ②

나열된 수열의 규칙을 찾아보면 분자는 1부터 1씩 증가하고, 분모는 2부터 1씩 증가하므로

$$a=\frac{4}{5},\ b=\frac{7}{8}$$

$$\therefore ab=\frac{4}{5}\times\frac{7}{8}=\frac{7}{10}$$

28 답 ④

$a_n=n^2+3n$이므로

$a_2=2^2+3\times2=10$, $a_5=5^2+3\times5=40$

$\therefore a_2+a_5=10+40=50$

29 답 ②

$a_1=11=10+1$, $a_2=101=10^2+1$,

$a_3=1001=10^3+1$, $\cdots$

$\therefore a_n=10^n+1$

30 답 ①

주어진 등차수열 $\{a_n\}$의 첫째항은 -7이고, 공차는 3이다.

$\therefore (-7)\times3=-21$

31 답 ④

주어진 수열의 일반항에 $n=1,\ 2,\ 3,\ 4,\ \cdots$를 각각 대입하여 확인하면

ㄱ. 2, 8, 18, 32, $\cdots$이므로 등차수열이 아니다.

ㄴ. 5, 3, 1, -1, $\cdots$이므로 첫째항이 5, 공차가 -2인 등차수열이다.

ㄷ. 1, 3, 9, 27, $\cdots$이므로 등차수열이 아니다.

ㄹ. 4, 7, 10, 13, $\cdots$이므로 첫째항이 4, 공차가 3인 등차수열이다.

따라서 등차수열은 ㄴ, ㄹ이다.

[다른 풀이]

n에 대한 일차식이 등차수열이므로 ㄴ, ㄹ이다.

32 답 ③

주어진 수열은 첫째항이 2이고, 공차가 5인 등차수열이므로

$$\begin{aligned}a_n&=2+(n-1)\times5\\&=5n-3\end{aligned}$$

따라서 $A=5$, $B=-3$이므로

$A+B=5+(-3)=2$

[다른 풀이]

$a_1=A+B$이므로 $A+B=2$

33 답 ⑤

주어진 수열은 첫째항이 1, 공차가 $-\dfrac{3}{2}$이므로

$$\begin{aligned}a_n&=1+(n-1)\times\left(-\frac{3}{2}\right)\\&=-\frac{3}{2}n+\frac{5}{2}\end{aligned}$$

34 답 ①

등차수열 $\{a_n\}$의 첫째항이 20, 공차가 -7이므로

$$\begin{aligned}a_n&=20+(n-1)\times(-7)\\&=-7n+27\end{aligned}$$

$\therefore a_{10}=(-7)\times10+27=-43$

35 답 ③

첫째항이 -4, 공차가 3인 등차수열의 일반항 a_n은

$a_n=-4+(n-1)\times3=3n-7$

이때, $3n-7=35$에서 $3n=42$

$\therefore n=14$

따라서 35는 등차수열 $\{a_n\}$의 제 14 항이다.

36 답 ④

$a_{n+1}-a_n=-4$이므로 수열 $\{a_n\}$은 공차가 -4인 등차수열이다.

따라서 $x=13-4=9$, $y=5-4=1$이므로

$x+y=9+1=10$

다른 풀이

등차중항을 이용하면

$x=\dfrac{13+5}{2}=9$, $y=\dfrac{5+(-3)}{2}=1$

$\therefore x+y=10$

37 답 ②

$a_n=-57+(n-1)\times5=5n-62$

$5n-62>0$에서

$n>12.4$

이때, n은 자연수이므로 처음으로 양수가 나오는 항은 제13항이다.

38 답 ①

등차수열 $\{a_n\}$의 공차를 d라 하면

$a_{12}=-2+(12-1)\times d=-35$

$11d=-33$

$\therefore d=-3$

39 답 ⑤

등차수열 $\{a_n\}$의 첫째항을 a, 공차를 d라 하면

$a_4=a+3d=10$ … ㉠

$a_7=a+6d=19$ … ㉡

㉠, ㉡을 연립하여 풀면

$a=1$, $d=3$

따라서 $a_n=1+(n-1)\times3=3n-2$이므로

$a_{15}=3\times15-2=43$

40 답 ④

등차수열 $\{a_n\}$의 첫째항을 a, 공차를 d라 하면

$a_2=a+d=4$ … ㉠

$a_5=a+4d=25$ … ㉡

㉠, ㉡을 연립하여 풀면

$a=-3$, $d=7$

따라서 $a_n=-3+(n-1)\times7=7n-10$이므로

$a_7=7\times7-10=39$

41 답 ②

등차수열 $\{a_n\}$의 첫째항을 a라 하면

$a_7=a+(7-1)\times3=12$

$\therefore a=-6$

즉, 등차수열 $\{a_n\}$의 첫째항이 -6, 공차가 3이므로

$a_n=-6+(n-1)\times3=3n-9$

$a_k=3k-9=42$에서 $3k=51$

$\therefore k=17$

42 답 ②

등차수열 $\{a_n\}$의 첫째항을 a, 공차를 d라 하면

$a_5=a+4d=1$ … ㉠

$a_3+a_9=a+2d+a+8d=-4$에서

$a+5d=-2$ … ㉡

㉠, ㉡을 연립하여 풀면 $a=13$, $d=-3$

$\therefore a_n=13+(n-1)\times(-3)=-3n+16$

-53을 제k항이라 하면

$-3k+16=-53$에서 $3k=69$ $\therefore k=23$

따라서 -53은 제23항이다.

43 답 ②

등차수열 $\{a_n\}$의 첫째항을 a라 하면 일반항은

$a_n=a+(n-1)\times4$이므로 $a_5=a+16$, $a_{11}=a+40$

이때, $a_5:a_{11}=1:3$에서

$(a+16):(a+40)=1:3$

$a+40=3\times(a+16)$, $2a=-8$ $\therefore a=-4$

$\therefore a_{25}=(-4)+(25-1)\times4=92$

44 답 ②

등차수열 $\{a_n\}$의 첫째항을 a, 공차를 d라 하면

$a_3+a_7=24$에서 $(a+2d)+(a+6d)=24$

$2a+8d=24$ $\therefore a+4d=12$ … ㉠

또, $a_{14}+a_{18}=68$에서 $(a+13d)+(a+17d)=68$

$2a+30d=68$ $\therefore a+15d=34$ … ㉡

㉠, ㉡을 연립하여 풀면 $a=4$, $d=2$

$\therefore a_{11}=a+10d=4+10\times2=24$

45 답 ①

등차수열 $\{a_n\}$의 첫째항을 a, 공차를 d라 하면

$a_{16}=a+15d=47$ … ㉠

$a_{28}=a+27d=11$ … ㉡

㉠, ㉡을 연립하여 풀면 $a=92$, $d=-3$

따라서 등차수열 $\{a_n\}$의 일반항은

$a_n=92+(n-1)\times(-3)=-3n+95$

$a_n<0$에서 $-3n+95<0$

$\therefore n>\dfrac{95}{3}=31.\times\times\times$

따라서 등차수열 $\{a_n\}$에서 처음으로 음이 되는 항은 제32항이다.

46 답 ①

x는 -1과 5의 등차중항이므로

$x=\dfrac{-1+5}{2}=2$

y는 5와 11의 등차중항이므로

$y=\dfrac{5+11}{2}=8$

$\therefore y-x=8-2=6$

47 답 ④

수열 $\{a_n\}$이 등차수열이므로 세 수 a_1, a_2, a_3은 이 순서대로 등차수열을 이루고, a_2는 a_1과 a_3의 등차중항이다.

즉, $a_1+a_3=2a_2$이므로 $a_1+a_2+a_3=21$에 대입하면

$2a_2+a_2=21$, $3a_2=21$ $\quad\therefore a_2=7$

48 답 ①

a는 7과 13의 등차중항이므로 $a=\dfrac{7+13}{2}=10$

6은 a와 b의 등차중항이므로

$6=\dfrac{a+b}{2}=\dfrac{10+b}{2}$, $12=10+b$ $\quad\therefore b=2$

$\therefore a-b=10-2=8$

49 답 ②

b는 4와 64의 등차중항이므로

$b=\dfrac{4+64}{2}=34$

또, a는 4와 b의 등차중항이므로

$a=\dfrac{4+b}{2}=\dfrac{4+34}{2}=19$

또, c는 b와 64의 등차중항이므로

$c=\dfrac{b+64}{2}=\dfrac{34+64}{2}=49$

$\therefore a+b+c=19+34+49=102$

[다른 풀이]

b는 a와 c의 등차중항이므로 $a+c=2b$

이때, b는 4와 64의 등차중항이므로 $b=\dfrac{4+64}{2}=34$

$\therefore a+b+c=3b=3\times34=102$

50 답 ②

구하는 세 수를 $a-d$, a, $a+d$라 하면

$(a-d)+a+(a+d)=21 \cdots \text{㉠}$

$(a-d)\times a\times(a+d)=315 \cdots \text{㉡}$

㉠에서 $3a=21$이므로 $a=7$

$a=7$을 ㉡에 대입하면

$(7-d)\times7\times(7+d)=315$, $49-d^2=45$, $d^2=4$

$\therefore d=2$ 또는 $d=-2$

(i) $d=2$일 때, 구하는 세 수는 5, 7, 9이다.

(ii) $d=-2$일 때, 구하는 세 수는 9, 7, 5이다.

따라서 구하는 세 수의 제곱의 합은

$5^2+7^2+9^2=25+49+81=155$

[다른 풀이]

㉠에서 $a=7$이고 ㉡에서 $d^2=4$이므로 구하는 세 수의 제곱의 합은

$(a-d)^2+a^2+(a+d)^2$

$=(a^2-2ad+d^2)+a^2+(a^2+2ad+d^2)$

$=3a^2+2d^2=3\times7^2+2\times4=155$

51 답 ③

구하는 세 수를 $a-d$, a, $a+d$라 하면

$(a-d)+a+(a+d)=3a=3$ $\quad\therefore a=1$

$(a-d)^2+a^2+(a+d)^2$

$=(a^2-2ad+d^2)+a^2+(a^2+2ad+d^2)$

$=3a^2+2d^2=11$

그런데 $a=1$이므로 $2d^2=8$, $d^2=4$

$\therefore d=2$ 또는 $d=-2$

(i) $d=2$일 때, 구하는 세 수는 -1, 1, 3이다.

(ii) $d=-2$일 때, 구하는 세 수는 3, 1, -1이다.

따라서 구하는 세 수의 세제곱의 합은

$(-1)^3+1^3+3^3=27$

52 답 ②

구하는 네 수를 $a-3d$, $a-d$, $a+d$, $a+3d$라 하면

$(a-3d)+(a-d)+(a+d)+(a+3d)=4a=20$

$\therefore a=5$

$(a-d)(a+d)=(a-3d)(a+3d)+32$

$a^2-d^2=a^2-9d^2+32$, $8d^2=32$, $d^2=4$

$\therefore d=2$ 또는 $d=-2$

(i) $d=2$일 때, 구하는 네 수는 -1, 3, 7, 11이다.

(ii) $d=-2$일 때, 구하는 네 수는 11, 7, 3, -1이다.

따라서 네 수의 곱은 $(-1)\times3\times7\times11=-231$이다.

53 답 ④

주어진 방정식의 세 근을 $a-d$, a, $a+d$라 하면 삼차방정식의 근과 계수의 관계에 의하여

$(a-d)+a+(a+d)=3a=-3$ $\quad\therefore a=-1$

$f(x)=x^3+3x^2-kx-6$이라 하면 방정식 $f(x)=0$의 한 근이 -1이므로

$f(-1)=-1+3+k-6=0$ $\quad\therefore k=4$

> **TIP**
>
> 삼차방정식 $ax^3+bx^2+cx+d=0$의 세 근을 α, β, γ라 하면 근과 계수의 관계에 의하여 다음이 성립한다.
>
> (1) $\alpha+\beta+\gamma=-\dfrac{b}{a}$
>
> (2) $\alpha\beta+\beta\gamma+\gamma\alpha=\dfrac{c}{a}$
>
> (3) $\alpha\beta\gamma=-\dfrac{d}{a}$

54 답 ②

$S_{10}=\dfrac{10\times(-7+29)}{2}=110$

55 답 ⑤

첫째항이 -5이고 공차가 3인 등차수열에서 첫째항부터 제20항까지의 합이므로

$S_{20}=\dfrac{20\times\{2\times(-5)+(20-1)\times3\}}{2}=470$

56 답 ③

첫째항을 a, 공차를 d라 하면

$6=a+d$, $22=a+9d$

$\therefore a=4$, $d=2$

따라서 주어진 등차수열의 첫째항과 공차가 각각 4, 2이므로 첫째항부터 제15항까지의 합은

$$S_{15}=\frac{15\times\{2\times4+(15-1)\times2\}}{2}=270$$

57 답 ②

첫째항을 a, 공차를 d라 하면

$a_5=a+4d=36$ … ㉠

$a_{13}=a+12d=84$ … ㉡

㉠, ㉡을 연립하여 풀면 $a=12$, $d=6$

따라서 첫째항부터 제k항까지의 합이 324이므로

$$S_k=\frac{k\{2\times12+(k-1)\times6\}}{2}=324$$

$k(3k+9)=324$, $k^2+3k-108=0$

$(k-9)(k+12)=0$

$\therefore k=9$ 또는 $k=-12$

이때, k는 자연수이므로 $k=9$

58 답 ②

첫째항이 -8, 제20항이 38, 항의 수가 20인 등차수열의 합이므로

$$S_{20}=\frac{20\times(-8+38)}{2}=300$$

59 답 ⑤

첫째항이 -10, 제$(n+2)$항이 5, 항수가 $(n+2)$인 등차수열의 합이므로

$$S_{n+2}=\frac{(n+2)(-10+5)}{2}=-60$$

$$\frac{n+2}{2}=12, \ n+2=24$$

$\therefore n=22$

60 답 ③

첫째항을 a, 공차를 d라 하면

$$S_{10}=\frac{10\{2a+(10-1)d\}}{2}=\frac{10(2a+9d)}{2}=100$$

$\therefore 2a+9d=20$ … ㉠

$$S_{20}=\frac{20\{2a+(20-1)d\}}{2}=\frac{20(2a+19d)}{2}=500$$

$\therefore 2a+19d=50$ … ㉡

㉠, ㉡을 연립하여 풀면 $a=-\dfrac{7}{2}$, $d=3$

$$\therefore S_{30}=\frac{30\{2a+(30-1)d\}}{2}=\frac{30(2a+29d)}{2}$$
$$=\frac{30\left\{2\times\left(-\dfrac{7}{2}\right)+29\times3\right\}}{2}=1200$$

61 답 ③

첫째항을 a, 공차를 d라 하면

$$S_{10}=\frac{10(2a+9d)}{2}=155 \qquad \therefore 2a+9d=31 \ \cdots \ ㉠$$

$$S_{20}-S_{10}=\frac{20(2a+19d)}{2}-155=455$$

$\therefore 2a+19d=61$ … ㉡

㉠, ㉡을 연립하여 풀면 $a=2$, $d=3$

따라서 제21항부터 제30항까지의 합은

$$S_{30}-S_{20}=\frac{30\times(4+29\times3)}{2}-610=755$$

62 답 ③

50 이하의 자연수 중에서 2로 나누었을 때의 나머지가 1인 수를 작은 것부터 차례대로 나열하면 1, 3, 5, 7, …, 49이므로 첫째항이 1, 공차가 2인 등차수열이다.

이 등차수열의 일반항을 a_n이라 하면

$a_n=1+(n-1)\times2=2n-1$

이때, $2n-1=49$에서 $n=25$이므로 49는 제25항이다.

따라서 구하는 합은 $\dfrac{25\times(1+49)}{2}=625$

63 답 ②

100 이하의 자연수 중에서 3으로 나누어 떨어지는 수를 차례대로 나열하면 3, 6, 9, 12, …, 99이므로 첫째항이 3, 공차가 3인 등차수열이다.

이 등차수열의 일반항을 a_n이라 하면

$a_n=3+(n-1)\times3=3n$

이때, $3n=99$에서 $n=33$이므로 99는 제33항이다.

따라서 구하는 합은 $\dfrac{33\times(3+99)}{2}=1683$

64 답 ⑤

두 자리의 자연수 중에서 4의 배수를 차례대로 나열하면 12, 16, 20, …, 96이므로 첫째항이 12, 공차가 4인 등차수열이다.

이 등차수열의 일반항을 a_n이라 하면

$a_n=12+(n-1)\times4=4n+8$

이때, $4n+8=96$에서 $n=22$이므로 96은 제22항이다.

따라서 구하는 합은 $\dfrac{22\times(12+96)}{2}=1188$

65 답 ④

주어진 등차수열은 첫째항이 23, 공차가 -4이므로 첫째항부터 제n항까지의 합 S_n은

$$S_n=\frac{n\{2\times23+(n-1)\times(-4)\}}{2}=n(25-2n)$$

$n(25-2n)<0$에서 $n>\dfrac{25}{2}=12.5 \ (\because n>0)$

따라서 첫째항부터 제n항까지의 합 S_n이 음수가 되는 n의 최솟값은 13이다.

66 답 ②

등차수열 $\{a_n\}$의 첫째항을 a, 공차를 d라 하면

$d=a_5-a_4=-23-(-26)=3$

$a_4=a+3d=a+9=-26$에서 $a=-35$

$\therefore a_n=-35+(n-1)\times 3=3n-38$

이때, 수열 $\{a_n\}$에서 양수인 항을 제k항이라 하면

$3k-38>0$에서 $3k>38$ $\quad\therefore k>\dfrac{38}{3}=12.\times\times\times$

즉, 수열 $\{a_n\}$은 제13항부터 양수이므로 첫째항부터 제12항까지의 합 S_{12}가 S_n의 최솟값이다.

$\therefore n=12$

67 답 ③

등차수열 $\{a_n\}$의 첫째항을 a, 공차를 d라 하면

$a_4=a+3d=12 \cdots \bigcirc$

$a_9=a+8d=-38 \cdots \bigcirc\!\!\bigcirc$

$\bigcirc$, $\bigcirc\!\!\bigcirc$을 연립하여 풀면

$a=42,\ d=-10$

$\therefore a_n=42+(n-1)\times(-10)=-10n+52$

이때, 수열 $\{a_n\}$에서 양수인 항을 제k항이라 하면

$-10k+52>0$에서 $10k<52$ $\quad\therefore n<5.2$

즉, 수열 $\{a_n\}$은 제5항까지 양수이므로 첫째항부터 제5항까지의 합 S_5가 S_n의 최댓값이다.

$\therefore S_5=\dfrac{5\times\{2\times 42+(5-1)\times(-10)\}}{2}=110$

68 답 ②

제14항이 0보다 크거나 같고, 제15항이 0보다 작으면 첫째항부터 제14항까지의 합이 최대가 되므로

$a_{14}=80+13d\geq 0$에서 $d\geq-\dfrac{80}{13} \cdots \bigcirc$

$a_{15}=80+14d<0$에서 $d<-\dfrac{40}{7} \cdots \bigcirc\!\!\bigcirc$

$\bigcirc$, $\bigcirc\!\!\bigcirc$을 동시에 만족시키는 d의 범위는

$-6.\times\times\times=-\dfrac{80}{13}\leq d<-\dfrac{40}{7}=-5.\times\times\times$

이때, d는 정수이므로 $d=-6$

69 답 ①

(i) $n\geq 2$일 때,

$\begin{aligned}a_n&=S_n-S_{n-1}\\&=(n^2+3n)-\{(n-1)^2+3(n-1)\}\\&=n^2+3n-(n^2-2n+1+3n-3)\\&=2n+2\end{aligned}$

(ii) $n=1$일 때, $a_1=S_1=4$

이때, (i)에서 $a_1=4$이므로 $a_n=2n+2\,(n\geq 1)$

따라서 $a_{n+1}-a_n=\{2(n+1)+2\}-(2n+2)=2$이므로 수열$\{a_n\}$은 공차가 2인 등차수열이다.

70 답 ④

$\begin{aligned}a_{10}&=S_{10}-S_9\\&=\{(-2)\times 10^2+10\}-\{(-2)\times 9^2+9\}\\&=-190-(-153)=-37\end{aligned}$

[다른 풀이]

$n\geq 2$일 때,

$\begin{aligned}a_n&=S_n-S_{n-1}\\&=(-2n^2+n)-\{-2(n-1)^2+(n-1)\}\\&=-2n^2+n-(-2n^2+4n-2+n-1)\\&=-4n+3\end{aligned}$

$\therefore a_{10}=-4\times 10+3=-37$

71 답 ④

$a_1=S_1=3$이므로 $S_1=1^2+p\times 1=3$에서 $p=2$

$\therefore S_n=n^2+2n$

$\begin{aligned}\therefore a_{10}&=S_{10}-S_9=(10^2+2\times 10)-(9^2+2\times 9)\\&=120-99=21\end{aligned}$

[다른 풀이]

$n\geq 2$일 때,

$\begin{aligned}a_n&=S_n-S_{n-1}\\&=(n^2+2n)-\{(n-1)^2+2(n-1)\}\\&=n^2+2n-(n^2-2n+1+2n-2)\\&=2n+1\end{aligned}$

$\therefore a_{10}=2\times 10+1=21$

72 답 ②

(i) $n\geq 2$일 때,

$\begin{aligned}a_n&=S_n-S_{n-1}\\&=(n^2+4n-5)-\{(n-1)^2+4(n-1)-5\}\\&=n^2+4n-5-(n^2-2n+1+4n-4-5)\\&=2n+3\end{aligned}$

(ii) $n=1$일 때, $a_1=S_1=1^2+4\times 1-5=0$

(i), (ii)에 의하여 $a_n=\begin{cases}0 & (n=1)\\2n+3 & (n\geq 2)\end{cases}$

따라서 $a_k=185$에서 $k\neq 1$이므로

$a_k=2k+3=185$에서 $2k=182$

$\therefore k=91$

Simple Q 등비수열

01 답 등비수열, 공비

02 답 1, 2

03 답 ar^{n-1}

04 답 등비중항

05 답 $\dfrac{a(1-r^n)}{1-r}$, $\dfrac{a(r^n-1)}{r-1}$

06 답 ○

07 답 ×

08 답 ×

09 답 ○

10 답 ○

11 답 -2

12 답 $\dfrac{1}{2}$

13 답 $a_n=\left(\dfrac{1}{2}\right)^{n-2}$

$a_n=2\times\left(\dfrac{1}{2}\right)^{n-1}=\left(\dfrac{1}{2}\right)^{n-2}$

14 답 $a_n=(-3)^n$

$a_n=(-3)\times(-3)^{n-1}=(-3)^n$

15 답 $a_n=3\times\left(\dfrac{1}{2}\right)^{n-1}$

첫째항이 3, 공비가 $\dfrac{1}{2}$이므로 $a_n=3\times\left(\dfrac{1}{2}\right)^{n-1}$

16 답 $a_n=-\left(-\dfrac{1}{\sqrt{3}}\right)^{n-2}$

첫째항이 $\sqrt{3}$, 공비가 $-\dfrac{1}{\sqrt{3}}$이므로

$a_n=\sqrt{3}\times\left(-\dfrac{1}{\sqrt{3}}\right)^{n-1}$

$\quad=(-1)\times(-\sqrt{3})\times\left(-\dfrac{1}{\sqrt{3}}\right)^{n-1}=-\left(-\dfrac{1}{\sqrt{3}}\right)^{n-2}$

17 답 $x=15$ 또는 $x=-15$

$x^2=3\times75=225$ $\quad\therefore x=15$ 또는 $x=-15$

18 답 $x=6$ 또는 $x=-6$

$x^2=2\times18=36$ $\quad\therefore x=6$ 또는 $x=-6$

19 답 1023

$S_5=\dfrac{3\times(4^5-1)}{4-1}=4^5-1=1023$

20 답 -15

$S_5=5\times(-3)=-15$

21 답 $\dfrac{11}{4}$

첫째항이 4, 공비가 $-\dfrac{1}{2}$이므로 첫째항부터 제5항까지의 합은

$S_5=\dfrac{4\times\left\{1-\left(-\dfrac{1}{2}\right)^5\right\}}{1-\left(-\dfrac{1}{2}\right)}=\dfrac{8}{3}\left\{1-\left(-\dfrac{1}{2}\right)^5\right\}=\dfrac{11}{4}$

22 답 45

첫째항이 9, 공비가 1이므로 첫째항부터 제5항까지의 합은

$S_5=5\times9=45$

23 답 $a_n=2\times3^{n-3}$

첫째항이 $2\times\dfrac{1}{3^2}$, 공비가 3이므로 일반항 a_n은

$a_n=\left(2\times\dfrac{1}{3^2}\right)\times3^{n-1}=2\times3^{n-3}$

24 답 10

$a_k=2\times3^{k-3}=2\times3^7$이므로 $k-3=7$

$\therefore k=10$

25 답 $\dfrac{1}{9}\times(3^{10}-1)$

첫째항이 $2\times\dfrac{1}{3^2}$, 공비가 3, 항의 수가 10이므로 첫째항부터 제10항까지의 합은

$S_{10}=\dfrac{2\times\dfrac{1}{3^2}\times(3^{10}-1)}{3-1}=\dfrac{1}{9}\times(3^{10}-1)$

26 답 $1000000\times(1.05)^{10}$원

$1000000\times(1+0.05)^{10}=1000000\times(1.05)^{10}$

27 답 $51a\times(1.02^{10}-1)$원

$\dfrac{a(1+0.02)\times\{(1+0.02)^{10}-1\}}{(1+0.02)-1}=51a\times(1.02^{10}-1)$

유형 연습 [+ 내신 유형] 문제편 pp. 134~137

28 답 ④

첫째항이 4이고, 공비가 3이므로

$4+3=7$

29 답 ④

ㄱ. 첫째항이 $\dfrac{1}{2}$, 공비가 1인 등비수열이다.

ㄷ. 첫째항이 2, 공비가 0인 등비수열이다.

ㄹ. 첫째항이 $\dfrac{1}{2}$, 공비가 $-\dfrac{1}{2}$인 등비수열이다.

ㅁ. 첫째항이 1, 공비가 $\sqrt{3}$인 등비수열이다.

따라서 등비수열인 것의 개수는 4이다.

30 답 $a_n=\left(\dfrac{1}{3}\right)^{n-3}$

첫째항이 9이고 공비가 $\dfrac{1}{3}$이므로

$$a_n=9\times\left(\dfrac{1}{3}\right)^{n-1}=\left(\dfrac{1}{3}\right)^{n-3}$$

31 답 ②

주어진 등비수열 $\{a_n\}$의 공비를 r라 하면

$$a_1=-\frac{3}{2},\ a_2=-2에서\ r=\frac{a_2}{a_1}=\frac{-2}{-\frac{3}{2}}=\frac{4}{3}$$

$$\therefore\ a_n=\left(-\frac{3}{2}\right)\times\left(\frac{4}{3}\right)^{n-1}$$

32 답 ③

등비수열 $\{a_n\}$의 첫째항이 2이고 공비가 $-\dfrac{1}{\sqrt{2}}$이므로 일반

항은 $a_n=2\times\left(-\dfrac{1}{\sqrt{2}}\right)^{n-1}$

$$\therefore\ a_9=2\times\left(-\frac{1}{\sqrt{2}}\right)^{9-1}=2\times\left(\frac{1}{2}\right)^{4}=\frac{1}{8}$$

33 답 ③

등비수열 $\{a_n\}$의 첫째항을 a라 하면 공비가 $\dfrac{1}{3}$이므로 일반

항은 $a_n=a\times\left(\dfrac{1}{3}\right)^{n-1}$

$a_4=4$에서 $a\times\left(\dfrac{1}{3}\right)^{3}=4$

$$\therefore\ a=27\times4=108$$

34 답 ①

첫째항이 16, 공비가 2인 등비수열 $\{a_n\}$의 일반항은

$$a_n=16\times2^{n-1}=2^{n+3}$$

이때, 1024를 제 k항이라 하면

$2^{k+3}=1024=2^{10}$에서 $k+3=10$ $\quad\therefore\ k=7$

따라서 1024는 제 7 항이다.

35 답 ②

첫째항이 $\dfrac{1}{81}$, 공비가 3인 등비수열 $\{a_n\}$의 일반항은

$$a_n=\frac{1}{81}\times3^{n-1}=3^{n-5}$$

이때, $3^4=81,\ 3^5=243$이므로 $3^{n-5}>100$에서

$n-5\geq5$ $\quad\therefore\ n\geq10$

따라서 처음으로 100보다 커지는 항은 제 10 항이다.

36 답 ⑤

등비수열 $\{a_n\}$의 첫째항을 a, 공비를 r라 하면

$a_3=ar^2=24\ \cdots\ ㉠,\ a_6=ar^5=-192\ \cdots\ ㉡$

㉡$\div$㉠에서 $r^3=-8$ $\quad\therefore\ r=-2(\because\ r는\ 실수)$

이것을 ㉠에 대입하면 $a=6$

따라서 등비수열 $\{a_n\}$의 일반항은

$a_n=6\times(-2)^{n-1}$이므로 $a_5=6\times(-2)^{5-1}=96$

37 답 ①

등비수열 $\{a_n\}$의 첫째항을 a, 공비를 r라 하면

$$\frac{a_9}{a_6}=\frac{ar^8}{ar^5}=r^3=4$$

$$\begin{aligned}
\therefore\ \log_2 a_{25}-\log_2 a_{16}&=\log_2\frac{a_{25}}{a_{16}}=\log_2\frac{ar^{24}}{ar^{15}}=\log_2 r^9\\
&=\log_2(r^3)^3=\log_2 4^3\\
&=\log_2 2^6=6
\end{aligned}$$

38 답 ②

등비수열 $\{a_n\}$의 첫째항을 a, 공비를 r라 하면

$a_2=ar=10\ \cdots\ ㉠,\ a_5=ar^4=80\ \cdots\ ㉡$

㉡$\div$㉠을 하면 $r^3=8$ $\quad\therefore\ r=2\ (\because\ r는\ 실수)$

$r=2$를 ㉠에 대입하면 $a=5$ $\quad\therefore\ a_n=5\times2^{n-1}$

$a_k=5\times2^{k-1}=640$에서 $2^{k-1}=128=2^7$이므로

$k-1=7$ $\quad\therefore\ k=8$

39 답 ④

등비수열 $\{a_n\}$의 첫째항을 a, 공비를 r라 하면

$a_5:a_6=2:1$에서 $r=\dfrac{a_6}{a_5}=\dfrac{1}{2}$

또, $a_3+a_4=27$에서 $ar^2+ar^3=a(r^2+r^3)=27$

$r=\dfrac{1}{2}$을 대입하면

$a\left(\dfrac{1}{4}+\dfrac{1}{8}\right)=27,\ \dfrac{3}{8}a=27$ $\quad\therefore\ a=72$

$$\therefore\ a_1+a_2=a+ar=72+36=108$$

40 답 ③

$\sqrt{5}$가 a와 b의 등비중항이므로 $ab=(\sqrt{5})^2=5$

41 답 ③

$x,\ x+6,\ 4x$가 이 순서대로 등비수열을 이루므로 $x+6$은

x와 $4x$의 등비중항이다.

즉, $(x+6)^2=x\times4x$에서

$3x^2-12x-36=0,\ x^2-4x-12=0$

$(x-6)(x+2)=0$ $\quad\therefore\ x=6\ (\because\ x>0)$

42 답 ②

등비수열을 이루는 세 실수를 $a,\ ar,\ ar^2$이라 하면

$a+ar+ar^2=7\ \cdots\ ㉠,\ a\times ar\times ar^2=(ar)^3=-27\ \cdots\ ㉡$

㉡에서 $ar=-3$ $\quad\therefore\ a=-\dfrac{3}{r}$

$a=-\dfrac{3}{r}$을 ㉠에 대입하면 $-\dfrac{3}{r}-3-3r=7$

위 식의 양변에 r를 곱하여 정리하면

$3r^2+10r+3=0,\ (3r+1)(r+3)=0$

$$\therefore\ r=-\frac{1}{3}\ 또는\ r=-3$$

(i) $a=9$, $r=-\dfrac{1}{3}$이면 $a=9$, $ar=-3$, $ar^2=1$

(ii) $a=1$, $r=-3$이면 $a=1$, $ar=-3$, $ar^2=9$

따라서 구하는 세 수는 1, -3, 9이므로 가장 작은 수는 -3이다.

43 답 ③

주어진 방정식의 세 근을 a, ar, ar^2이라 하면 근과 계수의 관계에 의하여

$a+ar+ar^2=3$에서 $a(1+r+r^2)=3$ $\cdots$ ㉠

$a\times ar+a\times ar^2+ar\times ar^2=-6$에서

$a^2r(1+r+r^2)=-6$ $\cdots$ ㉡

$a\times ar\times ar^2=-k$에서 $a^3r^3=-k$ $\cdots$ ㉢

㉡ ÷ ㉠을 하면 $ar=-2$

따라서 ㉢에서 $k=-(ar)^3=8$

44 답 ④

등비수열 $\{a_n\}$의 첫째항이 2, 공비가 $\dfrac{1}{3}$이므로 첫째항부터 제10항까지의 합은

$$S_{10}=\frac{2\times\left\{1-\left(\dfrac{1}{3}\right)^{10}\right\}}{1-\dfrac{1}{3}}=\frac{2\times\left\{1-\left(\dfrac{1}{3}\right)^{10}\right\}}{\dfrac{2}{3}}$$

$$=3\times\left\{1-\left(\dfrac{1}{3}\right)^{10}\right\}=3-\left(\dfrac{1}{3}\right)^{9}$$

45 답 ①

등비수열 $\{a_n\}$의 첫째항을 a, 공비를 r라 하면

$a_2=ar=6$ $\cdots$ ㉠

$a_5=ar^4=48$ $\cdots$ ㉡

㉡ ÷ ㉠을 하면 $r^3=8$ $\quad\therefore r=2(\because r$는 실수$)$

$r=2$를 ㉠에 대입하면 $a=3$

따라서 첫째항부터 제6항까지의 합은

$$S_6=\frac{3\times(2^6-1)}{2-1}=189$$

46 답 ③

등비수열 $\{a_n\}$의 첫째항이 1, 공비가 2이므로 일반항은

$a_n=1\times 2^{n-1}=2^{n-1}$

이때, 512를 제k항이라 하면

$2^{k-1}=512=2^9$에서 $k-1=9$ $\quad\therefore k=10$

따라서 끝항이 제10항이므로 구하는 합은

$$S_{10}=\frac{1\times(2^{10}-1)}{2-1}=1023$$

47 답 ④

$3+3\times(-2)+3\times(-2)^2+3\times(-2)^3+\cdots+3\times(-2)^8$

은 첫째항이 3, 공비가 -2인 등비수열의 첫째항부터 제9항까지의 합이므로

$$S_9=\frac{3\times\{1-(-2)^9\}}{1-(-2)}=\frac{3\times(1+512)}{3}=513$$

48 답 511

등비수열 $\{a_n\}$의 첫째항을 a, 공비를 r라 하면

$a_1+a_4=a+ar^3=a(1+r^3)=3$ $\cdots$ ㉠

$a_4+a_7=ar^3+ar^6=ar^3(1+r^3)=24$ $\cdots$ ㉡

㉡ ÷ ㉠을 하면 $r^3=8$ $\quad\therefore r=2(\because r$는 실수$)$

$r=2$를 ㉠에 대입하면 $9a=3$에서 $a=\dfrac{1}{3}$

따라서 $S=\dfrac{\dfrac{1}{3}\times(2^9-1)}{2-1}=\dfrac{511}{3}$이므로 $3S=511$

49 답 ②

첫째항부터 제6항까지의 합이 2이므로

$$S_6=\frac{a(r^6-1)}{r-1}=2 \cdots ㉠$$

첫째항부터 제12항까지의 합이 8이므로

$$S_{12}=\frac{a(r^{12}-1)}{r-1}=\frac{a(r^6+1)(r^6-1)}{r-1}=8 \cdots ㉡$$

㉠을 ㉡에 대입하면

$2(r^6+1)=8$, $r^6+1=4$ $\quad\therefore r^6=3$ $\cdots$ ㉢

$$\therefore S_{18}=\frac{a(r^{18}-1)}{r-1}=\frac{a(r^6-1)(r^{12}+r^6+1)}{r-1}$$

$$=2(r^{12}+r^6+1)(\because ㉠)$$

$$=2\{(r^6)^2+r^6+1\}=2\times(3^2+3+1)(\because ㉢)$$

$$=26$$

50 답 ③

등비수열 $\{a_n\}$의 첫째항을 a, 공비를 r라 하면

$$a_1+a_2+\cdots+a_{10}=\frac{a(r^{10}-1)}{r-1}=6 \cdots ㉠$$

$a_1+a_2+\cdots+a_{10}+a_{11}+a_{12}+\cdots+a_{20}$

$$=\frac{a(r^{20}-1)}{r-1}=\frac{a(r^{10}+1)(r^{10}-1)}{r-1}=6+30=36 \cdots ㉡$$

㉠을 ㉡에 대입하면 $6(r^{10}+1)=36$ $\quad\therefore r^{10}=5$ $\cdots$ ㉢

$a_1+a_2+\cdots+a_{20}+a_{21}+\cdots+a_{40}$

$$=\frac{a(r^{40}-1)}{r-1}=\frac{a(r^{20}+1)(r^{20}-1)}{r-1}$$

$$=36\times(5^2+1)(\because ㉡, ㉢)$$

$$=936$$

$$\therefore a_{21}+a_{22}+\cdots+a_{40}=936-36=900$$

[다른 풀이]

$a_1+a_2+a_3+\cdots+a_{10}=a_1+a_1r+a_1r^2+\cdots+a_1r^9=6$
$$\cdots ㉠$$

$30=a_{11}+a_{12}+\cdots+a_{20}=a_1r^{10}+a_1r^{11}+\cdots+a_1r^{19}$

$$=r^{10}(a_1+a_1r+a_1r^2+\cdots+a_1r^9)$$

$$=r^{10}(a_1+a_2+a_3+\cdots+a_{10})=6r^{10}(\because ㉠)$$

따라서 $r^{10}=5$이므로

$a_{21}+a_{22}+\cdots+a_{40}=a_1r^{20}+a_1r^{21}+\cdots+a_1r^{39}$

$$=r^{20}(a_1+a_1r+\cdots+a_1r^{19})$$

$$=(a_1+a_2+\cdots+a_{20})r^{20}$$

$$=(6+30)\times 5^2=900$$

51 답 ③

등비수열 $\{a_n\}$의 첫째항을 a, 공비를 r라 하면

$a_3=ar^2=4 \cdots \text{㉠}$

$a_6=ar^5=-32 \cdots \text{㉡}$

㉡÷㉠을 하면 $r^3=-8 \qquad \therefore r=-2(\because r$는 실수$)$

$r=-2$를 ㉠에 대입하면 $a=1$

따라서 $a_n=1\times(-2)^{n-1}=(-2)^{n-1}$이므로

$a_{2n}=(-2)^{2n-1}=\{(-2)^2\}^n\times(-2)^{-1}=-\dfrac{1}{2}\times4^n$

따라서 수열 $\{a_{2n}\}$은 첫째항이 $-\dfrac{1}{2}\times4=-2$, 공비가 4인

등비수열이므로 첫째항부터 제9항까지의 합은

$S_9=\dfrac{(-2)\times(4^9-1)}{4-1}=-\dfrac{2}{3}\times(4^9-1)$

> **TIP**
>
> 수열 $\{a_n\}$이 첫째항이 a이고 공비가 r인 등비수열이면
> $a_1=a,\ a_2=ar,\ a_3=ar^2,\ \cdots,\ a_n=ar^{n-1}$이다.
> 이때, 수열 $\{a_{2n}\}$은 $ar,\ ar^3,\ ar^5,\cdots$이고
> 수열 $\{a_{2n-1}\}$은 $a,\ ar^2,\ ar^4,\cdots$이다.
> 즉, 두 수열 $\{a_{2n}\}$, $\{a_{2n-1}\}$은 공비가 r^2인 등비수열이다.

52 답 ④

$a_{10}=S_{10}-S_9=(5^{10}-3)-(5^9-3)$

$\qquad =5^{10}-5^9=4\times5^9$

[다른 풀이]

(i) $n\geq2$일 때,

$\quad a_n=S_n-S_{n-1}=(5^n-3)-(5^{n-1}-3)$

$\qquad =5^n-5^{n-1}=5^{n-1}(5-1)=4\times5^{n-1}$

(ii) $n=1$일 때, $a_1=S_1=5^1-3=2$

따라서 $a_n=\begin{cases} 2 & (n=1) \\ 4\times5^{n-1} & (n\geq2) \end{cases}$이므로

$a_{10}=4\times5^9$

53 답 ②

$a_1=S_1=3^2-2=7$

$a_5=S_5-S_4=(3^6-2)-(3^5-2)$

$\quad =3^6-3^5=3^5\times(3-1)=486$

$\therefore a_1+a_5=7+486=493$

[다른 풀이]

(i) $n\geq2$일 때,

$\quad a_n=S_n-S_{n-1}=(3^{n+1}-2)-(3^n-2)$

$\qquad =3^{n+1}-3^n=3^n(3-1)=2\times3^n$

(ii) $n=1$일 때, $a_1=S_1=3^2-2=7$

따라서 $a_n=\begin{cases} 7 & (n=1) \\ 2\times3^n & (n\geq2) \end{cases}$이므로

$a_1+a_5=7+2\times3^5=493$

54 답 ④

(i) $n\geq2$일 때,

$\quad a_n=S_n-S_{n-1}=(3\times2^n-3)-(3\times2^{n-1}-3)$

$\qquad =3\times2^n-3\times2^{n-1}=3\times2^{n-1}$

(ii) $n=1$일 때, $a_1=S_1=3\times2-3=3$

이때, (i)에서 $a_1=3\times2^0=3$이므로 $a_n=3\times2^{n-1}\,(n\geq1)$

55 답 ②

(i) $n\geq2$일 때,

$\quad a_n=S_n-S_{n-1}=(2^{n-1}+k)-(2^{n-2}+k)$

$\qquad =2^{n-1}-2^{n-2}=2^{n-2}(2-1)=2^{n-2}$

(ii) $n=1$일 때, $a_1=S_1=2^0+k=k+1$

이때, (i)에서 $a_1=2^{-1}=\dfrac{1}{2}$이므로 첫째항부터 등비수열이

되기 위해서는 $k+1=\dfrac{1}{2} \qquad \therefore k=-\dfrac{1}{2}$

56 답 ④

현재 물탱크에 들어 있는 물의 양은 20톤이고, 매달 전 달

보다 10 %씩 감소하므로 12개월 후의 물탱크의 물의 양은

$20\times\left(1-\dfrac{10}{100}\right)^{12}=20\times0.9^{12}=20\times0.3=6$(톤)

57 답 ③

100만 원을 월이율 1.5 %의 복리로 계산한 12개월 후의

원리합계는

$100\times(1+0.015)^{12}=100\times1.015^{12}=100\times1.2=120$(만 원)

58 답 ③

10년 후의 원리합계를 S라 하면

$S=30000\times(1+0.06)+30000\times(1+0.06)^2+$

$\qquad\qquad\qquad\qquad \cdots+30000\times(1+0.06)^{10}$

$\quad =30000\times1.06+30000\times1.06^2+\cdots+30000\times1.06^{10}$

이므로 S는 첫째항이 30000×1.06, 공비가 1.06, 항의 수

가 10인 등비수열의 합이다.

$\therefore S=\dfrac{30000\times1.06\times(1.06^{10}-1)}{1.06-1}$

$\qquad =\dfrac{3\times10^4\times1.06\times(1.8-1)}{0.06}=424000$(원)

59 답 ②

예금할 일정한 금액이 a만 원이고 2021년 말의 원리합계

를 S라 하면

$S=a+a(1+0.05)+a(1+0.05)^2+a(1+0.05)^3$

$\quad =a+a\times1.05+a\times1.05^2+a\times1.05^3$

이므로 S는 첫째항이 a, 공비가 1.05, 항의 수가 4인 등비

수열의 합이다. 이때, $S=550$이어야 하므로

$\dfrac{a(1.05^4-1)}{1.05-1}=\dfrac{a(1.22-1)}{0.05}=550$

$\therefore a=\dfrac{550\times0.05}{0.22}=125$

01 답 14

등차수열 $\{a_n\}$의 첫째항을 a, 공차를 d라 하면

$a_5-a_3=6$에서

$(a+4d)-(a+2d)=2d=6$

$\therefore d=3$

또, $a_2=2$에서

$a+d=a+3=2$

$\therefore a=-1$

따라서 $\{a_n\}=-1+(n-1)\times3=3n-4$이므로

$a_6=3\times6-4=14$

다른 풀이

등차수열 $\{a_n\}$의 공차를 d라 하면 $d=3$이므로

$a_6=a_5+d=a_4+2d=a_3+3d=a_2+4d$

$\quad=2+4\times3=14$

02 답 ④

> 등차수열 $\{a_n\}$에서 $a_2=5$, $a_7 : a_{11}=5 : 8$일 때, 처음으로 80 이상이 되는 항은?
> └→ 등차수열의 일반항은 첫째항과 공차만 알면 구할 수 있어.
> 80 이상인 항을 제k항이라 하고 k의 최솟값을 구하는 거야.
> ① 제 24 항   ② 제 25 항   ③ 제 26 항
> ④ 제 27 항   ⑤ 제 28 항

1st 등차수열 $\{a_n\}$의 일반항을 구하자.

등차수열 $\{a_n\}$의 첫째항을 a, 공차를 d라 하면

$a_2=a+d=5 \cdots \bigcirc$ 첫째항이 a이고 공차가 d인 등차수열 $\{a_n\}$의 일반항은 $a_n=a+(n-1)d$

$a_7 : a_{11}=(a+6d) : (a+10d)=5 : 8$에서

$5(a+10d)=8(a+6d)$, $5a+50d=8a+48d$

$\therefore 3a-2d=0 \cdots \bigcirc$

$\bigcirc$, $\bigcirc$을 연립하여 풀면 $a=2$, $d=3$

$\quad \bigcirc\times2+\bigcirc$에서 $a=2$, 이것을 $\bigcirc$에 대입하면 $d=3$

$\therefore a_n=2+(n-1)\times3=3n-1$

2nd 수열 $\{a_n\}$이 처음으로 80 이상이 되는 항을 구하자.

이때, 80 이상이 되는 항을 제k항이라 하면

$3k-1\geq80$에서 $k\geq27$

따라서 처음으로 80 이상이 되는 항은 제27항이다.

03 답 ③

$a_{2n}=8n+3$에서

$a_2=8\times1+3=11$, $a_4=8\times2+3=19$이므로

등차수열 $\{a_n\}$의 첫째항을 a, 공차를 d라 하면

$a_2=a+d=11 \cdots \bigcirc$

$a_4=a+3d=19 \cdots \bigcirc$

$\bigcirc$, $\bigcirc$을 연립하여 풀면

$a=7$, $d=4$

$\therefore a_{11}=a+10d=7+10\times4=47$

다른 풀이

$a_{2n}=8n+3=4(2n-1)+4+3=4(2n-1)+7$

$2n$ 대신 n을 대입하면 $a_n=4(n-1)+7$

$\therefore a_{11}=4\times10+7=47$

TIP

등차수열 $\{a_n\}$의 공차를 d라 하면 수열 $\{a_{2n}\}$도 등차수열이고 공차는 $2d$이다.
또, 등차수열의 일반항은 n에 대한 일차식이고 공차는 n의 계수이다. 즉, 이 문제에서 $a_{2n}=8n+3$이므로 수열 $\{a_{2n}\}$의 공차는 8이고 수열 $\{a_n\}$의 공차는 4이다.

04 답 ②

$f(x)=x^2+ax+b$라 하면 다항식 $f(x)$를

$x-1$, $x-3$, $x-4$로 나눈 나머지는 각각 $f(1)$, $f(3)$, $f(4)$이다.

이때, $f(1)$, $f(3)$, $f(4)$가 이 순서대로 등차수열을 이루므로

$2f(3)=f(1)+f(4)$에서

$2(9+3a+b)=(1+a+b)+(16+4a+b)$

$18+6a+2b=17+5a+2b$

$\therefore a=-1$

심플 정리

[나머지정리]

x에 대한 다항식 $f(x)$를

(1) $x-a$로 나누었을 때의 나머지는 $f(a)$이다.

(2) $ax-b$로 나누었을 때의 나머지는 $f\left(\dfrac{b}{a}\right)$이다.

05 답 ③

> 주어진 수열은 두 수 -2, 34 사이에 n개의 수를 넣어서 만든 등차수열이야.
> 수열 -2, a_1, a_2, $\cdots$, a_n, 34가 등차수열을 이루고, 그 합이 160일 때, 공차 d와 n의 값의 합은?
> ① 10   ② 11   ③ 12
> ④ 13   ⑤ 14

1st n의 값을 구하자.

수열 -2, a_1, a_2, $\cdots$, a_n, 34는 등차수열이고 항의 수가 $n+2$이다.

이때, 이 수열의 첫째항부터 제$(n+2)$항까지의 합이 160이므로 $\dfrac{(n+2)(-2+34)}{2}=160$에서

└→ 첫째항이 a, 공차가 d, 제 n 항이 l인 등차수열의 첫째항부터 제 n 항까지의 합은 $S=\dfrac{n(a+l)}{2}=\dfrac{n\{2a+(n-1)d\}}{2}$

$16(n+2)=160$, $n+2=10$

$\therefore n=8$

2nd 공차 d의 값을 구하자.

즉, 34는 제 10 항이므로 $a_{10}=34$에서

$-2+(10-1)d=34$

$9d=36 \quad \therefore d=4$

$\therefore n+d=8+4=12$

06 답 1290

6으로 나누면 3이 남는 수는

3, 9, 15, 21, 27, 33, 39, 45, 51, 57, 63, 69, 75, $\cdots$

$\cdots$ Ⅰ

8로 나누면 5가 남는 수는

5, 13, 21, 29, 37, 45, 53, 61, 69, 77, $\cdots$

$\cdots$ Ⅱ

이들의 공통인 수로 이루어진 수열은

21, 45, 69, $\cdots$

따라서 수열 $\{a_n\}$은 첫째항이 21, 공차가 24인 등차수열

이므로

$$a_1+a_2+\cdots+a_{10}=\frac{10\times\{2\times21+(10-1)\times24\}}{2}$$
$$=1290 \qquad \cdots Ⅲ$$

[채점기준표]

Ⅰ	6으로 나누면 3이 남는 수를 찾는다.	30%
Ⅱ	8로 나누면 5가 남는 수를 찾는다.	30%
Ⅲ	$a_1+a_2+\cdots+a_{10}$의 값을 구한다.	40%

TIP

자연수 d로 나누었을 때의 나머지가 a인 자연수를 작은 것부터 나열하면 첫째항이 a, 공차가 d인 등차수열이다.

즉, 6으로 나누면 3이 남는 수를 작은 수부터 차례로 나열하면 첫째항이 3, 공차가 6인 등차수열이다.

07 답 ②

등차수열 $\{a_n\}$의 첫째항을 a, 공차를 d라 하면

$a_3=a+2d=23 \cdots ㉠$

$a_8=a+7d=8 \cdots ㉡$

㉠, ㉡을 연립하여 풀면

$a=29, d=-3$

$\therefore a_n=29+(n-1)\times(-3)$
$=-3n+32$

이때, 수열 $\{a_n\}$에서 양수인 항을 제 k항이라 하면

$a_k=-3k+32>0$에서 $3k<32$

$\therefore k<\frac{32}{3}=10.\times\times\times$

수열 $\{a_n\}$은 제10항까지 양수이므로 첫째항부터 제10항까지 합 S_{10}이 S_n의 최댓값이다.

$\therefore n=10$

08 답 99

$a_{50}=S_{50}-S_{49}=50^2-49^2$
$=(50-49)(50+49)=99$

다른 풀이

$a_n=S_n-S_{n-1}=n^2-(n-1)^2=2n-1\,(n\geq2)$

$\therefore a_{50}=2\times50-1=99$

09 답 ③

주어진 등비수열의 첫째항은 2, 공비는 $\frac{1}{2}$이므로

$$a_n=2\times\left(\frac{1}{2}\right)^{n-1}=\left(\frac{1}{2}\right)^{n-2}$$

따라서 제10항은 $a_{10}=\left(\frac{1}{2}\right)^8=\frac{1}{256}$

10 답 32

첫째항이 a, 공비가 2인 등비수열 $\{a_n\}$의 일반항은

$a_n=a\times2^{n-1}$이므로

$a_3=a\times2^2=4a=8 \qquad \therefore a=2$

따라서 $a_n=2\times2^{n-1}=2^n$이므로

$a_5=2^5=32$

다른 풀이

등비수열 $\{a_n\}$의 공비를 r라 하면

$a_5=a_4\times r=a_3\times r^2$

이때, $a_3=8, r=2$이므로 $a_5=8\times2^2=32$

11 답 ③

등비수열 $\{a_n\}$의 첫째항을 a, 공비를 r라 하면

$a_2+a_3=ar+ar^2=ar(1+r)=5 \cdots ㉠$

$a_2a_3+a_2a_4=a^2r^3+a^2r^4=a^2r^3(1+r)=20 \cdots ㉡$

㉡÷㉠을 하면 $ar^2=4$

$\therefore a_1a_3a_5=a\times ar^2\times ar^4=a^3r^6=(ar^2)^3=4^3=64$

12 답 ②

세 수 a_l, a_m, a_n이 이 순서대로 등차수열을 이루면 $m=\frac{l+n}{2}$이야.

공차가 6인 등차수열 $\{a_n\}$에 대하여 세 항 a_2, a_k, a_8은 이 순서대로 등차수열을 이루고, 세 항 a_1, a_2, a_k는 이 순서대로 등비수열을 이룬다. $k+a_1$의 값은?

세 수 a, b, c가 이 순서대로 등비수열을 이루면 $b^2=ac$야.

① 7　　　② 8　　　③ 9

④ 10　　　⑤ 11

1st 등차중항을 이용하여 k의 값을 구하자.

a_2, a_k, a_8이 순서대로 등차수열을 이루므로

$k=\frac{2+8}{2}=5$

a_k가 a_2, a_8의 등차중항이므로 k는 두 수 2, 8의 평균값이어야 해.

2nd 등비중항을 이용하여 a_1의 값을 구하자.

$a_2=a_1+6, a_5=a_1+24$이고 수열 $\{a_n\}$은 첫째항이 a_1, 공차가 6인 등차수열이야.

이때, a_1, a_2, a_5가 이 순서대로 등비수열을 이루므로

$a_2{}^2=a_1\times a_5$에서

세 수 a, b, c가 이 순서대로 등비수열을 이루면 b를 a, b의 등비중항이라 하고 $b^2=ac$가 성립해.

$(a_1+6)^2=a_1\times(a_1+24)$

$a_1{}^2+12a_1+36=a_1{}^2+24a_1$

$12a_1=36 \qquad \therefore a_1=3$

$\therefore k+a_1=5+3=8$

13 답 ①

등비수열 2, x_1, x_2, $\cdots$, 32의 첫째항은 2이고 제n항이 32
이므로 공비를 r라 하면

$a_n = 2r^{n-1} = 32$

$\therefore r^{n-1} = 16 \cdots$ ㉠

$S_n = \dfrac{2(1-r^n)}{1-r} = \dfrac{2(1-r \times r^{n-1})}{1-r}$

$\qquad = \dfrac{2(1-16r)}{1-r} (\because$ ㉠$) = 22$

이므로 $1-16r = 11(1-r)$

$5r = -10 \qquad \therefore r = -2$

14 답 96

$\log_2(S_n - 3) = n$에서 $S_n = 2^n + 3$

$a_6 + a_7 = S_7 - S_5 = (2^7 + 3) - (2^5 + 3) = 2^7 - 2^5 = 96$

[다른 풀이]

(ⅰ) $n \geq 2$일 때,

$\quad a_n = S_n - S_{n-1} = 2^n + 3 - (2^{n-1} + 3)$

$\qquad = 2^n - 2^{n-1} = 2^{n-1}$

(ⅱ) $n = 1$일 때, $a_1 = S_1 = 2^1 + 3 = 5$

따라서 $a_n = \begin{cases} 5 & (n=1) \\ 2^{n-1} & (n \geq 2) \end{cases}$ 이므로

$a_6 = 2^5 = 32$, $a_7 = 2^6 = 64$

$\therefore a_6 + a_7 = 96$

> **심플 정리**
>
> **[로그의 정의]**
>
> 임의의 양수 b에 대하여 $a^x = b (a > 0, a \neq 1)$인 실수 x는
> 오직 하나 존재한다. 이때, $x = \log_a b$로 나타내고 $\log_a b$
> 에서 a를 밑, b를 진수라 한다.

15 답 ①

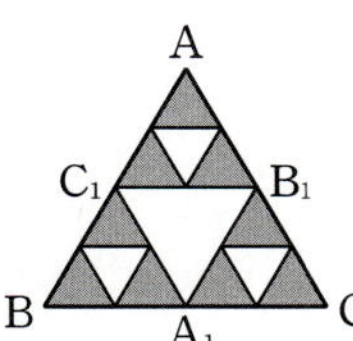

한 변의 길이가 4인 정삼각형
모양의 종이 ABC의 세 변의
중점을 연결하여 만든 정삼
각형 $A_1 B_1 C_1$을 오려내고 남
은 부분의 넓이를 a_1이라 하자.

오려내고 남은 부분이 전체에서 얼마나 차지하고 있는지 알아야 해.

정삼각형 $A_1 B_1 C_1$을 오려내고 남은 세 정삼각형
$AC_1 B_1$, $C_1 BA_1$, $B_1 A_1 C$에서 각각 세 변의 중점을
연결하여 만든 정삼각형을 오려내고 남은 부분의 넓
이를 a_2라 하자.

이와 같은 방법으로 10회 반복한 후 남은 정삼각형의
넓이 a_{10}의 값은? 일정한 비율의 정삼각형을 오려내니까 각 시행마다
남게 되는 종이의 넓이는 등비수열을 이뤄.

① $\sqrt{3} \times \dfrac{3^{10}}{4^9}$ ② $\sqrt{3} \times \dfrac{3^9}{4^9}$ ③ $\dfrac{3^{10}}{4^9}$

④ $\dfrac{3^9}{4^9}$ ⑤ $\dfrac{\sqrt{3}}{3} \times \dfrac{3^{10}}{4^{10}}$

1st 한 번의 시행으로 남게 되는 종이의 넓이와 시행하기 전의 넓이
를 비교하자.

한 번의 시행으로 남아 있는 종이의 넓이는 시행하기 전의
정삼각형의 넓이의 $\dfrac{3}{4}$이다.

2nd n회 시행 후 남아 있는 종이의 넓이를 구하고 a_{10}의 값을 구하자.

이때, 정삼각형 ABC의 넓이는

$\dfrac{\sqrt{3}}{4} \times 4^2 = 4\sqrt{3}$이므로

한 변의 길이가 a인 정삼각형의 넓이는 $\dfrac{\sqrt{3}}{4} a^2$

1회 시행 후 남아 있는 종이의 넓이는 그 전의 넓이의 $\dfrac{3}{4}$이
므로 $a_1 = \dfrac{3}{4} \times 4\sqrt{3} = 3\sqrt{3}$

2회 시행 후 남아 있는 종이의 넓이는 그 전의 넓이의 $\dfrac{3}{4}$이
므로 $a_2 = \dfrac{3}{4} \times 3\sqrt{3} = \dfrac{9}{4}\sqrt{3}$

$\vdots$

따라서 n회 시행 후 남아 있는 종이의 넓이는

$a_n = \left(\dfrac{3}{4}\right)^n \times 4\sqrt{3}$이므로 10회 시행 후 남아 있는 종이의

수열 $\{a_n\}$은 첫째항이 $3\sqrt{3}$이고 공비가 $\dfrac{3}{4}$인 등비수열이야.

넓이 a_{10}은 $a_{10} = \left(\dfrac{3}{4}\right)^{10} \times 4\sqrt{3} = \sqrt{3} \times \dfrac{3^{10}}{4^9}$

16 답 ④

$10 \times (1+0.01) + 10 \times (1+0.01)^2$

$\qquad\qquad\qquad + \cdots + 10 \times (1+0.01)^{12}$

$= 10 \times 1.01 + 10 \times 1.01^2 + \cdots + 10 \times 1.01^{12}$

$= \dfrac{10 \times 1.01 \times (1.01^{12} - 1)}{1.01 - 1} = 1010 \times (1.13 - 1)$

$= 1010 \times 0.13 = 131.3$(만 원)

01 답 10, k

02 답 30, 11

03 답 6

04 답 $3k$

05 답 190

06 답 $\bigcirc$

07 답 $\times$

08 답 $\bigcirc$

09 답 $\times$

10 답 $\bigcirc$

11 답 $\displaystyle\sum_{k=1}^{50}\dfrac{1}{k}$

12 답 $\displaystyle\sum_{k=1}^{5}2$

13 답 $\displaystyle\sum_{k=1}^{10}(2k+1)^2$

14 답 $\displaystyle\sum_{k=1}^{n}2^k$

15 답 $2+3+4+\cdots+11$

16 답 $1+3+3^2+\cdots+3^9$

17 답 $2^3+3^3+4^3+5^3+6^3$

18 답 $2\times3+3\times4+4\times5+\cdots+10\times11$

19 답 55

$$\sum_{k=1}^{10}(a_k+b_k)=\sum_{k=1}^{10}a_k+\sum_{k=1}^{10}b_k=35+20=55$$

20 답 15

$$\sum_{k=1}^{10}(a_k-b_k)=\sum_{k=1}^{10}a_k-\sum_{k=1}^{10}b_k=35-20=15$$

21 답 30

$$\sum_{k=1}^{10}(2a_k-3b_k+2)$$
$$=2\sum_{k=1}^{10}a_k-3\sum_{k=1}^{10}b_k+\sum_{k=1}^{10}2$$
$$=2\times35-3\times20+2\times10=30$$

22 답 57

$$\sum_{k=1}^{10}(a_k+2)^2=\sum_{k=1}^{10}\{(a_k)^2+4a_k+4\}$$
$$=\sum_{k=1}^{10}(a_k)^2+4\sum_{k=1}^{10}a_k+\sum_{k=1}^{10}4$$
$$=5+4\times3+4\times10=57$$

23 답 9

$$\sum_{k=1}^{10}(a_k-1)^2=\sum_{k=1}^{10}\{(a_k)^2-2a_k+1\}$$
$$=\sum_{k=1}^{10}(a_k)^2-2\sum_{k=1}^{10}a_k+\sum_{k=1}^{10}1$$
$$=5-2\times3+1\times10=9$$

24 답 74

$$\sum_{k=1}^{10}(2a_k-3)^2=\sum_{k=1}^{10}\{4(a_k)^2-12a_k+9\}$$
$$=4\sum_{k=1}^{10}(a_k)^2-12\sum_{k=1}^{10}a_k+\sum_{k=1}^{10}9$$
$$=4\times5-12\times3+9\times10=74$$

25 답 ④

$$\sum_{k=1}^{15}a_k=a_1+a_2+\cdots+a_{14}+a_{15}\text{이고}$$
$$\sum_{k=1}^{14}a_k=a_1+a_2+\cdots+a_{14}\text{이므로}$$
$$a_{15}=\sum_{k=1}^{15}a_k-\sum_{k=1}^{14}a_k=7$$

26 답 ②

$$\sum_{k=2}^{10}a_k=a_2+a_3+\cdots+a_9+a_{10}\text{이고}$$
$$\sum_{k=1}^{9}a_k=a_1+a_2+\cdots+a_9\text{이므로}$$
$$a_{10}-a_1=\sum_{k=2}^{10}a_k-\sum_{k=1}^{9}a_k$$
$$=4-5=-1$$

27 답 ③

$$③ \ 1+5+5^2+\cdots+5^n=\sum_{k=1}^{n+1}5^{k-1}$$

28 답 ①

$$\sum_{k=1}^{n}(a_{2k-1}+a_{2k})=n^2\text{에서}$$
$$(a_1+a_2)+(a_3+a_4)+\cdots+(a_{2n-1}+a_{2n})=n^2$$
즉, $\displaystyle\sum_{k=1}^{2n}a_k=n^2$이므로 양변에 $n=5$를 대입하면
$$\sum_{k=1}^{10}a_k=5^2=25$$

29 답 ④

$$\sum_{k=1}^{n}(k+3)^2-\sum_{k=1}^{n}(k^2+6k)$$
$$=\sum_{k=1}^{n}(k^2+6k+9)-\sum_{k=1}^{n}(k^2+6k)$$
$$=\sum_{k=1}^{n}\{k^2+6k+9-(k^2+6k)\}$$
$$=\sum_{k=1}^{n}9=9n$$

30 답 ③

$$\sum_{k=1}^{10}(a_k+1)^2=\sum_{k=1}^{10}\{(a_k)^2+2a_k+1\}$$
$$=\sum_{k=1}^{10}(a_k)^2+2\sum_{k=1}^{10}a_k+\sum_{k=1}^{10}1$$
$$=\sum_{k=1}^{10}(a_k)^2+2\times(-10)+1\times10$$
$$=\sum_{k=1}^{10}(a_k)^2-10=35$$
$$\therefore \sum_{k=1}^{10}(a_k)^2=45$$

31 답 ④

$$\sum_{k=1}^{n}\{(a_k)^2+(b_k)^2\}=\sum_{k=1}^{n}\{(a_k+b_k)^2-2a_kb_k\}$$
$$=\sum_{k=1}^{n}(a_k+b_k)^2-2\sum_{k=1}^{n}a_kb_k$$
$$=30-2\times5=20$$

32 답 ①

$$\sum_{k=3}^{n}(k^2+4)=\sum_{k=1}^{n}(k^2+4)-\sum_{k=1}^{2}(k^2+4)$$
$$=\sum_{k=1}^{n}(k^2+4)-\{(1^2+4)+(2^2+4)\}$$
$$=\sum_{k=1}^{n}(k^2+4)-13$$
$$\therefore \sum_{k=1}^{n}(k+1)^2-\sum_{k=3}^{n}(k^2+4)$$
$$=\sum_{k=1}^{n}(k+1)^2-\left\{\sum_{k=1}^{n}(k^2+4)-13\right\}$$
$$=\sum_{k=1}^{n}\{(k^2+2k+1)-(k^2+4)\}+13$$
$$=\sum_{k=1}^{n}(2k-3)+13$$

따라서 $a=2$, $b=-3$, $c=13$이므로
$a+b+c=2+(-3)+13=12$

33 답 ①

첫째항이 -3이고 공차가 4인 등차수열 $\{a_n\}$의 일반항은
$a_n=-3+(n-1)\times4=4n-7$

이때, $\displaystyle\sum_{k=5}^{10}a_k=\sum_{k=1}^{10}a_k-\sum_{k=1}^{4}a_k$이므로 구하는 값은 등차수열 $\{a_n\}$
의 첫째항부터 제10항까지의 합에서 첫째항부터 제4항까
지의 합을 뺀 것과 같다.

$$\therefore \sum_{k=5}^{10}a_k$$
$$=\sum_{k=1}^{10}a_k-\sum_{k=1}^{4}a_k$$
$$=\frac{10\times\{2\times(-3)+9\times4\}}{2}-\frac{4\times\{2\times(-3)+3\times4\}}{2}$$
$$=150-12=138$$

다른 풀이

$a_n=-3+(n-1)\times4=4n-7$이므로
$\displaystyle\sum_{k=1}^{n}k=\frac{n(n+1)}{2}$임을 이용하면

$$\sum_{k=5}^{10}(4k-7)=\sum_{k=1}^{10}(4k-7)-\sum_{k=1}^{4}(4k-7)$$
$$=4\times\frac{10\times11}{2}-7\times10-\left(4\times\frac{4\times5}{2}-7\times4\right)$$
$$=138$$

34 답 ②

공차가 2인 등차수열 $\{a_n\}$의 첫째항을 a라 하면
$\displaystyle\sum_{k=1}^{20}a_k$는 등차수열 $\{a_n\}$의 첫째항부터 제20항까지의
합이므로 $\displaystyle\sum_{k=1}^{20}a_k=\frac{20(2a+19\times2)}{2}=20a+380=480$에서
$20a=100$ $\therefore a=5$
따라서 등차수열 $\{a_n\}$의 첫째항이 5, 공차가 2이므로
$a_n=5+(n-1)\times2=2n+3$
$\therefore a_5=2\times5+3=13$

다른 풀이

공차가 2인 등차수열 $\{a_n\}$의 일반항을 상수 p에 대하여
$a_n=2n+p$라 하면
$$\sum_{k=1}^{20}(2k+p)=2\sum_{k=1}^{20}k+\sum_{k=1}^{20}p$$
$$=2\times\frac{20\times21}{2}+p\times20$$
$$=420+20p=480$$
따라서 $p=3$이므로 $a_n=2n+3$
$\therefore a_5=2\times5+3=13$

35 답 ②

$$\sum_{k=1}^{10}a_k+\sum_{k=1}^{10}b_k$$
$$=(a_1+a_2+a_3+\cdots+a_{10})+(b_1+b_2+b_3+\cdots+b_{10})$$
$$=\frac{10(a_1+a_{10})}{2}+\frac{10(b_1+b_{10})}{2}$$
$$=5(a_1+a_{10})+5(b_1+b_{10})$$
$$=5\{(a_1+b_1)+(a_{10}+b_{10})\}$$
$$=5\times(20+50)=350$$

다른 풀이

$$\sum_{k=1}^{10}a_k+\sum_{k=1}^{10}b_k=\sum_{k=1}^{10}(a_k+b_k)$$
$$=\frac{10\{(a_1+b_1)+(a_{10}+b_{10})\}}{2}$$
$$=\frac{10\times(20+50)}{2}=350$$

36 답 ④

첫째항이 1인 등차수열 $\{a_n\}$의 공차를 d라 하면

$a_5=1+4d=13$에서 $4d=12$ $\quad\therefore d=3$

즉, $a_n=1+(n-1)\times3=3n-2$이므로

$a_{2n}=3\times2n-2=6n-2\cdots\bigcirc$

따라서 수열 $\{a_{2n}\}$은 첫째항이 $a_2=6\times1-2=4$이고 공차

가 6인 등차수열이다. 이때, $\displaystyle\sum_{k=1}^{2n}a_{2k}$는 등차수열 $\{a_{2n}\}$의 첫

째항부터 제$2n$항까지의 합이므로

$$\sum_{k=1}^{2n}a_{2k}=\frac{2n\{2\times4+(2n-1)\times6\}}{2}=12n^2+2n$$

다른 풀이

$\bigcirc$에서 $a_{2k}=6k-2$이므로

$\displaystyle\sum_{k=1}^{n}k=\frac{n(n+1)}{2}$임을 이용하면

$$\sum_{k=1}^{2n}a_{2k}=\sum_{k=1}^{2n}(6k-2)=6\times\frac{2n(2n+1)}{2}-2\times2n$$
$$=12n^2+2n$$

37 답 ③

$\displaystyle\sum_{k=1}^{6}2^k$은 첫째항이 2이고 공비가 2인 등비수열의 첫째항부터

제6항까지의 합이므로

$$\sum_{k=1}^{6}2^k=\frac{2\times(2^6-1)}{2-1}=126$$

38 답 ④

등비수열 $\{a_n\}$의 첫째항을 a, 공비를 r라 하면

$a_2=ar=3\cdots\bigcirc$

$a_4=ar^3=27\cdots\bigcirc\bigcirc$

$\bigcirc\bigcirc\div\bigcirc$에서 $r^2=9$ $\quad\therefore r=3(\because r>0)$

$\bigcirc$에서 $a=1$

즉, $a_n=1\times3^{n-1}=3^{n-1}$이므로

$a_{2n}=3^{2n-1}=3\times3^{2(n-1)}=3\times9^{n-1}$

따라서 수열 $\{a_{2n}\}$은 첫째항이 $3\times9^0=3$이고 공비가 9인

등비수열이다. 이때, $\displaystyle\sum_{k=1}^{10}a_{2k}$는 등비수열 $\{a_{2n}\}$의 첫째항부터

제10항까지의 합이므로

$$\sum_{k=1}^{10}a_{2k}=\frac{3\times(9^{10}-1)}{9-1}=\frac{3\times(9^{10}-1)}{8}$$

39 답 ②

$\log_2 a_n=2n-1$이므로

$a_n=2^{2n-1}=2\times2^{2(n-1)}=2\times4^{n-1}$

따라서 수열 $\{a_n\}$은 첫째항이 $2\times4^0=2$, 공비가 4인 등비

수열이므로

$$\sum_{k=1}^{10}a_k=\frac{2\times(4^{10}-1)}{4-1}=\frac{2\times(2^{20}-1)}{3}$$
$$=\frac{2^{21}-2}{3}$$

$\therefore p=21$

40 답 ③

수열 $\{a_n\}$의 첫째항을 a, 공비를 r라 하면 수열 $\{a_{2n-1}\}$은

첫째항이 a이고 공비가 r^2인 등비수열이고 수열 $\{a_{2n}\}$은

첫째항이 ar이고 공비가 r^2인 등비수열이므로

$$\sum_{k=1}^{20}a_{2k-1}=\frac{a\{1-(r^2)^{20}\}}{1-r^2}=\frac{a(1-r^{40})}{1-r^2}=80\cdots\bigcirc$$
$$\sum_{k=1}^{20}a_{2k}=\frac{ar\{1-(r^2)^{20}\}}{1-r^2}=\frac{ar(1-r^{40})}{1-r^2}=40\cdots\bigcirc\bigcirc$$

$\bigcirc\bigcirc\div\bigcirc$을 하면 $r=\dfrac{1}{2}$

다른 풀이

등비수열 $\{a_n\}$의 첫째항을 a, 공비를 r라 하면

$$\sum_{k=1}^{20}a_{2k-1}+\sum_{k=1}^{20}a_{2k}=80+40=120에서$$
$$\sum_{k=1}^{20}a_{2k-1}+\sum_{k=1}^{20}a_{2k}=\sum_{k=1}^{20}(a_{2k-1}+a_{2k})$$
$$=(a_1+a_2)+(a_3+a_4)+\cdots+(a_{39}+a_{40})$$
$$=\sum_{k=1}^{40}a_k=\frac{a(1-r^{40})}{1-r}$$
$$=120\cdots\bigcirc\bigcirc\bigcirc$$

한편, 수열 $\{a_{2n-1}\}$은 첫째항이 a이고 공비가 r^2인 등비수

열이므로

$$\sum_{k=1}^{20}a_{2k-1}=\frac{a\{1-(r^2)^{20}\}}{1-r^2}=\frac{a(1-r^{40})}{1-r^2}$$
$$=\frac{a(1-r^{40})}{(1+r)(1-r)}=80\cdots\textcircled{\tiny ㄹ}$$

$\bigcirc\bigcirc\bigcirc$을 $\textcircled{\tiny ㄹ}$에 대입하면 $120\times\dfrac{1}{1+r}=80$에서

$\dfrac{1}{1+r}=\dfrac{2}{3}$, $2+2r=3$ $\quad\therefore r=\dfrac{1}{2}$

Simple S 여러 가지 수열의 합

[개념 CHECK + 연산 연습] pp. 144~145

01 답 5, 5, 15

02 답 5, 5, 5, 2, 55

03 답 k^3, 5, 5, 225

04 답 2

05 답 k, $k+1$

06 답 ×

07 답 ×

08 답 ×

09 답 ○

10 답 ×

11 답 210

$$1+2+3+\cdots+20=\sum_{k=1}^{20}k=\frac{20\times(20+1)}{2}=210$$

12 답 385

$$1^2+2^2+3^2+\cdots+10^2=\sum_{k=1}^{10}k^2$$
$$=\frac{10\times(10+1)(2\times10+1)}{6}=385$$

13 답 3025

$$1^3+2^3+3^3+\cdots+10^3=\sum_{k=1}^{10}k^3=\left\{\frac{10\times(10+1)}{2}\right\}^2$$
$$=3025$$

14 답 65

$$\sum_{k=1}^{10}(k+1)=\sum_{k=1}^{10}k+\sum_{k=1}^{10}1=\frac{10\times(10+1)}{2}+1\times10=65$$

15 답 80

$$\sum_{k=1}^{10}(2k-3)=2\sum_{k=1}^{10}k-\sum_{k=1}^{10}3$$
$$=2\times\frac{10\times(10+1)}{2}-3\times10=80$$

16 답 70

$$\sum_{k=1}^{5}k(k+1)=\sum_{k=1}^{5}(k^2+k)=\sum_{k=1}^{5}k^2+\sum_{k=1}^{5}k$$
$$=\frac{5\times(5+1)(2\times5+1)}{6}+\frac{5\times(5+1)}{2}$$
$$=70$$

17 답 35

$$\sum_{k=1}^{5}(k-2)(k+2)=\sum_{k=1}^{5}(k^2-4)=\sum_{k=1}^{5}k^2-\sum_{k=1}^{5}4$$
$$=\frac{5\times(5+1)(2\times5+1)}{6}-4\times5=35$$

18 답 $\dfrac{2}{5}$

$$\sum_{k=1}^{8}\left(\frac{1}{k+1}-\frac{1}{k+2}\right)$$
$$=\left(\frac{1}{2}-\frac{1}{3}\right)+\left(\frac{1}{3}-\frac{1}{4}\right)+\left(\frac{1}{4}-\frac{1}{5}\right)+\cdots+\left(\frac{1}{9}-\frac{1}{10}\right)$$
$$=\frac{1}{2}-\frac{1}{10}$$
$$=\frac{2}{5}$$

19 답 $\dfrac{5}{6}$

$$\sum_{k=1}^{5}\frac{1}{k(k+1)}$$
$$=\sum_{k=1}^{5}\left(\frac{1}{k}-\frac{1}{k+1}\right)$$
$$=\left(1-\frac{1}{2}\right)+\left(\frac{1}{2}-\frac{1}{3}\right)+\left(\frac{1}{3}-\frac{1}{4}\right)+\left(\frac{1}{4}-\frac{1}{5}\right)+\left(\frac{1}{5}-\frac{1}{6}\right)$$
$$=1-\frac{1}{6}$$
$$=\frac{5}{6}$$

20 답 $\dfrac{7}{15}$

$$\frac{1}{1\times3}+\frac{1}{3\times5}+\frac{1}{5\times7}+\cdots+\frac{1}{13\times15}$$
$$=\frac{1}{2}\left(\frac{2}{1\times3}+\frac{2}{3\times5}+\frac{2}{5\times7}+\cdots+\frac{2}{13\times15}\right)$$
$$=\frac{1}{2}\left\{\left(1-\frac{1}{3}\right)+\left(\frac{1}{3}-\frac{1}{5}\right)+\left(\frac{1}{5}-\frac{1}{7}\right)+\cdots+\left(\frac{1}{13}-\frac{1}{15}\right)\right\}$$
$$=\frac{1}{2}\left(1-\frac{1}{15}\right)$$
$$=\frac{7}{15}$$

21 답 2

$$\sum_{k=1}^{8}(\sqrt{k+1}-\sqrt{k})$$
$$=(\sqrt{2}-\sqrt{1})+(\sqrt{3}-\sqrt{2})+(\sqrt{4}-\sqrt{3})+\cdots+(\sqrt{9}-\sqrt{8})$$
$$=\sqrt{9}-\sqrt{1}$$
$$=2$$

22 답 2

$$\sum_{k=3}^{14}\frac{1}{\sqrt{k+1}+\sqrt{k+2}}$$
$$=\sum_{k=3}^{14}\frac{\sqrt{k+1}-\sqrt{k+2}}{(\sqrt{k+1}+\sqrt{k+2})(\sqrt{k+1}-\sqrt{k+2})}$$
$$=\sum_{k=3}^{14}(\sqrt{k+2}-\sqrt{k+1})$$
$$=(\sqrt{5}-\sqrt{4})+(\sqrt{6}-\sqrt{5})+(\sqrt{7}-\sqrt{6})+\cdots+(\sqrt{16}-\sqrt{15})$$
$$=\sqrt{16}-\sqrt{4}=2$$

23 답 9

$$\frac{1}{1+\sqrt{2}}+\frac{1}{\sqrt{2}+\sqrt{3}}+\frac{1}{\sqrt{3}+\sqrt{4}}+\cdots+\frac{1}{\sqrt{99}+\sqrt{100}}$$
$$=(\sqrt{2}-1)+(\sqrt{3}-\sqrt{2})+(\sqrt{4}-\sqrt{3})+\cdots+(\sqrt{100}-\sqrt{99})$$
$$=\sqrt{100}-1=9$$

24 답 6

$$\frac{2}{\sqrt{3}+1}+\frac{2}{\sqrt{5}+\sqrt{3}}+\frac{2}{\sqrt{7}+\sqrt{5}}+\cdots+\frac{2}{\sqrt{49}+\sqrt{47}}$$
$$=(\sqrt{3}-1)+(\sqrt{5}-\sqrt{3})+(\sqrt{7}-\sqrt{5})+\cdots+(\sqrt{49}-\sqrt{47})$$
$$=\sqrt{49}-1=6$$

25 답 ④

$$\sum_{k=1}^{n}(2k-3)=2\times\frac{n(n+1)}{2}-3\times n$$
$$=n^2-2n=224$$
$$n^2-2n-224=0,\ (n+14)(n-16)=0$$
$$\therefore n=-14 \text{ 또는 } n=16$$
이때, n은 자연수이므로 $n=16$

26 답 ④

$$\sum_{k=1}^{10}(k+2)^2-\sum_{k=1}^{10}(k^2+3)$$
$$=\sum_{k=1}^{10}(k^2+4k+4)-\sum_{k=1}^{10}(k^2+3)$$
$$=\sum_{k=1}^{10}\{(k^2+4k+4)-(k^2+3)\}$$
$$=\sum_{k=1}^{10}(4k+1)=4\sum_{k=1}^{10}k+\sum_{k=1}^{10}1$$
$$=4\times\frac{10\times11}{2}+1\times10=230$$

27 답 ④

$$\sum_{k=1}^{10}(k^2-k+1)+\sum_{i=1}^{10}(i^2+i-1)$$
$$=\sum_{k=1}^{10}(k^2-k+1)+\sum_{k=1}^{10}(k^2+k-1)$$
$$=\sum_{k=1}^{10}\{(k^2-k+1)+(k^2+k-1)\}$$
$$=\sum_{k=1}^{10}2k^2=2\sum_{k=1}^{10}k^2$$
$$=2\times\frac{10\times11\times21}{6}=770$$

28 답 ⑤

$$\sum_{k=1}^{10}(k^3+3k)=\sum_{k=1}^{10}k^3+3\sum_{k=1}^{10}k$$
$$=\left(\frac{10\times11}{2}\right)^2+3\times\frac{10\times11}{2}=3190$$

29 답 ⑤

$$\sum_{k=1}^{n}a_k=n^2+4n \text{이므로}$$
$$a_{25}=\sum_{k=1}^{25}a_k-\sum_{k=1}^{24}a_k=(25^2+4\times25)-(24^2+4\times24)$$
$$=725-672=53$$

$n\geq2$일 때,
$$a_n=\sum_{k=1}^{n}a_k-\sum_{k=1}^{n-1}a_k=(n^2+4n)-\{(n-1)^2+4(n-1)\}$$
$$=2n+3$$
$$\therefore a_{25}=2\times25+3=53$$

TIP

다른 풀이에서 $n\geq2$일 때, $a_n=2n+3$이고
$a_1=\sum_{k=1}^{1}a_k=1^2+4\times1=5$이므로 수열 $\{a_n\}$의 일반항은
$a_n=2n+3(n\geq1)$이다.

30 답 200

$$S_n=\sum_{k=1}^{n}a_k=n(n+1)=n^2+n \text{이라 하면}$$
(i) $n=1$일 때 $a_1=S_1=2$
(ii) $n\geq2$일 때
$$a_n=S_n-S_{n-1}$$
$$=(n^2+n)-\{(n-1)^2+(n-1)\}=2n\ \cdots\ \bigcirc$$
$\bigcirc$의 양변에 $n=1$을 대입하면 $a_1=2$
$$\therefore a_n=2n(n\geq1)$$
따라서 $a_{2k-1}=2(2k-1)=4k-2$이므로
$$\sum_{k=1}^{10}a_{2k-1}=\sum_{k=1}^{10}(4k-2)=4\times\frac{10\times11}{2}-2\times10$$
$$=220-20=200$$

31 답 ①

$$S_n=\sum_{k=1}^{n}a_k=n(n-2)=n^2-2n \text{이라 하면}$$
(i) $n=1$일 때 $a_1=S_1=-1$
(ii) $n\geq2$일 때
$$a_n=S_n-S_{n-1}$$
$$=(n^2-2n)-\{(n-1)^2-2(n-1)\}$$
$$=2n-3\ \cdots\ \bigcirc$$
$\bigcirc$의 양변에 $n=1$을 대입하면 $a_1=-1$
$$\therefore a_n=2n-3(n\geq1)$$
따라서 $a_{3k}=6k-3$이므로
$$\sum_{k=1}^{10}ka_{3k}=\sum_{k=1}^{10}k(6k-3)=\sum_{k=1}^{10}(6k^2-3k)$$
$$=6\times\frac{10\times11\times21}{6}-3\times\frac{10\times11}{2}$$
$$=2310-165=2145$$

32 답 ③

$$S_n=\sum_{k=1}^{n}a_k=\frac{n}{n+1} \text{이라 하면}$$
(i) $n=1$일 때 $a_1=S_1=\frac{1}{1+1}=\frac{1}{2}$
(ii) $n\geq2$일 때
$$a_n=S_n-S_{n-1}=\frac{n}{n+1}-\frac{n-1}{n}$$
$$=\frac{n^2-(n-1)(n+1)}{n(n+1)}=\frac{1}{n(n+1)}\ \cdots\ \bigcirc$$

㉠의 양변에 $n=1$을 대입하면 $a_1=\dfrac{1}{2}$

따라서 $a_n=\dfrac{1}{n(n+1)}\,(n\geq 1)$이므로 $\dfrac{1}{a_n}=n(n+1)$

$\therefore \displaystyle\sum_{k=1}^{20}\dfrac{1}{a_k}=\sum_{k=1}^{20}k(k+1)=\sum_{k=1}^{20}k^2+\sum_{k=1}^{20}k$
$$=\dfrac{20\times 21\times 41}{6}+\dfrac{20\times 21}{2}=3080$$

33 답 201

$\dfrac{1}{1\times 2}+\dfrac{1}{2\times 3}+\dfrac{1}{3\times 4}+\cdots+\dfrac{1}{100\times 101}$

$=\left(\dfrac{1}{1}-\dfrac{1}{2}\right)+\left(\dfrac{1}{2}-\dfrac{1}{3}\right)+\left(\dfrac{1}{3}-\dfrac{1}{4}\right)+\cdots+\left(\dfrac{1}{100}-\dfrac{1}{101}\right)$

$=1-\dfrac{1}{101}=\dfrac{100}{101}$

따라서 $a=101,\ b=100$이므로 $a+b=101+100=201$

심플 정리

[부분분수]

(1) $\dfrac{1}{AB}=\dfrac{1}{B-A}\left(\dfrac{1}{A}-\dfrac{1}{B}\right)$

(2) $\dfrac{1}{ABC}=\dfrac{1}{C-A}\left(\dfrac{1}{AB}-\dfrac{1}{BC}\right)$

---

34 답 ②

$\displaystyle\sum_{k=2}^{10}\dfrac{1}{k^2-1}=\sum_{k=2}^{10}\dfrac{1}{(k-1)(k+1)}$

$=\displaystyle\sum_{k=2}^{10}\dfrac{1}{2}\left(\dfrac{1}{k-1}-\dfrac{1}{k+1}\right)$

$=\dfrac{1}{2}\left\{\left(1-\dfrac{1}{3}\right)+\left(\dfrac{1}{2}-\dfrac{1}{4}\right)+\left(\dfrac{1}{3}-\dfrac{1}{5}\right)\right.$

$\left.\qquad\qquad +\cdots+\left(\dfrac{1}{8}-\dfrac{1}{10}\right)+\left(\dfrac{1}{9}-\dfrac{1}{11}\right)\right\}$

$=\dfrac{1}{2}\left(1+\dfrac{1}{2}-\dfrac{1}{10}-\dfrac{1}{11}\right)=\dfrac{36}{55}$

35 답 ①

$\dfrac{2}{\sqrt{k-1}+\sqrt{k+1}}=\dfrac{2(\sqrt{k-1}-\sqrt{k+1})}{k-1-(k+1)}$

$\qquad\qquad\qquad =\sqrt{k+1}-\sqrt{k-1}$

$\therefore \displaystyle\sum_{k=1}^{80}\dfrac{2}{\sqrt{k-1}+\sqrt{k+1}}$

$=\displaystyle\sum_{k=1}^{80}(\sqrt{k+1}-\sqrt{k-1})$

$=(\sqrt{2}-0)+(\sqrt{3}-1)+(\sqrt{4}-\sqrt{2})$

$\qquad\qquad +\cdots+(\sqrt{80}-\sqrt{78})+(\sqrt{81}-\sqrt{79})$

$=0-1+\sqrt{80}+\sqrt{81}=4\sqrt{5}+8$

따라서 $a=4,\ b=8$이므로 $a+b=4+8=12$

36 답 ③

$a_n=\dfrac{1}{\sqrt{2n-1}+\sqrt{2n+1}}=\dfrac{\sqrt{2n-1}-\sqrt{2n+1}}{2n-1-(2n+1)}$

$\qquad =\dfrac{1}{2}(\sqrt{2n+1}-\sqrt{2n-1})$

수열 $\{a_n\}$의 첫째항부터 제k항까지의 합을 S_k라 하면

$S_k=\displaystyle\sum_{n=1}^{k}a_n=\sum_{n=1}^{k}\dfrac{1}{2}(\sqrt{2n+1}-\sqrt{2n-1})$

$=\dfrac{1}{2}\{(\sqrt{3}-1)+(\sqrt{5}-\sqrt{3})+\cdots+(\sqrt{2k+1}-\sqrt{2k-1})\}$

$=\dfrac{1}{2}(\sqrt{2k+1}-1)$

즉, $\dfrac{1}{2}(\sqrt{2k+1}-1)=5$에서 $\sqrt{2k+1}-1=10$

$\sqrt{2k+1}=11,\ 2k+1=121,\ 2k=120$

$\therefore k=60$

37 답 ②

$1+\dfrac{1}{1+2}+\dfrac{1}{1+2+3}+\cdots+\dfrac{1}{1+2+\cdots+20}$에서

n번째 항을 a_n이라 하면

$a_n=\dfrac{1}{1+2+3+\cdots+n}=\dfrac{1}{\displaystyle\sum_{k=1}^{n}k}=\dfrac{1}{\dfrac{n(n+1)}{2}}$

$\qquad =\dfrac{2}{n(n+1)}=2\left(\dfrac{1}{n}-\dfrac{1}{n+1}\right)$

따라서 주어진 식의 값은

$\displaystyle\sum_{n=1}^{20}a_n=2\sum_{n=1}^{20}\left(\dfrac{1}{n}-\dfrac{1}{n+1}\right)$

$=2\left\{\left(\dfrac{1}{1}-\dfrac{1}{2}\right)+\left(\dfrac{1}{2}-\dfrac{1}{3}\right)+\cdots+\left(\dfrac{1}{20}-\dfrac{1}{21}\right)\right\}$

$=2\left(1-\dfrac{1}{21}\right)=\dfrac{40}{21}$

38 답 ③

주어진 수열의 일반항을 a_n이라 하면

$a_n=\dfrac{2}{(2n+1)^2-1}=\dfrac{2}{4n^2+4n}=\dfrac{1}{2n(n+1)}$

따라서 주어진 수열의 첫째항부터 제15항까지의 합은

$\displaystyle\sum_{n=1}^{15}a_n=\sum_{n=1}^{15}\dfrac{1}{2n(n+1)}=\dfrac{1}{2}\sum_{n=1}^{15}\dfrac{1}{n(n+1)}$

$=\dfrac{1}{2}\displaystyle\sum_{n=1}^{15}\left(\dfrac{1}{n}-\dfrac{1}{n+1}\right)$

$=\dfrac{1}{2}\left\{\left(1-\dfrac{1}{2}\right)+\left(\dfrac{1}{2}-\dfrac{1}{3}\right)+\cdots+\left(\dfrac{1}{15}-\dfrac{1}{16}\right)\right\}$

$=\dfrac{1}{2}\left(1-\dfrac{1}{16}\right)=\dfrac{15}{32}$

39 답 ①

$3+\dfrac{5}{1^2+2^2}+\dfrac{7}{1^2+2^2+3^2}+\cdots+\dfrac{21}{1^2+2^2+\cdots+10^2}$에서

n번째 항을 a_n이라 하면

$a_n=\dfrac{3+(n-1)\times 2}{\displaystyle\sum_{k=1}^{n}k^2}=\dfrac{2n+1}{\dfrac{n(n+1)(2n+1)}{6}}$

$\qquad =\dfrac{6}{n(n+1)}=6\left(\dfrac{1}{n}-\dfrac{1}{n+1}\right)$

따라서 주어진 식의 값은

$\displaystyle\sum_{n=1}^{10}a_n=6\sum_{n=1}^{10}\left(\dfrac{1}{n}-\dfrac{1}{n+1}\right)$

$=6\left\{\left(\dfrac{1}{1}-\dfrac{1}{2}\right)+\left(\dfrac{1}{2}-\dfrac{1}{3}\right)+\cdots+\left(\dfrac{1}{10}-\dfrac{1}{11}\right)\right\}$

$=6\left(1-\dfrac{1}{11}\right)=\dfrac{60}{11}$

40 답 ④

$$\frac{1}{1\times2\times3}+\frac{1}{2\times3\times4}+\frac{1}{3\times4\times5}+\cdots+\frac{1}{8\times9\times10}\text{에서}$$

n번째 항을 a_n이라 하면

$$a_n=\frac{1}{n(n+1)(n+2)}$$
$$=\frac{1}{2}\left\{\frac{1}{n(n+1)}-\frac{1}{(n+1)(n+2)}\right\}$$
$$=\frac{1}{2}\left\{\left(\frac{1}{n}-\frac{1}{n+1}\right)-\left(\frac{1}{n+1}-\frac{1}{n+2}\right)\right\}$$
$$=\frac{1}{2}\left(\frac{1}{n}-\frac{1}{n+1}\right)-\frac{1}{2}\left(\frac{1}{n+1}-\frac{1}{n+2}\right)$$

따라서 주어진 식의 값은

$$\sum_{n=1}^{8}a_n=\frac{1}{2}\sum_{n=1}^{8}\left(\frac{1}{n}-\frac{1}{n+1}\right)-\frac{1}{2}\sum_{n=1}^{8}\left(\frac{1}{n+1}-\frac{1}{n+2}\right)$$
$$=\frac{1}{2}\left\{\left(1-\frac{1}{2}\right)+\left(\frac{1}{2}-\frac{1}{3}\right)+\cdots+\left(\frac{1}{8}-\frac{1}{9}\right)\right\}$$
$$\qquad-\frac{1}{2}\left\{\left(\frac{1}{2}-\frac{1}{3}\right)+\left(\frac{1}{3}-\frac{1}{4}\right)+\cdots+\left(\frac{1}{9}-\frac{1}{10}\right)\right\}$$
$$=\frac{1}{2}\left(1-\frac{1}{9}\right)-\frac{1}{2}\left(\frac{1}{2}-\frac{1}{10}\right)$$
$$=\frac{1}{2}\times\frac{8}{9}-\frac{1}{2}\times\frac{2}{5}=\frac{11}{45}$$

TIP

$\dfrac{1}{ABC}=\dfrac{1}{C-A}\left(\dfrac{1}{AB}-\dfrac{1}{BC}\right)$을 유도하는 과정을 살펴보자.

$$\frac{1}{ABC}=\frac{1}{B}\times\frac{1}{AC}=\frac{1}{B}\times\frac{1}{C-A}\left(\frac{1}{A}-\frac{1}{C}\right)$$
$$=\frac{1}{C-A}\left(\frac{1}{AB}-\frac{1}{BC}\right)$$

즉, $\dfrac{1}{AB}=\dfrac{1}{B-A}\left(\dfrac{1}{A}-\dfrac{1}{B}\right)$을 이용하여 유도할 수 있다.

01 답 ③

$$\sum_{k=1}^{9}a_{k+1}-\sum_{k=2}^{10}a_{k-1}$$
$$=(a_2+a_3+a_4+\cdots+a_{10})-(a_1+a_2+a_3+\cdots+a_9)$$
$$=a_{10}-a_1=35-2=33$$

02 답 ④

$$\sum_{k=1}^{10}a_k=a_1+a_2+a_3+\cdots+a_{10}$$
$$=(a_1+a_3+a_5+a_7+a_9)+(a_2+a_4+a_6+a_8+a_{10})$$
$$=\sum_{k=1}^{5}a_{2k-1}+\sum_{k=1}^{5}a_{2k}$$

에서 $25=\sum_{k=1}^{5}a_{2k-1}+8$

$$\therefore \sum_{k=1}^{5}a_{2k-1}=25-8=17$$

03 답 ④

$$\sum_{n=1}^{10}(3a_n+b_n-2)=3\sum_{n=1}^{10}a_n+\sum_{n=1}^{10}b_n-\sum_{n=1}^{10}2$$
$$=3\times9+7-2\times10=14$$

심플 정리

[∑의 기본 성질]

두 수열 $\{a_n\}$, $\{b_n\}$에 대하여

(1) $\displaystyle\sum_{k=1}^{n}(a_k+b_k)=\sum_{k=1}^{n}a_k+\sum_{k=1}^{n}b_k$

(2) $\displaystyle\sum_{k=1}^{n}(a_k-b_k)=\sum_{k=1}^{n}a_k-\sum_{k=1}^{n}b_k$

(3) $\displaystyle\sum_{k=1}^{n}ca_k=c\sum_{k=1}^{n}a_k$ (단, c는 상수)

(4) $\displaystyle\sum_{k=1}^{n}c=cn$ (단, c는 상수)

04 답 ②

$$\sum_{k=1}^{100}(a_k+1)^2=500\text{에서}$$
$$\sum_{k=1}^{100}(a_k^2+2a_k+1)=500\ \cdots\ \text{㉠}$$
$$\sum_{k=1}^{100}(a_k+2)^2=1000\text{에서}$$
$$\sum_{k=1}^{100}(a_k^2+4a_k+4)=1000\ \cdots\ \text{㉡}$$

㉡－㉠을 하면

$$\sum_{k=1}^{100}(a_k^2+4a_k+4)-\sum_{k=1}^{100}(a_k^2+2a_k+1)=1000-500$$
$$\sum_{k=1}^{100}(2a_k+3)=500,\ 2\sum_{k=1}^{100}a_k+3\times100=500$$
$$2\sum_{k=1}^{100}a_k=200$$
$$\therefore \sum_{k=1}^{100}a_k=100$$

05 답 ③

> 등차수열 $\{a_n\}$에 대하여 $a_1+a_3+a_5=20$,
> $a_4+a_6+a_8=56$이 성립할 때, $\sum\limits_{k=1}^{10}(a_{k+1}-a_k)$의 값은?
> $a_{k+1}-a_k$의 값이 의미하는 것이 무엇인지 생각해.
>
> ① 36 ② 38 ③ 40
> ④ 42 ⑤ 44

1st 등차수열 $\{a_n\}$의 공차를 구하자.

등차수열 $\{a_n\}$의 공차를 d라 하면

$(a_4+a_6+a_8)-(a_1+a_3+a_5)$

$=(a_4-a_1)+(a_6-a_3)+(a_8-a_5)$

$=3d+3d+3d=9d$ $a_{k+3}-a_k=(a_k+3d)-a_k=3d$

$9d=56-20=36$ $\therefore d=4$

2nd $\sum\limits_{k=1}^{10}(a_{k+1}-a_k)$의 값을 구하자.

$\therefore \sum\limits_{k=1}^{10}(a_{k+1}-a_k)=\sum\limits_{k=1}^{10}d=\sum\limits_{k=1}^{10}4=40$

$a_{k+1}=a_k+d$에서 $a_{k+1}-a_k=d$

[다른 풀이]

등차수열 $\{a_n\}$의 첫째항을 a, 공차를 d라 하면

$a_1+a_3+a_5=20$에서 $a+(a+2d)+(a+4d)=20$

$\therefore 3a+6d=20 \cdots$ ㉠

$a_4+a_6+a_8=56$에서 $(a+3d)+(a+5d)+(a+7d)=56$

$\therefore 3a+15d=56 \cdots$ ㉡

㉠, ㉡을 연립하여 풀면 $a=-\dfrac{4}{3}$, $d=4$

따라서 등차수열 $\{a_n\}$의 일반항은 첫째항이 a이고 공차가 d인 등차수열 $\{a_n\}$의 일반항은 $a_n=a+(n-1)d$

$a_n=-\dfrac{4}{3}+(n-1)\times4=4n-\dfrac{16}{3}$

$\therefore \sum\limits_{k=1}^{10}(a_{k+1}-a_k)$

$=(a_2-a_1)+(a_3-a_2)+(a_4-a_3)+\cdots+(a_{11}-a_{10})$

$=a_{11}-a_1=\left(44-\dfrac{16}{3}\right)-\left(4-\dfrac{16}{3}\right)=40$

06 답 120

> 첫째항이 3인 등차수열 $\{a_n\}$에 대하여
> $\sum\limits_{n=1}^{10}(a_{5n}-a_n)=440$일 때, $\sum\limits_{n=1}^{10}a_n$의 값을 구하시오.
> 공차를 d라 하고 등차수열 $\{a_n\}$의 일반항을 이용하여 a_{5n}, a_n의 차를 구해야 해.

1st $a_{5n}-a_n$을 n에 대한 식으로 나타내어보자.

첫째항이 3인 등차수열 $\{a_n\}$의 공차를 d라 하면 일반항은

$a_n=3+(n-1)d$이므로

$a_{5n}-a_n=\{3+(5n-1)d\}-\{3+(n-1)d\}=4dn$

따라서 $\sum\limits_{n=1}^{10}(a_{5n}-a_n)=440$에서

$\sum\limits_{n=1}^{10}4dn=4d\sum\limits_{n=1}^{10}n=4d\times\dfrac{10\times11}{2}=220d=440$

$4d$는 상수지? $\sum\limits_{k=1}^{n}k=\dfrac{n(n+1)}{2}$

$\therefore d=2 \Rightarrow a_n=3+(n-1)\times2=2n+1$

2nd $\sum$ 꼴로 나타내어진 등차수열의 합을 구하자.

$\therefore \sum\limits_{n=1}^{10}a_n=\sum\limits_{n=1}^{10}(2n+1)=2\sum\limits_{n=1}^{10}n+\sum\limits_{n=1}^{10}1$

$\sum\limits_{k=1}^{n}c=cn$(단, c는 상수)

$=2\times\dfrac{10\times11}{2}+1\times10=120$

[다른 풀이]

$\sum\limits_{n=1}^{10}a_n$은 등차수열 $\{a_n\}$의 첫째항부터 제10항까지의 합이고

등차수열 $\{a_n\}$의 첫째항과 공차가 각각 3, 2이므로

$\sum\limits_{n=1}^{10}a_n=\dfrac{10\{2\times3+(10-1)\times2\}}{2}=120$

첫째항이 a, 공차가 d, 제n항이 l인 등차수열의 첫째항부터 제n항까지의 합을 S라 하면

$S=\dfrac{n(a+l)}{2}=\dfrac{n\{2a+(n-1)d\}}{2}$

07 답 2035

2^n의 모든 양의 약수는 1, 2, 2^2, $\cdots$, 2^n이다. $\cdots$ Ⅰ

즉, 수열 $\{a_n\}$은 첫째항이 1이고 공비가 2인 등비수열의

첫째항부터 제$(n+1)$항까지의 합이므로 일반항은

$a_n=1+2+2^2\cdots+2^n=\dfrac{1\times(2^{n+1}-1)}{2-1}$

$=2^{n+1}-1$ $\cdots$ Ⅱ

$\therefore \sum\limits_{n=1}^{9}a_n=\sum\limits_{n=1}^{9}(2^{n+1}-1)=\sum\limits_{n=1}^{9}2^{n+1}-\sum\limits_{n=1}^{9}1$

$=\dfrac{2^2\times(2^9-1)}{2-1}-1\times9=2^{11}-4-9$

$=2035$ $\cdots$ Ⅲ

[채점기준표]

Ⅰ	2^n의 모든 양의 약수를 구한다.	30%
Ⅱ	일반항 a_n을 구한다.	30%
Ⅲ	$\sum\limits_{n=1}^{9}a_n$의 값을 구한다.	40%

08 답 ①

$\sum\limits_{k=1}^{20}(2k+a)=2\sum\limits_{k=1}^{20}k+\sum\limits_{k=1}^{20}a$

$=2\times\dfrac{20\times21}{2}+a\times20$

$=420+20a=600$

$20a=180$

$\therefore a=9$

09 답 ③

$\sum\limits_{k=1}^{5}\left(3^{k+1}-\dfrac{1}{11}k^2\right)=\sum\limits_{k=1}^{5}3^{k+1}-\dfrac{1}{11}\sum\limits_{k=1}^{5}k^2$

$=\dfrac{9(3^5-1)}{3-1}-\dfrac{1}{11}\times\dfrac{5\times6\times11}{6}$

$=1089-5=1084$

심플 정리

[자연수의 거듭제곱의 합]

(1) $\sum\limits_{k=1}^{n}k=\dfrac{n(n+1)}{2}$

(2) $\sum\limits_{k=1}^{n}k^2=\dfrac{n(n+1)(2n+1)}{6}$

(3) $\sum\limits_{k=1}^{n}k^3=\left\{\dfrac{n(n+1)}{2}\right\}^2$

Ⅲ

R~S 연습

10 답 ②

$\sum\limits_{k=1}^{m}k=\dfrac{m(m+1)}{2}$ 이므로 $\sum\limits_{m=1}^{n}\left(\sum\limits_{k=1}^{m}k\right)=20$ 에서

$$\sum_{m=1}^{n}\left(\sum_{k=1}^{m}k\right)=\sum_{m=1}^{n}\frac{m(m+1)}{2}=\frac{1}{2}\left(\sum_{m=1}^{n}m^2+\sum_{m=1}^{n}m\right)$$
$$=\frac{1}{2}\left\{\frac{n(n+1)(2n+1)}{6}+\frac{n(n+1)}{2}\right\}$$
$$=\frac{1}{6}n(n+1)(n+2)=20$$

$n(n+1)(n+2)=120=4\times5\times6$ $\quad\therefore n=4$

11 답 ④

$S_n=\sum\limits_{k=1}^{n}a_k=n^2+3$ 이라 하면

(i) $n=1$일 때, $a_1=S_1=4$

(ii) $n\geq2$일 때,

$$a_n=S_n-S_{n-1}=n^2+3-\{(n-1)^2+3\}$$
$$=2n-1$$

(i), (ii)에 의하여 $a_n=\begin{cases}4 & (n=1)\\2n-1 & (n\geq2)\end{cases}$

따라서 $a_{2k}=2\times2k-1=4k-1(k\geq1)$이므로

$$\sum_{k=1}^{10}a_{2k}=\sum_{k=1}^{10}(4k-1)=4\times\frac{10\times11}{2}-1\times10$$
$$=220-10=210$$

12 답 4

> 수열 $\{a_n\}$에 대하여
> $$\sum_{k=1}^{n}a_k=\log_2(n^2+n)$$
> 일 때, $\sum\limits_{n=1}^{15}a_{2n+1}$의 값을 구하시오.
>
> $\sum\limits_{k=1}^{n}a_k$는 수열 $\{a_n\}$의 첫째항부터 제n항까지의 합이므로 $a_n=\sum\limits_{k=1}^{n}a_k-\sum\limits_{k=1}^{n-1}a_k$임을 이용해.

1st $\sum\limits_{k=1}^{n}a_k$와 a_n 사이의 관계로 일반항 a_n을 구하자.

수열 $\{a_n\}$의 첫째항부터 제n항까지의 합을 S_n이라 하면

$\sum\limits_{k=1}^{n}a_k=\log_2(n^2+n)$이므로 $a_n=S_n-S_{n-1}(n\geq2)$이므로

$a_n=\sum\limits_{k=1}^{n}a_k-\sum\limits_{k=1}^{n-1}a_k(n\geq2)$

$$a_n=\sum_{k=1}^{n}a_k-\sum_{k=1}^{n-1}a_k$$
$$=\log_2(n^2+n)-\log_2\{(n-1)^2+(n-1)\}$$
$$=\log_2(n^2+n)-\log_2(n^2-n)$$
$$=\log_2\frac{n^2+n}{n^2-n}=\log_2\frac{n+1}{n-1}(n\geq2)$$

2nd 로그의 성질을 이용하여 $\sum\limits_{n=1}^{15}a_{2n+1}$의 값을 구하자.

따라서 $a_{2n+1}=\log_2\dfrac{(2n+1)+1}{(2n+1)-1}=\log_2\dfrac{n+1}{n}(n\geq1)$

이므로

$$\sum_{n=1}^{15}a_{2n+1}=\sum_{n=1}^{15}\log_2\frac{n+1}{n}$$
$$=\log_2 2+\log_2\frac{3}{2}+\log_2\frac{4}{3}+\cdots+\log_2\frac{16}{15}$$
$$=\log_2\left(2\times\frac{3}{2}\times\frac{4}{3}\times\cdots\times\frac{16}{15}\right)^{\log_a M+\log_a N=\log_a MN}$$
$$=\log_2 16=\log_2 2^4=4$$

13 답 ②

> 이차방정식 $x^2-2x+2k(k+1)=0$의 두 근을 $\alpha_k,\ \beta_k$라 할 때, $\sum\limits_{k=1}^{100}\left(\dfrac{1}{\alpha_k}+\dfrac{1}{\beta_k}\right)$의 값은?
>
> 이차방정식의 두 근이라고 주어지면 이차방정식의 근과 계수의 관계가 떠올라야 해.
>
> ① $\dfrac{99}{100}$ ② $\dfrac{100}{101}$ ③ $\dfrac{102}{101}$
>
> ④ $\dfrac{101}{100}$ ⑤ $\dfrac{103}{100}$

1st 이차방정식의 근과 계수의 관계를 이용하자.

이차방정식 $x^2-2x+2k(k+1)=0$의 두 근이 $\alpha_k,\ \beta_k$이므로 이차방정식의 근과 계수의 관계에 의하여 $\alpha_k+\beta_k=2$, $\alpha_k\beta_k=2k(k+1)$

이차방정식 $ax^2+bx+c=0$의 두 근을 $\alpha,\ \beta$라 하면 $\alpha+\beta=-\dfrac{b}{a},\ \alpha\beta=\dfrac{c}{a}$

2nd $\sum\limits_{k=1}^{100}\left(\dfrac{1}{\alpha_k}+\dfrac{1}{\beta_k}\right)$의 값을 구하자.

$$\therefore\sum_{k=1}^{100}\left(\frac{1}{\alpha_k}+\frac{1}{\beta_k}\right)=\sum_{k=1}^{100}\frac{\alpha_k+\beta_k}{\alpha_k\beta_k}=\sum_{k=1}^{100}\frac{1}{k(k+1)}$$
$$=\sum_{k=1}^{100}\left(\frac{1}{k}-\frac{1}{k+1}\right)\quad{\scriptstyle\frac{1}{AB}=\frac{1}{B-A}\left(\frac{1}{A}-\frac{1}{B}\right)}$$
$$=\left(\frac{1}{1}-\frac{1}{2}\right)+\left(\frac{1}{2}-\frac{1}{3}\right)+\cdots$$
$$+\left(\frac{1}{100}-\frac{1}{101}\right)$$
$$=1-\frac{1}{101}=\frac{100}{101}$$

14 답 ②

$$\sum_{k=1}^{12}\frac{1}{\sqrt{a_{k+1}}+\sqrt{a_k}}=\sum_{k=1}^{12}\frac{\sqrt{a_{k+1}}-\sqrt{a_k}}{(\sqrt{a_{k+1}}+\sqrt{a_k})(\sqrt{a_{k+1}}-\sqrt{a_k})}$$
$$=\sum_{k=1}^{12}\frac{\sqrt{a_{k+1}}-\sqrt{a_k}}{a_{k+1}-a_k}$$

이때, 첫째항이 4이고 공차가 1인 등차수열 $\{a_n\}$의 일반항은 $a_n=4+(n-1)\times1=n+3$이므로

$$a_{k+1}-a_k=\{(k+1)+3\}-(k+3)=1$$
$$\therefore\sum_{k=1}^{12}\frac{1}{\sqrt{a_{k+1}}+\sqrt{a_k}}=\sum_{k=1}^{12}(\sqrt{a_{k+1}}-\sqrt{a_k})$$
$$=(\sqrt{a_2}-\sqrt{a_1})+(\sqrt{a_3}-\sqrt{a_2})$$
$$+\cdots+(\sqrt{a_{13}}-\sqrt{a_{12}})$$
$$=\sqrt{a_{13}}-\sqrt{a_1}=\sqrt{16}-\sqrt{4}=4-2=2$$

15 답 ②

$$\frac{1}{2\times5}+\frac{1}{5\times8}+\frac{1}{8\times11}+\cdots+\frac{1}{59\times62}$$
$$=\frac{1}{3}\left(\frac{1}{2}-\frac{1}{5}\right)+\frac{1}{3}\left(\frac{1}{5}-\frac{1}{8}\right)+\frac{1}{3}\left(\frac{1}{8}-\frac{1}{11}\right)$$
$$+\cdots+\frac{1}{3}\left(\frac{1}{59}-\frac{1}{62}\right)$$
$$=\frac{1}{3}\left\{\left(\frac{1}{2}-\frac{1}{5}\right)+\left(\frac{1}{5}-\frac{1}{8}\right)+\left(\frac{1}{8}-\frac{1}{11}\right)\right.$$
$$\left.+\cdots+\left(\frac{1}{59}-\frac{1}{62}\right)\right\}$$
$$=\frac{1}{3}\left(\frac{1}{2}-\frac{1}{62}\right)=\frac{5}{31}$$

따라서 $p=31,\ q=5$이므로 $p-q=31-5=26$

16 답 ④

$$\sum_{k=1}^{n}\log_3\left(1+\frac{1}{k}\right)$$
$$=\sum_{k=1}^{n}\log_3\frac{k+1}{k}$$
$$=\log_3\frac{2}{1}+\log_3\frac{3}{2}+\log_3\frac{4}{3}+\cdots+\log_3\frac{n+1}{n}$$
$$=\log_3\left(\frac{2}{1}\times\frac{3}{2}\times\frac{4}{3}\times\cdots\times\frac{n+1}{n}\right)$$
$$=\log_3(n+1)=5$$
$$n+1=3^5=243 \qquad \therefore n=242$$

Simple T 수열의 귀납적 정의

[개념 CHECK + 연산 연습] pp. 150~151

01 답 귀납적 정의

02 답 d

03 답 r

04 답 등차

05 답 등비

06 답 ○

07 답 ○

08 답 ×

09 답 ○

10 답 ○

11 답 ○

12 답 7

$a_1=1$이므로 $a_{n+1}=a_n+n$에서
$a_2=a_1+1=2$
$a_3=a_2+2=4$
$a_4=a_3+3=7$

13 답 14

$a_1=-1$이므로 $a_{n+1}=na_n+2$에서
$a_2=1\times a_1+2=1$
$a_3=2\times a_2+2=4$
$a_4=3\times a_3+2=14$

14 답 3

$a_1=1$, $a_2=1$이므로 $a_{n+2}=a_{n+1}+a_n$에서
$a_3=a_2+a_1=2$
$a_4=a_3+a_2=3$

15 답 -2

16 답 3

$a_{n+1}-a_n=3$에서 $a_{n+1}=a_n+3$이므로 등차수열 $\{a_n\}$의 공차는 3이다.

17 답 $a_n=2n-1$

수열 $\{a_n\}$은 첫째항이 1, 공차가 2인 등차수열이므로
$a_n=1+(n-1)\times2=2n-1$

18 답 $a_n=-2n+9$

수열 $\{a_n\}$은 첫째항이 7, 공차가 -2인 등차수열이므로
$a_n=7+(n-1)\times(-2)=-2n+9$

19 답 $a_n=7n-10$

$a_{n+1}-a_n=a_{n+2}-a_{n+1}$에서 수열 $\{a_n\}$은 등차수열이다.
이때, $a_1=-3$, $a_2-a_1=7$이므로 첫째항은 -3이고 공차는 7이다. $\qquad \therefore a_n=(-3)+(n-1)\times7=7n-10$

20 답 $a_n=-3n+4$

$2a_{n+1}=a_n+a_{n+2}$에서 수열 $\{a_n\}$은 등차수열이다.
이때, $a_1=1$, $a_2-a_1=-3$이므로 첫째항은 1이고 공차는 -3이다. $\qquad \therefore a_n=1+(n-1)\times(-3)=-3n+4$

21 답 3

22 답 -4

$a_{n+1}\div a_n=-4$에서 $a_{n+1}=-4a_n$이므로 공비는 -4이다.

23 답 $\dfrac{1}{2}$

$\dfrac{a_{n+1}}{a_n}=\dfrac{1}{2}$에서 $a_{n+1}=\dfrac{1}{2}a_n$이므로 공비는 $\dfrac{1}{2}$이다.

24 답 $a_n=2^{2n-1}$

수열 $\{a_n\}$은 첫째항이 2, 공비가 4인 등비수열이므로
$a_n=2\times4^{n-1}=2\times2^{2n-2}=2^{2n-1}$

25 답 $a_n=-24\times\left(-\dfrac{1}{2}\right)^{n-1}$

$\dfrac{a_{n+1}}{a_n}=\dfrac{a_{n+2}}{a_{n+1}}$에서 수열 $\{a_n\}$은 등비수열이다.

이때, $a_1=-24$, $a_2\div a_1=12\div(-24)=-\dfrac{1}{2}$이므로

첫째항은 24이고 공비는 $-\dfrac{1}{2}$이다.

$\therefore a_n=-24\times\left(-\dfrac{1}{2}\right)^{n-1}$

26 답 $a_n=\left(\dfrac{1}{3}\right)^{n-1}$

$a_{n+1}{}^2=a_na_{n+2}$에서 수열 $\{a_n\}$은 등비수열이다.

이때, $a_1=1$, $a_2\div a_1=\dfrac{1}{3}\div1=\dfrac{1}{3}$이므로 첫째항은 1이고

공비는 $\dfrac{1}{3}$이다. $\qquad \therefore a_n=1\times\left(\dfrac{1}{3}\right)^{n-1}=\left(\dfrac{1}{3}\right)^{n-1}$

27 답 ④

$a_1=1$이므로 $a_{n+1}=2n-a_n$에서

$a_2=2\times1-a_1=1$

$a_3=2\times2-a_2=3$

$a_4=2\times3-a_3=3$

$a_5=2\times4-a_4=5$

$a_6=2\times5-a_5=5$

$a_7=2\times6-a_6=7$

28 답 ⑤

$a_1=-1$이므로 $a_n+a_{n+1}=(-1)^{n+1}$에서

$a_1+a_2=(-1)^2=1$이므로 $a_2=2$

$a_2+a_3=(-1)^3=-1$이므로 $a_3=-3$

$a_3+a_4=(-1)^4=1$이므로 $a_4=4$

따라서 $a_n=(-1)^n\times n$이므로

$a_{30}=(-1)^{30}\times30=30$, $a_{35}=(-1)^{35}\times35=-35$

$\therefore a_{30}-a_{35}=30-(-35)=65$

29 답 ①

수열 $\{a_n\}$은 첫째항이 3, 공차가 -2인 등차수열이므로 일반항은

$a_n=3+(n-1)\times(-2)=-2n+5$

$\therefore a_{10}=-2\times10+5=-15$

30 답 ④

$a_{n+1}-6=a_n$에서 $a_{n+1}=a_n+6$

즉, 수열 $\{a_n\}$은 첫째항이 -2, 공차가 6인 등차수열이므로 일반항은

$a_n=(-2)+(n-1)\times6=6n-8$

$a_k=94$에서 $6k-8=94$, $6k=102$

$\therefore k=17$

31 답 ②

$2a_{n+1}=a_n+a_{n+2}$에서 수열 $\{a_n\}$은 등차수열이다.

이때, 수열 $\{a_n\}$의 첫째항을 a, 공차를 d라 하면

$a_5=a+4d=32$ … ㉠

$a_{10}=a+9d=57$ … ㉡

㉠, ㉡을 연립하여 풀면 $a=12$, $d=5$

따라서 수열 $\{a_n\}$의 일반항은

$a_n=12+(n-1)\times5=5n+7$

$\therefore a_{18}=5\times18+7=97$

32 답 ⑤

$a_{n+2}-a_{n+1}=a_{n+1}-a_n$에서 수열 $\{a_n\}$은 등차수열이다.

이때, $a_1=3$, $a_2=6$에서 $a_2-a_1=3$이므로 첫째항이 3, 공차가 3이다.

따라서 $a_n=3+(n-1)\times3=3n$이므로

$$\sum_{k=1}^{9}\frac{1}{a_ka_{k+1}}=\sum_{k=1}^{9}\frac{1}{3k\times3(k+1)}$$
$$=\frac{1}{9}\sum_{k=1}^{9}\frac{1}{k(k+1)}$$
$$=\frac{1}{9}\sum_{k=1}^{9}\left(\frac{1}{k}-\frac{1}{k+1}\right)$$
$$=\frac{1}{9}\left\{\left(\frac{1}{1}-\frac{1}{2}\right)+\left(\frac{1}{2}-\frac{1}{3}\right)+\cdots+\left(\frac{1}{9}-\frac{1}{10}\right)\right\}$$
$$=\frac{1}{9}\left(1-\frac{1}{10}\right)=\frac{1}{10}$$

33 답 ①

수열 $\{a_n\}$은 첫째항이 5, 공비가 2인 등비수열이므로 일반항은 $a_n=5\times2^{n-1}$

$\therefore a_5=5\times2^4=80$

34 답 ②

$\dfrac{a_{n+1}}{a_n}=\dfrac{1}{2}$에서 $a_{n+1}=\dfrac{1}{2}a_n$이므로 수열 $\{a_n\}$은 첫째항이 $4^5=2^{10}$, 공비가 $\dfrac{1}{2}$인 등비수열이다.

따라서 일반항은

$a_n=2^{10}\times\left(\dfrac{1}{2}\right)^{n-1}=\left(\dfrac{1}{2}\right)^{-10}\times\left(\dfrac{1}{2}\right)^{n-1}=\left(\dfrac{1}{2}\right)^{n-11}$이므로

$a_k=\dfrac{1}{2^5}$에서

$\left(\dfrac{1}{2}\right)^{k-11}=\dfrac{1}{2^5}=\left(\dfrac{1}{2}\right)^{5}$, $k-11=5$

$\therefore k=16$

35 답 768

$\dfrac{a_{n+2}}{a_{n+1}}=\dfrac{a_{n+1}}{a_n}$에서 수열 $\{a_n\}$은 등비수열이다.

이때, 첫째항을 a, 공비를 r라 하면

$a_5=ar^4=6$ … ㉠

$a_7=ar^6=24$ … ㉡

㉡÷㉠을 하면 $r^2=4$ $\therefore r=2(\because r>0)$

$r=2$를 ㉠에 대입하면 $a=\dfrac{3}{8}$

따라서 $a_n=\dfrac{3}{8}\times2^{n-1}$이므로

$a_{12}=\dfrac{3}{8}\times2^{11}=3\times2^8=768$

36 답 ①

$a_{n+1}{}^2=a_na_{n+2}$에서 수열 $\{a_n\}$은 등비수열이다.

이때, $a_1=4$, $a_2=6$에서 $a_2\div a_1=6\div4=\dfrac{3}{2}$이므로 첫째항은 4이고 공비는 $\dfrac{3}{2}$이다.

따라서 $a_n=4\times\left(\dfrac{3}{2}\right)^{n-1}$이므로

$$\sum_{k=1}^{7}a_k=\sum_{k=1}^{7}4\times\left(\dfrac{3}{2}\right)^{k-1}=\frac{4\times\left\{\left(\dfrac{3}{2}\right)^7-1\right\}}{\dfrac{3}{2}-1}=8\left\{\left(\dfrac{3}{2}\right)^7-1\right\}$$

37 답 ②

$a_{n+1}=a_n+3n-2$에 n 대신 1, 2, 3, $\cdots$, $n-1$을 차례로 대입하여 변끼리 더하면

$$a_2=a_1+3\times 1-2$$
$$a_3=a_2+3\times 2-2$$
$$a_4=a_3+3\times 3-2$$
$$\vdots$$
$$+\,)\underline{a_n=a_{n-1}+3\times(n-1)-2}$$
$$a_n=a_1+\sum_{k=1}^{n-1}(3k-2)$$
$$=(-2)+3\times\frac{n(n-1)}{2}-2(n-1)$$
$$=\frac{3}{2}n^2-\frac{7}{2}n$$
$$\therefore a_{10}=\frac{3}{2}\times 10^2-\frac{7}{2}\times 10=115$$

38 답 4

$a_{n+1}=a_n+3^n$에 n 대신 1, 2, 3, $\cdots$, $n-1$을 차례로 대입하여 변끼리 더하면

$$a_2=a_1+3^1$$
$$a_3=a_2+3^2$$
$$a_4=a_3+3^3$$
$$\vdots$$
$$+\,)\underline{a_n=a_{n-1}+3^{n-1}}$$
$$a_n=a_1+\sum_{k=1}^{n-1}3^k=2+\frac{3\times(3^{n-1}-1)}{3-1}$$
$$=\frac{3^n+1}{2}$$

따라서 $\alpha=3$, $\beta=1$이므로

$$\alpha+\beta=3+1=4$$

39 답 ③

$a_{n+1}=\dfrac{n+2}{n+1}a_n$에 n 대신 1, 2, 3, $\cdots$, $n-1$을 차례로 대입하여 변끼리 곱하면

$$a_2=\frac{3}{2}a_1$$
$$a_3=\frac{4}{3}a_2$$
$$a_4=\frac{5}{4}a_3$$
$$\vdots$$
$$\times\,)\underline{a_n=\frac{n+1}{n}a_{n-1}}$$
$$a_n=\frac{3}{2}\times\frac{4}{3}\times\frac{5}{4}\times\cdots\times\frac{n+1}{n}a_1$$
$$=\frac{n+1}{2}$$
$$\therefore a_{20}=\frac{21}{2}$$

40 답 10

$a_{n+1}=2^n a_n$에 n 대신 1, 2, 3, $\cdots$, $n-1$을 차례로 대입하여 변끼리 곱하면

$$a_2=2^1 a_1$$
$$a_3=2^2 a_2$$
$$a_4=2^3 a_3$$
$$\vdots$$
$$\times\,)\underline{a_n=2^{n-1}a_{n-1}}$$
$$a_n=2^1\times 2^2\times 2^3\times\cdots\times 2^{n-1}\times a_1$$
$$=2^{1+2+\cdots+(n-1)}=2^{\frac{(n-1)n}{2}}$$

이때, $a_k=2^{45}$에서

$$2^{\frac{(k-1)k}{2}}=2^{45},\quad \frac{(k-1)k}{2}=45$$
$$k^2-k-90=0,\ (k+9)(k-10)=0$$
$$\therefore k=10\ (\because k\text{는 자연수})$$

41 답 ②

$a_{n+1}=2a_n-3$에서 $a_{n+1}-\alpha=2(a_n-\alpha)$의 꼴로 변형하면

$$a_{n+1}=2a_n-\alpha\qquad\therefore\alpha=3$$

즉, 주어진 식을 $a_{n+1}-3=2(a_n-3)$으로 변형하고

$b_n=a_n-3$이라 하면 $b_{n+1}=2b_n$이므로 수열 $\{b_n\}$은 첫째항이 $b_1=a_1-3=2$이고 공비가 2인 등비수열이다.

따라서 $b_n=2\times 2^{n-1}=2^n$에서 $a_n-3=2^n$이므로

$$a_n=2^n+3$$
$$\therefore a_{30}=2^{30}+3\Rightarrow a_{30}-3=2^{30}$$

42 답 $\dfrac{5}{2}$

$a_{n+1}=\dfrac{1}{2}a_n+1$에서 $a_{n+1}-\alpha=\dfrac{1}{2}(a_n-\alpha)$의 꼴로 변형하면

$$a_{n+1}=\frac{1}{2}a_n+\frac{1}{2}\alpha\qquad\therefore\alpha=2$$

즉, 주어진 식을 $a_{n+1}-2=\dfrac{1}{2}(a_n-2)$로 변형하고

$b_n=a_n-2$라 하면 $b_{n+1}=\dfrac{1}{2}b_n$이므로 수열 $\{b_n\}$은 첫째항이 $b_1=a_1-2=1$이고 공비가 $\dfrac{1}{2}$인 등비수열이다.

따라서 $b_n=1\times\left(\dfrac{1}{2}\right)^{n-1}=\left(\dfrac{1}{2}\right)^{n-1}$에서

$a_n-2=\left(\dfrac{1}{2}\right)^{n-1}$이므로 $a_n=\left(\dfrac{1}{2}\right)^{n-1}+2$

따라서 $p=\dfrac{1}{2}$, $q=2$이므로

$$p+q=\frac{1}{2}+2=\frac{5}{2}$$

01 답 $n=1$, $n=k+1$

02 답 $n=m$

03 답 $n=3$, $k\geq3$, $n=k+1$

04 답 ○

05 답 ○

06 답 ×

07 답 ○

08 답 ○

09 답 $p(1)$

자연수 n에 대하여 명제 $p(n)$이 성립하면 명제 $p(n+1)$이 성립하므로

$p(1)$이 성립하면 $p(2)$가 성립

$p(2)$가 성립하면 $p(3)$이 성립

$p(3)$이 성립하면 $p(4)$가 성립

이와 같이 계속 반복하면 모든 자연수 n에 대하여 $p(n)$이 성립함을 알 수 있다.

따라서 $p(1)$이 성립함을 반드시 보여야 한다.

10 답 $p(2)$

임의의 자연수 n에 대하여 명제 $p(n)$이 성립하면 명제 $p(n+2)$가 성립하므로

$p(2)$가 성립하면 $p(4)$가 성립

$p(4)$가 성립하면 $p(6)$이 성립

$p(6)$이 성립하면 $p(8)$이 성립

이와 같이 계속 반복하면 모든 짝수 n에 대하여 $p(n)$이 성립함을 알 수 있다.

따라서 $p(2)$가 성립함을 반드시 보여야 한다.

11 답 (가) $k+1$ (나) $\dfrac{(k+1)(k+2)}{2}$

(i) $n=1$일 때, (좌변)$=1$, (우변)$=\dfrac{1\times(1+1)}{2}=1$

따라서 $n=1$일 때, ㉠이 성립한다.

(ii) $n=k$일 때, ㉠이 성립한다고 가정하면

$$1+2+3+\cdots+k=\dfrac{k(k+1)}{2} \cdots ㉡$$

㉡의 양변에 $k+1$을 (가) 더하면

$$1+2+3+\cdots+k+(k+1)$$
$$=\dfrac{k(k+1)}{2}+(k+1)=\dfrac{(k+1)(k+2)}{2} \text{(나)}$$

따라서 $n=k+1$일 때에도 ㉠이 성립한다.

(i), (ii)에 의하여 ㉠은 모든 자연수 n에 대하여 성립한다.

12 답 (가) k (나) $2k+1$ (다) $(k+1)^2$ (라) $k+1$

(i) $n=1$일 때, (좌변)$=1$, (우변)$=1^2=1$

따라서 $n=1$일 때, ㉠이 성립한다.

(ii) $n=k$일 때, ㉠이 성립한다고 가정하면 (가)

$$1+3+5+\cdots+(2k-1)=k^2 \cdots ㉡$$

㉡의 양변에 $2k+1$을 (나) 더하면

$$1+3+5+\cdots+(2k-1)+(2k+1)$$
$$=k^2+(2k+1)=(k+1)^2 \text{(다)}$$

따라서 $n=k+1$일 때에도 ㉠이 성립한다. (라)

(i), (ii)에 의하여 ㉠은 모든 자연수 n에 대하여 성립한다.

13 답 (가) 2 (나) $k+1$ (다) $(k+1)^2$ (라) $k+1$

(i) $n=5$일 때, (좌변)$=2^5=32$, (우변)$=5^2=25$

따라서 $n=5$일 때 ㉠이 성립한다.

(ii) $n=k(k\geq5)$일 때, ㉠이 성립한다고 가정하면

$$2^k>k^2$$

이것의 양변에 2를 (가) 곱하면

$2^k\times2>k^2\times2$에서 $2^{k+1}>2k^2 \cdots ㉡$ (나)

한편,

$$2k^2-(k+1)^2=2k^2-(k^2+2k+1)$$
$$=k^2-2k-1$$
$$=(k-1)^2-2>0(\because k\geq5)$$

이므로 $2k^2>(k+1)^2 \cdots ㉢$

㉡, ㉢에서 $2^{k+1}>(k+1)^2$ (다)

따라서 $n=k+1$일 때에도 ㉠이 성립한다. (라)

(i), (ii)에 의하여 ㉠은 $n\geq5$인 모든 자연수 n에 대하여 성립한다.

14 답 ④

ㄱ. $p(2)$의 참, 거짓은 알 수 없다.

ㄴ. 조건 (가)에 의하여 $p(1)$이 참이므로 조건 (나)에 의하여 $p(1+2)=p(3)$이 참이다. 또, $p(3)$이 참이므로 조건 (나)에 의하여 $p(3+2)=p(5)$가 참이다.

ㄷ. ㄴ에서 $p(5)$가 참이므로 조건 (나)에 의하여 $p(5+2)=p(7)$이 참이다.

또, $p(7)=p(6+1)$이 참이므로 조건 (나)에 의하여 $p(6+2)=p(8)$이 참이다.

따라서 참인 것은 ㄴ, ㄷ이다.

15 답 121

$p(1)$이 참이면 $p(3)$이 참이다.

$p(3)$이 참이면 $p(3^2)$도 참이다.

$p(3^2)$이 참이면 $p(3^3)$도 참이다.

즉, $n=3^k(k=0,\ 1,\ 2,\ \cdots)$일 때, $p(n)$이 참이다.

따라서 $n \leq 100$일 때 명제 $p(n)$이 반드시 참이 되는 자연수 n의 값은 1, 3, 9, 27, 81이므로 이들의 합은 121이다.

다른 풀이

$1+3+9+27+81$의 값은 첫째항이 1이고 공비가 3인 등비수열의 첫째항부터 제5항까지의 합이므로

$$1+3+9+27+81=\frac{1 \times (3^5-1)}{3-1}=121$$

16 답 ③

(i) $n=2$일 때, $p(n)$이 성립함을 보인다. ← (가)

(ii) $n=k$일 때, $p(n)$이 성립한다고 가정하면
$n=k+4$일 때도 $p(n)$이 성립함을 보인다. ← (나)

17 답 ③

(i) $n=1$일 때,

(좌변)$=1^2=1$, (우변)$=\dfrac{1 \times 2 \times 3}{6}=1$이므로 ← (가)

주어진 등식이 성립한다.

(ii) $n=k$일 때, 주어진 등식이 성립한다고 가정하면

$$1^2+2^2+3^2+\cdots+k^2=\frac{k(k+1)(2k+1)}{6}$$

이 식의 양변에 $(k+1)^2$을 더하면 ← (나)

$$1^2+2^2+3^2+\cdots+k^2+(k+1)^2$$
$$=\frac{k(k+1)(2k+1)}{6}+(k+1)^2$$
$$=\frac{1}{6}(k+1)\{k(2k+1)+6(k+1)\}$$
$$=\frac{1}{6}(k+1)(2k^2+7k+6)$$
$$=\frac{1}{6}(k+1)(k+2)(2k+3)$$
$$=\frac{(k+1)\{(k+1)+1\}\{2(k+1)+1\}}{6}$$

따라서 $n=k+1$일 때에도 주어진 등식이 성립한다.

(i), (ii)에 의하여 모든 자연수 n에 대하여 주어진 등식이 성립한다.

따라서 $a=1$, $f(k)=(k+1)^2$이므로

$$f(a+1)=f(2)=(2+1)^2=9$$

18 답 풀이 참조

(i) $n=1$일 때,

(좌변)$=\dfrac{1}{1 \times 2}=\dfrac{1}{2}$, (우변)$=\dfrac{1}{1+1}=\dfrac{1}{2}$이므로

$n=1$일 때, 주어진 등식이 성립한다.

(ii) $n=k$일 때, 주어진 등식이 성립한다고 가정하면

$$\frac{1}{1 \times 2}+\frac{1}{2 \times 3}+\frac{1}{3 \times 4}+\cdots+\frac{1}{k(k+1)}=\frac{k}{k+1}$$

이 식의 양변에 $\dfrac{1}{(k+1)(k+2)}$을 더하면

$$\frac{1}{1 \times 2}+\frac{1}{2 \times 3}+\cdots+\frac{1}{k(k+1)}+\frac{1}{(k+1)(k+2)}$$
$$=\frac{k}{k+1}+\frac{1}{(k+1)(k+2)}=\frac{k+1}{k+2}$$

따라서 $n=k+1$일 때도 주어진 등식이 성립한다.

(i), (ii)에 의하여 모든 자연수 n에 대하여 주어진 등식이 성립한다.

19 답 ②

(i) $n=2$일 때,

(좌변)$=(1+h)^2=1+2h+h^2$,

(우변)$=1+2h$

이때, $h>0$에서 $h^2>0$이므로 $n=2$일 때, 주어진 부등식이 성립한다.

(ii) $n=k(k \geq 2)$일 때, 주어진 부등식이 성립한다고 가정하면 $(1+h)^k>1+kh$

이 식의 양변에 $1+h$를 곱하면 $h^2>0$이므로 ← (가)

$$(1+h)^{k+1}>(1+kh)(1+h)$$
$$=1+(k+1)h+kh^2 \quad ← (나)$$
$$>1+(k+1)h$$

따라서 $n=k+1$일 때도 주어진 부등식이 성립한다.

(i), (ii)에 의하여 $n \geq 2$인 자연수 n에 대하여 주어진 부등식이 성립한다.

따라서 $f(h)=1+h$, $g(k)=k+1$이므로

$$f(2)g(3)=(1+2)(3+1)=12$$

20 답 풀이 참조

(i) $n=3$일 때,

(좌변)$=2^3=8$, (우변)$=2 \times 3+1=7$이므로

주어진 부등식이 성립한다.

(ii) $n=k(k \geq 3)$일 때, 주어진 부등식이 성립한다고 가정하면 $2^k>2k+1$

이 식의 양변에 2를 곱하면

$$2^{k+1}>2(2k+1)>2(k+1)+1$$
$$\therefore 2^{k+1}>2(k+1)+1$$

따라서 $n=k+1$일 때도 주어진 부등식이 성립한다.

(i), (ii)에 의하여 $n \geq 3$인 모든 자연수 n에 대하여 주어진 부등식이 성립한다.

21 답 ③

(i) $n=1$일 때,

$3^2-2=7$이므로 7의 배수이다.

(ii) $n=k$일 때, $3^{2k}-2^k$이 7의 배수라 가정하면

자연수 N에 대하여 $3^{2k}-2^k=7N$이다.

이때, $n=k+1$이면
$$3^{2(k+1)}-2^{k+1}=9\times3^{2k}-2\times2^k$$
$$=7\times3^{2k}+2(3^{2k}-2^k)$$
$$\underset{(가)}{=7\times3^{2k}}+\underset{(나)}{14N}$$
$$=7(3^{2k}+2N)$$

따라서 $n=k+1$일 때도 7의 배수이다.

(i), (ii)에 의하여 모든 자연수 n에 대하여

$3^{2n}-2^n$은 7의 배수이다.

따라서 $p=7$, $q=14$이므로 $pq=7\times14=98$이다.

22 답 풀이 참조

(i) $n=1$일 때, $7-6-1=0$이고 0은 모든 수의 배수이므

로 $n=1$일 때, 7^n-6n-1은 36의 배수이다.

(ii) $n=k$일 때, 7^k-6k-1이 36의 배수라고 가정하면 자

연수 N에 대하여 $7^k-6k-1=36N$이다.

이때, $n=k+1$이면
$$7^{k+1}-6(k+1)-1=7(7^k-6k-1)+36k$$
$$=7\times36N+36k$$
$$=36(7N+k)$$

따라서 $n=k+1$일 때도 36의 배수이다.

(i), (ii)에 의하여 모든 자연수 n에 대하여

7^n-6n-1은 36의 배수이다.

01 답 92

$a_{n+1}=2(a_n+2)$의 n에 1, 2, 3, 4를 차례로 대입하면

$a_1=2$이므로

$a_2=2(a_1+2)=2\times(2+2)=8$

$a_3=2(a_2+2)=2\times(8+2)=20$

$a_4=2(a_3+2)=2\times(20+2)=44$

$a_5=2(a_4+2)=2\times(44+2)=92$

02 답 33

$a_1=3$

$a_2=3a_1=3\times3=9$ $(\because a_1\leq4)$

$a_3=a_2-3=9-3=6$ $(\because a_2>4)$

$a_4=a_3-3=6-3=3$ $(\because a_3>4)$

$a_5=3a_4=3\times3=9$ $(\because a_4\leq4)$

$\vdots$

따라서 수열 $\{a_n\}$의 각 항을 차례로 나열하면 다음과 같다.

$\{a_n\}$: 3, 9, 6, 3, 9, … ⋯ **Ⅰ**

따라서 $a_n>7$을 만족시키는 자연수 n의 값을 차례로 나열

하면 2, 5, 8, 11, 14, …로 첫째항이 2이고 공차가 3인 등

차수열이 된다.

이 등차수열을 $\{b_n\}$이라 하면 일반항은

$b_n=2+(n-1)\times3=3n-1$ ⋯ **Ⅱ**

즉, $b_n\leq100$에서 $3n-1\leq100$, $3n\leq101$

$\therefore n\leq\dfrac{101}{3}=33.\times\times\times$

따라서 조건을 만족시키는 자연수 n의 개수는 33이다.

⋯ **Ⅲ**

[채점기준표]

Ⅰ	수열 $\{a_n\}$을 구한다.	30%
Ⅱ	$a_n>7$을 만족시키는 자연수 n의 값의 수열을 구한다.	40%
Ⅲ	$a_n>7$을 만족시키는 자연수 n의 개수를 구한다.	30%

03 답 ②

> 수열 $\{a_n\}$이 두 항 a_{n+1}, a_n 사이의 관계식으로 수열 $\{a_n\}$이 어떤 수열인지 파악해.
>
> $a_1=30$, $a_{n+1}+5=a_n(n=1, 2, 3, …)$
>
> 으로 정의될 때, $\displaystyle\sum_{k=1}^{10}a_k$의 값은?
>
> ① 70 ② 75 ③ 80 ④ 85 ⑤ 90

1st 수열 $\{a_n\}$의 일반항을 구하자. ┌ 공차가 d인 등차수열 $\{a_n\}$에 대하여 $a_{n+1}-a_n=d$

$a_{n+1}+5=a_n$에서 $a_{n+1}-a_n=-5$이므로 수열 $\{a_n\}$은 공

차가 -5인 등차수열이고 첫째항이 30이므로 일반항은

$a_n=30+(n-1)\times(-5)=-5n+35$

2nd $\sum\limits_{k=1}^{10} a_k$의 값을 구해.

$$\sum_{k=1}^{n}(a_k \pm b_k)=\sum_{k=1}^{n}a_k \pm \sum_{k=1}^{n}b_k \,(\text{복호동순})$$
$$\sum_{k=1}^{n}ca_k=c\sum_{k=1}^{n}a_k \,(\text{단, } c\text{는 상수})$$

$$\therefore \sum_{k=1}^{10} a_k=\sum_{k=1}^{10}(-5k+35)=-5\sum_{k=1}^{10}k+\sum_{k=1}^{10}35$$
$$=(-5)\times\frac{10\times11}{2}+35\times10=75$$

04 답 ②

$2a_{n+1}=a_n+a_{n+2}$에서 $a_{n+1}-a_n=a_{n+2}-a_{n+1}$이므로 수열 $\{a_n\}$은 등차수열이다.

즉, 등차수열 $\{a_n\}$의 첫째항이 1, 공차가

$a_2-a_1=\dfrac{1}{2}-1=-\dfrac{1}{2}$이므로 일반항은

$a_n=1+(n-1)\times\left(-\dfrac{1}{2}\right)=-\dfrac{1}{2}n+\dfrac{3}{2}$

$\therefore a_{13}=-\dfrac{1}{2}\times13+\dfrac{3}{2}=-5$

05 답 ⑤

모든 자연수 n에 대하여 $a_{n+1}=3a_n$, 즉

$\dfrac{a_{n+1}}{a_n}=3$이므로 수열 $\{a_n\}$은 공비가 3인 등비수열이다.

이때, $a_2=2$이므로 $a_4=a_3\times3=(a_2\times3)\times3=18$

06 답 ①

$\dfrac{a_{n+1}}{a_n}=\dfrac{a_{n+2}}{a_{n+1}}$에서 $a_{n+1}{}^2=a_na_{n+2}$이므로 수열 $\{a_n\}$은

첫째항이 $\dfrac{1}{2}$, 공비가 $\dfrac{a_2}{a_1}=\dfrac{\frac{1}{3}}{\frac{1}{2}}=\dfrac{2}{3}$인 등비수열이다.

따라서 $a_n=\dfrac{1}{2}\times\left(\dfrac{2}{3}\right)^{n-1}$이므로

$\dfrac{a_{18}}{a_{15}}=\dfrac{\frac{1}{2}\times\left(\frac{2}{3}\right)^{17}}{\frac{1}{2}\times\left(\frac{2}{3}\right)^{14}}=\left(\dfrac{2}{3}\right)^3=\dfrac{8}{27}$

다른 풀이

등비수열 $\{a_n\}$의 첫째항을 a, 공비를 r라 하면 일반항은

$a_n=ar^{n-1}$이므로 $\dfrac{a_{18}}{a_{15}}=\dfrac{ar^{17}}{ar^{14}}=r^3$

한편, $r=\dfrac{a_2}{a_1}=\dfrac{2}{3}$이므로 구하는 값은

$r^3=\left(\dfrac{2}{3}\right)^3=\dfrac{8}{27}$

07 답 ②

$a_{n+1}=a_n+2n$의 n 대신 $1, 2, 3, \cdots, n-1$을 차례로 대입 하여 변끼리 더하면

$a_2=a_1+2\times1$
$a_3=a_2+2\times2$
$a_4=a_3+2\times3$
$\vdots$
$+) \; a_n=a_{n-1}+2\times(n-1)$

$a_n=a_1+\sum_{k=1}^{n-1}2k=12+2\times\dfrac{n(n-1)}{2}=n^2-n+12$

$\therefore a_8=8^2-8+12=68$

08 답 ③

수열 $\{a_n\}$이

a_n과 a_{n+1} 사이의 관계식이 주어지면 n 대신 $1, 2, 3, \cdots$을 차례로 대입해 봐.

$a_1=\sqrt{7}, \; \sqrt{n+2}\,a_{n+1}=\sqrt{n}\,a_n\,(n=1, 2, 3, \cdots)$

으로 정의될 때, $\dfrac{\sqrt{2}}{a_{63}}$의 값은?

① 20 ② 22 ③ 24 ④ 26 ⑤ 28

1st 수열 $\{a_n\}$의 일반항을 구하자.

$\sqrt{n+2}\,a_{n+1}=\sqrt{n}\,a_n$, 즉 $a_{n+1}=\sqrt{\dfrac{n}{n+2}}\,a_n$의 n 대신

$1, 2, 3, \cdots, n-1$을 차례로 대입하여 변끼리 곱하면

$a_2=\sqrt{\dfrac{1}{3}}\,a_1$ $a_{n+1}=f(n)a_n$ 꼴로 주어진 관계식에서 일반항을 구할 때는 n 대신 $1, 2, 3, \cdots, n-1$을 대입하여 변끼리 곱해.

$a_3=\sqrt{\dfrac{2}{4}}\,a_2$

$\vdots$

$a_{n-1}=\sqrt{\dfrac{n-2}{n}}\,a_{n-2}$

$\times) \; a_n=\sqrt{\dfrac{n-1}{n+1}}\,a_{n-1}$

$a_n=\sqrt{\dfrac{1}{3}}\times\sqrt{\dfrac{2}{4}}\times\sqrt{\dfrac{3}{5}}\times\cdots\times\sqrt{\dfrac{n-2}{n}}\times\sqrt{\dfrac{n-1}{n+1}}\times a_1$

$=\dfrac{\sqrt{1}\times\sqrt{2}}{\sqrt{n}\times\sqrt{n+1}}\times\sqrt{7}=\dfrac{\sqrt{14}}{\sqrt{n}\sqrt{n+1}}$

2nd $\dfrac{\sqrt{2}}{a_{63}}$의 값을 구하자.

따라서 $a_{63}=\dfrac{\sqrt{14}}{\sqrt{63}\times\sqrt{64}}=\dfrac{\sqrt{2}}{24}$이므로 $\dfrac{\sqrt{2}}{a_{63}}=24$

09 답 ①

수열 $\{a_n\}$이

$a_{n+1}=pa_n+q$의 꼴로 주어진 수열 $\{a_n\}$에서는 $a_{n+1}-\alpha=p(a_n-\alpha)$꼴로 변형하여 등비수열을 이용해.

$a_1=1, \; a_{n+1}=-3a_n+2\,(n=1, 2, 3, \cdots)$

으로 정의될 때, a_6의 값은?

① -121 ② -118 ③ -115 ④ -112 ⑤ -109

1st 수열 $\{a_n\}$의 일반항을 구하자.

$a_{n+1}=-3a_n+2$에서 $a_{n+1}-\alpha=-3(a_n-\alpha)$의 꼴로 변형

하면 $a_{n+1}-\dfrac{1}{2}=-3\left(a_n-\dfrac{1}{2}\right)$

$a_{n+1}=-3a_n+2$에서 $a_{n+1}-\alpha=-3(a_n-\alpha)$라 하면 $a_{n+1}=-3a_n+4\alpha$이므로 $4\alpha=2$에서 $\alpha=\dfrac{1}{2}$

이때, $a_n-\dfrac{1}{2}=b_n$이라 하면 $b_{n+1}=-3b_n$

즉, 수열 $\{b_n\}$은 첫째항이 $b_1=a_1-\dfrac{1}{2}=\dfrac{1}{2}$, 공비가 -3인

등비수열이므로 $b_n=\dfrac{1}{2}\times(-3)^{n-1}$

즉, $a_n-\dfrac{1}{2}=\dfrac{1}{2}\times(-3)^{n-1}$에서

$a_n=\dfrac{1}{2}\times(-3)^{n-1}+\dfrac{1}{2}$

2nd a_6의 값을 구하자.

$\therefore a_6=\dfrac{1}{2}\times(-3)^5+\dfrac{1}{2}=-121$

10 답 ⑤

다음은 모든 자연수 n에 대하여
$$\frac{4}{3}+\frac{8}{3^2}+\frac{12}{3^3}+\cdots+\frac{4n}{3^n}=3-\frac{2n+3}{3^n} \cdots\cdots(*)$$
이 성립함을 수학적 귀납법으로 증명한 것이다.

> **증명**
>
> (i) $n=1$일 때,
>
> $$(좌변)=\frac{4}{3}, \ (우변)=3-\frac{5}{3}=\frac{4}{3}$$
>
> 이므로 $(*)$이 성립한다.
>
> (ii) $n=k$일 때, $(*)$이 성립한다고 가정하면
>
> $$\frac{4}{3}+\frac{8}{3^2}+\frac{12}{3^3}+\cdots+\frac{4k}{3^k}=3-\frac{2k+3}{3^k}$$이다.
>
> 위 등식의 양변에 $\dfrac{4(k+1)}{3^{k+1}}$을 더하여 정리
> 하면
>
> $$\frac{4}{3}+\frac{8}{3^2}+\frac{12}{3^3}+\cdots+\frac{4k}{3^k}+\frac{4(k+1)}{3^{k+1}}$$
> $$=3-\frac{1}{3^k}\left\{(2k+3)-\left(\boxed{(가)}\right)\right\}$$
> 수학적 귀납법으로 문제를 풀 때, 꼭 알아야 할 부분은 이 부분인데, $n=k+1$일 때도 성립한다고 하므로 주어진 식의 $n=k+1$일 때의 값이 나오면 되겠지?
> $$=3-\frac{\boxed{(나)}}{3^{k+1}}$$
> 따라서 $n=k+1$일 때도 $(*)$이 성립한다.
>
> (i), (ii)에 의하여 모든 자연수 n에 대하여 $(*)$
> 이 성립한다.

위의 (가), (나)에 알맞은 식을 각각 $f(k)$, $g(k)$라
할 때, $f(3)\times g(2)$의 값은?

① 36   ② 39   ③ 42
④ 45   ⑤ 48

1st 문제에 주어진 과정을 따라가며 빈칸을 채워.

(i) $n=1$일 때,

$(좌변)=\dfrac{4}{3}, \ (우변)=3-\dfrac{5}{3}=\dfrac{4}{3}$이므로 $(*)$이 성립한다.

(ii) $n=k$일 때, $(*)$이 성립한다고 가정하면

$$\frac{4}{3}+\frac{8}{3^2}+\frac{12}{3^3}+\cdots+\frac{4k}{3^k}=3-\frac{2k+3}{3^k}$$이다.

위 등식의 양변에 $\dfrac{4(k+1)}{3^{k+1}}$을 더하여 정리하면

$$\frac{4}{3}+\frac{8}{3^2}+\frac{12}{3^3}+\cdots+\frac{4k}{3^k}+\frac{4(k+1)}{3^{k+1}}$$
$$=3-\frac{1}{3^k}\left\{(2k+3)-\underbrace{\frac{4k+4}{3}}_{(가)}\right\}$$
$$=3-\frac{1}{3^k}\left(\frac{2}{3}k+\frac{5}{3}\right) \quad \text{식} \ \frac{4(k+1)}{3^{k+1}} \text{을} \ \frac{1}{3^k}\times(가)\text{로 나타내.}$$
$$=3-\underbrace{\frac{2(k+1)+3}{3^{k+1}}}_{(나)}$$
→ 주어진 식의 n에 $k+1$을 대입하면 구할 수 있어.

따라서 $n=k+1$일 때도 $(*)$이 성립한다.

(i), (ii)에 의하여 모든 자연수 n에 대하여 $(*)$이 성립한다.

2nd $f(3)\times g(2)$의 값을 구하자.

따라서 $f(k)=\dfrac{4k+4}{3}$, $g(k)=2(k+1)+3$이므로

$$f(3)\times g(2)=\frac{16}{3}\times 9=48$$

---

11 답 ⑤

$p(1)$이 참이므로 조건 (나)에 의하여

$p(2)$, $p(3)$, $p(4)$, $p(6)$, $p(8)$, $p(9)$, $\cdots$가 참이다.

즉, $n=2^a 3^b(a, b=0, 1, 2, \cdots)$ 꼴이면 $p(n)$은 참이다.

① $100=2^2\times5^2$ ② $120=2^3\times3\times5$
③ $147=3\times7^2$ ④ $169=13^2$
⑤ $216=2^3\times3^3$

따라서 참인 명제는 $p(216)$이다.

---

12 답 ④

다음은 $n\geq2$인 모든 자연수 n에 대하여 부등식
$$1+\frac{1}{2}+\frac{1}{3}+\cdots+\frac{1}{n}>\frac{2n}{n+1} \cdots (*)$$
이 성립함을 수학적 귀납법으로 증명한 것이다.

> **증명**
>
> (i) $n=2$일 때,
>
> $$(좌변)=1+\frac{1}{2}=\frac{3}{2}, \ (우변)=\frac{2\times2}{2+1}=\frac{4}{3}$$
>
> 이므로 $(*)$이 성립한다.
>
> (ii) $n=k(k\geq2)$일 때 $(*)$이 성립한다고
> 가정하면 $1+\dfrac{1}{2}+\dfrac{1}{3}+\cdots+\dfrac{1}{k}>\dfrac{2k}{k+1}$이다.
>
> 위 등식의 양변에 $\dfrac{1}{k+1}$을 더하면
>
> $$1+\frac{1}{2}+\frac{1}{3}+\cdots+\frac{1}{k}+\frac{1}{k+1}>\boxed{(가)} \cdots \ominus$$
> $n=k+1$일 때 성립함을 보이기 위해 $(*)$의 좌변을 변형해.
> 이때,
>
> $$\boxed{(가)}-\frac{2(k+1)}{(k+1)+1}=\frac{\boxed{(나)}}{(k+1)(k+2)}>0$$
> 이므로 $\ominus$으로부터 (가)의 식보다 $(*)$의 우변에 $n=k+1$을 대입한 식이 작아야 해.
> $$1+\frac{1}{2}+\frac{1}{3}+\cdots+\frac{1}{k}+\frac{1}{k+1}>\frac{2(k+1)}{(k+1)+1}$$
> 이다. 따라서 $n=k+1$일 때도 $(*)$이 성립
> 한다.
>
> (i), (ii)에 의하여 $n\geq2$인 모든 자연수 n에 대하
> 여 $(*)$이 성립한다.

위의 (가), (나)에 알맞은 식을 각각 $f(k)$, $g(k)$라
할 때, $f(8)\times g(9)$의 값은?

① 14   ② 15   ③ 16
④ 17   ⑤ 18

1st 주어진 과정의 앞뒤 변화에 주의하여 빈칸을 채워 나가자.

(i) $n=2$일 때 $n \geq 2$인 모든 자연수에 대하여 성립해야 하므로 $n=1$이 아니라 $n=2$야.

$$(좌변)=1+\frac{1}{2}=\frac{3}{2}, \ (우변)=\frac{2\times 2}{2+1}=\frac{4}{3}$$

이므로 $(*)$이 성립한다.

(ii) $n=k(k \geq 2)$일 때 $(*)$이 성립한다고 가정하면

$$1+\frac{1}{2}+\frac{1}{3}+\cdots+\frac{1}{k}>\frac{2k}{k+1}$$이다.

위 부등식의 양변에 $\dfrac{1}{k+1}$을 더하면 $n=k+1$일 때 성립함을 보이기 위해 양변에 더하는 거야.

$$1+\frac{1}{2}+\frac{1}{3}+\cdots+\frac{1}{k}+\frac{1}{k+1}>\frac{2k}{k+1}+\frac{1}{k+1}$$
$$=\frac{2k+1}{k+1}\cdots \ominus \quad \text{(가)}$$

이때,

$$\frac{2k+1}{k+1}-\frac{2(k+1)}{(k+1)+1}$$
$$=\frac{(2k+1)(k+2)-2(k+1)^2}{(k+1)(k+2)}$$
$$=\frac{2k^2+5k+2-2(k^2+2k+1)}{(k+1)(k+2)}$$
$$=\frac{k}{(k+1)(k+2)}>0 \quad \text{(나)}$$

k는 자연수이므로 이 식은 0보다 커.

에서 $\dfrac{2k+1}{k+1}-\dfrac{2(k+1)}{(k+1)+1}>0$, 즉

$$\frac{2k+1}{k+1}>\frac{2(k+1)}{(k+1)+1}$$이므로 $\ominus$으로부터

$$1+\frac{1}{2}+\frac{1}{3}+\cdots+\frac{1}{k}+\frac{1}{k+1}>\frac{2(k+1)}{(k+1)+1}$$이다.

따라서 $n=k+1$일 때도 $(*)$이 성립한다.

(i), (ii)에 의하여 $n \geq 2$인 모든 자연수 n에 대하여 $(*)$이 성립한다.

2nd $f(8) \times g(9)$의 값을 구하자.

따라서 $f(k)=\dfrac{2k+1}{k+1}$, $g(k)=k$이므로

$$f(8) \times g(9)=\frac{2\times 8+1}{8+1} \times 9=17$$

01 답 ④

주어진 수열을 다시 쓰면

$$\frac{1}{3}, \ \frac{1}{2}\left(=\frac{2}{4}\right), \ \frac{3}{5}, \ \frac{2}{3}\left(=\frac{4}{6}\right), \ \frac{5}{7}, \ \cdots$$

즉, 주어진 수열의 제n항의 분모는 $n+2$, 분자는 n이므로

일반항을 a_n이라 하면 $a_n=\dfrac{n}{n+2}$

$$\therefore a_{50}=\frac{50}{52}=\frac{25}{26}$$

02 답 ⑤

등차수열 $\{a_n\}$의 첫째항을 a, 공차를 d라 하면

$a_1+a_2=10$에서 $a+(a+d)=10$

$\therefore 2a+d=10 \cdots \ominus$

$a_3+a_4+a_5=45$에서

$(a+2d)+(a+3d)+(a+4d)=45$

$\therefore 3a+9d=45 \cdots \ominus$

$\ominus$, $\ominus$을 연립하여 풀면

$a=3$, $d=4$

따라서 $a_n=3+(n-1)\times 4=4n-1$이므로

$a_{10}=4\times 10-1=39$

[다른 풀이]

a_4는 a_3, a_5의 등차중항이므로 $a_3+a_5=2a_4$

즉, $a_3+a_4+a_5=45$에서 $3a_4=45$, $3(a+3d)=45$

$\therefore 3a+9d=45$

(이하 동일)

03 답 ④

삼차방정식 $x^3-3x^2-2kx+8=0$의 세 근이 등차수열을 이룰 때, 상수 k의 값은?   삼차방정식의 근과 계수의 관계를 생각해.

① -1 ② 1 ③ 2

④ 3 ⑤ 4

1st 주어진 방정식의 한 근을 구하자.   등차수열을 이루는 세 수는 $a-d$, a, $a+d$로 놓는 연습을 해 봐.

삼차방정식 $x^3-3x^2-2kx+8=0$의 세 근이 등차수열을 이루므로 세 근을 $a-d$, a, $a+d$라 하면 삼차방정식의 근과 계수의 관계에 의하여

삼차방정식 $ax^3+bx^2+cx+d=0$의 세 근을 α, β, γ라 하면 $\alpha+\beta+\gamma=-\dfrac{b}{a}$, $\alpha\beta+\beta\gamma+\gamma\alpha=\dfrac{c}{a}$, $\alpha\beta\gamma=-\dfrac{d}{a}$.

$$(a-d)+a+(a+d)=3a=3$$
$$\therefore a=1$$

따라서 주어진 방정식의 한 실근은 1이다.

2nd k의 값을 구하자.

이때, $f(x)=x^3-3x^2-2kx+8$로 놓으면 방정식 $f(x)=0$의 한 근이 1이므로

$$f(1)=1-3-2k+8=0$$
$$\therefore k=3$$

04 답 ①

c는 b, d의 등차중항이면서 a, e의 등차중항이다. 즉,
$2c=b+d$, $2c=a+e$이다.

이때, $a+c+e=6$에서 $(a+e)+c=6$

$2c+c=6$, $3c=6$ $\quad\therefore c=2$

$\therefore a+b+c+d+e=(a+e)+(b+d)+c$
$$=2c+2c+c=5c=10$$

05 답 ②

1st 수열 $\{a_n\}$이 음수인 항을 구하자.

등차수열 $\{a_n\}$의 첫째항이 17, 공차가 -2이므로 일반항은
$a_n=17+(n-1)\times(-2)=-2n+19$ 첫째항이 a이고 공차가 d인 등차수열 $\{a_n\}$의 일반항은
한편, 수열 $\{a_n\}$이 음수인 항을 a_k라 하면 $a_n=a+(n-1)d$
$a_k=-2k+19<0$에서 $k>9.5$

즉, 수열 $\{a_n\}$은 제10항부터 음수이다.

2nd $|a_1|+|a_2|+\cdots+|a_{30}|$의 값을 구하자.

따라서 $a_1=17$, $a_2=15$, $\cdots$, $a_9=1$이고
$a_{10}=-1$, $a_{12}=-3$, $\cdots$, $a_{30}=-41$이므로
$|a_1|+|a_2|+\cdots+|a_{30}|$
$=\underbrace{(17+15+\cdots+1)}_{|a_1|+|a_2|+\cdots+|a_9|}+\underbrace{(1+3+\cdots+41)}_{|a_{10}|+|a_{11}|+\cdots+|a_{30}|}$
$=\dfrac{9(1+17)}{2}+\dfrac{21(1+41)}{2}$ 첫째항이 a이고 제n항이 l인 등차수열의 첫째항부터 제n항까지의 합을 S_n이라 하면
$=81+441=522$ $\quad S_n=\dfrac{n(a+l)}{2}$

06 답 ⑤

1st 첫째항이 1, 공비가 r인 등비수열임을 이용하여 a, b, c를 r에 대한 식으로 나타내자.

첫째항이 1, 공비가 r이므로
$a=r$, $b=r^2$, $c=r^3$이다. 첫째항이 1, 공비가 r인 등비수열의 일반항은 $a_n=1\times r^{n-1}=r^{n-1}$

2nd 로그의 성질을 이용하여 r의 값을 구하자.

$\log_8 c=\log_{2^3} r^3=\log_2 r$이고 $\log_{a^n} b^n=\dfrac{n}{m}\log_a b$
$\log_a b=\log_r r^2=2$이므로 $\log_8 c=\log_a b$에서 $\log_{a^n} a=n\log_a a=n$
$\log_2 r=2$ $\quad\therefore r=2^2=4$

07 답 ⑤

ㄱ. $a_1=S_1=1^2+1=2$ (참)

ㄴ. $n\geq2$일 때,
$\quad a_n=S_n-S_{n-1}=n^2+1-\{(n-1)^2+1\}=2n-1$ (참)

ㄷ. ㄴ에 의하여 수열 $\{a_n\}$은 제2항부터 공차가 $d=2$인
등차수열이므로 수열 $\{a_{2n}\}$의 공차는 $a_4-a_2=2d=4$
이다. (참)

따라서 옳은 것은 ㄱ, ㄴ, ㄷ이다.

08 답 ④

등비수열 $\{a_n\}$의 첫째항을 a, 공비를 $r(r>0)$라 하면
$a_1+a_2=a+ar=1$에서 $a(1+r)=1$ $\cdots$ ㉠
$a_3+a_4=ar^2+ar^3=3$에서 $ar^2(1+r)=3$ $\cdots$ ㉡
㉡÷㉠을 하면 $r^2=3$
$\therefore a_7+a_8=ar^6+ar^7=ar^6(1+r)$
$$=a(1+r)(r^2)^3=1\times3^3=27$$

[다른 풀이]

$r=\sqrt{3}\,(\because r>0)$이므로
$a_7+a_8=ar^6+ar^7=ar^6(1+r)$
$$=a(1+r)r^6=1\times(\sqrt{3})^6=27$$

09 답 ④

수열 $\{a_n\}$이 등비수열이므로 $a_4^2=a_2\times a_6$에서
$8^2=4a_6$ $\quad\therefore a_6=16$

[다른 풀이]

수열 $\{a_n\}$이 등비수열이므로 수열 $\{a_{2n}\}$도 등비수열이다.
이때, 수열 $\{a_n\}$의 공비를 r라 하면 수열 $\{a_{2n}\}$의 공비는
r^2이다. 즉, $r^2=\dfrac{a_4}{a_2}=\dfrac{8}{4}=2$이므로 $a_6=a_4r^2=8\times2=16$

10 답 ③

등비수열 $\{a_n\}$의 항의 수를 k라 하면
$a_k=4\times(-3)^{k-1}=324$에서
$(-3)^{k-1}=81=(-3)^4$, $k-1=4$ $\quad\therefore k=5$
따라서 첫째항부터 끝항인 제5항까지의 합을 S_5라 하면
$S_5=\dfrac{4\{1-(-3)^5\}}{1-(-3)}=1+243=244$

11 답 6

등비수열 3, a_1, a_2, $\cdots$, a_n, -1536에서 3은 첫째항이고
-1536은 제$(n+2)$항이다.

이때, 이 등비수열의 공비를 r라 하면

$3 \times r^{n+1} = -1536 \cdots \bigodot$ $\cdots$ Ⅰ

한편, 첫째항부터 제$(n+2)$항까지의 합을 S_{n+2}라 하면

$a_1 + a_2 + a_3 + \cdots + a_n = 510$이므로

$S_{n+2} = 3 + a_1 + a_2 + a_3 + \cdots + a_n + (-1536) = -1023$에서

$\dfrac{3(r^{n+2}-1)}{r-1} = -1023, \quad \dfrac{3r^{n+2}-3}{r-1} = -1023$

$\dfrac{3r^{n+1} \times r - 3}{r-1} = -1023, \quad \dfrac{-1536r-3}{r-1} = -1023 \ (\because \bigodot)$

$-1536r-3 = -1023r + 1023, \quad -513r = 1026$

$\therefore r = -2$ $\cdots$ Ⅱ

이것을 $\bigodot$에 대입하면

$3 \times (-2)^{n+1} = -1536, \quad (-2)^{n+1} = -512 = (-2)^9$

$n+1 = 9 \quad \therefore n = 8$

$\therefore r+n = (-2) + 8 = 6$ $\cdots$ Ⅲ

[채점기준표]

Ⅰ	-1536이 제$(n+2)$항임을 파악하고 공비에 대한 식으로 나타낸다.	30%
Ⅱ	공비 r의 값을 구한다.	40%
Ⅲ	항의 수 n의 값을 구하고 $r+n$의 값을 계산한다.	30%

12 답 ①

모든 자연수 n에 대하여 $a_n + b_n = 10$을 만족시키므로

$a_k + b_k = 10$이다.

이때, $\displaystyle\sum_{k=1}^{10} (a_k + 2b_k) = 160$이므로

$\displaystyle\sum_{k=1}^{10} (a_k + 2b_k) = \sum_{k=1}^{10} \{(a_k + b_k) + b_k\} = \sum_{k=1}^{10} (a_k + b_k) + \sum_{k=1}^{10} b_k$

$\qquad = \displaystyle\sum_{k=1}^{10} 10 + \sum_{k=1}^{10} b_k = 10 \times 10 + \sum_{k=1}^{10} b_k = 160$

$\therefore \displaystyle\sum_{k=1}^{10} b_k = 60$

13 답 ⑤

$\displaystyle\sum_{k=1}^{10} a_k = 24, \ \sum_{k=1}^{20} a_k = 48, \ \sum_{k=1}^{10} b_k = 16, \ \sum_{k=1}^{20} b_k = 36$이므로

$\displaystyle\sum_{k=11}^{20} (3a_k + b_k) = \sum_{k=11}^{20} 3a_k + \sum_{k=11}^{20} b_k$

$\qquad = 3\left(\displaystyle\sum_{k=1}^{20} a_k - \sum_{k=1}^{10} a_k\right) + \left(\sum_{k=1}^{20} b_k - \sum_{k=1}^{10} b_k\right)$

$\qquad = 3 \times (48 - 24) + (36 - 16)$

$\qquad = 72 + 20 = 92$

14 답 ②

$\displaystyle\sum_{k=1}^{10} (2^{k-1} + 3k) = \sum_{k=1}^{10} 2^{k-1} + 3\sum_{k=1}^{10} k$

$\qquad = \dfrac{1 \times (2^{10} - 1)}{2-1} + 3 \times \dfrac{10 \times 11}{2}$

$\qquad = 1023 + 165 = 1188$

15 답 ④

수열 $\{a_n\}$에서 $a_n = 2n-3$일 때, $\displaystyle\sum_{k=2}^{m} a_{k+1} = 48$을 만족시키는 m의 값은? $\displaystyle\sum_{k=2}^{m}$은 제2항부터 제$m$항까지의 합을 나타내는 거야. $k=1$부터가 아님에 주의해.

① 4   ② 5   ③ 6

④ 7   ⑤ 8

1st $\displaystyle\sum_{k=2}^{m} a_{k+1}$의 값을 m에 대한 식으로 나타내자.

$a_n = 2n-3$에서 $a_{k+1} = 2(k+1)-3 = 2k-1$이므로

$\displaystyle\sum_{k=2}^{m} a_{k+1} = \sum_{k=2}^{m} (2k-1) = \sum_{k=1}^{m} (2k-1) - (2 \times 1 - 1)$

$\qquad = 2 \times \dfrac{m(m+1)}{2} - m - 1 = m^2 - 1$ $\displaystyle\sum_{k=2}^{m} b_k = \sum_{k=1}^{m} b_k - b_1$

2nd m의 값을 구하자. $\displaystyle\sum_{k=1}^{m}(2k-1) = 2\sum_{k=1}^{m} k - 1 \times m$

이때, $\displaystyle\sum_{k=2}^{m} a_{k+1} = 48$이므로 $m^2 - 1 = 48, \ m^2 = 49$

$\therefore m = 7 \ (\because m > 0)$ m은 항의 수이므로 자연수야.

16 답 ③

$\displaystyle\sum_{k=1}^{9} (k-a)^2$의 값은 $a=p$일 때, 최솟값 q를 갖는다. 주어진 식을 정리하여 a에 대한 식으로 나타내야 해. 상수 p, q에 대하여 $p+q$의 값은?

① 55   ② 60   ③ 65   ④ 70   ⑤ 75

1st $\sum$를 풀어서 a에 대한 식으로 나타내자.

$\displaystyle\sum_{k=1}^{9} (k-a)^2 = \sum_{k=1}^{9} (k^2 - 2ak + a^2)$

$\qquad = \displaystyle\sum_{k=1}^{9} k^2 - 2a\sum_{k=1}^{9} k + \sum_{k=1}^{9} a^2$

$\qquad = \dfrac{9 \times 10 \times 19}{6} - 2a \times \dfrac{9 \times 10}{2} + 9a^2$

$\qquad = 9a^2 - 90a + 285 = 9(a-5)^2 + 60$

2nd 주어진 식의 값이 최소가 되는 a의 값과 최솟값을 구하자.

따라서 주어진 값은 $a=5$일 때 최솟값 60을 가지므로

$p=5, \ q=60$ $f(a) = 9(a-5)^2 + 60$이라 하면 함수

$\therefore p+q = 5 + 60 = 65$ $y=f(a)$의 그래프는 꼭짓점의 좌표가 $(5, 60)$이고 아래로 볼록해. 즉, $a=5$에서 최솟값 60을 가져.

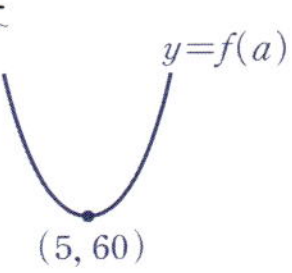

17 답 ④

$a_n = \displaystyle\sum_{k=1}^{n} a_k - \sum_{k=1}^{n-1} a_k$

$\qquad = (n^2 - n) - \{(n-1)^2 - (n-1)\}$

$\qquad = 2n - 2 \ (n \geq 2)$

이때, $a_1 = \displaystyle\sum_{k=1}^{1} a_k = 1^2 - 1 = 0$이므로

$a_n = 2n - 2 \ (n \geq 1)$

즉, $a_{4k+1} = 2(4k+1) - 2 = 8k$이므로

$\displaystyle\sum_{k=1}^{10} k a_{4k+1} = \sum_{k=1}^{10} 8k^2 = 8\sum_{k=1}^{10} k^2$

$\qquad = 8 \times \dfrac{10 \times 11 \times 21}{6} = 3080$

18 답 ③

$a_n=\dfrac{1}{2n-1}$에서 $a_k=\dfrac{1}{2k-1}$이고

$a_{k+1}=\dfrac{1}{2(k+1)-1}=\dfrac{1}{2k+1}$이므로

$a_k a_{k+1}=\dfrac{1}{2k-1}\times\dfrac{1}{2k+1}=\dfrac{1}{(2k-1)(2k+1)}$

$\therefore \displaystyle\sum_{k=1}^{40}a_k a_{k+1}=\sum_{k=1}^{40}\dfrac{1}{(2k-1)(2k+1)}$

$\qquad=\displaystyle\sum_{k=1}^{40}\dfrac{1}{2}\Big(\dfrac{1}{2k-1}-\dfrac{1}{2k+1}\Big)$

$\qquad=\dfrac{1}{2}\Big\{\Big(1-\dfrac{1}{3}\Big)+\Big(\dfrac{1}{3}-\dfrac{1}{5}\Big)+\Big(\dfrac{1}{5}-\dfrac{1}{7}\Big)$

$\qquad\qquad\qquad +\cdots+\Big(\dfrac{1}{79}-\dfrac{1}{81}\Big)\Big\}$

$\qquad=\dfrac{1}{2}\Big(1-\dfrac{1}{81}\Big)=\dfrac{40}{81}$

19 답 ④

$\dfrac{2\sqrt{k+3}}{\sqrt{k+4}+\sqrt{k+2}}=\dfrac{2\sqrt{k+3}(\sqrt{k+4}-\sqrt{k+2})}{(k+4)-(k+2)}$

$\qquad\qquad=\sqrt{(k+3)(k+4)}-\sqrt{(k+2)(k+3)}$

$\therefore \displaystyle\sum_{k=1}^{45}\dfrac{2\sqrt{k+3}}{\sqrt{k+4}+\sqrt{k+2}}$

$\quad=\displaystyle\sum_{k=1}^{45}\{\sqrt{(k+3)(k+4)}-\sqrt{(k+2)(k+3)}\}$

$\quad=(\sqrt{4\times5}-\sqrt{3\times4})+(\sqrt{5\times6}-\sqrt{4\times5})$

$\qquad\qquad +\cdots+(\sqrt{48\times49}-\sqrt{47\times48})$

$\quad=\sqrt{48\times49}-\sqrt{3\times4}=28\sqrt{3}-2\sqrt{3}=26\sqrt{3}$

20 답 ③

$a_{n+1}=\dfrac{k}{a_n+2}$ … ㉠

㉠의 양변에 $n=1$을 대입하면

$a_2=\dfrac{k}{a_1+2}=\dfrac{k}{3}$

또, ㉠의 양변에 $n=2$를 대입하면

$a_3=\dfrac{k}{a_2+2}=\dfrac{k}{\dfrac{k}{3}+2}=\dfrac{k}{\dfrac{k+6}{3}}=\dfrac{3k}{k+6}$

이때, $a_3=\dfrac{3}{2}$이므로 $\dfrac{3k}{k+6}=\dfrac{3}{2}$에서

$6k=3k+18,\ 3k=18$

$\therefore k=6$

21 답 28

$a_{n+1}=\dfrac{a_n+a_{n+2}}{2}$에서 $2a_{n+1}=a_n+a_{n+2}$

즉, 수열 $\{a_n\}$은 첫째항이 1, 공차가

$a_2-a_1=4-1=3$인 등차수열이므로 일반항은

$a_n=1+(n-1)\times3=3n-2$

$\therefore a_{10}=3\times10-2=28$

22 답 ①

${a_{n+1}}^2=a_n a_{n+2}$에서 수열 $\{a_n\}$은 등비수열이고 공비는

$\dfrac{a_2}{a_1}=\dfrac{3}{\dfrac{1}{3}}=9$이므로 일반항은 $a_n=\dfrac{1}{3}\times9^{n-1}=3^{2n-3}$

따라서 $a_{20}=3^{2\times20-3}=3^{37}$이므로 $\log_3 a_{20}=\log_3 3^{37}=37$

23 답 ④

> 수열 $\{a_n\}$이 $a_1=-\dfrac{3}{2}$이고, 모든 자연수 n에 대하여
>
> $a_{n+1}=a_n+\dfrac{2}{n(n+2)}$를 만족시킬 때, a_{10}의 값은?
>
> 주어진 식의 n 대신 1, 2, 3, ⋯, $n-1$을 대입하여 변끼리 더해.
>
> ① $-\dfrac{9}{55}$ ② $-\dfrac{19}{110}$ ③ $-\dfrac{2}{11}$ ④ $-\dfrac{21}{110}$ ⑤ $-\dfrac{1}{5}$

1st 수열 $\{a_n\}$의 일반항을 구하여 a_{10}의 값을 구하자.

$a_{n+1}=a_n+\dfrac{2}{n(n+2)}$의 n 대신 1, 2, 3, ⋯, $n-1$을 차례

로 대입한 다음 각 등식의 변끼리 더하면

$a_2=a_1+\dfrac{2}{1\times3}$

$a_3=a_2+\dfrac{2}{2\times4}$

$\qquad\vdots$

$+\ \Big)\ a_n=a_{n-1}+\dfrac{2}{(n-1)(n+1)}$

$a_n=a_1+\dfrac{2}{1\times3}+\dfrac{2}{2\times4}+\dfrac{2}{3\times5}+\cdots+\dfrac{2}{(n-1)(n+1)}$

$\quad=a_1+\displaystyle\sum_{k=1}^{n-1}\dfrac{2}{k(k+2)}=a_1+\sum_{k=1}^{n-1}\Big(\dfrac{1}{k}-\dfrac{1}{k+2}\Big)$

$\quad=-\dfrac{3}{2}+\Big\{\Big(\dfrac{1}{1}-\dfrac{1}{3}\Big)+\Big(\dfrac{1}{2}-\dfrac{1}{4}\Big)+\Big(\dfrac{1}{3}-\dfrac{1}{5}\Big)$

$\qquad\qquad +\cdots+\Big(\dfrac{1}{n-2}-\dfrac{1}{n}\Big)+\Big(\dfrac{1}{n-1}-\dfrac{1}{n+1}\Big)\Big\}$

$\quad=-\dfrac{3}{2}+\Big(1+\dfrac{1}{2}-\dfrac{1}{n}-\dfrac{1}{n+1}\Big)=-\dfrac{1}{n}-\dfrac{1}{n+1}$

$\quad=-\dfrac{2n+1}{n(n+1)}$

$\dfrac{2}{k(k+2)}=\dfrac{2}{(k+2)-k}\Big(\dfrac{1}{k}-\dfrac{1}{k+2}\Big)$
$\qquad\qquad =\dfrac{1}{k}-\dfrac{1}{k+2}$

$\therefore a_{10}=-\dfrac{21}{110}$

24 답 10

$2a_{n+1}=a_n+6$, 즉 $a_{n+1}=\dfrac{1}{2}a_n+3$에서

$a_{n+1}-\alpha=\dfrac{1}{2}(a_n-\alpha)$라 하면

$a_{n+1}=\dfrac{1}{2}a_n+\dfrac{1}{2}\alpha$이므로 $\dfrac{1}{2}\alpha=3$에서 $\alpha=6$

즉, 주어진 식을 $a_{n+1}-6=\dfrac{1}{2}(a_n-6)$으로 변형하고

$a_n-6=b_n$이라 하면 $b_{n+1}=\dfrac{1}{2}b_n$에서 수열 $\{b_n\}$은 첫째항이

$b_1=a_1-6=-5$이고 공비가 $\dfrac{1}{2}$인 등비수열이다.

따라서 $b_n=(-5)\times\left(\dfrac{1}{2}\right)^{n-1}$이므로

$$a_n-6=(-5)\times\left(\dfrac{1}{2}\right)^{n-1}$$

$$\therefore a_n=(-5)\times\left(\dfrac{1}{2}\right)^{n-1}+6 \qquad \cdots \ \text{❶}$$

$$a_{k+1}-a_k=\left\{(-5)\times\left(\dfrac{1}{2}\right)^{k}+6\right\}-\left\{(-5)\times\left(\dfrac{1}{2}\right)^{k-1}+6\right\}$$

$$=5\left(\dfrac{1}{2}\right)^{k-1}-5\left(\dfrac{1}{2}\right)^{k}$$

$$=5\left(\dfrac{1}{2}\right)^{k-1}\left(1-\dfrac{1}{2}\right)=5\left(\dfrac{1}{2}\right)^{k}$$

한편, $a_{k+1}-a_k<\dfrac{1}{200}$에서 $5\left(\dfrac{1}{2}\right)^{k}<\dfrac{1}{200}$, $\left(\dfrac{1}{2}\right)^{k}<\dfrac{1}{1000}$

$$\therefore 2^k>1000 \qquad \cdots \ \text{❷}$$

이때, $2^9=512$, $2^{10}=1024$이므로 구하는 자연수 k의 최솟값은 10이다. $\qquad \cdots \ \text{❸}$

[채점기준표]

❶	일반항 a_n을 구한다.	40%
❷	$a_{k+1}-a_k<\dfrac{1}{200}$을 만족시키는 k의 값의 범위를 구한다.	40%
❸	자연수 k의 최솟값을 구한다.	20%

25 답 ③

다음은 모든 자연수 n에 대하여

$$\sum_{k=1}^{n}(-1)^{k+1}k^2=(-1)^{n+1}\times\dfrac{n(n+1)}{2} \cdots (*)$$

이 성립함을 수학적 귀납법으로 증명한 것이다.

증명

(i) $n=1$일 때,

（좌변）$=(-1)^2\times1^2=1$

（우변）$=(-1)^2\times\dfrac{1\times2}{2}=1$

따라서 $(*)$이 성립한다.

(ii) $n=m$일 때, $(*)$이 성립한다고 가정하면

$$\sum_{k=1}^{m+1}(-1)^{k+1}k^2=\sum_{k=1}^{m}(-1)^{k+1}k^2+\boxed{(가)}$$

$$=\boxed{(나)}+\boxed{(가)}$$

$$=(-1)^{m+2}\times\dfrac{(m+1)(m+2)}{2}$$

좌변은 제$(m+1)$항까지의 합이고 우변은 제m항까지의 합이니까 (가)를 유추할 수 있어. 이때, (나)는 $(*)$에서 채울 수 있어.

이다. 따라서 $n=m+1$일 때도 $(*)$이 성립한다.

(i), (ii)에 의하여 모든 자연수 n에 대하여 $(*)$이 성립한다.

위의 (가), (나)에 알맞은 식을 각각 $f(m)$, $g(m)$이라 할 때, $\dfrac{f(5)}{g(2)}$의 값은?

① 8　　② 10　　③ 12　　④ 14　　⑤ 16

1st $\displaystyle\sum_{k=1}^{m}$과 $\displaystyle\sum_{k=1}^{m+1}$을 비교해 보면 $\displaystyle\sum_{k=1}^{m+1}$은 $\displaystyle\sum_{k=1}^{m}$에 제$(m+1)$항이 더해진 거야.

$a_k=(-1)^{k+1}k^2$이라 하면

$$\sum_{k=1}^{m+1}(-1)^{k+1}k^2=\sum_{k=1}^{m}(-1)^{k+1}k^2+\boxed{(가)}$$에서

$$\sum_{k=1}^{m+1}a_k=\sum_{k=1}^{m}a_k+\boxed{(가)}$$

$$\underset{a_1+a_2+\cdots+a_m+a_{m+1}-(a_1+a_2+\cdots+a_m)}{\sum_{k=1}^{m+1}a_k-\sum_{k=1}^{m}a_k=a_{m+1}=(-1)^{m+2}(m+1)^2} \quad {}^{(가)}$$

2nd $(*)$을 이용하여 (가) 앞의 식을 변형한 후 (나)를 찾자.

또, 등식

$$\sum_{k=1}^{m}(-1)^{k+1}k^2+\boxed{(가)}=\boxed{(나)}+\boxed{(가)}$$에서

$(*)$에 의하여 등식을 보면 $a+b=\square+b$이니까 $\square=a$야.

$$\boxed{(나)}=\sum_{k=1}^{m}(-1)^{k+1}k^2=(-1)^{m+1}\times\dfrac{m(m+1)}{2} \quad {}^{(나)}$$

3rd $\dfrac{f(5)}{g(2)}$의 값을 구하자.

$$f(m)=(-1)^{m+2}(m+1)^2,$$

$$g(m)=(-1)^{m+1}\times\dfrac{m(m+1)}{2}$$이므로

$$f(5)=(-1)^{5+2}(5+1)^2=-36,$$

$$g(2)=(-1)^{2+1}\times\dfrac{2(2+1)}{2}=-3$$이다.

$$\therefore \dfrac{f(5)}{g(2)}=\dfrac{-36}{-3}=12$$

26 답 ③

(i) 홀수 중 가장 작은 수가 1이므로 $n=1$일 때, 즉 $p(1)$이 참임을 보인다.

(ii) 홀수는 $2n-1$（n은 자연수） 꼴로 나타내어지고, $2n-1$ 다음 홀수가 $2n+1$이므로 $p(2n-1)$이 참이면 $p(2n+1)$이 참임을 보인다.

따라서 반드시 증명해야 하는 것은 ㄱ, ㄷ이다.

27 답 ②

다음은 1보다 큰 모든 자연수 n에 대하여 부등식

$$\sum_{m=1}^{n} \frac{n(n+1)}{2m(2m-1)} < \frac{1}{4}\left(3 - \frac{1}{n}\right)$$

이 성립함을 수학적 귀납법으로 증명하는 과정이다.

증명

(i) $n=2$일 때, → 1보다 큰 모든 자연수 n에 대하여 성립하는지를 보이는 거니까 $n=2$일 때에 성립하는지부터 확인해.

$$(좌변) = \frac{1}{2 \times 1} + \frac{1}{4 \times 3} = \frac{7}{12},$$

$$(우변) = \frac{1}{4}\left(3 - \frac{1}{2}\right) = \frac{5}{8}$$

이므로 주어진 부등식이 성립한다.

(ii) $n=k(k \geq 2)$일 때, 주어진 부등식이 성립한다고 가정하면

$$\sum_{m=1}^{k} \frac{1}{2m(2m-1)} < \frac{1}{4}\left(3 - \frac{1}{k}\right)$$

이 식의 양변에 $\boxed{\text{(가)}}$ 을 더하면 → $n=k+1$일 때로 만들어주기 위해 (가)를 더해야 해.

$$\sum_{m=1}^{k+1} \frac{1}{2m(2m-1)} < \frac{1}{4}\left(3 - \frac{1}{k}\right) + \boxed{\text{(가)}}$$

한편, $2(2k+1) > 4k$이므로

$$\frac{1}{4}\left(3 - \frac{1}{k}\right) + \boxed{\text{(가)}} < \frac{1}{4}\left(3 - \frac{1}{k}\right) + \boxed{\text{(나)}}$$

→ (나)에 들어갈 식을 유추할 수 있어.

$$= \frac{1}{4}\left(3 - \frac{1}{k+1}\right)$$

따라서 $n=k+1$일 때도 주어진 부등식이 성립한다.

(i), (ii)에 의하여 1보다 큰 모든 자연수 n에 대하여 주어진 부등식이 성립한다.

위의 증명 과정에서 (가), (나)에 알맞은 식을 각각

$f(k)$, $g(k)$라 할 때, $\dfrac{f(10)}{g(21)}$의 값은?

① 2   ② 4   ③ 6
④ 8   ⑤ 10

(i) $n=2$일 때,

$$(좌변) = \frac{1}{2 \times 1} + \frac{1}{4 \times 3} = \frac{7}{12},$$

$$(우변) = \frac{1}{4}\left(3 - \frac{1}{2}\right) = \frac{5}{8}$$

이므로 주어진 부등식이 성립한다. → $\frac{7}{12} - \frac{5}{8} = -\frac{1}{24} < 0$이므로 $\frac{7}{12} < \frac{5}{8}$

(ii) $n=k(k \geq 2)$일 때, 주어진 부등식이 성립한다고 가정하면

$$\sum_{m=1}^{k} \frac{1}{2m(2m-1)} < \frac{1}{4}\left(3 - \frac{1}{k}\right)$$

이 식의 양변에

$$\frac{1}{2(k+1)\{2(k+1)-1\}} = \frac{1}{2(2k+1)(k+1)} \text{을} \quad \text{(가)}$$

더하면 $\sum_{m=1}^{k+1} \frac{1}{2m(2m-1)} = \sum_{m=1}^{k} \frac{1}{2m(2m-1)} + \frac{1}{2(k+1)\{2(k+1)-1\}}$ 이지?

$$\sum_{m=1}^{k+1} \frac{1}{2m(2m-1)} < \frac{1}{4}\left(3 - \frac{1}{k}\right) + \frac{1}{2(2k+1)(k+1)}$$

한편, $2(2k+1) > 4k$이므로 → $2(2k+1) > 4k$에서 $\frac{1}{2(2k+1)} < \frac{1}{4k}$이야.

$$\frac{1}{4}\left(3 - \frac{1}{k}\right) + \frac{1}{2(2k+1)(k+1)}$$

$$< \frac{1}{4}\left(3 - \frac{1}{k}\right) + \frac{1}{4k(k+1)} \quad \text{(나)}$$

$$= \frac{3}{4} - \frac{1}{4(k+1)} = \frac{1}{4}\left(3 - \frac{1}{k+1}\right)$$

따라서 $n=k+1$일 때도 주어진 부등식이 성립한다.

(i), (ii)에 의하여 1보다 큰 모든 자연수 n에 대하여 주어진 부등식이 성립한다.

따라서 $f(k) = \dfrac{1}{2(2k+1)(k+1)}$, $g(k) = \dfrac{1}{4k(k+1)}$

이므로 $f(10) = \dfrac{1}{2 \times 21 \times 11}$, $g(21) = \dfrac{1}{4 \times 21 \times 22}$

$$\therefore \frac{f(10)}{g(21)} = \frac{\dfrac{1}{2 \times 21 \times 11}}{\dfrac{1}{4 \times 21 \times 22}} = \frac{4 \times 21 \times 22}{2 \times 21 \times 11} = 4$$

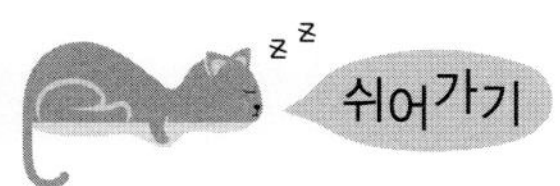

비교하면 행복은 멀어집니다

가난해도 마음이 풍요로운 사람은
아무 것도 소유하지 않고 있는 것처럼 보이지만
실제로는 모든 것을 소유하는 사람입니다.

남이 보기 부러워할 정도의 여유있는 사람은
모든 것이 행복해 보일듯하지만
실제로는 마음이 추울지도 모르겠습니다.

어려움을 아는 사람은 행복의 조건을 알지만
모든 것이 갖추어진 사람은 만족을 모를 터이니
마음은 추운 겨울일지도 모릅니다.

몸이 추운 것은 옷으로 감쌀 수 있지만
마음이 추운 것은 어떻게 해결할 수 있을까요?
사는 기준이 다 같을 수는 없는 것처럼
행복의 조건이 하나일 수는 없답니다.

생긴 모양새가 다르면 성격도 다른 법
가진 것이 작지만 행복을 아는 당신이면 좋겠습니다.
그것이 행복의 조건이기 때문이지요.

남과 비교할 때 행복은 멀어집니다.
그저 감사한 마음 하나만으로도
당신은 행복의 주인공이 되실 것입니다.

― 좋은생각 중에서 ―

수능 1등급을 위한 **절대평가 키워드** 시리즈

절대평가 키워드 **독해** – 절대평가, 1등급을 완성한다!

  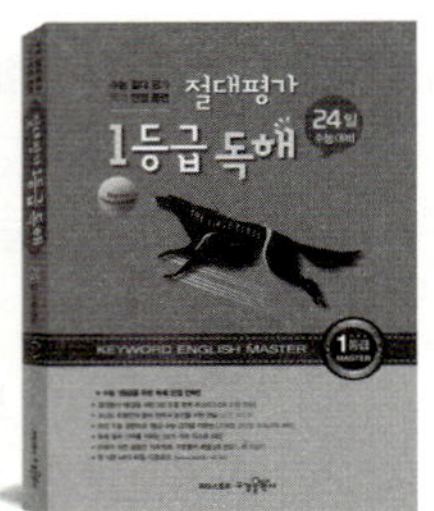

구문독해(20일 완성) | **유형독해**(20일 완성) | **1등급 독해**(24일 완성)

- 기본 구문 유형 마스터
- 쉽고 빠른 문장 해석 비법
- 학습한 구문이 적용된 독해 필수 유형 문제

- 독해 유형 전략 마스터
- 독해 원리와 해법 적용
- 정답과 오답을 가려내는 단서 찾기 훈련

- 고난도 3점 유형 마스터
- 고난도 유형만의 풀이전략과 실전 연습문제
- 매력적인 오답의 원리 이해와 해결 전략

절대평가 키워드 **듣기 35회 모의고사** – 연습을 실전처럼!!

| 절대평가 듣기 실전 모의고사 35회 |

Step 1 절대평가 수능 유형 정복 – 유형 강화 모의고사 5회

Step 2 새수능 난이도 분석 – 적중 실전 모의고사 25회

Step 3 고난도 문제 집중 훈련 – 1등급 모의고사 5회

Step 4 기본 실력 상승 연습 – Dictation / 어휘 Review Test

절대평가 **문법** 기본 – 내신 + 수능 기본 문법 25일 완성

| 절대평가 문법 기본 |

Step 1 고등 필수 영문법 개념 단계별 정리

Step 2 문법 이해와 적용 – 유형별 적용 훈련 코스
(Grammar Check-up, 단원 종합 문제, 수능 어법 유형 Master, 실전 테스트)

Step 3 문법 학습을 바탕으로 한 1등급 독해 실력 상승

＊독해의 기본 문법을 단계별로 정리해서 완벽한 독해력을 완성한다.

학교 시험+수능 **1등급을 위한** 고품격 유형서!

[일등급 수학 고등 시리즈]
수학(상), 수학(하)
수학Ⅰ, 수학Ⅱ, 확률과 통계
미적분, 기하

수학적 사고력을 단계적으로 상승시켜주는 상위권 필수 훈련서!!

1 학교 시험, 모의고사 필수 개념 총정리

학교 시험에 자주 출제되고, 수능 기본에 꼭 필요한 개념을
이해가 쉽도록 야무지게 총정리 했습니다. 개념 순서대로
기본 ⇒ 핵심 ⇒ 실전 ⇒ 도전 유형 순으로 공부를 하면
개념뿐만 아니라 유형까지 자연스럽게 완성됩니다.

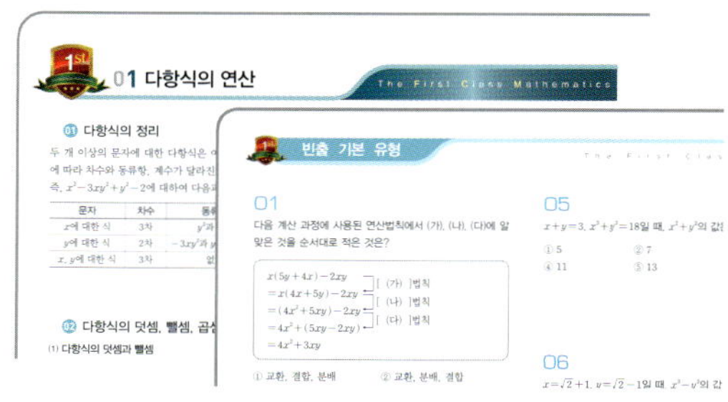

2 일등급 핵심 유형과 실전 유형을 1:1로 배치

학교 시험+수능 일등급 핵심 유형을 유사 문제나 좀 더
확장된 문제에서 개념을 어떻게 적용하는지 익힐 수 있도록
핵심 유형과 실전 유형을 1:1로 배치하였습니다.
그래서 핵심 유형을 완전히 마스터할 수 있습니다.

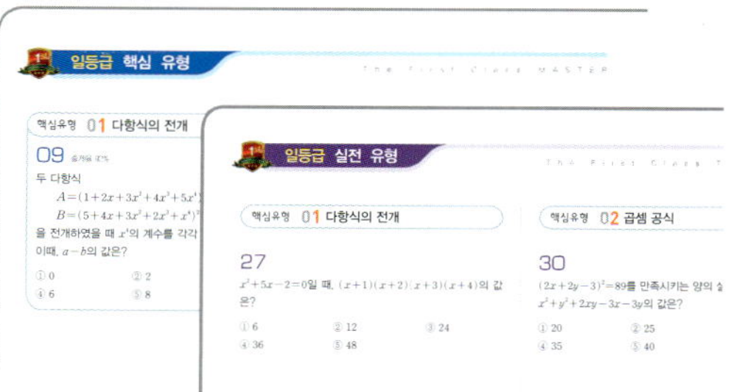

3 사고력을 키우는 최고의 명품 고난도 문제

개념과 유형을 종합적으로 판단해야 하는 고난도 문제를
풀어가면 수학적 사고력 향상에 큰 도움이 될 것입니다.
또한, 고난도 기출 문제를 엄선 구성하여 개념과 유형을
실전에 어떻게 적용하고 활용하는지 알 수 있습니다.

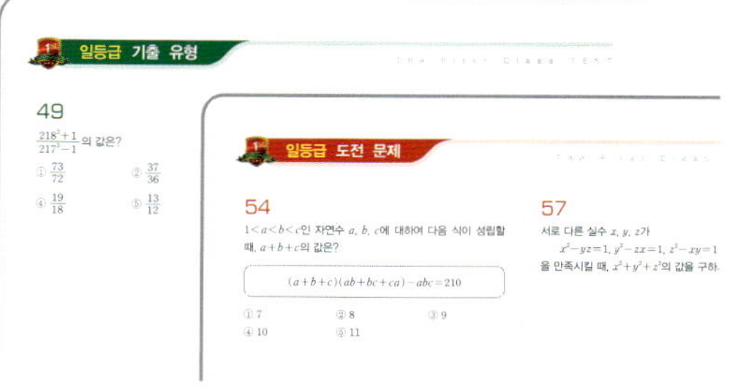

개념＋연산＋ 쉬운 기출 유형으로
심플하게 고등 수학을 마스터한다!!

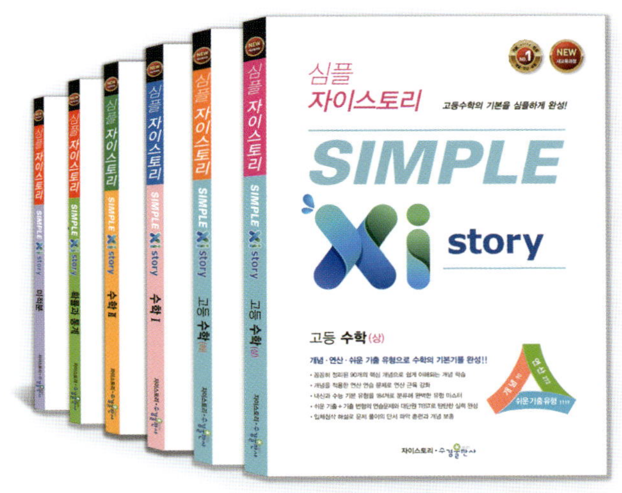

심플 자이스토리

고등 수학(상), 고등 수학(하)
수학Ⅰ, 수학Ⅱ
확률과 통계, 미적분

① 쉽게 이해되는 꼼꼼한 개념 정리

수학은 수많은 개념의 총체적인 모임입니다. 그래서 수학을 쉽게 하려면 개념 사이의 관계와 흐름을 제대로 잡고 있어야 합니다. 심플 자이스토리는 개념을 심플하게 구성해 개념 사이의 흐름을 알 수 있도록 하였습니다. 또, 이런 개념 사이의 관계와 흐름을 잘 잡을 수 있도록 독특한 어드바이스들이 있습니다.

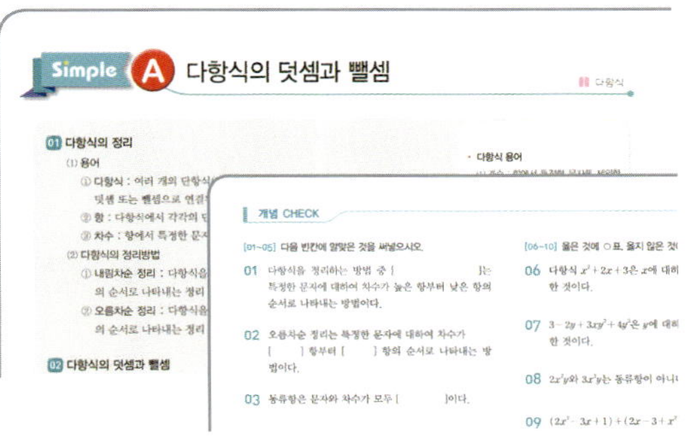

② 개념을 적용시키는 연산 훈련 강화

수학의 기본기는 연산입니다. 연산이 쉽다고 소홀히 하면 쉬운 문제를 틀리는 경우가 있습니다. 심플 자이스토리는 개념을 배운 후 바로 적용하도록 연산 문제를 배치하여 연산 근육을 강화시키도록 하였습니다. 연산 실력이 탄탄하면 어떤 문제도 실수로 틀리지 않습니다.

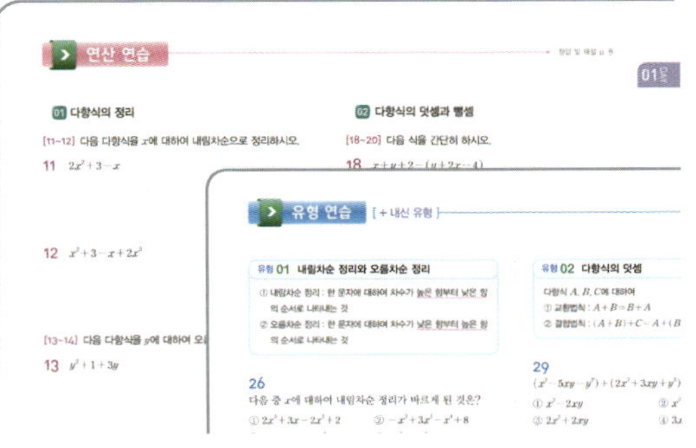

③ 내신＋수능에 꼭 필요한 쉬운 기출 유형 총정리

수학은 학교 시험이나 수능에 자주 출제되는 패턴이 있습니다. 그 패턴을 익숙해지도록 공부하면 점수를 얻기 쉬워집니다. 이런 패턴을 유형이라고 합니다. 학교 시험과 수능에서 나오는 쉬운 기출 유형을 분석하여 쉽게 풀어갈 수 있도록 문제를 구성하였습니다.

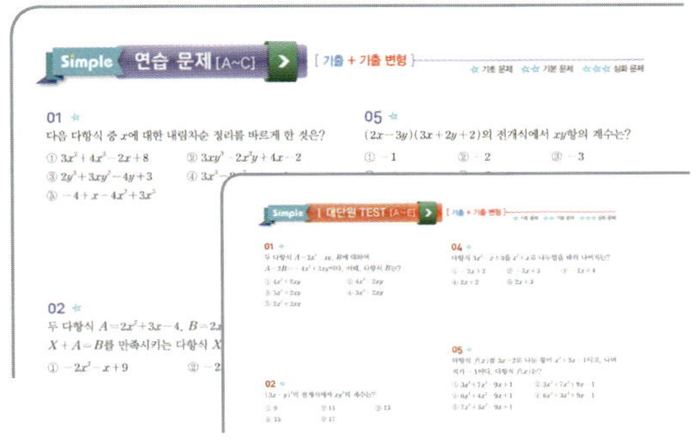

No. 1 생각의 순서를 만들어주는 책

문제 해결이 어려운 이유는 문제 해결에 실마리가 되는 생각의 순서가 잡혀 있지 않았기 때문입니다. 이 교재는 문제 해결에 필요한 생각의 순서를 쉽게 단계적으로 잡아줍니다.

No. 2 개념의 적용 원리를 깨우치는 책

수학을 잘 하기 위해서는 개념을 잘 활용할 수 있어야 합니다. 이 교재는 어떤 문제든 적절하게 개념을 이용할 수 있도록 해주는 비법이 들어있습니다.

No. 3 문제를 분석하는 힘을 키우는 책

문제를 해결하기 위해서는 문제를 분석하는 작업이 필요합니다. 이 교재는 문제 하나를 제대로 분석하면서 2~3가지의 개념을 동시에 확장해서 적용하였습니다.

No. 4 나선형 학습으로 개념이 쉽게 익숙해지는 책

문제를 풀면서 실력이 성장하고 있다는 것을 스스로 느낄 수 있도록 나선형 반복 학습 체계를 구성하였습니다.문제를 풀면서 실력이 성장하고 있다는 것을 스스로 느낄 수 있도록 나선형 반복 학습 체계를 구성하였습니다.